Krieg in der Geschichte
(KRiG)

KRIEG IN DER GESCHICHTE
(KRiG)

Herausgegeben von
Stig Förster · Bernhard R. Kroener · Bernd Wegner

Band 45

PROPAGANDA UND TERROR
IN WEISSRUSSLAND
1941-1944

Die deutsche »geistige« Kriegführung
gegen Zivilbevölkerung und Partisanen

FERDINAND SCHÖNINGH
Paderborn · München · Wien · Zürich

Babette Quinkert

Propaganda und Terror in Weißrussland 1941-1944

Die deutsche »geistige« Kriegführung
gegen Zivilbevölkerung und Partisanen

FERDINAND SCHÖNINGH
Paderborn · München · Wien · Zürich

Gedruckt mit Unterstützung der Gerda Henkel Stiftung, Düsseldorf, und mit Hilfe der Geschwister Boehringer Ingelheim Stiftung für Geisteswissenschaften, Ingelheim am Rhein.

Die Autorin: Babette Quinkert, Dr. phil.; geb. 1963; Studium der Politikwissenschaft an der Universität Osnabrück und der Freien Universität Berlin; Promotion auf der Grundlage der vorliegenden Arbeit im Jahr 2006 an der Technischen Universität Berlin; Mitherausgeberin der »Beiträge zur Geschichte des Nationalsozialismus«.

Titelbilder: Minsk, 26. Oktober 1941: Öffentliche Hinrichtung, durchgeführt von der Ic-Abteilung der 707. Infanterie-Division. Auf dem Schild deutsch und russisch: »Wir sind Partisanen und haben auf deutsche Soldaten geschossen.« (Bundesarchiv Koblenz, Sign. 146-1970-043-30). *Hintergrund:* Einheimische vor einem Propagandaplakat der deutschen Truppen, Operationsgebiet Heeresgruppe Mitte, ca. Juli 1941 (Bundesarchiv Koblenz, Sign. 1011-137-1034-02A).

Reihensignet: Collage unter Verwendung eines Photos von John Heartfield.
© The Heartfield Community of Heirs/VG Bild-Kunst

Bibliografische Information der Deutschen Nationalbibliothek

Die Deutsche Nationalbibliothek verzeichnet diese Publikation in der Deutschen Nationalbibliografie; detaillierte bibliografische Daten sind im Internet über http://dnb.d-nb.de abrufbar.

Umschlaggestaltung: Evelyn Ziegler, München

Gedruckt auf umweltfreundlichem, chlorfrei gebleichtem
und alterungsbeständigem Papier ⊗ ISO 9706

© 2009 Ferdinand Schöningh, Paderborn
(Verlag Ferdinand Schöningh GmbH & Co. KG, Jühenplatz 1, D-33098 Paderborn)

Internet: www.schoeningh.de

Alle Rechte vorbehalten. Dieses Werk sowie einzelne Teile desselben sind urheberrechtlich geschützt. Jede Verwertung in anderen als den gesetzlich zugelassenen Fällen ist ohne vorherige schriftliche Zustimmung des Verlages nicht zulässig.

Printed in Germany. Herstellung: Ferdinand Schöningh, Paderborn

ISBN 978-3-506-76596-3

INHALTSVERZEICHNIS

Vorwort zur Reihe 9

Vorwort 11

EINLEITUNG 13
1. Fragestellung und Forschungsstand 13
2. Quellen und methodische Fragen 17
3. Begriffsklärung 20
4. Vorgehensweise 23

I. VORAUSSETZUNGEN 25
1. *Die psychologische Kriegführung als »Lehre« aus dem Ersten Weltkrieg* 25
    1.1. Die Debatte um den Krieg der Zukunft und die Rezeption durch Hitler und die NSDAP (1918-1939) 25
    1.2. Praktische und institutionelle Vorbereitungen 35
    1.3. Die Vorbereitung einer »geistigen« Kriegführung gegen die UdSSR in den 1930er Jahren 43
    1.4. Die Konzeption der »geistigen« Kriegführung im »Fall Barbarossa« 49
        1.4.1. Destabilisierung durch Mord 52
        1.4.2. Mord als präventive Herrschaftssicherung 57
        1.4.3. Dekompositionspolitik und Zwei-Etappen-Modell 62

II. STRUKTUR UND MEDIEN 71
2. *Der Propagandaapparat* 71
    2.1. Der Propagandaapparat der Wehrmacht 73
    2.2. Das Reichsministerium für die besetzten Ostgebiete und seine Propaganda-Dienststellen im Generalkommissariat Weißruthenien 83
    2.3. Der Apparat für die »Ostpropaganda« des Reichsministeriums für Volksaufklärung und Propaganda 89
    2.4. Das Auswärtige Amt und sein »Sonderbeauftragter des Russland-Komitees« 100
    2.5. Die Propagandisten bei Sicherheitspolizei und SD 101
    2.6. Der Einsatz einheimischer Kräfte 103

3. *Mittel und Logistik der Propaganda (1941-1944)*.............. 110
   3.1. Die Printmedien... 110
   3.2. Fotografien, Bild-Serien und Ausstellungen 126
   3.3. Das Rundfunkwesen 128
   3.4. Das Filmwesen 133
   3.5. Der Rednereinsatz 137

III. INHALTE, FUNKTION UND VERLAUF 140

4. *Das Scheitern des geplanten Propagandakonzeptes – Der Einmarsch und die ersten Wochen der Besatzung (22. Juni – August 1941)* 140
   4.1. Die ersten Aufrufe an die weißrussische Zivilbevölkerung 140
   4.2. Die »Säuberung« des besetzten Gebiets 153
   4.3. Reaktionen der weißrussischen Bevölkerung und das Scheitern des Propagandakonzeptes 156

5. *Die schrittweise Neuorientierung auf einen langandauernden Krieg (August 1941 – Anfang 1942)* 163
   5.1. Die »Ergänzenden Weisungen« vom August – Beginn der Agrarpropaganda 163
   5.2. Der Ausbau von Propaganda- und Strafmaßnahmen ab September 1941 167
   5.3. Propaganda im Kontext der »Partisanenbekämpfungsmaßnahmen«... 173
   5.4. Die »Propagandafahrten« in die ländlichen Gebiete und der Massenmord an der jüdischen Bevölkerung 178
   5.5. Die Ausgabe neuer Propagandarichtlinien im November/Dezember 1941 183
   5.6. Die Aktion »Blutmauer« (Januar/Februar 1942) 189
   5.7. Die Förderung des »Weißruthenentums«..................... 192
   5.8. Reaktionen der Bevölkerung und Evaluierung der deutschen Propaganda 195

6. *»Propaganda der Tat« – Das Jahr der großen Propagandakampagnen 1942* 201
   6.1. Die grundlegende Modifizierung des politisch-propagandistischen Vorgehens zur Jahreswende 1941/42 201
   6.2. Die Propagandaoffensive im Agrarsektor 214
      6.2.1. Die Aktion »Vergrößerung des Hoflandes«............. 214
      6.2.2. Die Kampagne zur Einführung der »Neuen Agrarordnung« 217
      6.2.3. Die Aktion »Kriegsabgabe«........................... 230
   6.3. Neue Strategien zur Partisanenbekämpfung 231
      6.3.1. Propagandaeinsätze im Rahmen militärischer Großoperationen 232

6.3.2. Die Weisung Nr. 46 vom 18. August 1942 243
6.3.3. Die Differenzierung der Propaganda im
Generalkommissariat Weißruthenien 247
6.3.4. Die »Kampfanweisung für die Bandenbekämpfung
im Osten« vom 11. November 1942................. 251
6.4. Die »Ostarbeiterwerbung« 257
6.4.1. Der Beginn der Arbeitskräfterekrutierung 257
6.4.2. Die Propagandakampagne zur »Ostarbeiterwerbung«.... 260
6.5. Reaktionen der Bevölkerung und Evaluierung der
Propagandakampagnen 268

7. *Die Mobilisierung des »Neuen Europa« gegen den
»Bolschewismus« 1943/44* 274
7.1. Der »Kurswechsel« zur Jahreswende 1942/43 274
7.1.1. Die »Hilfswilligen«-Aktion......................... 274
7.1.2. »Nationalkomitees« und »Volksarmeen«............... 281
7.1.3. Das veränderte Vorgehen: »Gleichberechtigte Partner«
im »Neuen Europa«................................. 291
7.2. Die Auswirkungen des »Kurswechsels« in Weißrussland –
Die »nationale Wiedergeburt Weißruthenien« 295
7.2.1. Die »Feiertage«: 1. Mai und 22. Juni 1943 298
7.2.2. Das Weißruthenische Jugendwerk 300
7.2.3. »Zentralrat«, »Heimatwehr« und »Nationalfeiertag«..... 307
7.3. Die »Rückkehr des Bolschewismus« – Steigerung der
Gräuelpropaganda 312
7.4. Agrarpropaganda: Die »Reprivatisierung des Bauernlandes«
und die »fachliche Aufklärungsarbeit«..................... 318
7.5. Die Weiterentwicklung der »Antipartisanenpropaganda« 322
7.5.1. Propaganda und Großoperationen 322
7.5.2. Die Verknüpfung von Partisanenbekämpfung und
Arbeitskräfteverschleppung......................... 329
7.5.3. Das »Wehrdorf«-Projekt 336
7.6. Propaganda und Arbeitskräfteerfassung 340
7.6.1. Neue Tendenzen der »Ostarbeiterwerbung«............ 340
7.6.2. »Kriegseinsatz der europäischen Jugend« und
»HEU«-Aktion..................................... 346
7.6.3. »Schanztage« und »Evakuierungen«.................. 350
7.7. Der Ausbau der »geistigen Betreuung« 354
7.8. Das Finale: Die Massenveranstaltungen zum 1. Mai und
22. Juni 1944 360
7.9. Die Beurteilung der »geistigen« Kriegführung nach
dem Rückzug 365

SCHLUSSBETRACHTUNG 369

Abkürzungsverzeichnis... 375

Quellen- und Literaturverzeichnis 379
    1. Archive... 379
    2 Gedruckte Quellen.................................. 381
    3. Zeitgenössische Schriften und Literatur vor 1945 383
    4. Literatur nach 1945.................................. 388
    5. Bildnachweis 412

Personenverzeichnis 412

Karte: Die Gliederung der Besatzungsverwaltung in
    Weißrussland zwischen Herbst 1941 und Herbst 1943.......... 418
Karte: Besatzungsverwaltung und Frontverlauf
    in Weißrussland 1944 419

Bildnachweis... 420

∗∗∗

Bildteil .... nach S. 200

VORWORT ZUR REIHE

»Der Krieg ist nichts als die Fortsetzung der politischen Bestrebungen mit veränderten Mitteln. [...] Durch diesen Grundsatz wird die ganze Kriegsgeschichte verständlich, ohne ihn ist alles voll der größten Absurdität.« Mit diesen Sätzen umriss Carl von Clausewitz im Jahre 1827 sein Verständnis vom Krieg als historisches Phänomen. Er wandte sich damit gegen die zu seiner Zeit und leider auch später weit verbreitete Auffassung, wonach die Geschichte der Kriege in erster Linie aus militärischen Operationen, aus Logistik, Gefechten und Schlachten, aus den Prinzipien von Strategie und Taktik bestünde. Für Clausewitz war Krieg hingegen immer und zu jeder Zeit ein Ausfluss der Politik, die ihn hervorbrachte. Krieg kann demnach nur aus den jeweiligen politischen Verhältnissen heraus verstanden werden, besitzt er doch allenfalls eine eigene Grammatik, niemals jedoch eine eigene Logik.

Dieser Einschätzung des Verhältnisses von Krieg und Politik fühlt sich »Krieg in der Geschichte« grundsätzlich verpflichtet. Die Herausgeber legen also Wert darauf, bei der Untersuchung der Geschichte der Kriege den Blickwinkel nicht durch eine sogenannte militärimmanente Betrachtungsweise verengen zu lassen. Doch hat seit den Zeiten Clausewitz' der Begriff des Politischen eine erhebliche Ausweitung erfahren. Die moderne Historiographie beschäftigt sich nicht mehr nur mit Außen- und mit Innenpolitik, sondern auch mit der Geschichte von Gesellschaft, Wirtschaft und Technik, mit Kultur- und Mentalitätsgeschichte und, nicht zuletzt, mit der Geschichte der Beziehungen zwischen den Geschlechtern. All die diesen unterschiedlichen Gebieten eigenen Aspekte haben die Geschichte der Kriege maßgeblich mitbestimmt. Die moderne historiographische Beschäftigung mit dem Phänomen Krieg kann deshalb nicht umhin, sich die methodologische Vielfalt der gegenwärtigen Geschichtswissenschaft zunutze zu machen. In diesem Sinne ist Krieg in der Geschichte offen für die unterschiedlichsten Ansätze in der Auseinandersetzung mit dem historischen Sujet.

Diese methodologische Offenheit bedeutet jedoch auch, dass Krieg im engeren Sinne nicht das alleinige Thema der Reihe sein kann. Die Vorbereitung und nachträgliche »Verarbeitung« von Kriegen gehören genauso dazu wie der gesamte Komplex von Militär und Gesellschaft. Von der Mentalitäts- und Kulturgeschichte militärischer Gewaltanwendung bis hin zur Alltagsgeschichte von Soldaten und Zivilpersonen sollen alle Bereiche einer modernen Militärgeschichte zu Wort kommen. »Krieg in der Geschichte« beinhaltet demnach auch Militär und Gesellschaft im Frieden.

Geschichte in unserem Verständnis umfasst den gesamten Bereich vergangener Realität, soweit sie sich mit den Mitteln der Geschichtswissenschaft erfassen lässt. In diesem Sinne ist »Krieg in der Geschichte« (abgekürzte Zitierweise: KRiG) grundsätzlich für Studien zu allen historischen Epochen offen, vom Altertum bis unmittelbar an den Rand der Gegenwart. Darüber hinaus ist Geschichte für uns nicht nur die vergangene Realität des sogenannten Abendlandes. »Krieg in der Geschichte« bezieht sich deshalb auf Vorgänge und Zusammenhänge in allen historischen Epochen und auf allen Kontinenten. In dieser methodologischen und thematischen Offenheit hoffen wir den spezifischen Charakter unserer Reihe zu gewinnen.

Stig Förster					Bernhard R. Kroener					Bernd Wegner

VORWORT

Das vorliegende Buch ist eine überarbeitete Fassung meiner Dissertation, die im April 2006 unter dem Titel »Die deutsche Propaganda gegenüber der Zivilbevölkerung im besetzten Weißrussland 1941-1944« am Fachbereich I der Technischen Universität Berlin eingereicht und im Juni desselben Jahres verteidigt wurde.

Viele Menschen haben zum Gelingen dieser Arbeit beigetragen. Mein Dank gilt an erster Stelle meinem Doktorvater Professor Dr. Wolfgang Benz, der meine Forschungen stets mit Geduld betreut und mir immer wieder mit Rat und Tat zur Seite gestanden hat. Auch mein Zweitgutachter Professor Dr. Bernhard R. Kroener hat meine Dissertation über Jahre hinweg aktiv und mit großem Wohlwollen unterstützt. Dafür danke ich ihm sehr.

Zu Dank verpflichtet bin ich auch den vielen Mitarbeiterinnen und Mitarbeitern in den von mir besuchten Archiven, die mich jederzeit kompetent und hilfsbereit unterstützt haben. Mein besonderer Dank gilt Dr. Bärbel Schindler-Saefkow, die mir bei den Archivreisen nach Moskau und Minsk eine unschätzbare Hilfe war, und meinen großzügigen Gastgeberinnen Walentina Makarowa (Minsk) und Ludmilla Woloshina (Moskau).

Zahlreiche Freundinnen und Freunde, Kolleginnen und Kollegen halfen mir mit Hinweisen, Kommentaren und Korrekturen. Dr. Christian Gerlach, der das Projekt begleitet hat und der die Mühe auf sich nahm, das vollständige Manuskript zu lesen, danke ich für seine anregende Kritik. Wertvolle Hinweise und vielfältige andere Hilfestellungen gaben mir außerdem Christoph Dieckmann, Dr. Dietrich Eichholtz, Dr. Jürgen Förster, Dr. Michael Gander, Dr. Rüdiger Hachtmann, Dr. Gudrun Hentges, Dr. Peter Jahn, Dr. Peter Klein, Paul Kohl, Dr. Kathrin Meyer, Dr. Martin Moll, Daniel Mühlenfeld, Armin Nolzen, Andreas Plake und Dr. Florian Schmaltz.

Zu großem Dank bin ich auch Heidemarie Kruschwitz verpflichtet, die mich bei der Überarbeitung der Dissertation tatkräftig unterstützte, das Manuskript lektorierte und sehr zu seiner Lesbarkeit beigetragen hat.

Ohne die großzügige finanzielle Unterstützung der Gerda Henkel Stiftung und der Hamburger Stiftung zur Förderung von Wissenschaft und Kultur, die mir Stipendien gewährten, wäre dieses Forschungsprojekt nicht möglich gewesen. Darüber hinaus stellten die Gerda Henkel Stiftung und die Geschwister Boehringer Ingelheim Stiftung dankenswerterweise Druckkostenzuschüsse zur Verfügung.

Zum Schluss, aber bestimmt nicht zuletzt danke ich meiner Familie, der ich einiges abverlangt habe. Die Hilfe, die mein Mann Mark Holzberger mir gewährte, ist kaum in Worte zu fassen. Geduldig und gut gelaunt hat er mir über Jahre hinweg immer wieder den »Rücken freigehalten«, mich und unsere Kinder wunderbar versorgt und zudem unzählige Textentwürfe gelesen und diese kritisch kommentiert. Ihm und unseren Kindern Pia Lou und Pit sei diese Arbeit gewidmet.

Berlin, 2008 *Babette Quinkert*

EINLEITUNG

1. Fragestellung und Forschungsstand

»In der Zeit vom 14.7.42 bis 15.7.42 wurde der Lautsprecherwagen der Staffel Weißruthenien im Gebiet Pleschtschenize, in welchem ein Regiment eine Aktion gegen das Bandenunwesen durchführte, eingesetzt. [...] Durch Abspielen von Märschen und russischen Liedern, durch Verteilen von Hakenkreuzfähnchen und Führerpostkarten wurde die Bevölkerung herangelockt und zutraulich gemacht. Über den Lautsprecherwagen wurde der Bevölkerung die tatsächliche Lage an den Fronten, insbesondere an der Ostfront, dargelegt und sie durch Aufrufe zur Mitarbeit am Aufbau des Landes und zur Bekämpfung des Bandenunwesens aufgefordert. [...] Zu Beginn der einzelnen Kundgebungen zeigte die Bevölkerung ein gewisses Misstrauen und Zurückhaltung, besonders dort, wo die an der Aktion beteiligte Truppe zu sichtbar in Erscheinung trat. Im Verlauf der propagandistischen Veranstaltung legte sich jedoch diese Einstellung. [...] Eine starke Nervosität machte sich bei der weiblichen Einwohnerschaft im Dorfe Saretschje bemerkbar, als aus dem Walde das Feuergefecht hörbar wurde!«[1]

Dieser Bericht einer Propagandaeinheit der Wehrmacht über ihren Einsatz im Rahmen einer militärischen Operation gegen – von den Deutschen als »Banden« diffamierte – vermeintliche oder tatsächliche Partisanen zeigt exemplarisch, wie eng Propaganda und Terror im besetzten Weißrussland miteinander verknüpft waren. Während der deutschen Besatzung starben hier 2,23 Millionen Menschen – etwa ein Viertel der Bevölkerung. In der zentralen Gedenkstätte im weißrussischen Chatyn symbolisiert eine ewige Flamme neben drei Birken diesen Verlust. 209 weißrussische Städte wurden von den Deutschen zerstört, 9.200 Dörfer verwüstet. In 628 Dörfern ermordeten die Besatzer sämtliche Einwohner. 186 Dörfer blieben bis heute von der Landkarte verschwunden, da nach dem Krieg niemand zurückkehrte, um sie wieder aufzubauen.[2] Dem systematischen Massenmord an der jüdischen Bevölkerung fielen etwa 500.000 Männer, Frauen, Kinder und Säuglinge zum Opfer.[3] Sie wurden zu Hunderten und Tausenden erschossen oder in zu diesem Zweck umgebauten Lastwagen mit Gas erstickt und in Massengräbern verscharrt. Auch die deutsche »Partisanenbekämpfung« kostete unzählige Menschenleben; Schätzungen gehen von einer Gesamtzahl von 345.000 Getöteten aus – etwa 90 Prozent von ihnen waren Zivilisten.[4] Allein bei

---

[1] Sonderbericht über den Lautsprecherwageneinsatz der Staffel Weißruthenien im Gebiet Pleschtschenize [14.-15.7.1942], Anlage 1 zu PAO, Stimmungsbericht Nr. 20, BA-MA RW 4/235, fol. 181 f.
[2] Vgl. Kohl 1995, S. 124 ff.; Gerlach 1999, S. 11.
[3] Vgl. Gerlach 1999, S. 743.
[4] Christian Gerlach schätzt, dass etwa 10 bis 15 Prozent der Opfer Partisanen waren, Werner Röhr geht von 5 Prozent aus. Gerlach 1999, S. 907; Röhr 1996, S. 203.

55 mit Militär- und Polizeieinheiten durchgeführten »Großunternehmen« ermordeten die Deutschen mindestens 150.000 Menschen, darunter 14.000 Juden.⁵ In vielen Fällen trieben sie die Bewohner ganzer Ortschaften zusammen, sperrten sie in Kirchen oder Scheunen und verbrannten sie bei lebendigem Leib. Die deutschen Besatzer brachten der weißrussischen Bevölkerung »Verzweiflung ohne Ende« – so die Worte von Anna Krasnoperko, die als Sechzehnjährige Ende 1941 aus dem jüdischen Ghetto in Minsk fliehen konnte und die den Krieg als Mitglied einer Partisaneneinheit überlebte.⁶

Angesichts einer Besatzungspolitik, die in einem kaum vorstellbaren Ausmaß von Massenverbrechen und Unmenschlichkeit gekennzeichnet war, werfen Berichte über den systematischen Einsatz von Propaganda gegenüber der Zivilbevölkerung eine Reihe von Fragen auf. Überraschend ist zunächst, dass es überhaupt solche Maßnahmen gegeben hat. Bis heute wird oftmals angenommen, dass beim Überfall auf die Sowjetunion im Juni 1941 keinerlei Planungen für eine psychologische – zeitgenössisch »geistig« genannte – Kriegführung gegenüber der sowjetischen Zivilbevölkerung vorlagen. Wenn, dann habe es bestenfalls »verspätete« Ansätze zu einer solchen gegeben, die jedoch am Widerstand und der ideologischen Starrköpfigkeit Hitlers und seines Umfeldes gescheitert seien. Damit verknüpft ist die Vorstellung, dass es mehrere *unvereinbare* Varianten bzw. Vorstellungen bezüglich der einzuschlagenden »Ostpolitik« gegeben habe – die Kolonisierungspläne Adolf Hitlers, die Dekompositionspolitik Alfred Rosenbergs und Reformforderungen innerhalb der Wehrmacht.⁷ Diese Einschätzung basiert ganz wesentlich auf den Selbstzeugnissen ehemaliger Beteiligter, in deren Verantwortungsbereich die Planung, Konzeption und Durchführung der »geistigen« Kriegführung bzw. Propaganda fiel. Ihre – wie zu zeigen sein wird – Legendenbildung diente letztlich vor allem dazu, sich von jeglicher Mittäterschaft und Schuld an den im Osten begangenen Verbrechen freizusprechen.

Die Beschäftigung mit der Frage, welche Bedeutung der Propaganda seitens der deutschen Besatzungsmacht zugemessen wurde, zeigt schnell, dass diese bereits in der Vorbereitungsphase des Krieges gegen die Sowjetunion ein integraler Bestandteil des Kriegführungskonzeptes war. Dies resultierte im Wesentlichen aus den nach dem Ersten Weltkrieg geführten Diskussionen um eine veränderte Bedeutung psychologischer Faktoren im Krieg. Bereits Mitte der 1930er Jahre lagen konzeptionelle Planungen für ein politisch-propagandistisches Vorgehen in einem möglichen Krieg mit der UdSSR vor. Sie beeinflussten im Frühjahr 1941 die konkrete Kriegsvorbereitung und sind *ein* wichtiges Motiv für die Formulierung der verbrecherischen Befehle. Um die Propagandaaktivitäten im besetzten Weißrussland nachzuvollziehen, sind eine Reihe grundlegender Fragen zu beantworten: Wer war für die Propaganda verantwortlich bzw. welcher institutionelle Apparat stand der deutschen Besatzungs-

---

⁵ Vgl. Gerlach 1999, S. 955-958.
⁶ Krasnoperko 1991, S. 27.
⁷ Vgl. u. a. Dallin 1981 [zuerst 1956], S. 6, 509-523, 693; Reitlinger 1960; Boelcke 1966, S. 167; Longerich 1987, S. 82; Mulligan 1988, S. 124; Umbreit 1999, S. 40; Zellhuber 2006, S. 20, 347 ff., 371 ff.; Piper 2007, S. 520-621.

macht zur Durchführung solcher Maßnahmen zur Verfügung? An wen richtete sich die Propaganda und mit welchen Inhalten? Welcher Mittel bzw. Medien bediente sie sich? In welchem Umfang fanden Propagandamaßnahmen statt? Lassen sich im Verlauf der Besatzungszeit Schwerpunkte, Veränderungen, Kontinuitäten oder Diskontinuitäten feststellen, und wenn ja, warum? Kann man Aussagen über die Wirkung der Propaganda machen?

Zu Beginn meiner Forschungen stand die Frage nach der Propaganda gegenüber der weißrussischen Zivilbevölkerung. Es stellte sich jedoch schnell heraus, dass sich dieser Aspekt nicht von der so genannten Überläuferpropaganda trennen lässt, die sich an vermeintliche oder tatsächliche Partisanen wandte. Diese richtete sich in der Anfangsphase nämlich noch gar nicht an organisierte Partisanen, sondern an als Zivilisten untergetauchte, versprengte Rotarmisten. Die später gegenüber den Partisanenkampfverbänden eingesetzten Flugblätter und Zeitungen wiederum waren gleichzeitig auch auf die Landbevölkerung ganzer Regionen ausgerichtet, über denen sie mit Hilfe von Flugzeugen abgeworfen wurden. Die Wirkung dieser Materialien auf die Zielgruppe Landbevölkerung – als vermeintliche Unterstützer der Partisanen – wurde von deutscher Seite immer bewusst mit einkalkuliert.

Zu deutschen Propagandamaßnahmen gegenüber der sowjetischen Zivilbevölkerung liegen bisher keine umfassenden Forschungsarbeiten vor.[8] Ende der 1970er Jahre widmete Ortwin Buchbender diesem Aspekt ein kurzes Kapitel seiner Arbeit, die sich mit der deutschen Propaganda gegenüber den Soldaten der Roten Armee beschäftigte.[9] Dabei übernahm der spätere leitende wissenschaftliche Direktor der Akademie der Bundeswehr für Information und Kommunikation in Strausberg weitgehend unkritisch die Sichtweise der auf deutscher Seite Beteiligten und erklärte sie schlicht zu »Opfer[n] der ›hohen Politik‹«. Mit einer Gleichsetzung von Tätern und Opfern relativierte er zugleich die Verbrechen der Besatzungsmacht: Die Propagandisten seien »wie die Bevölkerung im Osten ›zum Spielball der Verhältnisse‹ und damit ›zum Spielball der Politik‹« geworden.[10] Der Seewald Verlag, in dem Buchbenders Werk erschien, brachte die dahinter stehende apologetische Grundposition mit der Formulierung einer vermeintlichen »Tragödie der positiven und humanen deutschen Propagandapraxis im Konflikt mit den Methoden der Hitlerschen Ostpolitik« auf den Punkt.[11]

Zu kritischeren Bewertungen kamen einzelne Untersuchungen, die sich seit den 1990er Jahren mit dem Thema befassen. So wertete Kathrin Boeckh 1996 in einem Aufsatz die vom Reichsministerium für die besetzten Ostgebiete

---

[8] Mit deutschen Propagandaanstrengungen gegenüber den Zivilbevölkerungen des Gegners oder in besetzten bzw. verbündeten Territorien befassen sich G. Hoffmann 1972 (Niederlande); Wette 1982 (Ungarn/Rumänien/Bulgarien); Garçon 1983 (Frankreich/Filmpropaganda); Hirschfeld 1983 (Niederlande); Buchbender/Hauschild 1984 (Frankreich); Schmitt 1985 (Norwegen); Uzulis 1994 (Frankreich); ders. 1997 (Frankreich); Moll 1997a (Norwegen, Dänemark, Niederlande); Benz u. a. 1998; Meyer 1999 (Marseille); Augustinovic/Moll 2000a (Balkan); Moll 2001 (Serbien); K.-P. Friedrich 2001 (Polen); Jockheck 2006 (Polen).
[9] Vgl. Buchbender 1978, S. 263–288. Zu diesem Thema auch Wäntig 1988 und Gossens 1999.
[10] Buchbender 1978, S. 291.
[11] Ebd., Buchinformation des Verlages.

1943 herausgegebenen allgemeinen »Richtlinien für die Pressezensur in den besetzten Ostgebieten« inhaltlich aus.[12] Die Verfasserin der vorliegenden Arbeit legte einige Aufsätze zu den deutschen Propagandaaktivitäten vor.[13] In den letzten Jahren widmeten sich – insbesondere osteuropäische – Historikerinnen und Historiker verstärkt einer Untersuchung der von der deutschen Besatzungsmacht kontrollierten einheimischen Presse, vor allem unter dem Gesichtspunkt des Antisemitismus.[14] Eine umfassende Analyse der Propagandaaktivitäten gegenüber der Zivilbevölkerung in den besetzten sowjetischen Gebieten steht bisher jedoch aus. Die vorliegende Monographie will mit der beispielhaften Untersuchung einer zentralen Region dazu beitragen, diese Forschungslücke zu schließen.

Erleichtert wurde die Untersuchung durch eine Reihe von Quelleneditionen. Für die allgemeine deutsche Kriegspropaganda im Zweiten Weltkrieg sind die veröffentlichten Dokumente über die geheimen Pressekonferenzen im Reichsministerium für Volksaufklärung und Propaganda von besonderem Interesse,[15] ebenso die Reden bzw. Ausführungen führender Funktionsträger, die ebenfalls als Direktiven für die Propaganda gelesen werden können.[16] Auch die Erinnerungen, Berichte und Memoiren von Beteiligten bieten eine Fülle von Hinweisen, wobei allerdings deren apologetischer und exkulpatorischer Charakter berücksichtigt werden muss.[17] Eine Reihe von Spezialuntersuchungen befasst sich mit dem organisatorischen Aufbau des deutschen Propagandaapparates oder mit der Flugblattpropaganda an der Front.[18] Jutta Sywottek legte Mitte

---

[12] Boeckh 1996. Boeckhs Titel »Die deutsche Propaganda im ›Reichskommissariat Ukraine‹« ist irreführend, da sie sich im Wesentlichen auf das genannte Dokument konzentrierte.

[13] Vgl. Schlootz 1996; Quinkert 1999 [basierend auf der 1998 vorgelegten Diplomarbeit am Otto-Suhr-Institut der Freien Universität Berlin zum Thema »Propaganda und Okkupationspolitik in den besetzten Gebieten der Sowjetunion 1941 bis 1944. Das Fallbeispiel der Zwangsrekrutierung von ›Ostarbeitern‹ im Generalkommissariat Weißruthenien«]; dies. 2000; dies. 2007.

[14] Herzstein 1989 (Region Orel); Zhumar 1996 (Weißrussland); Ten' Kholokosta 1998; Nikitenkov 2000 (Brest); Klets 2002 (Dnepropetrovsk); Titarenko 2002 (Ukraine); Abramson 2003 (Ukraine); Tyaglyy 2004 (Krim).

[15] Boelcke 1966; ders. 1989.

[16] Zu den zeitgenössischen Publikationen und Einzeldokumentationen siehe Literaturverzeichnis, zentral u. a. Heiber 1962; ders. 1971; Domarus 1962/63; Jochmann 1980.

[17] Wedel, Wehrmachtpropaganda, in: BA-MA, RW 4/155 u. 157; ders. 1962; Martin 1973; Sommerfeldt 1952; K. Hesse 1950; Heller 1982; Schmidt-Scheeder 1977; Artikel der Zeitschrift »Die Wildente«. Mit selbstkritischer Sicht lediglich Ilse Schmidt 1999.

[18] Vgl. Wedel, Wehrmachtpropaganda, BA-MA, RW 4/155 u. 157; ders. 1962; Keilig 1959; Murawski 1962; J. Schröder 1965; Schnabel 1967; Bramstedt 1971; Kirchner 1972 ff.; ders. 1974; ders. 1976; Sündermann 1973; Boelcke 1974; ders. 1977; Buchbender/Schuh 1974; ders. 1983; Barkhausen 1982; Buchbender/Hauschild 1984; Comité 1980; Bucher 1986; Moll 1986; ders. 2001; Longerich 1987; Kohlmann-Viand 1991; Machnicki 1997; Meyer 1999; Uziel 2001; ders. 2001a; ders. 2002. Aus marxistischer Sicht vgl. Scheel 1965; ders. 1969; ders. 1970; ders. 1971; Kaiser 1962; Zazworka 1964; Huar 1968; Jackisch/Stang 1986; Stang 1980; ders. 1993; Francke 1987; Wäntig 1988. Mit Schwerpunkt Malerei und Grafik auch W. Schmidt 1999 und Veltzke 2005. Weitere Einzeluntersuchungen zur psychologischen Kriegführung einzelner Kriegsteilnehmer finden sich vor allem in der englischsprachigen Literatur, u. a. Linebarger 1948; ders. 1960; Cruickshank 1977; Zeman 1978; Balfour 1979; Beiträge in Welch 1983 und Short 1983. Eine ausgewählte Bibliographie – mit Schwerpunkt auf der englischsprachigen Literatur – bietet Cole 1997.

der 1970er Jahre eine grundlegende Untersuchung über die Mobilmachung der deutschen Bevölkerung für den Krieg vor.[19] Jay W. Baird untersuchte die Inhalte bzw. den ideologischen Gehalt der nationalsozialistischen Kriegspropaganda.[20] Mit dem Antisemitismus als einem zentralen Komplex derselben befassten sich David Bankier und Jeffrey Herf.[21] Verschiedene Aspekte der inneren Mobilisierung und »Homogenisierung« der deutschen Kriegsgesellschaft behandelt auch der vom Militärgeschichtlichen Forschungsamt herausgegebenen Band 9 der Reihe »Das Deutsche Reich und der Zweite Weltkrieg«.[22] Die Propaganda im Kontext des Überfalls auf die Sowjetunion wurde verschiedentlich thematisiert.[23] Insgesamt gesehen konzentrierte sich die Forschung jedoch hauptsächlich auf die Zielgruppen deutsche Zivilbevölkerung oder deutsche Soldaten, in jüngerer Zeit auch auf SS- und Polizeiverbände.[24] Neben den genannten Studien bot die allgemeine Literatur zum Krieg gegen die Sowjetunion und zur deutschen Besatzungspolitik wertvolle Hinweise.[25]

2. Quellen und methodische Fragen

Um die deutschen Propagandatätigkeiten im besetzten Weißrussland zu rekonstruieren, stehen zahlreiche Quellenbestände zur Verfügung. Diese sind jedoch aufgrund von Kriegsverlusten in der Regel sehr lückenhaft. Ausgewertet wurden die überlieferten Verwaltungsakten der militärischen und zivilen Zentralstellen, die an der Konzeptionierung, Planung und/oder Produktion der Propaganda beteiligt waren. Den militärischen Bereich betreffende Akten, hauptsächlich Akten der Abteilung Wehrmachtpropaganda (WPr) im Oberkommando der Wehrmacht, befinden sich im Bundesarchiv-Militärarchiv (BA-MA) in Freiburg im Breisgau.[26] Unter den zivilen Dienststellen waren vor allem das Reichsministerium für die besetzten Ostgebiete (RMO), das Reichsministerium für Volksaufklärung und Propaganda (RMVP) sowie das Auswärtige Amt von Interesse. Im Rahmen der vorliegenden Untersuchung wurden Akten des Ost- und des Propagandaministeriums im Bundesarchiv in Berlin-Lichterfelde (BA) gesichtet.[27] Ergänzt werden konnten diese durch eine inzwi-

---

[19] Sywottek 1976. Vgl. hierzu auch Bohse 1988; Linden/Mergner 1991.
[20] Baird 1974; ders. 1975.
[21] Bankier 1988; Herf 2004; ders. 2005.
[22] Echternkamp 2004 und 2004a. Hierin insbesondere die Beiträge von Jürgen Förster, Sven Oliver Müller, Jeffrey Herf, Birthe Kundrus und Aristotle A. Kallis.
[23] Speziell auf den Krieg gegen die Sowjetunion bezogene Propagandakampagnen untersuchten z. B. Fox 1982; Pietrow-Ennker 1989; Bennett 1990; Wette 1991; ders. 1994; ders. 1995; ders. 1996; Bussemer 2000.
[24] Zur psychologischen, ideologischen und propagandistischen Beeinflussung der deutschen Soldaten vgl. Messerschmidt 1969; Wette 1995; ders. 1996; ders. 2002; Janssen 2001; J. Förster 2002; ders. 2004. Zu SS- und Polizeiverbänden Matthäus 1999; ders. 2000; Matthäus/Kwiet/Förster 2003.
[25] Vgl. Literaturverweise in den jeweiligen Abschnitten und Literaturverzeichnis im Anhang.
[26] Hauptsächlich im Bestand RW 4.
[27] Über die Bestände des RMO (R 6) und des RMVP (R 55) hinaus wurden weitere Bestände – vollständig oder punktuell – herangezogen, z. B. Akten des Reichssicherheitshauptamtes (R 58)

schen zugängliche umfangreiche Überlieferung im Zentrum für die Aufbewahrung historisch-dokumentarischer Sammlungen in Moskau (»Sonderarchiv Moskau«).[28] Von besonderem Interesse waren auch Akten im Politischen Archiv des Auswärtigen Amtes (PA AA), da sie teilweise Lücken anderer Überlieferungen schließen.[29] So finden sich unter anderem einige grundlegende Planungsdokumente des Reichsministeriums für die besetzten Ostgebiete vom Frühjahr/Sommer 1941 nur hier.[30]

Darüber hinaus wurden für diese Forschungsarbeit Unterlagen der vor Ort beteiligten Institutionen ausgewertet. Da Weißrussland die längste Zeit der Besatzung zweigeteilt war – die östlichen Gebiete unterstanden einer Militärverwaltung, die westlichen einer dem Reichsministerium für die besetzten Ostgebiete unterstellten Zivilverwaltung – waren sowohl militärische als auch zivile Einheiten bzw. Abteilungen mit Propagandamaßnahmen befasst. Berichte der Militärverwaltung finden sich im Militärarchiv in Freiburg, als Splitter auch im Nationalarchiv der Republik Belarus (NAB) in Minsk sowie im Sonderarchiv Moskau (SoM).[31] Aufschlüsse über die Tätigkeiten der Zivilverwaltung boten in erster Linie die umfangreiche Überlieferung deutscher Verwaltungsakten im Nationalarchiv der Republik Belarus[32] und die Sammlungen des Belorussischen Staatsarchivs für Kino-, Foto- und Phonodokumente in Dsershinsk. Ergänzend wurden die in der Außenstelle des Bundesarchivs in Dahlwitz-Hoppegarten befindlichen Bestände zum Generalkommissariat Weißruthenien und zum Reichskommissariat Ostland hinzugezogen.[33] Die Propagandaabteilungen bei der zivilen Besatzungsbehörde wurden Ende 1943 aufgelöst und durch Propagandaämter ersetzt, die nunmehr dem Propagandaministerium unterstellt waren. Quellen zum Propagandaamt Minsk finden sich im Bundesarchiv Berlin (Lichterfelde und Dahlwitz-Hoppegarten), im Nationalarchiv der Republik Belarus und im Sonderarchiv Moskau.

Für die inhaltliche Analyse der Propaganda wurden einerseits die zentral in Berlin verfassten grundlegenden Richtlinien und Weisungen ausgewertet, andererseits die Materialien, die im besetzten Weißrussland zwischen 1941 und 1944 verbreitet wurden. Der Schwerpunkt lag dabei auf Printmedien, also Flugblättern, Plakaten, Broschüren und Zeitungen. Rundfunkmanuskripte und Filmbeschreibungen wurden zwar vereinzelt berücksichtigt, eine syste-

---

oder der NSDAP (NS 12, 18).

[28] Zum RMO vgl. Sonderarchiv Moskau (SoM), Fond 1358 (1069 Akteneinheiten), zum RMVP Fond 1363 (639 Akteneinheiten). Als wertvoll für diese Arbeit erwies sich zudem der Bestand zum sog. Sonderdienst »Vineta« (Fond 1370), einem der Abteilung Ost angegliederten Übersetzerstab.

[29] Insbesondere die Handakten des Vertreters des Auswärtigen Amtes (VAA) beim OKH (Hasso von Etzdorf), die Berichte der VAA bei den AOKs und die Unterlagen der Politischen Abteilung (Pol. XIII).

[30] Siehe hierzu Abschnitt 1.4. der vorliegenden Arbeit.

[31] Im NAB vgl. hierzu insbesondere den Bestand 411, der Akten der Rundfunkabteilung der PAW enthält. Im SoM finden sich einzelne Berichte im Bestand 1363. Des weiteren wurden auch Akten berücksichtigt, die im Archiv der Bundesbeauftragten für die Unterlagen des Staatssicherheitsdienstes der ehemaligen DDR, Berlin (BStU) eingesehen werden konnten.

[32] Vgl. NAB, Bestand 370 (mehr als 3.000 Akteneinheiten).

[33] BA-DH, Bestand R 90 bzw. 91. Siehe auch diverse diesbezügliche Akten in BA, R 6.

matische (und vergleichende) Analyse der Rundfunk- und Filmpropaganda war im Rahmen dieser Arbeit jedoch nicht möglich. Die Überlieferung des Propagandamaterials ist ausgesprochen lückenhaft, vor allem was die vor Ort produzierten Materialien betrifft. Nur teilweise finden sich Belegexemplare und/oder Übersetzungen als Anlagen zu den Tätigkeitsberichten der Propagandisten. Hinzugezogen wurden auch Materialien, die sich als Einzelexemplare in verschiedenen Archiven befinden, soweit sich deren Verteilung aus der Berichterstattung nachweisen ließ.[34]

Der Schwerpunkt der Analyse liegt auf den Aktivitäten der deutschen Seite. Gefragt wird, welche Maßnahmen der psychologischen Kriegführung die Besatzungsmacht plante und durchführte, welche Intentionen sie damit verfolgte und ob diese aufgingen. Die Gegenpropaganda des sowjetischen Kriegsgegners bzw. der Partisanenbewegung im besetzten Weißrussland wird zwar an verschiedener Stelle mit berücksichtigt, allerdings nur in so weit, als diese die konzeptionellen Diskussionen und die Ausrichtung der deutschen Propaganda nachweisbar beeinflussten. Eine systematische Einbeziehung der russisch-, weißrussisch- und polnischsprachigen Gegenpropaganda hätte den Rahmen der vorliegenden Arbeit gesprengt.

Ein grundlegendes methodisches Problem wirft die Frage nach der Wirkung der Propaganda auf. In der Medienwirkungsforschung sind die frühen Reiz-Reaktions-Schemata längst durch komplexere Deutungen abgelöst worden. Inzwischen geht man nicht mehr davon aus, dass es eine einheitliche Rezipientengruppe gibt, sondern eine Vielzahl von individuellen, sozialen und kulturellen Aspekten Einfluss auf die individuelle Rezeption von Medien ausübt.[35] Annäherungen an die Frage der Wirkung von Propaganda können Umfragen oder Statistiken über Medienkonsum u. ä. bieten – ein methodisches Herangehen, das im Falle der historischen Forschung jedoch auf enge Grenzen trifft, da in der Regel keine entsprechenden zeitgenössischen Erhebungen vorliegen. Zwar beinhalten die Tätigkeits- und Stimmungsberichte der für die Feindaufklärung zuständigen Ic-Offiziere und insbesondere der Propagandaeinheiten Angaben zu Reaktionen und Stimmungen innerhalb der Bevölkerung, allerdings sind diese nur sehr begrenzt brauchbar. Denn die Basis der dort enthaltenen Einschätzungen ist in den meisten Fällen nicht rekonstruierbar. Nur sehr selten finden sich Hinweise auf eine tatsächliche Befragung oder Gespräche mit nicht näher definierten Personengruppen; manche Berichte beruhen auf Informationen so genannter V-Leute, also »Vertrauens«-Personen der Deutschen. In den meisten Fällen ist jedoch davon auszugehen, dass die Berichterstattenden kaum verifizierbare Informationen hatten und ihre Stimmungseinschätzungen stark subjektiv eingefärbt waren, also in erster Linie ihre eigenen Vorurteile, Projektionen und Erwartungen widerspiegeln. Diese Vermutung

---

[34] Eine Übersicht über zentral in Berlin produzierte Materialien bietet das sog. Lagerverzeichnis der Abteilung Ost des RMVP, das den Propagandisten als Bestellliste diente (BA, R 55/1299). Plakatsammlungen finden sich im NAB, im Bundesarchiv in Koblenz und im Deutschen Historischen Museum (DHM).

[35] Zu Problemen der Medienwirkungsforschung allgemein siehe M. Jäckel 2005; Löffelholz 2004; Bussemer 2005; speziell zum Nationalsozialismus Longerich 1993, S. 311 f.

wird durch die Tatsache gestützt, dass Berichterstatter aus der gleichen Region und Zeitphase häufig zu grundsätzlich widersprüchlichen, wenn nicht gegensätzlichen Einschätzungen kamen. Zudem ist zu berücksichtigen, dass die an die vorgesetzten Dienststellen gerichteten Tätigkeits- und Stimmungsberichte Rechtfertigungscharakter hatten; die Berichterstatter mit ihren Schilderungen also bestimmte Interessen verfolgten (z. B. eigene »Erfolge« besonders hervorzuheben, »Mißerfolge« zu kaschieren).

Grundsätzlich ist deshalb festzuhalten, dass die vorhandenen Quellen *keine* auch nur einigermaßen wissenschaftlich fundierte Annäherungen an die Frage nach der Wirkung der deutschen Propaganda bei der Stadt- oder Landbevölkerung, der Intelligenz oder den Arbeitern, bei Frauen oder Jugendlichen, jüdischen, polnischen oder weißrussischen Bevölkerungsteilen zulassen. Nichtsdestotrotz bleiben die genannten Berichte eine wichtige Quelle. Auch wenn sie letztlich wenig über die tatsächliche Wirkung der Propagandamaßnahmen aussagen, so lassen sich ihnen doch – mit aller quellenkritischen Vorsicht – Hinweise auf allgemeine Reaktionen der Bevölkerung auf die deutsche Besatzungspolitik entnehmen. Außerdem enthalten sie die deutsche Selbsteinschätzung, also die Bewertung des vermeintlichen Erfolgs oder Misserfolgs der eigenen Propagandatätigkeiten.[36] Diese Ebene wird in der vorliegenden Studie besonders berücksichtigt, wobei durchgängig zu beachten ist, dass es sich um zeitgenössische deutsche Evaluationen handelt und *nicht* um objektive Aussagen über tatsächliche Reaktionen der Bevölkerung oder die Wirkung der Propaganda. Letzteres ist aufgrund der beschriebenen methodischen Probleme nicht zu leisten.

3. Begriffsklärung

Die Begriffe »Propaganda« und »psychologische«/»geistige« Kriegführung bedürfen einer näheren Erläuterung und Begriffsbestimmung. Propaganda – aus dem ursprünglich biologischen Terminus »propagare« (lat. ausstreuen, ausbreiten, fortpflanzen) abgeleitet – entwickelte sich im Laufe des 17. Jahrhunderts zum terminus technicus für christliche Missionsanstalten.[37] Er löste sich von diesem institutionell geprägten Verständnis erst im Laufe des 19. Jahrhunderts ab; ausgehend von der Französischen Revolution setzte der Begriff sich zunehmend als Bezeichnung für eine ideologische Werbung von unterschiedlichen politischen Gruppen durch. Um 1900 wurde er zudem mit der kommerziellen Ebene der Produktwerbung verknüpft. In den 1930er Jahren etablierte sich dann eine strikte Trennung der Begriffe Propaganda und Werbung. In Deutschland setzten vor allem die Nationalsozialisten eine Eingrenzung des ersteren auf die politische Sphäre durch. Von den allgemeinen

---

[36] Berücksichtigt man den Rechtfertigungscharakter der Berichte, dann kann man davon ausgehen, dass z. B. selbstkritische Einschätzungen über die schlechte Wirkung der deutschen Propaganda reale Tendenzen spiegeln.
[37] Zur Begriffsgeschichte Schieder/Dipper 1984.

Debatten um die Rolle der »Propaganda« in Politik und Krieg nach dem Ersten Weltkrieg ausgehend entwickelten die Nationalsozialisten ein spezifisches Verständnis von Propaganda – für sie waren die offene oder latente Gewaltandrohung und -anwendung ein integraler Bestandteil derselben.[38] »Propaganda und Terror sind niemals absolute Gegenpole«, so der nationalsozialistische Propagandatheoretiker Eugen Hadamovsky.[39] Nicht zufällig galt die SA bis 1934 als die »wirkungsvollste Propagandawaffe der Bewegung«.[40] Soweit der Begriff also in zeitgenössischen Quellen auftaucht, ist zu bedenken, dass »Propaganda« aus nationalsozialistischer Perspektive immer auch den »komplementären Faktor« Gewalt implizierte.[41] Für die vorliegende Arbeit ist dieser Aspekt von erheblicher Bedeutung.

Nach dem Zweiten Weltkrieg war der Begriff »Propaganda« im Westen negativ konnotiert. In der sozialistischen Terminologie blieb das Begriffspaar »Propaganda« und »Agitation«, das auf die Diskussionen der Arbeiterbewegung in der zweiten Hälfte des 19. Jahrhunderts zurückgeht, dagegen überwiegend positiv besetzt. In den letzten Jahren hat sich zunehmend eine neutrale Bewertung des Begriffs »Propaganda« durchgesetzt, der ein Mittel der Interessensartikulation bzw. einen selbstverständlichen Bestandteil moderner Gesellschaften umschreibt.[42] Doch auch »nach über siebzig Jahren systematisierender Bemühungen« – so Thymian Bussemer – gibt es bis heute »keine präzise und allgemein anerkannte Definition«, was Propaganda ist.[43] Dennoch ist eine solche für das vorliegende Buch unverzichtbar. Aus der Vielzahl von Definitionsangeboten wurde deshalb die von Gerhard Maletzke gewählt, der Propaganda definierte als »geplante Versuche [...], durch Kommunikation die Meinung, Attitüden, Verhaltensweisen von Zielgruppen unter politischer Zielsetzung zu beeinflussen«.[44] Im Folgenden umfasst der Begriff Propaganda alle Tätigkeiten der deutschen Besatzungsmacht, die darauf zielten, die weißrussische Zivilbevölkerung in ihrem Interesse zu beeinflussen, ob mit Zeitungen, Flugblättern, Plakaten, Broschüren, Rundfunksendungen und Filmen oder der Inszenierung von Festakten, Feiertagen, Umzügen, der Gründung einheimischer Organisationen u. ä.

Der Begriff der »geistigen« Kriegführung wurde 1933 im Umfeld der Deutschen Gesellschaft für Wehrpolitik und Wehrwissenschaften (DGWW) von

---

[38] Auf den engen Zusammenhang von NS-Propaganda und Terror/Gewalt verwiesen bereits Münzenberg 1937, S. 14 f. und Neumann 1998 (zuerst 1942), S. 505 f. Vgl. auch W. Hagemann 1948, S. 23; Arendt 1951, S. 241 f.; Zeman 1964, S. 6, 16 ff., 20 f., 26 ff., 33, 40, 53, 182; Bramsted 1971, S. 584 ff.; Longerich 1987, S. 72; ders. 1993, S. 309 ff.; Paul 1990, S. 41, 53 f.

[39] Hadamovsky 1933, S. 22. Die Wurzeln eines solchen Propagandaverständnisses finden sich bereits in den 1920er Jahren, z. B. bei Schönemann 1924, S. 30, 197. Vgl. auch Hitlers Ausführungen in »Mein Kampf«, insbesondere in den Kapiteln »Kriegspropaganda« und »Propaganda und Organisation«, ders. 1931, S. 193-204, 649-669.

[40] Goebbels 1934a, S. 110. Vgl. hierzu auch Hitlers Rede vor dem Reichstag v. 17. 5. 1933, Domarus 1962/63, S. 275.

[41] Longerich 1992, S. 313.

[42] Vgl. Bussemer 2005, S. 27 ff., 392. Siehe auch Daniel/Siepmann 1994, S. 7 ff.

[43] Bussemer 2005, S. 381. Vgl. insbesondere seinen Abschnitt »Definitionen von Propaganda«, ebd., S. 24-36, sowie Diesner/Gries 1996, S. IX ff.

[44] Maletzke 1972, S. 157.

dem Militärtheoretiker Karl Linnebach geprägt.⁴⁵ Nach dem Ersten Weltkrieg war dieser Bereich zunächst auch als »psychischer Krieg«⁴⁶ oder als »Propagandakrieg«⁴⁷ bezeichnet worden. Linnebach definierte den »geistigen Krieg« als den »mit geistigen Waffen durch Wort, Schrift und Bild geführten Kampf gegen den feindlichen Kampf- und Widerstandswillen und den in gleicher Weise geführten Kampf um die öffentliche Meinung«.⁴⁸ Dabei wurde zwischen drei zentralen Zielgruppen unterschieden: 1. der eigenen Bevölkerung und den eigenen Soldaten; 2. der Bevölkerung und den Truppen des Gegners sowie 3. der Weltöffentlichkeit. Das 1936 im Auftrag der DGWW herausgegebene »Handbuch der neuzeitlichen Wehrwissenschaften« beschrieb den »geistigen Krieg« als den »Kampf, den der Staat mit *geistigen Waffen* zur Stärkung des eigenen und zur Schwächung des feindlichen Ansehens in der Weltmeinung, zur Erhaltung und Steigerung der eigenen Wehrkraft und zur Herabminderung des feindlichen Widerstandswillens führt.«⁴⁹ Gegenüber dem Kriegsgegner und insbesondere dessen Zivilbevölkerung waren diese »geistigen Waffen« unlösbar mit dem gezielten Einsatz von Gewalt und Terror verknüpft.⁵⁰

Dieser enge Zusammenhang von gewalt- und nichtgewaltförmigen Mitteln zur Demoralisierung des Gegners prägte auch den in den USA in den 1940er Jahren etablierten Begriff »psychological warfare«.⁵¹ Paul M. A. Linebarger, US-Spezialist für den Bereich der psychologischen Kriegführung, definierte diese in den 1960er Jahren »im weiten Sinne« als die »Anwendung von Teilerkenntnissen der Wissenschaft, die man Psychologie nennt, für Zwecke der Kriegführung.«⁵² Im »engeren Sinne« umfasse sie »die Anwendung der Propaganda gegen den Feind in Verbindung mit solchen militärischen Kampfmaßnahmen, die die Propaganda ergänzen« könnten. Propaganda charakterisierte er dabei als die »organisierte Überredung durch nicht-gewalttätige Mittel«, den Krieg selbst als die »gewalttätige Form der Überredung«. Als Beispiel nannte Linebarger die Einäscherung einer japanischen Stadt durch amerikanische Bomber mit einem nachfolgenden Flugblattabwurf mit der Aufforderung zur Übergabe. Beides seien Teile eines »einzigen Vorgangs«, nämlich den, den

---

⁴⁵ Linnebach 1933, S. 3, 15. Linnebach war Mitarbeiter des Reichsarchivs und später der Kriegsgeschichtlichen Forschungsanstalt des Heeres sowie Chefredakteur der Zeitschrift »Wissen und Wehr«. Der Oberregierungsrat leitete in der DGWW die Arbeitsgemeinschaft »Kriegsphilosophie«. Vgl. G. Förster 1967, S. 28, Sywottek 1976, S. 269, Fn. 296.
⁴⁶ Soldan 1925, S. 92.
⁴⁷ Hierl 1941 [1929], S. 148; Schwarte 1931.
⁴⁸ Linnebach 1933, S. 3. In diesem Sinne auch Franke/Bertkau und Blau, die zusätzlich auf die mit der Propaganda zusammenhängenden Aspekte der Spionage und der Irreführung des Feindes verwiesen. Franke/Bertkau 1936, S. 196, Blau 1937, S. 41.
⁴⁹ Franke/Bertkau 1936, S. 105. Zu dieser Dreiteilung auch Ludendorff 1932; Banse 1934, S. 246; Blau 1935, S. 29 f.; ders. 1937, S. 41 f.; ders. 1939, S. 94 f. In den USA verwies Harold D. Lasswell bereits 1927 auf diese dreifache Ausrichtung, vgl. Bussemer 2005, S. 31, 281.
⁵⁰ Siehe hierzu insbesondere Abschnitt 1.1. der vorliegenden Arbeit.
⁵¹ Farago 1941; Linebarger 1948. In den USA wurden die theoretischen Konzepte und praktischen Maßnahmen der deutschen »geistigen« Kriegführung mit großem Interesse rezipiert. Vgl. ebd. Dallin benutzte Mitte der 1950er Jahre auch den Begriff der »politischen« Kriegführung, meinte damit aber vor allem politische, nichtgewaltförmige Maßnahmen. Vgl. Dallin 1981.
⁵² Linebarger 1960, S. 39.

Feind zur Aufgabe des Kampfes zu veranlassen.[53] In der deutschsprachigen Literatur wurde nach dem Zweiten Weltkrieg die gewaltförmige Seite der psychologischen Kriegführung oftmals ausgeblendet oder auch geleugnet.[54] In dieser Arbeit bezeichnen die Formulierungen »geistige« oder »psychologische« Kriegführung den gesamten Komplex nichtgewalt- *und* gewaltförmiger Mittel zur Beeinflussung des Gegners bzw. seiner Zivilbevölkerung. Dabei ist der Einsatz von Propagandamaterialien als *Teil*bereich der psychologischen Kriegführung zu betrachten.

4. Vorgehensweise

Da die psychologische Kriegführung gegen die Sowjetunion in der Kontinuität einer sowohl in Militärkreisen als auch in einer breiteren Öffentlichkeit in den Jahren nach dem Ersten Weltkrieg geführten Debatte um ein neues Kampfmittel im Krieg stand, wird in einem einleitenden Teil *Voraussetzungen* auf die Zwischen- bzw. Vorkriegsjahre sowie die Monate vor dem deutschen Überfall im Juni 1941 eingegangen. Dabei werden sowohl die für die Fragestellung wichtigsten theoretischen Diskussionslinien nachgezeichnet als auch die entsprechenden konkreten institutionellen Vorbereitungen vorgestellt. Von besonderer Wichtigkeit sind auch die konzeptionellen Studien, die in den 1930er Jahren bezüglich einer »geistigen« Kriegführung gegen die Sowjetunion ausgearbeitet wurden und ihre Konkretisierung in der unmittelbaren Kriegsplanung im ersten Halbjahr 1941. Dabei kann auch der Zusammenhang zwischen Konzepten der psychologischen Kriegführung und der Vorbereitung einer verbrecherischen Kriegführung gezeigt werden (Kapitel 1).

Ein zweiter Teil über *Struktur und Medien* stellt den Propagandaapparat im Krieg gegen die Sowjetunion bzw. die zentralen Institutionen sowie ihre Dienststellen im besetzten Weißrussland vor (Kapitel 2) und gibt einen Überblick über die Entwicklung der Mittel und Logistik der Propaganda von 1941 bis 1944 (Kapitel 3).

Ein dritter Teil *Inhalte, Funktion und Verlauf* befasst sich mit der Propagandapraxis im besetzten Weißrussland. Die inhaltliche Ausrichtung der Propaganda, ihre Funktion im besatzungspolitischen Kontext und ihre Modifizierungen zwischen 1941 und 1944 werden dargestellt. Der Einmarsch und die

---

[53] Ebd.
[54] So bei Buchbender/Schuh 1974; dies. 1983; Buchbender 1978; Kirchner 1976; ders. 1980. Eine Ausnahme bildet Foertsch, der allerdings noch selbst in die entsprechenden Debatten vor 1945 involviert war. Vgl. Foertsch 1939; ders. 1954. Aktuell haben die aufwändigen medialen Inszenierungen von Kriegen – insbesondere im Kosovo (1999), in Afghanistan (2001) und Irak (2003) – eine breite kommunikationswissenschaftliche Debatte ausgelöst, die sich auf die kritische Analyse medialer Legitimierung politisch-militärischen Handelns konzentriert (mit dem Schwerpunkt nach innen und gegenüber der Weltöffentlichkeit und weniger auf die Zielgruppe des Gegners bezogen). Angesichts der Anforderungen moderner Mediengesellschaften wird dieser Bereich nunmehr neutraler als »Krisen- und Kriegskommunikation« bezeichnet und die Versuche, diese zu beeinflussen, als »sicherheitspolitisches Kommunikationsmanagement«. Vgl. zu diesem Komplex Löffelholz 2004.

ersten Wochen der Besatzung vom 22. Juni bis etwa August 1941 waren quasi der Auftakt, bei dem ein im Vorfeld ausgearbeitetes Destabilisierungs- und Zersetzungskonzept zum Einsatz kam (Kapitel 4). Nach dessem erkennbaren Scheitern begann ab August 1941 eine schrittweise Anpassung des propagandistischen Vorgehens an die veränderten Bedingungen eines länger andauernden Krieges (Kapitel 5). Nachdem sich jedoch im Verlauf der Herbst- und Wintermonate die Defensive der deutschen Propagandakriegführung zugespitzt hatte, reagierte die Besatzungsmacht zur Jahreswende 1941/42 mit einer grundlegenden Modifizierung des Vorgehens. Das Jahr 1942 war von einem umfassenden Ausbau der Propagandatätigkeiten im Kontext einer »Propaganda der Tat« gekennzeichnet (Kapitel 6). Nachdem die Besatzungsmacht allerdings auch hierdurch ihre grundlegenden besatzungspolitischen Ziele nicht erreichen konnte, kam es zur Jahreswende 1942/43 nochmals zu einer weitreichenden Neuorientierung, welche die letzten anderthalb Jahre der Besatzung 1943/44 prägen sollte: die Kampagne zur Mobilisierung des »Neuen Europa« gegen den »Bolschewismus« (Kapitel 7).

I. VORAUSSETZUNGEN

1. Die psychologische Kriegführung als »Lehre« aus dem Ersten Weltkrieg

1.1. Die Debatte um den Krieg der Zukunft und die Rezeption durch Hitler und die NSDAP (1918-1939)

Der Erste Weltkrieg veränderte die Rolle der Zivilbevölkerung im Krieg grundlegend. Zivilisten stellten nicht nur die Kombattanten für die zahlenmäßig enorm gewachsenen Massenheere, sie mussten auch die Versorgung der Truppen und den Nachschub für die riesigen Materialschlachten sichern. Als die Entwicklung der Luftfahrt es ermöglichte, das Hinterland des Gegners anzugreifen, wurden sie zu einem eigenständigen Angriffsziel: während des Ersten Weltkrieges kam es erstmals zu Luftbombardements auf die städtische Zivilbevölkerung.[1] Vor diesem Hintergrund gewann die Frage ihrer propagandistischen Mobilisierung einen völlig neuen Stellenwert. In *allen* am Weltkrieg beteiligten Ländern befassten sich die militärtheoretischen Debatten in den Nachkriegsjahren mit dem Ineinandergreifen von militärischen, wirtschaftlichen und psychologischen Faktoren, um daraus »Lehren« für zukünftige Kriege zu ziehen.[2]

Gerade in Deutschland konzentrierte man sich dabei stark auf die psychologischen Fragen.[3] Dies hing in erster Linie mit der Wahrnehmung des Kriegsendes zusammen: Die »Dolchstoß«-Legende, mit der die Reichswehrführung von ihrer Verantwortung für die militärische Niederlage ablenken wollte, behauptete im Kern, dass das deutsche Heer militärisch siegreich gewesen sei und erst der »Todesstoß« aus der Heimat zur Niederlage geführt habe.[4] Einer ihrer

---

[1] Vgl. Kramer 2004, S. 288. Allgemein zum Aufweichen der Trennungslinie zwischen Militär und Zivilgesellschaft und den Folgen S. Förster 1999, S. 16 f., 27 ff. sowie die auf einer Konferenzserie zum Thema »Totaler Krieg« beruhenden Sammelbände Boemeke/Chickering/Förster 1999; Chickering/Förster 2000; Chickering/Förster 2003; Chickering/Förster/Greiner 2005.

[2] Allgemein zu den militärtheoretischen Nachkriegsdebatten in Deutschland G. Förster 1967, Deist 1989. Eine diesbezügliche Auswertung militärischer Fachpublikationen unternimmt Pöhlmann in S. Förster 2002. Entsprechende Untersuchungen zu Italien, Frankreich, Großbritannien, Belgien, der Schweiz und den USA finden sich ebd.

[3] Eine 1941 zusammengestellte und kommentierte Bibliographie zum Thema »German Psychological Warfare« nennt über 560 deutschsprachige Titel, die in ihrer großen Mehrzahl in den 1920er und 30er Jahren erschienen, vgl. Farago 1941, S. 63-129.

[4] Ludendorff 1919, S. 284. Zu Ursprung und verschiedenen Variationen der »Dolchstoß«-Legende Petzold 1963; Krumeich 2001. Beispiele verschiedener Facetten in der Militärpublizistik auch in: Pöhlmann 2002, S. 335 f.

prominentesten Vertreter, General Erich Ludendorff,[5] machte 1919 »Hungerblockade« und »feindliche Propaganda«, die »im engsten Zusammenhange standen«, für die Erschütterung »unsere[r] geistige[n] Kriegsfähigkeit« verantwortlich.[6] Er bezog sich damit auf die Propagandamaßnahmen der Alliierten, die unter der Führung Großbritanniens im letzten Kriegsjahr in einem bis dahin unbekannten Maße forciert worden waren. Millionen von Flugblättern und Zeitungen hatten sich an die deutschen Frontsoldaten sowie die Bevölkerung im Hinterland und in den von Deutschland besetzten Gebieten gerichtet.[7] Die Sichtweise, dass die alliierte Propaganda wesentlicher Mitverursacher der deutschen Niederlage gewesen sei, bildete einen wichtigen Impuls für die Diskussion über Formen und Methoden der Propaganda als Mittel der Politik, die in Deutschland in den zwanziger Jahren weit über Militärkreise hinausging.[8] Da die Rüstungsbeschränkungen des Versailler Vertrages der Wiederaufrichtung der militärischen Macht Deutschlands vorerst einen Riegel vorschoben, besann man sich verstärkt auf eine »geistige« Mobilisierung. Gerade die Situation, in der Deutschland »die Hände gebunden« seien, – so betonte der Militärpublizist George Soldan – erfordere es um so dringlicher, »*den Geist* zu gebrauchen«.[9] Von massenpsychologischen Theoremen beeinflusst, wurde Propaganda oftmals als ein Mittel betrachtet, mit dem man Bevölkerungsmassen fast beliebig manipulieren könne.[10] Mit ihrer Hilfe wollte man die »Zersplitterung« des »deutschen Volkes« überwinden, um so bessere Voraussetzungen für mittel- und langfristige außenpolitische Machtansprüche zu schaffen: »Die Waffe, der wir unterlegen sind – Die Waffe, die uns geblieben ist – Die Waffe, die uns den Wiederaufstieg erkämpft«.[11]

In den Augen der Militärs galten Kriege als unvermeidbarer Bestandteil der Geschichte und man ging grundsätzlich davon aus, dass eine propagandistisch/

---

[5] Ludendorff war ab 1916 Erster Generalquartiermeister in der Obersten Heeresleitung, während der letzten beiden Kriegsjahre de facto Leiter der militärischen Kriegführung.
[6] Ludendorff 1919, S. 285. Nicht die militärische, sondern die politische Führung habe versagt. Ebd., S. 3. In diesem Sinne auch Tirpitz 1927 [1919], S. 273-282; Bernhardi 1920, S. 5; Nicolai 1920, S. 139, 156, 159 f., 216-226 und Bauer 1921, S. 295 f. Ludendorffs Buch erregte viel Aufmerksamkeit und wurde breit rezipiert. In den 1930er Jahren wertete es die Abteilung Inland (später in die Abt. OKW/WPr integriert) in Hinsicht auf seine Lehren zur psychologischen Kriegführung aus. Siehe BA-MA, RW 4/238, fol. 3-18.
[7] Vgl. Felger 1938, S. 440 ff. Kriegspropaganda selbst war historisch nicht neu, zu frühen Formen z. B. Cilleßen 1997; Wild 1980; Keller 2003. Überblicksartig zu den verschiedenen Phasen der Mediennutzung im Krieg auch Löffelholz 2004, S. 13 ff.; Dominikowski 2004. Einen Überblick zur deutschen Kriegspropaganda im 19. Jh. enthält Uziel 2001, S. 19-22; zusammengefasst auch in ders. 2002, S. 302 f. Zu den Propagandaaktivitäten Deutschlands während des Ersten Weltkrieges siehe Welch 2000; konzentriert auf die Filmpropaganda Barkhausen 1982.
[8] Vgl. Schieder/Dipper 1984, S. 104-108. Grundlegend zum Wandel der »Öffentlichkeit« als Kategorie der bürgerlichen Gesellschaft Habermas 1969.
[9] Soldan 1925, S. 105, Hvg. im Orig. In diesem Sinne auch Hans von Seeckt, von 1919 bis 1926 Chef des Truppenamtes, ders. 1930, S. 11.
[10] Vgl. K. Hesse 1922, S. 186-191; Schönemann 1924, S. 30, 197.
[11] Verlagsempfehlung für das Buch von Edgar Stern-Rubarth, Die Propaganda als politisches Instrument, Berlin 1921, zit. nach: Plenge 1922, S. 12. Edgar Stern-Rubarth und Johann Plenge waren zwei der wichtigsten nichtmilitärischen Publizisten in dieser Debatte. Vgl. Schieder/Dipper 1984, S. 107.

psychologische Kriegsvorbereitung und -führung zukünftig noch an Bedeutung gewinnen würde. Ludendorff betonte 1919, dass sich zum »Kampf gegen die feindlichen Streitkräfte« nunmehr »das Ringen gegen den Geist und die Lebenskraft der feindlichen Völker« gesellt habe mit dem »Zweck, sie zu zersetzen und zu lähmen.«[12] Die Zukunftskriegszenarien der 1920er und 30er Jahren prophezeiten immer wieder Gas-, Spreng- und Brandbombenangriffe auf die Rüstungsindustrie und die städtische Zivilbevölkerung sowie »Hungerblockaden« in Kombination mit dem Einsatz massiver Propagandamaßnahmen.[13] Bisher geltende kriegsvölkerrechtliche Schutzbestimmungen schienen obsolet.[14] Auch wenn die von Soldan 1925 aufgeworfene These einer kriegs-*entscheidenden* Dominanz psychologischer und wirtschaftlicher Faktoren in einem zukünftigen Krieg sehr kontrovers diskutiert wurde, so war man sich im Kern darüber einig, dass in Zukunft »Waffen psychischer, geistiger, moralischer und seelischer Art« – so Max Schwarte, einer der einflussreichsten Fachautoren – eine unvergleichlich größere Rolle spielen würden.[15]

In Erwartung einer Kriegführung, die mit Hilfe einer gezielten, bisher völkerrechtlich geächteten Gewalt gegen die Zivilbevölkerung und deren zeitgleicher propagandistischer Beeinflussung operierte, galt es sich zu wappnen. Militärexperten forderten daher eine langfristige psychologische Vorbereitung der Bevölkerung auf einen zukünftigen Krieg als Bestandteil einer umfassenden Militarisierung der gesamten Gesellschaft.[16] Hierzu gehörte auch der Ruf nach einem starken »Führer«. Kurt Hesse forderte 1922 in seinem viel beachteten Buch »Der Feldherr Psychologos« einen genialen Führer – einen »Herrscher der Seelen« – sowie eine stärkere Verankerung der »psychologischen Lehren des großen Krieges« in der militärischen Ausbildung und eine »zielbewusste psychologische Schulung« der gesamten Bevölkerung.[17]

Auf der Tagesordnung stand aber nicht nur die eigene »Wehrhaftmachung«, sondern auch die Anwendung der »neuen« Kriegsmittel gegenüber zukünftigen Gegnern. Die mitunter in der Forschung vertretene These, dieser Aspekt habe nur eine nachgeordnete Rolle gespielt, ist zu kurz gegriffen.[18] Zwar finden sich in der deutschen Literatur nach dem Ersten Weltkrieg schwerpunktmäßig Studien zur Beeinflussung der eigenen Bevölkerung und der eigenen Soldaten.[19] Aber dies darf nicht darüber hinwegtäuschen, dass es aus Sicht der Militärs selbstverständlich sein musste, die zukünftig erwartete »Zersetzung der Widerstandskraft der Bevölkerung« auch als offensives Mittel der Kriegführung einzusetzen. Die oftmals »defensive« Rhetorik in den deutschen Publikationen

---

[12] Ludendorff 1919, S. 1.
[13] Vgl. Beiträge in S. Förster 2002; Chickering/Förster 2003; Pöhlmann 2002, S. 367-372 sowie exemplarisch Soldan 1925, S. 96-101; Schwarte 1931, S. 11-20.
[14] Vgl. Soldan 1925, S. 94; Schwarte 1931, S. 34 f. Zur Entwicklung des Kriegsvölkerrechts Kramer 2004, S. 281 ff.
[15] Vgl. Soldan 1925, S. 91-99; Schwarte 1931, S. 27 (Zitat), 34, 38, 40, 51, 58 f. Zu Soldan und Schwarte sowie deren Bedeutung vgl. Pöhlmann 2002, S. 329, 343.
[16] Hierzu auch Deist 1989, S. 88.
[17] K. Hesse 1922, S. 210, 213. Vgl. auch Pöhlmann 2002, S. 353.
[18] So z. B. Uziel 2001, S. 5 f.
[19] Vgl. Scherke/Vitzthum 1938; Farago 1941; Vogel 1941.

ist in erster Linie der Kritik der Abrüstungsbestimmungen des Versailler Vertrages geschuldet. Man analysierte diesen Teil der Kriegführung anhand der gegnerischen Praxis im Ersten Weltkrieg und verfolgte die aktuellen Entwicklungen in diesen Ländern. Die Hinweise auf deren besondere Aggressivität, Völkerrechtswidrigkeit etc. dienten vor allem der Präsentation Deutschlands als eines von dieser Entwicklung abgeschnittenen Opfers, dem auch noch die letzten Möglichkeiten des Aufbaus einer Selbstverteidigung genommen worden waren.[20]

Die Frage der Behandlung des Gegners durchzieht die Debatte denn auch wie ein roter Faden. Ludendorff beklagte ausdrücklich das angebliche Versagen der politischen Führung in Bezug auf die »zweite große Aufgabe der Kriegführung«, nämlich »die Leitung des Kampfes gegen die feindlichen Heimatfronten.« Seiner Meinung nach hätte Deutschland »dieses mächtige Kriegsmittel« offensiv nutzen und der gegnerischen Bevölkerung größtmögliches physisches Leid zufügen sowie systematisch Propaganda einsetzen müssen.[21] Gerade die enge Verzahnung dieser Mittel hielt Ludendorff für optimal, was sich auch in seinem bedauernden Hinweis ausdrückte, dass Deutschland »eine mächtige Hilfswaffe der Propaganda« gefehlt habe, nämlich die »Hungerblockade gegen die Bewohner der feindlichen Länder.«[22]

In der Regel implizierten solche Klagen über die vermeintlichen »Versäumnisse« Deutschlands im Weltkrieg die Forderung, es beim nächsten Mal besser zu machen. Soldan warnte 1925 davor, zukünftig »die Wirkung des psychischen Vergiftungskrieges« zu unterschätzen: Nachdem nun einmal die »gewaltige Wirksamkeit dieser Kriegsarten« – der psychischen und der wirtschaftlichen Kriegführung – entdeckt worden sei, »wird selbstverständlich jeder zukünftige Konflikt sich ihrer in weit reichendstem Maße bedienen«.[23] Und Schwarte ging Anfang der 1930er Jahre ganz selbstverständlich davon aus, dass in einem kommenden Krieg neben dem »Kampf um die Seele des Volkes« auch »der Kampf gegen die Seele des gegnerischen Volkes oder vielmehr der anderen Völker dauernd weitergeht«. Für ihn stand fest, dass keine »zielbewusste Kriegsleitung [...] in Zukunft auf diese Kampfmittel aus moralischen Bedenken verzichten« würde.[24] Ebenso wie die Stabilisierung der eigenen Bevölkerung sollte auch die Demoralisierung und Zersetzung der gegnerischen Bevölkerung nicht erst im Krieg beginnen, sondern bereits im Vorfeld einer militärischen Auseinandersetzung – ein Aspekt, den Schwarte auf den Begriff »Krieg im Frieden« brachte.[25]

Die sich ab Ende der zwanziger Jahre etablierende so genannte Wehrwissenschaft betrachtete dementsprechend die Vorbereitung einer offensiven psychologischen Kriegführung als eines ihrer zentralen Arbeitsgebiete. Der

---

[20] Vgl. u. a. Schwarte 1931, S. 4, 28 f.
[21] Ludendorff 1919, S 2 f. (Zitate). Siehe auch ebd., S. 300 sowie ders. 1922, S. 99-104, 187-195.
[22] Ludendorff 1919, S. 3.
[23] Soldan 1925, S. 94.
[24] Schwarte 1931, S. 28 f., 44.
[25] Schwarte widmete dieser Frage ein eigenes Kapitel, vgl. ders. 1931, S. 41-48. Vgl. auch Ludendorff 1919, S. 289 f., ders. 1922, S. 52, Soldan 1925, S. 105 ff.

Geograph Ewald Banse, neben Karl Haushofer einer der wichtigen Vertreter einer der Kriegsvorbereitung und -führung dienenden Geopolitik,[26] definierte die »Wehrwissenschaft« 1932 als »die Lehre von den Ländern und Völkern, [...] von ihrer Räumlichkeit und Wirtschaftsleistung, von ihrer Verkehrskraft und ihrer Psychologie zum Zwecke der Erzeugung möglichst günstiger Vorbedingungen zukünftiger, um das Dasein des eigenen Volkes zu führender Kriege.«[27] Einen wichtigen Zweig dieser »Lehre« stellte die »Völkerpsychologie« dar, die den Regierungen Kenntnisse über die »seelische Struktur« der Bevölkerung des eigenen, der feindlichen und der neutralen Länder vermitteln und die Grundlage für eine gezielte Propaganda legen sollte. Das Ziel war es, die Kriegsbereitschaft und das Durchhaltevermögen der eigenen Bevölkerung zu stärken bei gleichzeitiger »seelische[r] Zermürbung des Feindvolkes« und »Gewinnung der Neutralen«, damit diese »gegen den Feind Front machen«. Die »Völkerpsychologie« – so Banse – würde »in Gestalt der Propaganda im eigenen und fremden Volke unmittelbar zu einer Waffe«.[28]

Die geschilderten Debatten prägten auch jenen Mann nachhaltig, der seine politische Laufbahn als Propagandist bei der Reichswehr begonnen hatte.[29] Adolf Hitlers Herrschaftskonzept basierte auf einer Kombination von Terror (»brutale Säuberung des Vaterlandes von seinen Feinden im Innern«) und Propagandamaßnahmen (»Erziehung der Nation«), mit der er die deutsche Bevölkerung auf einen kommenden Krieg vorbereiten wollte.[30] Mit diesen zwei Mitteln meinte Hitler »die Masse« beliebig beherrschen und lenken zu können.[31] Eugen Hadamovsky, der »führende Theoretiker der nationalsozialistischen Propaganda und Diktator des deutschen Rundfunks«,[32] sprach 1933 von einem »Prinzip der einheitlichen Willensbildung durch abgestufte Anwendung von Propaganda und Gewalt«.[33] Die nationalsozialistischen Vorstellungen waren nicht nur von der zeitgenössisch populären reaktionären Massenpsychologie und der Entwicklung der kommerziellen Werbung geprägt, sondern ebenfalls von den Diskussionen um die Rolle der Kriegspropaganda.[34]

---

[26] Sywottek 1976, S. 15 f.
[27] Banse 1934, S. 246.
[28] Ebd., S. 249 f. Siehe auch S. 265, 283.
[29] Vgl. Kershaw 2002, Bd. 1, S. 151 ff.
[30] Zitate aus Denkschrift »Zweck und Aufgabe der Arbeitsgemeinschaft Kampfverbände« v. 19. 4. 1923, abgdr. in: Jäckel/Kuhn 1980, S. 905. Propaganda und Terror schrieb Hitler seinen »jüdischen« und »marxistischen« Gegnern zu, die er nunmehr mit ihren eigenen, aber verbesserten Mitteln schlagen wollte. Vgl. exemplarisch ebd., S. 702 ff., 1064 ff.
[31] Vgl. Hitler 1931, S. 44 f., 654.
[32] So bezeichnete ihn 1944 Franz Neumann, ders. 1998, S. 505. Hadamovsky war u. a. Reichssendeleiter, Direktor der Reichsrundfunkgesellschaft und Stabsleiter der Reichspropagandaleitung der NSDAP.
[33] Hadamovsky 1933, S. 22. Zum Propagandaverständnis der Nationalsozialisten siehe auch Einleitung der vorliegenden Arbeit.
[34] Auf die wichtigen Einflüsse von Kriegspropaganda, Massenpsychologie und moderner Reklame wies bereits Willi Münzenberg hin, ders. 1937, S. 12 f., 20 f., 167 f., 184 f., 257 ff. Vgl. auch Paul 1990, S. 30-34. Zum Einfluss der kommerziellen Werbung Voigt 1975; Behrenbeck 1996.

Nicht zufällig entwickelte Hitler seine Prinzipien am Vorbild der englischen Kriegspropaganda.[35]

Die Erfahrungen des Ersten Weltkrieges hätten gezeigt – so Hitler Mitte der 1920er Jahre in »Mein Kampf« –, »zu welch ungeheuren Ergebnissen eine richtig angewendete Propaganda zu führen vermag«. Wie Ludendorff kritisierte er das »vollständige Versagen« der deutschen Seite bei der psychologischen Kriegführung, deren Versäumnisse der Gegner mit »unerhörter Geschicklichkeit und wahrhaft genialer Berechnung« ausgenutzt hätte. Die deutsche Kriegspropaganda sei »in der Form ungenügend« und »im Wesen psychologisch falsch« gewesen. Für Hitler stellte Propaganda »im Kriege ein Mittel zum Zweck« dar, das auch von deutscher Seite unbedingt hätte zur Anwendung kommen müssen.[36] Spätestens in den frühen dreißiger Jahren befasste er sich auch mit der Frage einer offensiven psychologischen Kriegführung gegenüber dem Gegner. Er ging davon aus, dass dieser bereits im Frieden mit allen Mitteln innerlich demoralisiert und dann mit einem einzigen Schlag vernichtet werden müsse. Dabei schloss Hitler massive Luftangriffe, Handstreiche, Terror, Sabotageakte, Attentate von innen, die Ermordung führender Politiker ebenso wenig aus wie den Bruch des Völkerrechts und die Gleichbehandlung von Militär und Zivilbevölkerung. Die Spaltung, Lähmung und Verwirrung des gegnerischen Willens im Vorfeld und während des Krieges mit Propaganda und Terror – dies sollte nach Hitler eine zukünftige deutsche Kriegführung charakterisieren.[37]

Auch andere führende NS-Politiker, wie Joseph Goebbels, Heinrich Himmler, Hermann Göring oder Alfred Rosenberg, waren stark von den Debatten um

---

[35] In zwei Kapiteln von »Mein Kampf« – »Kriegspropaganda« und »Propaganda und Organisation« – entwickelte Hitler jene Grundsätze der Propaganda, die zur »Propaganda-Doktrin« der NSDAP werden sollten: die rein zweckmäßige Ausrichtung, der gefühlsmäßige Appell und Volkstümlichkeit, Einseitigkeit, Beschränkung auf wenige Punkte und deren schlagwortartige und beharrliche Wiederholung. Vgl. Hitler 1931, S. 193-204. Allgemein zur nationalsozialistischen Propaganda Zeman 1964; Welch 1983; ders. 1993; Paul 1990; Longerich 1993; Sösemann 2002 (leider ohne Fußnotenapparat). Zur NS-Pressepolitik Abel 1968; J. Hagemann 1970; Kohlmann-Viand 1991.

[36] Hitler 1931, S. 193 f., 196. Hitler, der in der Regel nie auf seine Ideengeber hinwies, sprach 1924 von dem von ihm »vergötterten General«, der als einziger den Zusammenhang von Front und Heimat sowie die Bedeutung eines von der gesamten Nation getragenen »fanatischen Willen[s] zum Sieg« erkannt habe. Ludendorff habe »in seinem Werk ›Kriegführung und Politik‹ zum erstenmal klar [darauf] hingewiesen, wo in Deutschland praktisch die Niederlage zu suchen war.« Zit. nach: Jäckel/Kuhn 1980, S. 1078 f. Während seiner Haftzeit in Landsberg las Hitler zudem u. a. die Kriegsmemoiren deutscher und alliierter Generäle und Staatsmänner, vgl. Kershaw 2002, Bd. 1, S. 298.

[37] Vgl. Rauschning 1973, S. 9-17, 71, 199 f. Obwohl man Rauschnings Aufzeichnungen nicht als wörtliche Zitate Hitlers auslegen kann, ist davon auszugehen, dass die wesentlichen Inhalte der Gespräche korrekt wiedergegeben wurden. Zur Interpretation der Aufzeichnungen Rauschnings vgl. Schieder 1972 sowie die Einführung Markus Pykas in der Neuausgabe des Buches. Buchbenders Einschätzung, Hitler habe sich nach der Abfassung von »Mein Kampf« bis 1939 nicht mehr mit Theorie und Praxis der Propaganda im Krieg befasst (ders. 1978, S. 15), überzeugt nicht. Als Gegenbeispiel auch Hitlers Rede vor der Presse am 10. 11. 1938, abgedr. in: Treue 1958, S. 181-191.

die neue Relevanz einer psychologischen Kriegführung beeinflusst.[38] Auf dem Parteitag der NSDAP 1929 referierte deren »Wehrexperte«, Konstantin Hierl, über die »Kriege unserer Zeit«:

> »Der Kampf richtet sich nicht nur gegen die Streitkräfte, sondern auch unmittelbar gegen die Quelle der kriegerischen Kraft, das Volk in der Heimat. Die Luftwaffe weitet den Kriegsschauplatz bis an die Grenzen des Flugbereichs der Flugzeuge, sie richtet sich nicht nur gegen die Kämpfer und Kampfanlagen, sondern auch gegen die Arbeiter und die Werkstätten, gegen das ganze Volk und alle Einrichtungen seines Lebens. *Zum Krieg mit den Waffen tritt der Wirtschaftskrieg*, der darauf abzielt, dem Feinde die wirtschaftlichen Mittel zum Kampfe und zum Leben zu entziehen. Zum Waffen- und Wirtschaftskrieg kommt schließlich der *Propagandakrieg*, der den Kriegswillen und die seelische Widerstandskraft des feindlichen Volkes lähmen soll.«[39]

Hierl wies außerdem darauf hin, dass das »Ringen um den Sieg« bereits lange vor einer militärischen Auseinandersetzung in der »Vorbereitung auf den Krieg« beginnen würde und gerade hier »geistige und seelische Kräfte entscheidend« seien.[40]

Vor dem Hintergrund, dass sich die Auffassungen zwischen Militär und NSDAP in ihren Grundzügen deckten, ist es nicht verwunderlich, dass das Jahr 1933 keine Zäsur in den militärtheoretischen Diskussionen darstellte. Die Machtübernahme verbesserte allerdings die Bedingungen für die praktische Umsetzung der diskutierten Konzepte deutlich. Die Vorstellungen Hitlers zur Wiederherstellung der Kriegsfähigkeit der deutschen Bevölkerung, die er wenige Tage nach seiner Ernennung zum Reichskanzler am 3. Februar 1933 bei einer ersten Besprechung den Befehlshabern der Reichswehr vortrug, stießen bei diesen auf ausgesprochen positive Resonanz und führten in den nächsten Jahren zu einer Vielzahl von systematischen Maßnahmen zur »Wehrhaftmachung des Volkes«.[41] In Militärkreisen war man sehr zufrieden mit den von den Nationalsozialisten forcierten innenpolitischen Anstrengungen und wandte sich schon bald der Frage der Kriegführung gegenüber zukünftigen Gegnern zu. Die Zeitschrift »Wissen und Wehr«, das Zentralorgan der 1933 gegründeten und außerordentlich einflussreichen »Deutschen Gesellschaft für Wehrpolitik und Wehrwissenschaften« (DGWW),[42] teilte ihren Lesern im

---

[38] Vgl. exemplarisch Himmler, Vortrag über Wesen und Aufgabe der SS und der Polizei, in: Nationalpolitischer Lehrgang der Wehrmacht v. Januar 1937, PS-1992(A), IMT, Bd. 29, S. 206-234. Zu Göring und Rosenberg Seraphim 1956, S. 69 f., 83, 86 ff.
[39] Hierl 1941 [1929], S. 148 f. Hvg. im Orig.
[40] Ebd., S. 157.
[41] Vgl. handschriftl. Aufzeichnungen des Gen.Lt. Liebmann, zuerst abgedr. in: Vogelsang 1954, S. 434 f.; Wirsching 2001. Entsprechende Pläne hatte Hitler bereits am 4. 12. 1932 in einem Brief an Reichenau angekündigt. Vgl. Vogelsang 1959, S. 437. Zur Interessensübereinstimmung zwischen Hitler und Reichswehr Wette 1989, S. 144. Zur Umsetzung Messerschmidt 1969; ders. 1982a; Sywottek 1976; J. Förster 2004.
[42] Zur DGWW, die am 28. 6. 1933 aus der Wehrwissenschaftlichen Arbeitsgemeinschaft (Wewia) hervorging, vgl. Kolmsee 1966; Sywottek 1976, S. 68; Pöhlmann 2002, S. 327. Zur Vortrags- und Publikationstätigkeit der DGWW Kleine Wehrkunde 1934; Durch Wehrhaftigkeit zum Frieden 1934; Wehrfreiheit 1935; Volk und Wehrkraft 1936.

August 1933 mit: »Um die innere Festigung der Front brauchen wir uns seit dem 30. Januar nicht mehr zu sorgen; mit freiem Rücken können wir den Blick nach außen wenden.«[43]

Die Flut von Publikationen, Studien sowie geheimen Denkschriften, in denen die propagandistischen Erfahrungen des Ersten Weltkrieges ausgewertet wurden und die der Frage nachgingen, welcher Nutzen daraus bezüglich eines künftigen Krieges gezogen werden könne, ebbte auch nach 1933 nicht ab.[44] In diesem Zeitraum wurden zwei zentrale Begriffe geprägt, welche die debattierten Phänomene definieren sollten: »totaler Krieg« und »geistige Kriegführung«.[45] Ersterer etablierte sich in der deutschsprachigen Diskussion Anfang 1934.[46] Nachdem 1935 Ludendorffs Schrift »Der totale Krieg« erschienen war, wurde der Begriff zu einem – auch über Militärkreise hinaus – populären Schlagwort.[47] Dr. Albrecht Blau, der bedeutendste Theoretiker der psychologischen Kriegführung in den dreißiger Jahren,[48] schrieb 1937, dass der totale Krieg sich offenbare: »a) in der Totalität der Beteiligung aller Schichten der Bevölkerung am Kriege, b) in der Totalität der Erfassung aller Daseinsgrundlagen eines Volkes, c) in der Totalität der Führung und der Anwendung aller Mittel des Krieges.« Das bedeute, dass »neben den *Kampf mit physischen Mitteln*, also neben die Waffenführung, auch die Mittel der *wirtschaftlichen* und der *geistigen Kriegführung* zu treten haben.«[49]

Wie in den zwanziger und frühen dreißiger Jahren rechnete man damit, dass der kommende Krieg »keine Schonung gegenüber dem feindlichen Volk« kennen werde.[50] Zur »Brechung des gegnerischen Willens« würden »geistige« Waffen ebenso eingesetzt werden wie gezielter Terror – insbesondere durch Luft-

---

[43] Schriftleitung, An unsere Leser, in: Wissen und Wehr 14, 1933, S. 385, zit. nach: Pöhlmann 2002, S. 337.
[44] Vgl. Sywottek 1976, S. 64 ff.; Pöhlmann 2002, S. 327-332. Siehe auch die Ende 1938 herausgegebene »Bibliographie der geistigen Kriegführung«, Scherke/Vitzthum 1938.
[45] Zum Begriff »geistige Kriegführung« siehe Einleitung der vorliegenden Arbeit.
[46] Vgl. Pöhlmann 2002, S. 346-351. Der Präsident der DGWW, Friedrich von Cochenhausen, sprach im Mai 1934 bei der Eröffnung der Hauptversammlung vom »Zeitalter des totalen Krieges«. Cochenhausen 1934a, S. 15.
[47] Ludendorff 1935. In Militärkreisen war Ludendorff aufgrund seiner zunehmend fast paranoide Züge annehmenden völkischen Ideologie bereits isoliert. Die Militärpublizistik ignorierte seine Schrift weitgehend, obwohl seine Thesen durchaus Eingang in die Diskussion fanden. Vgl. Pöhlmann 2002, S. 349-351. Zu Ludendorffs Kriegstheorie vgl. auch Wehler 1969.
[48] So Uziel 2002, S. 311. Blau, geb. am 6. 11. 1885 in Berlin, Kriegsteilnehmer im Ersten Weltkrieg, studierte nach seiner Entlassung aus der Armee Volkswirtschaft und Psychologie und arbeitete mehrere Jahre am Institut für Zeitungskunde. 1930 trat er in das Psychologische Laboratorium des Reichswehrministeriums ein und war vier Jahre als Leitender Heerespsychologe beim Wehrkreiskommando III tätig. 1932 promovierte er zum Dr. Ing. [Der Inseratenmarkt der deutschen Tageszeitungen, Blau 1932] und wurde 1934 als Major (E) in die Wehrmacht aufgenommen. Vgl. BDC, RKK 2101, Box 0102, File 11. Etwas abweichende Angaben bei Farago 1941, S. 105 f.; Uziel 2001, S. 33; ders. 2002, S. 312. 1936. Blau war aktives Mitglied in der Arbeitsgemeinschaft Wehrpsychologie der DGWW (Kolmsee 1966, Bd. 2, S. 2 f.; Sywottek 1976, S. 68, Fn. 40) und wurde 1935 mit der Leitung der neu gebildeten Gruppe Völkerpsychologie im RKM betraut, die im April 1939 in der Abteilung WPr des OKW aufging. Siehe hierzu Abschnitt 1.2. der vorliegenden Arbeit.
[49] Blau 1937, S. 40. Hvg. im Orig. Entsprechend Blau 1939, S. 93 f.
[50] Taysen 1936, S. 173.

angriffe.⁵¹ Diskutiert wurde jedoch über das Verhältnis beider Vorgehensweisen zueinander: Neben Befürwortern eines entsprechenden Einsatzes der Luftwaffe zur Unterstützung der »geistigen« Kriegführung finden sich auch skeptische Stimmen, die davor warnten, die Wirkung von Luftangriffen zu überschätzen.⁵² Diese beriefen sich vor allem auf Erfahrungen im Spanischen Bürgerkrieg (1936-1939), der – wie andere zeitgenössische Kriegsschauplätze – systematisch beobachtet und ausgewertet wurde.⁵³ Man ging davon aus, dass gerade in Spanien die »geistigen« Waffen – nach innen, gegenüber dem Gegner und gegenüber der Weltöffentlichkeit – eine besonders wichtige Rolle spielen würden. Der Bürgerkrieg wurde zum Experimentierfeld, auf dem man auch durch aktive Teilnahme erste eigene praktische Erfahrungen sammeln konnte. So entsandte die Antikomintern, eine nachgeordnete Dienststelle des Propagandaministeriums, Mitarbeiter nach Spanien, die Material der »roten Seite« sammelten und die antirepublikanischen Kräfte General Francos mit Fachwissen unterstützten.⁵⁴ Man experimentierte auch mit dem Einsatz von geheimen, also getarnten Rundfunksendern.⁵⁵ Die »Legion Condor« wurde von Propagandisten begleitet und einige der in Spanien – aber auch in Abessinien – eingesetzten zivilen Korrespondenten wurden nach 1939 in den Propagandaeinheiten der Wehrmacht tätig.⁵⁶

Obwohl der Militärtheoretiker Waldemar Erfurth 1940 zu der Einschätzung kam, dass Spanien gezeigt habe, dass hier »die Moral der Bevölkerung nirgends durch Luftangriffe gebrochen worden« sei,⁵⁷ blieben Terrorangriffe auf die Zivilbevölkerung eine Option der psychologischen Kriegführung. Karl Pintschovius, Verfasser bedeutender Schriften zum Thema und ebenso wie Blau zunächst Mitarbeiter der Gruppe Völkerpsychologie im Psychologischen Laboratorium des Reichskriegsministeriums und später der Abteilung Wehr-

---

⁵¹ Vgl. Linnebach 1933, S. 17; Taysen 1936, S. 173 f.; Blau 1937, S. 10 f., 24 f.; ders. 1939, S. 193.
⁵² Vgl. Franke 1936, S. 474. Siehe auch Pöhlmann 2002, S. 370.
⁵³ Vgl. u. a. Reichskriegsminister und Oberbefehlshaber der Wehrmacht, Nr. 160/37 g. Kdos. J II a, 24. 5. 1937, Anlage Vortrag des RMVP »Die propagandapolitische Lage und Erfahrungen aus dem spanischen Bürgerkrieg«, BA-MA, WF 04/36180, fol. 76 ff.; Vortragsmanuskript v. Blau, »Die Entwicklung der Propaganda als Waffe«, [etwa 1937/38], BA-MA, RW 4/238, fol. 19-63; Vertrauliche Studie der Wehrmachtsakademie vom April 1938, »Welche Erfahrungen können wir aus dem italienisch-abessinischen Krieg und aus dem spanischen Bürgerkrieg für die Organisation und die Tätigkeit der eigenen und die Bekämpfung der feindlichen Propaganda vor und während des Krieges ziehen?«, BA-MA, WF 07/3162; Oberstleutnant Dr. Hesse, Jn 1/V., an J., z. Hd. Major von Wedel, 18. 4. 1939, BA-MA, RW 4/239, fol. 50. Grundsätzlich zur Rolle der Medien im Spanischen Bürgerkrieg Asholt u. a. 2008.
⁵⁴ Vgl. RMVP, Referat II/2 (Dr. Taubert) an Abteilung IV B im Hause, 10. 10. 1938, BDC, RKK 2025, Box 0063, File 09 (Peter Wiebe); zu Maria de Smeth Quinkert 2007. Zur direkten Unterstützung Francos vgl. Querschnitt durch die Tätigkeit des Arbeitsgebietes Dr. Taubert (Antibolschewismus) des RMVP bis zum 31. 12. 1944, BA, R 55/450, fol. 68; Taubert, Der antisowjetische Apparat des deutschen Propagandaministeriums, BA, Kl. Erw. 617, fol. 6 f. Zur Antikomintern siehe auch Abschnitt 2.2. der vorliegenden Arbeit.
⁵⁵ Vgl. Wagenführ 1937; Buchbender/Hauschild 1984.
⁵⁶ Vgl. Wildente 27/1965, S. 54 ff.; Scheel 1965, S. 454, Fn. 43; Düsterberg 1993; Quinkert 2007. Zum Experimentierfeld Spanien für die Kriegsberichterstattung vgl. Schmitt-Sasse 1988; für die Truppenbetreuung Vossler 2005, S. 77.
⁵⁷ Erfurth 1940, S. 132.

machtpropaganda im OKW, sah 1942 die Aufgabe von »Fernfeuer und Luftangriffe[n]« auf die Rüstungsindustrie darin, zugleich den »Boden zu schaffen für den geistigen Angriff«: »Jede Bombe, die in eine Industriestadt hineinfällt, wirkt sich auf zwei Schauplätze des Krieges zugleich aus: im Wirtschaftskrieg, indem sie den Produktionsprozeß schwächt oder behindert, im Krieg der Nerven, indem sie Unmut und Misstrauen fördert.«[58]

Grundsätzlich war unumstritten, dass Propaganda ein unverzichtbarer Bestandteil der zukünftigen Kriegführung sein müsse[59] – wobei diese Auffassung durch die technischen Entwicklungen im Rundfunkbereich (aber auch beim Film und Fernsehen) noch bestärkt wurde.[60] Der Chef des Wehrmachtsamtes, Generalmajor Walter von Reichenau, ließ Mitte 1935 keinerlei Zweifel aufkommen, dass das »Handwerkszeug der Propaganda [...] für den Kriegsfall vorbereitet liegen« müsse – auch wenn er in Reaktion auf die Soldanschen Thesen zugleich betonte, dass die »wirkungsvollste Propaganda [...] die Tat, der kriegerische Erfolg« sei.[61] Im März 1937 wurden die Aufgaben der Propaganda wie folgt definiert:

> »Die Propaganda (der Kampf mit der Idee) geht dem Kampf mit der Waffe voraus. Sie unterstützt hierbei die politische Führung darin, möglichst günstige Vorbedingungen für den Einsatz der Waffe zu schaffen. Bei Kriegsausbruch vollzieht sie die geistige Einstellung des Volkes auf den Kriegszustand und erleichtert so die Mobilmachung. Nach Eintritt der Kampfhandlungen unterstützt sie den Kampf mit der Waffe. Ihr Wirkungsfeld ist das eigene Volk, der Feind und die Neutralen.«[62]

Ein Jahr später betonte der Chef des OKW, General Wilhelm Keitel, dass es »keine *rein* militärische Strategie« gebe.[63] Der Krieg würde zukünftig »mit allen Mitteln« geführt werden, »nicht nur mit der Waffe, sondern auch mit den Mitteln der Propaganda und der Wirtschaft.« Er richte sich »gegen die feindliche Wehrmacht, gegen die materiellen Kraftquellen des Feindes und die seelischen Kräfte seines Volkes.« Die militärische Ebene galt zwar als zentral, man räumte jedoch ein, dass Propaganda- und Wirtschaftskrieg »umso kriegsent-

---

58 Pintschovius 1942, S. 63 f. Vgl. auch ders. 1934; ders. 1936; ders. 1942; ders. 1942a.
59 Vgl. Linnebach 1933, S. 16; Franke/Bertkau 1936, S. 105; Fellgiebel 1936, S. 503, 510; Blau 1937, S. 41, 74; Foertsch 1939, S. 132-139; Schockel 1939, S. 47 f.; Erfurth 1940, S. 130 ff.; Pintschovius 1942, S. 206; Hierl 1941 [1929], S. 156.
60 Vgl. Fellgiebel 1936, S. 507. Der Verweis auf die technische Entwicklung nach 1918 als Argument für die wachsende Bedeutung der psychologischen Kriegführung findet sich auch bei Ludendorff 1935, S. 5 und Blau 1937, S. 56 f.
61 Protokoll der 10. Sitzung des Arbeitsausschusses des Reichsverteidigungsrats v. 26. 6. 1935, Dok. EC-405, IMT, Bd. 36, S. 431.
62 Reichskriegsminister und Oberbefehlshaber der Wehrmacht, 10. 3. 1937, Vorläufige Richtlinien für eine Zusammenarbeit der Wehrmacht mit dem Reichsministerium für Volksaufklärung und Propaganda und seinen nachgeordneten Dienststellen, i. A. Keitel, BA-MA, WF 04/36180, fol. 68-70. Das Dokument wurde in 170facher Ausfertigung an die einzelnen Wehrmachtgliederungen – überliefert ist das Anschreiben an das OKM – mit der Bitte um Stellungnahme versandt.
63 Abhandlung des Chefs des OKW v. 19. 4. 1938 über »Die Kriegführung als Problem der Organisation« mit dem Anhang »Was ist der Krieg der Zukunft?«, Dok. L-211, IMT, Bd. 38, S. 37. Hvg. im Orig.

scheidender« werden könnten, je länger der Krieg andauere.⁶⁴ Wenig später legte ein Grundsatzpapier fest, dass »Wirtschafts- und Propagandakrieg« nicht erst mit dem »Waffenkrieg« beginnen würden, sondern »als politisches Kampfmittel in Friedenszeiten schon als Vorläufer des Waffenkrieges« anzusehen seien. Mit Kriegsbeginn würden sie »ihre Form und Gestaltung zum rücksichtslosen Einsatz« verstärken. Die Propaganda sei aufgrund der technischen Entwicklung zu einem »wesentlichen und planmäßig anzusetzenden Kampfmittel« geworden, das »positiv (werbend) oder negativ (zersetzend)« eingesetzt werden könne.⁶⁵

Militärtheoretisch ergaben sich also nach 1933 nur wenig Veränderungen, auch wenn wichtige Begriffe wie »totaler Krieg« oder »geistige Kriegführung« in dieser Zeit geprägt wurden. Der grundlegende Bedeutungswandel der psychologischen Kriegführung wurde in Militärkreisen breit rezipiert und mit dem Übergang zur offenen Aufrüstung ab 1935 in grundlegende Leitlinien gefasst. Parallel hierzu begannen auch die praktischen und institutionellen Vorarbeiten für die zukünftige »geistige« Kriegführung gegenüber dem Gegner.

1.2. Praktische und institutionelle Vorbereitungen

Zu den konkreten Vorarbeiten für eine offensive »geistige« Kriegführung gehörte unter anderem die von der »Wehrwissenschaft« geforderte »seelische« Erkundung des potentiellen Gegners. »Die Aufgabe der Propaganda im Kriege ist es, beim Gegner die Querfronten aufzureißen, so dass sie ihm wichtiger werden als der Kampf nach außen und seine Kriegführung lähmen« – so formulierte es Major Alfred von Wrochem Mitte der dreißiger Jahre.⁶⁶ Hierzu müsse man die »inneren Spannungen beim Gegner« kennen und bereits in Friedenzeiten die »Psychologie der voraussichtlichen Gegner bloßlegen, um alle Spaltungsstellen zu kennen«.⁶⁷ Mit diesem Aufgabenfeld befasste sich unter anderem das 1929 gebildete Psychologische Laboratorium im Reichswehrministerium,⁶⁸ bei dem spätestens 1936 die Gruppe »Völkerpsychologie« unter

---

⁶⁴ Ebd. 49 f. In diesem Sinne auch Hierl 1941 [1929], S. 156; Erfurth 1940, S. 135.
⁶⁵ OKW/J (Pr) D 1, Nr. 335/38 g. Kds., 27. 9. 1938, Grundsätze für die Führung der Propaganda im Kriege (Abschlussbericht über den Lehrgang der Presse- und Zensuroffiziere im OKW, 30. 8.-3. 9. 1938), BA-MA, RH 19 XVI/8, fol. 145.
⁶⁶ Protokoll der 10. Sitzung des Arbeitsausschusses des Reichsverteidigungsrats v. 26. 6. 1935, Dok. EC-405, IMT, Bd. 36, S. 410-437. Wrochem war Leiter des RV[Reichsverteidigungs]-Referats im RMVP, Mitarbeiter der DGWW, und als Autor in den Diskussionen der zwanziger Jahre hervorgetreten mit einem Buch über die »Planmäßige Zersetzung des deutschen Volkes«, vgl. Wrochem [1925]. Zum Reichsverteidigungsrat, der die Aufgabe hatte, alle Maßnahmen der Kriegsvorbereitung zu leiten und zu koordinieren, siehe Meinck 1956.
⁶⁷ Protokoll der 10. Sitzung des Arbeitsausschusses des Reichsverteidigungsrats v. 26. 6. 1935, Dok. EC-405, IMT, Bd. 36, S. 429.
⁶⁸ Ab 1935 Reichskriegsministerium. Vgl. Sywottek 1976, S. 65; Uziel 2001, S. 38. Die militärische Leitung lag bei Oberst von Voss, die wissenschaftliche bei ORR Dr. Max Simoneit. Schwerpunktmäßig bestand der Aufgabenbereich des Psychologischen Laboratoriums, dessen Personal in der Regel aus Psychologen bestand, in der Entwicklung von Kandidatentests, der Behandlung

der Leitung Albrecht Blaus eingerichtet wurde.[69] Für ihn gehörte die »Erkundung und die Bewertung der moralischen Kräfte [...] des Gegners« – neben der des eigenen Volkes, der eigenen Streitkräfte und der Neutralen – zu einer der wichtigsten Aufgaben einer »geistigen« Kriegführung.[70] Aus dem Psychologischen Laboratorium sind unter anderem drei wichtige »Untersuchungen« überliefert, die sich mit der Tschechoslowakei und der Sowjetunion befassen.[71] Der Analyse der psychologischen Kriegführung auf zeitgenössischen Kriegsschauplätzen widmete sich auch die 1935 geschaffene Wehrmachtsakademie, deren Ziel es war, Generalstabsoffiziere und höhere Beamte der Reichsressorts in »Fragen des totalen Krieges auszubilden und Wehrmachtprobleme weiter fortzuentwickeln.«[72] Sie verfasste unter anderem im April 1938 eine vertrauliche Studie unter dem Titel »Welche Erfahrungen können wir aus dem italienisch-abessinischen Krieg und aus dem spanischen Bürgerkrieg für die Organisation und die Tätigkeit der eigenen und die Bekämpfung der feindlichen Propaganda vor und während des Krieges ziehen?«. Der Untertitel stellte klar, dass sich die »Überlegungen [...] dabei in erster Linie auf den Teil der Propaganda zu erstrecken [haben], der für die militärische Kriegführung von unmittelbarer Bedeutung« sei.[73]

Neben solchen Ausarbeitungen begann man Mitte der dreißiger Jahre auch mit dem Aufbau eines Apparates, der die »geistige« Kriegführung im Krieg durchführen sollte. Dabei übernahm das Propagandaministerium eine Vorreiterrolle. Bereits im Juni 1935 hatte man hier begonnen, an technischen Planungen für den Abwurf von Propagandamaterial aus Flugzeugen zu arbeiten und spezielle Trupps von Kriegs-, Bild- und Filmberichterstattern für die Front vorzubereiten.[74] Diese Vorarbeiten mündeten gut ein Jahr später in einem ersten praktischen Versuch.[75] Bei den Herbstmanövern 1936 stellte das Propagandaministerium eine so genannte Propaganda-Einsatz-Stelle mit 60 zivilen

---

psychologischer Probleme von Militärangehörigen, der theoretischen Auseinandersetzung mit psychologischer Beeinflussung und Training für den Krieg sowie allgemein der Psychologie der Propaganda.

69 Einzelne Referate befassten sich mit Großbritannien und den nordischen Staaten; Osteuropa; den Balkanstaaten; Frankreich, Italien und den Kolonien (vor allem den ehemaligen deutschen Gebiete Afrikas), vgl. Wedel, Wehrmachtpropaganda, Teil I, BA-MA, RW 4/155, fol. 13.

70 Blau 1935, S. 41 f.

71 Vgl. zur UdSSR Völkerpsychologische Untersuchung Nr. 5 (2. 11. 1935) und 6 (2. 12. 1935), BA-MA, RH 2/981, fol. 98-120 (siehe hierzu Abschnitt 1.3. der vorliegenden Arbeit); Völkerpsychologische Untersuchung Nr. 7: Die Tschechoslowakei. Darstellung des Staatsgebietes und der Wesensart seiner Bevölkerungsgruppen, 17. 12. 1935, BA-MA, RW 6/104, fol. 31-51.

72 Abhandlung des Chefs des OKW v. 19. 4. 1938 über Organisationsprobleme der Kriegführung und verwandte Fragen, mit einem Anhang über den »Krieg der Zukunft«, Dok. L-211, IMT, Bd. 38, S. 44.

73 Studie in BA-MA, WF 07/3162.

74 Vgl. Bericht Major von Wrochems [RV(Reichsverteidigungs)-Referat im RMVP] über die »wichtigsten Maßnahmen zur Vorbereitung der Propaganda im Kriege«, Protokoll der 10. Sitzung des Arbeitsausschusses des Reichsverteidigungsrats v. 26. 6. 1935, Dok. EC-405, IMT, Bd. 36, S. 430.

75 Noch 1935 war bei der für die Presse- und Propagandaarbeit der Wehrmacht zuständigen Gruppe III der Abteilung Inland ein Sonderreferat gebildet worden, das die Koordination mit dem Referat Wrochems übernommen hatte. Leiter des Sonderreferats waren Hauptmann Hiel-

Fachkräften auf, die sich auf je eine Gruppe Wort-, Bild-, Film- und Rundfunkberichterstatter sowie technische Hilfskräfte verteilten.[76] Ein Jahr später folgte ein weiterer Versuch mit einer personell aufgestockten und besser ausgerüsteten Propaganda-Einsatz-Stelle.[77] Entsprechend den ausgegebenen »Richtlinien für die Propagandaarbeit im Wehrmachtsmanöver 1937« wies der Leiter der Einsatzstelle, Dr. Eberhard Taubert (später Leiter der Abteilung Ost in Goebbels' Ministerium), den einzelnen Zügen fünf Aufgabengebiete zu. Sie sollten erstens für das Ministerium sowie für den eigenen Bedarf Material von der Front beschaffen, zweitens die im Frontabschnitt oder auf eventuell erobertem und besetztem Territorium befindliche Bevölkerung propagandistisch beeinflussen, drittens von der Armee gefordertes Material zur Information der Truppe beschaffen, viertens die Propaganda gegenüber den feindlichen Truppen, der gegnerischen Etappe und dem Hinterland und fünftens gegenüber den Gefangenen durchführen. Zum Einsatz kamen Flugblätter, Rundfunk und Lautsprecherwagen.[78]

Die genaue Zuständigkeitsabgrenzung zwischen Propagandaministerium und Wehrmacht war bei den zwei Manövereinsätzen 1936 und 1937 noch ungeklärt. Erste Kooperationsverhandlungen fanden im Frühjahr 1937 statt,[79] blieben aber ohne Resultat. In den »Richtlinien für die Zusammenarbeit zwischen Wehrmacht und Reichsministerium für Volksaufklärung und Propaganda in Fragen der Kriegspropaganda« vom 3. Mai 1938 schlug das OKW Goebbels dann eine endgültige Eingliederung der Propagandaeinheiten in die militärische Struktur vor. Der Nachfolger Wrochems, Major Bruno Wentscher, der auf Vorschlag des OKW am 15. Juli 1938 vom Propagandaministerium mit der Leitung des Referates Reichsverteidigung (RV) betraut wurde, überarbeitete diese Richtlinien geringfügig und gibt an, dass sich die Beteiligten Ende Juli auf die neue Fassung einigten.[80] Diese Vereinbarungen, die

---

scher und ab 1938 Hauptmann Rolf Kratzer. Zur Vorgeschichte und Entwicklung der Abteilung Inland vgl. Uziel 2001, S. 35-49.

[76] Vgl. Murawski 1954, S. 25 ff.; Scheel 1965, S. 447; Uziel 2001, S. 62-65. Der Initiator dieses ersten Versuchs war Erich Murawski, der in den 1950er Jahren dann zum Leiter des Koblenzer Bundesarchivs avancierte. Die »Rundfunkpropagandaformation« leitete Eugen Hadamovsky, vgl. Daten des Pressedienstes zu Reichssendeleiter Hadamovsky v. 15. 5. 1942, SoM, 1363-1-66, unfol.

[77] Das RMVP stellte einen Stab von insgesamt 103 Personen auf, unter denen sich neben hochrangigen Vertretern des Ministeriums auch eine ganze Reihe von Personen befanden, die später im Krieg gegen die UdSSR wichtige Funktionen im Bereich der psychologischen Kriegführung übernahmen. Vgl. RMVP, Referent für Landesverteidigung [Wrochem] Nr. 281/37 g., an RKM, Abteilung Inland, Pressegruppe, 25. 8. 1937, Anlage: Liste mit Personen, die im Rahmen der Einsatzstelle eingesetzt werden, BA-MA, RW 6/142, fol. 49-60.

[78] Vgl. die Unterlagen der Propaganda-Einsatzstelle in BA-MA, RW 4/812, unfol.

[79] Reichskriegsminister und Oberbefehlshaber der Wehrmacht, 10. 3. 1937, Vorläufige Richtlinien für eine Zusammenarbeit der Wehrmacht mit dem Reichsministerium für Volksaufklärung und Propaganda und seinen nachgeordneten Dienststellen, BA-MA, WF 04/36180, fol. 68-70.

[80] Bericht Bruno Wentscher, Referent für Reichsverteidigung im RMVP, über seine Tätigkeit v. 15. 7. 1938-31. 1. 1940, BA-MA, RW 4/243, fol. 5-8 RS. Das genaue Gründungsdatum des RV-Referats im RMVP, das mit Mobilmachungsarbeiten innerhalb des Ministeriums betraut war, ist nicht bekannt. Uziel gibt 1933 als Gründungszeitraum an (ders. 2001, S. 58), Francke vermutet 1937 (ders. 1987, S. 12). Vermutlich wurde es spätestens mit dem »Wehrgesetz« v. 21. 5. 1935

Major Hielscher, der Leiter Ia Prop. in der Abteilung Landesverteidigung, auf einem Lehrgang der Presse- und Zensuroffiziere Ende August 1938 vorstellte, wurden Ende September vom OKW an einen breiten Verteiler verschickt.[81]

Goebbels sollte »im Krieg wie im Frieden verantwortlich die gesamte Propaganda« führen, allerdings mit drei Einschränkungen, die das unmittelbare Operationsgebiet betrafen: Erstens war die Wehrmacht allein verantwortlich für die Einwirkung auf ihre Soldaten – wobei das Propagandaministerium auf Anforderung das entsprechende Material wie Informationsstoff, Frontzeitungen, -rundfunk, -kinos und -theater zur Verfügung stellen sollte. Zweitens wurde bestimmt, dass die »aktive Propaganda im Kampfgebiet«, das hieß die Propaganda gegenüber der Zivilbevölkerung und der feindlichen Truppe, von den militärischen Dienststellen mit Hilfe der ihnen unterstellten Propagandaeinheiten geleitet würde.[82] Inhaltliche Weisungen Goebbels' konnten vom jeweiligen Armeeoberkommando (AOK) den militärischen Möglichkeiten und Erfordernissen angepasst werden.[83] Und drittens war vorgesehen, dass die »in der feindlichen Wehrmacht und Arbeiterschaft zu betreibende Aufwiegelung« eine genuin militärische Aufgabe sei, die nicht unter den Begriff Propaganda falle.[84] In jedem Falle sollte aber eine möglichst enge Kooperation zwischen Wehrmacht und Propagandaministerium sicherstellen, dass letzteres auch die

---

    eingerichtet, weshalb Wrochem im Juni 1935 als »Referent für die R.V.« des RMVP auftrat. Protokoll der 10. Sitzung des Arbeitsausschusses des Reichsverteidigungsrats v. 26. 6. 1935, Dok. EC-405, IMT, Bd. 36, S. 412.

[81] OKW/J (Pr) D 1, Nr. 335/38 g. Kds., 27. 9. 1938, Grundsätze für die Führung der Propaganda im Kriege, Abschlussbericht über den Lehrgang der Presse- und Zensuroffiziere im OKW, 30. 8.-3. 9. 1938, BA-MA, RH 19 XVI/8, fol. 145-156. Zuerst abgedr. in: Jackisch/Stang 1986, S. 841 ff. Siehe auch Scheel 1971, S. 339 ff. Ein von Wedel nach dem Krieg erwähntes »Abkommen über die Durchführung der Propaganda im Kriege«, das von Goebbels und Keitel im Winter 1938/39 bzw. im Frühjahr 1939 unterzeichnet worden sein soll, konnte bisher aktenmäßig nicht nachgewiesen werden. Vgl. Wedel 1962, S. 22; ders. Wehrmachtpropaganda, BA-MA, RW 4/155, fol. 11 ff. sowie RW 4/157, fol. 7. Die von Wedel aus der Erinnerung rekonstruierten Festlegungen finden sich aber bereits in einer Reihe von im August/September 1938 formulierten Dokumenten. Siehe oben sowie OKH, AHA 2790/38 g.K. Ia M, geh. Kds., v. 16. 8. 1938, betr. Aufstellung von Propagandakompanien (mot) bei Armee-Oberkommandos, BA-MA, RH 19 XVI/8, fol. 3 ff. (als Faksimile abgedruckt in: Heysing o. J. [1966], S. 26 ff.); OKH, Abt. (III A) Gen St d H, Nr. 1694/38 g. Kds., v. 30. 8. 1938, betr. Gliederung und Verwendung von Propaganda-Kompanien, Anlage: Dienstanweisung für eine Propaganda-Kompanie (mot.), BA-MA, RH 19 XVI/8, fol. 23, 27-33.

[82] OKW/J (Pr) D 1, Nr. 335/38 g. Kds., 27. 9. 1938, Grundsätze für die Führung der Propaganda im Kriege (Abschlussbericht über den Lehrgang der Presse- und Zensuroffiziere im OKW, 30. 8.-3. 9. 1938), BA-MA, RH 19 XVI/8, fol. 145-156. Daniel Uziel geht fälschlicherweise davon aus, dass sich der Begriff »aktive Propaganda« bzw. »Aktivpropaganda« nur auf die feindliche Armee beziehen (ders. 2001, S. 103). Vgl. dagegen u. a. Schmidt-Scheeder 1977, S. 61 f.

[83] Diese Weisungen sollten auf einer besonderen »Propaganda-Fernsprechleitung« über das OKW an das OKH und die AOKs weitergegeben werden, vgl. RV Nr. 31/38 g. Rs. (37), Wentscher über den »Einsatz der Propaganda« (Grundgedanken seines am 26. 11. 1938 auf einer Nachrichten-Übungsreise in Garmisch gehaltenen Vortrags), als Anlage in: Francke 1987, Bd. 2, S. 27.

[84] Diesen Arbeitsbereich im Hinterland der gegnerischen Front sollte die Abteilung Abwehr übernehmen, vgl. ebd.

von ihm zu verantwortende »Übereinstimmung des Propagandakrieges mit dem Waffenkrieg« erzielen konnte.⁸⁵

Konkret einigte man sich darauf, dass das OKH bei den einzelnen Armeeoberkommandos so genannte Propagandakompanien aufstellen würde. Diese sollten im Kampfgebiet Propagandamaterial für die weitere Nutzung durch Goebbels' Apparat sammeln, Propaganda gegenüber der Bevölkerung des Kampfgebietes und der feindlichen Truppen betreiben und Betreuungsaufgaben gegenüber den eigenen Soldaten übernehmen.⁸⁶ Die gemeinsam bestimmten Kompanieführer wurden als Sachbearbeiter in den Stab des AOK (I Prop.) integriert und arbeiteten eng mit den für Feindaufklärung und Abwehr zuständigen Ic-Offizieren zusammen.⁸⁷ Die Kriegsstärkenachweisungen wurden von OKW und Propagandaministerium gemeinsam bearbeitet, wobei das OKW sich verpflichtete, die Stellen nach Fachlisten zu besetzen, die das RV-Referat des Ministeriums – das auch für die technische Ausstattung zuständig war – unter Mitarbeit der regionalen Reichspropagandaämter zusammenstellte.⁸⁸ Die Propagandafachkräfte bei der Wehrmacht wurden für die Dauer ihrer Verwendung zu so genannten Sonderführern ernannt, um ihre Eingliederung in die militärische Hierarchie zu erleichtern.⁸⁹ Die militärische Zensur lag bei der Wehrmacht, die politische Zensur beim Propagandaministerium. Nach Freigabe durch die militärische Zensur hatte dieses die alleinige Entscheidungsbefugnis über die weitere Auswertung und Verarbeitung des Materials.⁹⁰ Die im Sommer 1938 erzielte Einigung – die einerseits eine organisatorische Eingliederung der neuen Propagandaeinheiten in die Wehrmacht festlegte, anderseits dem Propagandaministerium Einflussmöglichkeiten hinsichtlich inhaltlicher

---

⁸⁵ Dazu sollte das OKW dem RMVP allgemeine Weisungen erteilen, dieses laufend orientieren und Nachrichten weiterleiten.

⁸⁶ Vgl. OKW/J (Pr) D 1, Nr. 335/38 g. Kds., 27. 9. 1938, Grundsätze für die Führung der Propaganda im Kriege (Abschlussbericht über den Lehrgang der Presse- und Zensuroffiziere im OKW, 30. 8.-3. 9. 1938), BA-MA, RH 19 XVI/8, fol. 145-156; RV Nr. 31/38 g. Rs. (37), Wentscher über den »Einsatz der Propaganda« (Grundgedanken seines am 26. 11. 1938 auf einer Nachrichten-Übungsreise in Garmisch gehaltenen Vortrags), als Anlage in: Francke 1987, Bd. 2, S. 27.

⁸⁷ Vgl. Wedel, Wehrmachtpropaganda, Teil II, BA-MA, RW 4/157, fol. 9.

⁸⁸ Vgl. OKH, AHA 2790/38 g.K. Ia M, geh. Kds., v. 16. 8. 1938, betr. Aufstellung von Propagandakompanien (mot) bei Armee-Oberkommandos, BA-MA, RH 19 XVI/8, fol. 3 ff.; RV Nr. 31/38 g. Rs. (37), Wentscher über den »Einsatz der Propaganda« (Grundgedanken seines am 26. 11. 1938 auf einer Nachrichten-Übungsreise in Garmisch gehaltenen Vortrags), als Anlage in: Francke 1987, Bd. 2, S. 27. Vgl. auch Wedel, Wehrmachtpropaganda, Teil I, BA-MA, RW 4/155, fol. 12; Scheel 1935, S. 449; Boelcke 1966, S. 129. Mit zunehmender Personalknappheit und Problemen der RPÄ die Forderungen nach qualifiziertem Personal zu erfüllen, baute die Abteilung WPr allerdings auch ihren eigenen Ersatz- und Ausbildungsapparat weiter aus. Zu diesem Aspekt Wedel, Wehrmachtpropaganda, Teil II, BA-MA, RW 4/157, fol. 23-30.

⁸⁹ Vgl. Wedel, Wehrmachtpropaganda, Teil II, BA-MA, RW 4/157, fol. 9. Sie erhielten den ihrer Dienststellung zukommenden Offiziersrang, aber nicht den entsprechenden militärischen Dienstgrad. Die Zusätze Sonderführer (Z), (G) und (K) betrafen die sog. Stellengruppen, die die Planstellen auswiesen (Z = Zugführer – Leutnant, Oberleutnant; G = Unteroffizier; K = Kompanieführer – Hauptmann, Rittmeister). Vgl. Absolon 1969 ff., Bd. V, S. 183 f.; Wedel 1962, S. 41.

⁹⁰ Vgl. Wedel, Wehrmachtpropaganda, Teil I, BA-MA, RW 4/155, fol. 12.

Weisungen, Personalauswahl und technischer Ausrüstung beließ – galt in ihren wesentlichen Grundzügen bis zum Ende des Krieges.[91]

Die ersten vier Propagandakompanien wurden Mitte August 1938 im Vorfeld der geplanten Besetzung tschechoslowakischen Territoriums aufgestellt.[92] Die Grundzüge des anstehenden »Propagandakrieg[es]« waren bereits festgelegt, und das OKW rüstete die Propagandisten unter anderem mit einer Liste mit Vorschlägen aus, wie gegnerische und eigene Völkerrechtsverstöße propagandistisch zu behandeln seien.[93] Nach dem Einmarsch ins Sudetenland Anfang Oktober 1938 brachten die Propagandakompanien die örtlichen Presseorgane unter ihre Kontrolle und setzten Rundfunk, Presse, Flugblätter, Lautsprecher- und Mundpropaganda ein.[94] Sowohl die Militärführung als auch das Propagandaministerium, die diesen ersten Einsatz von militärischen Propagandaeinheiten gründlich auswerteten, waren insgesamt sehr zufrieden. Als verbesserungswürdig wurde in erster Linie die technisch-materielle und personelle Ausstattung bewertet sowie die »Aktivpropaganda« unter der Bevölkerung der besetzten Gebiete.[95]

Nachdem die Propagandakompanien im März 1939 auch bei der Annexion der »Rest-Tschechei« eingesetzt worden waren, wurden im April die Weisungsbefugnisse der militärischen Stellen durch die Bildung der Abteilung Wehrmachtpropaganda beim Oberkommando der Wehrmacht (OKW/WPr) zentralisiert.[96] Diese unterstand direkt dem Wehrmachtführungsamt (ab Kriegsbeginn unter der Leitung von General Alfred Jodl) und fasste alle Presse-, Zensur- und Propagandastellen der Wehrmacht in vier Unterabteilungen

---

[91] Ebd. fol. 11; Boelcke 1966, S. 129. Zum Krieg gegen die Sowjetunion siehe Teil II der vorliegenden Arbeit.

[92] Vgl. OKH, AHA 2790/38 g.K. Ia M, geh. Kds., v. 16. 8. 1938, betr. Aufstellung von Propagandakompanien (mot) bei Armee-Oberkommandos, BA-MA, RH 19 XVI/8, fol. 3 ff.; OKH, Abt. (III A) Gen St d H, Nr. 1694/38 g. Kds., v. 30. 8. 1938, betr. Gliederung und Verwendung von Propaganda-Kompanien, Anlage: Dienstanweisung für eine Propaganda-Kompanie (mot.), BA-MA, RH 19 XVI/8, fol. 23, 27-33. Siehe ergänzend Scheel 1965, S. 450.

[93] Vgl. Chefsache, Grundlagen zur Studie »Grün«, Zusammenfassung der Besprechung Führer/General Keitel am 21. 4. 1938; LIa zu Nr. 38/38 Chefsache, Entwurf für die neue Weisung »Grün« (Übergang), 20. 5. 1938; Geheime Kommandosache, Anlage zu OBdW, OKW Nr. 42/38 g. Kdos. Chefsache LIa v. 30. 5. 1938, alle Dokumente aus PS-388, IMT, Bd. 25, S. 417, 423 f., 436; Vorschlag in Tabellenform des OKW vom 1. 10. 1938 zur propagandistischen Behandlung möglicher, durch deutsche oder feindliche Truppen hervorgerufener Verstöße gegen das Völkerrecht, Dok. C-002, IMT, Bd. 34, S. 145-158. Zur langfristigen Vorbereitung siehe auch die Völkerpsychologische Untersuchung Nr. 7 des Psychologischen Laboratoriums »Die Tschechoslowakei. Darstellung des Staatsgebietes und der Wesensart seiner Bevölkerungsgruppen« v. 17. 12. 1935, BA-MA, RW 6/104, fol. 31-51.

[94] Vgl. Scheel 1965, S. 450. Scheel gibt an, dass die Gesamtleitung des Rundfunkeinsatzes bei Albrecht Blau gelegen habe, vgl. ebd. 450.

[95] Vgl. Heeres-Gruppenkommando 3, Abt. Ic, A. O. Nr. 3000/38 geh., 24. 10. 1938, betr. Tätigkeits- und Erfahrungsbericht über PK 549, BA-MA, WF 010/13753, fol. 118-121; RV Nr. 31/38 g. Rs. (37), Wentscher über den »Einsatz der Propaganda« (Grundgedanken seines am 26. 11. 1938 auf einer Nachrichten-Übungsreise in Garmisch gehaltenen Vortrags), als Anlage in: Francke 1987, Bd. 2, S. 27; Scheel 1965, S. 451.

[96] Vgl. OKW 732/39 geh. WZ (IV), betr. Organisationsveränderung im OKW, 25. 3. 1939, mit Anlage 2: Dienstanweisung für die Abteilung für »Wehrmacht-Propaganda« (WPr), BA-MA, RW 4/143, fol. 40 ff. Grundlegnd zur Abt. OKW/WPr Keilig 1959; Moll 2001.

zusammen.⁹⁷ Als Leiter der Abteilung fungierte Oberstleutnant Hasso von Wedel,⁹⁸ sein Stellvertreter wurde Major d. G. Rolf Kratzer.⁹⁹ Unter den insgesamt 92 Mitarbeitern befanden sich etliche ausgewiesene Spezialisten auf dem Gebiet der »geistigen« Kriegführung, unter anderem Albrecht Blau (Leiter der Gruppe IV), Bruno Wentscher (Verbindungsoffizier zum Propagandaministerium), Erich Murawski (Leiter der Untergruppe IIc) und Karl Pintschovius (Leiter der Untergruppe IV f).¹⁰⁰

Für die psychologische Kriegführung nach außen war vor allem die Gruppe IV unter der Leitung Blaus zuständig. Sie sammelte Informationen, auf deren Grundlage die Propaganda gegenüber einem künftigen Kriegsgegner bzw. dem neutralen Ausland konzipiert wurde. Der Geschäftsverteilungsplan definierte folgende Arbeitsbereiche der Gruppe: »1. Bearbeitung von Unterlagen volkskundlicher und volkspolitischer Art für die Durchführung der Propaganda im Kriege [...]; 2. Überwachung und Auswertung der Auslandspresse sowie des ausländischen Schrifttums [...]; 3. Beobachtung der feindlichen Propagandamethoden sowie Anregungen bzgl. des eigenen Einsatzes [...]; 4. Zusammenarbeit mit den verschiedenen Auslandsinstituten, mit Staats- und Parteidienststellen auf dem Gebiete der Volkstums- und Auslandskunde.«¹⁰¹ Sie bestand aus fünf nach regionalen Gesichtspunkten gegliederten Referaten – 1. Frankreich, Schweiz, Italien und Zusammenarbeit mit Abt. Ausland (Blau), 2. Großbritannien und Empire, Belgien, Holland, Skandinavien (Dr. Wünsche), 3. Nordosteuropa und UdSSR (Dr. Stupperich), 4. Südosteuropa (Dr. Block), 5. Koloniale Räume, Mittelmeer, Afrika (Dr. Spannaus) – und einem sechsten mit dem Aufgabengebiet »Bevölkerungspolitik, Volkstumskarten, *Propaganda der Juden und Emigranten*, Zusammenarbeit mit Abwehr II.« (Pintschovius).¹⁰² »Juden« und v. a. kommunistische »Emigranten« zählten aus

---

97 Mit Ausnahme der Pressegruppe der Luftwaffe, die erst 1940 unterstellt wurde, vgl. Keilig 1959, S. 7. Die vier Gruppen der neuen Abteilung OKW/WPr integrierten die Untergruppe Ia Prop. der Abt. L (Landesverteidigung) (-> WPr I), die Pressegruppe der Abt. Inland (-> WPr II u. III) und die Gruppe »Völkerpsychologie« (-> WPr IV). Vgl. Geschäftsverteilungsplan, April 1939, BA-MA, RW 4/149, fol. 1-3 RS; Abteilungsschema und Arbeitsplan in KTB OKW 1982, S. 913 ff. Zur Vorgeschichte und dem weiteren Ausbau der Abteilung vgl. Keilig 1959; Machnicki 1997; Uziel 2001, S. 38.
98 Wedel war im Oktober 1937 zur Abteilung Inland versetzt worden und hatte seit Februar 1938 die Leitung der Gruppe III (Presse) innegehabt. Wedel, Wehrmachtpropaganda, Teil I, BA-MA, RW 4/155, fol. 6 f. Siehe auch Wedel 1938. Zur Person Wedels vgl. Moll 1986, S. 20 ff.; ders. 2001, S. 116.
99 Vormals Untergruppe Ia Prop. der Abt. L im OKW.
100 Zur Festlegung der Aufgabengebiete vgl. Dienstanweisung für die Abteilung für »Wehrmacht-Propaganda« (WPr), Anlage 2 zu OKW 732/39 geh. WZ (IV), betr. Organisationsveränderung im OKW, 25. 3. 1939, BA-MA, RW 4/143, fol. 42, abgedr. auch in KTB OKW 1982, S. 883; Geschäftsverteilungsplan, April 1939, BA-MA, RW 4/149; OKW, Az. 11 b/c WFA/WPr II c, Nr. 457/39 g., 13. 7. 1939, betr. Stellung und Aufgaben der Offiziere für die Wehrmachtpropaganda, BA-MA, RW 4/143; Geschäftsverteilungsplan, Januar 1940, BA-MA, RW 4/149, fol. 4-12. Siehe auch Ausführungen Wedel, Wehrmachtpropaganda, Teil I, BA-MA, RW 4/155, fol. 19 ff.; Keilig 1959, S. 3.
101 Geschäftsverteilungsplan, April 1939, BA-MA, RW 4/149, fol. 3.
102 Ebd. Hvg. B. Q. Keilig gibt hier lediglich das Gebiet »Volkstumskartenbearbeitung« an, ders. 1959, S. 6. Bis Januar 1940 wuchs die Gruppe IV auf neun Referate an, die zusätzlich eine struk-

der Sicht der Wehrmacht zu den gefährlichsten Gegnern auf dem Gebiet der »geistigen« Kriegführung.

Im Vorfeld des Überfalls auf Polen baute man den Propagandaapparat weiter aus. Im April 1939 existierten bereits 15 Propagandakompanien bei Heer, Marine und Luftwaffe.[103] Die letzten Monate vor Kriegsbeginn wurden zur intensiven Ausbildung und Schulung der Propagandisten genutzt.[104] Unter anderem fand im Juni 1939 ein zentraler Lehrgang in Berlin statt, bei dem der Einsatz der Propaganda gegenüber der Bevölkerung besetzter Gebiete einen Schwerpunkt bildete. So wurden z. B. Lautsprechereinsätze oder das Abfassen von Maueranschlägen geübt. Unterstützt wurden die Lehrgangsteilnehmer dabei nicht nur von polnischen Dolmetschern, sie profitierten ebenso von Erfahrungsberichten, die deutsche Propagandisten im Spanischen Bürgerkrieg gesammelt hatten.[105] Als die Wehrmacht am 1. September 1939 Polen überfiel, beteiligten sich sieben Propagandakompanien am Einmarsch[106] – das erste Mal in der Geschichte verfügte eine Streitmacht über einen militärisch organisierten Apparat für die »geistige« Kriegführung.

Zusammenfassend kann festgestellt werden, dass die »Zermürbung des Kriegswillens« und die »Vernichtung der seelischen Widerstandskraft« des Gegners in den 1930er Jahren ein fester Bestandteil militärischen Denkens war, der nicht nur theoretisch diskutiert, sondern auch praktisch und institutionell vorbereitet wurde. Die nach 1918 begonnene Debatte um die »Lehren« aus dem Ersten Weltkrieg und die Rolle der psychologischen Kriegführung hatte die militärische Führung der 1930er Jahre grundlegend geprägt und ein verändertes Kriegsbild zur Folge. Die Erkenntnis, dass Propaganda-, Wirtschafts- und Waffenkrieg im Zeitalter des »totalen Krieges« eine untrennbare Einheit bildeten, hatte sich weitgehend durchgesetzt. Die nach dem Krieg aufgestellte Behauptung, dass wesentliche Teile der Militärführung einem Einsatz von Propagandamaßnahmen im Krieg tendenziell ablehnend gegenübergestanden hätten, lässt sich anhand der zeitgenössischen Quellen nicht nachvollziehen.[107]

---

turelle Arbeitsteilung vorsahen. Vgl. Geschäftsverteilungsplan, Januar 1940, BA-MA, RW 4/149, fol. 8 RS f.; Wedel, Wehrmachtpropaganda, Teil I, BA-MA, RW 4/155, fol. 24, 32, 79-89, 99.

[103] Vgl. Tabelle in Scheel 1965, S. 454. Einen Überblick über die Entwicklung der Propagandaeinheiten von 1938 bis 1943 sowie deren Personal gibt Uziel 2001, S. 89-123.

[104] OKW Nr. 66/39 g. WFA/WPr I an OKH, 18. 4. 1939, betr. Lehrgänge für Wehrmacht-Propaganda, BA-MA, RW 4/185, unfol. Vgl. auch Wedel, Wehrmachtpropaganda, Teil I, BA-MA, RW 4/155, fol. 21 f.; Scheel 1965, S. 454. Am 3. 4. 1939 hatte Hitler die Weisung für die Vorbereitung des Angriffs auf Polen (»Fall Weiß«) unterzeichnet, abgedr. in: Hubatsch 1983, S. 17 f.

[105] Vgl. Gerzer/Noack, S. 26 ff.; Scheel 1965, S. 454 f.

[106] Beim RMVP existierte zudem eine eigene »Einsatzstelle«, die u. a. im Auftrag Hitlers am 10. 9. 1939 den »Sonderfilmtrupp Riefenstahl« unter der Leitung der gleichnamigen Regisseurin nach Polen in Marsch setzte. RMVP, RV Nr. 33/39(48) Pro, 10. 9. 1939, betr. Film-Sondertrupp Riefenstahl, BA-MA, RW 4/185, unfol.

[107] Vgl. u. a. Wedel, Wehrmachtpropaganda, Teil I, BA-MA, RW 4/155, fol. 15 (Propaganda sei »innerhalb der führenden Kreise der Wehrmacht äußerst ablehnend behandelt« worden und man habe »ihr im ganzen nur wenig Raum« gelassen); Martin 1973, S. 20, 122 ff. (Die Wehrmacht sei »propagandafremd bis propagandafeindlich« gewesen.); K. Hesse 1950, S. 579; Schmidt-Scheeder 1977, S. 30 f. Zur Übernahme dieser These Buchbender 1978, S. 16; Uziel 2001, S. 56. Mit kritischerem Blick Moll 2001, S. 114.

Sofern es von einzelnen Offizieren dennoch Zurückhaltung und Vorbehalte gegenüber diesen neuen Aspekten der Kriegführung gegeben haben sollte, so konnten ihnen die Befürworter des Einsatzes propagandistischer Mittel die Ereignisse des Jahres 1938 als gewichtige Bestätigung ihrer Annahmen entgegenhalten. Der »Anschluss« Österreichs im März 1938 wurde in Wehrmachtskreisen als gutes Beispiel dafür gesehen, dass der Einsatz von Propaganda unter Umständen eine militärische Auseinandersetzung erübrigen könne.[108] Auch dem Münchener Abkommen und der letztlich ohne Waffengewalt durchgeführten Annexion tschechischer Gebietsteile im Oktober 1938 war eine Ende Mai »planmäßig« begonnene systematische Presse- und Propagandakampagne zur »Vorbereitung eines gewaltsamen Einmarsches in die Tschechoslowakei« vorangegangen.[109] Die Annexion erschien als großer Erfolg der Vorfeld-Kampagne, und nach dem Einmarsch soll der Oberbefehlshaber des Heeres, Generaloberst Walther von Brauchitsch, Goebbels mit den Worten beglückwünscht haben: »Unsere Waffen haben nicht sprechen dürfen. Ihre Waffen haben gesiegt!«[110] Spätestens 1939 war allgemein anerkannt, dass – wie Hitler es in einem Befehl vom 8. September 1939 formulierte –, die »Propaganda [...] ein wichtiges Instrument der Führung zur Förderung und Festigung des eigenen Siegeswillens und zur Zerstörung des Siegeswillens und der Moral der Gegner« war.[111]

1.3. Die Vorbereitung einer »geistigen« Kriegführung gegen die UdSSR in den 1930er Jahren

Aus Sicht der NSDAP und auch der Militärführung befand man sich mit der UdSSR – der »Weltmacht der Propaganda«[112] – in einem »Krieg vor dem Krieg«. In der antisowjetischen Propaganda nach innen spielte die Behauptung eine zentrale Rolle, die Sowjetunion setze mit der Komintern einen »Propaganda- und Revolutionsapparat« ein, der »auf die bewusste Zerstörung des Abendlandes« ziele.[113] Zeitgenössische militärische Konflikte – wie der Spanische Bürgerkrieg – wurden in diesem Kontext als »weltanschauliche« Kriege inter-

---

[108] Vgl. OKW/J (Pr) D 1, Nr. 335/38 g. Kds., 27. 9. 1938, Grundsätze für die Führung der Propaganda im Kriege (Abschlussbericht über den Lehrgang der Presse- und Zensuroffiziere im OKW, 30. 8.-3. 9. 1938), BA-MA, RH 19 XVI/8, fol. 145-156. Zuerst abgedr. in: Jackisch/Stang 1986, S. 841 ff.; Weisung zum »Unternehmen Otto« v. 11. 3. 1938, abgedr. in: Domarus 1962/63, S. 809.

[109] RV Nr. 31/38 gRs (37), Major Wentscher über den »Einsatz der Propaganda« (Grundgedanken seines am 26. 11. 1938 auf einer Nachrichten-Übungsreise in Garmisch gehaltenen Vortrags), als Anlage in: Francke 1987, Bd. 2, S. 27. Vgl. auch Hitlers Rede vor der Presse am 10. 11. 1938, abgedr. in: Treue 1958, S. 181-191. Zur Zersetzungskampagne gegen die Tschechoslowakei auch Röhr 1989.

[110] So Domarus, der sich hier auf eine Mitteilung des Gaupropagandaleiters Waldemar Vogt an ihn v. 10. 10. 1938 bezieht, Domarus 1962/63, S. 946.

[111] Befehl des Führers, betr. Abgrenzung der Kompetenzen in der Auslandspropaganda, 8. 9. 1939, abgedr. in: Moll 1997, S. 90.

[112] Dwinger 1936, S. 141.

[113] Goebbels 1935, S. 139. Zur zentralen Funktion der antibolschewistischen Propaganda bei der Mobilisierung der deutschen Bevölkerung vgl. W. Hagemann 1948, S. 105 ff.; Sywottek 1976,

pretiert. Den Sieg der antirepublikanischen Kräfte unter General Franco in Spanien feierte Hitler 1939 als verhinderten »Sieg des bolschewistischen Untermenschentums«.[114]

Bei der Bewertung der sowjetischen Fähigkeiten auf dem Gebiet der »geistigen« Kriegführung spielte das antisemitische Feindbild eines nach »Weltherrschaft« strebenden »*jüdischen* Bolschewismus«[115] – das auch innerhalb der Reichswehr verbreitet war[116] – allerdings nicht zwangsläufig eine Rolle. In der militärischen Publizistik der 1930er Jahre galten die Tätigkeiten des sowjetischen Staates und seiner Armee auf den Gebieten der moralischen Festigung der eigenen Bevölkerung und Truppe sowie der »Zersetzung« der gegnerischen Streitkräfte aus fachlicher Sicht als ausgesprochen effektiv.[117] Dabei argumentierte Blau zwar scharf antikommunistisch, aber nicht explizit antisemitisch.

In seiner 1935 erschienen Schrift »Propaganda als Waffe« warnte Blau davor, dass die »kommunistischen Machthaber Sowjetrußlands« die Wirkung der Propaganda genau kennen würden, sie seien mit deren Anwendung vertraut und es sei in einem kommenden Krieg »mit Sicherheit« darauf zu rechnen, dass von ihrer Seite die Propaganda »als Kriegsmittel in der umfangreichsten und wirkungsvollsten Weise« eingesetzt werde.[118] Blau, der die Konzeption der deutschen Kriegführung gegen die UdSSR wesentlich mit verantwortete, hob dabei verschiedene Gruppen besonders hervor. Neben der »politischen Verwaltung« der Roten Armee verwies er auf die Einrichtungen auf Regimentsebene, die für die »geistige Schulung« verantwortlich seien: »1. die Geschäftsstelle der Kommunistischen Partei beim Regiment, 2. der Kommissar und politische Gehilfe beim Regimentskommandeur, 3. die politischen Instrukteure bei den nachgeordneten Dienststellen, 4. der politische Klub, die ›Lenin-Ecken‹ und die Bibliothek«. Deren Ziel sei es nicht nur, die politischen Überzeugungen der Rotarmisten zu festigen, sondern diese auch in die Lage zu versetzen, mit den Soldaten des Gegners in Verbindung zu treten, »um in revolutionärem Sinne auf sie einwirken zu können.« Der »tiefere Sinn dieser Schulung« lag nach Blaus Auffassung darin, »aus jedem Rotarmisten nicht nur einen Waffenträger, sondern einen *Propagandaträger* zu machen«. Der »offen-

---

S. 104-120; Wette 1989, S. 137 ff.; Pietrow-Ennker 1989; Wette 1994, S. 62 f. Vgl. auch Plakate und Dokumentenauszüge in Rürup 1991, S. 22-30.

[114] Ein Bild, das auch innerhalb der Wehrmacht verbreitet wurde. Reichstagsrede v. 28. 4. 1939, in: Domarus 1962/63, S. 1164; Schmitt-Sasse 1988, S. 49 f.; Janssen 2001. Für die militärtheoretische Debatte siehe Blau 1937, S. 73; ders. 1939, S. 104 f.; Vortragsmanuskript »Die Entwicklung der Propaganda als Waffe«, [etwa 1937/38], BA-MA, RW 4/238, fol. 45, 49 ff.

[115] Vgl. hierzu Meyer zu Uptrup 2003, S. 205-212. Mit dem facettenreichen Russlandbild der NSDAP befasst sich Weißbecker 1994. Zur Stilisierung der Juden zum universalen Feind auch Jeismann 2004, S. 205.

[116] Vgl. J. Förster 1991, S. 48; ders. 2006, S. 21 ff.; Wette 2002, S. 25 ff.

[117] Vgl. Schwarte 1931, S. 44; D. 1931, S. 14-17; Martin 1931, S. 1226. Siehe auch Arps 1936, S. 631 ff. So auch der spätere Chef des OKW, Keitel, nach seiner Rückkehr von einer dreiwöchigen Reise in die UdSSR in einem Brief an seinen Vater v. 29. 9. 1931: »Die Rote Armee ist der Kern des Staatswesens, der Liebling der kommunistischen Partei u[nd] das Sprungbrett zu den höchsten Ämtern im Staate. Die entsprechende Propaganda ist ungeheuer geschickt u[nd] wirksam.« Görlitz 1961, S. 48 f. Allgemein auch Zeidler 1993, S. 254 ff.

[118] Blau 1935, S. 50. Alle folgenden Zitate ebd., S. 52 ff. Hvg. im Orig.

sive Charakter« der Einrichtungen ließe sich auch daran erkennen, dass die technischen Mittel des Propagandaapparates bereits in die Kriegsgliederungen der Truppen aufgenommen worden seien. Jeder Truppenverband führe einen »*Agitationswagen*« mit sich, der Flugblätter und anderes Propagandamaterial transportiere. Jedes Regiment habe eine »*Abteilung für politische Propaganda in den eigenen Reihen und beim Gegner*«. Zu den Aufgaben der »politischen Kommissare« gehöre es, die »*geistige Einstellung* der gegnerischen Truppen an den einzelnen Frontabschnitten festzustellen, um entsprechend ihrer seelischen Bereitschaft zur Aufnahme der Propagandaideen die Frontstellen für den Ansatz der Propagandaoffensive und ihren Umfang zu bestimmen.« Die »neuartigste und gefährlichste Propagandawaffe« sah Blau darüber hinaus in der massenhaften Ausbildung von Fallschirmspringern, wobei er explizit darauf hinwies, dass die Sowjetunion nicht nur Soldaten, sondern auch Zivilisten, Parteiangehörige und Frauen ausbilde. Diese könnten »als Werbeträger, als Agitatoren und Organisatoren im feindlichen Lande und im Rücken der kämpfenden Front eine Tätigkeit von geradezu verheerender Wirkung entfalten«. Blau kennzeichnete 1935 also bestimmte Gruppen als besonders gefährliche Gegner auf dem Gebiet der »geistigen« Kriegführung: den politischen Apparat der Roten Armee – insbesondere die politischen Kommissare – sowie Zivilisten, darunter auch Frauen, die als Fallschirmspringer im Hinterland zu Zersetzungszwecken abgesetzt würden. In ihrer vermeintlichen Funktion als »Propagandaträger« erschien aber auch die Masse der Rotarmisten als bedrohlich.

Blaus Schrift, die in der Reihe der »Wehrpsychologischen Arbeiten« des Psychologischen Laboratoriums im Reichskriegsministerium erschien, war wegen der »Besonderheit des Inhalts« eigentlich nur für den internen Dienstgebrauch zugelassen.[119] Dennoch fand sie große Verbreitung, da sie an alle Mitglieder der DGWW versandt wurde und so tausenden von Personen zugänglich war.[120] Selbst Exilkreise im Ausland nahmen sie zur Kenntnis: so wertete Willi Münzenberg Blaus Schrift in seiner zwei Jahre später erschienenen Analyse der nationalsozialistischen Propaganda aus.[121] Blaus Einschätzungen sollten sechs Jahre später weit reichende Konsequenzen haben.[122]

Grundlegend für die spätere Kriegführung gegen die Sowjetunion war auch eine im November 1935 vorgelegte Studie, die sich mit konzeptionellen Leitlinien für eine psychologische Zersetzung der UdSSR befasste. Die geheime »Völkerpsychologische Untersuchung Nr. 5« behandelte die »nationale Zusammensetzung der Bevölkerung der UdSSR und die Ansatzmöglichkeiten für

---

[119] Blau 1935, S. 3.
[120] Vgl. Volk und Wehrkraft 1936, S. 102, 123. Die Mitgliederzahl der DGWW stieg von 750 (1933/34) auf rund 1.450 Mitglieder (1935/36), davon etwa 400 korporative, zu denen die meisten Reichsministerien und obersten Reichsbehörden, fast alle Universitäten und Hochschulen und zahlreiche Einzelvereinigungen und Gesellschaften zählten. 1942/43 erreichte die Zahl 4.200 Einzel- und korporative Mitglieder. Vgl. Durch Wehrhaftigkeit zum Frieden 1934, S. 94; Wehrfreiheit 1935, S. 96; Volk und Wehrkraft 1936, S. 102; Kolmsee 1966, Bd. 2, S. 18.
[121] Münzenberg übernahm Blaus Titel und nannte sein Buch ebenfalls »Propaganda als Waffe«. Vgl. Münzenberg 1937, S. 7. Der kritische Bezug des Titels auf die NS-Propaganda wird in der Regel übersehen.
[122] Siehe hierzu Abschnitt 1.4. der vorliegenden Arbeit.

eine Propaganda im Kriege«. Insgesamt 49 Ausfertigungen dieser Schrift, an der Blau vermutlich zentral beteiligt war, gingen an verschiedene Abteilungen im Generalstab, die Abteilungen Inland, Ausland, Abwehr sowie Landesverteidigung im OKW, die Marine-Nachrichtenabteilung und das Reichsluftfahrtministerium.[123] Einen Monat später folgte die Völkerpsychologische Untersuchung Nr. 6, welche vor allem quantitative Aussagen über den erwarteten Anteil von aktiven Kommunisten (Parteimitgliedern) und Juden in der Roten Armee enthielt.[124] Man kam zu dem Ergebnis, das ihr Anteil auf Mannschaftsebene bei einer Massenmobilisierung relativ gering sein würde. Diese Aufstellung bildete quasi einen Anhang zur vorherigen Untersuchung, in der einleitend festgestellt wurde:

> »Die Kampfform der Roten Armee ist zu einem sehr erheblichen Teil mit der Verwendung propagandistischer Mittel eng verbunden. Die Ursache hierfür liegt darin, daß der neue imperialistische Kampf, für den die Rote Armee gerüstet und geschult wird, unter der Motivierung einer rein weltanschaulichen Idee – der Ausbreitung der Weltrevolution – geführt wird. Neben den Mitteln der physischen Gewalt muß also eine entsprechende Verbreitung dieser Ideenwelt einhergehen. Da neu auftretenden Waffen und Kampfmethoden am wirksamsten gleichartige Kampfmittel entgegengesetzt werden, so ist die Vorbereitung eines Propagandakampfes gegenüber der Sowjetunion unerlässlich. Infolge ihrer Zusammensetzung aus verschiedenartigstem Volkstum, durch die mannigfaltigen Unterschiede in nationaler, religiöser und sozialer Hinsicht, bietet aber auch gerade die Sowjetunion viele Möglichkeiten und Ansatzpunkte für eine Angriffspropaganda gegen ihren eigenen Bestand.«[125]

Nach einem groben Überblick über geografische, klimatische und ökonomische Daten der UdSSR folgte eine Aufzählung der wichtigsten Bevölkerungsgruppen – insgesamt ging man von »fast 200 Nationalitäten« aus – und ihrer Siedlungsgebiete. Neben den »slawischen Völkern«, d. h. »Großrussen«, Ukrainern und Weißrussen, die fast zwei Drittel der Gesamtbevölkerung ausmachten, berücksichtigte die Studie Polen, Deutsche, Juden und eine große Anzahl weiterer Gruppen.[126]

Der Hauptteil der Untersuchung behandelte das propagandistische Vorgehen gegenüber den »verschiedenen Nationalitäten und Rassen« der Sowjetunion, der Roten Armee und den Zivilisten im Hinterland.[127] Soldaten wie Zivilisten

---

[123] Psychologisches Laboratorium des RKM, Nr. 241/35 g, 2. 11. 1935, Völkerpsychologische Untersuchung Nr. 5, BA-MA, RH 2/981, fol. 98-115. Einige Abschnitte darin sind fast textidentisch mit Blaus Text vom Frühjahr 1935.
[124] Psychologisches Laboratorium des RKM, Nr. 270/35 g., 2. 12. 1935, Völkerpsychologische Untersuchung Nr. 6, BA-MA, RH 2/981, fol. 116-120.
[125] Psychologisches Laboratorium des RKM, Nr. 241/35 g, 2. 11. 1935, Völkerpsychologische Untersuchung Nr. 5, BA-MA, RH 2/981, fol. 98-115.
[126] Griechen, Moldauer, Georgier, Armenier, Tadshiken, Perser, sog. Bergvölker (Osseten, Inguschen, Kabardiner, Tscherkessen, Abchasen, Tschetschenen und Lesgier), finnische Völker (Wotjaken, Tscheremissen, Syrjänen, Karolier, Tschuwaschen, Mordwinen), türkische Völker (Tataren, Kasaner Tataren, Turko-Tataren, Krim-Tataren), Baschkiren, Kasaken, Kara-Kalpaken, Turkmenen, Usbeken, Kirgisen, Jakuten, Burjaten und Kalmücken. Vgl. ebd., fol. 102-103 RS.
[127] Ebd., fol. 103 RS. Unterschieden wurde hierbei auch zwischen Angriffs- und Verteidigungsfall.

sollten zum einen mit folgenden Behauptungen von der »Sinnlosigkeit« des Kampfes überzeugt werden: Die Versprechungen der »jüdischen Bolschewistenführer« – »Brot, Land und Freiheit« – seien nicht eingehalten worden, stattdessen herrsche Elend, Hunger, Vertreibung und Misswirtschaft. »Ihr kämpft nicht für Rußland, sondern für die Herren Kommissare und Parteifunktionäre, meist dreckige Juden [...]. Früher wart Ihr Russen (resp. Ukrainer, etc.) Herren im eigenen Hause. *Jetzt regieren Juden und ehemalige Verbrecher und treiben Euch – für Erweiterung ihrer Herrschaft über andere Völker – in den Krieg und in den Tod.*« Dem Hinweis, dass die Hälfte der hohen Volkskommissare sowie fast alle politischen Kommissare der Roten Armee angeblich Juden seien, sollten Aufrufe folgen wie: »Schlagt sie tot, lauft einzeln oder in ganzen Trupps und Truppenteilen über. [...] Wir versprechen Euch gute Behandlung und Verpflegung [...]. Dreht die Bajonette um und kämpft mit uns gegen die verfluchten jüdischen Kommissare.«[128] Zum anderen sollte die Propaganda die »Aussichtslosigkeit« des Kampfes gegen die »stählerne deutsche Millionenarmee« und die mit ihr verbündeten Armeen betonen. So würde die Rote Armee – wie schon die zaristische Armee – zerschlagen werden; eine Rettung sei nur möglich durch Überlaufen oder gemeinsamen Kampf »für die Befreiung Eures Landes vom Joch der Juden und kommunistischen Verbrecher!«[129]

Grundsätzlich müsse – so die Studie – die »besondere Mentalität« der einzelnen Nationalitäten berücksichtigt werden. Den »Großrussen« gegenüber sollte neben den »üblichen, allgemein gültigen antibolschewistischen Argumenten« besonders stark betont werden, dass »früher die *Russen* in *Rußland* herrschten, und jetzt hergelaufene *Juden, Kaukasier, Letten* und andere Nichtrussen.« Für die Weißrussen gelte dasselbe. Sie spielten zahlenmäßig kaum eine Rolle und seien in »nationaler Hinsicht ziemlich indifferent«, aber sie »*hassen die Juden*, da sie dieselben aus ihrer Heimat [...] kennen.«[130] Auch gegenüber den Ukrainern könnten »die antijüdischen Tendenzen ausgespielt werden, da sie wohl die stärksten Judenhasser sind, die es überhaupt gibt.« Ihnen wollte man auch die »eventuelle Schaffung einer selbständigen, bäuerlichen Ukraine« zusagen und aus Überläufern ukrainische Freiwilligentruppen zusammenstellen. Bei allen Slawen könne und müsse das »religiöse Moment« stark genutzt werden. Kirchenschändungen, Priestermord etc. hätten die »Juden« zu verantworten, die schon »Christus gekreuzigt« hätten und »jetzt dich, Russisches Volk (resp. Ukrainisches, Sibirisches Volk etc.)« kreuzigen würden. Auch diese Parolen kulminierten in dem Aufruf: »Steht auf, erschlagt die Mörder Christi und Eurer Heimat.«[131] »Religiöse Argumente« sollten ebenfalls gegenüber den größtenteils mohammedanischen Tataren zum Einsatz kommen; den verschiedenen »*kaukasischen Stämmen*« wiederum wollte man die »Wiedererrichtung ihrer reichen und ehemals unabhängigen Heimat« in Aussicht stellen.

---

[128] Ebd., fol. 104. Hvg. im Orig. Zur Rolle des Feindbild vom »jüdischen Bolschewismus« während der Besatzung im Ersten Weltkrieg Grelka 2006. Grundsätzlich auch Meyer zu Uptrup 2003.
[129] Völkerpsychologische Untersuchung Nr. 5, BA-MA, RH 2/981, fol. 104 RS.
[130] Hvg. im Orig. Weißrussland gehörte vor 1917 zum ehemaligen zaristischen Ansiedlungsrayon für Juden.
[131] Ebd., fol. 105.

Im Falle eines deutschen Angriffskrieges sollte jegliche Eroberungs- und Raubabsicht geleugnet und die »Befreiungs«-Parolen noch stärker hervorgehoben werden:

> »Wir kämpfen *nicht* gegen dich, russisches (ukrainisches etc.) Volk, sondern gegen deine jüdisch-kommunistische Regierung, die dein Land seit Jahren in Hunger und Terror hält, und mit dem von dir ausgepreßten Schweiß und Blut ihre Herrschaft auf andere, bisher freie, glückliche und satte Völker ausdehnen will. Wir wollen keinen Fußbreit *russischen* (diese Formulierung schließt nicht aus, daß z. B. eine selbständige Ukraine, falls für Deutschland opportun, begründet wird!) Erde rauben. Wir kämpfen gegen Eure Unterdrücker, um durch deren Vernichtung auch euch und die ganze Welt von dieser Pest zu befreien. Euer Schicksal werdet ihr Euch selbst bestimmen können, die Staatsform auf einer freien einzuberufenden konstituierenden Versammlung bestimmen und eure Gesetze machen. Dann wird endlich euch, russische Bauern, das Land gehören, um das man euch betrogen hat. Friede, Brot und Freiheit euch Russen. – Krieg und Vernichtung euren jüdischen, lettischen, kaukasischen Vergewaltigern, der Clique Kaganowitsch, Stalin und Compagnons.«[132]

Erklärtes Ziel der Propagandaaktivitäten war es, die Rotarmisten zum Aufstand bzw. Überlaufen zu bewegen sowie die Zivilisten im Hinterland zu Rekrutenverweigerung, offenen und geheimen Sabotageakten und bewaffneten Aufständen. Frauen betrachtete man dabei als eine besondere Zielgruppe, an die sich spezielle, »psychologisch gewandt abgefasste Flugblätter« wenden müssten. Auch sie sollten zu Sabotageakten aufgerufen bzw. dazu veranlasst werden, ihre Männer, Brüder und Söhne zu solchen anzustiften.[133]

Als »sehr gewandt« und »vorbildlich« empfahlen die Autoren der Studie drei Flugblätter einer faschistischen russischen Partei,[134] die im Anhang beigefügt waren. In diesen wurden Armeeangehörige, Bauern und Arbeiter aufgefordert: »Töte die jüdischen Politkommissare«, »erkläre den Juden und Kommunisten den offenen Krieg«, »organisiere den Terror gegen die Juden und Kommunisten« und »tötet die aktiven Kommunisten [...], besonders diejenigen jüdischer Abstammung«.[135]

Die »Untersuchung Nr. 5« des Psychologischen Laboratoriums bildete die Grundlage für das weitere Vorgehen. Als bei den Herbstmanövern 1937 ein Krieg zwischen Deutschland und der UdSSR simuliert wurde, arbeitete die Propaganda-Einsatzstelle mit Flugblättern in russischer, ukrainischer und georgischer Sprache, die im Kriegsfall in millionenfacher Auflage verbreitet werden sollten.[136] Deren Inhalte entsprachen im Wesentlichen den zwei Jahre zuvor entworfenen Vorgaben, allerdings waren die Formulierungen deutlicher vom Vokabular der seit 1935 forcierten antibolschewistischen Kampagnen geprägt.

---

[132] Ebd., fol. 106.
[133] Ebd.
[134] Nach Angabe der Studie war der Verfasser der Vorsitzende der »Allrußländischen Faschistischen Partei« (Sitz Charbin), Rodzajewski, der »vor einiger Zeit« aus der UdSSR emigriert war. Ebd., fol. 107.
[135] Ebd., fol. 111-115.
[136] Vgl. AOK 1, Leiter der Propaganda-Einsatzstelle an die Züge 1-5 u. Verteiler, 24. 9. 1937, BA-MA, RW 4/812, unfol.

So war von der »volks- und artfremde[n] internationale[n] Banditenbande im Kreml« die Rede, die die Arbeiter zur »Sklavenarbeit« zwinge, oder auch von »jüdische[n] Blutsauger[n]«.[137] Der Aufruf an das »russische Volk«, sich gegen »die Juden und kommunistischen Unterdrücker« zu erheben und die »russische nationale Revolution« auszurufen, dominierte. Und wiederum rief die deutsche Propaganda explizit zum Mord auf: »Erschlage die führenden Kommunisten in den Dörfern und in erster Linie immer den Juden«.[138] Der Leiter der Propaganda-Einsatzstelle, Taubert, formulierte rückblickend, dass bei diesem Manöver alle Elemente der späteren psychologischen Kriegführung gegen die UdSSR bereits »im Spiel entwickelt« worden seien.[139]

Das Konzept einer psychologischen Kriegführung gegen die UdSSR, das Mitte der 1930er Jahre erwogen wurde, bestand also in dem Versuch, Teile der Roten Armee und der Zivilbevölkerung mit Hilfe einer antikommunistisch/antisemitischen Hasspropaganda gegen die sowjetische Führung aufzuwiegeln. Dabei sollte die Propaganda ihre Parolen auf die jeweiligen Nationalitäten ausrichten – ein Spaltungskonzept, dessen Wurzel sich bereits im Ersten Weltkrieg finden.[140] Die militärischen Planungsstäbe hielten dabei nicht nur das antisemitische Feindbild eines »jüdischen Bolschewismus« für besonders zweckmäßig, sondern auch den offenen Aufruf zum Mord an »Kommunisten und Juden«. Dieser zentrale Bestandteil des deutschen Zersetzungskonzeptes wurde sechs Jahre später unverändert übernommen.

1.4. Die Konzeption der »geistigen« Kriegführung im »Fall Barbarossa«

Im Sommer 1940 fiel die Entscheidung, die Sowjetunion im darauf folgenden Jahr anzugreifen. Damit begann die konkrete Vorbereitungsphase für den kommenden Krieg. Nachdem Hitler am 18. Dezember 1940 die »Weisung Nr. 21« für den »Fall Barbarossa«[141] unterzeichnet hatte, erarbeitete die Militärführung Vorschläge, wie die zu besetzenden Gebiete verwaltungsmäßig beherrscht werden könnten.[142] Diese gab Hitler am 3. März 1941 mit ergänzenden Kommen-

---

[137] Vgl. das Flugblatt »Arbeiter!«, BA-MA, RW 4/812. Diverses weitere Material ebd. Zum Vokabular der allgemeinen Kampagnen vgl. Vertrauliche Information zum antikommunistischen Propagandafeldzug im Inland, [1936], BA, NS Misch. 1594, abgedr. in: Jacobsen 1970, S. 102-105; Goebbels 1936 (Auszüge abgedr. in: Krummacher/Lange 1970, S. 523-525); Rosenberg 1936 (Auszüge abgedr. in: ebd., S. 520-523); Richtlinien für die antibolschewistische Propaganda v. 31. 3. 1937, BA, R 22/954, abgedr. in: Pietrow-Ennker 1989, S. 97-100.
[138] »Aufruf an die Bauern«, BA-MA, RW 4/812. Auch weitere Formulierungen dieses mit »Bund Russischer Faschisten« unterzeichneten Flugblatts lassen darauf schließen, dass als Vorlage die Musterflugblätter der Völkerpsychologischen Untersuchung Nr. 5 gedient hatten, vgl. BA-MA, RH 2/981, fol. 111-115.
[139] Taubert, Tätigkeitsbericht bis 31. 12. 1944, BA, R 55/450, fol. 69.
[140] Vgl. Baumgart 1966; Zetterberg 1978; Fischer 1984; Strazhas 1993.
[141] Der Führer und Oberste Befehlshaber der Wehrmacht, OKW/WFSt/Abt. L (I) Nr. 33408/40, geh. Kdos. Chefs., 18. 12. 1940, abgedr. in: Hubatsch 1983, S. 84-88.
[142] Der Komplex der verbrecherischen Befehle ist umfassend untersucht, er soll im Folgenden nur kurz skizziert und in Erinnerung gerufen werden. Detailliert zu den Entwicklungen im Frühjahr 1941 u. a. Krausnick 1993, S. 89 ff.; Ogorreck 1996, S. 19-46; Angrick 2003, S. 41-68; Hürter

taren an den Chef des Wehrmachtführungsstabs, Jodl, zurück.[143] Nach Hitlers Vorstellungen sollte der »kommende Kampf mehr als nur ein Kampf der Waffen« sein, er führe »auch zur Auseinandersetzung zweier Weltanschauungen«. Hitler legte unter anderem fest, dass die »jüdisch-bolschewistische Intelligenz [...] beseitigt werden« müsse.[144] Diesen Massenmord sollten die dem Reichsführer SS, Himmler, unterstellten SS- und Polizeiorgane in den rückwärtigen Gebieten durchführen, welche so bald wie möglich aus dem Operationsgebiet des Heeres ausgegliedert und an zivile Verwaltungen mit Reichskommissaren an der Spitze übergeben werden sollten. Am 6. März 1941 drängte Hitler nochmals auf die möglichst schnelle Einsetzung politischer Verwaltungen, »um gleichzeitig mit dem Kampf der Waffen Kampf der Weltanschauungen zu führen.«[145] Die am 13. März 1941 vom Chef des OKW, Keitel, unterzeichneten endgültigen »Richtlinien auf Sondergebieten zur Weisung Nr. 21 (Fall Barbarossa)« legten jedoch darüber hinaus fest, dass Himmlers Verbände ebenfalls im Operationsgebiet tätig werden sollten.[146] Bis Ende April einigten sich das OKH und Himmler auf eine entsprechende Regelung der Kompetenzen. Am 28. April 1941 unterzeichnete der Oberbefehlshaber des Heeres, Brauchitsch, eine Vereinbarung, die den Kommandos von Sicherheitspolizei und SD die Durchführung der Massenmorde auch in den dem OKH unterstellten Gebieten ermöglichte. Diese waren nunmehr berechtigt, »im Rahmen ihres Auftrages in eigener Verantwortung Exekutivmaßnahmen gegenüber der Zivilbevölkerung zu treffen«, wobei die Oberbefehlshaber der Armeen allerdings das Recht behielten, diese Maßnahmen einzuschränken, wenn durch sie die militärischen Operationen gestört wurden.[147] Gemeinsam mit dem OKW arbeitete das OKH zudem den rechtlichen Rahmen für den systematischen Mord aus: den so genannten Kriegsgerichtsbarkeitserlass vom 13. Mai und den so genannten Kommissarbefehl vom 6. Juni 1941.[148]

Bis heute dominiert in der Forschung das Bild, dass Hitler den Kriegsvorbereitungen im Frühjahr 1941 »in entscheidendem Maße« den »Stempel« eines von ihm langfristig angestrebten »rassenideologischen Vernichtungskrieges« aufgedrückt habe.[149] Als Gründe, warum die deutsche Militärführung Hitlers

---

2007, S. 235-265. Einen Überblick zu den damals geltenden völkerrechtlichen Bestimmungen bietet Verbrechen der Wehrmacht 2002, S. 15-33.

[143] Zu den Richtlinien auf Sondergebieten zur Weisung Nr. 21 (Fall Barbarossa) siehe KTB OKW, Bd. I, S. 341 ff.

[144] Ebd.

[145] KTB OKW, Bd. I, S. 346.

[146] OKW/WFSt/Abt. L (IV/Qu), Nr. 44125/41, geh. Kdos. Chefs., 13. 3. 1941, abgedr. in: Hubatsch 1983, S. 88 ff.

[147] OKH, GenSt d H /Gen.Qu. Az. Abt. Kriegsverwaltung Nr. II/2101/41 geh., 28. 4. 1941, betr. Regelung des Einsatzes der Sicherheitspolizei und des SD im Verbande des Heeres, abgedr. in: Ueberschär/Wette 1991, S. 249 f. Zu den vorausgehenden Verhandlungen vgl. Angrick 2003, S. 42 ff. Zur verbleibenden »beträchtlichen Befehlsgewalt« auch Hürter 2007, S. 247.

[148] Erlass über die Ausübung der Kriegsgerichtsbarkeit im Gebiet »Barbarossa« und über besondere Maßnahmen der Truppe v. 13. 5. 1941, BA-MA, RW 4/577, fol. 72 f.; Richtlinien für die Behandlung politischer Kommissare v. 6. 6. 1941, BA-MA, RW 4/578, fol. 42 ff. Als Faksimile abgedr. in: Verbrechen der Wehrmacht 2002, S. 46 ff., 52 f.

[149] So Ueberschär in Müller/Ueberschär 2000, S. 225.

»Vorgaben« widerspruchslos hinnahm und umsetzte, werden vor allem mehr oder weniger weitgehende Übereinstimmungen mit dessen Zielen und ideologischen Vorstellungen gesehen.[150] Trotz unterschiedlicher Gewichtungen ist diesen Erklärungsansätzen gemeinsam, dass grundsätzlich von einer *reagierenden* Militärführung, also ihrer »passiven Haltung«[151] ausgegangen wird – eigenständige Interessen und aktive Initiativen tauchen nicht auf. Allerdings haben jüngere Forschungen durchaus gezeigt, dass es sowohl rational-pragmatische Gründe für die Zustimmung der deutschen Militärführung gab als auch eigenständige Vorbereitungen einer verbrecherischen Kriegführung und Besatzungspolitik.[152]

Zentrale Bedeutung kam hierbei den wirtschaftspolitischen Planungen zu.[153] Die mit Versorgungs- und Nachschubfragen befassten Abteilungen im Reichsministerium für Ernährung und Landwirtschaft, im Wehrwirtschafts- und Rüstungsamt und in der Abteilung Generalquartiermeister im OKH einigten sich im Winter 1940/41 auf eine rücksichtslose Raubpolitik. Zum einen sollte die gesamte Wehrmacht aus den besetzten sowjetischen Territorien ernährt werden; zum anderen wollte man die nicht gebrauchten Überschüsse an Ölsaaten, Getreide und Fleisch ins Reich überführen – nicht zuletzt, um hier Versorgungsengpässe zu vermeiden, die möglicherweise negative Auswirkungen auf die Stimmung in der deutschen Bevölkerung gehabt hätten. Bei dieser geplanten radikalen Ausplünderung der eroberten Gebiete würden – so das kaltblütige Fazit – »zweifellos zig Millionen Menschen verhungern«.[154]

Um die Versorgung der Truppe »aus dem Lande« auch sicher gewährleisten zu können, hielten es die am 23. Mai 1941 vorgelegten »Wirtschaftspolitischen Richtlinien« des Wirtschaftsstabs Ost für notwendig, den individuellen Verbrauch der Einwohner der eroberten Gebiete radikal zu senken.[155] Sie schlugen vor, die europäischen Gebiete der Sowjetunion in zwei Großregionen einzuteilen: die so genannten Überschussgebiete (die »Schwarzerdegebiete« im Süden, Südosten und im Kaukasus) und die so genannten Zuschussgebiete (die »Waldzone« von Weißrussland bis zum Ural einschließlich der Industriezentren Moskau und Leningrad). Die letztgenannten Gebiete sollten, nachdem Getreide und Viehbestände beschlagnahmt und die Industrieproduktion zerstört worden war, hermetisch abgeriegelt werden. Während man der Landbe-

---

[150] Vgl. u. a. J. Förster 1991a, S. 512; Krausnick 1993, S. 104 ff.; E. Jäckel in Müller/Volkmann 1999, S. 739 ff.; Wette 2002, S. 286 ff. Auf zusätzliche Faktoren verweisen Hürter 2007, S. 157 f., 264 f. (u. a. die Illusion eines kurzfristiges Sieges) und Römer 2008, S. 75 ff. (u. a. die traditionelle Ablehnung der »Freischärler« seit 1870/71 und generationelle Prägungen). Apologetische Thesen wieder aufgreifend Arnold 2005, S. 57 ff.
[151] Hürter 2007, S. 263, siehe auch S. 509-517.
[152] Vgl. insbesondere Gerlach 1998; ders. 1999.
[153] Grundlegend hierzu R.-D. Müller 1991a. Vgl. auch Gerlach 1999, S. 59-76.
[154] Aktennotiz über eine Besprechung der Staatssekretäre/Mitglieder des WiStab Ost mit Vertretern des Wirtschaftsführungsstabes Ost zur geplanten wirtschaftlichen Ausplünderung der sowjetischen Gebiete v. 2. 5. 1941, PS-2718, IMT, Bd. 31, S. 84, abgedr. in: Ueberschär/Wette 1991, S. 323.
[155] WiStab Ost, Gruppe La, Wirtschaftspolitische Richtlinien für die Wirtschaftsorganisation Ost, Gruppe Landwirtschaft v. 23. 5. 1941, EC 126, Bd. 36, S. 135-157. Vgl. auch Gerlach 1999, S. 46 ff.

völkerung in den Überschussgebieten, an deren Arbeitsfähigkeit man interessiert war, zunächst noch »lebenswürdige Zustände« zubilligen wollte, gab man die Bewohner der Zuschussgebiete bewußt dem Hungertod preis. Die Planer gingen davon aus, dass hier ein großer Teil der beraubten und von Lieferungen abgeschnittenen Bevölkerung »zwangsläufig [...] absterben« würde. Diese Hungerpolitik sollte vor allem Bewohner der so genannten großrussischen Gebiete treffen: »Viele 10 Millionen von Menschen werden in diesem Gebiet überflüssig und werden sterben oder nach Sibirien auswandern müssen.«[156] Dies korrespondierte mit den politischen Planungen, Russland als Machtfaktor zu zerschlagen.[157]

Es liegt auf der Hand, dass der kalkulierte Hungertod von etwa 30 Millionen – vor allem russischer – Menschen ein wichtiges Motiv für die Formulierung der verbrecherischen Befehle war, die darauf zielten, jeglichen Widerstand einer absehbar verhungernden Bevölkerung im Keim zu ersticken.[158] Darüber hinaus gab es jedoch weitere pragmatische Motive, die aus den Erfordernissen einer »geistigen« Kriegführung abgeleitet wurden.

1.4.1. Destabilisierung durch Mord

Die auffälligste Verbindung zwischen den Debatten um eine »geistige« Kriegführung gegen die UdSSR in den 1930er Jahren und den Festlegungen einer verbrecherischen Kriegführung im »Fall Barbarossa« stellt die Entscheidung dar, die sowjetische Funktionärsschicht zu ermorden. Während Hitler bereits zu Beginn der 1930er Jahre alle, auch völkerrechtswidrige Mittel (wie den Mord an Politikern) als Möglichkeit einer »Zersetzung« des Kriegsgegners erwogen hatte, gingen die militärischen Planungsstäbe Mitte der 1930er davon aus, dass zumindest der *Aufruf* zum Mord an »Kommunisten und Juden« das zentrale Zersetzungsmittel sein sollte.

Sowohl Hitler als auch Göring hofften im Februar 1941 darauf, dass bei einem deutschen Einmarsch der bolschewistische Staat zusammenbrechen werde – hierfür käme es allerdings darauf an, »zunächst schnell die bolschewistischen Führer zu erledigen«.[159] Am 17. März 1941 begründete Hitler die Ermordung der sowjetischen Führungsschicht gegenüber der Spitze des Heeres: »Weltanschauliche Bande halten das russische Volk noch nicht fest genug zusammen. Es wird mit dem Beseitigen der Funktionäre zerrei-

---

[156] Ebd. S. 140 ff., 144 ff. Deshalb wurde »Großrussland« auch als besonders schwer zu beherrschende Region eingestuft. Vgl. Äußerungen Hitlers am 17. 3. 1941, Halder KTB, Bd. II, S. 320.
[157] Zu den politischen Planungen siehe Abschnitt 1.4.3. der vorliegenden Arbeit.
[158] Vgl. Gerlach 1999, S. 63 ff.
[159] Aus einer Aktennotiz von General Georg Thomas, Chef des Wehrwirtschafts- und Rüstungsamtes des OKW, über seinen Vortrag bei Göring v. 26. 2. 1941 über Vorbereitungen zum Überfall auf die Sowjetunion, abgedr. in: Eichholtz/Schumann 1969, S. 317. Thomas' Notiz ist der erste schriftlich überlieferte Hinweis, dass der Mord an der sowjetischen Führungsschicht geplant war. Göring reagierte mit seiner Aussage auf von Thomas geäußerte Bedenken, dass mit Zerstörungen von Vorräten oder Infrastruktur zu rechnen sei.

ßen.«¹⁶⁰ Der Mord hatte aus Sicht der politischen Führung also zwei Funktionen: die kurzfristige innenpolitische Destabilisierung der UdSSR und die mittelfristige Erleichterung der Herrschaftssicherung durch die Ausschaltung potentieller Organisatoren von Widerstand bzw. »Zersetzer«. Diese Perspektive war der Militärführung durchaus nicht fremd. Rund 250 hochrangige Offiziere, die als Stabschefs und Kommandeure die in der Sowjetunion eingesetzten Truppen befehligen sollten, formulierten keinerlei Widerspruch, als Hitler ihnen in seiner berüchtigten Rede vom 30. März 1941 seine Vorstellungen präsentierte:

> »Kampf zweier Weltanschauungen gegeneinander. Vernichtendes Urteil gegenüber Bolschewismus, ist gleich soziales Verbrechertum. Kommunismus ungeheure Gefahr für die Zukunft. Wir müssen vom Standpunkt des soldatischen Kameradentums abrücken. Der Kommunist ist vorher kein Kamerad und nachher kein Kamerad. Es handelt sich um einen Vernichtungskampf. [...] Kampf gegen Rußland: Vernichtung der bolschewistischen Kommissare und der kommunistischen Intelligenz. [...] Der Kampf muß geführt werden gegen das Gift der Zersetzung. [...] Die Truppe muß sich mit den Mitteln verteidigen, mit denen sie angegriffen wird. Kommissare und GPU-Leute sind Verbrecher und müssen als solche behandelt werden.«¹⁶¹

Dass Hitlers Vorstellungen auf positive Resonanz stießen, zeigt das Beispiel des Oberbefehlshabers der 18. Armee, Generaloberst Georg von Küchler. Am 25. April 1941 informierte dieser seine Divisionskommandeure über die Ziele und die Vorgehensweise im künftigen Krieg gegen die UdSSR und kündigte an, dass man beim Vormarsch »drei Sorten von Menschen antreffen« werde: »1) die Landeseinwohner, 2) russische Soldaten, 3) politische Kommissare, GPU-Leute und Sowjetbeamte.« Für die Landeseinwohner müsse die Wehrmacht »als Befreier vom sowjetischen Joch kommen« – eine Absicht, die auch mit Hilfe von Flugblättern propagiert werden würde. Sollten die Einheimischen sich »am Kampf gegen uns beteiligen« – was jedoch nicht anzunehmen sei –, so würden sie »als Franktireure behandelt und den entsprechenden harten Strafen zugeführt.« Soldaten, die sich ohne Waffen ergeben würden, seien als Kriegsgefangene zu behandeln. Allerdings warnte Küchler zugleich vor der angeblichen Heimtücke dieser »rassisch fremde[n]« Soldaten, die sich unter anderem in einer nur vorgetäuschten Aufgabe des Kampfes zeigen könnte. Bei solchen Vorkommnissen sollte es »keine Schonung« geben, ebenso wenig wie gegenüber sich »einzeln [...] herumtreibende[n] bewaffnete[n] Russen«, die Hinterhalte und Anschläge vorbereiten würden. Hier sei schon bei »jedem Verdacht mit Schärfe durchzugreifen«. Die »politischen Kommissare und G.P.U.-Leute« bezeichnete Küchler als »Verbrecher«, die »kurzerhand vor ein Feldgericht« zu stellen und abzuurteilen seien. (Kriegsgerichtsbarkeitserlass und Kommissarbefehl lagen zu diesem Zeitpunkt noch nicht vor.) Alle diese

---

¹⁶⁰ Halder KTB, Bd. II, S. 320. »Wir müssen stalinfreie Republiken schaffen. Die von Stalin eingesetzte Intelligenz muss vernichtet werden. Die Führermaschinerie des russischen Reiches muss zerschlagen werden.« Ebd.
¹⁶¹ So die stichpunktartige Zusammenfassung Halders, Halder KTB, Bd. II, S. 335 ff.

Maßnahmen zielten auch darauf, »einen Keil zu treiben zwischen die politische Führung und den [...] russischen Soldaten«. Wenn das Vorgehen gegen die »politischen Kommissare und G.P.U.-Leute« bekannt würde, so sei »zu hoffen, daß sich die russische Truppe und die Bevölkerung selbst von dieser Knechtschaft befreien. Wir wollen das Mittel jedenfalls anwenden«.[162] Küchlers Ausführungen beinhalteten alle wichtigen Aspekte einer »geistigen« Kriegführung, die seit Mitte der 1930er Jahre diskutiert worden waren: den Einsatz der Propaganda gegenüber der sowjetischen Zivilbevölkerung, das Misstrauen gegenüber den Soldaten der Roten Armee, den befürchteten »Kleinkrieg« und die Einordnung der politischen Funktionsträger als besondere Feindgruppe. Deren unverzügliche Ermordung erschien Küchler nicht nur selbstverständlich, sondern auch als ein wichtiger Bestandteil des Zersetzungskonzeptes: Der Mord sollte quasi das Signal zum Aufstand geben.

An dem Tag, als Küchler seinen Vortrag hielt, unterzeichnete der spätere Reichsminister für die besetzten Ostgebiete, Alfred Rosenberg, eine Denkschrift, in der auch er die Hoffnung ausdrückte, dass die einheimische Bevölkerung nach einem deutschen Angriff die nicht geflüchteten höheren Kommissare selbst »erschlagen« werde.[163] Der aus dem Baltikum stammende, langjährige Weggefährte Hitlers war von diesem Anfang April mit der »politischen Neugestaltung« der zu erobernden sowjetischen Gebiete beauftragt worden.[164] Der exponierte Vertreter der These vom »jüdischen Bolschewismus« hatte sich als Leiter des Außenpolitischen Amtes der NSDAP bereits Ende der 1930er Jahre Gedanken zu einer »völkerpsychologische[n] Außenpolitik«[165] bzw. der Frage der politischen Zerschlagung der UdSSR gemacht[166] und erschien Hitler offensichtlich als der geeignetste Mann für die bevorstehenden Aufgaben.[167] Rosenberg übernahm mit der »politischen Gestaltung« auch die inhaltliche Richtlinienkompetenz für die Propaganda.[168]

---

[162] AOK 18/1a Nr. 406/41g Kdos. Chefs., Handschriftliche Notizen des Oberbefehlshabers der 18. Armee, Generaloberst von Küchler, für einen Vortrag vor seinen Divisionskommandeuren am 25. 4. 1941, BA-MA, RH 20/18-71, Auszüge abgedr. in: Wilhelm 1991, S. 137 f.

[163] Rosenbergs Denkschrift Nr. 3, betr. UdSSR, v. 25. 4. 1941, Nürnbg. Dok. PS-1020, S. 7.

[164] Am 20. 4. 1941 ernannte Hitler ihn zum »Beauftragten für die zentrale Bearbeitung der Fragen des osteuropäischen Raumes« (Erlass Hitlers v. 20. 4. 1941, PS-865, IMT, Bd. 26, S. 383 f.); am 17. 7. 1941 wurde das »Reichsministerium für die besetzten Ostgebiete« gegründet. Zu Rosenberg siehe Bollmus 1970; Kuusisto 1984; Weißbecker 1996 sowie insbesondere Piper 2007.

[165] Tagebuch Rosenberg, 21. 5. 1939, in: Seraphim 1956, S. 69.

[166] Zu den Dekompositionsvorstellungen Rosenbergs siehe Abschnitt 1.4.3. der vorliegenden Arbeit.

[167] Vgl. hierzu auch Kuusisto 1984, S. 401, 405, 414; Piper 2007, S. 509-565. Bereits vor der Lektüre von Rosenbergs erster Denkschrift stellte Hitler diesem am 2. 4. 1941 die Finanzierung eines zentralen politischen Büros in Aussicht, und am 10. 4. teilte er mit, dass er mit Rosenbergs Ausführungen einverstanden sei. Zu diesem Zeitpunkt hatte sich Rosenberg bereits mit der Konzeption und Personalauswahl seiner neuen Dienststelle und der Verwaltung im Osten befasst. Vgl. Kempner 1971 [Rosenberg 1941]; Nicht unterschriebener Anhang zu Denkschrift Nr. 2 v. 7. 4. 1941, PS-1019, IMT, Bd. 26, S. 555-560.

[168] Vgl. Vortrag Taubert auf der Tagung der RPÄ am 13./14. 7. 1942 im RMVP, IfZ, Fa 511, fol. 54.

Seit Februar 1941 befasste sich ebenfalls die Abteilung WPr im OKW mit den Propagandavorbereitungen für den »Fall Barbarossa«. Nach entsprechenden Richtlinien des Chefs des OKW, Keitel,[169] hatte der Leiter der Abteilung Landesverteidigung, General Walter Warlimont, am 21. Februar 1941 Hasso von Wedel eine Reihe von Weisungen erteilt.[170] Die Abteilung WPr sollte für die Tarnung der Angriffsvorbereitungen sorgen, »Richtlinien für [das] Verhalten der Truppe gegenüber den Bolschewisten« ausarbeiten, eine Proklamation an die deutschen Soldaten verfassen und Flugblätter zur Verbreitung unter der sowjetischen Bevölkerung herstellen – unter Berücksichtigung der verschiedenen Nationalitäten.[171] Der von der Abteilung WPr in den folgenden Wochen ausgearbeitete Propagandaplan »Barbarossa« beinhaltete dementsprechend auch Maßnahmen zur »Zersetzung des russischen Volkes«.[172] Im Gegensatz zur bisherigen Vorgehensweise sollten diese jedoch erst schlagartig mit dem Überfall einsetzen, um den geplanten Überraschungseffekt nicht zu gefährden.[173]

Im Frühjahr 1941 waren also sowohl die Mitarbeiter der Abteilung WPr im OKW als auch der Arbeitsstab Rosenbergs damit beschäftigt, die ersten Aufrufe an die sowjetische Zivilbevölkerung zu verfassen.[174] Unmittelbare Arbeitskontakte kamen etwa Mitte Mai zustande[175] und am 29. Mai fand ein bedeutendes Kooperationstreffen unter der Leitung des späteren ständigen Stellvertreters von Ostminister Rosenberg, Alfred Meyer, im Außenpolitischen Amt der NSDAP statt.[176] Teilnehmer waren neben dem designierten Leiter der Politischen Abteilung des neuen Reichsministeriums, Georg Leibbrandt, und seinem Stellvertreter, Otto Bräutigam, Arno Schickedanz, drei namentlich nicht genannte »höhere Offiziere« des OKW (wahrscheinlich Vertreter der Abteilung WPr), drei Vertreter der Abwehr, zwei Beamte des Propagandami-

---

[169] OKW/WFSt/Abt. L (I Op) Nr. 44142/41 geh. Kds. Chefs., Richtlinien für die Feindtäuschung, v. 15. 2. 1941, BA-MA, RM 7/985, abgedr. in: Moritz 1970, S. 348 ff.
[170] KTB OKW, Bd. I, S. 333.
[171] Ebd.
[172] Vgl. die diesbezügliche Stellungnahme der Abteilung Landesverteidigung, Abt. L (I H Op), Nr. 44646/41, geh. Kdos. Chefs., 8. 5. 1941, abgedr. in: Moritz 1970, S. 255. Der von der Abteilung WPr entworfene »Propagandaplan ›Barbarossa‹« konnte bisher aktenmäßig nicht nachgewiesen werden. Nach der Überarbeitung im Sinne der Vorschläge der Abt. L diente er als Grundlage für die folgenden Absprachen mit dem RMO und floss in die im Juni 1941 verabschiedeten »Weisungen für die Handhabung der Propaganda im Fall ›Barbarossa‹« ein. Vgl. WPr, Nr. 133/41, betr. Propagandaplan Barborassa (sic!), 19. 5. 1941, BA-MA, RW 4/578, fol. 12; Moritz 1970, S. 254, Fn. 1.
[173] Auf die Tätigkeiten der Abwehr im Hinterland der UdSSR wird im Rahmen dieser Untersuchung nicht eingegangen. Vgl. hierzu Klink 1991, S. 327.
[174] Vgl. Nicht unterschriebener Anhang zu Denkschrift Nr. 2 v. 7. 4. 1941, PS 1019, IMT, Bd. 26, S. 557.
[175] Vgl. WPr, Nr. 133/41, betr. Propagandaplan Barborassa (sic!), 19. 5. 1941, BA-MA, RW 4/578, fol. 12.
[176] Vgl. VLR Großkopf, betr. Sitzung im Außenpolitischen Amt der NSDAP am 29. 5. über Ostfragen, 30. 5. 1941, PA AA, R 105192, fol. 198852. Dieses Treffen wird in der bisherigen Forschung – mit Ausnahme von Karlis Kangeris (ders. 2004, S. 168 ff.) – nicht berücksichtigt. Wolfram Wette geht fälschlicherweise davon aus, dass Goebbels auch für diesen Bereich der Propaganda die Richtlinien festlegte. Vgl. Wette 1991, S. 49 f.; ders. 1994, S. 64 ff.

nisteriums (darunter Eberhard Taubert) sowie Vertreter des Reichsnährstandes, der Arbeitsfront und des Auswärtigen Amtes (Georg Großkopf).[177] Leibbrandt referierte über die Arbeit seiner zukünftigen Dienststelle und stellte das von ihm und Bräutigam[178] auf Grundlage der Vorgaben Rosenbergs ausgearbeitete politisch-propagandistische Konzept vor: die »Politischen Richtlinien für die Propaganda« (Geheime Reichssache Nr. 3).[179] Obwohl der Verteilerkreis dieser Richtlinien – über das genannte Treffen hinaus – nicht überliefert ist, handelt es sich bei diesem Dokument um *die* zentralen Weisungen. Wie zu zeigen sein wird, beziehen sich spätere Befehle ganz offensichtlich auf diese Vorgaben. Leibbrandt verteilte noch drei weitere Dokumente: »An die Kommandeure und Soldaten der Roten Armee« (Geh. Rs. Nr. 1), »An die Völker der Sowjetunion« (Geh. Rs. Nr. 2) sowie »Wichtige Fragen, zu denen die Sowjetbevölkerung eine Stellungnahme erwartet« (Geh. Rs. Nr. 4).[180]

Das geplante Vorgehen bezog Pogrome der einheimischen Bevölkerung an Kommunisten und Juden bewusst mit ein. Leibbrandt informierte die Anwesenden unter anderem darüber, dass ein wesentlicher Schwerpunkt der Propaganda sich gegen Juden richten werde – zumindest in den Regionen, wo man dies für Erfolg versprechend hielt. Das »jüdische Element« sei – so die von Bräutigam verfasste Geheime Reichssache Nr. 4 – »vornehmlich in der Ukraine und Weißruthenien« vertreten. »Dort also ist die Befreiung vom Judentum und dessen Ausschaltung besonders zu betonen, weniger im Kaukasus, wo das jüdische Element wenig in Erscheinung tritt und höchstens als ein Volkssplitter von vielen andern angesehen wird.«[181] Im Stab Rosenbergs ging man im

---

[177] Zur Funktion dieser Personen im Propagandaapparat siehe Abschnitt 2. der vorliegenden Arbeit. Leibbrandt war Leiter der Ostabteilung des Außenpolitischen Amtes (APA) der NSDAP. Sein Stellvertreter wurde der vom AA gewechselte Bräutigam, der zugleich auch für die Verbindung zu OKH und OKW verantwortlich war. Biographische Angaben in Kuusisto 1984, S. 12 ff. (Leibbrandt); Zellhuber 2006, S. 66, 110 f.; Piper 2007, S. 535 f.

[178] Vgl. Bräutigam 1968, S. 305.

[179] Politische Richtlinien für die Propaganda [handschriftl. oben rechts: Geheime Reichssache Nr. 3. Ex. Nr. 1], PA AA, R 105193, unfol.

[180] Bei den Geh. Rs. Nr. 1 und 2 handelte es sich vermutlich um die ersten Aufrufe an die genannten Zielgruppen. Siehe hierzu Abschnitt 4.1. der vorliegenden Arbeit. Die Geh. Rs. Nr. 4 ist – ebenso wie die Geh. Rs. Nr. 2 – im PA AA überliefert: Wichtige Fragen, zu denen die Sowjetbevölkerung eine Stellungnahme erwartet [Geh. Rs. Nr. 4], PA AA, R 105193, unfol.

[181] Ebd. Dieses zehn Abschnitte umfassende Dokument stammt mit großer Wahrscheinlichkeit aus der Feder Bräutigams, der 1954 seine Laufbahn als Leiter der Ostabteilung des AA fortsetzte (vgl. Zellhuber 2006, S. 110). In seinen Nachkriegsmemoiren weist er auf ein zehn Punkte umfassendes Grundsatzpapier hin, das er im Auftrag Leibbrandts nach seiner Versetzung zur Dienststelle Rosenberg am 20. 5. 1941 verfasste. Dass Bräutigam Ende der 1960er Jahre behauptete, er könne sich an die einzelnen Punkte »im einzelnen nicht mehr erinnern«, verwundert nicht. Nach dem Krieg stellte er sich bzw. das RMO als Beschützer der Juden dar: »Bei dem schon in Polen zur Gluthitze entfachten Judenhass der SS und bei dem gerade in der Ukraine, dem Land der Pogrome, herrschenden Antisemitismus erschien auch Dr. Leibbrandt der von mir formulierte Vorschlag [einer »Fernhaltung der SS aus den besetzten Ostgebieten« und der Zurückstellung einer »von der Bevölkerung gewünschte[n] Judengesetzgebung, die die Rechte und Pflichten der Juden zum Gegenstand habe, bis nach dem Krieg«] geeignet, die Juden wenigstens für die Kriegsdauer vor Verfolgung zu bewahren.« Bräutigam 1968, S. 305. Diese »Vorschläge« tauchten in der Reichssache Nr. 4 nicht auf, und auch Bräutigams Nachkriegsbehauptung, dass seine Vorschläge »prophylaktisch wirken« sollten, da »damals keinerlei Anhalts-

Frühjahr 1941 nicht nur davon aus, dass antisemitische Parolen »sicher von der gesamten Bevölkerung begrüßt« würden. Man rechnete auch fest damit, dass die »Judenfrage« zu einem »erheblichen Teil« dadurch »gelöst« werden könne, dass man der Bevölkerung »einige Zeit nach Inbesitznahme des Landes freie Hand« ließe. Ebenso würden »voraussichtlich die radikalsten bolschewistischen Funktionäre von der Bevölkerung selbst erledigt werden« – so die zentralen Richtlinien.[182] Auch Bräutigam betonte in seinem Papier, die »wirklichen Bedrücker des Volkes« würde die Bevölkerung »wahrscheinlich selbst erledigen«, wie überhaupt anzunehmen sei, dass »die Bevölkerung vor allem in der Ukraine, in großem Umfange zu Judenpogromen und Ermordungen kommunistischer Funktionäre schreiten« werde. »Mit einem Wort, es dürfte sich empfehlen, die Abrechnung mit den jüdisch-bolschewistischen Unterdrückern in der ersten Zeit der Bevölkerung selbst zu überlassen und sich nach näherer Unterrichtung der übriggebliebenen Unterdrücker anzunehmen.«[183]

Mord und Pogrome waren also auch für die Mitarbeiter des späteren Ostministeriums ein wichtiger Bestandteil des Zersetzungskonzeptes. Die Ende Mai vorgelegten Richtlinien waren grundlegend: Als Reinhard Heydrich Anfang Juli 1941 die Höheren SS- und Polizeiführer über ihre zukünftigen Aufgaben informierte, bezog er sich augenscheinlich auf die von Rosenberg festgelegte Vorgehensweise: »Selbstreinigungsversuchen antikommunistischer oder antijüdischer Kreise [...] sind keine Hindernisse zu bereiten. Sie sind im Gegenteil, allerdings *spurenlos* zu fördern«.[184] Eine antikommunistische und antisemitische Hasspropaganda sollte die sowjetische Bevölkerung zu Mord und Pogromen anregen, um so Eroberung und Besatzung zu erleichtern – oder wie Bräutigam etwa anderthalb Jahre später rückblickend formulierte: Es sei klar gewesen, »dass wie bei allen großen Kriegen der letzten Zeit eine geistige Zersetzung hinzukommen und letzten Endes der Krieg in einen Bürgerkrieg umgewandelt werden musste, zumal die deutsche Wehrmacht nicht die Absicht hat, das gesamte Territorium der Sowjetunion zu besetzen.«[185]

1.4.2. Mord als präventive Herrschaftssicherung

Der Mord an Kommunisten und Juden sollte aber nicht nur eine innere Destabilisierung und damit den schnellen Zusammenbruch der UdSSR vorantreiben, er hatte ebenfalls die Funktion, die Herrschaftssicherung im einmal besetzten

---

punkte dafür vor[lagen], daß die im Reich sich immer mehr verschärfende Judenpolitik auch in den besetzten Ostgebieten zur Anwendung gelangen sollte«, sind offenkundig falsch. Bräutigam 1968, S. 305.
[182] Oder seien dann geflohen. Richtlinien für die Propaganda [handschriftl. oben rechts: Geheime Reichssache Nr. 3. Ex. Nr. 1], PA AA, R 105193, unfol.
[183] Wichtige Fragen, zu denen die Sowjetbevölkerung eine Stellungnahme erwartet [handschriftl. oben rechts: Geheime Reichssache Nr. 4, Exemplar 1], PA AA, R 105193, unfol.
[184] Schreiben Heydrichs an die HSSPF v. 2. 7. 1941, BA, R 70 Sowjetunion/32, fol. 263-269, abgedr. in: Klein 1997, S. 325 f.
[185] Geheime Aufzeichnung Bräutigams v. 25. 10. 1942, PS-294, IMT, Bd. 25, 333.

Gebiet zu erleichtern. Es musste – so die Perspektive des Ic-Offiziers der Panzergruppe 3 rückblickend – »damit gerechnet werden, dass einzelne Kommunisten und Komsomolzen (Mitglieder der kommunistischen Jugendorganisation) nur auf Gelegenheit und Befehl warteten, das Land aufzuwiegeln.«[186] Die deutsche Militärführung rechnete fest mit dem Aufflammen eines bewaffneten Widerstands in den besetzten sowjetischen Gebieten. Aus militärfachlicher Sicht war man zu der Einschätzung gekommen, dass ein solcher »Kleinkrieg« inzwischen generell zu einem Bestandteil moderner Kriegführung geworden war – und dass diese Kampfart vor allem von kommunistischer Seite intensiv genutzt werde.[187] Gerade deshalb verfolgte man in den 1930er Jahren auch mit großer Aufmerksamkeit die Bemühungen der Sowjetunion, eine große Zahl von Fallschirmspringern – auch Zivilisten – auszubilden. Ein von der Abteilung Fremde Heere Ost im OKH Anfang 1941 verfasstes und Ende Mai bis zu den einzelnen Zügen verteiltes »Merkblatt über die Eigenarten der russischen Kriegführung« warnte dementsprechend unter anderem vor dem »Kampf im Rücken des Gegners«, der »mit Fallschirmtruppen, Sabotagetrupps und Agenten zur Unterstützung militärischer Kampfhandlungen und zur politischen Beeinflussung« geführt würde.[188] Deutsche Soldaten wurden im Sommer 1941 mit Merkblättern versorgt, die betonten: »Der Russe ist ein Meister in allen Künsten des Kleinkrieges, seine Erfindungsgabe im Erdenken immer neuer Listen, in deren Anwendung er vollkommen gewissenlos handelt und zu jeder sadistischen Bestialität fähig ist, ist sehr groß.« Zu den Maßnahmen, mit denen man auf Grund der »Ausbildung im russischen Heer« rechnen müsse, zählten auch das Absetzen von Sabotagetrupps per Fallschirm »in Zivil«, die wichtige Verkehrsverbindungen, Industrie- und Militäranlagen zerstören und »zersetzende Propaganda« betreiben würden.[189] Die Soldaten wurden aufgefordert: »Das sind keine Soldaten, sie müssen von uns als Freischärler erledigt werden. Darum aufpassen! Seid hart und unerbittlich, wo ihr auf solche Kampfmittel trefft – gleichgültig ob es sich um Soldaten oder Zivilpersonen handelt.«[190]

Der Mord an kommunistischen Funktionären und jedem verdächtigen Zivilisten erschien aus der Perspektive der deutschen Militärführung – sieht man

---

[186] Bericht über die Partisanenkämpfe im August und September 1941, Anlage zum Tätigkeitsbericht Nr. 3, Ic, PzGr. 3, 14. 8.1941-31. 1. 1942, BA-MA, RH 21-3/743, fol. 17.
[187] Vgl. Metzel 1936. Als Beispiele für die Tätigkeit von Partisanen »im modernen Krieg« galten der italienisch-abessinische und der japanisch-chinesische Krieg wie auch der Spanische Bürgerkrieg, vgl. in diesem Sinne u. a. Entwurf, Berück Mitte, Ia, Br.B.Nr. 1001/41 geh., 12. 10. 1941, Der Partisan – seine Organisation und seine Bekämpfung, gez. Schenckendorff, BA-MA, RH 22/225, fol. 120 RS.
[188] Merkblatt über die Eigenarten der russischen Kriegführung, 1941, OKH/GenStdH/OQu IV, Fremde Heere Ost (II), 25. 1. 1941, BA-MA, RHD 18/233, S. 8. Vgl. auch die geheime Ausarbeitung »Die Kriegswehrmacht der Union der Sozialistischen Sowjetrepubliken (UdSSR)«, Stand Dezember 1941, OKH/GenStdH/OQu IV Abt. Fremde Heere Ost (II) Nr. 4700/41, 1. 12. 1941, 616. Ausfertigung von 1.200, BA-MA, RHD 7/11/4, S. 7 sowie die überarbeitete Fassung des Merkblatts über die Eigenarten der russischen Kriegführung, Neubearbeitung 1942, OKH/GenStdH/OQu IV, Fremde Heere Ost (II), 15. 2. 1942, BA-MA, RHD 6/19/2, S. 9 f.
[189] Merkblatt »Warnung vor heimtückischer Sowjetkriegführung«, abgedr. in: Ueberschär/Wette 1991, S. 262 f.
[190] Merkblatt »Kennt ihr den Feind?«, abgedr. in: ebd., S. 264.

einmal von der moralischen oder völkerrechtlichen Ebene ab – als eine präventive Abwehrstrategie gegen den »Kleinkrieg« im rückwärtigen Gebiet. Mit dem Kriegsgerichtsbarkeitserlass vom 13. Mai 1941 schuf das OKW – nach Abstimmung mit dem OKH – die rechtliche Grundlage für ein solches Vorgehen.[191] Die bis dahin geltende Kriegsgerichtsbarkeit der Wehrmacht untersagte den militärischen Führungsstäben und der Truppe, ohne förmliches Gerichts- oder Standgerichtsverfahren Exekutionen durchzuführen oder Gefangene zu diesem Zweck an militärfremde Einheiten zu übergeben.[192] Nun wurden jedoch Straftaten »feindlicher Zivilpersonen« der Zuständigkeit der Kriegsgerichte entzogen. »Tatverdächtige Elemente« sollten dem nächsten Offizier vorgeführt werden, der über ihre Erschießung entscheiden konnte. Damit war jegliche Rechtssicherheit für die betroffene Zivilbevölkerung im eroberten und besetzten Gebiet aufgehoben und die Möglichkeit geschaffen, Teile der sowjetischen Führungsschicht bzw. alle Personen, die sich gegen die deutsche Herrschaft auflehnten – bzw. dessen verdächtigt wurden – sofort zu exekutieren. Gleichzeitig sicherte der Erlass den deutschen Soldaten und Angehörigen des Wehrmachtgefolges weitestgehende Straffreiheit zu, indem er den gerichtlichen Verfolgungszwang bei Handlungen »*gegen feindliche Zivilpersonen*« aufhob – selbst in Fällen, bei denen es sich um ein militärisches Verbrechen oder Vergehen handelte. Gerichte sollten nur dann aktiv werden, wenn es »*die Aufrechterhaltung der Manneszucht oder die Sicherung der Truppe*« erfordere.[193] Nicht zufällig gehörten die Handlungen, die gemäß dem Kriegsgerichtsbarkeitserlass »schonungslos« verfolgt werden sollten, hauptsächlich in den Bereich des »Kleinkrieges« bzw. der »geistigen« Kriegführung im Rücken der Front.

Die »Richtlinien für das Verhalten der Truppe in Rußland« vom 19. Mai 1941 – mit deren Formulierung die Abteilung WPr im Februar 1941 beauftragt worden war – instruierten die deutschen Soldaten wie folgt: »1. Der Bolschewismus ist der Todfeind des nationalsozialistischen deutschen Volkes. Dieser zersetzenden Weltanschauung und ihren Trägern gilt Deutschlands Kampf. 2. Dieser Kampf verlangt rücksichtsloses und energisches Durchgreifen gegen bolschewistische Hetzer, Freischärler, Saboteure, Juden und restlose Beseitigung jedes aktiven oder passiven Widerstandes.«[194] Auch der General z. b. V. im OKH, Eugen Müller, der am 11. Juni 1941 in Warschau die Armeerichter und Ic-Offiziere instruierte, betonte, dass man die »Träger der feindlichen Einstellung nicht konservieren, sondern erledigen« wolle – Rechtsempfinden müsse im kommenden Einsatz unter Umständen hinter die »Kriegsnotwen-

---

[191] Erlass über die Ausübung der Kriegsgerichtsbarkeit im Gebiet »Barbarossa« und über besondere Maßnahmen der Truppe v. 13. 5. 1941, BA-MA, RW 4/577, fol. 72 ff. Zur Entstehung des Erlasses vgl. u. a. Krausnick 1977; J. Förster 1991b; Hürter 2007. Zur Rezeption, Adaption und Umsetzung Römer 2008.
[192] Vgl. Angrick 2003, S. 59.
[193] Erlass über die Ausübung der Kriegsgerichtsbarkeit im Gebiet »Barbarossa« und über besondere Maßnahmen der Truppe v. 13. 5. 1941, BA-MA, RW 4/577, fol. 72 ff. Hvg. im Orig.
[194] Anlage 3 zu OKW/WFSt/Abt. L IV/Qu, Nr. 44560/41 geh. Kdos. Chefs., 19. 5. 1941, Richtlinien für das Verhalten der Truppe in Rußland, BA-MA, RW 4/524, fol. 13 f. Als Faksimile abgedr. in: Verbrechen der Wehrmacht 2002, S. 54.

digkeit« zurücktreten. Zu den sofort zu tötenden »Freischärlern« zählte Müller unter anderem jeden Zivilisten, der die »deutsche Wehrmacht behindert oder zur Behinderung auffordert (z. B. Hetzer, Flugblattverteiler, nicht befolgen [sic!] deutscher Anordnungen, Brandstifter, zerstören [sic!] von Wegweisern, Vorräten u. a. w.).«[195] Der General wies explizit an, dass in Zweifelsfällen häufig der Verdacht genügen müsse, da sich oft keine klaren Beweise erbringen ließen.[196]

Im Falle der sowjetischen Funktionsträger war sich die deutsche Militärführung sicher, dass diese eine Eroberung und Besetzung nicht widerstandslos hinnehmen würden. Die »Richtlinien für die Behandlung politischer Kommissare« vom 6. Juni 1941[197] legten deshalb fest, dass gegenüber den »*politischen Kommissaren aller Art* als den eigentlichen Trägern des Widerstandes« jegliche »Schonung und völkerrechtliche Rücksichtnahme« falsch sei. Sie seien, »wenn im Kampf oder Widerstand ergriffen, grundsätzlich sofort mit der Waffe zu erledigen«. Dabei wurde zwischen dem Vorgehen im Operationsgebiet und im rückwärtigen Heeresgebiet unterschieden. Bezüglich des Operationsgebietes wurde angewiesen, politische Kommissare »jeder Art und Stellung«, die »sich *gegen unsere Truppe* wenden«, entsprechend den Bestimmungen des Kriegsgerichtsbarkeitserlasses zu behandeln, auch »wenn sie nur des Widerstandes, der Sabotage oder der Anstiftung hierzu verdächtig« seien. Letztlich reichte der subjektive Eindruck, um das sofortige Todesurteil zu vollziehen, denn bei der Schuldfrage hatte »grundsätzlich der persönliche Eindruck von der Gesinnung und Haltung des Kommissars höher zu gelten, als der vielleicht nicht zu beweisende Tatbestand«. Nur unverdächtige Kommissare sollten »zunächst unbehelligt« bleiben, ihr Schicksal wurde in die Hand der nachfolgenden Organe der Sicherheitspolizei gelegt. Im rückwärtigen Heeresgebiet reichte bereits »zweifelhaftes Verhalten«, um politische Kommissare an die Einsatzgruppen bzw. Einsatzkommandos der Sicherheitspolizei »abzugeben«, was – wie den Beteiligten auch klar war – ebenfalls einem Todesurteil gleichkam.[198]

Die zeitweise »Schonung« der »unverdächtigen« zivilen Kommissare geschah aus pragmatischen Erwägungen. Ein OKH-Entwurf zum Kommissarbefehl hatte zunächst die Tötung *aller* politischen Kommissare vorgesehen, war dann jedoch aufgrund einer Intervention Rosenbergs wieder etwas abgeschwächt worden.[199] Die designierte Reichsminister sah es zwar als selbstverständlich an – wie er in einer Denkschrift vom 25. April 1941 formulierte –,

---

[195] Panzergruppe 3, Abt. Ic, Tätigkeitsbericht Januar-Juli 1941, NOKW 2672, BA-MA, RH 21-3/423, fol. 32. Auszüge abgedr. in: Ueberschär/Wette 1991, S. 283 f. sowie Jacobsen 1994, S. 504.
[196] Ebd.
[197] Richtlinien für die Behandlung politischer Kommissare v. 6. 6. 1941, BA-MA, RW 4/578, fol. 42 ff.
[198] Ebd., Hvg. im Orig.
[199] Vgl. Abteilung Landesverteidigung, 12. 5. 1941, betr. Behandlung gefangener politischer russischer Funktionäre, Punkt II. Nrbg. Dok. PS-884. Zur Entstehung des Kommissarbefehls u. a. Jacobsen 1994; Messerschmidt 1969, S. 402-407; Streit 1980, S. 44-49; J. Förster 1991a, S. 520-525.

dass die »hohen und höchsten Kommissare«, diese »naturgemäß auch nach zehntausenden zählenden Unterdrücker der Völker des Ostens ausgemerzt werden« müssten. Von einer »*generellen* Vernichtung aller staatlichen, kommunalen und dörflichen Funktionäre« riet er jedoch ab, da »*zunächst alle Kollektivwirtschaften und verstaatlichten Industriewerke sowie die Kommunalverwaltungen in bisheriger Weise*« weiterarbeiten müssten, eine »plötzliche Veränderung« nur ein »Chaos« herbeiführen würde und das Deutsche Reich zudem gar nicht über ausreichendes Ersatzpersonal verfüge.[200] Dem sicherungspolitischen Interesse der Militärführung, möglichst *alle* kommunistischen Funktionäre zu töten, standen also besatzungspolitische Erfordernisse im Wege.

Eine besondere Feindgruppe bildete aus der Sicht der deutschen Militärführung jedoch die Rote Armee an sich und ihr politischer Apparat – hier ließ sie sich auf keinerlei Einschränkungen ein. Es sollte auf jeden Fall verhindert werden, dass die als »Propagandaträger« betrachteten sowjetischen Soldaten als Kriegsgefangene in dieser Hinsicht aktiv wurden – weder im besetzten Gebiet noch in Deutschland selbst.[201] Nach dem Einmarsch sowjetischer Truppen in Ostpolen hatte die Abteilung Fremde Heere Ost Ende 1939 besorgt festgestellt, dass die »politischen Funktionäre der Truppe, die politischen Kommissare und Politleiter, ihre ständigen Stellvertreter, die Angehörigen der Kommunistischen Parteiorganisationen usw.« – den russischen Dienstvorschriften entsprechend – sogleich »*die politische Agitations- und Propagandaarbeit* unter der Zivilbevölkerung« aufgenommen hätten. Zweck der Propaganda sei es gewesen, »die Arbeiter- und Bauernbevölkerung für die bolschewistische Idee zu gewinnen«.[202] Dieser Personenkreis sollte nach den Vorgaben des Kommissarbefehls von den Wehrmachtsverbänden noch auf dem Gefechtsfeld abgesondert und »erledigt« werden.[203] Er umfasste auf Divisionsebene jeweils etwa 25 Personen und in deren politischer Verwaltung und bei den unterstellten Einheiten bis zu den Kompaniezügen etwa 530 weitere politische Funktions-

---

[200] Rosenbergs Denkschrift Nr. 3, betr. UdSSR, v. 25. 4. 1941, Nürnbg. Dok. PS-1020, S. 6 ff.
[201] Vgl. Abschrift OKW, betr. Kriegsgefangenenwesen im Fall Barbarossa , 16. 6. 1941, abgedr. in: Jacobsen 1994, S. 510 ff.; Abschrift, Der Chef der Sicherheitspolizei und des SD, 21 B/41 gRs. IV A Ic, Einsatzbefehl Nr. 8, 17. 7. 1941, Anlage: Richtlinien über die Säuberung der Gefangenenlager, in denen Sowjetrussen untergebracht sind; OKW, Az. 2. f 24. 11. AWA/Kriegsgef. (I) Nr. 3058/41 geh., 8. 9. 1941, betr. Anordnungen für die Behandlung sowjetischer Kriegsgefangener, Dokumente abgedr. ebd. sowie in: Ueberschär/Wette 1991, S. 292 ff., 297 ff. Einen prägnanten Überblick gibt Hürter 2007, S. 261 ff.
[202] O Qu IV Fremde Heere Ost (II) Nr. 1995/39g v. 19. 12. 1939, Werturteil über die Rote Armee nach den Berichten über den Einmarsch in Polen, im Baltikum und in Finnland, BA-MA, RH 2/2106, fol. 12.
[203] Richtlinien für die Behandlung politischer Kommissare v. 6. 6. 1941, BA-MA, RW 4/578, fol. 42 ff. Vgl. auch die Formulierung im sog. Lehmann-Entwurf (OKH): »Ihrem alsbaldigen Herausfinden aus den Gefangenen und ihrer Absonderung kommt besondere Bedeutung zu, da sie in erster Linie die Propaganda in der Heimat als Gefangene fortzusetzen vermögen.«. Abschrift, Der Oberbefehlshaber des Heeres, Gen. z. b. V. Ob. d. H. (Gr. R. Wes.), Anlage 1 z. Schreiben OKW/WFSt/Abt. L (IV/Qu) v. 12. 5. 1941, Richtlinien betr. Behandlung politischer Hoheitsträger usw.

träger – neben Verwaltungspersonal auch Politruks, Propagandainstrukteure, Sekretäre des kommunistischen Jugendverbandes und Parteisekretäre.[204]

Als potentielle Gegner und besondere Bedrohung galten auch jüdische Männer. Sie wurden generell als Sympathisanten und Unterstützer der sowjetischen Regierung bzw. »Zersetzer« betrachtet, weshalb die »Richtlinien für das Verhalten der Truppe« vom 19. Mai sie auch als eine eigenständige Feindgruppe definierten.[205] In den späteren Mordbefehlen tauchte immer wieder die Behauptung auf, die »Juden« betrieben oder unterstützten Partisanenaktivitäten – insbesondere als »Hetzer«, »Propagandeure« oder Kuriere.[206]

Letztlich liefen die Planungen im Frühjahr 1941 darauf hinaus, möglichst all diejenigen präventiv zu ermorden, die als potentielle Organisatoren von Widerstand bzw. Akteure einer »zersetzenden« Propaganda galten:

> »Zu exekutieren sind alle Funktionäre der Komintern (wie überhaupt die kommunistischen Berufspolitiker schlechthin), die höheren, mittleren und radikalen unteren Funktionäre der Partei, der Zentralkomitees, der Gau- und Gebietskomitees, Volkskommissare, Juden in Partei und Staatsstellungen, sonstigen radikalen Elemente (Saboteure, Propagandeure, Heckenschützen, Attentäter, Hetzer usw.), *soweit* sie nicht im Einzelfall nicht oder nicht mehr benötigt werden, um Auskünfte in politischer oder wirtschaftlicher Hinsicht zu geben, die für die weiteren sicherheitspolitischen Maßnahmen oder für den wirtschaftlichen Wiederaufbau der besetzten Gebiete besonders wichtig sind.«[207]

Die Bereitwilligkeit, mit der die deutsche Militärführung Hitlers Vorstellungen eines weltanschaulichen »Vernichtungskampfes« folgte und die entsprechenden Befehle formulierte, lässt sich also nicht allein mit Pflicht und Gehorsam oder einer »zumindest partielle[n] Übereinstimmung der Kriegsziele und Feindbilder« erklären.[208] Aus Sicht der deutschen Militärs gab es auch eigenständige pragmatische Motive für eine verbrecherische Kriegführung.

1.4.3. Dekompositionspolitik und Zwei-Etappen-Modell

Politisch zielten die 1940/41 ausgearbeiteten Vorschläge auf eine Aufspaltung des Territoriums der UdSSR und die Bildung einzelner, von Deutschland abhängiger »Staaten« in den westlichen Regionen (Baltikum, Weißrussland, Uk-

---

[204] Vgl. Angrick 2003, S. 67. Zur Politischen Verwaltung der Roten Armee siehe auch Moldenhauer 1996, S. 137 ff.

[205] Siehe oben. Auch das Merkblatt »Warnung vor heimtückischer Sowjetkriegführung« forderte »Besondere Aufmerksamkeit auf Geistliche, Kommissare und Juden!«, abgedr. in: Ueberschär/Wette 1991, S. 262 f.

[206] Das Feindbild der Juden als »Hetzer«, »Agitatoren«, »Gerüchtemacher« etc. reicht bis in den Ersten Weltkrieg zurück. Siehe hierzu Grelka 2006, S. 181 ff.

[207] Schreiben Heydrichs an die HSSPF v. 2. 7. 1941, BA, R 70 Sowjetunion/32, fol. 263-269, abgedr. in: Klein 1997, S. 325. Eine entsprechende mündliche Einweisung der Einsatzgruppen und -kommandoführer hat vermutlich am 17. 6. 1941 in Berlin stattgefunden, vgl. ebd., S. 21.

[208] Hürter 2007, S. 222.

raine).²⁰⁹ Im OKW versprach man sich von einem gezielten Schüren innerer Unruhen und dem Einsatz einheimischer »Regierungen« in den nichtrussischen Gebieten eine Unterstützung des eigenen operativen Vorgehens sowie die Erleichterung der späteren Herrschaftskontrolle.²¹⁰ Die »Richtlinien auf Sondergebieten zur Weisung Nr. 21 (Fall Barbarossa)« vom 13. März 1941 legten fest, dass das eroberte Gebiet nach Abschluss der Kämpfe »nach besonderen Richtlinien in Staaten mit eigenen Regierungen aufgelöst« werden solle. Den »volkstumsmäßigen Grundlagen« entsprechend und unter Berücksichtigung des geplanten Einsatzes von drei Heeresgruppen waren drei politische Verwaltungsgebiete mit Reichskommissaren an der Spitze vorgesehen: Nord (Baltikum), Mitte (Weißrussland) und Süd (Ukraine).²¹¹

Rosenberg, der mit der politischen Gestaltung der eroberten Gebiete beauftragt wurde, konnte diesbezüglich auf bereits formulierte Vorarbeiten zurückgreifen. Im Juni 1939 hatte das Außenpolitische Amt der NSDAP eine entsprechende Denkschrift erarbeitet, in der betont wurde, dass »außer der rein machtpolitischen Beherrschung eventueller Gebiete im Osten in Kriegszeiten [...] die politisch-psychologische Bearbeitung der Bevölkerung dieser Gebiete einerseits zur Entlastung der rein militärischen Aktion, anderseits für eine eventuelle weitere Verwendung einzelner Nationalitäten im deutschen Interesse, für die künftige Gestaltung des ganzen Ostraumes ausschlaggebend sein« dürfte.²¹² In den Blick gerieten zunächst die ostpolnischen Gebiete mit weißrussischer bzw. ukrainischer Bevölkerung: Diese seien »als Sammelbecken und Vorbereitungsglacis für eine ausgreifende Zertrümmerung Rußlands [...] von unschätzbarer Bedeutung.« Selbst in Weißrussland, dessen »führende Schicht [...] im Laufe seiner geschichtlichen Wandlungen verlitauert, verpolonisiert und russifiziert worden« sei, bedürfe es »doch nur eines systematischen Ausbaues vorhandener Ansatzstellen, um eine politisch tragfähige Nationalschicht heranzuziehen«.²¹³

An diese Überlegungen anknüpfend schlug Rosenberg Hitler Anfang April 1941 eine »Zertrümmerung des östlichen Großreiches« und dessen »sehr nachhaltige Schwächung« vor.²¹⁴ Er unterschied sieben große, jeweils spezifisch zu behandelnde Regionen: »Groß-Russland« sollte als politische und wirtschaftliche Macht praktisch verschwinden – durch eine »völlige Vernichtung der

---

²⁰⁹ Vgl. Halder KTB, Bd. II, S. 32 f. (22. 7. 1940), 49 f. (31. 7. 1940), 336 (30. 3. 1941); KTB OKW, Bd. I, S. 205 (5. 12. 1940), 340 ff. (3. 3. 1941); OKW/WFSt/Abt. L (Op) Nr. 905/40 geh. Kdos. Chefs., 15. 9. 1940, abgedr. in: Moritz 1970, S. 131 f.
²¹⁰ In diesem Sinne auch die sog. Loßberg-Studie. OKW/WFSt/Abt. L (Op) Nr. 905/40 geh. Kdos. Chefs., 15. 9. 1940, abgedr. in: Moritz 1970, S. 131 f. Zu den diesbezüglichen Aktivitäten im Vorfeld des 22. Juni 1941 siehe auch Dieckmann 2003, Abschnitt B.5.7 (zu Litauen); Golczewski 2003, S. 158 ff. (zur Ukraine).
²¹¹ OKW/WFSt/Abt. L (IV/Qu), Nr. 44125/41, geh. Kdos. Chefs., 13. 3. 1941, abgedr. in: Hubatsch 1983, S. 88 ff.
²¹² Denkschrift »Die europäischen Fragen!« des APA der NSDAP v. 14. 6. 1939, Nürnbg. Dok., PS 1365, abgedr. in: Seraphim 1956, S. 142.
²¹³ Ebd. 145.
²¹⁴ Vgl. Nicht unterschriebene in Rosenbergs Russlandakte gefundene Denkschrift Nr. 1 v. 2. 4. 1941, PS-1017, IMT, Bd. 26, S. 547-554. Alle folgenden Zitate ebd.

bolschewistisch jüdischen Staatsverwaltung«, eine vollständige und radikale wirtschaftliche Ausplünderung und Zerstörung sowie die territoriale Zuteilung russischer Gebiete an die neu zu bildenden Verwaltungseinheiten (insbesondere an Weißrussland, die Ukraine und das Dongebiet). Das russische Gebiet sollte allenfalls als »Abschubgebiet für unerwünschte Bevölkerungselemente in größerem Ausmaße« dienen. Weißrussland charakterisierte Rosenberg als kulturell und wirtschaftlich zurückgebliebene Region, die »zugleich das zweitgrößte Judenreservoir der UdSSR« enthalte, mit »völlig verjudeten Städten wie Bjalostok [Bialystok], Minsk, Polodzk, Witebsk u. a. m.«. Die »Erweckung eines Eigenlebens« und die »Errichtung eines lebensfähigen staatlichen Gebildes« hielt er zwar für ein »langwieriges und auch schwieriges Unterfangen«. Dennoch plädierte Rosenberg für einen solchen Versuch, um Russland zu schwächen. Ähnlich sah er auch die Aufgaben des Dongebiets. Aus dem gleichen Grund postulierte er für die Ukraine, die wirtschaftlich die »ergänzende Ernährungsbasis für das Großdeutsche Reich« bilden sollte, eine »Förderung des nationalen Eigenlebens bis zur eventuellen Errichtung einer Eigenstaatlichkeit.« Für den als »Ölzentrum Rußlands« besonders wichtigen Kaukasus und die mittelasiatischen Gebiete der UdSSR sollte deren nationale, »rassenmäßige« und religiöse Vielfalt als Ansatzpunkt für die Durchsetzung deutscher Herrschafts- und Ausbeutungsinteressen dienen. Eine Sonderstellung nahmen die baltischen Staaten Estland, Lettland und Litauen ein, da sie möglicherweise ein zukünftiges deutsches Siedlungsgebiet »unter Assimilierung der rassisch Geeigneten« und der »Aussiedlung rassisch minderwertiger, größerer Bevölkerungsgruppen« werden würden.

Aufgrund der späteren Gesamtentwicklung wurde bisher vielfach angenommen, der »schwache« Rosenberg habe sich mit dieser Konzeption gegenüber Hitler bzw. seinen Konkurrenten Himmler und Göring nicht durchsetzen können.[215] Bis heute wird in der Forschung immer wieder darauf verwiesen, dass sich die politischen Dekompositionsvorstellungen des designierten Reichsministers in keiner Weise mit den brutalen Unterdrückungs- und Umsiedlungsplänen Himmlers oder den wirtschaftlichen Ausplünderungszielen Görings in Einklang bringen ließen.[216] Rosenberg scheiterte jedoch keineswegs mit seinen Vorstellungen – im Gegenteil: das von ihm und seinen Mitarbeitern erarbeitete Konzept wurde zur Grundlage des weiteren Vorgehens. Dieses Konzept war allerdings komplexer, als bisher angenommen wurde.

Tatsächlich ergaben sich Konfliktlinien zwischen den wirtschaftlichen und politischen Zielen. Die im Frühjahr 1941 formulierten Hunger- und Ausplünderungspläne können jedoch auch in dem Sinne interpretiert werden, dass sie Rosenbergs Vorstellungen explizit berücksichtigten. Dies betraf vor allem das Baltikum und Weißrussland, die ebenfalls zur Waldzone gehörten und damit zu den Regionen, deren Bevölkerung dem Hungertod preisgegeben werden

---

[215] Zur vermeintlichen Schwäche Rosenbergs vgl. Dallin 1981, S. 58 ff.; Myllyniemi 1973, S. 41; Umbreit 1988, S. 39. Zu differenzierteren Bewertungen kommen Kuusisto 1984, S. 401, 405, 414; Zellhuber 2006, S. 91-100; Piper 2007, S. 509 ff.
[216] So auch Kershaw 2002, Bd. 2, S. 549 f.; Piper 2007, S. 525 ff.

sollte. Auffallend ist, dass die Verfasser der Ende Mai 1941 formulierten »Wirtschaftspolitischen Richtlinien« ausgesprochen darum bemüht waren, Rosenbergs Konzeption mit einzubeziehen. Ebenso wie für das »Erdölgebiet Transkaukasien«, das »aus besonderen politischen und wirtschaftlichen Gründen unbedingt beliefert werden« müsste,[217] plante man auch für die als »Sondergebiete« ausgewiesen Regionen des Baltikums und Weißrusslands ein jeweils spezifisches Vorgehen. Bezüglich des Baltikums wurde beschlossen, dieses mit Hilfe einer »Aufbauarbeit« für die Ernährung Europas zu nutzen und deshalb »genau so zu behandeln« wie die annektierten Gebiete Westpolens.[218] Für Weißrussland sah die Lage schlechter aus. Hier bestand zwar grundsätzlich ein deutsches Interesse an der Holzwirtschaft, man ging aber davon aus, dass »wahrscheinlich« keinerlei Getreide-, also auch Futterlieferungen aus dem Süden in die weißrussische Region gebracht werden könnten. Deshalb wollte man die vorhandenen Tierbestände, hauptsächlich Schweine, ebenso wie die Flachsernte möglichst schnell und vollständig für deutsche Zwecke »abschöpfen« – was zwangsläufig Hungersnöte nach sich ziehen musste.

Obwohl die Gruppe La des Wirtschaftsstabes Ost grundsätzlich den »Einklang« ihrer Richtlinien mit den politischen Tendenzen – »Erhaltung des Kleinrussentums, Erhaltung des Kaukasus, der baltischen Provinzen, Weißrusslands auf Kosten der Zurückdrängung des Großrussentums«[219] – anstrebte, musste sie zugeben, dass die von ihr konzipierte Hungerpolitik absehbar in Konflikt mit der geplanten politischen Herrschaftskonzeption geraten würde. Defensiv und zugleich hartnäckig stellte sie ihre Prioritäten klar: »Wenn irgend möglich« müsse »erstrebt werden, diese Gebiete – auch aus politischen Gründen: Gegensatz Weißrussen, Litauer gegen Großrussen – pfleglich zu behandeln. Erst die Zukunft wird zeigen, wieweit das möglich ist.«[220]

Die Priorität kriegswirtschaftlicher Interessen stellte auch Rosenberg nicht in Frage. Er selbst betonte immer wieder, dass sein politisches Konzept einer Zerschlagung des Vielvölkerstaates »natürlich nur nach Sicherstellung der zur Fortführung des Krieges für das Großdeutsche Reich eben notwendigen kriegswichtigen Lieferungen aus dem zu besetzenden Gebiet Geltung« hätte.[221] Eine regional differenzierte Besatzungspolitik war für ihn nicht nur ein Mittel

---

[217] WiStab Ost, Gruppe La, Wirtschaftspolitische Richtlinien für die Wirtschaftsorganisation Ost, Gruppe Landwirtschaft v. 23. 5. 1941, EC 126, Bd. 36, S. 140.
[218] Ebd., S. 142.
[219] Ebd., S. 140. »Da die politische Richtung gegen das Großrussentum geht, wird es darauf ankommen, Großrussen in die Waldzone zu verdrängen und die freiwerdenden Kolchosen mit den übrigen Kleinrussen zu besetzen.« Ebd., S. 147.
[220] Ebd., S. 143.
[221] Vgl. Nicht unterschriebene in Rosenbergs Russlandakte gefundene Denkschrift Nr. 1 v. 2. 4. 1941, PS-1017, IMT, Bd. 26, S. 548. Diese Prioritätensetzung findet sich auch in der Denkschrift Rosenbergs v. 29. 4. 1941, Allgemeiner Aufbau und Aufgaben einer Dienststelle für die zentrale Bearbeitung der Fragen des osteuropäischen Raumes, PS-1024, IMT, Bd. 26, S. 563; Instruktion für einen Reichskommissar in der Ukraine v. 7. 5. 1941, PS-1028, IMT, Bd. 26, S. 567; Rede von Reichsminister Rosenberg anlässlich des Presseempfangs am 18. 11. 1941 im RMO, PA AA, R 27359, unfol.

zur nachhaltigen machtpolitischen Schwächung Russlands, sondern auch eine »Helferin für die Wirtschaftsführung«.[222]

Dennoch ist nicht von der Hand zu weisen, dass die von Rosenberg favorisierte politische Aufspaltung des sowjetischen Territoriums in der Propaganda beim Überfall im Sommer 1941 keinen offenkundigen Niederschlag fand. Die Gründe hierfür lagen aber weder in einer Schwäche noch einer »politischen Isolierung«[223] des Reichsministers. Es war eine von ihm selbst getroffene und als Richtlinie vorgegeben *taktische Entscheidung*. Rosenberg legte im Frühjahr 1941 fest, dass alle Propagandainhalte, die auf die politische Zerschlagung der UdSSR zielten – die also Forderungen nach Lostrennung einzelner Randstaaten formulierten oder nahe legten – nach dem 22. Juni zunächst zurückzustellen seien. Während der unmittelbaren Kampfhandlungen sollten alle Inhalte, die die politische Neugestaltung betrafen, weitgehend ausgeklammert bleiben; die Behandlung dieses Themas müsse »unbedingt« der baldmöglichst zu etablierenden Zivilverwaltung vorbehalten bleiben. Die Unterscheidung dieser »*zwei* Etappen« war für Rosenberg grundlegend.[224]

Er und seine Mitarbeiter gingen nämlich grundsätzlich – wie die Studie des Psychologischen Laboratoriums 1935 – von zwei Hauptansatzpunkten für die Propaganda aus: der Vermutung, dass der Bolschewismus in »den weitesten Schichten der Sowjetvölker (Russen und Nichtrussen) gleich unbeliebt« sei und der Tatsache, dass etwa die Hälfte der Bevölkerung der UdSSR aus »Nichtrussen« bestehe. Der erste Punkt ergab ein klares Vorgehen: man wollte von Beginn an gegenüber der gesamten sowjetischen – auch der russischen – Bevölkerung mit den »bekannten« und »für alle gleich gültigen« antibolschewistischen »Argumenten« operieren.[225] Anders als in vorherigen Feldzügen zielte deshalb auch die Zersetzungspropaganda gegenüber der Roten Armee nicht auf eine Spaltung zwischen Führung und Truppe, sondern rief Mannschaften *und* Offiziere zum Überlaufen auf. Der stellvertretende Leiter der Abteilung WPr, Kratzer, machte Ende Mai 1941 deutlich, dass »in keinem Falle ein Zwiespalt zwischen Führung und Truppe, wie wir das im Westen besonders verfolgten, getragen werden« dürfe. Eine Überläuferpropaganda solle nicht auf den Unterschied zwischen Offizieren und Mannschaften verweisen, sondern sagen »Eure Offiziere sind genau so belogen und betrogen worden« – mit dem Ziel »ein gesamthändiges Überlaufen« und einen »kollektiven Anreiz« zum Überlaufen und zur Kapitulation zu schaffen.[226]

---

[222] Rosenbergs Rede am 20. 6. 1941, PS-1058, IMT, Bd. 26, S. 620. Vgl. auch Nicht unterschriebene Denkschrift Rosenbergs v. 29. 4. 1941, Allgemeiner Aufbau und Aufgaben einer Dienststelle für die zentrale Bearbeitung der Fragen des osteuropäischen Raumes, PS-1024, IMT, Bd. 26, S. 562.

[223] Dallin 1981, S. 61.

[224] Rosenbergs Denkschrift Nr. 3, betr. UdSSR, v. 25. 4. 1941, Nürnbg. Dok. PS-1020, S. 2, 13 f. Hvg. im Orig.

[225] Vgl. Richtlinien für die Propaganda [handschriftl. oben rechts: Geheime Reichssache Nr. 3. Ex. Nr. 1], PA AA, R 105193, unfol.

[226] Aktennotiz des Kompaniechefs der PK 612, Kattermann, über die Dienstreise nach Berlin v. 28. 5.-31. 5. 1941, 2. 6. 1941 (Abschrift), BA-MA, RH 45/17, unfol.

Die politischen Planungen implizierten hingegen das Problem, dass der Anteil russischer Soldaten in der Roten Armee nach deutschen Schätzungen bei etwa 50 Prozent lag. Es war klar, dass eine »voreilige Aufforderung [...] der Grenzvölker zur Lostrennung vom Moskauer Staat« kontraproduktiv wirken und die »antibolschewistische Einstellung« der russischen Soldaten »zu unseren Ungunsten zurücktreten« lassen würde – so die Ende Mai von Rosenberg ausgegebenen »Richtlinien für die Propaganda«.[227] Die Lösung dieses Problems meinte er in dem Modell der zwei Etappen gefunden zu haben, das die Zeit des Kampfes (mit dem propagandistischen Schwerpunkt Antibolschewismus) und die Zeit nach der erfolgreichen Besetzung (Beginn der »politischen Neugestaltung«) unterschied. Während der ersten Etappe sollte der Dekompositionsaspekt aus taktischen Gründen kurzfristig – wie man fälschlicherweise einschätzte – zurückgestellt werden, um die optimale Ausnutzung der antibolschewistischen Parolen zu sichern. Bevor das Ziel der politischen Schwächung Russlands offenkundig werden würde, wollte man zunächst einen Keil zwischen alle sowjetischen Bürger bzw. Armeeangehörigen und die politischen Funktionsträger treiben. Dem stünde allerdings nicht entgegen, dass der »Entfernung der Russen aus allen Staatsstellen in den nichtrussischen Gebieten Vorschub geleistet wird.«[228]

Obwohl die offensive Propaganda zur politischen »Neugestaltung« also erst später einsetzen sollte, forderte Rosenberg für die erste Etappe quasi vorbereitende Schritte. Die »Politischen Richtlinien«, die das propagandistische Vorgehen in der Kampfzeit festlegten – entsprechende Weisungen für die zweite Etappe sollten zu einem späteren Zeitpunkt ausgegeben werden –, betonten die Notwendigkeit, zwischen der »Bearbeitung« der Zivilbevölkerung in einem bestimmten Gebiet und den dort stationierten Truppen der Roten Armee zu unterscheiden. Während für die Propaganda gegenüber den Soldaten der Roten Armee zunächst ausschließlich die russische Sprache vorgesehen war, sollte die Zivilisten sofort in der regional gebräuchlichen Sprache angesprochen werden – »ohne dass gleich am Anfang das letzte politische Ziel laut verkündet« werden dürfe. Rosenberg pochte wiederholt darauf, dass für jedes Gebiet eine »ganz verschiedene psychologische Behandlung der Völkerschaften notwendig« sei.[229] Hierzu gehörten auch bestimmte einheitliche Sprachregelungen, die für die erste Etappe ausgegeben wurden, und die sich bereits an den langfristigen Zielsetzungen orientierten.

---

[227] Vgl. Richtlinien für die Propaganda [handschriftl. oben rechts: Geheime Reichssache Nr. 3. Ex. Nr. 1], PA AA, R 105193, unfol.

[228] Ebd. Vgl. auch die kommentierenden Erläuterungen in der Geh. Reichssache Nr. 4, ebd. In diesem Kontext ist auch die Formulierung Rosenbergs von Ende Juni 1941 zu verstehen, dass »für einen bestimmten Zeitpunkt andere Flugblätter fertig« seien, »die sich schon unmittelbar an die Völker richten. Diesen Zeitpunkt vermag ich von mir aus nicht zu entscheiden und werde diese Entwürfe bei nächster Möglichkeit dem Führer vorlegen mit der Bitte, den Inhalt zu prüfen und den Zeitpunkt der evtl. genehmigten Aufrufe zu bestimmen.« In Rosenbergs Russlandakte gefundener Bericht v. 28. 6. 1941 über die Vorbereitungsarbeit für den Osteuropäischen Raum, PS-1039, IMT, Bd. 26, S. 591.

[229] Rede Rosenbergs vor den engsten Beteiligten am Ostproblem v. 20. 6. 1941, PS-1058, IMT, Bd. 26, S. 616, 624.

So sollte die Propaganda die Begriffe »Großrussen«, »Weißrussen« und »Kleinrussen« vermeiden und stattdessen von »Russen«, »Weißruthenen« und »Ukrainern« sprechen. »Rußland« und »russische Armee« sollten durch Sowjetunion, UdSSR oder Moskauer Staat bzw. Rote Armee ersetzt werden, die Anrede »russisches Volk« durch »Völker der Sowjetunion« sowie der Begriff »Nationalitäten« durch »Völker«, »Volksgruppen« oder »Volksstämme«.[230]

Diese Vorgaben führten dazu, dass in der Folge in einer Vielzahl von Befehlen darauf gedrängt wurde, keinerlei Angaben über eine künftige politische Gestaltung des besetzten Gebietes zu machen, gleichzeitig jedoch die Verschiedenheit der Nationalitäten und deren differenzierte Behandlung zu beachten. Diese Differenzierung wird in der Forschung bis heute nicht genügend berücksichtigt und völlig unterschätzt.[231] Die berüchtigten »Richtlinien für das Verhalten der Truppe« riefen nicht nur zum gnadenlosen Kampf gegen den Bolschewismus und seine »Träger« auf, sondern betonten zugleich, dass sich die deutschen Soldaten keiner »*einheitlichen*« Bevölkerung gegenüber sähen, sondern einer »*Vielzahl von slawischen, kaukasischen und asiatischen Völkern*«, die nur durch die »*Gewalt der bolschewistischen Machthaber*« im »Staatengebilde« UdSSR zusammengehalten würden.[232] Der Kriegsgerichtsbarkeitserlass wurde vom Oberbefehlshaber des Heeres, Brauchitsch, mit der Weisung weitergeben: »Der vielgestaltigen volkstumsmäßigen Zusammensetzung der Bevölkerung, ihrer Gesamteinstellung und dem Maße ihrer Verhetzung wird Rechnung zu tragen sein.«[233] Und Heydrich wies die HSSPF Anfang Juli an, die »sicherheitspolizeiliche Befriedung« mit »rücksichtsloser Schärfe« durchzuführen, dabei aber »selbstverständlich die Unterschiede zwischen den einzelnen Völkerstämmen (insbesondere Balten, Ruthenen, Ukrainer, Georgier, Armenier, Aserbeidschaner usw.) zugrunde zu legen und wo irgend möglich für die Zielsetzung auszunützen.«[234] Auch Schulungen, z. B. der im rückwärtigen Operationsgebiet eingesetzten SS-Kavallerieregimenter,

---

[230] Das Thema »Volksdeutsche« sollte insgesamt ausgeklammert werden, da man »Racheakte« befürchtete. Richtlinien für die Propaganda [handschriftl. oben rechts: Geheime Reichssache Nr. 3. Ex. Nr. 1], PA AA, R 105193, unfol. Vgl. auch Rosenbergs Denkschrift Nr. 3, betr. UdSSR, v. 25. 4. 1941, Nürnbg. Dok. PS-1020, S. 3 f.

[231] So jüngst auch Hürter 2007, S. 443 u. Römer 2008. Obwohl im zeitgenössischen Sprachgebrauch zuweilen »russische« Bevölkerung durchaus im Sinne der gesamten sowjetischen Bevölkerung benutzt wurde, ist dies *nicht* pauschal auf die im Frühjahr 1941 erlassenen Befehle zu übertragen.

[232] Anlage 3 zu OKW/WFSt/Abt. L IV/Qu, Nr. 44560/41 geh. Kdos. Chefs., 19. 5. 1941, Richtlinien für das Verhalten der Truppe in Rußland, BA-MA, RW 4/524, fol. 13 f.

[233] Oberbefehlshaber des Heeres, Gen. z.b.V. b. Ob.d.H. (Gr.R.Wes.) Nr. 80/41 g. Kds. Chefs., 24. 5. 1941, betr. Behandlung feindlicher Zivilpersonen und Straftaten Wehrmachtsangehöriger gegen feindliche Zivilpersonen, abgedr. in: Ueberschär/Wette 1991, S. 253 f.

[234] Schreiben Heydrichs an die HSSPF v. 2. 7. 1941, BA, R 70 Sowjetunion/32, fol. 263-269, abgedr. in: Klein 1997, S. 324. Auch sein Hinweis, bei der Förderung der »Selbstreinigungsversuche« sei darauf zu achten, dass sich die »örtlichen ›Selbstschutz‹-Kreise« später nicht auf Anordnungen oder gegebene politische Zusicherungen berufen könnten, sind in diesem Kontext zu sehen. Ebd., S. 325 f. Auch andere Formulierungen in Heydrichs Anweisungen sind offensichtlich aus den Ende Mai vorgelegten Richtlinien übernommen.

oder Informationsmaterialien der Wehrmacht berücksichtigten diesen Aspekt explizit.[235]

Das deutsche Bild von der sowjetischen Zivilbevölkerung war ausgesprochen ambivalent. Je weiter man nach Osten schaute, desto mehr erschien sie zwar als potentielle Basis für Partisanentätigkeiten: »Von der Bevölkerung des ehemaligen polnischen Weißrußland, soweit ruthenisch, erwartete man Gleichgültigkeit, soweit sie polnisch war, wenig Sympathie. Mit dem Überschreiten der alten russisch-polnischen Grenze rechnete man mit aktivem Widerstand von Teilen der Bevölkerung« – so der Ic-Offizier beim Oberkommando der Panzergruppe 3 rückblickend.[236] Anderseits beruhte das Destabilisierungskonzept aber auf der Annahme, dass ein Teil der sowjetischen Bürger – insbesondere in den so genannten Randstaaten, aber auch in Russland selbst – empfänglich für die antikommunistischen und antisemitischen Mordaufrufe sein würde. Man rechnete sogar ernsthaft mit »Freude und Dankbarkeit über die Befreiung«, auch auf Seiten eines »große[n] Teil[s] der russischen Bevölkerung«. Besonders die »durch das bolschewistische System verarmte Landbevölkerung« – so die »Richtlinien für das Verhalten der Truppe in Rußland« – stehe dem »Bolschewismus ablehnend gegenüber«.[237]

Deshalb sollte die so genannte Aktivpropaganda im »Fall Barbarossa« eine viel weitreichendere Rolle spielen, als bei den Feldzügen zuvor. Als der Kompaniechef der PK 612, Dr. Wilhelm Kattermann,[238] Ende Mai 1941 zu Besprechungen mit der Abteilung WPr, dem Propagandaministerium und anderen Dienststellen nach Berlin reiste,[239] kündigte ihm der stellvertretende Leiter der Abteilung WPr, Kratzer, an, dass bei einem »möglichen kommenden Einsatz« die »Propaganda in den Feind besonders stark entwickelt« würde.[240] Etwa zwei Wochen später, fünf Tage vor dem Überfall, fand in Königsberg ein geheimes Treffen statt, auf dem Kratzer den Kompanieführern, den Führern der Propagandazüge und den Kurieroffizieren der PK 511, 612, 621, 693 und 697 letzte mündliche Instruktionen gab.[241] Auch bei dieser Gelegenheit betonte er noch

---

[235] Vgl. Anweisung des Chefs des Kommandostabs Reichsführer SS, SS-Brigadeführer Knoblauch, für den politisch-weltanschaulichen Unterricht über die UdSSR v. 18. 7. 1941, Auszüge abgedr. in: Matthäus/Kwiet/Förster 2003, S. 199 (Insbesondere die Behandlung des Themas »Nationalitäten und Völkerschaften« sei »sehr wichtig«, um »ein Bild von dem Vielvölkerstaat der UdSSR zu zeigen.«); hierzu auch Jürgen Förster in: ebd., S. 100 f. Zur Wehrmacht vgl. die bis zu den Divisionen verteilte Schrift OKW, 3 a WFSt/WPr (IV c) 3600/41 geh., Sowjet-Union. Staatsgebiet und Bevölkerung, v. Juni 1941, BA-MA, RW 41/4, Bl. 1-12.
[236] Panzergruppe 3, Abt. Ic, Tätigkeitsbericht Januar-August 1941 [NOKW 2672], Abschnitt Propagandakrieg. Offensive und defensive Maßnahmen, BA-MA, RH 21-3/423, fol. 26 ff. Zur Haltung der höchsten Truppenführer des Ostheeres gegenüber der einheimischen Bevölkerung jetzt auch Hürter 2007, S. 442-465.
[237] Anlage 3 zu OKW/WFSt/Abt. L IV/Qu, Nr. 44560/41 geh. Kdos. Chefs., 19. 5. 1941, Richtlinien für das Verhalten der Truppe in Rußland, BA-MA, RW 4/524, fol. 13 f.
[238] Zu Kattermann vgl. Uziel 2001, S. 115 ff.
[239] Vgl. KTB PK 612, Eintrag v. 28. 5. 1941, BA-MA, RH 45/6, unfol.
[240] Kompaniechef PK 612 (Kattermann), Aktennotiz über die Dienstreise nach Berlin v. 28. 5.-31. 5. 1941, 2. 6. 1941 (Abschrift), BA-MA, RH 45/17, unfol.
[241] Vgl. KTB PK 612, Eintrag v. 17. 6. 1941, BA-MA, RH 45/6, unfol.; Ausführungen von Oberstleutnant i. G. Kratzer – OKW/WPr I – an die Kompanieführer, die Führer des Propagandazuges

einmal: »Neben der Kriegsberichterstattung haben die Propagandakompanien in diesem Feldzug in verstärktem Maße Aktivpropaganda in den Feind zu betreiben.« Der »russische Soldat« sei »anfällig für Propaganda«, so Kratzer.[242] Auch die kurz vor dem Überfall allgemein ausgegebene Weisung für die Handhabung der Propaganda im »Fall Barbarossa« betonte, dass »gegenüber der Roten Armee [...] der Einsatz aller Mittel der aktiven Propaganda im Kampf noch mehr Erfolg [verspricht] als bei allen bisherigen Gegnern der deutschen Wehrmacht« und deshalb beabsichtigt sei, »in großem Umfange von ihrem Einsatz Gebrauch zu machen«.[243]

Dies galt auch in Bezug auf die Zivilbevölkerung. Goebbels schwärmte Ende Mai 1941 in seinen Tagebuchaufzeichnungen: »R[ussland] wird wie Zunder auseinander fallen. Und unsere Propaganda wird ein Meisterstück.«[244] Er zeigte sich begeistert von dem geplanten »Masseneinsatz« von dreizehn Propagandakompanien, die seinem Ministerium nicht nur die Materialgrundlage für eine Kriegsberichterstattung liefern würden, sondern auch eingesetzt werden sollten, »um Propaganda bei der Bevölkerung zu machen.«[245] In »jeder wichtigen Stadt« – so gab Goebbels die Planungen wieder – »sondert sich von der P. K. ein Propagandatrupp ab, der die Aufgabe hat, die propagandistische Betreuung der Bevölkerung durchzuführen. Eine sehr umfangreiche und schwierige Aufgabe. Aber wir bereiten uns auf das Beste darauf vor.«[246]

Die gesamte Kriegsplanung gegen die UdSSR baute fundamental darauf auf, dass der Gegner binnen kürzester Zeit innerlich destabilisiert, zersetzt und zusammengebrochen sein würde. Man war sich sicher, dieses Szenario – mit Hilfe von Mord und Propaganda – unmittelbar heraufbeschwören zu können und ging auf dieser Grundlage von einem schnellen militärischen Sieg aus.[247] Besatzung und Herrschaft sollten nicht *ausschließlich* auf Terror beruhen.[248]

---

und die Kurieroffiziere der Propagandakompanien 511, 612, 621, 693, 697 am 17. 6. 1941 in Königsberg (zit. als Ausführungen Kratzer vor PK), BA-MA, RH 45/17, unfol. Kratzer gab – um Detailinformationen ergänzt – die organisatorischen und inhaltlichen Leitlinien des »Weisungen für die Handhabung der Propaganda im Fall ›Barbarossa‹« weiter. Vgl. OKW 144/41 g. Kds. Chefs./WFSt/WPr, Juni 1941, Weisungen für die Handhabung der Propaganda im Fall »Barbarossa«, BA-MA, RW 4/578, fol. 34-40.

[242] Ausführungen Kratzer vor PK, 17. 6. 1941, BA-MA, RH 45/17, unfol.
[243] OKW 144/41 g. Kds. Chefs./WFSt/WPr, Juni 1941, Weisungen für die Handhabung der Propaganda im Fall »Barbarossa«, BA-MA, RW 4/578, fol. 37. Zum Russlandbild der Militärs vgl. Moritz 1966; ders. 1969; Wilhelm 1991; Hillgruber 1994; Zeidler 1994.
[244] Goebbels Tagebücher (TB), Eintrag v. 23. 5. 1941, I, Bd. 4, S. 655.
[245] Goebbels TB, Eintrag v. 24. 5. 1941, I, Bd. 4, S. 657. Seine folgende Bemerkung, dass dies »eine bisher noch nicht gestellte Aufgabe« sei, macht deutlich, dass er von einer neuen oder anderen Qualität der diesbezüglichen Propaganda im Krieg gegen die UdSSR ausging, denn die Propaganda gegenüber der Zivilbevölkerung des Gegners war bereits Bestandteil vorheriger Feldzüge gewesen.
[246] Goebbels TB, Eintrag v. 25. 5. 1941, I, Bd. 4, S. 659.
[247] Vgl. Nicht unterschriebene in Rosenbergs Russlandakte gefundene Denkschrift Nr. 1 v. 2. 4. 1941, PS-1017, IMT, Bd. 26, S. 547; Goebbels TB, Eintrag v. 16. 6. 1941, I, Bd. 4, S. 694 ff.; Äußerungen Goebbels' am 22. 6. 1942, zit. in: Boelcke 1989, S. 182.
[248] Zu einseitig auf den Aspekt der Repression abhebend auch Hürter 2007, S. 446 f., 490; Römer 2008, S. 78 f., 82.

II. STRUKTUR UND MEDIEN

2. Der Propagandaapparat

Eine Vielzahl von Akteuren befasste sich im Krieg gegen die Sowjetunion mit Propagandamaßnahmen. Auf zentraler Ebene agierten hauptsächlich die Abteilung Wehrmachtpropaganda (WPr) im OKW, das Reichsministerium für die besetzten Ostgebiete, das Reichsministerium für Volksaufklärung und Propaganda sowie (zeitweise) das Auswärtige Amt. Auf regionaler Ebene strukturierte sich der Propagandaapparat gemäß den in den besetzten Gebieten gebildeten Verwaltungsstrukturen. Die eroberten Gebiete unterstanden zunächst dem Militär, das zwischen Armeegebiet – bestehend aus Gefechtsgebiet und rückwärtigem Armeegebiet – und rückwärtigem Heeresgebiet unterschied. Ab Ende Juli übergab die Militärverwaltung die westlich gelegenen Regionen an das Ostministerium bzw. dessen zivile Verwaltungsbehörden; nach und nach wurden die Reichskommissariate Ostland (unter Hinrich Lohse) und Ukraine (unter Erich Koch) gebildet.[1]

Das Territorium der Belorussischen Sozialistischen Sowjetrepublik (BSSR) wurde von der Heeresgruppe Mitte erobert und bis Ende August 1941 besetzt. Am 3. Juli 1941 begann hier die Einrichtung des rückwärtigen Heeresgebiets Mitte, das sich in die Bereiche der Sicherungsdivisionen, Feld-, Orts- und (teilweise) Standortkommandanturen gliederte. Als Befehlshaber wurde General Max von Schenckendorff ernannt. Bis zum 1. April 1942 war seine offizielle Bezeichnung »Befehlshaber im rückwärtigen Heeresgebiet Mitte«, danach »Kommandierender General der Sicherungstruppen und Befehlshaber im rückwärtigen Heeresgebiet Mitte«.[2] Die ursprünglichen Planungen, das gesamte Gebiet der BSSR – zuzüglich russischer Regionen – an eine Rosenberg unterstehende Zivilverwaltung zu übergeben, konnten nicht verwirklicht werden. Die östlichen Gebiete Weißrusslands blieben dauerhaft unter Militärverwaltung. Sie bildeten – nachdem das rückwärtige Heeresgebiet Mitte im Zuge der Offensive der Roten Armee im August 1943 aufgelöst worden war – die rückwärtigen Armeegebiete bzw. das Gefechtsgebiet der Heeresgruppe Mitte.

In den westlichen Regionen Weißrusslands wurde am 1. September 1941 das so genannte Generalkommissariat Weißruthenien eingerichtet.[3] Als General-

---

[1] Vgl. Zellhuber 2006, S. 129-141.
[2] Im folgenden einheitlich als Berück Mitte abgekürzt. Schenckendorff übernahm diese Funktion bis Anfang Juli 1943, sein zeitweiliger Vertreter war Generalleutnant Koch-Erpach, sein Nachfolger General Kübler. Eine detaillierte Darstellung der Besatzungsinstitutionen in Weißrussland findet sich in Gerlach 1999, S. 128-229.
[3] Generalbezirk war die exakte Bezeichnung, Generalkommissariat der häufiger verwandte Begriff (im folgenden GKW). Das dem GKW zugeordnete Gebiet war aber nicht völlig identisch mit dem westlichen Teil der BSSR. Gebiete im Süden (u. a. Brest, Pinsk und Kobryn) wurden

Schema 1: Übersicht über den Propagandaapparat im besetzten Weißrussland 1941-1944

22. 6.-3. 7. 1941	*Propagandakompanien bei den Fronttruppen* • PK 612 (AOK 9) • PK 689 (AOK 4) • PK 693 (AOK PzGr 3) • PzPK 697 (AOK PzGr 2)	
3. 7.-1. 9. 1941	*Einrichtung des rückwärtigen Heeresgebiets Mitte* • Ic beim Berück Mitte • Voraustrupp der Propagandaabteilung W (Weißruthenien) • Senderbetreuungstrupp der Propagandaabteilung O (Ostland)	
1. 9. 1941- Herbst 1943	*GK Weißruthenien* • Propaganda- und Presseabteilungen beim GK • Staffel Weißruthenien der Propagandaabteilung O	*Rückwärtiges Heeresgebiet Mitte* • Propagandaabteilung W mit Staffeln (ab 29. 10. 1941)
Herbst 1943- Sommer 1944	*GK Weißruthenien* • Propaganda- und Presseabteilungen beim GK im Dezember 1943 abgelöst durch: Propagandaamt Minsk (RMVP)	*Rückwärtige Armeegebiete der Heeresgruppe Mitte* • Propagandaabteilung W sowie verschiedene Propagandakompanien

kommissar mit Sitz in Minsk fungierte zunächst Wilhelm Kube, der im September 1943 einem Attentat des Widerstands zum Opfer fiel. Seine Nachfolge übernahm der SS-und Polizeiführer (SSPF) Curt von Gottberg.[4] Das Generalkommissariat war bis zum 1. April 1944 eine Verwaltungseinheit des Reichskommissariats Ostland – neben den Generalkommissariaten Litauen, Lettland und Estland. Danach unterstand es direkt dem Ostministerium. Seine Ausgliederung war bereits im Mai 1943 von Hitler genehmigt und im Sommer 1943 der direkte Schriftverkehr zwischen der Behörde in Minsk und Berlin aufge-

---

dem RK Ukraine angegliedert, das im Westen der BSSR gelegene Gebiet um Bialystok wurde am 1. 8. 1941 als »Bezirk Bialystok« abgetrennt und unterstand faktisch Ostpreußen. Im September 1942 wurde zudem ein etwa 5.000 Quadratkilometer großer Landstreifen im Nordwesten des GKW (um Swir und Oschmiany) an das GK Litauen abgegeben. Vgl. Gerlach 1999, S. 164 ff., 174 ff.

[4] Zu den Personen Kube und Gottberg siehe ebd., S. 161 f.

nommen worden.⁵ Regional teilte es sich in das Stadtkommissariat Minsk und die zehn Gebietskommissariate Minsk-Land, Slonim, Sluzk, Wilejka, Lida, Borissow, Hansewitsche, Glubokoje, Baranowitschi und Nowogrodek.⁶

Die Zweiteilung Weißrusslands führte dazu, dass sowohl militärische als auch zivile Einheiten und -abteilungen für die Propaganda gegenüber der Bevölkerung zuständig waren (siehe Schema 1).

2.1. Der Propagandaapparat der Wehrmacht

Am Überfall auf die Sowjetunion im Juni 1941 waren etwa 3.500 Propagandisten beteiligt: 13 Propagandakompanien des Heeres, vier Kriegsberichterkompanien der Luftwaffe, zwei der Marine und sechs der Waffen-SS.⁷ Sie unterstanden der Abteilung WPr im OKW, die bis in die letzten Kriegstage von Hasso von Wedel geleitet wurde.⁸ Die Abteilung gab inhaltliche Weisungen heraus, die im Unterschied zu vorherigen Feldzügen als allgemeine Leitlinien formuliert waren, die dann von den Propagandisten vor Ort beim Verfassen der Materialien berücksichtigt werden sollten. Diese Leitlinien wurden – mit Ausnahme der direkten Frontpropaganda – mit dem Reichsministerium für die besetzten Ostgebiete abgestimmt; verantwortlich war hierfür die von Albrecht Blau geleitete Gruppe IV mit dem Arbeitsbereich »Auslandspropaganda« (siehe Schema 2).⁹

Am 1. April 1942 wurde Wedel zusätzlich zum »Chef der Propagandatruppen« ernannt, und damit zum obersten Vorgesetzten aller mit Propagandafragen befassten Gliederungen und Einheiten der Wehrmacht sowie der Waffen-SS. Ende 1942 wurde die Abteilung WPr, die inzwischen fast 300 Mitarbeiter beschäftigte, in eine Amtsgruppe umgewandelt. Zudem trennte man die Propagandatruppen von der Nachrichtentruppe und verlieh ihnen Anfang 1943 den Status einer selbständigen Waffengattung. 1943 befehligte die Amtsgruppe WPr etwa 15.000 Mann. Danach sank die Gesamtzahl der eingesetzten Propagandisten langsam wieder, was einerseits mit den Rückzügen der Wehrmacht und der Aufgabe besetzter Gebiete zusammenhing, anderseits mit einem prozentualen Personalabbau im Rahmen der »Auskämm-Aktion« des Generals Walther von Unruh.¹⁰

---

⁵ Im Februar 1944 wurden auch die 1941 dem RK Ukraine zugeordneten Gebiete Brest, Kobryn und Pinsk dem GKW angeschlossen. Vgl. Gerlach 1999, S. 174 ff.
⁶ Die zivilen Behörden waren in Anlehnung an den Aufbau des Ostministeriums strukturiert. Siehe S. 83 ff. der vorliegenden Arbeit.
⁷ Vgl. Scheel 1970, S. 175; Uziel 2001, S. 103. Zusätzlich wurden bei den AOKs (später nur bei den Heeresgruppen) noch sog. Höhere Berichter eingesetzt, vgl. Wedel, Wehrmachtpropaganda, Teil II, BA-MA, RW 4/157, fol. 13.
⁸ Zur Gründung der Abteilung im April 1939 siehe Abschnitt 1.2. der vorliegenden Arbeit.
⁹ Vgl. Buchbender 1978, S. 139-143. Im April 1942 löste Oberstleutnant Hans-Leo Martin (zuvor Leiter der Gruppe II und Verbindungsoffizier zum RMVP) Blau ab; ab Juli 1944 übernahm SS-Sturmbannführer Kriegbaum die Leitung.
¹⁰ Zum Gesamtapparat 1943 vgl. Wedel, Wehrmachtpropaganda, Teil II, BA-MA, RW 4/157, fol. 18 ff.; Keilig 1959, S. 9 f. Einen knappen Überblick über die Organisationsentwicklung des Propagandaapparates der Wehrmacht geben Moll 2001 sowie Veltzke 2005, S. 25-30.

Schema 2: Die Abteilung Wehrmacht-Propaganda (WPr) im OKW Mitte 1941

Chefgruppe Abteilungschef *Hasso von Wedel*/Vertreter *Rolf Kratzer*				
Büro-Offiziere	**Fachprüfer für Prop.Truppen*** *Stephan* – Wort *Kurzbein* – Bild *Fangauf* – Film *Hadamovsky* – Rundfunk *Titel* – Allg. Propaganda	**VAA** *Krug zu Nidda* (Verbindung zum AA)	**Gruppe Wi P** *Reuter* (Wehrwirtschaftliche Propaganda)	**Außenstellen WPr** • Paris • Brüssel • Krakau • Belgrad • Königsberg • Warschau
Verbindungsoffiziere *Martin* – RMVP, *Kietzell* – OKH, *Schröder* – OKM, *Heißmann* – OkdL, *Wussow* – Abt. Landesverteidigung (L), *Mähnert* – Waffenstillstandskommission Wiesbaden, *Koch* – OKW/WPr Rom, *Freiherr von Siegler* – OKW/WPr Budapest, *Hahn* – Inland-Presseabt. d. Reichsregierung, *Sommerfeldt* – Reichspressechef u. Auslandspresseabt. d. Reichsregierung, *Bonetz* – Verlag »Die Wehrmacht«				

Informationsgruppe *Moeller*
Gruppe I Prop.-Führung, Prop.-Organisation *Kratzer*
Gruppe II Inland-Pprop. u. Truppenbetreuung *Martin*
Gruppe III Militärische Zensur *Weichhold*
Gruppe IV Auslandspropaganda *Blau*
Gruppe V Heerespropaganda** *Schwatlo Gesterding*
Gruppe VI Luftwaffenpropaganda** *Lange*
Gruppe VII Kriegsmarinepropaganda** *Fürer*
Gruppe Verwaltung *Snethlage*
Archive
Registratur (B)

* Die Fachprüfer wurden vom RMVP gestellt, wo sie in den entsprechenden Arbeitsgebieten tätig waren.

** Die Gruppen V (Heerespropaganda), VI (Luftwaffenpropaganda) und VII (Kriegsmarinepropaganda) erwiesen sich als uneffektiv und wurden Ende 1942 wieder aufgelöst. Vgl. Keilig 1959, S. 10.

Referate der Gruppe IV

IV a Grundlagen und Planung der Auslandspropaganda, Mitarbeit bei der Propaganda in die fremden Wehrmächte u. a. *Blau*	
IV b England-Propaganda *Wünsche*	
IV c Prop. Betreuung der polnischen Kriegsgefangenen u. a. *Stupperich*	
IV d Auslandspressearchiv, Verbindung zu Auslandsinstituten u. a. *Block*	
IV e Artikeldienst *Wittwer*	
IV f Planung, Herstellung und Vertrieb von fremdsprachigem Schrifttum (Bücher, Broschüren), Wandzeitungen u. a. *Kraußkopf*	
IV g Russlandpropaganda *Grote*	
IV h Fremdsprachiger Rundfunk *Petzold*	
IV i Mitarbeit am Artikeldienst und Sonderaufträge u. a. *Spannaus*	
IV k Leitung der Prop. Betreuer in den Kriegsgefangenenlagern u. a. *Bentmann*	
Untergruppe BAB Führung von Prop. Reisen, Betreuung ausländischer Journalisten *Freudemann*	

Quelle: Nach Geschäftsverteilungsplan, Juni 1941, BA-MA, WF-01/17009.

Während die Propagandaeinheiten bei der Luftwaffe und der Marine ausschließlich für Kriegsberichterstattung und Truppenbetreuung zuständig waren,[11] sollten die Propagandisten beim Heer auch die »Aktivpropaganda« übernehmen, die sich an die Soldaten und die Zivilbevölkerung des Gegners richtete. Für diesen Bereich war bei jeder Propagandakompanie (PK) ein spezieller »Propagandazug« gebildet worden, der über Personal für die Flugblattherstellung, je einen Lautsprecher- und Filmvorführtrupp sowie Dolmetscher verfügte. Bei diesem Zug war auch ein Redaktionsstab für ein Nachrichtenblatt für die eigene Truppe angesiedelt. Darüber hinaus bestand eine Kompanie aus weiteren Zügen: 1. einem so genannten schweren Kriegsberichterzug mit vier bis fünf Wort-, zwei bis drei Bildberichtern sowie einem Rundfunk- und einem Filmberichtertrupp; 2. zwei leichten Kriegsberichterzügen mit jeweils zwei bis drei Wort- und ein bis zwei Bildberichtern; 3. einem »Auswertezug«, der über je einen so genannten Fachprüfer für Wort, Bild, Film und Rundfunk sowie ein Bild- und Filmlabor verfügte und dessen Aufgabe darin bestand, das gesammelte bzw. entworfene Material vor dem Versand nach Berlin auszuwerten und aufzubereiten; 4. einer Arbeitsstaffel.[12] Die Struktur der Kompanien wurde in der Praxis allerdings flexibel gehandhabt und den gegebenen Bedingungen und Aufgaben angepasst.[13] Insgesamt beschäftigte eine Propagandakompanie Mitte 1941 204 Mann,[14] wobei die den Panzergruppen zugeordneten PzPK als mobile Einheiten konzipiert und etwa halb so stark waren.[15]

An der Eroberung und Besetzung Weißrusslands beteiligten sich vier Propagandakompanien, die der Heeresgruppe Mitte zugeordnet waren: die PK 612 (9. Armee), die PK 689 (4. Armee), die PzPK 697 (Panzergruppe 3) und die PzPK 693 (Panzergruppe 2).[16] Mit Ausnahme der PK 612, die in der Region Witebsk blieb,[17] verließen die Einheiten Weißrussland im Spätsommer 1941 mit den Fronttruppen in Richtung Osten. Erst 1943 kehrten sie infolge der Rückzüge wieder auf weißrussisches Territorium zurück: so befanden sich der Stab der PK 689 Ende des Jahres 1943 in Orscha, der PK 612 in Bobruisk und der PK 672 in Pinsk.[18] Die PzPK 697 agierte in der ersten Jahreshälfte 1944

---

[11] Vgl. Wedel, Wehrmachtpropaganda, Teil II, BA-MA, RW 4/157, fol. 11.

[12] Schreibdienste, Küchenpersonal, Geräteverwaltung u. ä.

[13] Vgl. Wedel, Wehrmachtpropaganda, Teil II, BA-MA, RW 4/157, fol. 87 f.; Schmidt-Scheeder 1977.

[14] Vgl. Wedel, Wehrmachtpropaganda, Teil I, BA-MA, RW 4/155, fol. 83; ders. in RW 4/157, fol. 8, 85; Scheel 1965, S. 455; Boelcke 1966, S. 129, Fn. 20; Buchbender 1978, S. 19 f. Die Personalstärke einer Kompanie betrug im März 1939 = 154 Mann, Juni 1941 = 204, März 1942 = 209, April 1944 = 121. Angaben nach Buchbender 1978, S. 21.

[15] Vgl. Uziel 2001, S. 102. Für die PzPK 693 und 697 vgl. OKW WFSt/WPr (Id) Nr. 1031/41, 18. 2. 1941, betr. Aufstellung von drei Propaganda-Halbkompanien (mot) für Panzergruppen, BA-MA, RW 4/188, fol. 42; OKW, Chef der Heeresrüstung und Befehlshaber des Ersatzheeres, AHA I a (II) Nr. 3279/41 g., 28. 2. 1941, betr. Aufstellung der Kriegsberichter-Halbkompanien (mot) 693, 694 und 697, BA-MA, RW 4/188, fol. 63.

[16] Zum Personal der PK vgl. Uziel 2001, S. 104-123.

[17] Vgl. Buchbender 1978, S. 344.

[18] Vgl. PAW, Gruppe Rundfunk, Bericht der Gruppe Rundfunk über die angestellten Ermittlungen bei den im Heeresgebiet stationierten Propagandakompanien, 14. 1. 1944, NAB, 411-1-57, fol. 6.

ebenfalls im Raum Witebsk, die PK 693 war im Verlauf des Krieges nicht mehr auf weißrussischem Gebiet eingesetzt.[19]

In der Zwischenzeit hatten verschiedene institutionelle Veränderungen mit dem Ziel stattgefunden, die Propagandatätigkeiten zu effektivieren. Ab Juni 1942 waren bei den einzelnen Heeresgruppen zusätzlich so genannte Propaganda-Abschnittsoffiziere eingesetzt. Sie waren für den Transport, die Herstellung und die Verteilung des Propagandamaterials verantwortlich. Ihnen unterstanden einerseits die Eisenbahn-Druckereizüge, die seit Februar 1942 im besetzten Gebiet eingesetzt waren und in denen in großem Ausmaß Propagandamaterial vor Ort hergestellt werden konnte. Andererseits befehligten sie spezielle Propagandatrupps – z. B. für den Balloneinsatz, mit dem Flugblätter über feindlichem Gebiet abgeworfen wurden.[20]

Als 1943 eine deutliche Schwerpunktverschiebung von der Kriegsberichterstattung auf den Bereich der Aktivpropaganda – jetzt auch als »Kampfpropaganda« bezeichnet – stattfand,[21] strukturierte man die Propagandakompanien grundlegend um: die Züge für die Kriegsberichterstattung wurden aufgelöst und durch ein bis zwei »Kampfpropagandazüge« ersetzt. Diese wiederum erhielten Verstärkung durch einen weiteren Zug mit einheimischen Propagandisten. Die Kriegsberichterstattung übernahmen fortan neu aufgestellte spezielle »Heeres-Kriegsberichter-Züge« (HKBZ), wie der Mitte Mai 1943 in Smolensk gebildete HKBZ »Mitte«. Die Propagandakompanien waren zwar auch weiterhin für die Truppenbetreuung zuständig, diesen Bereich übernahmen aber zunehmend die neu eingeführten NS-Führungsoffiziere (NSFO). Mit den so genannten Stabsoffizieren für Propagandaeinsatz (Stoprops) wurde im Frühjahr 1943 zudem eine neue Befehlsinstanz zwischen der Abteilung WPr und den Propagandaeinheiten geschaffen; die Stoprops waren den Chefs der Heeresgruppenstäbe direkt unterstellt und wiesen die jeweiligen Propagandakompanien und Propaganda-Abschnittsoffiziere an.[22]

Mit der Verlagerung auf die Aktiv- bzw. Kampfpropaganda wuchs ab 1943 auch der personelle Einfluss der SS auf die Wehrmachtpropaganda.[23] Zwar lag der ursprüngliche Auftrag der Propagandisten bei der Waffen-SS auf der Berichterstattung über die militärische Tätigkeit der SS-Kampfverbände – darauf hatten sich die Abteilung WPr und die Inspektion der SS-Verfügungstruppe im Mai 1940 geeinigt.[24] Obwohl eine »aktive Propaganda« gegenüber den feindlichen Truppen und der Bevölkerung explizit ausgeklammert worden war,

---

[19] Vgl. Buchbender 1978, S. 343.
[20] Vgl. ebd., S. 143 ff., 146 ff., 230.
[21] Zu den Gründen siehe Abschnitt 7.1. der vorliegenden Arbeit.
[22] Zu den Umstrukturierungen vgl. Wedel, Wehrmachtpropaganda, Teil II, BA-MA, RW 4/157, fol. 14-19; Schmidt-Scheeder 1977, S. 404 ff.; Buchbender 1978, S. 228-232. Zu den NSFO J. Förster 2004, S. 590-620; Vossler 2005, S. 154-190.
[23] Zur Entwicklung der Kriegsberichtereinheiten der Waffen-SS Augustinovic/Moll 2000; Veltzke 2005, S. 59-84.
[24] OKH HWes Abt. i. Genst. d. H. Nr. 31/5.40 geh., 9. 5. 1940, Anlage: Richtlinien für die Zusammenarbeit von OKW/WPr mit Reichsführer SS bezüglich SS-Berichterkompanie, BA-MA, RH 19 III/483, fol. 236-238.

engagierten sich die von Gunther d'Alquen geleiteten SS-Kriegsberichtereinheiten im Krieg gegen die Sowjetunion zunehmend auch in diesem Bereich. Im Oktober 1943 fasste man die inzwischen 27 Einheiten in der SS-Kriegsberichterabteilung (SS-KBA) zusammen, die ab November unter der Bezeichnung SS-Standarte »Kurt Eggers« firmierte. Den Befehl übernahm d'Alquen.[25] Etliche der 1943 neu eingesetzten Stabsoffiziere für Propagandaeinsatz waren Angehörige der SS-Kriegsberichtereinheiten. Im Juli 1944 übernahm der Stellvertreter d'Alquens, SS-Sturmbannführer Kriegbaum, die Leitung der Abteilung WPr IV in der Amtsgruppe WPr und im April 1945 löste d'Alquen Wedel als Leiter der Amtsgruppe ab.[26]

Einen ganz wesentlichen Teil der Propaganda gegenüber der Zivilbevölkerung in den besetzten Gebieten übernahmen die so genannten Propagandaabteilungen, deren zusätzliche Aufstellung die Abteilung WPr im Vorfeld des Überfalls auf die Sowjetunion befahl.[27] Nach dem Überfall auf Polen hatte das Propagandaministerium in den besetzten Gebieten zivile Abteilungen eingesetzt, die nach dem Abschluss der Kämpfe in die Besatzungsorganisation des Generalgouvernements integriert worden waren. In der Folge hatte man auf Seiten der Wehrmacht entschieden, selbst spezielle Abteilungen für die Propaganda in den rückwärtigen Gebieten aufzubauen. In den bis 1941 eroberten und besetzten Gebieten wurden entweder zivile »Abteilungen für Volksaufklärung und Propaganda« eingerichtet (Polen, Norwegen und Niederlande) oder militärische Propagandaabteilungen den jeweiligen Wehrmachtsbefehlshabern und Chefs der Militärverwaltungen direkt unterstellt (Belgien, Frankreich, Serbien und Griechenland).[28] Die im Juni 1941 angewiesenen Propagandaabteilungen »B« (Baltikum, später »O« für Ostland), »W« (»Weißruthenien«) und »U« (Ukraine) sollten bis zum 15. Juli bzw. 1. August 1941 verwendungsbereit sein[29] und waren ursprünglich für den Einsatz in den zivilverwalteten Gebiete vorgesehen.[30] Erst Mit-

---

[25] Vgl. OKW/WFSt/WPr (Id), an OKH/Genst d H/Org.Abt. II, 8. 10. 1941, betr. Gliederung und Stärke der Prop.Einheiten der Waffen-SS, BA-MA, WF 01/2136, unfol.; Wedel, Wehrmachtpropaganda, Teil II, BA-MA, RW 4/157, fol. 20 f., 47, 91; Veltzke 2005, S. 60 f. Kurt Eggers (1905-1943) war ein völkischer Dichter und Kulturpolitiker, der wenige Monate zuvor als Untersturmführer in der 5. SS-Panzer-Division »Wiking« gefallen war. Ebd., S. 61.

[26] Keilig 1959, S. 17; Augustinovic/Moll 2000, S. 109 f.; Wedel, Wehrmachtpropaganda, Teil II, BA-MA, RW 4/157, fol. 21, 47 f.

[27] Vgl. OKW Nr. 3998/41 g. WFSt/WPr (Id) an OKH/GenStdH/Org.Abt., 12. 6. 1941, betr. Aufstellung von 3 Propaganda-Abteilungen, BA-MA, RW 4/189, fol. 244.

[28] Vgl. Wedel. Wehrmachtpropaganda, BA-MA, RW 4/157, fol. 37-42; Boelcke 1966:185 f.; Moll 2001:118 ff. Zum Propagandaapparat im GG auch Jockheck 2006, S. 69-90.

[29] Vgl. OKW Nr. 3998/41 g. WFSt/WPr (Id) an OKH/GenStdH/Org.Abt., 12. 6. 1941, betr. Aufstellung von 3 Propaganda-Abteilungen, BA-MA, RW 4/189, fol. 244; OKH Org.Abt. (II) Nr. 4657/41 geh. an Chef H.Rüst.u.B.d.E./AHA, 14. 6. 1941, betr. Aufstellung von 3 Prop.Abt., BA-MA, RW 4/189, fol. 254; Wehrkreiskommando III, Abt. Ib/Mob. Az. II Nr. 06975/41 geh./, 4. 7. 1941, betr. Aufstellung der Propaganda-Abteilungen U, W und B, BA-MA, RW 4/190, unfol. Im Laufe des Krieges gegen die Sowjetunion wurden zusätzlich noch die Propagandaabteilungen D (Don) und K (Kaukasus) gebildet. Vgl. Wedel, Wehrmachtpropaganda, Teil II, BA-MA, RW 4/157, fol. 43.

[30] Vgl. Ref. VLR Großkopf, 21. 6. 1941, betr. Unterredung mit Gauleiter Meyer und Dr. Leibbrandt am 21. 6. 1941 über Propaganda-Kompanien und Propagandastaffeln, PA AA, R 105173,

te August wurde ihre Zuständigkeit auf die rückwärtigen Heeresgebiete ausgedehnt.³¹

Die Abteilungen sollten in den eroberten Gebieten die landeseigenen Medien (wie Presse, Rundfunk und Filmwesen) und den Kulturbetrieb übernehmen, kontrollieren und zensieren. Sie waren für die Propaganda gegenüber der Zivilbevölkerung zuständig sowie für die »geistige« Betreuung der eigenen Soldaten.³² Als Voraustrupps wurden den Propagandakompanien beim Einmarsch Spezialkräfte zugeordnet – in der Regel ein Pressebetreuer, ein Dolmetscher und ein so genannter Rundfunktrupp.³³ Die Kommandeure der nachrückenden Abteilungen erhielten die Disziplinarbefugnisse eines selbständigen Bataillonskommandeurs.³⁴ Ihren Stäben unterstanden Gruppen für Aktivpropaganda, Presse, Bildpresse, Rundfunk, Film und Kultur.³⁵ Zu einem späteren Zeitpunkt sollten zusätzlich einzelne Propagandastaffeln für den regionalen Einsatz gebildet werden.³⁶

Im rückwärtigen Heeresgebiet Mitte war zunächst der Ic-Offizier beim Stab des Befehlshabers für Propagandamaßnahmen gegenüber der Zivilbevölkerung zuständig.³⁷ Nachdem die Abteilung WPr Mitte August die sofortige Einsetzung von Verbindungsoffizieren (VO) der Propagandaabteilungen bei den Befehlshabern der rückwärtigen Gebiete befohlen hatte,³⁸ übernahm am 31. August 1941 der VO der Propagandaabteilung W, Dr. Gustav Fochler-Hauke, diesen Aufgabenbereich. Er wurde als Ic/Prop. in den Stab integriert.³⁹ Die

---

unfol.; Bericht über die Propagandalage im Osten, 17. 9. 1942, [Verfasser Hadamovsky und Taubert nach einer Dienstfahrt zu den RK Ostland und Ukraine sowie den rückwärtigen Heeresgebieten Nord und Mitte], BA, R 55/1434, fol. 33 f.

31 Vgl. OKW Nr. 6000/41 geh. WFSt/WPr (Ia), 15. 8. 1941, betr. Propaganda in die Bevölkerung der besetzten Ostgebiete, BA-MA, RH 19 III/483, fol. 192 f.; OKW Nr. 510/42 g. WFSt/WPr (Id), 24. 1. 1942, betr. Unterstellung der Propaganda-Abteilungen B und U, BA-MA, RH 19 III/483, fol. 143 f.
32 Vgl. die im Sommer 1940 erfolgte Abgrenzung der Aufgabengebiete der im Westen eingesetzten Propaganda-Kompanien und Propaganda-Abteilungen in OKW WFA/WPr (I d) Nr. 4910/40 g. v. 4. 7. 1940, BA-MA, RW 4/187.
33 Vgl. Ausführungen von Oberstleutnant i. G. Kratzer – OKW/WPr I – an die Kompanieführer, die Führer des Propagandazuges und die Kurieroffiziere der Propagandakompanien 511, 612, 621, 693, 697 am 17. 6. 1941 in Königsberg, BA-MA, RH 45/17, unfol.; OKW 144/41 g. Kds. Chefs./WFSt/WPr, Juni 1941, Weisungen für die Handhabung der Propaganda im Fall »Barbarossa«, BA-MA, RW 4/578, fol. 38.
34 OKH GenStdH/Org.Abt. (II) Nr. 5627/41 geh. an OKW/WFSt/WPr, 19. 7. 1941, betr. PA B, W und U, BA-MA, RW 4/189, fol. 254 f.
35 Vgl. RMVP, Major Titel, an OKW, Major Krause, betr. Weisung für die Propaganda-Abteilungen im Ostraum, 2. 8. 1941, BA-MA, RW 4/253, unfol.
36 Vgl. Wedel, Wehrmachtpropaganda, Teil II, BA-MA, RW 4/157, fol. 43. Die von Buchbender angegebene Anzahl von sechs Staffeln pro Abteilung (ders. 1978, S. 54) variierte je nach Abteilung, Zeitpunkt, Personalbestand etc.
37 Ic beim Berück Mitte: von Juli bis September 1941 Stürmer; ab Oktober 1941 bis etwa Ende 1942 Schubuth, der zuvor einige Jahre mit Militärattaché General Köstring in Moskau tätig gewesen war. Strik-Strikfeld 1970, S. 126.
38 OKW Nr. 6000/41 geh. WFSt/WPr (Ia), 15. 8. 1941, betr. Propaganda in die Bevölkerung der besetzten Ostgebiete, BA-MA, RH 19 III/483, fol. 192 f.
39 Berück Mitte, Ic, Tätigkeitsbericht September 1941, BA-MA, RH 22/228, fol. 77; PAW, Lage- und Tätigkeitsbericht, 1. 11. 1941, BA-MA, RW 4/236, fol. 3.

Voraustrupps »W 1« und »W 2« der Abteilung waren zwar im Juni in Marsch gesetzt worden. Der erste gelangte jedoch gar nicht nach Weißrussland, da er im Leningrader Gebiet eingesetzt und dann der Propagandaabteilung O unterstellt wurde. Der zweite wurde zunächst zur PK 637 (AOK 6 bei der Heeresgruppe Süd) beordert und stieß Ende August zur nordöstlich von Witebsk stationierten PK 612. Den Sitz des Befehlshabers des rückwärtigen Heeresgebiets Mitte, Smolensk, erreichte der Trupp erst am 25. Oktober 1941.[40] Vier Tage später traf hier auch die Propagandaabteilung W ein, deren Aufstellung sich aufgrund des Mangels an Fachpersonal verzögert hatte.[41] Unter dem Kommando von Hauptmann Friedrich Mahlo umfasste sie zunächst nur 67 Mann.[42] Mahlo, der vor allem einen geplanten, dann aber abgesagten Besuch von Goebbels in Smolensk vorbereiten sollte, übergab seinen Posten bereits am 1. November an Hauptmann G. O. Stoffregen. Ab dem 9. Januar 1942 vertrat diesen Leutnant Seyferth, bevor etwa im Februar 1942 Hauptmann Albert Kost die Abteilung übernahm, der sie bis zu ihrer Auflösung 1944 befehligte.[43]

Nach ihrer Ankunft entsandte die Abteilung Verbindungsoffiziere zu den einzelnen Sicherungsdivisionen, die in der Folgezeit eigene Staffeln aufbauten.[44] Im Februar 1942 existierten neben dem Abteilungsstab in Smolensk mit einer Stabsstaffel z. V. fünf regionale Staffeln (siehe Schema 3).[45] Das Personal wurde nach und nach verstärkt und bis Ende November 1942 auf 241 Mann aufgestockt.[46] Aufgrund der militärischen Entwicklungen teilte man die einzelnen Gruppen der Abteilung mehrfach auf. So wurde Mitte Januar 1942 ein Teil der Abteilung nach Borissow verlegt, in Smolensk selbst blieben nur der Stab und die Gruppen Rundfunk und Presse.[47] Der Führungsstab befand sich

---

[40] Vgl. PAW, Lage- und Tätigkeitsbericht, 1. 11. 1941, BA-MA, RW 4/236, fol. 2 f.; Karte der Einsatzgebiete der Staffeln im Februar 1942, RW 4/236, fol. 142; BA-MA, WF 01/2136, unfol.

[41] Vgl. Propaganda-Ersatz-Abteilung, z. b. V., 1101/41 geh., betr. Aufstellung der Propaganda-Abteilungen B, U und W, 30. 7. 1941; dies., betr. Stand der Aufstellung der Propaganda-Abteilungen U und W, 27. 8. 1941, BA-MA, RW 4/190, unfol.

[42] Vgl. PAW, Lage- und Tätigkeitsbericht, 1. 11. 1941; PAW, Propagandalage- und Tätigkeitsbericht, 1. 12.-15. 12. 1941, BA-MA, RW 4/236, fol. 3, 53-59; Berück Mitte, Ic, Tätigkeitsbericht Oktober 1941, BA-MA, RH 22/228, fol. 83.

[43] Vgl. Angaben in den Lage- und Tätigkeitsberichten der PAW, BA-MA, RW 4/236, fol. 2, 102 f., 132 u. RW 4/253, unfol.; Fernschreiben Major Kosts an OKW/WPr v. Juni 1944, NAB, 411-1-102; Scheel 1965, S. 454.

[44] Vgl. Berück Mitte, Abt. Ic/Prop, 8. 11. 1941, betr. Einsatz und Aufgaben der Prop. Abt. W, BA-MA, RW 4/253, unfol.; PAW, Propagandalage- und Tätigkeitsbericht v. 15.-1. 1. 1942, BA-MA, RW 4/236, fol. 113.

[45] Vgl. PAW, Tätigkeitsberichte Februar, 5. 3. 1942, und März, 31. 3. 1942, BA-MA, RW 4/236, fol. 132, 161.

[46] Abteilungsstab = 105, Staffel Smolensk = 25, Witebsk = 48, Bobruisk = 25, Gomel = 14, z. V. = 24. Vgl. OKW Nr. 4116/41 g WFSt/WPr (Ic), an OKH/Gen St d H/Org.Abt., 1. 5. 1942, betr. Verstärkung der Propaganda-Abteilungen Ostland, W[eißruthenien] und Ukraine, BA-MA, RW 4/189, fol. 274, 292 ff.; OKW Nr. 4116/41 g WFSt/WPr (Ic), an OKH/Gen St d H/Org. Abt. (II), 15. 10. 1942, betr. Propaganda-Abteilungen Ostland und W, BA-MA, RW 4/189, fol. 301; PAW, Stellenbesetzungsliste gemäß K.St.N., Stand 30. November 1942, 1. 12. 1942, BA-MA, RW 4/189, fol. 311-327.

[47] Vgl. PAW, Bes. Anhang zum Propagandalage- und Tätigkeitsbericht, 15. 1.-31. 1. 1942, BA-MA, RW 4/236, fol. 113.

Schema 3: Die Propagandaabteilung W (Weißruthenien) im Februar 1942

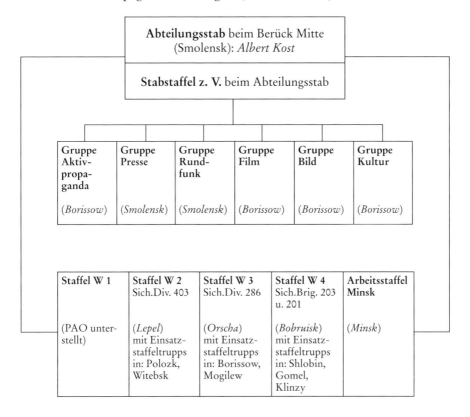

Quelle: Nach BA-MA, RW 4/236, fol. 132, 161, 142 (Karte mit Einsatzgebieten der Staffeln). Im März 1942 wurden die Staffeln teilweise neu zugeordnet: W 2 der Sich.Brig. 201 (RH 26-201/4); die Staffel W 4 der Inf.Div. 707 u. Sich.Brig. 203 (siehe Abschnitt 6.3.1. der vorliegenden Arbeit). Der Sitz der Staffel W 2 wurde Anfang Oktober nach Witebsk verlegt. PAW, Verordnungs- und Mitteilungsblatt Nr. 15 v. 5. 10. 1942, NAB 411-1-1, fol. 17.

zeitweise in Smolensk und Mogilew sowie – nach der Auflösung des rückwärtigen Heeresgebiets – ab Ende September 1943 in Minsk.[48]

Im Zuge der allgemeinen Umstrukturierungen übernahm Kost 1943 zugleich die Funktion des Stabsoffiziers für den Propagandaeinsatz – zunächst beim Befehlshaber des rückwärtigen Heeresgebiets Mitte, ab Herbst beim Oberkommando der Heeresgruppe Mitte.[49] Die einzelnen Staffeln wurden in eine Propaganda-Einsatzstaffel mit fünf Zügen umgewandelt, das Personal im November

---

[48] Vgl. PAW, Gruppe Rundfunk, Bericht der Gruppe Rundfunk über Einsatz und Tätigkeit in der Zeit v. 11. 10. 1943-10. 1. 1944, 12. 1. 1944, NAB, 411-1-11, fol. 1.

[49] Vgl. Abschrift, Br.B.Nr. 1238/44 geh., Niederschrift über die Besprechung am 24. 1. 1944 beim Oberkdo. der Heeresgruppe Mitte, IfZ, MA 542, fol. 950.

1943 auf knapp 170 Mitarbeiter reduziert.[50] Zu diesem Zeitpunkt verfügte die Propagandaabteilung W allerdings über eine beträchtliche Anzahl von einheimischen Propagandisten.[51] Nachdem Weißrussland im Sommer 1944 von der Roten Armee befreit worden war, wurde die Abteilung Ende August auf Befehl der Abteilung WPr in eine Propagandastaffel umgewandelt.[52]

Neben der Propagandaabteilung W war noch eine weitere Wehrmachtseinheit in Weißrussland eingesetzt. Die Propagandaabteilung O war mit ihren Staffeln Litauen, Lettland und Estland seit August für das Reichskommissariat Ostland zuständig. Bereits kurz nach seinem Amtsantritt im September 1941 drängte Generalkommissar Kube darauf, sie durch eine weitere Staffel »Weißruthenien« zu ergänzen.[53] Diese nahm Anfang November 1941 ihre Arbeit in Minsk auf, wo sich bereits einer der Senderbetreuungstrupps der Propagandaabteilung O um den dortigen Rundfunksender kümmerte.[54] Die Wehrmachtspropagandisten bildeten zwar nur eine Gruppe von etwa 20 Personen, doch ihre Tätigkeiten spielten bei der Propagandaarbeit im zivilverwalteten Gebiet eine wichtige Rolle.[55] Die Staffel Weißruthenien, die eng mit der Propagandaabteilung der zivilen Behörde in Minsk zusammenarbeitete, wurde der 707. Infanteriedivision zugeteilt, die 1941 dem Wehrmachtkommandant in Weißruthenien, Generalmajor Gustav Freiherr von Bechtolsheim, unterstand. Als die Propagandaabteilung O am 1. Februar 1942 dem Befehlshaber des rückwärtigen Heeresgebiets Nord unterstellt und verlegt wurde, ließ sie ihre Staffel und den Senderbetreuungstrupp in Minsk als Nachkommandos zurück. Diese sollten ihre Arbeit weiterführen und die Übernahme ihrer Aufgaben durch die zivilen Behörden vorantreiben.[56] Dazu kam es jedoch nicht: die

---

[50] Mit Namensangaben in PAW, Abt. II b, 9. 11. 1943, Abteilungsbefehl Nr. 26/43, NAB, 411-1-49, fol. 43 ff.

[51] Zu diesem Aspekt siehe Abschnitt 2.6. der vorliegenden Arbeit.

[52] Zu diesem Zeitpunkt war die Abteilung bei Ortelsburg in Ostpreußen stationiert. Wochenbericht der PAW für die Zeit v. 21.-27. 8. 1944, v. 31. 8. 1944, SoM, 1363-5-6, fol. 3.

[53] Vgl. PAO, Lageberichte Nr. 3 (13. 9. 1941), Nr. 4 (29. 9. 1941), Nr. 6 (31. 10. 1941), Nr. 7 (15. 11. 1941), in BA-MA, RW 4/233 u. 234. Die PAO hatte im August 1941 ihre Arbeit im RKO und im rückwärtigen Heeresgebiet Nord aufgenommen. Abteilungskommandeure waren August Paltzo, Erhard Knoth (etwa Anfang 1942 bis mindestens September 1942, vgl. SoM, 1434, fol. 14) und Dr. Walter Hilpert (Boelcke 1977, S. 271).

[54] Vgl. Berück Nord, I c 137/42, betr. K.St.N. der PAO, 11. 2. 1942, BStU, MfS –HA IX/11, RHE 37/80 SU, Bd. 6, fol. 59. Leiter der Staffel waren u. a. Sdf. (Z) Rolf Burk und Leutnant Kaehlbrandt (bis Februar 1942), vgl. PAO beim Berück Nord, an OKW/WPr (Id), 10. 2. 1942, betr. Unterstellung der Propaganda-Abteilungen B und U, BA-MA, RW 4/191, fol. 99. Zum Rundfunkwesen siehe Abschnitt 3.3. der vorliegenden Arbeit.

[55] Zum Senderbetreuungstrupp unter Führung von Leutnant Herb gehörten im Frühjahr 1942 zehn Personen, zur Staffel Weißruthenien acht Personen. Vgl. PAO beim Berück Nord, an OKW/WPr (Id), 10. 2. 1942, betr. Unterstellung der Propaganda-Abteilungen B und U, BA-MA, RW 4/191, fol. 99; Lagebericht der PAO beim Berück Nord, Nr. 15 v. 13. 3. 1942, BA-MA, RW 4/235, fol. 73-95.

[56] Vgl. OKW Nr. 510/42 g. WFSt/WPr (Id), 24. 1. 1942, betr. Unterstellung der Propaganda-Abteilungen B und U, BA-MA, RH 19 III/483, fol. 143 f.; PAO beim Berück Nord, an OKW/WPr (Id), 10. 2. 1942, betr. Unterstellung der Propaganda-Abteilungen B und U, BA-MA, RW 4/191, fol. 99; Lagebericht der PAO beim Berück Nord, Nr. 15 v. 13. 3. 1942, BA-MA, RW 4/235, fol. 73-95.

Staffel Weißruthenien blieb bis zum Ende der Besatzung im zivilverwalteten Gebiet tätig. Im September 1943 wurde sie in die nach Minsk verlegte Propagandaabteilung W integriert.[57]

Die Besatzungsmacht stand vor dem grundsätzlichen Problem, dass angesichts der Größe des besetzten Territoriums insgesamt zu wenig Propagandapersonal zur Verfügung stand. Dies führte unter anderem dazu, dass ab Frühjahr 1942 der gesamte militärische Verwaltungsapparat in die Propagandatätigkeiten eingespannt wurde. Im Februar 1942 wurden bei den Chefgruppen La[ndwirtschaft] besondere »Propagandastellen« geschaffen, die in enger Kooperation mit den Propagandaeinheiten der Wehrmacht die Propagandaarbeit systematisch forcierten.[58] Auch die La-Führer – oftmals die einzigen Vertreter der deutschen Besatzungsmacht vor Ort – organisierten Versammlungen und Vorträge.[59] Ende des Jahres 1942 richteten die Wirtschaftskommandos eigene Referentenstellen für »Landwirtschaftliche Presse und Propaganda« ein.[60] Einen großen Teil der Propagandatätigkeiten delegierte die Besatzungsmacht zudem an einheimische Kräfte.[61]

2.2. Das Reichsministerium für die besetzten Ostgebiete und seine Propaganda-Dienststellen im Generalkommissariat Weissruthenien

Das Reichsministerium für die besetzten Ostgebiete wurde am 17. Juli 1941 ins Leben gerufen, öffentlich trat es aber erst ab November in Erscheinung.[62]

---

[57] Vgl. GK Minsk, an Berück Mitte f. den Kommandeur der PAW, 28. 8. 1943, NAB, 370-1-1284, fol. 68 f.

[58] Vgl. Abschlussbericht in R.-D. Müller 1991b, S. 125 f., 365-371; Berück Mitte, Ic, Tätigkeitsbericht März 1942, 10. 4. 1942, BA-MA, RH 22/243, fol. 24 f.; OKW Nr. 2995/42 WFSt/WPr (AP3), 4. 4. 1942, betr. Zusammenarbeit der Propagandatruppen mit den Dienststellen des Wirtschaftsstabs Ost, gez. Wedel, BA-MA, RH 19 III/483, fol. 101 ff. Den Kontext bildete die Einführung der Neuen Agrarordnung. Siehe hierzu Abschnitt 6.2.2. der vorliegenden Arbeit.

[59] Vgl. Anlage zum Tätigkeitsbericht der Sich.Div. 286, Abt. I c, Januar-März 1942, BA-MA, RH 26-286/6, fol. 43 f.; PAW Verordnungs- und Mitteilungsblatt Nr. 15, 5. 10. 1942, NAB, 411-1-1, fol. 17.

[60] Vgl. Rundverfügung Nr. 114 v. 1. 12. 1942, Hinweis in Wi In Mitte, Chefgruppe Landwirtschaft, 1 b 6, 6. 2. 1943, Rundverfügung Nr.8, betr. Propaganda-Rahmenprogramm für die Erzeugung, NAB, 370-1-401, fol. 43 RS. Zu den umfangreichen Propagandatätigkeiten der Wirtschaftsverwaltung siehe exemplarisch Abschrift Wirtschaftsstab Ost, Bericht über die Zeit v. 1.-31. 5. 1942, 20. 6. 1942, IfZ, MA 795, fol. 870 f.; Wirtschaftsstab Ost, Stab. Abt. I/I c, Br. Nr. 69700/43 geh., betr. Monatsbericht Wirtschaftsstab Ost (1. 10.-31. 10. 1943), 1. 12. 1943, BA, R 6/281, fol. 70 RS, 76 RS f.; PAW, Verordnungs- und Mitteilungsblatt Nr. 14, 15. 9. 1942, NAB, 411-1-1, fol. 31; Leiter Ost, Ref. Gielen, an Staatssekretär, 9. 7. 1943, betr. Ost-Etat, BA, R 55/567, fol. 192 f.; Vineta Übersetzerstäbe, Übersicht über die Arbeiten der Gruppe III im Juli 1943, SoM, 1370-1-8, fol. 29 f.; Leiter Ost, Ref. Dr. Kurtz, an Staatssekretär, 8. 2. 1944, betr. Herstellung von Bildbändern, BA, R 55/564, fol. 111 f. Zusammenfassend: Abschlussbericht des Wirtschaftsstabes Ost »Kriegswirtschaft im Operationsgebiet des Ostens in den Jahren 1941-1943«, abgedr. in: R.-D. Müller 1991b, S. 125 f., 318 ff., 343 ff., 356 ff.

[61] Siehe Abschnitt 2.6. der vorliegenden Arbeit.

[62] Vgl. Erlass Hitlers v. 17. 7. 1941 über die Errichtung einer Zivilverwaltung in den okkupierten Gebieten der UdSSR, IMT, Bd. 29, S. 234 ff. Zum Aufbau des RMO siehe RM f. d. bes. Ostgebiete, II 1 c 2020, 16. 12. 1941, betr. Gliederung des Reichsministeriums für die besetzten Ost-

Als Ostminister gab Rosenberg die politischen Richtlinien für die Besatzungspolitik vor, besaß aber keine Weisungskompetenz in den Bereichen Wirtschaft sowie SS- und Polizeiapparat. Für die radikale wirtschaftliche Ausbeutung der besetzten Gebiete war der Göring als Chef der Vierjahresplanbehörde unterstehende Wirtschaftsführungsstab Ost und als dessen ausführender Apparat der »Wirtschaftsstab Ost« mit regionalen Wirtschaftsinspektionen und -kommandos verantwortlich.[63] Die SS- und Polizeieinheiten unterstanden dem Reichsführer SS und Chef der Deutschen Polizei, Himmler, bzw. den von ihm als zentrale Institutionen eingesetzten Höheren SS- und Polizeiführern (HSSPF).[64]

Der Reichsminister für die besetzten Ostgebiete übernahm mit der Verantwortung für die allgemeinen politischen Richtlinien auch die inhaltliche Ausrichtung der Propagandamaßnahmen im Osten. Rosenberg und der von ihm eingesetzte Leiter der Hauptabteilung Politik, Leibbrandt, sahen in der Propagandaarbeit in den besetzten Gebieten eine *der* zentralen Aufgaben des neuen Ministeriums.[65] Für diesen Arbeitsbereich war einerseits der Rosenberg direkt unterstellte Pressechef des Ministeriums, Major Carl Cranz, zuständig.[66] Er betreute neben der deutschen und ausländischen Presse auch die deutsche sowie die einheimische Presse in den besetzten Gebieten. Rosenberg kannte Cranz vom Völkischen Beobachter, wo dieser Stellvertretender Hauptschriftleiter war. Zudem konnte Cranz auf praktische Erfahrungen zurückgreifen: beim Herbstmanöver 1937 hatte er als Stabsmitglied der Propagandaeinsatzstelle des Propagandaministeriums teilgenommen und 1939 die erste Luftwaffen-Propagandakompanie befehligt.[67] Anderseits wurde in der Hauptabteilung Politik die Abteilung »Presse und Aufklärung« gebildet, die sowohl die Propaganda nach innen und gegenüber dem Ausland sowie die »Einwirkung auf die fremden Volkstümer« in ihren jeweiligen Sprachen gestalten sollte (siehe

---

gebiete, Anlage: Organisationserlass 4 v. 29. 11. 1941, mit vorläufigem Gliederungsplan nach dem Stand v. 1. 12. 1941, BA, R 90/244, unfol. Zum RMO und seinen Verwaltungsstrukturen in den besetzten Gebieten auch Zellhuber 2006, S. 61-148.

[63] Allgemein zur Wirtschaftspolitik in den besetzten Gebieten der Sowjetunion siehe Eichholtz 1999; Czollek 1974; R.-D. Müller 1991a; ders. 1991b; ders. 1991c; Gerlach 1998; ders. 1999, S. 231 ff.

[64] Zu den in Weißrussland eingesetzten SS- und Polizeiverbänden vgl. Gerlach 1999, S. 180 ff. Allgemein zu den Einsatzgruppen Krausnick/Wilhelm 1981; Klein 1997; Mallmann 2000. Zu den HSSPF Birn 1986 und zum Kommandostab RFSS Cüppers 2005.

[65] Vgl. Nicht unterschriebener Anhang zu Denkschrift Nr. 2 v. 7. 4. 1941 mit Vorschlägen Rosenbergs zur Besetzung der Reichskommissariate im Osten und der politischen Zentralstelle in Berlin, IMT, Bd. 26, S. 557 f.; Rosenbergs Denkschrift Nr. 3, betr. UdSSR, v. 25. 4. 1941, Nürnbg. Dok. PS-1020, S. 4 ff., 9 f., 14; Ref. VLR Großkopf, betr. Sitzung im Außenpolitischen Amt am 29. 5. 1941 über Ostfragen, PA AA, R 105192, fol. 198850-58.

[66] Vgl. Aufstellung in [AA], D IX 505, Das Reichsministerium für die besetzten Ostgebiete, 8. 12. 1941, PA AA, R 105182, fol. 218939 f.

[67] Vgl. RMVP, Referent für Landesverteidigung [Wrochem] Nr. 281/37 g., an RKM, Abteilung Inland, Pressegruppe, 25. 8. 1937, Anlage: Liste mit Personen, die im Rahmen der Einsatzstelle eingesetzt werden, BA-MA, RW 6/142, fol. 49-60; Beförderungsvorschläge zum Ministerialdirigenten, 14. 8. 1944, BA D-H, ZA V 218, fol. 112; Kredel 1962; Scheel 1965, S. 454; Bräutigam 1968, S. 448; Heilmann 1989, S. 176, Fn. 92; Zellhuber 2006, S. 115, Fn. 490.

2. Der Propagandaapparat

Schema 4 und 5).⁶⁸ Job Zimmermann, ein Kollege Cranz' beim Völkischen Beobachter, übernahm Anfang Juli 1941 deren Leitung.⁶⁹ Neben seiner langjährigen journalistischen Tätigkeit hatte Zimmermann unter anderem persönliche Erfahrungen im Abessinienkrieg gesammelt.⁷⁰ Er fungierte zugleich als Stellvertreter des Pressechefs und löste Cranz 1943 in dieser Funktion ab.

Die Abteilung »Presse und Aufklärung« gab unter anderem täglich die allgemeinen Weisungen der Reichspressekonferenz an die Reichskommissare weiter – entweder per Fernschreiben oder per Telefon – und verschickte schriftliches Informationsmaterial, Sprachregelungen oder Richtlinien für bestimmte Propagandaaktionen. Seit Juli 1942 wurde ein zusätzlicher »Propaganda-Dienst« verschickt und ab Anfang August 1942 der tägliche »Schnell-Dienst«. 1943 fassten die »Richtlinien für die Pressezensur in den besetzten Ostgebieten« die Sprachregelungen zu einer alphabetisch geordneten Loseblatt-Sammlung zusammen, die fortlaufend ergänzt wurde.⁷¹

Der Abteilung oblag auch die Koordinierung der einzelnen an der Propagandaarbeit beteiligten Institutionen. Als Verbindungspersonen fungierten Nicolaus von Grote für die Abteilung WPr im OKW, Eberhard Taubert für das Generalreferat Ostraum im Propagandaministerium und Georg Großkopf als Sonderbeauftragte des Russland-Komitees für das Auswärtige Amt (bis Juli 1942).⁷² Von Ende Juni bis zum 8. August 1941 fanden tägliche Zusammenkünfte unter dem Vorsitz Leibbrandts statt, danach wurde je nach Bedarf eingeladen. Im Herbst 1941 wurden die regelmäßigen Zusammenkünfte wieder eingeführt, im Frühjahr 1942 fanden sie dreimal wöchentlich statt.⁷³

---

⁶⁸ Vgl. Nicht unterschriebene Denkschrift Rosenbergs v. 29. 4. 1941, Allgemeiner Aufbau und Aufgaben einer Dienststelle für die zentrale Bearbeitung der Fragen des osteuropäischen Raumes, PS-1024, IMT, Bd. 26, S. 565. Die Gruppen der Abteilung befassten sich mit den Bereichen »Allgemeine Veröffentlichungen«, »Deutsche Presse«, »Fremdsprachige Ostpresse« sowie »Aktivpropaganda«. Aufstellung in [AA], D IX 505, Das Reichsministerium für die besetzten Ostgebiete, 8. 12. 1941, PA AA, R 105182, fol. 218939 f.
⁶⁹ In der Literatur wird in der Regel angegeben, dass Cranz Leiter der Abteilung wurde und Zimmermann sein Stellvertreter (Heilmann 1989, S. 176, Fn. 92 u. 93 sowie 185, Fn. 161; Zellhuber 2006, S. 115, Fn. 491). Vgl. dagegen Hinweise in Personalfragebögen Carl Cranz und Job Zimmermann v. 3. 7. 1941, BA, R 43 II/1159 b, fol. 6 ff.; Aufstellung in [AA], D IX 505, Das Reichsministerium für die besetzten Ostgebiete, 8. 12. 1941, PA AA, R 105182, fol. 218939 f.; Taschenbuch für Verwaltungsbeamte 1942, S. 84 f.; Personalabteilung des RMO, II Pers. a, 5. 6. 1942, Ernennung Zimmermanns zum Ministerialdirigenten, BA-DH, ZA V 218, fol. 31 ff.
⁷⁰ Vgl. ebd.; Zimmermann, Erlebnisse und Gestalten im Ostministerium, maschinenschriftliches Manuskript, o. D., IfZ, ZS 426, fol. 7.
⁷¹ Vgl. Quellenhinweise in Teil III der vorliegenden Arbeit.
⁷² Vgl. Aktenvermerk v. 7. 5. 1942, betr. Zusammenarbeit mit dem OKW in der Propaganda, BA, R 6/192, fol. 48; Erlass über die Errichtung des Generalreferats Ostraum v. 15. 7. 1941, in: Umlauf, betr. Auszug aus dem Nachrichtenblatt des RMVP Nr. 30 v. 18. 11. 1941, BDC PK/Taubert; siehe auch Goebbels an Rosenberg, 16. 7. 1941, BA, R 6/31, fol. 6 ff.; Durchschlag, betr. Referat Ostpropaganda, 12. 2. 1942, SoM, 1358-1-54, fol. 4.
⁷³ Vgl. Ref. VLR Großkopf, 9. 8. 1941, betr. Aufhebung der täglichen Ressortbesprechungen bei Dr. Leibbrandt, PA AA, R 105173, unfol.; WPr/AP2, Vortragsnotiz Nr. I/88 für Chef WPr., 7. 11. 1941, betr. Propaganda in die sowjetische Bevölkerung, BA-MA, RW 4/253, unfol.; Aktenvermerk v. 7. 5. 1942, betr. Zusammenarbeit mit dem OKW in der Propaganda, BA, R 6/192, fol. 48; Vortrag Taubert auf der Tagung der RPÄ am 13./14. 7. 1942, IfZ, Fa 511, fol. 54.

Schema 4: Die Abteilung Presse und Aufklärung im RMO (Ende 1941)

Reichsminister für die besetzten Ostgebiete: *Alfred Rosenberg*
Ständiger Vertreter des RM: *Alfred Meyer*

Persönlicher Pressechef des RM: *Carl Cranz*
Verbindung zu RMVP: *Leopold Gutterer*
Verbindung zu OKW/WPr: *Nikolaus von Grote*
Verbindung zu AA: *Georg Großkopf*
Verbindung zu RFSS: *Brandenburg*

Abt. Z Zentral- verwaltung	Hauptabteilung I Politik	Hauptabteilung II Verwaltung	Hauptabteilung III Führungsstab Wirtschaftspolitik *Walter Malletke*		
				Wirtschaftspol. Kooperation	Ernährung u. Landwirtschaft
Hugo Degenhard	*Georg Leibbrandt*	*Ludwig Runte*		*Gustav Schlotterer*	*Hans-Joachim Riecke*

Gruppen der HA I

I 1 Allgemeine politische Angelegen- heiten	I O Ostland	I U Ukraine	I 2 Kulturpolitik	I 3 Deutsche Volkstums- und Sied- lungspolitik	I 4 Presse und Aufklärung
Otto Bräutigam	*Peter Kleist*	*Wilhelm Kinkelin*	*Hans-Wilhelm Scheidt*	*Wilhelm Kinkelin*	*Job Zimmer- mann*

Referate der Gruppe I 4

Allgemeine Veröffent- lichungen	Deutsche Presse	Fremd- sprachige Ostpresse	Aktiv- propaganda
Kiekheben- Schmidt	*Hans Hohenstein*	*Siegfried Drescher*	*Stackelberg*

Quelle: Nach RM f. d. bes. Ostgebiete, II 1 c 2020, 16. 12. 1941, betr. Gliederung des Reichsministeriums für die besetzten Ostgebiete, Anlage: Organisationserlass 4 v. 29. 11. 1941, mit vorläufigem Gliederungsplan nach dem Stand v. 1. 12. 1941, BA, R 90/244, unfol. Angaben zur Gliederung der Abteilung Presse und Aufklärung aus [AA], D IX 505, 8. 12. 1941, Das Reichsministerium für die besetzten Ostgebiete, PA AA, R 105182, fol. 218939 f. Eine zunächst ebenfalls geplante Hauptabt. IV (Technik) spielte faktisch keine Rolle, vgl. Bräutigam 1954, S. 32; Dallin 1981, S. 96; Zellhuber 2006, S. 124 f.

Schema 5: Die Abteilung Presse und Aufklärung im RMO (Herbst 1942)

Reichsminister für die besetzten Ostgebiete: *Rosenberg*
Ständiger Vertreter des RM: *Meyer*
Persönlicher Pressechef des RM: *Zimmermann i. V.*
Verbindung zu RMVP: *Gutterer*
Verbindung zu OKW/WPr: *Grote*
Verbindung zu AA: *Großkopf*
Verbindung zu RFSS: *Brandenburg*

Abt. Z Zentralverwaltung	**Hauptabteilung I** Politik*	**Hauptabteilung II** Verwaltung	III Führungsstab Wirtschaftspolitik *Malletke*		
			Chefgruppe Wirtschaftspol. Kooperation	Chefgruppe Ernährung u. Landwirtschaft	Chefgruppe Forst- u. Holzwirtschaft
Degenhard	*Leibbrandt*	*Runte*	*Schlotterer*	*Riecke*	*Barth*

Gruppen der HA I

I 1 Allgemeine politische Angelegenheiten	I 2 Ostland	I 3 Ukraine	I 4 Russland	I 5 Kaukasien	I 6 Kulturpolitik	I 7 Volkstums- u. Siedlungspolitik	I 8 Presse u. Aufklärung	I 9 Jugend	I 10 Frauen
Bräutigam	*Kleist*	*Kinkelin*	*Zeitler*	*Mende*	*Scheidt*	*Kinkelin*	*Zimmermann*	*Nickel*	*Petmecky*

Referate der Gruppe I 8

I 8 a Allg. Presse u. Propagandafragen	I 8 b Ostaufklärung Inland	I 8 c Reichspresse	I 8 d Ostpresse	I 8 e Verlagswesen	I 8 f Propaganda Ost	I 8 g Rundfunk u. Film Ost	I 8 Sonderreferat Auslandspresse
Kiekheben-Schmidt i. V.	*Kiekheben-Schmidt*	*Kiekheben-Schmidt i. V.*	*Stein*	*Döring*	*Stackelberg*	*Hohenstein*	*Stein*

* Mit Erlass v. 10. 8. 1943 wurde die Hauptabteilung I Politik in den Führungsstab Politik umgewandelt und Leibbrandt durch den Chef des SS-Hauptamtes, SS-Gruppenführer Gottlob Berger, abgelöst. Vgl. Zellhuber 2006, S. 146, 330.

Quelle: Nach Gliederungsansicht und Inhaltsübersicht zum Geschäftsverteilungsplan RMO [Herbst 1942], SoM, 1358-1-1, fol. 1-81.

Ende 1942 wurde die Abteilung Presse und Aufklärung, die inzwischen auf acht Gruppen angewachsen war, in die Hauptabteilung »Presse und Propaganda« umgewandelt.[74] Ihre Arbeitsbereiche weiteten sich in der Folgezeit immer weiter aus, da sie nicht nur die Propaganda »in den Feind« (»Abwehr der sowjetischen Propaganda und Agitation, Richtliniengebung und Anregungen für aktivpropagandistische Massnahmen und Aktionen«) und in den besetzten Ostgebieten steuerte, sondern auch die Propaganda und das entsprechende Pressewesen gegenüber den »evakuierten« Bevölkerungsteilen, den »Ostarbeitern« im Reich sowie den Ostlegionen und einheimischen Verbänden innerhalb der Wehrmacht, Waffen-SS und Ordnungspolizei.[75]

Die Behörden der Reichs- und Generalkommissare richteten im Sommer 1941 spezielle Abteilungen bzw. Referate für die Propaganda- und Pressearbeit ein.[76] Beim Generalkommissariat in Minsk waren die Arbeitsbereiche Presse und Propaganda zunächst getrennt. Den Bereich Presse leitete Hans Joachim Schröter, der in Personalunion auch die Funktion des Pressechefs beim Generalkommissar übernahm. Leiter des Arbeitsgebietes Propaganda war bis Mai 1942 Dr. Heinrich Kurtz, der später ins Propagandaministerium wechselte.[77] Sein Nachfolger Scholz wurde Anfang 1943 durch Schröter ersetzt.[78] Dieser leitete die stark ausgebaute Abteilung »Propaganda«, in die nunmehr auch der Bereich »Presse« integriert worden war, bis zu ihrer Auflösung im Dezember 1943.[79]

---

[74] Vgl. Gliederungsplan zum Geschäftsverteilungsplan des RMO [Ende 1942], SoM, 1358-1-1, fol. 1-7; Meyer an Gutterer, 25. 11. 1942, IfZ, MA 803, fol. 253 f. Zum Aufbau der HA Presse und Propaganda im RMO siehe auch [RMO], PPr. Sachbearbeiter Klarowski, 21. 9. 1944, Tätigkeitsmerkmale der Angehörigen der Hauptabteilung Presse und Propaganda, BA, R 6/225, fol. 72-75.

[75] Vgl. [RMO], Abt. Presse und Propaganda, 8. 9. 1944, betr. Arbeitsgebiete der Hauptabteilung Presse und Propaganda, BA, R 6/236, fol. 23 f. Zur Endphase des RMO Zellhuber 2006, S. 357-364.

[76] Vgl. RM f. d. bes. Ostgebiete, Die Zivilverwaltung in den besetzten Ostgebieten (Braune Mappe), Teil I: Reichskommissariat Ostland, 3. 9. 1941, LA Schleswig Holstein, Abt. 352 Kiel, Nr. 2261.

[77] Als Leiter der Gruppe IV Politik in der Abteilung Ost im RMVP, vgl. BDC, RKK 2100, Box 0223 File 10.

[78] Vgl. Undatierter Geschäftsverteilungsplan, NAB, 370-1-83, fol. 3-7; Verzeichnis der Behörde des Generalkommissars, NAB, 393-1-13, fol. 130 ff.; Fernsprechverzeichnis des GKW v. 23. 9. 1942, NAB, 370-1-453, fol. 15 ff. Scholz galt zumindest in den Augen des RMVP als vollkommen untauglich. Nach seiner Ersetzung durch Schröter Anfang 1943 war er kurzfristig noch als stellvertretender Propagandaleiter in Riga tätig. Vgl. Bericht über die Propagandalage im Osten, 17. 9. 1942, [Verfasser Hadamovsky und Taubert nach einer Dienstfahrt zu den RK Ostland und Ukraine sowie den rückwärtigen Heeresgebieten Nord und Mitte], BA, R 55/1434, fol. 13 f.; Leiter Ost, an Personalabteilung, 1. 6. 1943, betr. Beurteilung Scholz, BA, R 55/1310, fol. 34 ff.; Protokoll der Tagung der Gebietskommissare, Hauptabteilungsleiter und Abteilungsleiter des GK in Minsk v. 8. 4.-10. 4. 1943, NAB, 370-1-1264, fol. 106.

[79] 1943 umfasste die Abteilung Propaganda die Gebiete Aktive Propaganda (mit neun Untergruppen), Presse (mit fünf Untergruppen), Kultur (mit zwei Untergruppen), Film und Rundfunk, Geschäftsverteilungsplan [1943], NAB, 370-1-1396, fol. 17.

Das Personal für die Propagandaarbeit bei der Zivilverwaltung rekrutierte sich einerseits aus Angehörigen der Propagandaeinheiten der Wehrmacht.[80] Andererseits erfolgten Personalvorschläge – wie bei den Wehrmachtspropagandisten – über das Propagandaministerium, das allein bis März 1942 278 Personen an die zivilen Behörden vermittelte.[81] Dennoch waren die Abteilungen in Minsk angesichts der an sie gestellten Aufgaben personell unterbesetzt; auf Gebietsebene herrschte ein deutlicher Personalmangel.[82] Regional entstanden offenbar nur vereinzelt eigene Referate für den Arbeitsbereich Propaganda,[83] teilweise halfen sich die Gebietskommissare allerdings damit, dass sie in größerem Umfang Einheimische zur Durchführung der Propagandatätigkeiten heranzogen.[84]

Mitte August 1943 übertrug Hitler die Verantwortung für den Propagandaapparat in den zivilverwalteten Gebieten Goebbels.[85] Rosenberg oblag weiterhin die politische Richtlinienkompetenz und die Propagandaarbeit sollte »in engstem Einvernehmen« mit dem Ostministerium durchgeführt werden, aber im Grunde verlor dieses damit einen wichtigen Teil seiner Kompetenzen. Der bisher zuständige Mitarbeiterstab in Rosenbergs Ministerium musste auf wenige Sachbearbeiter reduziert werden und im Dezember 1943 wurden die Propagandadienststellen bei den Reichs- und Generalkommissaren aufgelöst und durch »Propagandaämter« ersetzt, die dem Propagandaministerium unterstanden.

2.3. Der Apparat für die »Ostpropaganda« des Reichsministeriums für Volksaufklärung und Propaganda

Am 10. April 1941 beauftragte Goebbels Dr. Eberhard Taubert damit, die Propagandaarbeit in der besetzten Sowjetunion vorzubereiten. Taubert, den der Propagandaminister für seinen »maßgeblichen« Referenten für »die gesamte antibolschewistische Propaganda« hielt,[86] leitete seit 1933 das Referat II 4 in der

---

[80] Vgl. Uziel 2001, S. 118; RKO I PB, an RMO, 26. 9. 1941, betr. Anforderung von Personal für die Abteilung Presse und Propaganda, SoM, 1358-1-31, fol. 4.

[81] Generalreferat Ostraum, Rechenschaftsbericht für die ersten acht Monate seiner Tätigkeit, 20. 3. 1942, BA, R 55/1289, fol. 80.

[82] Zum Personalmangel siehe auch Stellungnahme Rosenbergs zum »Verhältnis über die Propagandaleitung zwischen dem Reichsostministerium und dem Reichspropagandaministerium« v. 28. 9. 1942, BA, R 6/31, fol. 20; Räumungsberichte der Gebietskommissare, 1944, in BA D-H, R 93/13 u. 14.

[83] So z. B. beim Stadtkommissariat in Minsk und beim Gebietskommissariat Minsk-Land. Vgl. undatierter Geschäftsverteilungsplan des GebK Minsk, NAB, 393-1-13, fol. 197; Vorläufiger Geschäftsverteilungsplan v. 15. 9. 1942 des Stadtkommissars Minsk, NAB, 370-1-474, fol. 10 f.; Fernsprechverzeichnis des GKW v. 23. 9. 1942, NAB, 370-1-453, fol. 20.

[84] Siehe Abschnitt 2.6. der vorliegenden Arbeit.

[85] Anordnung des Führers, betreffend Abgrenzung der Zuständigkeit zwischen dem Reichsminister für Volksaufklärung und Propaganda und dem Reichsminister für die besetzten Ostgebiete v. 15. 8. 1943, abgedr. in: Verordnungen 1944, S. 9 f. Ebenfalls in Moll 1997, S. 349 f.

[86] RMVP an RMI, betr. Ernennung eines ORR zum MinRat, 13. 8. 1941, BStU, PA 5008 I, fol. 21. Goebbels bescheinigte Taubert sogar eine besondere »Meisterschaft« auf diesem Gebiet. RMVP

Propagandaabteilung des Ministeriums, das sich mit »gegnerischen Weltanschauungen« befasste. Zugleich war Taubert »Sachbearbeiter für alle antibolschewistischen Fragen« bei der Reichspropagandaleitung der NSDAP.[87] 1933 hatte er zudem den »Gesamtverband deutscher antikommunistischer Vereinigungen e. V.« – ab Ende 1933 Antikomintern genannt – gegründet.[88] Der radikale Antisemit, der unter anderem das Manuskript des Films »Der ewige Jude«(1940) verfasste,[89] nahm in den 1930er Jahren großen Einfluss auf alle antikommunistischen und antisemitischen Propagandakampagnen. 1937 leitete er die Propagandaeinsatzstelle beim Wehrmachtmanöver, die im geprobten »geistigen« Krieg gegen die Sowjetunion zum Mord an »Kommunisten und Juden« aufrief.[90]

Am 24. Mai 1941 setzte Goebbels Taubert als Verbindungsmann zum Amt Rosenberg ein.[91] In den folgenden Wochen organisierte der »Bolschewismusexperte« – der zur Durchführung seiner »Sonderaufgaben« direkt Staatssekretär Leopold Gutterer unterstellt wurde[92] – ein ganzes Netzwerk verschie-

---

an RM und Chef der Reichskanzlei, 3. 10. 1941, ebd., fol. 26. Zum zeitlichen Ablauf vgl. Taubert, Der antisowjetische Apparat des deutschen Propagandaministeriums, BA, Kl. Erw. 617, fol. 7.

[87] Vgl. NSDAP Reichsleitung, Reichspropagandaleiter, an Verteiler, 21. 10 .1936, BA, NS 12/278.

[88] Vgl. Taubert, Denkschrift über die eigentlichen Ursachen und Zusammenhänge der Greuelpropaganda und ein Vorschlag zur Abwehr, 2. 12. 1933 (Fassung v. 7. 2. 1934), BA, R 55/1430, fol. 14; Der antisowjetische Apparat des deutschen Propagandaministeriums, BA Kl. Erw. 617, fol. 4. Im Wesentlichen mit Bezug auf letztere Quelle finden sich Hinweise zur Antikomintern in Zeman 1964, S. 87-92; Laqueur 1965, S. 212-236; Sywottek 1976, S. 104 ff.; Buchbender 1978, S. 40 ff. Nach Abschluss des Nichtangriffsvertrages zwischen dem Deutschen Reich und der UdSSR im August 1939 setzte die Antikomintern ihre Tätigkeiten verdeckt fort. Im November 1939 wurde sie mit dem Institut zur Wissenschaftlichen Erforschung der Sowjetunion unter der Bezeichnung »Antisemitische Aktion« zusammengefasst. (Vgl. Stellungnahme zur Anfrage des Ministerbüros, 21. 11. 1939, BA, R 55/841, fol. 20.) Die Zeitschrift der Antikomintern »Contra-Komintern. Kampforgan der antibolschewistischen Weltbewegung« erschien unter dem neuen Titel »Die Aktion. Kampfblatt gegen Plutokratie und Völkerverhetzung«. Zur antisowjetischen Propaganda während des Nichtangriffsvertrages vgl. auch Pietrow-Ennker 1989, S. 85 ff.

[89] Vgl. Wulf 1989, S. 456 f.; Hornshøj-Møller 1995. Im Frühjahr 1941 trat Taubert nachdrücklich für eine Kennzeichnung der reichsdeutschen Juden ein. Vgl. Recherchebericht zu Taubert, Auftr. Nr. K 746/68/Ne., 4. 7. 1969, BStU, PA 5008 I, fol. 98 ff.

[90] Siehe hierzu Abschnitt 1.3. der vorliegenden Arbeit. Nach 1945 bot Taubert sich den westlichen Alliierten als Berater in Fragen des Antikommunismus an. In der Literatur wird mitunter angegeben, dass er für den amerikanischen Geheimdienst und die Organisation Gehlen tätig wurde. In den 1950er und 60er Jahren war Taubert Mitbegründer und Vorsitzender des vom Gesamtdeutschen Ministerium finanzierten »Volksbundes für Frieden und Freiheit«. Von ihm stammt u. a. die Vorlage der berüchtigten antikommunistischen Wahlplakate der CDU von 1953 »Alle Wege des Marxismus führen nach Moskau!« Nachdem seine Vergangenheit Mitte der 1950er Jahre zum Gegenstand öffentlicher Diskussionen geworden war, ging Taubert nach Südafrika und in den Nahen Osten, wo er angeblich auch für den BND tätig wurde. Als er Anfang der 70er Jahre nach Deutschland zurückkehrte, vermittelten ihm seine alten Corpsbrüdern Konsul Dr. Fritz Ries und Dr. Hanns-Martin Schleyer Beraterufträge für die Privatwirtschaft. Zu Tauberts Nachkriegsaktivitäten siehe Körner 1990, S. 37; ders. 1992, S. 85 ff.

[91] Vgl. Goebbels TB, Eintrag v. 24. 5. 1941, I, Bd. 4, S. 657.

[92] Vgl. hierzu Taubert an Staatssekretär, 24. 5. 1941, zit. in: Akte Taubert, BStU, PA 5008 I, fol. 107 f.; Goebbels TB, Eintrag v. 25. 5. 1941, I, Bd. 4, S.659; Vermerk des Persönlichen Referenten des Staatssekretärs v. 26. 5. 1941, zit. in: Akte Taubert, BStU, PA 5008 I, fol. 108. Zu diesem Zeitpunkt ging man im RMVP noch davon aus, dass Taubert nach der Eroberung der

dener Dienststellen, die die inhaltlichen Vorgaben Rosenbergs technisch umsetzen sollten.[93] Im Zentrum stand das am 15. Juli 1941 errichtete Generalreferat für den Ostraum,[94] das mit dem Erreichen einer bestimmten Personalstärke am 1. Juli 1942 zur »Abteilung für die besetzten Ostgebiete« (Abteilung Ost) wurde (siehe Schema 7 und 8).[95] Deren Gruppe Aktivpropaganda – zunächst von Alfred Gielen und später von Peter Wiebe[96] geleitet – stellte Plakate, Wandzeitungen, Broschüren, Leporellos, Flugblätter, Schallplatten, Ausstellungen, Aushang-Bilder-Dienste, Bildserien u. ä. sowie ab Frühjahr 1943 auch das Propagandamaterial für »Ostarbeiter«, Kriegsgefangene und »Hilfswillige« her.[97] Die Gruppe wuchs kontinuierlich an und wurde nach der Unterstellung des Propagandaapparates in den besetzten Gebieten noch einmal stark ausgebaut. 1944 umfasste sie zehn Untergruppen: 1. Broschüren, Plakate, Flugblätter, fremdsprachiges Ostschrifttum, 2. Ausstellungswesen, 3. Schallplatten, 4. Bildwesen, 5. Propagandareisen, 6. Propaganda unter den »Ostarbeitern«, Kriegsgefangenen und Aktivpropaganda unter den »Hilfswilligen«, 7. Ausbildung »fremdvölkischer« Hilfspropagandisten, Rednereinsatz, 8. Propaganda unter den »Volksdeutschen«, 9. Propaganda in den Feind, 10. Ostpropaganda-Dienst.

Bei der technischen Produktion arbeitete das Generalreferat eng mit dem Deutschen Propaganda-Atelier (DPA) in Berlin-Lichterfelde zusammen, das 1937 zur »praktischen Durchführung propagandistisch künstlerischer Aufgaben im Sinne der vom RMVP verfolgten Grundsätze« eingerichtet worden war.[98] Es gestaltete und bewarb die großen Propagandaausstellungen und entwarf nach 1939 auch Plakate für die Kriegspropaganda.[99] Das DPA verfügte über eine eigene Versuchsanstalt in Rüdersdorf bei Berlin, wo bereits vor Kriegsbeginn im Auftrag des Propagandaministeriums technisches Gerät zum Propagandaeinsatz – wie Lautsprecherwagen, Ballons oder spezielle Geschosse

---

Sowjetunion als Leiter einer in Moskau einzurichtenden Propagandaabteilung eingesetzt würde.

[93] Vgl. Generalreferat Ostraum, Rechenschaftsbericht, 20. 3. 1942, BA, R 55/289, fol. 81. Zum Gesamtapparat des RMVP bis 1944 siehe Schema 6.

[94] Vgl. Erlass über die Errichtung des Generalreferats Ostraum v. 15. 7. 1941, abgedr. in: Verordnungen 1944, S. 7 f.

[95] Vgl. Erlass Goebbels v. 1. 7. 1942, Abteilung für die besetzten Ostgebiete, abgedr. in: Verordnungen 1944, S. 9. Soweit nicht anders vermerkt, stützt sich die folgende Darstellung auf den Rechenschaftsbericht des Generalreferats v. 20. 3. 1942 (BA, R 55/289, fol. 78-82), den Geschäftsverteilungsplan RMVP, Stand 1. 11. 1942 (BStU, PA 5008 I, fol. 72 ff.) und auf den Arbeitsplan der Abteilung Ost, ihrer nachgeordneten Dienststellen sowie betreuter Firmen, in: Verordnungen 1944, S. 27-31.

[96] Wiebe, der sich im Auftrag der Antikomintern 1938 mehrere Monate in Spanien aufgehalten hatte, war seit Frühjahr 1940 mit der kommissarischen Leitung der Antisemitischen Aktion/Antikomintern betraut. Vgl. Referat Pro/2 an Herrn Direktor II., 1. 4. 41, betr. Wiebe und anliegendes Schreiben von Graf Monts, BDC, RKK 2025, Box 0063, File 09 (Peter Wiebe).

[97] Vgl. Lagerverzeichnis der Abt. Ost, BA, R 55/1299.

[98] Anlässlich der Ausstellung »Gebt mit vier Jahre Zeit«, vgl. BA, R 55/747, fol. 193.

[99] Vgl. Weißler 1993, S. 48 ff.; Stellungnahme zur Anfrage des Ministerbüros, 21. 11. 1939, BA, R 55/841, fol. 20.

zur Verbreitung von Flugblättern – entwickelt und konstruiert worden war.[100] Tauberts Generalreferat übernahm neben der Materialproduktion die gesamte Belieferung der Propagandaabteilungen und -einheiten in den zivil- und militärverwalteten Gebieten mit technischem Gerät, wie Lautsprecherwagen, PKW, LKW, Fotoapparate oder Bildwerfer, aber auch Winterbekleidung, Marketenderwaren, Schnaps u. ä.[101]

Auch in den Bereichen Presse, Rundfunk und Film hatte das Generalreferat zentrale Funktionen inne. Der Leiter der Gruppe Rundfunk des Generalreferates, Julius Jacobi, war gleichzeitig Sendeleiter Ost der Reichsrundfunkgesellschaft und verfügte damit über die unmittelbare Exekutive über die Rundfunksender in den zivilverwalteten Gebieten.[102] Er organisierte den Aufbau, den Personaleinsatz, die Sendeorganisation und die Kontrolle des gesamten Rundfunkapparates in den Reichskommissariaten. Seine Gruppe produzierte Nachrichten- und Propagandasendungen in diversen osteuropäischen Sprachen, die sowohl von den Sendern im zivil- als auch im militärverwalteten Gebiet übernommen wurden.[103] Die Pressegruppe des Generalreferats versorgte die Zeitungen in den besetzten Ostgebieten mit Nachrichten, unter anderem gab sie einen sechssprachigen Ostraum-Artikeldienst sowie einen Bilderdienst heraus. Ihr Leiter, Wilhelm Stein, war sowohl im Ostministerium – für den Bereich »Ostpresse« und das »Sonderreferat Auslandspresse« in der Abteilung Presse und Aufklärung – als auch im Propagandaministerium eingesetzt.[104] Die Gruppe Film untertitelte oder synchronisierte zum einen die Deutsche Auslandswochenschau und deutsche Filme, zum anderen konzipierten ihre Mitarbeiter spezielle Propagandafilme – hauptsächlich in russischer, weißrussischer und ukrainischer Sprache.[105] Im Herbst 1941 gründete das Propagandaministerium mit dem Ostministerium zusammen die Zentralfilmgesellschaft Ost.[106]

Den größten Teil der anfallenden Übersetzungsarbeiten übernahm der »Vineta Propagandadienst Ostraum e. V.« (siehe Schema 9 und 10). Diese so genannte Dienststelle Vineta war ein Dolmetscherstab, den Taubert im Frühjahr

---

[100] Vgl. ebd.; RMVP, Abteilung H, an DPA, Abrechnung der Vorschüsse, 6. 4. 1943, BA, R 55/518, fol. 112. Die Mitarbeiterzahl des DPA, das im Oktober 1942 das Monopol für die Herstellung aller Propagandamittel auf dem staatlichen Sektor erhielt, stieg von 42 im Jahre 1939 auf 190 im Jahr 1943, vgl. Werner 1996, S. XXII.; Scheel 1969, S. 1297 f. Zum DPA siehe auch Boelcke 1966, S. 141; Buchbender 1978, S. 44 ff.

[101] Vgl. hierzu auch Buchbender 1978, S. 349 ff.

[102] Zur Organisation des Rundfunkwesens siehe Abschnitt 3.3. der vorliegenden Arbeit.

[103] Eine Übersicht über die Sender, die diese »Ostfremdsprachendienste« ausstrahlten, findet sich im Lagerverzeichnis der Abteilung Ost, BA, R 55/1299, fol. 282 ff. Als Dokumentenauszug auch in Buchbender 1978, S. 334 ff.

[104] Als Sonderreferent der Presseabteilung der Reichsregierung, Länderreferent der Abt. AP [Auslandpresse] im RMVP, Verbindungsstelle der Presseabteilung der Reichsregierung zum RMO. Geschäftsverteilungsplan RMVP, Stand 1. 11. 1942, BStU, PA 5008 I, fol. 75. Die Presseabteilung der Reichsregierung, die ursprünglich beim AA angesiedelt war, ging im März 1933 auf das RMVP über. Für diesen Hinweis danke ich Daniel Mühlenfeld.

[105] Vgl. RV.2.104-1/41(372) an Wehrbezirkskommando Berlin X, 17. 3. 1942, betr. Verlängerung der UK-Stellung des Joachim Broese [Stellvertreter des Filmferenten Georg von Engelhardt], BStU, MfS – HA IX/11, RHE 37/80 SU, Bd. 6, fol. 44.

[106] Zur Organisation des Filmwesens siehe Abschnitt 3.4. der vorliegenden Arbeit.

1941 unter strengster Geheimhaltung aufgebaut hatte. Sie war zunächst bei der Antikomintern angesiedelt und wurde im Juli 1942 selbständig. Ebenso wie die Antikomintern trat die Dienststelle offiziell als Verein auf, faktisch war sie eine nachgeordnete Dienststelle des Generalreferats Ostraum.[107] Die Zahl ihrer Mitarbeiter – ehemalige Emigranten, später auch Kriegsgefangene und Zwangsarbeiter – erhöhte sich bis Anfang 1943 auf knapp 400 und bis Januar 1944 auf 932 Personen.[108] Diese übersetzten Pressedienste, Broschüren, Plakate u. ä.,[109] sprachen Rundfunktexte und untertitelten bzw. synchronisierten Wochenschauen und Filme in insgesamt neun, später in über 15 osteuropäischen Sprachen.[110] Auftraggeber waren neben dem Propaganda- und dem Ostministerium unter anderem die Abteilung WPr, die Waffen-SS, der Wirtschaftsstab Ost, das SS-Hauptamt, die NSDAP, das Deutsche Propaganda-Atelier und die Volksdeutsche Mittelstelle.[111] Zum Arbeitsbereich der Dienststelle Vineta gehörte darüber hinaus auch der Betrieb von zwei Geheimsendern, die das Generalreferat Ostraum in der Sowjetunion einsetzte.[112] Nicht zuletzt stellte sie Künstlertrupps zusammen, die zur »geistigen« Betreuung von Kriegsgefangenen, »Ostarbeitern« und Angehörigen der osteuropäischen »Freiwilligen-Verbände« eingesetzt wurden.[113]

---

[107] Die tatsächliche Eintragung als Verein fand erst im Herbst 1943 statt, Vereinsvorsitzender war Taubert, die Mitglieder ausschließlich Angehörige des RMVP. Vgl. Leiter Ost an Staatssekretär, betr. Vineta, 9. 11. 1943, BA, R 55/567, fol. 218 f. Personalangaben in Bericht über Kassen- und Rechnungsprüfung bei der Vineta, Propagandadienst Ostraum e. V., 7. 5. 1943, BStU, MfS –HA IX/11, AK 3999/88, fol. 125 f.

[108] Vgl. Buchbender 1978, S. 40. Zur Situation der Kriegsgefangenen bei Vineta vgl. Strik-Strikfeld 1970, S. 85 ff.

[109] Nach Tauberts Angaben entwarfen sie teilweise auch Material. Taubert, Der antisowjetische Apparat des deutschen Propagandaministeriums, BA, Kl. Erw. 617, fol. 8.

[110] Hauptsächlich in russisch, ukrainisch, weißrussisch und den baltischen Sprachen, aber auch armenisch, aserbeidschanisch, georgisch, kalmükisch, krimtatarisch, täbris-aserbeidschanisch, tschetschenisch, wolga-tatarisch und usbekisch. Vgl. Organisationsschema der Dienststelle Vineta in BA, R 55/372, fol. 27.

[111] Vgl. Generalreferat Ostraum, Rechenschaftsbericht, 20. 3. 1942, BA, R 55/289, fol. 82; Leiter Ost an Staatssekretär, betr. Ost-Etat-Rücksprache mit Staatssekretär Reinhardt, 9. 7. 1943, BA, R 55/567, fol. 192 f.; »Vineta« Übersetzerstäbe, Übersicht über die Arbeiten der Gruppe III – Übersetzerstäbe im Juli 1943, 19. 8. 1943, SoM, 1370-1-8, fol. 29 f.

[112] Das Ziel der zwei Geheimsender »Staraja Gwardia Lenina« (»Die alte Garde Lenins«) und »Sa Rossiju« (»Für Rußland«), die Ende Juni 1941 ihre Tätigkeit aufnahmen, war in erster Linie die Zersetzung im Hinterland des Gegners. Hinweise zu diesen Sendern in Generalreferat Ostraum, Rechenschaftsbericht für die ersten acht Monate seiner Tätigkeit, 20. 3. 1942, BA, R 55/1289, fol. 78 ff.; Taubert, Tätigkeitsbericht bis 31. 12. 1944, BA, R 55/450; Smeth 1965, S. 340; Boelcke 1966, S. 167; ders. 1977, S. 253 ff.; Scheel 1970, S. 185; Buchbender 1978, S. 35 f. Allgemein zu den unter dem Decknamen »Concordia« eingesetzten Geheimsendern auch Kühne 1962a.

[113] Buchbender schätzt die Zahl der von der Vineta eingesetzten »fremdvölkischen« Künstlerinnen und Künstler auf etwa 1.400 Personen (im Sommer 1944) (ders. 1978, S. 40), Taubert gibt die Zahl von 3.000 Personen an. Vgl. Taubert, Der antisowjetische Apparat des deutschen Propagandaministeriums, BA, Kl. Erw. 617; Generalreferat Ostraum, Rechenschaftsbericht, 20. 3. 1942, BA, R 55/289, fol. 81; Generalreferat Ostraum, an Staatssekretär, betr. Zivilarbeiter aus den besetzten Ostgebieten, 26. 3. 1942, BA, R 55/567, fol. 95 f. Allgemein zu Lagerzeitungen für Fremdarbeiter Schiller 1996; ders. 1997. Zu Formen von Widerstand innerhalb der Dienststelle Vineta Tomin/Grabowski 1967, S. 136 ff.

Das Generalreferat Ostraum konnte auch auf die Tätigkeiten und Erfahrungen der Antikomintern zurückgreifen, die seit dem Nichtangriffsvertrag zwischen dem Deutschen Reich und der Sowjetunion 1939 offiziell nicht mehr aufgetreten war. Sie stellte Informationen, Material für die Presse und den Rundfunk zusammen, gab Bücher und Broschüren heraus und entwarf ebenfalls Propagandaplakate und -flugblätter.[114]

Ab August 1943 unterstand der gesamte Propagandaapparat in den zivilverwalteten Gebieten Tauberts – inzwischen umbenannter – Abteilung Ost. Nachdem Goebbels am 17. Dezember 1943 die Errichtung von so genannten Propagandaämtern angeordnet hatte, kamen Anfang 1944 zu den 106 Mitarbeitern im Reich noch etwa 600 zusätzliche Mitarbeiter im Osten hinzu.[115] Die Amtsleiter, die Propaganda- und Ostminister gemeinsam beriefen und deren Abberufung Rosenberg jederzeit verlangen konnte, unterstanden fachlich dem Propagandaministerium bzw. der Abteilung Ost, inhaltlich waren sie aber nach wie vor an die politischen Weisungen Rosenbergs bzw. der Reichs- und Generalkommissare gebunden. Letztere waren ihre Diziplinarvorgesetzten.[116] Die Propagandareferenten, die man zu den einzelnen Gebietskommissaren entsandte, wurden in die dortige Verwaltung eingegliedert; das Propagandaamt konnte ihnen aber Weisungen erteilen und Berichte einfordern.[117]

Im Generalkommissariat Weißruthenien wurde am 18. Dezember 1943 das Propagandaamt Minsk eingerichtet (siehe Schema 11). Die Amtsleitung übernahm der Reichs- und Gaupropagandaamtsleiter Niederschlesien, Dr. Hans-Werner Fischer; als sein Stellvertreter fungierte der bisherige Leiter der Propagandaabteilung in Minsk Hans Joachim Schröter.[118] Die Abteilungen bei der Zivilverwaltung wurden aufgelöst, ihr Personal zum großen Teil übernommen. Das Propagandaamt Minsk verfügte mit 52 Mitarbeitern und Mitarbeiterinnen

---

[114] Vgl. ebd.; Buchbender 1978, S. 40 ff. Ihre Mitarbeiterzahl stieg bis zum November 1941 auf über 100, bis 1943 auf 170 Personen. Vgl. Generalreferat Ostraum, Taubert, betr. Bewilligung eines Dienstwagens für die Antikomintern, 10. 11. 1941, BStU, PA 5008 I, fol. 41; Werner 1996, S. XXII.

[115] Erlass des RM für Volksaufklärung und Propaganda über die Errichtung von Propagandaämtern im Bereich der besetzten Ostgebiete, 17. 12. 1943, abgedr. in: Verordnungen 1944, S. 11 f. Errichtet wurden: Landespropagandaamt Ostland (Leiter Schierholz), Landespropagandaamt Ukraine (Paltzo), Propagandaamt Riga (Dressler), Kauen (Wellems), Reval (Irkowsky), Minsk (Dr. Fischer), Luzk (Maertins), Kiew (z. Zt. Winniza, Besetzung im Dez. noch offen), Shitomir (Mülberger), Nikolajew (Apitsch) und Dnjepropetrowsk (z. Zt. Rowno) (Schlecht). Zu den Zahlen Buchbender 1978, S. 40.

[116] Vgl. Niederschrift betreffend die Übergabe der Propaganda im RKO, 17. 12. 1943, abgedr. in: Verordnungen 1944, S. 13 ff.

[117] Vgl. ebd.; Erlass des RM für Volksaufklärung und Propaganda v. 2. 1. 1944, betr. Propagandareferenten bei den Gebietskommissaren in den besetzten Ostgebieten, abgedr. in: Verordnungen 1944, S. 18; GK in Minsk, an Hauptabteilungs-, Abteilungsleiter u. GebK., 12. 1. 1944, NAB, 370-1-2376, fol. 1; Abschrift, RMVP 640/13. 1. 44/91-1,3, an Reichs-, General und Gebietskommissare sowie Landespropaganda- und Propagandaämter in den besetzten Ostgebieten, 28. 2. 1944, betr. Propagandareferenten bei den Gebietskommissaren, NAB, 370-1-7, fol. 42.

[118] Vgl. GK in Minsk, an Hauptabteilungs-, Abteilungsleiter u. GebK., 12. 1. 1944, NAB, 370-1-2376, fol. 1, und Liste der »Angehörigen des Propagandaamts Minsk«, NAB, 370-1-1285, fol. 1 f. Schröter wurde in dieser Funktion später von Friedrich Karl Nagl abgelöst. Vgl. Geschäftsverteilungsplan Propagandaamt Minsk (o. D.), NAB, 370-1-2379, fol. 22.

2. Der Propagandaapparat

Schema 6: Der Apparat für die »Ostpropaganda« im RMVP (1941-1944)

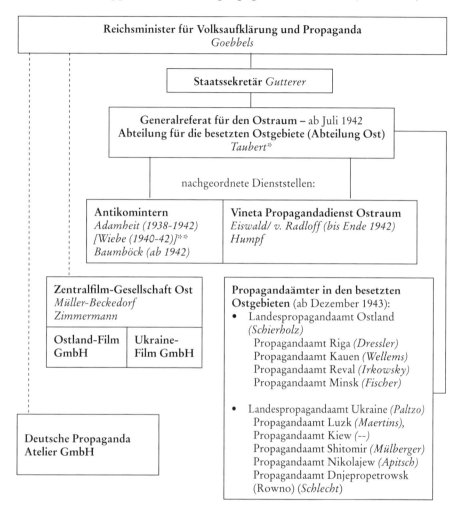

* Taubert blieb auch weiterhin Referatsleiter (II/4) in der Propagandaabteilung und zeichnete dort verantwortlich für den Bereich »Gegnerische Weltanschauungen« mit den Untergruppen »a) Antibolschewismus, b) Judentum, Freimaurerei-Reaktion, Demokratie, c) Kirchen«. Vgl. Geschäftsverteilungsplan RMVP, Stand 1. 11. 1942, BStU, PA 5008 I, fol. 74.
** Aufgrund einer Erkrankung Adamheits übernahm Wiebe etwa seit Frühjahr 1940 die kommissarische Leitung der Antisemitischen Aktion/Antikomintern. Vgl. Referat Pro/2 an Herrn Direktor II., 1. 4. 41, betr. Wiebe und anliegendes Schreiben von Graf Monts, BDC, RKK 2025, Box 0063, File 09 (Peter Wiebe). Adamheit fungierte in dieser Zeit offensichtlich als stellvertretender Leiter. Vgl. Generalreferat Ostraum, Taubert, betr. Bewilligung eines Dienstwagens für die Antikomintern, 10. 11. 1941, BStU, PA 5008 I, fol. 41.

Schema 7: Aufbau der Abteilung Ost (1942)

Leiter: *Taubert*
Stellvertreter: *Gielen*

Allgemeines, Aktivpropaganda	Rundfunk	Presse	Film	Kultur	Schrifttum
Gielen	*Jacobi*	*Stein*	*Engelhardt*	*Jung*	*Brockmeier*

Verbindung	Sonderbeauftragter f. zusätzl. Truppenbetreuung	Sonderbeauftragter f. den Kaukasus	Personaleinsatz	Beschaffung Lager u. Transport	Dienststelle Vineta, Ostarbeiterfragen, Kriegsgefangene aus dem Osten
Kurtz	*Monts*	*Duda*	*Beutel*	*Kuhn*	*Eiswald*

Quelle: Nach Geschäftsverteilungsplan RMVP, Stand 1. 11. 1942, BStU, PA 5008 I, fol. 75 f.

Schema 8: Aufbau der Abteilung Ost (1944)

Leiter: *Taubert*
Stellvertreter: *Gielen*

I Verwaltung	II Aktiv-Propaganda	III Aufbau-GmbH	IV Politik	V Verbindung	VI Koordinierung der kulturellen Sektoren	VII Rundfunk	VIII Film	IX Beschaffung Transport
Thürberg	*Wiebe*	*Kuhn*	*Kurtz*	*Huxhagen*	*Huxhagen*	*Jacobi*	*Engelhardt*	*Baldermann*

Quelle: Nach Arbeitsplan der Abteilung Ost, in: Verordnungen 1944, S. 27 ff.

Schema 9: Aufbau der Dienststelle Vineta (1942)

		Vineta Propagandadienst Ostraum			

| I Personalstelle | II Haushaltung | III Zone I Rundfunk u. Aktiv-Prop. • Lett. Redaktion • Lit. Red. • Estn. Red. • Aktiv-Prop. Ostland | IV Zone II Rundfunk • Russ. Red. • Ukrain. Red. • Weißruth. Red. | V Zone III Rundfunk u. Aktiv-Prop. • Kaukas. Red. • Zentr. Asiat. Red. • Aktiv-Prop. Kaukasus | VI Zone IV Sender u. Aktiv-Prop. • Sender V Z • Aktiv.-Prop. slawische Sprachen |

| VII Information und Abhördienst | VIII Auslandseinsatz | IX Zivilarbeiter-Betreuung | X Kriegsgefangenen-Betreuung | XI Übersetzerstäbe | XII Atelier |

Quelle: Nach Geschäftsordnung für Vineta Propagandadienst Ostraum, BStU, MfS – HA IX/11, AK 3999/88, fol. 120 f.

über wesentlich mehr Personal als die zivile Behörde zuvor. Es beschäftigte zudem relativ viele Frauen – eine Sachbearbeiterin, zwei Dolmetscherinnen, sechs Stenotypistinnen.[119] Bis zur Ausgliederung des Generalkommissariats Weißruthenien aus dem Reichskommissariat Ostland im April 1944 unterstand das Amt formal dem Landespropagandaamt Ostland.[120]

In den letzten Monaten der Besatzung übernahmen Mitarbeiter des Propagandaamtes verstärkt Funktionen innerhalb der Zivilverwaltung. So wurde Amtsleiter Fischer von Generalkommissar von Gottberg, der auf engste Zusammenarbeit drängte, mit der Leitung der Hauptabteilung Politik und Verwaltung betraut – und damit mit der »entscheidenden Schlüsselposition in der Verwaltung Weißrutheniens«.[121] Die Propagandareferenten bei den Gebietskommissaren übernahmen teilweise deren ständige Vertretung.[122]

---
[119] Vgl. Liste der Angehörigen des Propagandaamts Minsk, NAB, 370-1-1285, fol. 1 f. Gerade im Bereich der psychologischen Kriegführung finden sich häufig auch Frauen. Vgl. hierzu auch I. Schmidt 1999; Harvey 2007; Quinkert 2007. Zu Frauen in der Wehrmacht allgemein siehe Kundrus 1999.
[120] Abschrift, RMVP, Nr. 156/44 g (1) R 1610, 22. 4. 1944, betr. Stellung des Propagandaamtes Minsk, BStU, AS 121/68, Bd. 1, fol. 42.
[121] So der Kommentar des stellvertretenden Leiters der Abteilung Ost nach einer Inspektionsreise (14. 5.-17. 5. 1944) nach Minsk. Leiter Ost, an Staatssekretär, 20. 5. 1944, betr. Dienstreise des Referenten Gielen nach Minsk, Anlage: Auszug aus dem Reisebericht des Referenten Gielen, der Mitteilungen über die politische Lage und die Stellung des Propagandaamtes enthält, BA, R 55/564, fol. 281. Vgl. GK in Minsk, an Hauptabteilungs-, Abteilungsleiter u. GebK., 12. 1. 1944, NAB, 370-1-2376, fol. 1.
[122] Leiter Ost, an Staatssekretär, 20. 5. 1944, betr. Dienstreise des Referenten Gielen nach Minsk, Anlage: Auszug aus dem Reisebericht des Referenten Gielen, BA, R 55/564, fol. 282.

Schema 10: Aufbau der Dienststelle Vineta (1943)

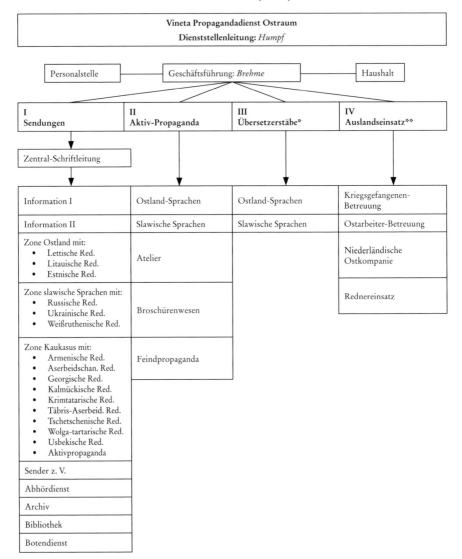

* 1944 verfügte die Gruppe III unter der Leitung von Wrede über einen deutschen, russischen, »weißruthenischen«, lettischen, litauischen und estnischen Übersetzerstab, vgl. SoM, 1370-1-7 sowie deren Tätigkeitsberichte in SoM, 1370-1-8.
** 1944 finden sich zudem Hinweise auf eine weitere vom Leiter der Gruppe IV, Karl Hellemann, geleitete Untergruppe »Kulturelle Propaganda«, die die Organisation der Künstlergruppen übernahm. Zu diesem Zeitpunkt waren offensichtlich auch die beiden ersten Untergruppen zur Gruppe »Propaganda für Ostarbeiter und Kriegsgefangene« (Hellemann) zusammengefasst. Vgl. Dokumente in SoM, 1370-1-1.

Quelle: Nach Organisationsplan der Dienststelle Vineta, BA, R 55/372, fol. 27.

Schema 11: Das Propagandaamt Minsk (1944)

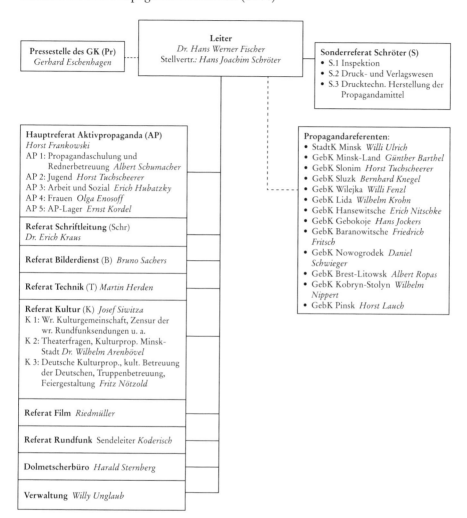

Quelle: Nach Geschäftsverteilungsplan des Propagandaamtes Minsk (o. D.), NAB, 370-1-2379, fol. 22-25; Propagandareferenten nach Liste der Mitglieder des Propagandaamts Minsk, BA, R 55/342, fol. 59; Liste der Angehörigen des Propagandaamts Minsk, NAB 370-1-1285, fol. 1 f.

Mit der Befreiung der sowjetischen Gebiete durch die Rote Armee im Sommer 1944 verloren nicht nur die Propagandaämter ihren Einsatzbereich, sondern auch die Abteilung Ost. Am 29. September 1944 wurde sie in ein Hauptreferat umgewandelt und die verbliebenen 70 Mitarbeiter und Mitarbeiterinnen in die Propagandaabteilung des Ministeriums übernommen.[123]

2.4. Das Auswärtige Amt und sein »Sonderbeauftragter des Russland-Komitees«

Das Auswärtige Amt erhob im Krieg gegen die Sowjetunion ebenfalls den Anspruch, Einfluss auf die propagandistischen Tätigkeiten zu nehmen. In seinen Zuständigkeitsbereich fiel die Auslandspropaganda – und die unbesetzten Regionen der UdSSR galten formal als ausländisches Gebiet.[124] Der Chef des Wehrmachtführungsstabes, Jodl, teilte der Abteilung WPr am 24. Juli 1941 telefonisch mit, dass das Auswärtige Amt ab sofort in »gleicher Weise in die Russlandpropaganda einzuschalten sei wie der Stab Rosenberg«.[125] Dieses hatte bereits vorgesorgt und im Vorfeld des Überfalls – unter Mitwirkung des späteren Leiters der Einsatzgruppe A, Dr. Walter Stahlecker, – ein spezielles Gremium geschaffen: das so genannte Russland-Komitee.[126] Dem »Sonderbeauftragten des Russland-Komitees«, Georg Großkopf, oblag »die gesamte Vertretung der außenpolitischen Interessen beim Ostministerium und demgemäß auch die Wahrung der außenpolitischen Gesichtspunkte in der vom RMO gelenkten Ostpropaganda.«[127] In seiner Funktion als Verbindungsmann nahm Großkopf an den regelmäßigen Koordinierungstreffen teil.

Auch über die so genannten Vertreter des Auswärtigen Amtes (VAA) versuchte dieses auf das Vorgehen einzuwirken.[128] VAAs waren beim OKH,[129] bei

---

[123] Vgl. BDC, RKK 2025/Jacobi.
[124] Vgl. Befehl des Führers, betr. Abgrenzung der Kompetenzen in der Auslandspropaganda, 8. 9. 1939, abgedr. in: Moll 1997, S. 90. Zur Konkurrenz zwischen AA und RMVP im Bereich der Auslandspropaganda vor 1941 vgl. Longerich 1987, S. 126 ff., 143 ff.; Boelcke 1966, S. 126. Am 22. 10. 1941 einigten sich AA und RMVP auf ein »Arbeitsabkommen«, das die fachliche Zusammenarbeit regelte. Abkommen AA-RMVP v. 22. 10. 1941, BA, R 6/192, fol. 19-28.
[125] Vgl. Vorlage Luthers für RAM, 25. 7. 1941, Abschrift, PA AA, R 105173, unfol.
[126] Vgl. Durchschlag, betr. Referat Ostpropaganda, 12. 2. 1942, SoM, 1358-1-54, fol. 4. Zum Vorlauf [Kleist], Notiz an Stahlecker, 28. 3. 1941, betr. Rußland-Komitee, PA AA, R 60694, unfol.; Notiz Kleists für RAM v. 5. 4. 1941, u. a. Vorschlag für Bildung eines Sachverständigenstabes, ebd. Auf Stahleckers Tätigkeiten im AA (18. 12. 1940-18. 6. 1941) verweist auch Kangeris, ders. 2004, S. 173.
[127] Vgl. Durchschlag, betr. Referat Ostpropaganda, 12. 2. 1942, SoM, 1358-1-54, fol. 4. Siehe auch Bericht aus der Russlandakte Rosenbergs v. 28. 6. 1941 über die Vorbereitungsarbeit für den Osteuropäischen Raum, PS 1039, IMT, Bd. 26, S. 585.
[128] Die Institution der VAAs war infolge des Erlasses vom 8. 9. 1939 geschaffen worden. Vgl. OKW Nr. 1785/39 geh. WFA/WPr Pr. Ia, 15. 9. 1939, Vorläufige Dienstanweisung für die VAA, BA-MA, RW 4/185, unfol.; Longerich 118 f.
[129] Hasso von Etzdorf.

der Abteilung WPr,[130] bei den einzelnen Armeestäben und ab September 1941 auch bei den Reichskommissaren eingesetzt.[131] Sie lieferten dem Auswärtigen Amt Informationen aus erster Hand und vertraten gegebenenfalls dessen Interessen, unterrichteten über die politische Lage, koordinierten gemeinsame Veranstaltungen und betreuten ausländische Pressevertreter bei Reportagereisen.[132] Die Berichte und gesammelten Materialien gingen an die Informationsabteilung des Auswärtigen Amtes, die diese unter anderem an Großkopfs Referat zur Sichtung und Analyse weiterreichte.[133] Dieses bot der Abteilung WPr im August 1941 auch an, Flugblattentwürfe von russisch sprechenden Mitarbeitern des Auswärtigen Amtes gegenlesen und gegebenenfalls korrigieren zu lassen. Teilweise reichte das Auswärtige Amt auch eigene Textvorschläge weiter.[134] Mit der »Anordnung des Führers über die Zuständigkeitsabgrenzungen zwischen dem Auswärtigen Amt und dem Reichsministerium für die besetzten Ostgebiete« vom 28. Juli 1942 – mit der auch die noch unbesetzten Gebiete der Sowjetunion in den Kompetenzbereich Rosenbergs fielen – endete diese Zusammenarbeit.[135]

2.5. Die Propagandisten bei Sicherheitspolizei und SD

Im September 1942 schlug der Leiter des Generalreferates Ostraum im Propagandaministerium, Taubert, vor, »SS-Propagandisten« zu den Himmler unterstellten Einsatzgruppen zu entsenden.[136] Sie sollten unmittelbar hinter der Front in Gebieten eingesetzt werden, in denen noch keine Propagandaein-

---

[130] Ab 1940 Generalkonsul von Krug zu Nidda und VLR Dr. Jahnke (vgl. Geschäftsverteilungsplan, Januar 1940, BA-MA, RW 4/149, fol. 9), zeitweise Schattenfroh (Buchbender 1978, S. 153), Legationsrat Hellenthal (April 1942, vgl. PA AA, R 105189, fol. 203509), 1943 Rittmeister Freiherr Graf Bossi-Fedrigotti (Keilig 1959 ff., S. 11), 1944 Lt. von zur Mühlen (vgl. Geschäftsverteilungsplan, Juni 1944, BA-MA, RW 4/149, fol. 23). Eine Liste der VAAs bei den AOKs (Stand Juli 1942) befindet sich in PA AA R 60771. Beim AOK 4 war zeitweise Schattenfroh eingesetzt, beim AOK 9 Schütt, beim PzAOK 2 Ostermann von Roth (bis April 1943).
[131] VAA beim RKO war Adolf Windecker, beim RKU zeitweise Reinhold von Saucken, vgl. PA AA, R 60693. Der Aufgabenbereich der Anfang September eingesetzten VAAs bei den Reichskommissaren war auf eine rein beratende Funktion bei der »Behandlung außenpolitischer Probleme, die das betreffende Reichskommissariat betreffen«, eingeschränkt. Sie sollten sich »jeglicher eigenen Einflussnahme auf die Gestaltung der Reichskommissariate« enthalten. Abschrift, [Ernst] von Weizsäcker an Meyer, 4. 9. 1941, PA AA, R 105183, fol. 320996.
[132] Vgl. Longerich 118 f.
[133] Die VAAs bei den AOKs sandten ihre Berichte zunächst an die Abteilung WPr.
[134] Vgl. Buchbender 1978, S. 152 ff.
[135] Vgl. Buchbender 1978, S. 154. Die Rolle des AA in dieser ersten Phase des Krieges gegen die Sowjetunion wird in der Forschung unterschiedlich bewertet. Longerich geht davon aus, dass es bereits zu Beginn des Krieges »fast vollständig aus der inhaltlichen Gestaltung der Ostpropaganda ausgeschaltet« gewesen sei (ders. 1987, S. 92). Buchbender hingegen betont die Arbeitskontakte zu Wehrmacht und RMO, die es dem AA in dieser Phase ermöglicht hätten, einen gewissen Einfluss auszuüben (ders. 1978, S. 148 ff.).
[136] Leiter Pers. i. V., Vermerk, 29. 9. 1941, BA, R 55/221, fol. 154.

heiten der Wehrmacht tätig waren.[137] Das Propagandaministerium wollte Personen vorschlagen, die dann in SD-Uniform »Dienst tun« und dem betreffenden Kommandeur disziplinarisch unterstellt werden sollten, um »die dort anfallenden propagandistischen Aufgaben nach den Richtlinien des Propagandaministeriums [zu] bearbeiten.«[138] Im Oktober 1941 vereinbarte man die Entsendung von jeweils zwei Propagandisten zu den einzelnen Einsatzgruppen.[139] Am 12. Dezember informierte das Reichssicherheitshauptamt (RSHA) das Propagandaministerium über die eingeleiteten Schritte.[140] Die Personalvorschläge wurden akzeptiert und insgesamt acht Personen, deren technische Ausrüstung das Propagandaministerium übernahm, in Marsch gesetzt. Den Einsatzgruppen organisatorisch eingegliedert, arbeiteten sie fachlich nach den Weisungen der Chefs der Einsatzgruppen bzw. der von ihnen beauftragten Personen.[141] Auf Seiten des Propagandaministeriums war der stellvertretende Leiter des Generalreferats Ostraum (bzw. der Abteilung Ost), Gielen, für die »SD-Propaganda« zuständig.[142]

Der Einsatz der Propagandisten stieß bei der Wehrmacht auf Kritik. Nachdem im Mai 1942 Meldungen aus den besetzten Gebieten eintrafen, dass die »Sonderbeauftragten für Propaganda« beim SD auch Propaganda innerhalb der Bevölkerung betrieben,[143] kontaktierte die Abteilung WPr sowohl das Propagandaministerium als auch den SD, um den Einsatz rückgängig zu machen.[144] Letztlich einigte man sich aber auf eine enge »gegenseitige Fühlungnahme« zwischen SD-Propagandisten und Propagandaeinheiten der Wehrmacht sowie die Beschränkung der SD-Propaganda auf die »unmittelbare Unterstützung

---

[137] Vgl. Vortrag Dr. Taubert auf einer Tagung der Leiter der RPÄ am 13./14. 7. 1942, IfZ, Fa 511, fol. 53 f.
[138] Brief Taubert an Goebbels v. 12. 6. 1943, BA, R 55/221, fol. 168.
[139] Vgl. RMVP, Referat DP 8, Personenbetreuung, Dr. Scharping, an Leiter Pers. im Hause, 11. 10. 1941, betr. Sondereinsatz im Osten, Personalvorschläge für den Einsatz von Propagandisten bei den Einsatzgruppen, BA, R 55/221, fol. 120; Leiter der Personalabt. an Staatssekretär Gutterer, 13. 10. 1941, betr. SS-Einsatzkommandos im Osten, ebd., fol 121; RMVP an RSHA, 24. 11. 1941, betr. SS-Einsatzkommandos im Osten, ebd., fol. 131; siehe auch Rechenschaftsbericht des Generalreferats Ostraum für die ersten acht Monate seiner Tätigkeit v. 20. 3. 1942, BA, R 55/1289, fol. 80 f.
[140] Chef SiPo/SD, I A 1 d – Nr. 1805/41 b., an RMVP z. Hd. Gutterer, 12. 12. 1941, BA, R 55/221, fol. 133 f. Hier auch Personalangaben. Zu personellen Veränderungen im Frühjahr siehe Generalreferat Ostraum an Leiter Pers., 28. 2. 1942, BA, R 55/221, fol. 134 f.
[141] Ebd., fol. 133 RS. Zu besoldungs- und versorgungsrechtlichen Fragen der SD-Propagandisten siehe auch BA, R 55/70.
[142] Vgl. Arbeitsplan der Abteilung Ost, ihrer nachgeordneten Dienststellen sowie betreuter Firmen, in Verordnungen 1944, S. 28. Für die Zeit ihres Einsatzes beim SD wurden die Propagandisten teilweise der Antikomintern eingegliedert, BStU, RHE 37/80, Bd. 15, fol. 54 f. Als »Sachverständiger für die Propagandafragen des SD« fungierte Sturmbannführer von Kielpinski.
[143] Vgl. Fernschreiben, OKH GenSt d. H., O Qu IV Nr. 1299/42 v. 4. 5. 1942; Fernschreiben Heeresgruppe Süd, Ic, AO Nr. 1724/42, an OKW/WPr (Ib), 31. 5. 1942, betr. Propaganda des SD unter der Bevölkerung, BA-MA, RW 4/192, fol. 193 f., 197 ff. Zur Aktivpropaganda gegenüber der Zivilbevölkerung siehe auch Hauptmann Mertens, beim Befehlshaber der SiPo u. d. SD, EG C, an Taubert, 16. 4. 1942, betr. 2. Bericht mit Arbeitsplan und Anlagen, SoM, 1363-1-155, fol. 47-67; Wochenbericht PAO v. 21. 11. 1942 und daraus folgender Briefwechsel, BA-MA, RW 4/192, fol. 157 ff., 193-211.
[144] Vgl. den Schriftwechsel, Notizen etc. in BA-MA, RW 4/192, fol. 158f., 193-211.

von Aktionen der Einsatzgruppen«.¹⁴⁵ In der Praxis wurde diese Regelung jedoch nicht unbedingt eingehalten. So übertrug z. B. die Propagandaabteilung O der »Propagandastelle des SD« Ende 1942 die gesamte »propagandistische Betreuung der Zivilbevölkerung im Frontgebiet«, da ihre dort eingesetzte Staffel diese Aufgabe nicht gewährleisten konnte.¹⁴⁶ Bei der Einsatzgruppe B, die unter anderem in Weißrussland und zeitweise in Smolensk stationiert war, waren als Propagandisten SS-Hauptsturmführer ORR Ernst Braekow und Sonderführer Hans Meyer eingesetzt.¹⁴⁷ Beim Kommandeur der Sicherheitspolizei und des SD in Minsk war ab Oktober 1942 Friedrich A. Eck in dieser Funktion tätig.¹⁴⁸ Im August 1944 wurden auch die »SS-Propagandisten« abberufen.¹⁴⁹

2.6. Der Einsatz einheimischer Kräfte

Die deutsche Besatzungsmacht war grundsätzlich auf die Mitarbeit Einheimischer angewiesen. Redakteure, Fotografen, Musiker und Schauspieler wurden ebenso benötigt wie technisches Fachpersonal.¹⁵⁰ Während die Schlüsselstellungen möglichst weitgehend mit Deutschen besetzt wurden, griff sowohl die Militär- als auch die Zivilverwaltung im Presse-, Rundfunk- und Filmwesen auf einheimische Fachkräfte zurück, deren Tätigkeiten durch deutsche »Aufsichtspersonen« kontrolliert und zensiert wurden.¹⁵¹ So beschäftigte beispielsweise die Ostland-Film GmbH 1942 etwa 1.400 einheimische Mitarbeiter, denen 25 deutsche »männliche Gefolgschaftsmitglieder« gegenüberstanden.¹⁵²

---

¹⁴⁵ Vgl. Chef SiPO u. SD, III C R Az 3735/42, an OKW/WPr Kratzer, 1. 7. 1942, betr. Propagandisten bei den Einsatzgruppen der SiPo und des SD in den besetzten sowjetischen Gebieten; Antwortschreiben Wedels v. 7. 7. 1942; Entwurf OKW Nr. 3570/42 g. WFSt/WPr (I a) v. 8. 7. 1942; Chef SiPo u. SD, III C R v. K./Ju. Az. 3735/42, 11. 8. 1942, BA-MA, RW 4/192, fol. 203-211.
¹⁴⁶ Entwurf, Nr. 3570/42 g WFSt/WPr (I b), an AOK 18/ I c, 30. 11. 1942, betr. Propaganda im Frontgebiet; Antwortschreiben AOK 18, Abt. I c Nr. 3113/42 geh., 14. 12. 1942, BA-MA, RW 4/192, fol. 158 f.
¹⁴⁷ Vgl. Chef SiPo/SD, I A 1 d – Nr. 1805/41 b., an RMVP z. Hd. Gutterer, 12. 12. 1941, BA, R 55/221, fol. 133 f.
¹⁴⁸ Vgl. Chef der SiPo und des SD, an RMVP, 11. 10. 1942, betr. Propagandisten, BStU, RHE 37/80, Bd. 15, fol. 52.
¹⁴⁹ Hinweis in Leiter Ost an Abt. Pers., 2. 8. 1944, betr. Referent SS-Untersturmführer Hans Meyer, BA, R 55/221, fol. 117.
¹⁵⁰ Z. B. für die die Reparatur und Wartung von Druckereimaschinen oder Filmvorführapparaten. Vgl. PAW, Tätigkeitsberichte der Gruppen i. d. Z. v. 1.-15. 11. 1941, 14. 11. 1941, BA-MA, RW 4/253, unfol.; PAW, Propagandalage- und Tätigkeitsberichte v. 15. 12.-31. 12. 1941 sowie 1. 2.-15. 2. 1942, BA-MA, RW 4/236, fol. 83 f., 118.
¹⁵¹ RfK 3201/22. 9. 41/844-1,10, 11. 9. 1941, Bericht über eine Rundfunk-Informationsreise in den Bereich ›Ostland‹, SoM, 1363-1-161, fol. 185 ff.
¹⁵² Bei der Ukraine-Filmgesellschaft 5.000 zu 103. Vgl. Bericht der Geschäftsführung der ZFO, 11. 11. 1942, BStU, MfS –HA IX/11, RHE 37/80 SU, Bd. 15, fol. 145 f.; DaD, Deutscher Film im Osten (1943), SoM, 1363-5-13, unfol.; ZFO an Abt. Ost, Anlage Listen mit männlichen Gefolgschaftsmitgliedern der Tochtergesellschaften, 13. 8. 1943, BStU, MfS –HA IX/11, RHE 37/80 SU, Bd. 6, fol. 29-33.

Eingesetzt wurden aber nur Einheimische, die »politisch und fachlich geeignet« erschienen,[153] wobei auch hier der Grundsatz galt: »Juden sind auszumerzen«.[154] Gerade in Weißrussland erwarteten die Deutschen einem hohen Anteil jüdischer Beschäftigter im Medien- und Kulturbereich. Dies führte unter anderem dazu, dass beim Minsker Rundfunksender – anders als im Baltikum, wo die Wehrmacht provisorisch ganze Belegschaften übernahm – kein Personal weiterbeschäftigt wurde. Angeblich hatte man keine geeigneten Mitarbeiter mehr vorgefunden: Das »russische Personal, meist Juden« sei »restlos geflüchtet«.[155] Die Besatzer verzichteten auch auf die Mitwirkung des Minsker Theaterorchesters »bis zur Beseitigung sämtlicher Juden einschließlich des ersten Kapellmeisters«.[156] Diese Beispiele zeigen, dass auch die Wehrmachtspropagandisten aktiv an der Ausgrenzung von politisch und/oder »rassisch« nicht erwünschte Personen beteiligt waren und viele bewußt dem Tod auslieferten. Die übernommenen Fachkräfte mussten für die Besatzungsmacht die Grundlagen für den »Propagandakrieg« bereitstellen. Im November 1941 befahl die Abteilung WPr noch einmal explizit die verstärkte »Heranziehung örtlicher Kräfte« – warnte aber gleichzeitig vor »zu weitgehender Gutgläubigkeit«, insbesondere sei es zu vermeiden, dass »örtlichen Hilfskräften grundsätzliche Richtlinien für die Propaganda bekannt« würden.[157]

Neben Fachpersonal band die Besatzungsmacht auch Personen in Propagandaaktivitäten ein, die sie nach dem Einmarsch auf den unteren Verwaltungsebenen der Rayons, Gemeinden und Dörfer eingesetzt hatte.[158] So ließ die Propagandaabteilung W die Bürgermeister und Dorfältesten regelmäßig zusammenrufen, um Richtlinien, Unterlagen und Material für geplante Propagandamaßnahmen oder konkrete Einweisungen in praktische Arbeiten, wie die Herstellung von Anschlagtafeln und Aushängekästen, zu verteilen.[159] Bei diesen Gelegenheiten versuchten die Deutschen natürlich auch, die Zusammengerufenen selbst zu beeinflussen, da sie in ihren Augen die »Hauptträger« einer »schlagkräftigen Mundpropaganda« waren. Ab Januar 1942 gab die Propagandaabteilung W deshalb auch die zweimonatlich erscheinenden »Besonderen Informationen für die Bürgermeister und Dorfältesten« heraus.[160]

---

[153] RfK 3201/22. 9. 41/844-1,10, 11. 9. 1941, Bericht über eine Rundfunk-Informationsreise in den Bereich ›Ostland‹, SoM, 1363-1-161, fol. 177.

[154] RMVP, Major Titel, an OKW, Major Krause, betr. Weisung für die Propaganda-Abteilungen im Ostraum, 2. 8. 1941, BA-MA, RW 4/253, unfol.

[155] Tölle 1942, S. 371; RfK 3201/22. 9. 41/844-1,10, 11. 9. 1941, Bericht über eine Rundfunk-Informationsreise in den Bereich ›Ostland‹, SoM, 1363-1-161, fol. 154, 182.

[156] Ebd., fol. 171.

[157] OKW Nr. 8790/41 g WFSt/WPr (I d/ AP), 24. 11. 1941, betr. Propaganda in den besetzten Ostgebieten, mit Anlage: Richtlinien für die Durchführung der Propaganda in den besetzten Ostgebieten, BA-MA, RH 19 III/483, fol. 161.

[158] Vgl. EM Nr. 21 v. 13. 7. 1941, BA, R 58/214, fol. 145. Siehe auch Chef der Sicherheitspolizei und des SD, Tätigkeits- und Lagebericht Nr. 1, 31. 7. 1941, abgedr. in: Klein 1997, S. 126.

[159] PAW, Tätigkeitsberichte der Gruppen i. d. Z. v. 1.-15. 11. 1941, 14. 11. 1941, BA-MA, RW 4/253, unfol. Vgl. auch Berück Mitte, Ic, Tätigkeitsbericht Oktober 1941, BA-MA, RH 22/228, fol. 82.

[160] PAW, Propagandalage- und Tätigkeitsberichte v. 16. 11.-31. 12. 1941, in BA-MA, RW 4/236, hier insbesondere fol. 8, 54, 83; Wehrmacht-Propaganda-Lagebericht, 16. 12. 1941-15. 1. 1942, BA-MA, RW 4/339, fol. 257 RS.

»Volksdeutsche« wurden ebenfalls eingespannt, allerdings auf verdeckte Weise. Ihnen wurden auf Versammlungen vermeintlich »vertrauliche« Informationen zugespielt, an deren möglichst schneller Verbreitung die Deutschen ein Interesse hatten.[161] Solche Versuche, die »Mundpropaganda« zu steuern, benutzten die Propagandisten vor größeren Kampagnen oder auch gegenüber Kosaken-Einheiten, die im »Kampf gegen Partisanen« eingesetzt waren.[162]

Etwa ab Frühjahr 1942 fand ein deutlicher Ausbau des einheimischen Rednerwesens statt. Anfang des Jahres hatte das Ostministerium festgelegt, so genannte Deutschlandfahrten zu organisieren, deren Teilnehmer nach ihrer Rückkehr als Propagandaredner fungieren sollten.[163] Ab Frühjahr 1942 wurden im »Schulungslager Wuhlheide« in Berlin sowjetische Kriegsgefangene als Propagandisten ausgebildet[164] und im besetzten Gebiet begannen entsprechende Maßnahmen im Spätsommer: Im August fand der erste von der Propagandaabteilung W organisierte »Schulungskurs für russische zivile Propagandaredner« in Smolensk statt; Anfang Oktober folgte ein »zentraler Rednerkursus« auf dem »Lehrgut Sloboda«, wo auch in der Folgezeit regelmäßig »Lehrgänge für landwirtschaftliche Propagandisten aus der Bevölkerung« stattfanden.[165] Die Zivilverwaltung in Minsk stellte im Spätsommer 1942 erste Überlegungen an, Einheimische als »Hilfspropagandisten« direkt bei der Besatzungsbehörde einzustellen, um den immensen Personalmangel auszugleichen.[166] Nur einzelne Gebiete hatten damit weniger Probleme, wie das Gebiet Baranowitschi, wo

---

[161] Vgl. PAW, Nr. 29/42 geh., an OKW/WFSt/WPr AP3, 6. 2. 1942, Wehrmachtpropaganda-Lagebericht 1. 1.-1. 2. 1942, BA-MA, RW 4/254, fol. 345 f.; PAW, Propagandalage- und Tätigkeitsbericht, 1. 2.-15. 2. 1942, BA-MA, RW 4/236, fol. 116.

[162] Vgl. PAW, Propagandalage- und Tätigkeitsberichte Februar und März 1942, BA-MA, RW 4/236, fol. 116, 177.

[163] Zum Kontext siehe Abschnitt 6.1. der vorliegenden Arbeit.

[164] [AA], Abschrift, betr. Propaganda nach dem Osten, Vorlage für RAM, 5. 3.1942, PA AA, R 105186, unfol. Wem das Lager unterstellt war, ist unklar, vermutlich aber entweder dem RMO oder dem RMVP, vgl. Strik-Strikfeld 1970, S. 97 f. Später kam als weiteres das dem RMO unterstehende »Schulungslager Wustrau« hinzu, in dem ebenfalls sowjetische Kriegsgefangene zum Einsatz als einheimische Propagandisten in den besetzten Ostgebieten, d. h. bei der Zivilverwaltung, SS, Wehrmacht oder Wirtschaft ausgebildet wurden. [RMO], Führungsgruppe P. 3, 8. 6. 1944, Aktenvermerk, [betr. die von Rosenberg erlassenen Richtlinien für die Propaganda unter den sowjetischen Kriegsgefangenen], NAB, 359-1-1, fol. 2.

[165] Vgl. Wehrmacht-Propaganda-Lagebericht, 1. 8.–15. 8. 1942, BA-MA, RW 4/340, fol. 78; PAW Verordnungs- und Mitteilungsblatt Nr. 15, 5. 10. 1942, NAB, 411-1-1, fol. 17; Wedel, Wehrmachtpropaganda, Teil II, BA-MA, RW 4/157, fol. 44; Erfahrungsbericht der Militärverwaltung beim Oberkommandos der Heeresgruppe Mitte für die Zeit v. 22. 6. 1941 bis August 1944, gez. Tesmer, BA-MA, RH 19 II/334, fol. 9 RS. Zu den regelmäßig ausgegebenen Weisungen und Grundlagenmaterialien siehe PAW Verordnungs- und Mitteilungsblatt Nr. 15, 5. 10. 1942, NAB, 411-1-1, fol. 17. Siehe auch AOK 4 Ic/z. b. V., 21. 9. 1942, Anweisungen für die Propaganda in die Zivilbevölkerung Nr.1, Anlage: Von der Zivilbevölkerung häufig an die Redner gestellte Fragen (25 Fragen), BA-MA, RW 4/257, unfol.

[166] Vgl. Bericht des Stadtkommissars in Minsk v. 30. 9. 1942, Anlage zu GK Minsk, an RK Lohse, 8. 10. 1942, BA, R 6/348, fol. 96.

der Ende 1941 übergelaufene Offizier der Roten Armee, Bjedritzky, eine ganze Gruppe von einheimischen Propagandisten aufbaute.[167]

1943 wurde der Einsatz einheimischer Propagandisten massiv forciert. Hintergrund dieser Entwicklung war die Ende 1942 getroffene Entscheidung, 500.000 vor allem russische »Hilfswillige« bzw. »Freiwillige« zu rekrutieren.[168] Im November 1942 wurde in Dabendorf bei Berlin ein »Schulungslager für russische Freiwillige« eingerichtet und der Abteilung WPr unterstellt (ab März 1943 als Ost-Propagandaabteilung z. b. V.).[169] Insgesamt durchliefen etwa 5.000 Lehrgangsteilnehmer die gewöhnlich drei Monate andauernden Kurse.[170] Sie wurden im Rahmen der Rekrutierungskampagne und bei der »geistigen Betreuung« der einheimischen Verbände eingesetzt, übernahmen aber auch einen großen Teil der Redner-Propaganda gegenüber der Zivilbevölkerung im besetzten Gebiet und beteiligten sich an der Partisanenbekämpfung.[171]

Die Lehrgangsteilnehmer wurden in die so genannten Ost-Propaganda-Züge integriert, deren Aufstellung die Abteilung WPr im Dezember 1942 angeordnet hatte. Diese Züge mit einheimischen Kräften unter deutschem Führungspersonal sollten die Propagandaeinheiten im Osten verstärken: Für die Propagandakompanien war jeweils ein Zug mit 105 »Hilfswilligen«, für die Propagandaabteilungen jeweils drei Züge vorgesehen.[172] Mitte Januar 1943 verfügte die Propagandaabteilung W über eine »russische Propaganda-Ausbildungs- und Ersatzstaffel«,[173] und bei der Propagandaabteilung O wurden bis April zwei solcher »Ost-Propaganda-Züge« aufgestellt.[174]

Die allgemeine Personalreduktion im Herbst 1943 betraf zwar ebenfalls das einheimische Personal der Propagandaabteilungen.[175] Doch nahm die am

---

[167] Vgl. Leiter der Propaganda im Gebiet Baranowitschi [Bjedritzky], Plan für die Propagandaarbeit im Gebiet Baranowitschi in der Zeit v. 22. 10.-15. 11. 1942, NAB, 370-6-48, fol. 239 f.; ders., Tätigkeitsberichte April bis Juli 1943, ebd. (siehe auch BA, R 90/158 und 159); ders., Rede über die einjährige Tätigkeit seiner Gruppe auf der Tagung der Gebietspropagandareferenten im Minsk, 10./11. Juni 1944, NAB, 370-1-1290, fol. 84-89; GebK Baranowitschi, Tätigkeits- und Erfahrungsbericht, 11. 8. 1944, BA D-H, R 93/13, fol. 47, 49.
[168] Siehe hierzu Abschnitt 7.1.1. der vorliegenden Arbeit.
[169] Vgl. Schröder 2001, S. 143. Zu Dabendorf siehe auch Strik-Strikfeld 1970, S. 97-104.
[170] Vgl. Strik-Strikfeld 1970, S. 116. Schröder spricht von jeweils zwei- bis dreitausend Teilnehmern pro Lehrgang, ders. 2001, S. 143.
[171] Vgl. Abschrift, RMO, Richtlinien zur »neuen Propaganda-Aktion zur Agrarordnung 1943« und zur »Hilfswilligen (Dobrovolez)-Aktion«, Januar 1943, Auszüge, BA-MA, RH 2/2558, fol. 82-96; Wedel, Wehrmachtpropaganda, Teil II, BA-MA, RW 4/157, fol. 57. Siehe auch Abschnitt 7. der vorliegenden Arbeit.
[172] Vgl. Notiz v. 12. 12. 1942, zum Anruf von Oberstlt. Murawski am 11. 12. 1942, betr. Ergänzung der PK im Osten aus Einheimischen, BA-MA, RW 4/193, fol. 216; VO OKW/WPr beim OKH [Murawski], an OKW/WPr I, 12. 12. 1942, betr. Ergänzung der PK im Osten durch eingeborene Hilfskräfte, ebd., fol. 217; OKW WFSt/WPr, 19. 12. 1942, Entwurf, betr. Verstärkung der Prop.-Einheiten der Feldwehrmacht im Osten und der Prop.-Einsatzabt. durch Hilfswilligeneinheiten, ebd., fol. 218.
[173] Vgl. Mitteilung der PAW, An alle Gruppen v. 15. 1. 1942 [Druckfehler, gemeint 1943], NAB, 411-1-12, fol. 1 f.
[174] Vgl. PAO, Stimmungsbericht Nr. 29, Berichtszeit April 1943, 5. 5. 1943, BStU, MfS-HA IX/11, RHE 37/80, Bd. 15, fol. 214.
[175] Vgl. PAW, Abt. II b, 9. 11. 1943, Abteilungsbefehl Nr. 26/43, NAB, 411-1-49, fol. 43 ff.

10. Oktober 1943 befohlene Verlegung aller »Osttruppen« nach Westen die Propagandisten offenbar aus.[176] Die Zahl der als »Hilfspropagandisten« oder »Vorleser« eingesetzten einheimischen Kräfte betrug im Februar 1944 allein im Bereich der PK 689 (AOK 4) 232 Männer sowie 9 Frauen und stieg bis Mai 1944 auf insgesamt 852 Personen.[177] Die einheimischen Propagandistinnen, die teilweise von Maria de Smeth organisiert wurden, übernahmen dabei ebenfalls alle Aufgaben – von der Frontpropaganda per Lautsprecheransagen über die Partisanenbekämpfung bis zur Arbeitskräfterekrutierung. Besonders geschätzt wurde von den Deutschen ihr Einsatz bei der »Betreuung« von Lagerinsassen.[178] Anleitung und Ausbildung der einheimischen Kräfte gewann immer größeres Gewicht: 1944 häuften sich Kurzlehrgänge[179] und es entstanden sogar spezielle Schulen. So richtete die Propagandaabteilung W Mitte Februar 1944 auf dem »Propaganda-Stützpunkt Arabinowischtschina« bei Baranowitschi eine eigene Rednerschule ein, in der 2-3wöchige Lehrgänge stattfanden.[180]

Die Entwicklung im zivilverwalteten Gebiet verlief ähnlich. In den ersten drei Monaten des Jahres 1943 organisierte die Propagandaabteilung in Minsk zwei umfassende »Schulungskurse« für einheimische Propagandisten, weitere

---

[176] Im Januar 1944 verfügte die PAW über 106 einheimische Propagandisten, PAW, Abt. II b, 22. 1. 1944, Abteilungsbefehl Nr. 1/44, NAB, 411-1-49, fol. 39 RS ff. Vgl. auch AOK 4 Ic/Prop. Nr. 295/43 Br.Nr. 1102/43 geh., 15. 11. 1943, Propaganda-Lagebericht für die Zeit v. 1.-31. 10. 1943, BA-MA, RH 20-4/469, unfol.; OKW, Nr. 6207/44g/WFSt/WPr (I/IV), 27. 1. 1944, Richtlinien für Aktiv-Propagandisten, BA-MA, RW 4/20, S. 6, 11. Zur PK 689 (AOK 4) und PzPK 697 (PzAOK 3) vgl. die Berichte in BA-MA, RH 20-4/782 und RH 21-3/511.

[177] Vgl. AOK 4 Ic/Prop. Nr. 21/44 Br.Nr. 367/44 geh., 11. 3. 1944, Propaganda-Lagebericht für die Zeit v. 1. 1.-29. 2. 1944, BA-MA, RH 20-4/782, unfol.; AOK 4, Ic/prop. Nr. 39/44 geh., Propaganda-Lagebericht für die Zeit v. 1.-31. 5. 1944, v. 9. 6. 1944, ebd. »Vorleser« waren von den Deutschen bestimmte Personen, die in den Dörfern der Bevölkerung Informationen aus der Presse bekanntzugeben hatten. Vgl. Pz-AOK 3, Abt. Ic/AO Nr. 4701/43 g., 21. 8. 1943, betr. Propaganda in der Bevölkerung und den landeseigenen Verbände, BA-MA, RH 21-3/511, fol. 5 f.; PzAOK 3, Ic/AO, 11. 5. 1944, betr. Russische Betreuungsstaffeln bei Gen.Kdos., BA-MA, RH 21-3/511, fol. 30 ff.

[178] Siehe Abschnitt 7.7. der vorliegenden Arbeit. Zum Einsatz von Frauen Quinkert 2007, S. 173-183. Siehe auch Smeth 1965, S. 441, 444, 483, 516, 521, 528 f., 532, 545 ff., 551, 565, 575; Wedel, Wehrmachtpropaganda, Teil II, BA-MA, RW 4/157, fol. 56. Beispielhaft AOK 4 Ic/Prop. Nr. 289/43 Br.Nr. 1014/43 geh., 15. 10. 1943, Propaganda-Lagebericht für die Zeit v. 1.-30. 9. 1943, BA-MA, RH 20-4/469, unfol.; AOK 4 Ic/Prop., Propaganda-Lageberichte für die Zeit v. 1. 1.-29. 2. 1944 sowie v. 1.-31. 5. 1944, in: BA-MA, RH 20-4/782, unfol.

[179] Vgl. WPr (ID), 6. 4. 1944, Wochenbericht der PAW für die Zeit v. 27. 3.-2. 4. 1944, SoM, 1363-5-6, fol. 26 RS; PAW, Wochenbericht für die Zeit v. 7. 5.-13. 5. 1944, 16. 5. 1944, NAB, 411-1-103, fol. 41; Propaganda-Lageberichte des Ic/Prop. beim AOK 4 v. Januar bis Juni 1944, in: BA-MA, RH 20-4/782; Anlagen zu Pz.AOK 3, Ic/AO, Tätigkeitsbericht Nr. 11 für die Zeit v. 1. 1.-6. 6. 1944, BA-MA, RH 21-3/511.

[180] Auszüge aus einem Bericht der PAW über ihre Tätigkeiten zwischen November 1943 und Mai 1944, NAB, 411-1-52, fol. 56. Bis Mai wurden drei Kurse abgeschlossen, ein vierter begann am 12. 5. 1944, danach sollte sich »die Ausbildung von weiblichen Propagandistinnen« anschließen. Ebd. Vgl. auch Fernschreiben des Leiters der PAW, Kost, an OKW/WPr v. 22. 5. 1944, Wochenbericht für die Zeit v. 14. 5.-20. 5. 1944, NAB, 411-1-103, fol. 21 RS. Zur im Mai 1944 gegründeten Rednerschule in Riga siehe WPr (ID), 24. 4. 1944, Wochenbericht der Prop. Abteilung Nord [ehem. PAO] für die Zeit v. 17.-23. 4. 1944, März bis Juli 1944, SoM, 1363-5-6, fol. 24 f.

waren geplant.[181] Das Ostministerium wies dem Generalkommissariat zudem bis April 1943 etwa 100 im Reich geschulte Propagandisten zu,[182] die den Abteilungen Propaganda, Jugend sowie Arbeit und Soziales beim Generalkommissar in Minsk und den einzelnen Gebietskommissariate zugeteilt wurden.[183] Im Sommer 1943 lehnte die Minsker Behörde weitere Propagandisten unter anderem mit der Begründung ab, dass die Gebiete nunmehr ausreichend versorgt seien.[184] Die Propagandaabteilung beim GK Minsk gab für ihre hauptsächlich als Redner eingesetzten Propagandisten zweisprachige Arbeits- und Grundlagenmaterialien heraus, wie die ab April 1943 erscheinenden »Instruktionen für die weißruthenischen Propagandisten«.[185] Darüber hinaus organisierte sie spezielle Schulungen und Tagungen.[186] Im Frühjahr 1944 versammelte das Propagandaamt Minsk, das über ein eigenes Referat »Propagandaschulung und Rednerbetreuung« verfügte, die so genannten Hilfspropagandisten jeweils am Anfang des Monats in Minsk, um ihnen ihre Arbeitsrichtlinien zu vermitteln. An die Frauen unter ihnen richteten sich spezielle Schulungen.[187]

Zusammenfassend kann man sagen, dass eine Vielzahl von Institutionen am »Propagandakrieg« gegen die Sowjetunion beteiligt war. Für die inhaltliche Ausrichtung war der Reichsminister für die besetzten Ostgebiete zuständig. Seine Vorgaben wurden von der Abteilung WPr auch an die Propagandaeinheiten der Wehrmacht weitergeleitet. Das Auswärtige Amt hatte bis Ende Juli 1942 einen zumindest beratenden Charakter. Das Propagandaministerium bzw. seine Abteilung Ost mit ihren untergeordneten Dienststellen erlangte eine dominierende Stellung im Bereich der Materialproduktion und der technischen Ausrüstung, was mit dazu beitrug, dass bei den großen Umstrukturierungs-

---

[181] Referat des Abteilungsleiters Propaganda, Schröter, Protokoll der Tagung der Gebietskommissare, Hauptabteilungsleiter und Abteilungsleiter des GK in Minsk v. 8. 4.-10. 4. 1943, NAB, 370-1-1264, fol. 108.
[182] Vgl. ebd.
[183] Vgl. Abt. II – Pro Th/Hn, an RMO, 26. 11. 1942, betr. Aktivpropagandisten; Fernschreiben RMO an GK Minsk – Schröter, 19. 1. 1943, betr. Aktivpropagandisten, RMO II 6 f 6230 Ost – 655, an GK f. Weißruthenien, 3. 5. 1943, betr. Aktivpropagandisten; GK Minsk, Abt. I – Pro. Ol., Aktenvermerk v. 7. 5. 1943, NAB, 370-1-394, fol. 3 f.; Aktennotiz f. Schröter, 23. 7. 1943, NAB, 370-1-394, fol. 1-4 RS, 8, 9.
[184] Vgl. Aktennotiz f. Schröter, 23. 7. 1943, NAB, 370-1-394, fol. 2.
[185] Vgl. Referat des Abteilungsleiters Propaganda, Schröter, Protokoll der Tagung der Gebietskommissare, Hauptabteilungsleiter und Abteilungsleiter des GK in Minsk v. 8. 4.-10. 4. 1943, NAB, 370-1-1264, fol. 108. Verschiedene Nummern der »Instruktionen« von Mai bis Oktober 1943 befinden sich in: NAB, 370-1-1272 und 370-1-1281. Auch die zweisprachige Weißruthenische Korrespondenz, ein etwa wöchentlich erscheinender Nachrichtendienst für die einheimische Presse, diente als Steuerungsinstrument. Verschiedene Ausgaben derselben aus dem ersten Halbjahr 1944 in: NAB, 370-1-7 und 370-1-2380.
[186] Vgl. hierzu Auszüge des Protokolls der »Tagung der einheimischen Propagandisten« v. 25.-30. 10. 1943 in Minsk, NAB, 370-1-1277, 1281, 1287; Vortrag v. SS-Scharführer III/103 Dr. Köhler, über »Wirtschaftsfragen in Weißruthenien«, gehalten am 27. 10. 1943, und die nachfolgende Aussprache, NAB, 370-1-254, fol. 126-133.
[187] Vgl. [GebK Slonim], Referat I Propaganda, Lagebericht für die Zeit v. 21. 5.-22. 6. 1944, Anlage zu GebK Slonim, Tgb.Nr. 2046/44, an GK Minsk, 24. 6. 1944, betr. Lagebericht April, Mai, Juni 1944, gez. Erren, NAB, 370-1-487, fol. 82; Plan für die politische Schulung der weinlichen (sic!) Propagandistinnen, sowie Schwestern und Feldscherinnen (o. D.), NAB, 370-1-421, fol. 210 f.

prozessen des Jahres 1943 der gesamte Propagandaapparat in den zivilverwalteten Gebieten in den Verantwortungsbereich Goebbels' übergeben wurde. Gerade die diesbezügliche Konkurrenz zwischen Ost- und Propagandaministerium, die sich mit der zunehmenden Krise der deutschen Propaganda im Osten zuspitzte, führte zwar zu verbitterten und teilweise polemischen Auseinandersetzungen. Doch insgesamt ist festzustellen, dass die zentralen Stellen im Allgemeinen nicht nur eng kooperierten, sondern auch sehr effektiv und lösungsorientiert zusammenarbeiteten. Dies gilt auch für den regionalen Apparat, also die zivilen und militärischen Propagandaabteilungen bzw. -einheiten im besetzten Weißrussland. Die Gesamtentwicklung des Propagandaapparates zeigt, dass die umfassenden Maßnahmen im Vorfeld des Überfalls auf die Sowjetunion sich angesichts des unerwarteten Kriegsverlaufs als unzureichend erwiesen. Die Anstrengungen, den grundlegenden Personalmangel zu beheben und die Propagandaarbeit zu effektivieren, setzten etwa im Herbst 1941 ein und wurden in den folgenden Jahren der Besatzung kontinuierlich weiter verfolgt. Dabei kam es insbesondere ab 1943 zu einem stark forcierten Einsatz einheimischer Propagandisten.

3. Mittel und Logistik der Propaganda (1941-1944)

Die mit den Vorbereitungen eines »Propagandakrieges« befassten Abteilungen stellten in den 1930er Jahren auch Überlegungen darüber an, welche technischen Mittel für die »geistige« Kriegführung eingesetzt werden sollten. Das klassische Propagandamedium im Krieg war das Flugblatt, das nunmehr auch mit Hilfe von Flugzeugen oder Ballons im Hinterland des Gegners verbreitet werden konnte. Ergänzend kamen großformatige Text- bzw. Bildplakate sowie Presseerzeugnisse hinzu sowie der Einsatz von Lautsprecherwagen, Rundfunk und Film, die als moderne Mittel der »geistigen« Kriegführung galten.[1] Im besetzten Weißrussland richtete sich dieses Medienspektrum an etwa 8,5 Millionen Einwohner – 6 Millionen im rückwärtigen Heeresgebiet Mitte und 2,5 Millionen im Generalkommissariat Weißruthenien.

3.1. Die Printmedien

Das dominierende Propagandamedium zu Beginn des Krieges gegen die UdSSR war zweifellos das Flugblatt. Die ersten Aufrufe, die am 22. Juni 1941 und in den folgenden Tagen verbreitet wurden, hatten eine Gesamtauflage von 30 Millionen Exemplaren[2] – und übertrafen damit bei weitem die Auflagen vorheriger Feldzüge. So waren im Krieg gegen Frankreich insgesamt zwölf Millionen Flugblätter abgeworfen worden.[3] Bereits wenige Tage nach dem 22. Juni verständigten sich die zuständigen Stellen auf die Produktion weiterer Flugblätter[4]

---

[1] Vgl. Protokoll der 10. Sitzung des Arbeitsausschusses des Reichsverteidigungsrats v. 26. 6. 1935, Dok. EC-405, IMT, Bd. 36, S. 430; Psychologisches Laboratorium des RKM, Nr. 241/35 g, 2. 11. 1935, Völkerpsychologische Untersuchung Nr. 5, BA-MA, RH 2/981, fol. 105 RS; Reichskriegsminister und Oberbefehlshaber der Wehrmacht, Nr. 160/37 g.Kdos. J II a, 24. 5. 1937, Anlage Vortrag des RMVP »Die propagandapolitische Lage und Erfahrungen aus dem spanischen Bürgerkrieg«, BA-MA, WF 04/36180, fol. 77 f.; Vertrauliche Studie der Wehrmachtsakademie v. April 1938, »Welche Erfahrungen können wir aus dem italienisch-abessinischen Krieg und aus dem spanischen Bürgerkrieg für die Organisation und die Tätigkeit der eigenen und die Bekämpfung der feindlichen Propaganda vor und während des Krieges ziehen?«, BA-MA, WF 07/3162, fol. 36. Verdeckt operierende Einheiten gehörten ebenfalls zu den favorisierten Mitteln. So war 1935 in der Völkerpsychologische Untersuchung Nr. 5 auch das nächtliche Absetzen von als Rotarmisten bzw. Bauern verkleideten Fallschirmspringern (»zuverlässigen« Emigranten, Überläufern und Gefangenen oder »bezahlten Agenten und Agitatoren«) vorgeschlagen worden. Auf diese von der Abwehr organisierten Aspekte der »geistigen« Kriegführung wird im Rahmen dieser Arbeit nicht eingegangen.

[2] Vgl. Goebbels TB, I, Bd. 4, S. 685; Wehrmacht-Propaganda-Lagebericht, 16. 6.-30. 6. 1941, BA-MA, RW 4/339, fol. 184. Rosenberg sprach von einer »Riesenauflage«, Bericht aus Rosenbergs Russlandakte v. 28. 6. 1941 über die Vorbereitungsarbeit für den Osteuropäischen Raum, PS-1039, IMT, Bd. 26, S. 591.

[3] Ref. VLR Großkopf, 4. 8. 1941, betr. Feindpropaganda des OKW v. 24.-30. 7. 1941, PA AA, R 105173, unfol.

[4] Vgl. Wehrmacht-Propaganda-Lagebericht, 16. 6.-30. 6. 1941, BA-MA, RW 4/339, fol. 184; RMVP, RV 1. 181/41, an OKW/WPr, 27. 6. 1941, betr. Propagandamaßnahmen gegen Sowjet-

3. Mittel und Logistik der Propaganda (1941-1944)

und ab Juli folgten kontinuierlich so genannte Großaktionen, bei denen Massenauflagen binnen weniger Tage verbreitet wurden. Diese Flugblätter wandten sich hauptsächlich an die Soldaten der Roten Armee und die Bevölkerung im Kampfgebiet, »größere Mengen« waren aber auch für den Abwurf über Städten im sowjetischen Hinterland bestimmt.[5] Die Gesamtauflage der *zentral* produzierten und im Osten eingesetzten Flugblätter stieg von 65 Millionen (bis Ende Juli) über 141 Millionen (bis Ende August) auf über 433 Millionen bis zur Jahreswende 1941/42.[6] Diese Entwicklung setzte sich in den folgenden Jahren tendenziell fort.[7]

Für die eroberten Gebiete waren spezielle »Maueranschläge« vorbereitet worden, die meist die ersten Anordnungen der militärischen Befehlshaber verkündeten. Ab Ende Juni stellte die Abteilung WPr den Propagandaeinheiten auch eine erste Wandzeitung zur Verfügung.[8] Da die Propagandisten nach Berlin berichteten, dass insbesondere die mit Bildern illustrierten Wandzeitungen bei der Bevölkerung auf besondere Aufmerksamkeit stießen, wurde in der Folgezeit intensiv an Neuauflagen und Neuproduktionen gearbeitet.[9] Farbige Großplakate erreichten das besetzte Gebiet ab der zweiten Julihälfte 1941.[10] Buchbenders Angabe, dass bereits während der ersten Kampftage die Plakate »Adolf Hitler, der Befreier!« verklebt wurden, lässt sich nicht belegen.[11] Über solche »Führerbilder« – in Form von Plakaten und Postkarten – verfügten die Propagandisten im besetzten Gebiet erst ab September ebenso wie über Hakenkreuzfahnen bzw. -fähnchen, die zur »Dekoration« öffentlicher Gebäude benutzt oder verteilt wurden.[12]

Bis März 1942 entsandte das Generalreferat Ostraum insgesamt 23 Waggonladungen mit Propagandamaterial in die besetzten Ostgebiete. Sie enthielten zehn verschiedene Plakate in einer Auflagenhöhe von 6,6 Millionen

---

russland, BA-MA, RW 4/364, fol. 148.
[5] Wehrmacht-Propaganda-Lagebericht, 1. 7.-15. 7. 1941, BA-MA RW 4/339, fol. 190 f.
[6] Vgl. Angaben in Wehrmacht-Propaganda-Lageberichten v. Juni 1941 bis Januar 1942, BA-MA, RW 4/399.
[7] 16. 2.-28. 2. 1942 = 21 Mio.; 1. 3.-15. 3. 1942 = 7 Mio.; 16. 3.-31. 3. 1942 = 26,5 Mio., 1. 8.-15. 8. 1942 = 25,5 Mio., vgl. Wehrmacht-Propaganda-Lageberichte von Januar bis Dezember 1942, BA-MA, RW 4/340.
[8] In estnischer, lettischer, litauischer, weißrussischer, ukrainischer und russischer Version. Wehrmacht-Propaganda-Lagebericht, 16. 6.-30. 6. 1941, BA-MA, RW 4/339, fol. 184 RS. Wandzeitungen waren auch ein beliebtes Mittel der italienischen Faschisten. Zu ihrem Vorbildcharakter Jockheck 2006, S. 121.
[9] Vgl. Wehrmacht-Propaganda-Lageberichte Juni-Oktober 1941, BA-MA, RW 4/339, fol. 184 RS, 197, 208 f., 213 RS, 219, 225, 231.
[10] Vgl. Eintrag v. 8. 7. 1941, Goebbels TB, I, Bd. 4, S. 740; [AA], GR Baum, 17. 7. 1941, Sitzungsbericht der propagandapolitischen Besprechung v. selben Tag, PA AA, R 105173, unfol.; Wehrmacht-Propaganda-Lagebericht, 16. 7.-31. 7. 1941, BA-MA, RW 4/339, fol. 197.
[11] Buchbender 1978, S. 36.
[12] Vgl. Wehrmacht-Propaganda-Lageberichte von September bis Dezember 1941, BA-MA, RW 4/339, fol. 219 RS, 225 RS, 231 RS, 237 RS, 249 RS, 257 RS. Für GKW vgl. PAO beim WBfh. Ostland, Lagebericht Nr. 4, 29. 9. 1941, BA-MA, RW 4/233, fol. 119; PAO, Lagebericht Nr. 7, 15. 11. 1941, BA-MA, RW 4/234, fol. 33; PAO, Lagebericht Nr. 8, 30. 11. 1941, BA-MA, RW 4/234, fol. 71. Für das rückwärtige Heeresgebiet Mitte PAW, Lage- und Tätigkeitsbericht, 1. 11. 1941, BA-MA, RW 4/236, fol. 4.

Exemplaren, 16 Broschüren und Leporellos in einer Gesamtauflage von 23 Millionen sowie 22,4 Millionen Flugblätter. Danach folgten kontinuierlich weitere Lieferungen.[13] In Minsk trafen – nach einem ersten Transport am 7. Dezember 1941 – im Februar, März, Mai und Juli Waggons mit Propagandamaterial ein.[14] Insgesamt wurden in den ersten zwölf Monaten der Besatzung 30 Millionen Flugblätter und Leporellos, zehn bis zwölf Millionen Plakate, fünf bis sechs Millionen Broschüren, fünf Millionen (»Führer«-) Postkarten und einige hundert Zentner Fahnen ins besetzte Gebiet geliefert.[15] Bis 1944 produzierte das Propagandaministerium über 150 verschiedene Plakate (etwa 40 Millionen) und 57 Broschüren (mindestens 55 Millionen).[16]

Den größten Teil des Materials stellten jedoch die Einheiten vor Ort her. Die Propagandakompanien, Ic-Offiziere und auch die kämpfenden Truppenteile hatten den Auftrag erhalten, auf der Grundlage der allgemeinen Leitlinien selbständig Flugblätter zu verfassen und herzustellen.[17] So gab z. B. die PzPK 697 bereits vier Tage nach dem Einmarsch nach eigenen Entwürfen 100.000 und im Juli weitere 200.000 speziell an die Zivilbevölkerung gerichtete Flugblätter vor Ort in Auftrag.[18] Auch der Ic-Offizier bei der 221. Sicherungsdivision ließ im Juli in Eigenregie Flugblätter für die Propaganda unter der Bevölkerung herstellen.[19] Allein die PK 689 verbreitete zwischen August und Dezember 1941 etwa 100 Millionen vor Ort gedruckte Flugblätter.[20]

Hauptverantwortlich für die regionale Herstellung von Propagandamaterial für die Zivilbevölkerung waren die Propagandaabteilungen der Wehrmacht,[21] die zu diesem Zweck Druckereien, Papierfabriken und Papiervorräte beschlagnahmten. In Weißrussland nutzten die Deutschen seit September 1941 unter anderem die Staatsdruckerei der ehemaligen BSSR in Minsk, die von der Militärverwaltung Anfang November an die zivile Behörde übergeben wurde und

---

[13] Vgl. Generalreferat Ostraum, ORR Taubert, an RM, 20. 3. 1942, Kurzer Rechenschaftsbericht nach achtmonatigem Bestehen des Generalreferat Ostraum, BA, R 55/1289, fol. 78-82; RMO, Abteilung Presse und Aufklärung, Lagebericht über die Ostpropaganda, 18. 4. 1942, BA, R 6/192, fol. 37-47.

[14] Vgl. Bericht Tauberts über die Arbeit des Ostpropaganda-Apparates des RMVP (kurzer Abriss), BA, R 55/1435, fol. 88.

[15] RMO, Abt. Presse u. Aufklärung/Gruppe Aktivpropaganda, Propaganda-Dienst Nr. 2, [Juli 1942], IfZ, Da 46.06, unfol.

[16] Vgl. Lagerverzeichnis der Abt. Ost, BA, R 55/1299; Abschrift, Arbeit des Ostpropaganda-Apparates des RMVP (Kurzer Abriss), [etwa Anfang 1944], mit der Angabe 38 Millionen Plakate (126 Stück) und 54 Millionen Broschüren (54 Stück), BA, R 55/13, fol. 141.

[17] Ausführungen Kratzer vor PK, 17. 6. 1941, BA-MA, RH 45/17, unfol.

[18] [Panzergruppe 3], Abt. Ic/AO, 7. 8. 1941, Tätigkeitsbericht über Flugblätter in der Zeit v. 22. 6.- 6. 8. 1941, BA-MA, RH 21-3/437, fol. 46 f.

[19] Vgl. Sich.Div. 221, Abt. Ic Nr. 8/42 geh., Tätigkeitsbericht des Ic v. 10. 5. 1941-14. 12. 1941, BA-MA, RH 26-221/70, unfol.

[20] Vgl. Geheimer Lagebericht der PK 689 für die Zeit v. 1. 8.-31. 12. 1941, BA-MA, RW 4/191, fol. 259.

[21] Vgl. OKW Nr. 6000/41 geh. WFSt/WPr (Ia), 15. 8. 1941, betr. Propaganda in die Bevölkerung der besetzten Ostgebiete, BA-MA, RH 19 III/483, fol. 192 f.

den Namen »Landesdruckerei Minsk« erhielt, sowie Druckereien in Orscha, Mogilew und Bobruisk.[22] Nachdem eine weitere Druckerei in Kaluga aufgrund des deutschen Rückzuges Ende 1941 wieder aufgegeben werden musste, konzentrierte sich die Propagandaabteilung W im rückwärtigen Heeresgebiet Mitte auf den Ausbau der Druckerei in Smolensk.[23] Im Hinblick auf die zu produzierenden Massen mangelte es hier jedoch an leistungsfähigen Druckereien – ebenso wie an Papiervorräten.[24] Erst im Frühjahr 1942 waren die größten Schwierigkeiten behoben; im Mai 1942 produzierten u. a. in Smolensk, Witebsk, Klinzy, Orscha, Bobruisk und Borissow Druckereien Propagandamaterial.[25] Darüber hinaus verfügte die Propagandaabteilung W über den so genannten Eisenbahndruckereizug »Memel«, der ihr im März zugewiesen worden war.[26] Nachdem in der Anfangsphase vor allem Flugblätter und einfache Textplakate gedruckt worden waren, begann man im Herbst 1942 auch mit der Herstellung von aufwändigeren, farbigen Plakaten.[27] Obwohl immer wieder Engpässe bei der Papierproduktion entstanden,[28] produzierten die Propagandisten vor Ort Materialien in Auflagen, die die Lieferungen aus Berlin oftmals weit übertrafen (siehe Schema 12).[29]

Der Nachschub aus dem Reichsgebiet stand phasenweise vor großen Problemen. Direkt nach dem Einmarsch kam die Nachlieferung für mehrere Wochen fast zum Erliegen – erst Ende Juli setzten regelmäßige Transporte mit Propagandamaterial ein.[30] Dann allerdings erreichte allein die Panzergruppe 3 binnen zwei Wochen so viel Material – sechs Flugzeugladungen mit über zwei Millionen Wandzeitungen, Flugblättern u. ä. –, dass diese mehrfach den Stopp

---

[22] Vgl. Berück Mitte, Ic, Tätigkeitsbericht, September 1941, BA-MA, RH 22/228, fol. 78; Abschrift, GK Weißruthenien, Abt. II, 3. 11. 1941, gez. Kube, NAB, 370-1-251, fol. 16.

[23] Vgl. Berück Mitte, PAW, 30. 11. 1941, Propagandalage- und Tätigkeitsbericht v. 11.-30. 11. 1941, BA-MA, RW 4/236, fol. 10.

[24] PAW, Tätigkeitsberichte der Gruppen in der Zeit v. 1.-15. 11. 1941, BA-MA, RW 4/253, unfol.; Berück Mitte, PAW, 30. 11. 1941, Propagandalage- und Tätigkeitsbericht v. 16.-30. 11. 1941, BA-MA, RW 4/236, fol. 3.

[25] Berück Mitte, Ic, Tätigkeitsbericht Mai 1942, 1. 6. 1942, BA-MA, RH 22/243, fol. 36, 42.

[26] Vgl. Berück Mitte, Ic, Tätigkeitsbericht März 1942, 10. 4. 1942, BA-MA, RH 22/243, fol. 26. Zugesagt worden war dieser bereits im November 1941. Berück Mitte, Ic, Tätigkeitsbericht November 1941, BA-MA, RH 22/228, fol. 90. Zur Entwicklung und zur Ausstattung dieser Züge Buchbender 1978, S. 146 ff.

[27] Vgl. PAW, Verordnungs- und Mitteilungsblatt Nr. 15, 5. 10. 1942, NAB, 411-1-1, fol. 17.

[28] Zur Situation der Papierproduktion im GKW vgl. Schriftverkehr in: NAB, 370-1-251, fol. 4 ff.; Referat Schröter, in: Protokoll der Tagung der Gebietskommissare, Hauptabteilungsleiter und Abteilungsleiter des GK in Minsk v. 8. 4.-10. 4. 1943, NAB, 370-1-1264, fol. 111 f. Eine Übersicht über Papierfabriken und Druckereien in Weißrussland im August 1942 bietet HA III, InH a.1, Lagebericht, 15. 8. 1941, NAB, 370-1-251, fol. 1 ff.

[29] Vgl. Wehrmacht-Propaganda-Lagebericht, 1. 8.-15. 8.1941, BA-MA, RW 4/339, fol. 203 RS.

[30] Vgl. AOK 4 Ic – VAA Schattenfroh, Kurze Denkschrift über Behandlung und Stimmung der Bevölkerung in Minsk und im allgemeinen, 7. 7. 1941, Anlage zu Bericht Nr. 83, PA AA, R 60759, unfol.; [Panzergruppe 3], Abt. Ic/AO, 7. 8. 1941, Tätigkeitsbericht über Flugblätter in der Zeit v. 22. 6.-6. 8. 1941, BA-MA, RH 21-3/437, fol. 46; Panzergruppe 3, Abt. Ic, Tätigkeitsbericht Januar-August 1941 [NOKW 2672], Abschnitt Propagandakrieg. Offensive und defensive Maßnahmen, BA-MA, RH 21-3/423, fol. 26 ff.; Wehrmacht-Propaganda-Lagebericht, 1. 8.-15. 8. 1941, BA-MA, RW 4/339, fol. 203 RS.

der Lieferungen wegen »starker Ansammlung« von Material forderte und von einer »Zeit der Überversorgung« sprach.[31] Die Propagandaabteilung W verteilte zwischen Anfang Oktober und Mitte November 837.000 Flugblätter, 190.550 Plakate bzw. Wandzeitungen und 24.390 Broschüren.[32] Die Behörde des Generalkommissars in Minsk wurde nach ihrer Errichtung im September 1941 zunächst durch die Propagandaabteilung O mit Material versorgt.[33]

Obwohl das OKW im November 1941 eine verstärkte Belieferung der besetzten Gebiete mit Propagandamaterial befahl,[34] schuf die Gegenoffensive der Roten Armee vor Moskau Anfang Dezember 1941 neue Probleme. Die Nachlieferung aus Berlin brach weitgehend zusammen und Stromausfälle, Ersatzteil-, Papier- und Brennstoffmangel taten ihr übriges: Im Winter 1941/42 standen die Propagandisten im besetzten Weißrussland vor kaum lösbaren Problemen,[35] doch im Frühjahr 1942 entspannte sich die Lage deutlich.[36]

Regelmäßige Lieferungen aus Berlin und die Eigenproduktionen vor Ort versetzten die Propagandisten im rückwärtigen Heeresgebiet im Spätsommer 1942 in die Lage, monatlich sechs Millionen Flugblätter zu verteilen.[37] Von Dezember 1943 bis Mai 1944 verbreitete die Propagandaabteilung W fast 23.400.000 Printmedien – also durchschnittlich etwa 4 Millionen Exemplare pro Monat.[38] Und auch das Propagandaamt Minsk stellte im ersten Halbjahr 1944 etwa sechzig eigene Plakate, Flugzeitungen und Flugblätter in sehr hohen Auflagen her.[39] Trotz phasenweiser Schwierigkeiten gelang es der deutschen

---

[31] [Panzergruppe 3], Abt. Ic/AO, 7. 8. 1941, Tätigkeitsbericht über Flugblätter in der Zeit v. 22. 6.-6. 8. 1941, BA-MA, RH 21-3/437, fol. 46.

[32] PAW, Tätigkeitsberichte der Gruppen i. d. Z. v. 1.-15. 11. 1941, 14. 11. 1941, BA-MA, RW 4/253, unfol.

[33] Vgl. PAO, Lage- und Stimmungsberichte, in BA-MA, RW 4/233 und RW 4/235.

[34] Vgl. WPr/AP2, Vortragsnotiz Nr. I/88 für Chef WPr., 7. 11. 1941, betr. Propaganda in die sowjetische Bevölkerung, BA-MA, RW 4/253, unfol.; OKW Nr. 8790/41 g WFSt/WPr (Id/AP), 24. 11. 1941, betr. Propaganda in den besetzten Ostgebieten, BA-MA, RH 19 III/483, fol. 163.

[35] Vgl. PAW, Propagandalage- und Tätigkeitsberichte v. 16. 11.-30. 11. 1941, 1. 12.-15. 12. 1941, 1. 1.-15. 1. 1942 und 1. 2.-15. 2. 1942, BA-MA, RW 4/236, fol. 12, 56, 103, 112, 118; PAW, Tätigkeitsberichte der Gruppen in der Zeit v. 1.-15. 11. 1941, BA-MA, RW 4/253, unfol. Für diesen Zeitraum auch die Lage- und Tätigkeitsberichte der PAO und des Ic-Offiziers beim Berück Mitte, BA-MA, RW 4/233, 235, 236, 253, RH 22/228.

[36] Der PAO standen z. B. im Rahmen der Kampagne zur Neuen Agrarordnung im Februar/März 1942 eine Millionen Exemplare der Sondernummer ihrer Propagandazeitung »Prawda«, zehn Millionen Flugblätter und knapp 200.000 Plakate zur Verfügung. PAO, Lagebericht Nr. 15, 13. 3. 1942, BA-MA, RW 4/235, fol. 73.

[37] Bericht über die Propagandalage im Osten, 17. 9. 1942, [Verfasser Hadamovsky und Taubert nach einer Dienstfahrt in den RK Ostland und Ukraine sowie den rückwärtigen Heeresgebieten Nord und Mitte], BA, R 55/1434, fol. 16.

[38] 8.145.900 Zeitungen, Zeitschriften, Broschüren, Plakate und sonstiges Material sowie 15.216.000 Flugblätter. Auszüge aus PAW Bericht über Tätigkeiten November 1943-Mai 1944, NAB, 411-1-52, fol. 56. Die PAW produzierte noch in der ersten Junihälfte 1944 über 2,4 Millionen Zeitungen, Flugblätter, Plakate und Broschüren selbst. NAB, 411-1-102, fol. 13 RS, 22 RS, 37 RS. Vgl. auch Angaben in den Wochenberichten der PAW für März/April 1944 in SoM, 1363-5-6, und für Mai 1944 in NAB, 411-1-103.

[39] Siehe Kenn-Nummern PAM 100/44 bis PAM 162/44, vgl. NAB, 370-1-7 bis 16, 1283, 2374, 2376, 2407, 2426. Die Auflagen betrugen im April/Mai 1944 wöchentlich mehrere hunderttau-

Schema 12: Im rückwärtigen Heeresgebiet Mitte (PAW) verbreitetes Propagandamaterial (1941/42)

	Flugblätter	Plakate/ Wandzeitungen/ Leporellos	Broschüren	»Führerbilder« (als Postkarten)	Gesamt
Sept. 1941	370.000	63.000	3.000	2.000	438.000
Okt.	200.000	147.400	7.700	7.500	362.600
Nov.	501.000	169.900	7.865	3.000	681.765
Dez.	221.000	35.580	--	--	256.580
Febr. 1942	2.842.000 (Eigenauflage) 100.000 (OKW-Lieferung)				2.942.000
März	4.400.000 (Eigenauflage) 2.900.000 (OKW-Lieferung)				7.300.000

Quelle: Berück Mitte, Ic, Tätigkeitsberichte September bis November 1941, BA-MA, RH 22/228, fol. 78, 82 f., 90 f.; PAW, Propagandalage- und Tätigkeitsberichte v. Dezember 1941, Februar bis März 1942, BA-MA, RW 4/236, fol. 54, 83, 116, 140, 174.

Besatzungsmacht also, die Propaganda gegenüber der weißrussischen Zivilbevölkerung mit Flugblättern, Plakaten, Broschüren etc. tendenziell auszubauen.

Das Pressewesen wurde ebenfalls kontinuierlich ausgeweitet (siehe Schema 13). Die anfänglichen Planungen Rosenbergs sahen vor, im besetzten Gebiet neben vier deutschen auch »eine Anzahl von Zeitungen in der jeweilig in Betracht kommenden Landessprache« herauszugeben.[40] Dabei sollte es sich nicht um ein umfangreiches Pressewesen handeln, sondern um vereinzelte »Nachrichtenorgane«.[41] Die erste Zeitung, die im besetzten Weißrussland von der deutschen Besatzungsmacht herausgegeben wurde, war die ab Juli 1941 im rückwärtigen Heeresgebiet Mitte einmal wöchentlich er-

---

send Exemplare. Vgl. Referat Aktive Propaganda, Tätigkeitsbericht 27. 4.-3. 5. 1944, (900.000 eigene Flugblätter und Plakate, Lieferung aus Berlin: 37.500 Plakate, 150.000 Broschüren und 2.000 Flugblättern), NAB, 370-1-2426, fol. 13; Propagandaamt Minsk, Abteilung Lager, 2. 5. 1944, ebd., fol. 14, siehe auch fol. 20, 34 f., 53.

[40] In Rosenbergs Russlandakte gefundener Bericht v. 28. 6. 1941 über die Vorbereitungsarbeit für den Osteuropäischen Raum, PS-1039, IMT, Bd. 26, S. 588.

[41] Abschrift, Rosenberg an den RK für das Ostland, Hinrich Lohse, Erste Instruktionen v. 21. 7. 1941, Anlage zu RKO, Abt. II a, an die General- und Gebietskommissare, 20. 8. 1941, NAB, 370- 1-49, fol. 31. Siehe auch RM f. d. bes. Ostgebiete, Die Zivilverwaltung in den besetzten Ostgebieten (Braune Mappe), Teil I: Reichskommissariat Ostland, 3. 9. 1941, LA Schleswig Holstein, Abt. 352 Kiel, Nr. 2261.

scheinende und dreisprachig verfasste »Baranowizkaja Hazeta« (Baranowitscher Zeitung).[42] Zur wichtigsten Publikation entwickelte sich jedoch die in russischer Sprache erscheinende Zeitung »Nowyj Putj« (Neuer Weg). Sie ging aus der Zeitung »Smolenski Wjestnik« (Smolensker Bote) hervor, die ein Voraustrupp der Propagandaabteilung W seit Mitte Oktober »betreut« hatte.[43] Mit ausdrücklicher Unterstützung Schenckendorffs, der die Redaktion und Druckerei am 12. November 1941 persönlich besichtigte, wurde beschlossen, die Zeitung zum »beherrschenden Propagandainstrument im Gebiet des Befehlshabers Rück«[44] auszubauen. Am 1. Dezember kam die erste Ausgabe der »Nowyj Putj« als vierseitige Zeitung in einer Auflage von zunächst 10.000 Exemplaren heraus. Die wöchentliche Gesamtauflage der russischen Zeitungen im rückwärtigen Heeresgebiet lag zu diesem Zeitpunkt zwischen 80.000 und 100.000 Exemplaren.[45] Die Auflage der zweimal wöchentlich erscheinenden »Nowyj Putj« wurde im Laufe der Besatzungszeit kontinuierlich gesteigert und um diverse Nebenausgaben erweitert.[46] Im Sommer 1942 umfasste sie sechs Seiten und enthielt außerdem einmal in der Woche in wechselnder Reihenfolge eine Beilage, die sich speziell an die bäuerliche Bevölkerung wandte, sowie ein »weißruthenisches Blatt« mit Berichten über die Kultur, Literatur, Geographie und Geschichte Weißrusslands.[47] Um die ländliche Bevölkerung zu erreichen, gab die Propagandaabteilung W zusätzlich zweimonatlich die »Besonderen Informationen für die Bürgermeister und Dorfältesten« heraus.[48]

Nach der zur Jahreswende 1941/42 getroffenen Entscheidung, das Pressewesen in den besetzten Ostgebieten stark auszubauen,[49] konzipierte die Propagandaabteilung W ab Frühjahr 1942 zusätzliche, zielgruppenspezifische Zeitungen: Die seit dem 22. März 1942 verbreitete »Kolokol« (Die Glocke) sollte als »Bauernzeitung« die ländliche Bevölkerung beeinflussen;[50] die vierteljährlich erscheinende »Na Perelone« (Zeitwende), deren erste Nummer Ende Februar/Anfang März 1942 herauskam, wandte sich an die »Intelli-

---

[42] Berück Mitte, Ic, Tätigkeitsbericht, Juli 1941, BA-MA, RH 22/228, fol. 72 f. Diese wurde zunächst von der Feldkommandantur Baranowitschi herausgegeben.
[43] Vgl. PAW, Lage- und Tätigkeitsbericht, 1. 11. 1941, BA-MA, RW 4/236, fol. 4 f.
[44] PAW, Tätigkeitsberichte der Gruppen i. d. Z. v. 1.-15. 11. 1941, 14. 11. 1941, BA-MA, RW 4/253, unfol.
[45] Vgl. Angaben in Berück Mitte, Ic, Tätigkeitsbericht November 1941, BA-MA, RH 22/228, fol. 90; PAW, Propagandalage- und Tätigkeitsbericht für die Zeit v. 1.-15. 12. 1941, 16. 12. 1941, BA-MA, RW 4/236, fol. 55.
[46] Zeitweise in Bobruisk, Borissow, Gomel, Kaluga, Klinzy, Mogilew, Orscha und Witebsk.
[47] Vgl. Vertrauliche Ostinformation »Vineta«, Nr. 4, 3. 8. 1942, SoM, 1370-1-56, fol. 290.
[48] PAW, Propagandalage- und Tätigkeitsberichte v. 16. 11.-31. 12. 1941, in BA-MA, RW 4/236, hier insbesondere fol. 8, 54, 83; Wehrmacht-Propaganda-Lagebericht, 16. 12. 1941-15. 1. 1942, BA-MA, RW 4/339, fol. 257 RS. Ein solches Vorgehen war bereits im besetzten Polen erprobt worden, vgl. Jockheck 2006, S. 121 ff.
[49] Zum Kontext siehe Abschnitt 6.1. der vorliegenden Arbeit.
[50] Ihre Auflage stieg binnen kürzester Zeit auf 200.000 Exemplare. Vgl. PAW, Propagandalage- und Tätigkeitsbericht, 15. 1.-31. 1. 1942, BA-MA, RW 4/236, fol. 107; PAW, Tätigkeitsberichte Februar, 5. 3. 1942, und März, 31. 3. 1942, BA-MA, RW 4/236, fol. 136, 168 f.; Berück Mitte, Ic, Tätigkeitsberichte März und Mai 1942, BA-MA, RH 22/243, fol. 22-27, 41-44.

genz«.⁵¹ Im Laufe des Jahres 1942 kamen noch weitere Periodika hinzu, wie »Schkolnik« (Der Schüler) und die in den Betrieben verbreitete »Woroschdienje« (Der Aufbau). In unregelmäßigen Abständen erschienen auch Zeitungen, die sich an Partisanen und ihre vermeintlichen Unterstützer wandten. Diese so genannten Flugzeitungen, die meistens das Format von vierseitigen Flugblättern hatten, wurden in der Regel aus Flugzeugen abgeworfen.⁵² Im September 1942 erschien eine Partisanenzeitung im rückwärtigen Heeresgebiet Mitte 14-tägig mit einer Monatsauflage von 1,7 Millionen Exemplaren.⁵³ Die Gesamtauflage der Presse im rückwärtigen Heeresgebiet Mitte erreichte im Juni 1942 900.000 Exemplare, und einen Monat später bereits zwei Millionen.⁵⁴ Bis Herbst 1943 stieg sie auf 3,5 Millionen Exemplare (bei 6 Millionen Einwohnern).⁵⁵

Im Generalkommissariat Weißruthenien erschienen im September 1941 vier Zeitungen, die sich an die 2,5 Millionen Einwohner richteten: die »Baranowizkaja Hazeta« (Baranowitscher Zeitung), die »Bjelaruskaja Hazeta« (»Weißruthenische« Zeitung), die »Minskaja Hazeta« (Minsker Zeitung) und die »Holos Wioski« (Dorfstimme), und zwar einmal wöchentlich zunächst in Auflagen zwischen jeweils 15.000 bis 20.000 Exemplaren.⁵⁶ Durch die enge Kooperation mit den Wehrmachtspropagandisten kamen zusätzlich deren Periodika zur Verteilung; so gab die Propagandaabteilung O ab August 1941 zweimal wöchentlich die vierseitige »Prawda« heraus.⁵⁷

Nach Angaben des Ostministeriums existierten im April 1942 insgesamt sechs »weißruthenische« Publikationen,⁵⁸ mit einer Auflage von 75.000 Exemplaren. Die weißrussischen und russischen Presseerzeugnisse (13 mit einer Gesamtauflage von 150.000) machten dabei noch den geringsten Anteil der so genannten fremdsprachigen Ostpresse aus, die zu diesem Zeitpunkt insgesamt 127 Zeitungen mit einer Gesamtauflage von über zwei Millionen Exemplaren umfasste. Der Schwerpunkt der Produktion lag – entsprechend den Weisungen des OKW vom Juni 1941 – bei 44 Zeitungen in den baltischen Sprachen (Auf-

---

51 In einer Auflage von 10.000 Exemplaren. Vgl. ebd.
52 Vgl. z. B. die von der PAW herausgegebenen »Nachrichten für Weißruthenien«, vgl. NAB, 370-1-2407, fol. 4 f.
53 So die Angabe in Bericht über die Propagandalage im Osten, 17. 9. 1942, [Verfasser Hadamovsky und Taubert nach einer Dienstfahrt zu den RK Ostland und Ukraine sowie den rückwärtigen Heeresgebieten Nord und Mitte], BA, R 55/1434, fol. 16. Siehe auch Angaben zu den Partisanenzeitungen »Für das Vaterland« (BA-MA, RH 22/244, fol. 5, 17) und »Antworte, Bandit« (NAB, 411-1-103).
54 Vgl. Berück Mitte, Ic, Tätigkeitsbericht Juni 1942, 3. 7. 1942, BA-MA, RH 22/243, fol. 50-54; Berück Mitte, Ic, Tätigkeitsbericht Juli 1942, BA-MA, RH 22/244, fol. 3-6.
55 Vgl. N. N. 1961, S. 6.
56 Vgl. PAO, Lagebericht Nr. 5 v. 15. 10. 1941, BA-MA, RW 4/233, fol. 146; GKW, II a – P Schr/Pa, an die Gebietskommissare, 7. 10. 1941, NAB, 391-1-9, fol. 3.
57 Vgl. Tätigkeitsberichte der PAO, Januar bis August 1942 in BA-MA, RW 4/235. Erste Ausgaben der »Prawda«, BA-MA, RW 4/233 K, K 1-3.
58 Im Juni 1942 sprach Generalkommissar Kube jedoch nur von drei »einheimischen Blättern« (der Baranowitscher Zeitung, der Weißruthenischen Zeitung und der Dorfstimme). Abschrift, GK Minsk, an die Hauptabteilungsleiter, 9. 6. 1942, betr. Propagandistische Auswertung von Presse und Rundfunk, gez. Kube, NAB, 370-1-1273, fol. 23.

lage insgesamt 950.000) und 62 ukrainischen Zeitungen (Auflage 1.000.000). Im Frühjahr 1942 kamen noch je eine polnische und eine tatarische Zeitung (25.000 bzw. 10.000) hinzu.[59] 1943/44 erschienen in den besetzten Ostgebieten zeitweise bis zu 200 fremdsprachige Zeitungen und Zeitschriften.[60]

Die Zivilverwaltung in Minsk schuf vor allem im Laufe des Jahres 1943 neue Periodika. Im Zusammenhang mit der Gründung einheimischer Organisationen entstanden die Jugendzeitschrift des Weißruthenischen Jugendwerkes »Zywie Bielarus!« (Es lebe Weißruthenien) oder die an die Mitglieder der Schutzmannschaften gerichtete »Bielarusj na Wartje« (Weißruthenien auf der Wacht).[61] Im gleichen Jahr wurde auch die regionale Presse ausgebaut.[62] Dennoch rissen die Klagen nicht ab, dass der Zeitungsbedarf bei weitem nicht gedeckt würde.[63] Entsprechende Anstrengungen führten dazu, dass Mitte 1944 im Generalkommissariat Weißruthenien insgesamt sechzehn weißrussische und russische Periodika existierten: elf Zeitungen mit einer wöchentlichen Auflage von etwa 350.000 und fünf Zeitschriften mit einer Monatsauflage von etwa 105.000 Exemplaren. Als Nachrichtendienst für die einheimischen Redaktionen erschien ab Frühjahr 1943 zudem die »Weißruthenische Korrespondenz«.[64] Planungen für weitere Periodika[65] wurden durch die Offensive der Roten Armee und die Befreiung Weißrusslands durchkreuzt.

Probleme bei der Propaganda mit Printmedien ergaben sich für die deutsche Besatzungsmacht hauptsächlich bei der Verbreitung. Angesichts des eigenen Personalmangels stellte sich immer wieder die Frage, wie die Flugblätter, Broschüren oder Zeitungen ihre Adressaten erreichen sollten. Auflagendefizite versuchten die Propagandisten damit auszugleichen, dass das Propagandama-

---

59 Vgl. RMO, Abteilung Presse und Aufklärung, Lagebericht über die Ostpropaganda, 18. 4. 1942, BA, R 6/192, fol. 39; OKW 144/41 g. Kds. Chefs./WFSt/WPr, Juni 1941, Weisungen für die Handhabung der Propaganda im Fall »Barbarossa«, BA-MA, RW 4/578, fol. 38. Taubert und Hadamovsky berichteten im September 1942 von insgesamt 47 Zeitungen im RKO mit einer wöchentlichen Auflage von 4.520.000 Exemplaren. Bericht über die Propagandalage im Osten, 17. 9. 1942, [Verfasser Hadamovsky und Taubert nach einer Dienstfahrt zu den RK Ostland und Ukraine sowie den rückwärtigen Heeresgebieten Nord und Mitte], BA, R 55/1434, fol. 12.

60 Siehe Aufstellungen in Lagerverzeichnis der Abt. Ost, BA, R 55/1299, fol. 279 ff., 288 ff. Eine Aufstellung auch als Dokumentenauszug in Buchbender 1978, S. 336 ff.

61 Vgl. Verzeichnis der Zeitungen des GK Minsk (Ende 1943), NAB, 370-1-9, fol. 10.

62 Siehe Schema 13 der vorliegenden Arbeit.

63 Vgl. RMO, Abt. Presse u. Aufklärung/Gruppe Aktivpropaganda, Propaganda-Dienst Nr. 2, [Juli 1942], IfZ, Da 46.06, unfol.; Vertrauliche Ostinformation »Vineta« Nr. 15, 18. 8. 1942, SoM, 1370-1-56, fol. 224 ff.; Protokoll der Tagung der Gebietskommissare, Hauptabteilungsleiter und Abteilungsleiter des GK in Minsk v. 8. 4.-10. 4. 1943, NAB, 370-1-1264, fol. 110 f.; Leiter der Pressestelle beim GK Weißruthenien [Eschenhagen], betr. Übersicht über das Pressewesen in Weißruthenien, 10. 5. 1944, NAB, 370-1-2426, fol. 68 f.; Eschenhagen, an ORR Rienhard, 28. 8. 1944, Anlage: Bericht über das Pressewesen im Generalbezirk Weißruthenien v. 19. 8. 1944, BA-MA, FPF 01/7869, fol. 1539.

64 Vgl. ebd., fol. 1532-1545. Ausgaben der Weißruthenischen Korrespondenz finden sich u. a. in: NAB, 370-1-7; 370-1-1325; 370-1-2380.

65 Vgl. Eschenhagen, an ORR Rienhard, 28. 8. 1944, Anlage: Bericht über das Pressewesen im Generalbezirk Weißruthenien v. 19. 8. 1944, BA-MA, FPF 01/7869, fol. 1532-1545.

Schema 13: Die Entwicklung des Pressewesens im besetzten Weißrussland (1941-1944)*

Name/Erscheinungsort/Zielgruppe (soweit spez.)	Hrsg.	Sprache/ Erscheinungsweise	Erste Ausgabe (bzw. erste Erwähnung)	Auflagen
Baranowizkaja Hazeta (Baranowitscher Zeitung), Baranowitschi	FK Baranowitschi	wr. 1 x wö.	Juli 1941	April/Juli 1943: 30.000 Ende 1943: 35.000 (geplant 50.000)
»Bilderzeitschrift« (Illustrierte Zeitschrift)			Juni 1942	Juni 1942: 30.000
Bjelaruskaja Hazeta (Weißruthenische Zeitung), Minsk	GK Minsk	wr. 2 x wö. (4 S.)	September 1941	April/Dez. 1943: 70.000 Juni 1944: 80.000
Bjelaruskaja Sestra (Weißruthenische Schwester), Minsk *Feldscherinnen, Schwesternschaft Minsk*	GK Minsk	wr. 1 x monatl.	etwa März 1944	Juni 1944: 1.000
Bjelaruskaja Slowo	PAW (Lepel)	wr.	Nov./Dez. 1943	
Bjelarusj na Wartje (Weißruthenien auf der Wacht), Minsk *Schutzmannschaften, Heimatwehr*	GK Minsk	wr., 1 x monatl. (16 S.) So 1944: 2 x monatl.	Ende 1943	Ende 1943: 30.000 Juni 1944: 35.000
Bitsch (Die Geißel) (Satirische Zeitung)	PAW	1 x monatl.	Juni 1942	Juni 1942: 20.000 Okt. 1942/April 1943: 40.000 August 1943: 70.500
Bojewoi Putj *RONA*	PAW, Staffel Lepel	5-tägig	Nov./Dez. 1943	10.000
Dobrovolez (Der Freiwillige) *Freiwillige, Hiwis*	Berlin/ regional	russ. 1 x wö.		April 1943: 20.000
Golos Narodna *RONA*	PAW, Staffel Lepel	5-tägig	Nov./Dez. 1943	Nov./Dez. 1943: 10.000 Juni 1944 (Nr. 10): 30.000
Hazeta Sluzcniny (Sluzker Zeitung)		wr. 1 x wö. (4 S.)	15. 3. 1943	April 1943: 3.000 Ende 1943/Juni 1944: 12.000
Holos Wioski (Dorfstimme), Minsk *Landbevölkerung*	GK Minsk	wr. 1 x wö. (8 S.)	September 1941	Okt. 1941: 20.000 April 1943: 50.000 Dez. 1943/Juni 1944: 40.000

Name/Erscheinungsort/Zielgruppe (soweit spez.)	Hrsg.	Sprache/ Erscheinungsweise	Erste Ausgabe (bzw. erste Erwähnung)	Auflagen
Kolokol (Die Glocke) *Landbevölkerung*	PAW	vierteljährlich	22. 3. 1942	Frühjahr 1942: 155.000 Juli 1942/April 1943: 200.000
Kosak, Nowogrodek *Kosaken*		russ. 1 x wö.	Juni 1944	Juni 1944: 5.000
Lidski Tydniowik (Lidaer Wochenblatt)		1 x wö.	Ende 1943 geplant	Juni 1944: 4.000
Minskaja Hazeta, (Minsker Zeitung)	GK Minsk			Okt. 1941: 15.000
Nachrichten aus der befreiten weißruthenischen Heimat, Minsk	GK Minsk	unregelm. (Flugzeitung)	Juni 1943 Sept. 1943 (Nr. 3)	Sept. 1943: 500.000 April/Mai 1944: 300.000
Na Perelone (Der Umbruch) *Intelligenz*	PAW	vierteljährlich	März 1942	März 1942: 10.000 Okt. 1942- 1944: 20.000
Nascha Praza (Unsere Arbeit), Minsk *Arbeiter*	GK Minsk, Wr. Berufsverb.	wr. 1 x monatl.		Juni 1944: 4.000
Nascha Slowa (Unser Wort)	PAW	ukr., russ. 2 x wö.	Juni 1944 (Nr. 3)	Juni 1944: 50.000 Juni 1944: 15.000 (Brest)
Na strashe rodinyj (Auf der Heimatwacht), Bobruisk *Schutzmannschaften, Heimatwehr*		russ.		
Nordkaukasische Zeitung, Slonim *»Flüchtlinge« aus dem Kaukasus*	GK Minsk			Juni 1944: 3.000 (geplant: 9.000)
Nowaja Schisnj (Neues Leben) (Illustrierte Zeitschrift)	PAW	1 x monatl.	Okt. 1942	Okt. 1942/April 1943: 50.000 August 1943: 65.000 März 1944: 55.000 Juni 1944: 69.400

3. Mittel und Logistik der Propaganda (1941-1944) 121

Name/Erscheinungsort/Zielgruppe (soweit spez.)	Hrsg.	Sprache/ Erscheinungsweise	Erste Ausgabe (bzw. erste Erwähnung)	Auflagen
Nowyj Putj (Neuer Weg)	PAW			Okt. 1941: 3.000 Nov. 1941: 8.000 (noch als Smolenski Wjestnik)
Zentralausgabe (Smolensk, später Baranowitschi)		russ. 2 x wö.	1. Dez. 1941	Dez. 1941/Feb. 1942: 11.000 April 1943: 40.000 August 1943: 21.500 Juni 1944: 14.000 März 1944: 30.000 April 1944: 13.000/20.000
Nebenausgaben: Bobruisk		1 x wö.	Juli 1942	Juli 1942: 40.000 August 1942: 65.000
Borissow		1 x wö.		April 1943: 43.000
Gomel		1 x wö.		April 1943: 30.000/50.000 Aug. 1943: 80.000
Kaluga		russ.	29. 11. 1941	34.000 (bei Rückzug Dez. 1941 wieder eingestellt)
Klinzy		2 x wö.	Dez. 1941	Dez. 1941: 5.000 Feb. 1942: 20.000 April 1943: 31.000
Mogilew		2 x wö.	Dez. 1942	Dez. 1942/April 1943: 20.000
Orscha		1 x wö.		August 1942: 30.000 April 1943: 33.000
Tscherwen		1 x wö		August 1943: 4500 April 1944: 4.000-4.500
Witebsk		russ. 2 x wö.	Sept. 1941	(Nov. 1941: 7.000, als Witebskije Wedomosti) Feb. 1942: 10.000 März 1942: 13.000
Witebsk, Dorfausgabe der Nowy Putj		3 x monatl.	Aug. 1942	Aug. 1942: 10.000
Nowyi Schljach (Der neue Weg), Minsk	GK Minsk	wr.	Sept. 1942	Sept. 1942: etwa 1.300
Pahonia (Baranowitschi)		wr. 2 x monatl.	April 1944 (Nr. 24, 25)	März 1944 23.-43.000 April 1944: 23.500 Juni 1944 (Nr. 44, 45): 23.500
Pinskaja Hazeta (Pinsker Zeitung)		ukr., russ. 1 x wö.		Juni 1944: 8.000

Name/Erscheinungsort/Zielgruppe (soweit spez.)	Hrsg.	Sprache/ Erscheinungsweise	Erste Ausgabe (bzw. erste Erwähnung)	Auflagen
Plug i Metsch (Pflug und Schwert) *Wehrdörfer*	PAW	wr. 1 x wö.	Anfang 1944	1944: 20.000-22.000
Poslednie Istwestija (Letzte Nachrichten)	AOK 4	russ. täglich	Okt. 1943	Dez. 1943: etwa 1.000
Prawda, Riga (Die Wahrheit)	PAO	russ., 2 x, ab Frühjahr 1942 3 x wö.	August 1941	Okt. 1941:225.000 (vermutlich Gesamtauflage) Januar 1942: 30.000 April 1944: 7.950
Rjetsch (Die Rede), Bobruisk		russ.		
Rulj (Das Steuer), Minsk »*Flüchtlinge*«	PAW/zentral?	russ. 2 x wö.	Frühjahr 1943	August 1943:155.000 Dez. 1943: 160.000 März 1944: 200.000/220.000 April 1944: 125.000/140.000 Juni 1944: 165.000/190.000
Sa Prawdu (Für die Wahrheit)		wr. 1-2 x wö.	(Ende 1943 geplant)	Juni 1944: 5.000
Sa Rodinu (Für die Heimat) *Hiwis, Freiwillige*		russ. (1 x täglich?) (2 x monatl.?)		Juni 1944: 14.500 April 1944: 85.000
Sa Swobodu (Für die Freiheit)	PAW	russ. 1 x wö		April 1943: 50.000 August 1943: 10.000
Schkolnik (Der Schüler) *Jugend, Schüler*	PAW	russ. 1-2 x monatl.		Okt. 1942-April 1943: 45.000 August 1943: 55.000
Sewernoje Slowo (Das nördliche Wort), Bobruisk		russ.		
Shalo (Der Stachel), Bobruisk		russ.		
Shiwoje Slowo (Das lebendige Wort), Bobruisk		russ.		
Skola i Wospitanie (Schule und Erziehung) *Lehrer*	PAW	russ.		August 1943: 6.500

3. Mittel und Logistik der Propaganda (1941-1944)

Name/Erscheinungsort/Zielgruppe (soweit spez.)	Hrsg.	Sprache/ Erscheinungsweise	Erste Ausgabe (bzw. erste Erwähnung)	Auflagen
Zywie Bielarus! (Es lebe Weißruthenien), Minsk *WJW, Jugend*	GK Minsk	wr. 1 x monatl. (16 S.)	Oktober 1943	Herbst 1943: 2.500 Juni 1944: 25.000 (?)
Slonimskaja Hazeta (Slonimer Zeitung)		wr. 1 x wö.	Ende 1943	Ende 1943: 15.000 Juni 1944: 15.000
Uswisha (Die Höhe), Minsk *Kulturzeitschrift*	GK Minsk	wr. alle 2 Monate	nach langem Aussetzen wieder am 10. 6. 1944	Juni 1944: 5.000
Woroschdienje (Der Aufbau) *Arbeiter, Betriebszeitung*	PAW	russ. 1 x monatl.	Juni 1942	Juni 1942: 20.000 Okt. 1942: 45.000 April 1943: 50.000

* Diese Aufstellung kann nur als Annäherung betrachtet werden, die einen ersten Überblick über die Vielfalt der einheimischen Presse im GKW und im östlichen Weißrussland unter Militärverwaltung bieten soll. So sind z. B. die Angaben zu den Auflagen in den Dokumenten oft widersprüchlich und nicht zu überprüfen, auch das regelmäßige Erscheinen ist zu bezweifeln.

Quelle: Lagerverzeichnis der Abt. Ost, BA, R 55/1299; Wehrmacht-Propaganda-Lageberichte, BA-MA, RW 4/399 u. 340; Tätigkeitsberichte Berück Mitte, Ic, in BA-MA, RH 22/228, 22/243, 22/244; PAO, Lageberichte, in BA-MA, RW 4/235; PAW, Lage- und Tätigkeitsberichte, in BA-MA, RW 4/236, 4/236, 4/253; PAW, Nebenstelle Mogilew, an die 3./PAW Orscha (über 286. Sich.Div.), 22. 12. 1942, betr. Monats- und Stimmungsbericht, NAB, 411-1-11, fol. 20-24; Hauptmann Groß, WPrO beim WBfh. Ostland, an Wedel, Chef WPr, 17. 7. 1943, BA-MA, RW 4/309b, fol. 149 RS; Abschlussbericht des Pressereferenten Gleixner für die Zeit v. 1. 4.-1. 6. 1943, NAB, 370-1-392, fol. 4-9; Anfrage Propaganda-Abt. RKO an GK Minsk, 20. 5. 1943, Bitte um Aufstellung v. Zeitungen und Zeitschriften sowie Antwortschreiben, in NAB, 370-1-1310, fol. 6 ff.; Vertrauliche Ostinformation »Vineta«, Nr. 4, 3. 8. 1942, SoM, 1370-1-56, fol. 290; Vertrauliche Ostinformation »Vineta« Nr. 15, 18. 8. 1942, SoM, 1370-1-56, fol. 224 f.; Verzeichnis der weißruthenischen Zeitungen des GK Minsk, (etwa Ende 1943), NAB, 370-1-9, fol. 10; GKW, Abt. Jugend, Schu./Sch., an Druckerei der Minsker Zeitung, 4. 10. 1943, Auftrag zur Drucklegung der »Weissruthenischen Jugendzeitschrift«, NAB, 370-1-1284, fol. 100; PAW, Gruppe Presse, 6. 2. 1944, Inhaltsangabe »Rulj« Nr. 110 v. 6. 2. 1944, NAB, 411-1-108, fol. 1; Aktenvermerk über die Unterredung mit Frau Poworodnaja, Inspektorin für Kinderanstalten mit Referent K. Schwingel, 15. 3. 1944, betr. Herausgabe der politisch ausgerichteten Schülerzeitschrift, NAB, 370-1-24, fol. 20 ff.; PAW, Inhaltsangabe »Plug i Metsch«, Nr. 8 v. 13. 5. 1944, NAB, 370-1-2387, fol. 36; Fernschreiben HDVM/PR 3958, an OKW/WPr I d, v. 23. 6. 1944, NAB, 411-1-102, fol. 1, vgl. ebd. fol. 24; Bericht des Leiters der Pressestelle (Eschenhagen) auf der Tagung der Gebietspropagandareferenten in Minsk am 10./11. 6. 1944, NAB, 370-1-1290, fol. 73 ff.; Eschenhagen, an ORR Rienhard, 28. 8. 1944, Anlage: Bericht über das Pressewesen im Generalbezirk Weißruthenien v. 19. 8. 1944, BA-MA, FPF 01/7869, fol. 1532-1545.

terial möglichst vielen Personen bekannt gemacht wurde. Dies geschah beispielsweise über die systematische Instandsetzung und Neuerrichtung von Anschlagtafeln in den Dörfern – oftmals eine der allerersten Maßnahmen – und Betrieben. Einrichtung und Aktualisierung delegierten die Deutschen an das einheimische Verwaltungspersonal. Dieses wurde zudem verpflichtet, Publikationen öffentlich zu verlesen.[66] Die Verteilung bzw. Weiterleitung von Propagandamaterial und den Verkauf von Zeitungen übernahmen im rückwärtigen Heeresgebiet Mitte zunächst die Sicherungsdivisionen sowie die Feld- und Ortskommandanturen.[67] Der Versuch der Propagandaabteilung W im November/Dezember 1941 einen unabhängigen, einheimischen Staffettendienst zur Verbreitung der Zeitung »Nowyj Putj« einzurichten, erwies sich als undurchführbar. Die Verteilung des Materials blieb auch weiterhin abhängig von der Mitwirkung der militärischen Einheiten.[68] Als diese im Winter aufgrund der militärischen Entwicklung verlegt wurden, brach die Versorgung der ländlichen Gebiete fast vollständig zusammen. Die Lage besserte sich erst mit dem Aufbau der Propagandastaffeln im Frühjahr 1942.[69]

Obwohl die Militärverwaltung zu diesem Zeitpunkt – anlässlich der beginnenden Propagandaoffensive[70] – alle Propagandaeinheiten mobilisierte,[71] blieben die Probleme immens.[72] Um eine »lückenlose Erfassung der sehr großen Räume« zu gewährleisten, ordnete das OKW deshalb Anfang April 1942 die »engste Zusammenarbeit« der Propagandatruppen mit allen deutschen Dienststellen an, die »mittelbar oder unmittelbar an der Beeinflussung der Bevölkerung teilnehmen« könnten.[73] Dies betraf vor allem die Wirtschaftsverwaltung: die Dienststellen des Wirtschaftsstabs Ost sollten einen Teil des Propagandamaterials verteilen; die Wehrmachtspropagandisten wiederum deren Arbeiter- und Bauernversammlungen als Forum für ihre Aktivitäten nutzen.[74] Solche Kooperationen, z. B. beim Transport von Zeitungen und anderem Propagan-

---

[66] Vgl. Sich.Div. 221, Abt. Ic Nr. 8/42 geh., Tätigkeitsbericht des Ic v. 10. 5. 1941-14. 12. 1941, BA-MA, RH 26-221/70, unfol.; Berück Mitte, Ic, Tätigkeitsberichte September, Oktober, November, BA-MA, RH 2/228, fol. 77 ff., 80 ff., 90; PAW, Mitteilungs- und Verordnungsblatt Nr. 6, 15. 4. 1942, NAB, 411-1-6, fol. 14. Für das GK Weißruthenien vgl. GK f. Weißruthenien, Abt. II a - A, (gez. Kube), 19. 9. 1941, betr. Propagandamaßnahmen, NAB, 370-1-1, fol. 1 f.; Vertrauliche Ostinformation »Vineta« Nr. 15, 18. 8. 1942, SoM, 1370-1-56, fol. 224 ff.

[67] Berück Mitte, Ic, Tätigkeitsbericht, Juli 1941, BA-MA, RH 22/228, fol. 72 f.

[68] Vgl. Anlagen 14, 15, 16 und 27 zu Sich.Div. 221, Abt. Ic Nr. 8/42 geh., Tätigkeitsbericht des Ic v. 10. 5. 1941-14. 12. 1941, BA-MA, RH 26-221/70, unfol.

[69] PAW, Propagandalage- und Tätigkeitsbericht v. 15.-31. 1. 1942, BA-MA, RW 4/236, fol. 113; PAW, Tätigkeitsbericht März, 31. 3. 1942, BA-MA, RW 4/236, fol. 174.

[70] Vgl. hierzu Abschnitt 6. der vorliegenden Arbeit.

[71] Vgl. PAW, Propagandalage- und Tätigkeitsbericht, 1. 2.-15. 2. 1942, BA-MA, RW 4/236, fol. 115.

[72] Berück Mitte, Ic, Tätigkeitsbericht März 1942, 10. 4. 1942, BA-MA, RH 22/243, fol. 24 f. Vgl. auch PAW, Mitteilungs- und Verordnungsblatt Nr. 6, 15. 4. 1942, NAB, 411-1-6, fol. 13 f.

[73] OKW Nr. 2995/42 WFSt/WPr (AP3), 4. 4. 1942, betr. Zusammenarbeit der Propagandatruppen mit den Dienststellen des Wirtschaftsstabs Ost, gez. Wedel, BA-MA, RH 19 III/483, fol. 101-103.

[74] Einen entsprechenden Befehl für die »gemeinsame Propagandaarbeit« gab der WiStab Ost an die ihm unterstellten Dienststellen. Vgl. ebd.

damaterial, waren bereits Ende 1941 gängige Praxis.[75] Im Sommer 1942 vertrieb die Wirtschaftsinspektion Mitte nicht nur die so genannte Betriebszeitung »Woroschdienje« (Der Aufbau), sie verteilte darüber hinaus auch eigenständig Flugblätter und anderes Propagandamaterial[76] – vor allem im Zusammenhang mit der Rekrutierung von Arbeitskräften.[77]

Trotzdem stellte gerade die propagandistische »Erfassung« der Landbevölkerung die Besatzungsmacht vor fast unlösbare Schwierigkeiten: Schlechte Straßenverhältnisse, die Witterungsbedingungen, Fahrzeugmangel und die kontinuierlich wachsende Partisanenbewegung schränkten die Mobilität der Besatzer stark ein.[78] Auch wurde das deutsche Propagandamaterial immer wieder abgerissen und vernichtet.[79] Auf der Suche nach Lösungen für diese Probleme wurde nach und nach fast der gesamte militärische, zivile und einheimische Verwaltungsapparat in die Propagandaarbeit mit einbezogen. So wies die Organisation Todt (OT) Anfang September 1942 ihre regionalen Vertretungen an, die Propagandaaktivitäten zu unterstützen. Die Mitarbeiter der Einsatzgruppe Russland-Mitte der OT versorgten in Kooperation mit den Propagandastaffeln alle Außenstellen mit Propagandamaterial und Plakaten.[80] Zudem wurden die Außendienstmitarbeiter verpflichtet – bei der im Juni 1942 eingesetzten »Frontführung Weißruthenien« der OT immerhin 980 Personen –, bei »jeder Dienstfahrt und jeder sonstigen Gelegenheit« bei der Verteilung des Materials mitzuwirken.[81]

Im Generalkommissariat Weißruthenien kam es ebenfalls zu Institutionen übergreifenden Kooperationen: Die Zivilverwaltung und die Staffel Weißruthenien der Propagandaabteilung O arbeiteten eng zusammen.[82] Darüber

---

[75] Vgl. Wirtschaftsinspektion Mitte, Chefgruppe La, Fachliche Weisung Nr. 40, 24. 11. 1941, NAB, 412-1-19, fol. 3.
[76] Vgl. PAW, Mitteilungs- und Verordnungsblatt, Nr. 12, 14. 7. 1942, NAB, 411-1-6, fol. 67.
[77] Zu diesem Aspekt siehe Abschnitt 6.4. der vorliegenden Arbeit.
[78] Vgl. beispielhaft GKW, II a – A Dr. Ku/Pa, an Gebietskommissare, betr. Lautsprecheranlagen, 28. 10. 1941, NAB, 391-1-9, fol. 7; PAW, Propagandalage- und Tätigkeitsbericht v. 15.-31. 1. 1942, BA-MA, RW 4/236, fol. 114; 221. Sich.Div., Abt. Ic Nr. 768/43, Tätigkeitsbericht v. 1. 1.-31. 8. 1943, 19. 11. 1943, Anlage 44 u. 45, BA-MA, RH 26-221/76, unfol.; Aufbaustab des Propagandaamtes für Weißruthenien, betr. Lagebericht, 10. 12. 1943, NAB, 370-1-1277, fol. 13.
[79] Vgl. PAW, Staffel Polozk, Nebenstelle Polozk, 16. 1. 1943, Tätigkeits- und Lagebericht, NAB, 411-1-50, fol. 5; Stadtkommissar Minsk [Janetzke], Lagebericht für die Monate Juli-September 1942, 30. 9. 1942, NAB, 370-1-473, fol. 5; Protokoll der Tagung der Gebietskommissare, Hauptabteilungsleiter und Abteilungsleiter des GK in Minsk v. 8. 4.-10. 4. 1943, NAB, 370-1-1264, fol. 109.
[80] Organisation Todt, Einsatzgruppe Russland Mitte, Befehl Nr. 4 an alle Frontführer, betr. Verstärkung der Propaganda innerhalb der russischen Bevölkerung, 19. 9. 1942, NAB, 370-2-108, fol. 46.
[81] OT, Einsatz Weißruthenien, Frontführung L, Tätigkeitsbericht, 12. 10. 1942, NAB, 379-2-108, fol. 52. Siehe auch entsprechende Rückmeldungen einzelner Einheiten im Oktober 1942, in: NAB, 379-1-46. Zum Einsatz der Propaganda gegenüber den von der OT eingesetzten Arbeitern, vgl. Organisation Todt, Einsatzgruppe Russland Mitte, Richtlinien zur Behandlung und Betreuung der russischen Arbeitskräfte, 16. 12. 1942, NAB, 379-2-108, fol. 75.
[82] Im September 1941 einigten sie sich z. B. bezüglich einer anstehenden Propagandakampagne darauf, dass die 707. Infanteriedivision das Benzin und die zivile Behörde ihre Fahrbereitschaft zur Verfügung stellten. Vgl. PAO, Lagebericht Nr. 4 , 29. 9. 1941, BA-MA, RW 4/233, fol. 119.

hinaus wurden die in Minsk stationierten Kräfte der Luftwaffe, die OT sowie Schutzpolizei und Gendarmerie in die Propagandaarbeit mit einbezogen[83] – ebenso wie die einheimischen Organisationen.[84] Mit der Reichsbahndirektion wurde Mitte 1942 vereinbart, dass in »besonders bandengefährdeten Gebieten« die »Streuung [von Propagandamaterial, B. Q.] von den Zügen aus erfolgt«.[85]

Trotzdem blieb die »Erfassung« der Landbevölkerung ein Problem, das die Besatzungsmacht letztlich nie lösen konnte.[86] Noch im Mai 1944 wurde beklagt, dass Zeitungen nur »sehr selten oder aber mit viel Verspätung auf das flache Land hinauskommen« würden.[87] Die Verteilung der Presseerzeugnisse erfolgte zu diesem Zeitpunkt über den Zeitungsvertrieb Weißruthenien bzw. die Zweigstelle Minsk der Pressevertrieb GmbH.[88] Angesichts dieser Schwierigkeiten wurden Flugzeuge – sowohl im zivil- als auch im militärverwalteten Gebiet – zum wichtigsten Hilfsmittel bei der Verbreitung von Propagandamaterial; sofern diese zur Verfügung standen, warfen die Deutschen aus ihnen massenhaft Flugblätter und Zeitungen über schwer erreichbaren Regionen ab.[89]

3.2. Fotografien, Bild-Serien und Ausstellungen

Die deutschen Propagandisten nutzten auch Fotografien als Propagandamedium. Bereits kurz nach ihrem Eintreffen organisierte die Propagandaabteilung W einen »Bilderaushangdienst« aus mitgebrachtem Archivmaterial.[90] Zudem versorgte sie ihre Verbindungsoffiziere in den Sicherungsdivisionen regelmäßig mit hunderten von »Bildern zum Zeitgeschehen«.[91] Etwa ab Ende 1941 produzierte das Generalreferat Ostraum kontinuierlich den »Aushangbilderdienst Deutschland«, der Fotos über die Verhältnisse im »Dritten Reich« zeigte (im Format 18x24 cm) sowie Sonder-Bildserien zu einzelnen

---

[83] Vgl. PAO, Lagebericht Nr. 7, 15. 11. 1941, BA-MA, RW 4/234, fol. 33; PAO, Lagebericht Nr. 9, 15. 12. 1941, BA-MA, RW 4/234, fol. 87; PAO, Lagebericht Nr. 11 v. 15. 1. 1942, fol. 24; PAO, Stimmungsbericht Nr. 19, 2. 6. 1942, BA-MA, RW 4/235, fol. 158.

[84] Beispielsweise sollte das Weißruthenische Selbsthilfewerk den Vertrieb von 60.000 Exemplaren der Zeitung »Nowyj Putj« übernehmen. PAO, Stimmungsbericht Nr. 19, 2. 6. 1942, BA-MA, RW 4/235, fol. 158.

[85] Ebd., fol. 159.

[86] RMO, Abt. Presse u. Aufklärung/Gruppe Aktivpropaganda, Propaganda-Dienst Nr. 2, [Juli 1942], IfZ, Da 46.06, unfol.

[87] Referent Rundfunk [Koderisch], Bericht über den Rundfunk, 8. 5. 1944, NAB, 370-1-12, fol. 23.

[88] Vgl. Leiter der Pressestelle, 10. 5. 1944, betr. Übersicht über das Pressewesen in Weißruthenien, NAB, 370 1 2426, fol. 71.

[89] Vgl. die im Frühjahr erfolgende grundsätzliche Anweisung OKW, WFSt/WPr (AP) Nr. 2948/42, an Hg. Nord, Mitte, Süd, 26. 3. 1942, betr. Flugblattabwurf über Partisanengebieten, BA-MA, RH 19 III/483, fol. 105. Nach der Berichterstattung aus dem besetzten Weißrussland wechselten sich Phasen des Mangels an Flugzeugen mit Phasen einer relativ guten Versorgung ab.

[90] Vgl. PAW, Tätigkeitsberichte der Gruppen i. d. Z. v. 1. 11.-15. 11. 1941, BA-MA, RW 4/253, unfol.

[91] Vgl. PAW, Propagandalage- und Tätigkeitsbericht von November 1941 bis Frühjahr 1942, in: BA-MA, RW 4/236, insbesondere fol. 5, 10, 55, 84, 97, 170.

Themen.[92] Diese Bilder wurden im besetzten Gebiet an Anschlagtafeln, in Schaukästen oder Schaufenstern präsentiert.[93] Ab 1943 setzten insbesondere die einheimischen »Hilfspropagandisten« und Redner auch Lichtbildvorträge ein. Berlin lieferte die entsprechenden Vorführapparate – bis Februar 1944 insgesamt 325 dieser so genannten Bildwerfer – und diverse »Bildbänder« zu verschiedenen Themen.[94] Die Propagandaabteilung beim Generalkommissar in Minsk verfügte im April 1943 über ihre ersten acht »Bildwerfer«.[95]

Zur Jahreswende 1941/42 begann die Propagandaabteilung W in kleineren Städten und Landgemeinden Wanderausstellungen zu zeigen.[96] Und auch die Propagandaabteilung O bzw. deren Staffel Weißruthenien organisierte ab März 1942 mehrere Ausstellungen.[97] In Minsk wurden bis November 1942 zusätzlich zwei größere Kunstausstellungen gezeigt, eine weitere war für Mai 1943 geplant.[98] In Berlin konzipierte man verschiedene Grundformen, unter anderem Groß- bzw. Wanderausstellungen, Werkwanderschauen für Betriebe oder auch mobile Freiluft-Ausstellungen.[99] Die Propagandisten konnten mindestens 35 Ausstellungen zu verschiedenen Themen bestellen.[100] Darüber hinaus kam auch der so genannte Ausstellungszug »Deutschland« zum Einsatz, der aus einem entsprechend eingerichteten Lastwagen mit zusätzlichem Hänger bestand. Er traf im Juni 1942 in Smolensk ein und wurde danach in verschiedenen Städten im militär- und zivilverwalteten Gebiet eingesetzt: im Juli und August war er in Orscha, Mogilew, Gomel, Tscherikow-Kritschau, in der Nähe von Roslawl, sowie in Bobruisk und Baranowitschi. In diesen Städten organisierten die Propagandisten dann jeweils ein ausführliches Rahmenprogramm mit Versammlungen und Filmvorführungen.[101]

---

[92] Bis 1944 über 90 Serien. Vgl. Lagerverzeichnis der Abt. Ost, BA, R 55/1299, fol. 300 ff. Als Dokumentenauszug auch in Buchbender 1978, S. 339 f.
[93] Vgl. z. B. PAW, Propagandalage- und Tätigkeitsberichte Oktober bis Dezember 1941 und Januar 1942, BA-MA, RW 4/236, fol. 5, 16, 55 f., 97; PAW, Tätigkeitsberichte der Gruppen i. d. Z. v. 1. 11.-15. 11. 1941, BA-MA, RW 4/253, unfol.; PAO, Stimmungsbericht Nr. 21, 5. 9. 1942, BA-MA, RW 4/235, fol. 197.
[94] Vgl. Lagerverzeichnis der Abt. Ost, mit inhaltlichen Angaben zu zehn einzelnen Bildbändern, BA, R 55/1299, fol. 301 ff.; Leiter Ost, Ref. Kurtz, an Staatssekretär, 8. 2. 1944, betr. Herstellung von Bildbändern, BA, R 55/564, fol. 111 f.
[95] Vgl. Referat Schröter, in Protokoll der Tagung der Gebietskommissare, Hauptabteilungsleiter und Abteilungsleiter des GK in Minsk v. 8. 4.-10. 4. 1943, NAB, 370-1-1264, fol. 108.
[96] Vgl. PAW, Propagandalage- und Tätigkeitsbericht, 1. 12.-15. 12. 1941, BA-MA, RW 4/236, fol. 54; Wehrmacht-Propaganda-Lagebericht, 16. 12. 1941-15. 1. 1942, BA-MA, RW 4/339, fol. 257 RS.
[97] Vgl. PAO, Lageberichte Nr. 15 v. 13. 3. 1942, Nr. 18 v. 4. 6. 1942, Nr. 19 v. 2. 7. 1942 und Nr. 20 v. 7. 8. 1942, BA-MA, RW 4/235, fol. 74, 94 f., 146, 158 f., 180, 183.
[98] Vgl. Stadtkommissar Minsk, 3. 12. 1942, Lagebericht für die Monate Oktober und November 1942, NAB, 370-1-473, fol. 20.
[99] Vgl. Lagerverzeichnis der Abt. Ost, BA, R 55/1299, fol. 225; RMO, Abt. Presse u. Aufklärung/Gruppe Aktivpropaganda, Propaganda-Dienst Nr. 2, [Juli 1942], IfZ, Da 46.06, unfol.
[100] Vgl. Lagerverzeichnis der Abt. Ost, BA, R 55/1299.
[101] Vgl. Auszug aus dem Tätigkeitsbericht (Juni 1942) des Berück Mitte, BA-MA, RW 4/237, fol. 9 f.; Berück Mitte, Ic, Tätigkeitsberichte Juli und August 1942, BA-MA, RH 22/244, fol. 3-6, 15-18; PAO, Stimmungsbericht Nr. 21, 5. 9. 1942, BA-MA, RW 4/235, fol. 196. Zum Einsatz in Baranowitschi vgl. auch PAO, Lagebericht Nr. 15 v. 13. 3. 1942, BA-MA, RW 4/235, fol. 94 f.; N. N. 1965a, S. 41-47.

3.3. Das Rundfunkwesen

Der Rundfunk galt als das »modernste Instrument«[102] im »Propagandakrieg«. Bereits während der ersten Angriffe sendeten die Reichssender Königsberg, Weichsel, Breslau, die Sender Donau und Krakau sowie Kurzwellensender »Sonderdienste« in russischer, litauischer, lettischer, estnischer und ukrainischer Sprache.[103] Im Juli 1941 liefen täglich sieben Programme in den verschiedenen regionalen Sprachen mit insgesamt sechsundvierzig 15-Minuten-Sendungen.[104] Die Propagandisten hatten den Auftrag, das »sehr ausgedehnte Rundfunknetz der Sowjetunion möglichst unzerstört in die Hand zu bekommen, um es alsbald für die Zwecke der deutschen Propaganda auszunutzen.« Um beschädigte oder zerstörte Sendeanlagen ersetzen zu können, waren sie zudem mit fahrbaren »Wehrmachtsendern« ausgerüstet.[105] Die so genannten Senderbetreuungstrupps beschlagnahmten die sowjetischen Sender und setzten sie zum Teil wieder in Gang.[106]

Das Rundfunkwesen in den militär- und zivilverwalteten Gebieten unterlag in der Folgezeit jeweils unterschiedlichen Zuständigkeiten. Ende August 1941 reiste eine Delegation aus Fachleuten ins Reichskommissariat Ostland und nach Smolensk. Teilnehmer waren der Fachbeauftragte im Generalreferat Ostraum und zugleich Sendeleiter für den Ostraum bei der Reichsrundfunkgesellschaft, Julius Jacobi, der Zentralingenieur der Reichsrundfunkgesellschaft für den Ostraum, Hans Zinn, und der Verwaltungsleiter der Reichsrundfunkgesellschaft für den Ostraum, Karl Horn (mit einem Beigeordneten). Die Reise führte über Kauen nach Libau, Goldingen, Riga, Dorpat, Modohn, Smolensk, Minsk und Wilna, wo die Delegation jeweils die vorgefundenen Sendeanlagen inspizierte und Rechtsformen, Personalbesetzung und Programmgestaltung überprüfte.[107]

Im September wurden in den zivilverwalteten Gebieten die so genannten Sendergruppen Ostland und Ukraine gebildet, die der Reichsrundfunkgesellschaft und damit dem Propagandaministerium unterstanden. Bis Januar 1942 übergaben die Wehrmachtspropagandisten nach und nach die dortigen Sender.[108] Die Sendergruppen bestanden aus Hauptsendern bei den Dienstsitzen

---

[102] PAW, Gruppe Rundfunk, Jahresbericht 1942, 13. 1. 1943, NAB, 411-1-11, fol. 5.
[103] Vgl. Wehrmacht-Propaganda-Lagebericht, 16. 6.-30. 6. 1941, BA-MA, RW 4/339, fol. 184 RS.
[104] Vgl. Wehrmacht-Propaganda-Lagebericht, 16. 7.-31. 7. 1941, BA-MA, RW 4/339, fol. 197.
[105] OKW 144/41 g. Kds. Chefs./WFSt/WPr, Juni 1941, Weisungen für die Handhabung der Propaganda im Fall »Barbarossa«, BA-MA, RW 4/578, fol. 38 f. Konkrete Angaben über die Sender enthielt die Studie »Sowjet-Union. Staatsgebiet und Bevölkerung« v. Juni 1941, BA-MA, RW 41/4, Bl. 1-12.
[106] Vgl. Wehrmacht-Propaganda-Lagebericht, 16. 6.-30. 6. 1941, BA-MA, RW 4/339, fol. 184; Wehrmacht-Propaganda-Lagebericht, 16. 7.-31. 7. 1941, BA-MA, RW 4/339, fol. 197; RfK 3201/22. 9. 41/844-1,10, 11. 9. 1941, Bericht über eine Rundfunk-Informationsreise in den Bereich »Ostland« v. 20. 8. bis 4. 9. 1941 und die Errichtung eines Landessenders Kauen am 3. 9. 1941, von Karl Horn, Julius Jacobi, Hans Zinn, SoM, 1363-1-161, fol. 151-188 (zit. als »Bericht über eine Rundfunk-Informationsreise in den Bereich ›Ostland‹«).
[107] Vgl. RfK 3201/22. 9. 41/844-1,10, 11. 9. 1941, Bericht über eine Rundfunk-Informationsreise in den Bereich »Ostland«, SoM, 1363-1-161, fol. 151-188.
[108] Vgl. PAO, Lagebericht Nr. 12, 31. 1. 1942, BA-MA, RW 4/236, fol. 15.

der Reichskommissare und – sofern die regionalen Sprachgebiete deutlich differierten – einzelnen Landessendern, die bei den Generalkommissaren installiert wurden. So setzte sich die Sendergruppe Ostland aus dem Hauptsender Riga und den Landessendern Reval, Kauen und Minsk (mit »Besprechungsstelle« Baranowitschi) zusammen.[109] Die Sender Minsk und Baranowitschi waren im August 1941 von Senderbetreuungstrupps übernommen worden und wurden am 9. November 1941 an die Zivilverwaltung übergeben.[110] Um Kompetenzprobleme zu vermeiden, besetzte man die Posten der Intendanten bzw. Sendeleiter in Personalunion mit den jeweiligen Rundfunkreferenten bei den Propagandaabteilungen der Zivilverwaltung.[111]

Im rückwärtigen Heeresgebiet Mitte verblieben die Zuständigkeiten bei der Militärverwaltung. Der Sender in Smolensk war vor dem Eintreffen der Deutschen demontiert und abtransportiert worden, so dass als Ersatz einer der fahrbaren Wehrmachtsender zum Einsatz kam.[112] Etwa ein Jahr später, am 25. September 1942 nahm in Smolensk ein zusätzlich installierter Langwellensender sein Programm auf, der sich unter dem Namen »Golos Narodna« (Stimme des Volkes) ausschließlich an die einheimische Zivilbevölkerung richtete. (Seine Sendezeit betrug im November 1942 täglich 9 ½ Stunden.) Der bisherige, in »Soldatensender ›Siegfried‹« umbenannte Wehrmachtsender übernahm fortan in erster Linie Aufgaben der »Truppenbetreuung«.[113] Anfang November 1942 wurden beide Sender von Smolensk nach Mogilew verlegt und ein knappes Jahr später im Zuge der Auflösung des rückwärtigen Heeresgebiets Mitte erneut in Richtung Westen: der »Soldatensender ›Siegfried‹« nach Minsk, der Sender »Golos Narodna« nach Baranowitschi.[114] Da hier aber auch der Landessender Minsk operierte und die Propagandaabteilung W nunmehr nur noch für die Propaganda in einem schmalen Streifen von 20 Kilometern hinter der Front, im Kampfgebiet und im Hinterland des Gegners

---

[109] Vgl. Grundsätze der Rundfunkorganisation im Ostraum, v. Sendeleiter Julius Jacobi, [Frühjahr 1942], BA, R 55/800, fol. 20 ff. Nach der Ausgliederung des GK Weißruthenien aus dem RKO im April 1944 wurde der »Landessender Minsk« als eigenständiger Sender weitergeführt. Vgl. Reichsintendant des großdeutschen Rundfunks und Generaldirektor der RRG, Verfügung v. 10. 6. 1944, BStU, AS 121/68, Bd. 1, fol. 34.

[110] Vgl. Bericht des Ic/A.O., Tätigkeitsbericht über Flugblätter in der Zeit v. 22. 6.-6. 8., mit handschriftl. Nachtrag zu Rundfunk, BA-MA, RH 21-3/437, fol. 47; PAO, Lagebericht Nr. 8, 30. 11. 1941, BA-MA, RW 4/234, fol. 66; Tölle 1942, S. 370.

[111] Vgl. Grundsätze der Rundfunkorganisation im Ostraum, v. Sendeleiter Julius Jacobi, [Frühjahr 1942], BA, R 55/800, fol. 20 ff. Leiter der Sendergruppe Ostland war Hans Kriegler, vgl. Mai 1942, S. 307.

[112] Vgl. RfK 3201/22. 9. 41/844-1,10, 11. 9. 1941, Bericht über eine Rundfunk-Informationsreise in den Bereich »Ostland«, SoM, 1363-1-161, fol. 171, 173. Der zuständige »Senderbetreuungstrupp« unterstand bis zum 11. 11. 1941 der PAO und wurde dann der PAW zugewiesen. PAO, Lagebericht Nr. 8, 30. 11. 1941, BA-MA, RW 4/234, fol. 66; PAW, Tätigkeitsberichte der Gruppen in der Zeit v. 1.-15. 11. 1941, BA-MA, RW 4/253, unfol.

[113] Vgl. PAW, Gruppe Rundfunk, Jahresbericht 1942, 13. 1. 1943, NAB, 411-1-11, fol. 6. Zum Soldatensender »Siegfried« auch N. N. 1961; Vossler 2005, S. 258-269.

[114] Vgl. ebd.; PAW, Bericht der Gruppe Rundfunk über Einsatz und Tätigkeit in der Zeit v. 11. 10. 1943-10. 1. 1944, 12. 1. 1944, NAB, 411-1-11, fol. 1. Die Erinnerungen eines Beteiligten, wonach die PAW-Sender aufgrund von Bombenschäden bereits im Mai 1943 von Smolensk nach Minsk verlegt wurden, sind offenbar ungenau, vgl. N. N. 1961, S. 8 f.

verantwortlich war, löste sie den Sender »Golos Narodna« auf. An seiner Stelle strahlte ab dem 16. November 1943 der Sender »Prawda« ein Programm aus, das »auf die Banden und auf die russische Front und deren Hinterland zersetzend« wirken sollte.[115]

Die Programmgestaltung der einzelnen Sender setzte sich in der Regel aus deutschsprachigen und an die einheimische Zivilbevölkerung gerichteten fremdsprachigen Programmen zusammen. Eine Ausnahme bildeten nur die ausschließlich russisch sendenden »Golos Narodna« und »Prawda«. Für die Sender im zivilverwalteten Gebiet ergingen allgemeine Richtlinien über die Abteilung Rundfunk des Propagandaministeriums und spezielle über das Generalreferat Ostraum, für die Wehrmachtsender über die Abteilung WPr. Die Sender gestalteten ihre Programme weitgehend vor Ort. Sie waren mit Schallplatten ausgestattet, empfingen darüber hinaus aber auch die in Berlin von der Dienststelle Vineta produzierten und über die Reichssender Königsberg, Weichsel, Breslau, Donau und Krakau gesandten »fremdsprachigen Sonderdienste«, die sie zu bestimmten Zeiten in das deutschsprachige Programm einfügten.[116]

Das größte Problem der Rundfunkpropaganda bestand – ähnlich wie bei den Printmedien – in ihrer Verbreitung. Sowohl im Generalkommissariat Weißruthenien als auch im rückwärtigen Heeresgebiet Mitte war der Besitz von Rundfunkgeräten für Zivilisten verboten. Der größte Teil der »Rundfunkaufklärung« fand deshalb mit Hilfe des so genannten Drahtfunks statt.[117] Die sowjetische Verwaltung hatte in Städten und Gemeinden Drahtfunkanlagen aufgebaut, die von einer Zentrale aus über Leitungen mit einzelnen Großlautsprecheranlagen verbunden waren sowie mit Lautsprecheranschlüssen in einzelnen Häusern. Über dieses Leitungsnetz konnten nur bestimmte von der Zentrale empfangene Rundfunksender gehört werden sowie Informationen/Sendungen, die lokal in den »Drahtfunkbesprechungsstellen« eingespeist wurden.[118] Diese Drahtfunkanlagen waren infolge des Einmarsches der Deutschen überwiegend zerstört und mussten zunächst wieder instand gesetzt

---

[115] Vgl. PAW, Gruppe Rundfunk, Bericht der Gruppe Rundfunk über Einsatz und Tätigkeit in der Zeit v. 11. 10. 1943-10. 1. 1944, 12. 1. 1944, NAB, 411-1-11, fol. 1-3; PAW, Soldatensender Siegfried, Sendeleitung, an Landessender Minsk, 1. 12. 1943, NAB, 411-1-62, fol. 43. Den Begriff »Prawda« (Wahrheit) entlieh die deutsche Propaganda der berühmten gleichnamigen Zeitung der russischen Bolschewiki und nutzte ihn nicht nur für den genannten Sender, sondern auch für eine Publikation (siehe Abschnitt 3.1. der vorliegenden Arbeit).

[116] Vgl. RfK 3201/22. 9. 41/844-1,10, 11. 9. 1941, Bericht über eine Rundfunk-Informationsreise in den Bereich »Ostland«, SoM, 1363-1-161, fol. 172 ff., 181 f., 186; Grundsätze der Rundfunkorganisation im Ostraum, v. Sendeleiter Julius Jacobi, [Frühjahr 1942], BA, R 55/800, fol. 24 f.; N. N. 1961, S. 8; Wehrmacht-Propaganda-Lageberichte in BA-MA, RW 4/339, fol. 184, 197; Lagerverzeichnis der Abt. Ost, BA, R 55/1299, fol. 282 ff. (hier auch Angaben zu der Vielzahl von produzierten Schallplatten); Schleußinger 1942, S. 462 f.; Scheel 1970, S. 186.

[117] Vgl. GK f. Weißruthenien, IIa-A, 19. 9. 1941, betr. Propagandamaßnahmen, NAB, 370-1-1, fol. 1 f.

[118] Vgl. GKW, II a Ju/Hn., Rundschreiben 2/41 an alle Gebietskommissare, 14. 10. 1941, betr. Drahtfunkempfang, NAB, 391-1-9, fol. 4; Sdf. (Z) Dahl an RMO, betr. Drahtfunkpropaganda, o. D. [Frühjahr 1943], NAB, 370-1-392, fol. 30 f.

werden.[119] Die monatliche »Hörergebühr« lag bei zehn Rubeln; Genehmigungen für Neuanschlüsse erfolgten nur nach »politischer Überprüfung« der Antragsteller; Juden und Polen erhielten grundsätzlich keine Bewilligungen.[120]

Der Gruppe Rundfunk der Propagandaabteilung W gelang es in Zusammenarbeit mit der Feldnachrichtenkommandantur bis zum Frühjahr/Sommer 1942 Drahtfunkanlagen in 18 Städten in Betrieb zu nehmen.[121] Ende des Jahres verfügten die fünf Propagandastaffeln der Abteilung über 46 »Drahtfunkstationen«, von denen 30 in Betrieb waren. Damit kontrollierten sie insgesamt 24.558 Anschlüsse.[122] In den Gebieten unter Militärverwaltung kontrollierten im Januar 1944 allein die PK 612 im Raum Bobruisk 6.006 russische und 1.345 deutsche, die PK 689 (Orscha, Mogilew, Tolotshin, Borissow) 3.020 russische und 1.615 deutsche Anschlüsse.[123] Damit gelang es der Militärverwaltung, den Drahtfunk »annähernd wieder auf die alte Höhe zu bringen«.[124]

Anders stellte sich die Situation im Generalkommissariat Weißruthenien dar. Auch hier hatte die (Wieder-)Inbetriebnahme der Drahtfunkanlagen unverzüglich begonnen.[125] Es fehlten aber sowohl Fachpersonal als auch Material, so dass die Minsker Zeitung im Mai 1942 nur von insgesamt 3.800 Anschlüssen berichten konnte.[126] Zwar funktionierten am 1. Januar 1943 7.637 Anschlüsse,[127] das fortgesetzte Fehlen von Reparaturmaterial und Ersatzteilen führte jedoch dazu, dass der Drahtfunk Mitte 1943 »ziemlich brach« lag.[128] Das Propagandaministerium plante im Herbst 1943 zwar einen umfassenden Ausbau

---

[119] Vgl. PAW, Gruppe Rundfunk, Jahresbericht 1942, 13. 1. 1943, NAB, 411-1-11, fol. 5.
[120] Vgl. GKW, II a Ju/Hn., Rundschreiben 2/41 an alle Gebietskommissare, 14. 10. 1941, betr. Drahtfunkempfang, NAB, 391-1-9, fol. 4; PAW, Gruppe Rundfunk, Monatsbericht für Februar 1943, NAB, 411-1-52, fol. 15.
[121] Vgl. PAW, Tätigkeitsbericht Februar, 5. 3. 1942, BA-MA, RW 4/236, fol. 138; Berück Mitte, Ic, Tätigkeitsberichte September und Oktober 1941, BA-MA, RH 22/228, fol. 77 ff., 80 ff.; PAO, Lagebericht Nr. 8, 30. 11. 1941, BA-MA, RW 4/234, fol. 67; PAW, Propagandalage- und Tätigkeitsbericht, 16. 11.-30. 11. 1941, BA-MA, RW 4/236, fol. 14; PAW, Propagandalage- und Tätigkeitsbericht, 1. 2.-15. 2. 1942, ebd., fol. 119; PAW, Gruppe Rundfunk, Jahresbericht 1942, 13. 1. 1943, NAB, 411-1-11, fol. 5.
[122] Vgl. PAW, Gruppe Rundfunk, Übersicht der Drahtfunkstationen der Propaganda-Staffeln W 1-W 5, Stand v. 31. 12. 1942, NAB, 411-1-11, fol. 13-16.
[123] Vgl. Sdf. (Z) Kistenmacher, Bericht über die PK 612 in Bobruisk, 15. 1. 1944, NAB, 411-1-47, fol. 9; Sdf. (Z) Dr. Hering, Bericht über den Besuch bei PK 689, betr. Drahtfunk, 14. 1. 1944, ebd., fol. 13.
[124] Sdf. (Z) Dahl an RMO, betr. Drahtfunkpropaganda, o. D. [Frühjahr 1943], NAB, 370-1-392, fol. 30 f.
[125] Vgl. GK f. Weißruthenien, IIa-A, 19. 9. 1941, betr. Propagandamaßnahmen, NAB, 370-1-1, fol. 1 f.; GKW, II a – A Dr. Ku/Pa, an Gebietskommissare, betr. Lautsprecheranlagen, 28. 10. 1941, NAB, 391-1-9, fol. 7; PAO, Lagebericht Nr. 8, 30. 11. 1941, BA-MA, RW 4/234, fol. 67.
[126] Artikel »Ein deutscher Sender im Osten. Das Entstehen und Werden des Landessenders Minsk«, in: MZ Nr. 26 v. 15. 5. 1942, Faksimile in: Lenhard 1991, S. 98.
[127] Referat Schröter, in: Protokoll der Tagung der Gebietskommissare, Hauptabteilungsleiter und Abteilungsleiter des GK in Minsk v. 8. 4.-10. 4. 1943, NAB, 370-1-1264, fol. 113. Die Anschlüsse verteilten sich auf: Minsk 4.548, Baranowitschi 1.837, Wilejka 738, Sluzk 369, Slonim 145. Ebd., fol. 112.
[128] Hauptmann Groß, WPrO beim WBfh. Ostland, an Wedel, Chef WPr, 17. 7. 1943, BA-MA, RW 4/309b, fol. 149 RS.

des »Leitungsrundfunks« mit »größter Beschleunigung« innerhalb von drei Jahren – dies blieben jedoch Absichtserklärungen.[129] Bis Mai 1944 gelang es im Generalkommissariat Weißruthenien die Zahl der Drahtfunkanschlüsse auf 8.628 Teilnehmer und 13 Großlautsprecheranlagen zu steigern. Davon entfielen auf Minsk 3.796 Teilnehmer und 6 Großlautsprecher, Baranowitschi 2.858 und 3, Slonim 329 und 1, Wilejka 940 und 3 sowie Sluzk 695.[130]

Um möglichst viele Hörer zu erreichen, wies das OKW die Propagandaabteilungen im November 1941 an, besondere »Hörstunden« einzurichten und die Bevölkerung »zum Abhören« der »Ostsendungen« an den Rundfunkgeräten der Wehrmacht »einzuladen«.[131] Die Zivilverwaltung erhielt entsprechende Anweisungen, und im Sommer 1942 erinnerte das Ostministerium nochmals nachdrücklich daran, dass jede deutsche Dienststelle, jeder Deutsche, sowie »überhaupt jeder«, der einen Rundfunkapparat besitze, »*verpflichtet* [sei], seinen Empfangsapparat beim Nachrichtendienst einer möglichst großen Anzahl ihm erreichbarer Leute aus der Bevölkerung zugänglich zu machen.«[132] Knapp ein Jahr später forderte der Leiter der Propagandaabteilung in Minsk die Gebietskommissare nochmals auf, die bei deutschen Stellen vorhandenen Rundfunkapparate als »Notbehelf [...] ins offene Fenster« zu stellen.[133] Die Propagandastaffeln organisierten »Hörgemeinschaften« in den Dörfern, wo sie entweder einen möglichst großen Teil der Bewohner versammelten oder eine kleinere, gezielt ausgesuchte Gruppe von Multiplikatoren.[134] Formen des »Gemeinschaftsempfangs«[135] bestanden auch darin, dass in den Betrieben Lautsprecher angebracht und an die vorhandenen Drahtfunkanlagen angeschlossen wurden.[136] Um möglichst viele Menschen über die auf öffentlichen Plätzen installierten Lautsprecher zu erreichen, wurden im ersten Winter Sendungen mit Rücksicht auf die Ausgangssperre vorverlegt.[137] Trotz dieser Versuche, den Hörerkreis möglichst auszuweiten, muss man insgesamt davon ausgehen, dass der Einsatz des Mediums Rundfunk nur in einem relativ geringen Rahmen möglich war.

---

[129] Vgl. 25. 10. 1943, an den Bevollmächtigten für technische Nachrichtenmittel, betr. Leitungsrundfunk »Ost«, BA, R 55/800, fol. 16-19.
[130] Referent Rundfunk [Koderisch], Bericht über den Rundfunk, 8. 5. 1944, NAB, 370-1-12, fol. 22.
[131] Vgl. OKW Nr. 8790/41 g WFSt/WPr (Id/AP), 24. 11. 1941, betr. Propaganda in den besetzten Ostgebieten, Anlage »Richtlinien für die Durchführung der Propaganda in den besetzten Ostgebieten«, BA-MA, RH 19 III/483, fol. 161.
[132] RMO, Abt. Presse u. Aufklärung/Gruppe Aktivpropaganda, Propaganda-Dienst Nr. 2, [Juli 1942], IfZ, Da 46.06, unfol.
[133] Referat Schröter, in Protokoll der Tagung der Gebietskommissare, Hauptabteilungsleiter und Abteilungsleiter des GK in Minsk v. 8. 4.-10. 4. 1943, NAB, 370-1-1264, fol. 113.
[134] Vgl. 221. Sich.Div., Abt. Ic Nr. 768/43, Tätigkeitsbericht v. 1. 1.-31. 8. 1943, 19. 11. 1943, insbesondere Anlage 46, BA-MA, RH 26-221/76, unfol.
[135] Referent Rundfunk [Koderisch], Bericht über den Rundfunk, 8. 5. 1944, NAB, 370-1-12, fol. 23.
[136] PAW, Mitteilungs- und Verordnungsblatt Nr. 6, 15. 4. 1942, NAB, 411-1-6, fol. 14.
[137] Vgl. PAO, Lagebericht Nr. 8, 30. 11. 1941, BA-MA, RW 4/234, fol. 67; PAW, Propagandalage- und Tätigkeitsberichte v. 16. 11.-30. 11. 1941 und v. 1. 2.-15. 2. 1942, BA-MA, RW 4/236, fol. 15, 119, 126, 136.

3.4. Das Filmwesen

Im August 1941 wies das OKW die Propagandaeinheiten an, »die baldige Wiedereröffnung einer möglichst großen Anzahl von Lichtspieltheatern« anzustreben.[138] In den folgenden Monaten befassten sich die Filmfachleute in Weißrussland vor allem damit, die Voraussetzungen für die »filmische Betreuung der Zivilbevölkerung« zu schaffen und die Probleme zu lösen, die sich aus Raummangel, fehlenden Projektionsapparaten und Verzögerungen bei der Nachlieferung von Filmmaterial ergaben.[139] Zudem wurde der Truppenbetreuung Vorrang eingeräumt, so dass Filmvorführungen vor Einheimischen nur zögernd in Gang kamen. Der gemeinsame Vorstellungsbesuch von Deutschen und Einheimischen wurde mit der Begründung von »Ungezieferngefahr« verboten.[140]

Im rückwärtigen Heeresgebiet Mitte richtete ein Voraustrupp der Propagandaabteilung W im September 1941 ein erstes Kino in Witebsk ein, das auch für die Zivilbevölkerung zugänglich war.[141] Die Gruppe Film der eingetroffenen Abteilung zeigte im November vereinzelt Auslandwochenschauen und »deutsche Kulturfilme«, die von Berlin aus mitgenommen worden waren.[142] Im Dezember 1941 eröffneten Kinos für die einheimische Bevölkerung in Kaluga, Orscha und Mogilew.[143] Im Februar 1942 kamen zwei weitere in Borissow dazu,[144] und etwa ab März fanden an den Wochenenden regelmäßige Vorstellungen statt.[145] Im Juli 1942 ging man von einer Gesamtzahl von 45.000 einheimischen Kinobesuchern aus.[146] Im August stieg die Zahl der »Zivilkinos« sprunghaft an: von bis dahin 10 auf 33.[147] Aus den Berichten geht hervor, dass etwa ab Herbst 1942 Filmvorführungen vor der Zivilbevölkerung zu den re-

---

[138] OKH Gen St d H/ H Wes Abt (II) Nr. 366/41 g. Kdos., 4. 9. 1941, Anlage OKW/WFSt/WPr (Ia) Nr. 486/41 v. 21. 8. 1941, Ergänzende Weisungen für die Handhabung der Propaganda gegen die Sowjet-Union, BA-MA, RH 19 III/483, fol. 187.

[139] PAW, Lage- und Tätigkeitsberichte v. Oktober und November 1941, BA-MA, RW 4/236, fol. 5, 12 f., 97.

[140] Vgl. PAO, Lagebericht Nr. 5 v. 15. 10. 1941, BA-MA, RW 4/233, fol. 146; PAO, Lagebericht Nr. 7, 15. 11. 1941, BA-MA, RW 4/234, fol. 33; GK Minsk, Abt. II Pro, 23. 6. 1942, betr. Regelung des Besuches der Filmtheater in Minsk, NAB, 370-1-1273, fol. 18. Zum Filmeinsatz bei der Truppenbetreuung Vossler 2005, S. 258-269.

[141] Voraustrupp W 2, Lt. Czermak, an PAW, 19. 9. 1941, Anlage Bericht, BA-MA, WF 01/2136, unfol.

[142] Berück Mitte, Propaganda-Abteilung, 30. 11. 1941, Propagandalage- und Tätigkeitsbericht v. 16.-30. 11. 1941, BA-MA, RW 4/236, fol. 12 f.

[143] PAW, Propagandalage- und Tätigkeitsbericht, 1. 12.-15. 12. 1941, BA-MA, RW 4/236, fol. 57.

[144] Vgl. PAW, Propagandalage- und Tätigkeitsbericht, 1. 2-15. 2. 1942, sowie PAW, Tätigkeitsbericht Februar, 5. 3. 1942, BA-MA, RW 4/236, fol. 118 f., 137.

[145] Vgl. Anlage zum Tätigkeitsbericht der Sich.Div. 286, Abt. I c, Januar-März 1942, BA-MA, RH 26-286/6, fol. 47. In Smolensk konnte aufgrund des Raummangels erst im Juli 1942 ein Kino für Einheimische sein Programm aufnehmen, ebenso wie in Klimowitschi. Berück Mitte, Ic, Tätigkeitsbericht Juli 1942, BA-MA, RH 22/244, fol. 5.

[146] Bericht über die Propagandalage im Osten, 17. 9. 1942, [Verfasser Hadamovsky und Taubert nach einer Dienstfahrt zu den RK Ostland und Ukraine sowie den rückwärtigen Heeresgebieten Nord und Mitte], BA, R 55/1434, fol. 17.

[147] Neunzehn weitere sollten in Kürze ihre Arbeit aufnehmen. Berück Mitte , Ic, Tätigkeitsbericht August 1942, 2. 9. 1942, BA-MA, RH 22/244, fol. 15-18.

gelmäßigen Aktivitäten der Propagandisten gehörten.[148] Der Ausbau von Kinos wurde weiterhin »sehr intensiv« betrieben,[149] und Filme gehörten bis in die letzten Monate der Besatzung zu einem wichtigen Mittel der Propaganda. Im Mai 1944 organisierte die Propagandaabteilung W pro Woche über 100 Filmvorführungen vor der Zivilbevölkerung.[150]

Im Generalkommissariat Weißruthenien begann die Reorganisation des Filmwesens ebenfalls zunächst mit einer Bestandsaufnahme der vorhandenen Technik und Räumlichkeiten.[151] Unterstützt wurde die Zivilverwaltung bei der Wiederinbetriebnahme von Kinos ab Anfang 1942 von der am 28. November 1941 gegründeten Ostland-Film GmbH.[152] Diese war eine Tochtergesellschaft der Zentralfilmgesellschaft Ost (ZFO) und besaß neben Zweigstellen in Riga, Reval, Kauen und Wilna auch eine in Minsk (mit Nebenstellen in Baranowitschi und Glebokie).[153]

Die ZFO war am 10. November 1941 ins Leben gerufen worden. Als Geschäftsführer fungierten Dr. Erich Müller-Beckedorff und Job Zimmermann, Leiter der Abteilung Presse und Propaganda im Ostministerium. Im Aufsichtsrat saßen Vertreter des Ostministeriums (Leibbrandt, Schlotterer, Cranz), des Propagandaministeriums (Ott, Taubert, Fries), des Reichsfinanzministeriums (Burmeister) und der Reichsfilmkammer (Schwarz). Die Aufgabe der ZFO und ihrer Tochtergesellschaften – bis Ende 1942 wurden die Ostland-Film GmbH, die Ukraine-Film GmbH, die Kaukasus-Film GmbH und die »Elbrus« Film-Arbeitsgemeinschaft GmbH gegründet – bestand in der Übernahme des sowjetischen Filmwesens.[154] Sie regelten den Versand, Verleih und Einsatz von Filmen in den zivilverwalteten Gebieten und wurden mit der treuhänderischen Verwaltung des gesamten Filmvermögens betraut.[155] Darüber hinaus bereiteten

---

[148] Vgl. PAW, Mitteilungs- und Verordnungsblätter, in NAB, 411-1-1. Siehe auch die 1943 geführten Tabellen »Bericht über den Filmeinsatz«, überliefert z. B. für die PAW, Staffel Borissow, Nebenstelle Lepel, in: NAB, 411-1-50, fol. 69, 82, 100, 102.

[149] Vgl. 221. Sich.Div., Abt. Ic Nr. 768/43, Tätigkeitsbericht v. 1. 1.-31. 8. 1943, 19. 11. 1943, BA-MA, RH 26-221/76, unfol.; PAW, Staffel Polozk, 16. 1. 1943, Tätigkeits- und Lagebericht, NAB, 411-1-50, fol. 7.

[150] Angaben in den Wochenberichten der PAW, NAB, 411-1-102, fol. 13 RS, 22 RS, 37 RS sowie NAB, 411-1-103, fol. 20, 40 RS.

[151] Vgl. GK f. Weißruthenien, II a – A Dr. Ku/Pa, an Gebietskommissare, betr. Lichtspieltheater, 28. 10. 1941, NAB, 391-1-9, fol. 6.

[152] Vgl. DaD, Deutscher Film im Osten (1943), SoM, 1363-5-13, unfol.; Referat Schröter, in Protokoll der Tagung der Gebietskommissare, Hauptabteilungsleiter und Abteilungsleiter des GK in Minsk v. 8. 4.-10. 4. 1943, NAB, 370-1-1264, fol. 116; GK Minsk, Propagandaamt Dr. A./B., 23. 3. 1944, Bericht über die Kulturarbeit im Gebiet Minsk-Land und zum Teil (Rundfunk und Film) im ganzen Generalbezirk, NAB, 370-1-2379a, fol. 8.

[153] Ebd. Sie verfügte Ende 1942 über 27 »reichsdeutsche und gleichgestellte Angestellte« sowie über etwa 1.400 einheimische Mitarbeiter. Bericht der Geschäftsführung der ZFO, 11. 11. 1942, BStU, MfS –HA IX/11, RHE 37/80 SU, Bd. 15, fol. 145; DaD, Deutscher Film im Osten (1943), SoM, 1363-5-13, unfol.; ZFO an Abt. Ost, Anlage Listen mit männlichen Gefolgschaftsmitgliedern der Tochtergesellschaften, 13. 8. 1943, BStU, MfS –HA IX/11, RHE 37/80 SU, Bd. 6, fol. 29-33.

[154] Bericht der Geschäftsführung der ZFO, 11. 11. 1942, BStU, MfS –HA IX/11, RHE 37/80 SU, Bd. 15, fol. 141 ff.

[155] Vgl. ebd., fol. 145 ff.

sie Filmmaterial durch Synchronisation oder Untertitelung vor und belieferten neben der Zivilverwaltung auch die militärischen Propagandaabteilungen und die SS-Kriegsberichterstaffeln mit Wochenschauen, Beiprogrammen und Spielfilmen.[156] Die Mitarbeiter ihrer regionalen Vertretungen waren in der Regel als Filmreferenten bei den Propagandaabteilungen der Zivilverwaltung eingebunden.[157]

Der Aufbau des Filmwesens im zivilverwalteten Gebiet erreichte – ähnlich wie im rückwärtigen Heeresgebiet Mitte – einen ersten Höhepunkt im Herbst 1942. Allein im Oktober wurden elf neue Kinos für die Zivilbevölkerung eröffnet.[158] Bis April 1943 stieg ihre Zahl auf 36,[159] bis Juli 1943 auf insgesamt 74. Danach brach diese Entwicklung aufgrund verstärkter Partisanenaktivitäten ab.[160] Bis Januar 1944 sank die Zahl der Kinos wieder auf 36 – allerdings gelang es im gleichen Zeitraum, die Besucherzahlen so zu steigern, dass das alte Niveau von monatlich etwa 120.000 Besuchern annähernd wieder erreicht wurde.[161] Dennoch beklagte der Filmreferent im Propagandaamt Minsk im Mai 1944 eine »völlig unzureichende Filmversorgung« der Zivilbevölkerung.[162]

Die Kinos dienten in einem erweiterten Sinne auch als *Orte* der Propaganda. Die Propagandaabteilung W wies ihre Staffeln Ende August 1942 an, Kioske für Zeitungen und Propagandabroschüren in unmittelbarer Nähe der Kinos oder in deren Foyers einzurichten, Bildaushangdienste anzubringen, im Anschluss an die gezeigte Wochenschau den täglichen Wehrmachtsbericht oder wichtige militärische und politische Meldungen zu verlesen, sonntags Vorträge und Kundgebungen zu organisieren sowie Hakenkreuzfahnen neben der Filmleinwand und ein großes »Führerbild« im Saal aufzuhängen.[163]

Allerdings waren Kinos nicht die einzige Möglichkeit, Filme vorzuführen. Sowohl im militär- als auch im zivilverwalteten Gebiet nutzten die Propagandisten auch mobile Vorführapparate,[164] Filmwagen der Reichspropagandalei-

---

[156] Ihre Aufträge erhielt sie sowohl von der Abteilung WPr (OKW) als auch der Abteilung Ost (RMVP). Ebd., fol. 149.
[157] Vgl. Leiter Ost an Haegert, betr. Auskämmung des Georg Ipsberg, 26. 1. 1943, BStU, MfS –HA IX/11, RHE 37/80 SU, Bd. 6, fol. 34; Ostland Film GmbH, Zweistelle Minsk, an GK Minsk, 1. 4. 1943, NAB, 370-1-80, fol. 82; Aufbaustab des Propagandaamtes für Weißruthenien, betr. Lagebericht, 10. 12. 1943, NAB, 370-1-1277, fol. 13; ZFO an RMVP, Personalabteilung, betr. Alexander Kindsvater, 6. 6. 1944, ebd., fol. 40.
[158] Vgl. GK Minsk, Propagandaamt Dr. A./B., 23. 3. 1944, Bericht über die Kulturarbeit im Gebiet Minsk-Land und zum Teil (Rundfunk und Film) im ganzen Generalbezirk, NAB, 370-1-2379a, fol. 8.
[159] Referat Schröter, in: Protokoll der Tagung der Gebietskommissare, Hauptabteilungsleiter und Abteilungsleiter des GK in Minsk v. 8. 4.-10. 4. 1943, NAB, 370-1-1264, fol. 115.
[160] Vgl. GK Minsk, Propagandaamt Dr. A./B., 23. 3. 1944, Bericht über die Kulturarbeit im Gebiet Minsk-Land und zum Teil (Rundfunk und Film) im ganzen Generalbezirk, NAB, 370-1-2379a, fol. 8.
[161] Im Juli 1943 123.555 Besucher, im Januar 1944 114.967. Ebd.
[162] Vgl. Übersicht über den Stand der Filmarbeit (Mai 1944), NAB, 370-1-2426, fol. 61.
[163] PAW, Verordnungs- und Mitteilungsblatt Nr. 14, 15. 9. 1942, NAB, 411-1-1, fol. 29 f.
[164] Vgl. PAW, Propagandalage- und Tätigkeitsbericht, 1. 1.-15. 1. 1942, BA-MA, RW 4/236, fol. 98; PAW, Verordnungs- und Mitteilungsblatt Nr. 14, 15. 9. 1942, NAB, 411-1-1, fol. 28; GK Minsk, Propagandaamt Dr. A./B., 23. 3. 1944, Bericht über die Kulturarbeit im Gebiet Minsk-Land und

tung¹⁶⁵ oder den Vorführraum des Ausstellungszugs »Deutschland«.¹⁶⁶ Mit solchen »Wanderkinos« versuchten sie kleinere, »kinolose« Orte zu erfassen.¹⁶⁷

Die Belieferung mit Filmen lief nur zögernd an. Zwar berichteten die zentralen Stellen in Berlin, dass im Sommer 1941 kontinuierlich »Wochenschauen« in den osteuropäischen Sprachen sowie Kultur- und Spielfilme in die besetzten Ostgebiete geliefert würden.¹⁶⁸ Tatsächlich wurden aber – zumindest im rückwärtigen Heeresgebiet Mitte – im September und Oktober 1941 nur Filme gezeigt, mit denen die Divisionen ausgestattet worden waren – also deutsche Filme, deren Inhalte von Dolmetschern für die einheimischen Zuschauer erläutert wurden.¹⁶⁹ Zudem stellten die Propagandisten aus alten Wochenschauen neue Kurzfilme zusammen.¹⁷⁰ Erst im Februar 1942 trafen die ersten synchronisierten bzw. russisch untertitelten Filme bei den Propagandaabteilungen ein.¹⁷¹ Bis April 1942 wurden in Berlin die ersten sechs Kurzfilme in russischer, ukrainischer und weißrussischer Sprache und fünfzig untertitelte deutsche Filme in 460 Kopien hergestellt.¹⁷² Trotz zeitweiliger Engpässe bei Filmkopien¹⁷³ funktionierte der Nachschub in der Folgezeit gut.¹⁷⁴ Die Ostland-Film

---

zum Teil (Rundfunk und Film) im ganzen Generalbezirk, NAB, 370-1-2379a, fol. 8; Übersicht über den Stand der Filmarbeit (Mai 1944), NAB, 370-1-2426, fol. 61.

165 PAW, Tätigkeitsbericht Februar, 5. 3. 1942, BA-MA, RW 4/236, fol. 137. Die Propagandakompanien waren zur Truppenbetreuung teilweise mit eigenen Filmvorführwagen ausgestattet. Vgl. für die PzPK 697: Panzergruppe 3, Abt. Ic/AO/Zens, 20. 9. 1941, betr. Orientierung über I. Propaganda in den Feind, II. Berichterstattung für Veröffentlichungen, III. Geistige Betreuung, BA-MA, RH 21-3/441, fol. 14.
166 Berück Mitte, Ic, Tätigkeitsbericht Juni 1942, 3. 7. 1942, BA-MA, RH 22/243, fol. 54; auch Berück Mitte, Ic, Tätigkeitsbericht Juli 1942, BA-MA, RH 22/244, fol. 3-6.
167 Vgl. DaD, Deutscher Film im Osten, (1943), SoM, 1363-5-13, unfol.
168 Wehrmacht-Propaganda-Lageberichte, 1. 9.-15. 9. 1941 und 16. 9.-30. 9. 1941, BA-MA, RW 4/339, fol. 213 RS, 219 RS; Generalreferat Ostraum, Rechenschaftsbericht für die ersten acht Monate seiner Tätigkeit, 20. 3. 1942, BA, R 55/1289, fol. 78 ff.; RMO, Abteilung Presse und Aufklärung, Lagebericht über die Ostpropaganda, 18. 4. 1942, BA, R 6/192, fol. 39 ff.
169 Dabei handelte es sich um Filme wie »Der ewige Jude«, »Sieg im Westen«, »Ein Volk baut in die Zukunft« oder »Straßen der Zukunft«. Vgl. Berück Mitte, Ic, Tätigkeitsberichte September und Oktober 1941, BA-MA, RH 22/228, fol. 77 ff., 80 ff.; PAW, Lage- und Tätigkeitsbericht, 1. 11. 1941, BA-MA, RW 4/236, fol. 3.
170 Vgl. PAO, Lagebericht Nr. 15, 26. 2.-11. 3. 1942, BA-MA, RW 4/235, fol. 75; PAW, Tätigkeitsbericht März, 31. 3. 1942, BA-MA, RW 4/236, fol. 170.
171 Vgl. PAO, Lagebericht Nr. 15, 26. 2.-11. 3. 1942, BA-MA, RW 4/235, fol. 75; PAW, Propagandalage- und Tätigkeitsbericht, 16. 11.-30. 11. 1941, sowie PAW, Tätigkeitsbericht Februar, 5. 3. 1942, BA-MA, RW 4/236, fol. 12 f., 137. Die PAW erreichten fünf Spiel- und acht Kulturfilme.
172 Vgl. Generalreferat Ostraum, Rechenschaftsbericht für die ersten acht Monate seiner Tätigkeit, 20. 3. 1942, BA, R 55/1289, fol. 78 ff.; RMO, Abteilung Presse und Aufklärung, Lagebericht über die Ostpropaganda, 18. 4. 1942, BA, R 6/192, fol. 39 ff. Vgl. hierzu auch die Liste in Bericht der Geschäftsführung der ZFO, 11. 11. 1942, BStU, RHE 37/80 SU, Bd. 15, fol. 150.
173 Vgl. Vertrauliche Ostinformation »Vineta« Nr. 15, 18. 8. 1942, SoM, 1370-1-56, fol. 227.
174 Vgl. exemplarisch PAW, Nebenstelle Mogilew, an die 3./PAW Orscha (über 286. Sich.Div.), 22. 12. 1942, betr. Monats- und Stimmungsbericht, NAB, 411-1-11, fol. 20-24. Für das GKW Referat Schröter, in: Protokoll der Tagung der Gebietskommissare, Hauptabteilungsleiter und Abteilungsleiter des GK in Minsk v. 8. 4.-10. 4. 1943, NAB, 370-1-1264, fol. 116.

GmbH lieferte bis November 1942 365 Spielfilme (mit 809 Kopien), 223 Kulturfilme (mit 465 Kopien) und regelmäßig die Auslands-Wochenschauen (jeweils etwa 20 Kopien) sowie die Inlands-Wochenschau (vier Kopien).[175] Die »Ostwochenschau« wurde regelmäßig in russischer, ukrainischer, weißrussischer, litauischer, lettischer und estnischer Sprache synchronisiert.[176] Insgesamt produzierte die Abteilung Ost bis Anfang 1944 20 spezielle Propagandafilme für die besetzten Ostgebiete und stellte den Propagandisten darüber hinaus über 3.700 Kopien von untertitelten oder synchronisierten deutschen Spiel-, Kultur- und Dokumentarfilmen zur Verfügung.[177]

3.5. Der Rednereinsatz

Die Propagandisten der Wehrmacht waren beim Überfall auf die Sowjetunion mit über 100 Lautsprecherwagen ausgerüstet,[178] die während des Einmarsches auch gegenüber der Zivilbevölkerung zum Einsatz kamen.[179] Kundgebungen, Ansprachen und Vorträge galten als besonders geeignete Mittel der Propaganda – u. a. als Ausgangspunkt von Mundpropaganda.[180] Deshalb fuhren die Propagandisten regelmäßig mit ihren Lautsprecherwagen in kleinere Städte und Dörfer und hielten dort Propagandakundgebungen ab.[181] Der Mangel an Lautsprecherwagen war eine stetig wiederholte Klage in der Berichterstattung.[182]

---

[175] Bericht der Geschäftsführung der Zentralfilmgesellschaft Ost mbH, 11. 11. 1942, BStU, RHE 37/80 SU, Bd. 15, fol. 150.
[176] 7.625 Ausgaben bis etwa Anfang 1944.
[177] Vgl. Abschrift, Arbeit des Ostpropaganda-Apparates des RMVP (Kurzer Abriss), [etwa Anfang 1944], BA, R 55/13, fol. 144; Lagerverzeichnis der Abt. Ost, BA, R 55/1299, fol. 281 RS ff.
[178] Vgl. Wehrmacht-Propaganda-Lagebericht, 16. 6.-30. 6. 1941, BA-MA, RW 4/339, fol. 184 RS. Zahlenangabe nach Scheel 1970, S. 185.
[179] Vgl. Panzergruppe 3 Abt. Ic/Z, Erfahrungen bezüglich Propaganda-Kompanie, o. D. (Bericht Juni-August 1941), BA-MA, RH 21-3/438, fol. 73. Vgl. auch Panzergruppe 3, Abt. Ic, Tätigkeitsbericht Januar-August 1941 [NOKW 2672], Abschnitt Propagandakrieg. Offensive und defensive Maßnahmen, BA-MA, RH 21-3/423, fol. 26 ff.; Panzergruppe 3, Abt. Ic/AO/Zens, 20. 9. 1941, betr. Orientierung über I. Propaganda in den Feind, II. Berichterstattung für Veröffentlichungen, III. Geistige Betreuung, BA-MA, RH 21-3/441, fol. 12 RS.
[180] Vgl. PAO in Lagebericht Nr. 5, 15. 10. 1941, BA-MA, RW 4/233, fol. 146; OKW Nr. 8790/41 g WFSt/WPr (I d/ AP), 24. 11. 1941, betr. Propaganda in den besetzten Ostgebieten, mit Anlage: Richtlinien für die Durchführung der Propaganda in den besetzten Ostgebieten, BA-MA, RH 19 III/483, fol. 160.
[181] Für die Staffel Weißruthenien der PAO vgl. PAO, Lageberichte Nr. 6-9, Oktober bis Dezember 1941, in BA-MA, RW 4/234, insbesondere fol. 33, 70 f., 86 f., 91 f. Für die PAW vgl. Wehrmacht-Propaganda-Lagebericht, 16. 12. 1941-15. 1. 1942, BA-MA, RW 4/339, fol. 257 RS.
[182] Vgl. exemplarisch GK f. Weißruthenien, IIa-A, 19. 9. 1941, betr. Propagandamaßnahmen, NAB, 370-1-1, fol. 1 f.; Lagebericht Nr. 4 der PAO beim WBfh. Ostland v. 29. 9. 1941, BA-MA, RW 4/233, fol. 120; PAO, Lagebericht Nr. 10 v. 31. 12. 1941, BA-MA, RW 4/235, fol. 7; PAO, Lagebericht Nr. 15, 26. 2.-11. 3. 1942, BA-MA, RW 4/235, fol. 82 f.; Hauptmann Groß, WPrO beim WBfh. Ostland, an Wedel, Chef WPr, 17. 7. 1943, BA-MA, RW 4/309b, fol. 149 RS; Berück Mitte, Ic, Tätigkeitsbericht März 1942, 10. 4. 1942, BA-MA, RH 22/243, fol. 26; Ic, Tätigkeitsbericht April 1942, 1. 5. 1942, ebd., fol. 36.

Anfang 1942 begannen systematische Versuche, den Rednereinsatz auszubauen. So sorgte die Propagandaabteilung W für eine karteimäßige Erfassung aller bei der Wehrmacht tätigen Dolmetscher und forderte diese auf, monatlich ein bis zwei Vorträge vor der Zivilbevölkerung, den Wachmannschaften, Kosaken und Kriegsgefangenen zu halten.[183] Als Grundlage für diese Auftritte verfasste sie einen speziellen »Vortragsdienst«, der erstmals im März 1942 im Rahmen der Propaganda-Aktionen für die »Neue Agrarordnung« mit genauen Arbeitsanweisungen an die Dolmetscher verteilt wurde.[184] Trotzdem blieb der Rednereinsatz 1942 insgesamt – vor allem aus Personalmangel – begrenzt. Dies änderte sich erst 1943 mit der forcierten Ausbildung und dem massiven Einsatz von einheimischen Propagandisten.[185] So hielten beispielsweise im Juli und August 1943 im Gebiet Minsk-Land dreizehn einheimische Redner 86 bzw. 95 Vorträge, und zwar vor insgesamt 20.000 Zuhörern.[186] Die Propagandaabteilung W organisierte im Dezember 1943 über 1.000 Rednereinsätze vor ca. 150.000 Zuhörern.[187] Diese Tendenz setzte sich 1944 fort: Allein die Propagandisten des Ost-Propagandazuges der PK 689 hielten von März bis einschließlich Juni 1944 insgesamt 5.024 Vorträge vor 335.782 Zuhörern.[188]

Die Vorträge und Kundgebungen wurden oftmals musikalisch untermalt,[189] und insbesondere ab 1943 auch durch Film- und Lichtbildvorführungen[190] oder den Einsatz von Künstlertrupps[191] ergänzt. Teilweise wurden auch in großem

---

[183] Vgl. PAW, Tätigkeitsbericht Februar, 5. 3. 1942, BA-MA, RW 4/236, fol. 135.

[184] Vgl. PAW, Mitteilungs- und Verordnungsblatt Nr. 3, 30. 3. 1942, BA-MA, RW 4/236, fol. 179 f.; PAW, Tätigkeitsbericht März, 31. 3. 1942, BA-MA, RW 4/236, fol. 167 f.

[185] Siehe Abschnitt 7.1. der vorliegenden Arbeit.

[186] GebK. Minsk-Land, Ref. Pol. La./Pa., an GK Minsk, 22. 10. 1943, betr. Bericht über den Einsatz weißruthenischer Propagandisten, NAB, 370-1-1285, fol. 14 ff. Vgl. auch Tätigkeitsberichte einheimischer Propagandisten 1943/44 in NAB, 370-1-1281; Berichterstattung des Leiters der [einheimischen] Propagandisten in Baranowitschi, Bjedritzky, BA, R 90/158 u. 159; Berichte Bjedritzkys, April bis Juni 1943, in: NAB, 370-6-48; PAO, Geheime Stimmungsberichte Nr. 26 (8. 2. 1943), Nr. 27 (8. 3. 1943), Nr. 28 (5. 4. 1943), BStU, RHE 37/80 SU, Bd. 15, fol. 9 f., 13, 78, 84 f., 87, 93, 96.

[187] Vgl. Auszüge aus PAW, Bericht über Tätigkeiten von November 1943 bis Mai 1944, NAB, 411-1-52, fol. 56. Detaillierte Angaben zum umfassenden Einsatz russischer Redner finden sich in den Berichten der Staffel Gomel der PAW von Dezember 1942 bis Juli 1943, vgl. Anlagen 39-45 zu 221. Sich.Div., Abt. Ic Nr. 768/43, Tätigkeitsbericht v. 1. 1.-31. 8. 1943, 19. 11. 1943, BA-MA, RH 26-221/76, unfol.

[188] Angaben in den Propaganda-Lageberichten des AOK 4 Ic/Prop. für die Monate März bis Juni 1944, in BA-MA, RH 20-4/782, unfol. Vgl. auch GebK Sluzk, 25. 3. 1944, Lagebericht für die Monate Januar, Februar und März 1944, BA, R 6/308, fol. 47; Der GK in Minsk Abt. V 1 (Verwaltung), 18. 4. 1944, Lagebericht, IfZ, MA 797, fol. 211-218; Wochenberichte der Prop. Abteilung Nord [ehem. PAO] für März bis Juli 1944, in SoM, 1363-5-6, fol. 17 f., 19 f., 24 ff., 33 ff.; Wochenberichte der PAW für die Zeit v. 13. 3.-16. 4. 1944, in SoM, 1363-5-6, fol. 26-28 RS, 35-37 RS.

[189] Vgl. OKW Nr. 8790/41 g WFSt/WPr (I d/ AP), 24. 11. 1941, betr. Propaganda in den besetzten Ostgebieten, mit Anlage: Richtlinien für die Durchführung der Propaganda in den besetzten Ostgebieten, BA-MA, RH 19 III/483, fol. 160.

[190] Vgl. AOK 4 Ic/Prop. Nr. 30/44 Br.Nr. 650/44 geh., 9. 5. 1944, Propaganda-Lagebericht für die Zeit v. 1.-30. 4. 1944, BA-MA, RH 20-4/782, unfol.

[191] Vgl. Wochenberichte der PAW für die Zeit v. 13. 3. bis zum 16. 4. 1944, in SoM, 1363-5-6, fol. 26-28 RS, 35-37 RS.

Rahmen öffentliche Festakte und Kundgebungen inszeniert – wie anlässlich der Übergabe des besetzten Gebietes an die Zivilverwaltung,[192] der Einrichtung von einheimischen Organisationen oder an den teilweise neu eingerichteten Feiertagen.[193] Dabei hielten »hochgestellte Persönlichkeiten«, wie der Befehlshaber des Heeresgebietes, der Generalkommissar oder der Vorsitzende/Präsident eines einheimischen Kollaborationsorgans, in oder vor festlich geschmückten Gebäuden Reden. Das Rahmenprogramm bestand aus musikalischen Einlagen und organisierten (Massen-)Aufmärschen. Diese Inszenierungen wurden in der Regel von Presseveröffentlichungen und Rundfunksendungen begleitet und für die spätere propagandistische Verwendung durch Foto- und teilweise auch Filmaufnahmen dokumentiert.

Die Gesamtentwicklung der Medien zeigt, dass nach der Propagandaoffensive im Juni 1941 – die alle bisherigen Dimensionen des »Propagandakrieges« übertraf – zeitweilig Engpässe auftraten und zunächst die technischen Voraussetzungen für eine auch regional gestützte Propagandaarbeit geschaffen werden mussten. Trotzdem gelang es der deutschen Besatzungsmacht nach einer etwa halbjährigen Konstituierungsphase, ab Frühjahr 1942 einen regelmäßigen Einsatz verschiedenster Propagandamedien zu organisieren. Sowohl im Bereich der Printmedien als auch im Rundfunk-, Film-, Ausstellungs- und Rednerwesen wurden bis zum Ende der Besatzung immense Anstrengungen unternommen, die Propagandaarbeit zu intensivieren. Schwierigkeiten machte dabei hauptsächlich die Verbreitung der Propaganda; trotz umfangreicher Bemühungen gelang es nur in begrenztem Maße, die ländlichen Regionen zu erreichen.

---

[192] Vgl. Fotos in BA-MA, RH 22/225, fol. 2 ff.
[193] Besondere »Feiertage« waren beispielsweise der 25. März (»weißruthenischer Nationalfeiertag«), der 1. Mai, der 22. Juni (»Tag der Befreiung«) oder das Erntedankfest. Siehe hierzu ausführlich Abschnitt 7.2. und 7.8. der vorliegenden Arbeit.

III. INHALTE, FUNKTION UND VERLAUF

4. Das Scheitern des geplanten Propagandakonzeptes – Der Einmarsch und die ersten Wochen der Besatzung (22. Juni - August 1941)

4.1. Die ersten Aufrufe an die weissrussische Zivilbevölkerung

Ende Mai 1941 legte der Arbeitsstab Rosenbergs nicht nur die konzeptionellen, sondern auch die inhaltlichen Leitlinien der Propaganda vor.[1] Die zentrale Parole beim Einmarsch sollte lauten, dass das »deutsche Heer als Befreier vom Bolschewismus und Judentum« komme und »keinerlei Feindseligkeit gegen die Bevölkerung« hege. Diese solle »im Gegenteil aus Not und Elend zu einem menschenwürdigen Dasein geführt werden.«[2] Neben den für die Kriegspropaganda obligatorischen Hinweisen auf eine »Unüberwindlichkeit der deutschen Wehrmacht«[3] lag der Schwerpunkt der Propaganda auf antibolschewistischen und antisemitischen Inhalten. Es ist unklar, ob Rosenberg oder seine Mitarbeiter die Studie des Psychologischen Laboratoriums von 1935 persönlich kannten – ihre Richtlinien zeigen jedoch deutliche Parallelen dazu.

Es war vorgesehen, mit den »bekannten Argumenten gegen den Bolschewismus« zu arbeiten, also den Schlagwörtern, die seit Mitte der 1930er Jahre auch die innenpolitischen antisowjetischen Kampagnen geprägt hatten. Die »Juden« würden »selbstverständlich [...] als Hauptschuldige hingestellt«. Die »Clique im Kreml [sei] nichts anderes als eine jüdisch-verbrecherische Despotie«, welche die »Völker der Sowjetunion« ausbeute. Machtgier, Eigennutz, Desinteresse am »Wohl der Völker«, Spitzeltum, Bürokratie, Zentralismus und russische Dominanz sollten der sowjetischen Führung ebenso

---

[1] Die im folgenden dargelegten Grundzüge waren von Rosenberg im Wesentlichen bereits in seiner Denkschrift Nr. 3, betr. UdSSR, v. 25. 4. 1941 festgelegt worden (Nürnbg. Dok. PS-1020). Am 20. 6. 1941 fasste Rosenberg die Leitlinien in einer Rede vor einem engen Führungskreis noch einmal grob zusammen, und instruierte zu einem späteren Zeitpunkt auch die Reichskommissare in diesem Sinne. Vgl. Politische Richtlinien für die Propaganda [handschriftl. oben rechts: Geheime Reichssache Nr. 3] sowie »Wichtige Fragen, zu denen die Sowjetbevölkerung eine Stellungnahme erwartet« [Geh. Rs. Nr. 4], PA AA, R 105193, unfol.; Rede Rosenbergs vor den engsten Beteiligten am Ostproblem v. 20. 7. 1941, Dok. PS-1058, IMT, Bd. 26, S. 626; Instruktionen an alle Reichskommissare v. 8. 5. 1941, IMT, Bd. 26, S. 576 ff.; Abschrift Rosenberg an den RK für das Ostland, Hinrich Lohse, Erste Instruktionen v. 21. 7. 1941, Anlage zu RKO, Abt. II a, an die General- und Gebietskommissare, 20. 8. 1941, NAB, 370-1-49, fol. 26-33.

[2] Wichtige Fragen, zu denen die Sowjetbevölkerung eine Stellungnahme erwartet [Geh. Rs. Nr. 4], PA AA, R 105193, unfol.

[3] Rede Rosenbergs vor den engsten Beteiligten am Ostproblem, 20. 6. 1941, PS-1085, IMT, Bd. 26, S. 626.

angelastet werden wie die Verantwortung für soziales Elend, schlechtes Wohnungswesen, Hunger und Unterdrückung. An »sonstigen Themen« schlugen die Richtlinien unter anderem vor: »Schlechte Ausrüstung der Roten Armee«, »Die Versprechungen des Bolschewismus vor der Machtergreifung und die spätere Wirklichkeit«, »Versagen der Weltrevolution«, »Falsche Informierung der Bevölkerung über die Zustände im Ausland«, »Zwangsarbeit«, »Kinderelend«, »Die Lage der Frau«, »Mangel an Gegenständen des täglichen Bedarfs«, »Das gegenseitige Vernichten der bolschewistischen Häuptlinge untereinander«, »Vernichtung der Idealisten, die anfangs in gutem Glauben sich den Bolschewisten angeschlossen haben mögen«. Mit der Überheblichkeit zukünftiger Kolonialherren nahm man zudem an, dass die Verteilung von billigen Gebrauchsgegenständen, wie Taschenmessern, billigen Uhren, Feuerzeugen u. ä. ebenfalls »sehr gute Propagandaerfolge« erzielen würde.[4]

Die von Rosenbergs Arbeitsstab ausgegebenen Richtlinien wiesen darauf hin, dass Parolen, die sich quasi rückwärtsgewandt an Zarismus oder Reaktion orientierten, unter der Bevölkerung der zu besetzenden, insbesondere der so genannten altsowjetischen Gebiete keine Resonanz finden würden. Die Menschen seien vielfach von den »Errungenschaften« des sowjetischen Sozialismus überzeugt, z. B. auf den Gebieten Bildung, Hygiene oder allgemeine Kultur. »Psychologisch geschickt« wollte man deshalb nicht einfach »Leugnen«, sondern »Richtigstellen«, indem man den sozialen Verhältnissen in der Sowjetunion die Situation in Deutschland gegenüberstellte, wo der »wahre Sozialismus« verwirklicht worden sei. Grundsätzlich wurde betont, dass es also falsch sei, »nur zu negieren, die gesamte Gegenwart zu verdammen« oder die »Vergangenheit an ihre Stelle« setzen zu wollen. Die Wiedererrichtung alter Einrichtungen würde bei den »umgeformten« Menschen nur von vornherein auf großes Misstrauen stoßen. So wollte man auch bewusst auf die Einsetzung der »typischen Emigranten, die altes wiederherstellen wollen«, verzichten.[5]

Im Hinblick auf die Religions- und Kirchenfrage sollte die »Trennung von Kirche und Staat« die Grundlage des Vorgehens sein. Obwohl für die Ukraine die »Wiederaufrichtung der autokephalen Kirche« nicht vollkommen ausgeschlossen wurde – als Fördermöglichkeit des »ukrainischen völkischen Gedankens«[6] – sollte die religiöse Betätigung der Bevölkerung weder besonders unterstützt noch verhindert werden.[7] Ein wichtiger Aspekt war auch – wie gezeigt –, dass jegliche Hinweise auf eine politische Aufspaltung des sowjetischen Territoriums zunächst zurückgestellt werden mussten. Die mittelfristigen Pla-

---

[4] Politische Richtlinien für die Propaganda [Geh. RS. Nr. 3], PA AA, R 105193, unfol.
[5] Ebd.
[6] Wichtige Fragen, zu denen die Sowjetbevölkerung eine Stellungnahme erwartet [Geh. Rs. Nr. 4], PA AA, R 105193, unfol. Zur Religionspolitik der deutschen Besatzer in der Ukraine und den Reaktionen der Bevölkerung siehe Berkhoff 2004, S. 232-252.
[7] Vgl. hierzu auch Anlage 3 zu OKW/WFSt/Abt. L IV/Qu, Nr. 44560/41 geh. Kdos. Chefs., 19. 5. 1941, Richtlinien für das Verhalten der Truppe in Rußland, BA-MA, RW 4/524, fol. 13 f.

nungen einer »Neugestaltung« schlugen sich nur indirekt in den entsprechenden Sprachregelungen nieder.[8]

Eines der wichtigsten Themen war nach Einschätzung der Mitarbeiter Rosenbergs die »Frage der Aufrechterhaltung oder Abschaffung der Kollektive«.[9] Man nahm an, dass die sowjetische Kollektivwirtschaft von der bäuerlichen Bevölkerung abgelehnt und eine grundlegende Bodenreform deshalb einen guten Ansatzpunkt für die Propaganda bieten würde. Dennoch sollten die Kollektive zunächst in ihrer bisherigen Form weiter bestehen bleiben, da man ansonsten Einbrüche in der landwirtschaftlichen Produktion befürchtete. Den Bauern ebenso wie den Arbeitern und Angestellten sollte immer wieder gesagt werden, dass sie ihre Arbeitsstätten nicht verlassen und jede Sabotage verhindern sollten – ansonsten sei »*ihre* Versorgung« gefährdet.[10] Die kausale Verknüpfung, dass Produktionsstörungen, Sabotage und Widerstand zu Versorgungsengpässen und Hungersnöten der einheimischen Bevölkerung führen würden, war eine von Beginn an geplante und bewusst eingesetzte Strategie, mit der die Deutschen jegliche Verantwortung für die absehbaren Folgen ihrer Ausplünderungs- und Hungerpolitik abstreiten wollten. Die Schuld am Elend der Zivilisten sollte gezielt Saboteuren, Widerstandskämpfern, sowjetischen Funktionären etc. zugeschoben werden.

In den letzten Wochen vor dem Überfall koordinierten der Arbeitsstab Rosenbergs und die Abteilung WPr ihre Aufgabengebiete und entwarfen einen umfassenden »Propagandaplan für die Beeinflussung der Sowjet-Armee und der Sowjet-Bevölkerung«.[11] Ab Juni trafen sich ihre Mitarbeiter regelmäßig – zunächst zweimal wöchentlich und später täglich.[12] Die Abteilung WPr fasste die Rosenbergschen Vorgaben in den »Weisungen für die Handhabung der Propaganda im Fall ›Barbarossa‹« zusammen. Diese gingen vor Beginn des Überfalls an alle im Osten eingesetzten Heeresgruppen, Armeen, Panzergruppen, Luftflotten und Fliegerkorps, Propagandakompanien und Luftwaffenkriegsberichterkompanien[13]:

»Grundsätzlich kann schon jetzt gesagt werden:
a) Gegner Deutschlands sind nicht die Völker der Sowjetunion, sondern ausschließlich die jüdisch-bolschewistische Sowjetregierung mit ihren Funktionären und die Kommunistische Partei, die auf die Weltrevolution hinarbeitet.
b) Mit der Begründung, dass die Sowjets gegenüber der gesamten Bevölkerung des von ihnen beherrschten Raumes bisher eine rücksichtslose Gewaltherrschaft aus-

---

[8] Siehe Abschnitt 1.4.3. der vorliegenden Arbeit.
[9] Vgl. Politische Richtlinien für die Propaganda [Geh. Rs. Nr. 3], sowie Wichtige Fragen, zu denen die Sowjetbevölkerung eine Stellungnahme erwartet [Geh. Rs. Nr. 4], PA AA, R 105193, unfol.
[10] Ebd. Hvg. B. Q.
[11] Wehrmacht-Propaganda-Lagebericht für die Zeit v. 16. 6.-30. 6. 1941, BA-MA, RW 4/339, fol. 184.
[12] Vgl. Ref. VLR Großkopf, betr. Sitzung im Außenpolitischen Amt der NSDAP am 29. 5. über Ostfragen, 30. 5. 1941, PA AA, R 105192, fol. 198858; In Rosenbergs Russlandakte gefundener Bericht v. 28. 6. 1941 über die Vorbereitungsarbeit für den Osteuropäischen Raum, PS-1039, IMT, Bd. 26, S. 585 f.
[13] Vgl. Wette 1989, S. 18 ff.; J. Förster 1991a, S. 526 f.

4. Das Scheitern des Konzeptes (22. Juni-August 1941) 143

übten, ist nachdrücklich zum Ausdruck zu bringen, dass die deutsche Wehrmacht nicht als Feind der Bevölkerung ins Land kommt. Sie will sie vielmehr von der Tyrannei der Sowjets erlösen. Sollte jedoch auch von den nichtbolschewistischen Volksteilen Widerstand geleistet werden, so ist die deutsche Wehrmacht gezwungen, ihn zu brechen, wo und von wem auch immer er geleistet wird.

c) Ebenso wäre die deutsche Wehrmacht gezwungen, mit voller Schärfe der Kriegsgesetze diejenigen zu treffen, die durch Spionage und Sabotage oder durch völkerrechtswidrigen Waffengebrauch der deutschen Wehrmacht Schaden zufügen wollen und damit die Sowjets unterstützen.

d) Propagandatendenzen, die auf den Zerfall der Sowjetunion in Einzelstaaten gerichtet sind, dürfen zunächst nicht zur Anwendung gebracht werden. Die deutsche Propaganda muss sich zwar in den einzelnen Gebietsteilen der Sowjetunion der jeweils am meisten gebräuchlichen Sprache bedienen; dies darf aber nicht dazu führen, dass durch die Art der einzelnen Propagandatexte frühzeitig der Schluss auf eine beabsichtigte Zerreissung der Sowjetunion gezogen werden kann.

e) Im weiteren Verlauf kommt es besonders darauf an, der Bevölkerung die Notwendigkeit zu beweisen, dass jeder auf seinem Arbeitsplatz zu bleiben hat. Plünderung, Vergeudung von Lebens- und Futtermitteln, Zerstörung von Maschinen und Wirtschaftsgütern hätten zwangsläufig Elend und Hungersnot zur Folge. Aus den gleichen wirtschaftlichen Gründen kommen Landaufteilung und Zerschlagung der Kollektivbetriebe vorerst nicht in Frage, wenn sie auch für später beabsichtigt sind. Eine sofortige Änderung der wirtschaftlichen Betriebsformen müsste zum Schaden aller die durch den Krieg hervorgerufenen Störungen der Wirtschaft vermehren.«[14]

Entsprechende Instruktionen erhielten auch die Himmler unterstellten Einsatzgruppen und HSSPF.[15]

Im Vorfeld des Überfalls wurden fünf zentrale Aufrufe formuliert, die beim Angriff als Flugblätter verbreitet und über Rundfunk und Lautsprecher verlesen werden sollten. Vorentwürfe hatten sowohl Rosenberg als auch Leibbrandt verfasst.[16] Ein Aufruf wandte sich in russischer, ukrainischer und weißrussischer Sprache an die sowjetischen Zivilisten;[17] die anderen vier sprachen die Soldaten und Kommandeure der Roten Armee auf Russisch an.[18] Diese fünf

---

[14] OKW 144/41 g. Kds. Chefs./WFSt/WPr, Juni 1941, Weisungen für die Handhabung der Propaganda im Fall »Barbarossa«, BA-MA, RW 4/578, fol. 34-40. Auszüge auch abgedr. in: IMT, Bd. 34, S. 192-195 (Dok. C-026) sowie ausführlicher in Moritz 1970, S. 262 ff.

[15] Vgl. Schreiben Heydrichs an die HSSPF v. 2. 7. 1941, BA, R 70 Sowjetunion/32, fol. 263-269, abgedr. in: Klein 1997, S. 328.

[16] Vgl. Kempner 1971 [Rosenberg 1941]; Bericht über die vorbereitende Arbeit in Fragen des osteuropäischen Raumes v. 28. 6. 1941, aus Rosenbergs Russlandakte, Dok. PS-1039, IMT, Bd. 26, S. 591.

[17] Vgl. Flugblätter und Übersetzungen 1 BR (russ.), 2 BW (wr.) und 3 BU (ukr.) in: PA AA, R 105173, unfol.

[18] Vgl. Wehrmacht-Propaganda-Lagebericht, 16. 6.-30. 6. 1941, BA-MA, RW 4/339, fol. 184; Ref. VLR Großkopf, 4. 7. 1941, betr. 5 Flugblätter des OKW nebst Übersetzungen, PA AA, R 105167, unfol.; Flugblätter »Kameraden der Roten Armee, Kommandeure der Roten Armee!« (000111 RA) und »Kommandeure und Kameraden der Roten Armee!« (000112 RA), Übersetzung in: PA AA, R 105167, unfol. Zum Zeitpunkt der Lieferung und Verbreitung dieser Flugblätter vgl. Ausführungen Kratzer vor PK, 17. 6. 1941, BA-MA, RH 45/17, unfol.; AOK 9 Ic/ A.O. Az. WPr Nr. 191/41 geh., 30. 7. 1941, betr. Bewährung Flugblattpropaganda, Anlage 2:

Flugblätter wurden in einer Auflage von 30 Millionen Exemplaren gedruckt.[19] Einen Teil von ihnen füllte ein 45 Soldaten starkes Kommando der Propaganda-Ersatz-Abteilung Potsdam knapp zwei Wochen vor dem Überfall unter strengster Abschottung und Geheimhaltung in der Berliner Reichsdruckerei in speziell entwickelte Propagandageschosse.[20] Diese so genannten Weiß-Rot-Geschosse erhielten die Armeen und Panzergruppen vor Beginn der Operationen.[21] Die Propagandakompanien wurden darüber hinaus mit russischen Dolmetschern und vorproduzierten Schallplatten ausgestattet.[22]

Als die Wehrmacht in den Morgenstunden des 22. Juni 1941 die Sowjetunion angriff, begann auch die »geistige« Kriegführung. Während ein systematisches Luftbombardement die Menschen in den Städten terrorisierte,[23] segelten zugleich die ersten an sie adressierten Flugblätter herab.[24]

> »Völker der Sowjetunion! Mit verbrecherischem Leichtsinn werdet ihr in den Krieg getrieben, diesmal zwingt man euch nicht gegen die Reaktion und nicht gegen irgendwelche weißgardistischen Abteilungen zu kämpfen, nein Kameraden, die Sowjetregierung treibt euch in den Krieg gegen den wahren Sozialismus und gegen die mächtigste Wehrmacht der Welt.
> Die Rote Armee ist viel schwächer als die deutsche Wehrmacht und bedeutend schlechter ausgerüstet. Als eure einzigsten Verbündeten könnt ihr nur die kapitalistische englische Monarchie ansehen, die in den letzten Zügen liegt.
> Ist euch überhaupt bekannt, dass die deutsche Wehrmacht bisher alle ihre Gegner geschlagen hat? Ihre Schlagkraft ist jetzt völlig gegen die Sowjetunion gerichtet, um den Erpressungen Stalins die gebührende Antwort zu geben. Dieser Krieg, in den ihr hineingetrieben werdet, ist das Ergebnis der unterirdischen Wühlarbeit gegen Deutschland und gegen ganz Europa.
> Daher hat Hitler seinen siegreichen Truppen den Befehl erteilt, alle Feinde der friedlichen Zusammenarbeit zwischen den Völkern der Sowjetunion und den Werktätigen Deutschlands zu beseitigen.
> Eure Kommissare rufen euch auf, die jüdische und kommunistische Weltherrschaft der dritten Internationale zu schützen. Deutschland hat nicht die Absicht, eurem Vaterland Schaden zuzuführen [sic!], im Gegenteil, nur mit Hilfe der Deutschen wird es euch gelingen, euer Vaterland von Willkür und Ausbeutung durch fremde Elemente und ihre Herrschaft zu befreien. Die Oktoberrevolution hat versprochen

---

Übersicht über den Einsatz von Flugblättern im Bereich der 9. Armee für die Zeit v. 22. 6.-26. 7. 1941, BA-MA, RW 4/252, fol. 159 RS.

[19] Vgl. Goebbels TB, I, Bd. 4, S. 685; Wehrmacht-Propaganda-Lagebericht, 16. 6.-30. 6. 1941, BA-MA, RW 4/339, fol. 184.

[20] Vgl. Eintrag v. 12. 6. 1941, Goebbels TB, I, Bd. 4, S. 685. Näheres hierzu auch in: N. N. 1953, S. 7; Scheel 1970, S. 175; Buchbender/Schuh 1983, S. 35 ff.

[21] Vgl. Abt. Ic/AO, 7. 8. 1941, Tätigkeitsbericht über Flugblätter in der Zeit v. 22. 6.-6. 8. 1941, BA-MA, RH 21-3/437, fol. 46; KTB PK 612, Eintrag v. 21. 6. 1941, BA-MA, RH 45/6, unfol.; Ausführungen Kratzer vor PK, 17. 6. 1941, BA-MA, RH 45/17, unfol.

[22] Vgl. KTB PK 612, Eintrag v. 11. 6. 1941, BA-MA, RH 45/6, unfol.; Ausführungen Kratzer vor PK, 17. 6. 1941, BA-MA, RH 45/17, unfol.

[23] In den Fachdebatten um eine »geistige« Kriegführung nach dem Ersten Weltkrieg galt ein solches Bombardement der Zivilbevölkerung als effektives Mittel der Demoralisierung und Zersetzung. Siehe Abschnitt 1.1. der vorliegenden Arbeit.

[24] Die deutschen Truppen setzten hierfür die Luftwaffe, spezielle Propagandageschosse und Ballons ein. Vgl. Buchbender 1978, S. 56.

euch Freiheit, Gleichheit, Wohlergehen und Frieden zu bringen. Statt Freiheit und Selbstbestimmungsrecht haben die Kommunisten die ganze Sowjetunion in ein Gefängnis verwandelt, Millionen von Erwachsenen und Kindern befinden sich in der Verbannung. Die Konzentrationslager reichen nicht aus, die Gefängnisse sind mit Hunderttausenden unschuldigen Opfern angefüllt. Die ganze Welt weiss von den Leiden und Qualen dieser Unglücklichen.

Ihr selbst wisst, was aus den Versprechungen von der Selbstbestimmung der Völker geworden ist. Gleichheit ... statt der Gleichheit bestehen Vorrechte nur für Parasiten und Spekulanten. Euer Schicksal liegt aber in den Händen der Diktatoren der dritten Internationale, hinter der sich der jüdische Kahal verbirgt.

Statt des Wohlstandes habt ihr Hunger und Arbeit erhalten. Trotz der Lügen der Presse, die ganz in jüdischen Händen liegt, wisst ihr wohl, daß es allen Völkern jenseits der Grenzen der Sowjetunion viel besser geht als euch. Durch seine natürlichen Reichtümer könnte euer Vaterland nicht nur euch leicht ernähren, sondern darüber hinaus zur reichsten Kornkammer werden.

Statt des Friedens hat man euch den Krieg aufgezwungen. Die Kommissare ahnen, daß ihr Ende naht. Bald werden sie alle fliehen, beachtet ihre frechen Lügen nicht. Jetzt ist die Reihe an denen, die zahllose ›Säuberungen‹ durchgeführt haben. Natürlich gibt es auch unter den Kommunisten ehrliche Menschen. Wenn sie sich bekehren, droht ihnen keinerlei Gefahr. Diejenigen aber, die euch quälten und erniedrigten, sollen verschwinden. Schützt eure Fabriken und landwirtschaftlichen Betriebe vor Zerstörung und Beraubung. Helft überall Ordnung und Ruhe aufrecht zu erhalten. Lasst nicht zu, dass Vieh, Vorräte und Maschinen fortgeführt oder vernichtet werden, sonst droht euch selbst der Hunger. Beschützt alle Vorräte, eignet sie euch aber nicht selbständig an. Saboteure und Räuber werden sich vor dem Kriegsgericht zu verantworten haben. Bleibt alle an euren Stellen und setzt die Arbeit fort. Lasst keine Zwangsevakuierungen zu. Bald kommen die deutschen Truppen und werden Ordnung und friedliche Arbeit herstellen. Sie werden euch die Möglichkeit geben, ein würdiges Leben ohne Unterdrückung und Ausbeutung zu führen. Es lebe das einige Europa und die soziale Gerechtigkeit unter allen Völkern.«[25]

Dieser erste Aufruf beinhaltete fast alle Facetten, die die deutsche Propaganda auch in den folgenden Jahren prägen sollten. Die *Kriegsschuld* wurde dem sowjetischen Gegner zugeschoben. Etwa ab September 1941 verkündeten Flugblätter, dass Stalin seine Truppen bereits an der Grenze zu Deutschland konzentriert gehabt habe, dieses allerdings »den teuflischen Plan rechtzeitig erkannt« und dem »ihm zugedachten Stoß in den Rücken zuvorgekommen« sei.[26] Die *militärische Überlegenheit* der deutschen Wehrmacht[27] wurde ebenso hervorgehoben wie die *politische Überlegenheit* des »wahren Sozialismus« in

---

[25] Flugblätter und Übersetzungen 1 BR (russ.), 2 BW (wr.) und 3 BU (ukr.), PA AA, R 105173, unfol.

[26] Flugblatt »Arbeiter, Bauern, Rotarmisten!« (145 RAB), Anlage zu VAA (Pr) beim OKW an Großkopf, 11. 9. 1941, PA AA, R 105166, fol. 248162. Es gibt keine Belege dafür, dass die Sowjetunion einen konkreten Angriff plante. Zur Präventivkriegsthese siehe Pietrow 1988; dies. 2000; Ueberschär/Besymenskij 1998; Wischlow 2002.

[27] Auch die ersten Wandzeitungen, die ins besetzte Gebiet geliefert wurden, widmeten sich diesem Thema. Wehrmacht-Propaganda-Lagebericht, 16. 6.-30. 6. 1941, BA-MA, RW 4/339, fol. 184 RS.

Deutschland.²⁸ »*Befreiungs*«-Parolen standen im Zentrum der Propaganda,²⁹ statt konkreter Aussagen über die politische Zukunft verwies diese aber nur ganz allgemein auf »ein würdiges Leben ohne Unterdrückung und Ausbeutung«. Das Schlagwort »*Europa*« – mit Parolen wie dem »Freiheitskampf der Völker Europas« oder Hinweisen auf eine mögliche Aufnahme der »Völker der Sowjetunion [...] in die freie Gemeinschaft der europäischen Nationen«³⁰ – suggerierte diffus eine positive Perspektive. Mit der Anrede »Völker der Sowjetunion« und der Sprachwahl – u. a. ukrainisch und weißrussisch – wurde die »Neugestaltung« zudem verdeckt vorbereitet. Eine Stellungnahme zur *Religions*- und *Agrarfrage* fand – zumindest in der Anfangsphase – nicht statt.

Die enge *Verknüpfung von Bolschewismus und Judentum* war grundlegend. Illustrierte Flugblätter, Plakate oder Karikaturen stellten sowjetische Funktionären mit hervorquellenden Augen, großen Nasen und wulstigen Lippen, also antisemitischen Stereotypisierungen dar (siehe Abb. 4 und 5).³¹ In Weißrussland bzw. den westlichen Randstaaten der UdSSR wurde auch Stalin in der Regel mit »jüdischer« Physiognomie gezeichnet, während man hierauf z. B. auf der Krim verzichtete.³² Schlagworte wie »jüdisch-bolschewistische Blutsauger«, »verjudeter Bolschewismus«, »Stalin und seine Juden« bzw. »seine hakennasigen bolschewistischen ›Aristokraten‹« tauchen in den Materialien immer wieder auf.³³ Eine besondere Rolle spielte auch das Feindbild des »jü-

---

28 Um diese Parole zu *beweisen* hatte der Arbeitsstab Rosenberg bereits im Vorfeld des Überfalls eine ganze Reihe von Materialien vorbereitet, die sich mit der »Neuordnung in Deutschland«, der Organisation der Arbeit, der Erziehung der Jugend, der Landwirtschaft, Wirtschaft und Industrie, dem Verkehrswesen, Kultur, Frau und Familie, Finanzfragen, Staatsaufbau und Sozialgesetzgebung befassten. Aktennotiz für Reichsleiter Rosenberg, Vorbereitende Arbeiten von Reichsamtsleiter Dr. Leibbrandt, o. D. [1941], BA, R 6/192, fol. 5-9.
29 Viele der Aufrufe der ersten Phase begannen sinngemäß mit der Formulierung: »Wir kommen zu Euch nicht als Feinde, sondern als Befreier von der bolschewistischen Unterdrückung«. Vgl. Aufruf »Bauern!« der Wirtschaftsinspektion Mitte, Chefgruppe Landwirtschaft [Juli 1941], BA-MA, RH 26-221/19; Bekanntmachung »Werktätige! Arbeiter! Bauern!« (dt., russ., wr.), Anlage in Kdt.r.A. 559, Ic A.O., Tätigkeitsbericht, 31. 8. 1941, BA-MA, WF 03/14267, fol. 1110 ff.; Erste »Bekanntmachung« (dt., russ.) des »Oberbefehlshabers der deutschen Armee«, (AOK 9, nach 21. 8. 1941), BA-MA, RH 20-9/257, unfol.; weitere Beispiele in Buchbender 1978, S. 88.
30 Vgl. Abschrift Rosenberg an den RK für das Ostland, Lohse, Erste Instruktionen v. 21. 7. 1941, Anlage zu RKO, Abt. II a, an die General- und Gebietskommissare, 20. 8. 1941, NAB, 370-1-49, fol. 32; KTB PK 612, Eintrag v. 31. 7. 1941, BA-MA, RH 45/6.
31 Zur visuellen Stereotypisierung von Juden vgl. Haibl 1998.
32 Vgl. Plakate in Lagerverzeichnis der Abt. Ost, BA, R 55/1299. Siehe auch das Leporello »Stalin hat Euch Unterjochung und Vernichtung gebracht!«, abgedr. in: Schlootz 1996, S. 33. Tyaglyy weist darauf hin, dass eine solche Darstellung Stalins in der deutschen Propaganda auf der Krim nicht angewandt wurde, während sie in Litauen oder der Ukraine die Regel gewesen sei. Vgl. ders. 2004, S. 433.
33 Zitate aus Flugblatt »Weißruthenen, Weißruthinnen!«, NAB, 370-1-14, fol.11; Kubes Rede »Zusammenarbeit für das neue Europa!« anlässlich der Einberufung des Weißruthenischen Vertrauensausschusses am 27. 6. 1943, NAB, 370-1-486, fol. 6; Flugblatt »Wir, die Jugend Deutschlands, wenden uns an Euch, weißruthenische Eltern«, [1944], NAB, 370-1-2376, fol. 84 f.; GK Minsk, Abt. I Pro - Schr/Sz, 19. 11. 1943, betr. Führerrede zum 9. 11. 1943, NAB, 370-1-1283, fol. 8 f., abgedr. in: Schlootz 1996, S. 31.

dischen Kommissars« als besonders brutalem Folterer und Mörder sowie die Zuschreibung, dass insbesondere Juden sich als »Partisanen« bzw. »Hetzer«, »Propagandeure«, »Gerüchtemacher«, »Kuriere«, »Drahtzieher« oder »Agenten« betätigen würden.[34]

Die Personen *Hitler* und *Stalin* fungierten als Kontrahenten (siehe Abb. 1 und 2). Hitler wurde zum »Befreier« und »Beschützer« stilisiert, seine Portraits zierten Großplakate und Postkarten, die in riesigen Auflagen verbreitet wurden. Dabei wurde an die frühen nationalsozialistischen Propaganda-Konzepte aus den Wahlkämpfen Anfang der 1930er Jahre angeknüpft, in denen das Portrait Hitlers eine ganz zentrale Rolle eingenommen hatte.[35] Flugblätter gaben Auszüge aus seinen Reden wieder; ganze Kampagnen standen unter dem Motto »Adolf Hitler« oder »Adolf Hitler hat immer recht«.[36] Filme, Broschüren und Bildserien idealisierten den »Führer« und sein Verhältnis zu »seinem Volk«, Arbeitern, Soldaten oder Kindern.[37] Als Gegenpol diente die Darstellung Stalins, der zum einen unglaubwürdig und lächerlich gemacht wurde als »Großmaul«, »dreister Lügner«, »kläglicher Feigling«, »unfähiger Administrator«, »verkrachter« oder »selbstgebackener Feldherr«. Zum anderen stellten die Deutschen ihn als Verbrecher dar und entmenschlichten ihn: »Mörder und Brandstifter«, »grausamer Tyrann«, »böser, lumpiger Hund«, »blutbefleckter Massenmörder«, »Blutsäufer«, »Menschenfresser«, »Aasgeier« oder teuflische »Bestie«.[38] Um ihre *antisowjetische Gräuelpropaganda* zu stützen, suchten die Deutschen nach dem Einmarsch gezielt nach Hinweisen auf sowjetische Gräueltaten und Kriegsverbrechen.[39]

Weder die heroische Überhöhung der eigenen Seite noch die Diffamierung des Kriegsgegners als unmenschlich, grausam oder barbarisch sind dabei als

---

[34] Siehe Beispiele in den Abschnitten 5. und 6. der vorliegenden Arbeit.
[35] Vgl. Behrenbeck 1996, S. 51 ff. Verschiedene »Hitler«-Plakate in Lagerverzeichnis der Abt. Ost, BA, R 55/1299, P 1, 2, 2a, 3, 8. Plakat P 2a ist abgedr. in: Buchbender 1978, S. 37.
[36] Vgl. Hinweise in: Berück Mitte, Ic, Tätigkeitsbericht, September 1941, BA-MA, RH 22/228, fol. 76-79; Flugblatt »Adolf Hitler« (PAW 8), Original in: BA-MA, RW 4/236, fol. 29, Übersetzung [abgez. am 7. 2. 1942] in NAB, 411-1-35, fol. 1; PAW, Tätigkeitsbericht Februar, 5. 3. 1942, BA-MA, RW 4/236, fol. 132-146; GK Minsk, Abt. I Pro - Schr/Sz, 19. 11. 1943, betr. Führerrede zum 9. November 1943, NAB, 370-1-1283, fol. 8 f., abgedr. in: Schlootz 1996, S. 31.
[37] Vgl. Lagerverzeichnis der Abt. Ost, BA, R 55/1299.
[38] Zitate in: Flugblatt »Arbeiter, Bauern, Rotarmisten!« (145 RAB), PA AA, R 105166, fol. 248161 f.; »Stalin«-Plakat (P 6), Lagerverzeichnis der Abt. Ost, P 6, BA, R 55/1299, abgedr. in: Buchbender 1978, S. 45, Schlootz 1996, S. 32; Illustriertes Flugblatt »Großmaul Stalin« (PAW 18), Original als Anlage 7 zu PAW, Tätigkeitsbericht März, 31. 3. 1942, BA-MA, RW 4/236, fol. 40 ff.; Flugblatt »Was bringt der Bolschewismus?« [Okt./Nov. 1943], NAB, 385-2-45, fol. 40; Flugblatt »Partisanen und Partisaninnen – wofür kämpft Ihr?« (PAW 133), PAW, Gruppe Aktivpropaganda, o. D., NAB, 378-1-36, fol. 34 f.; GK Minsk, Abt. I Pro - Schr/Sz, 19. 11. 1943, betr. Führerrede zum 9. November 1943, NAB, 370-1-1283, fol. 8 f., abgedr. in: Schlootz 1996, S. 31; Artikel »Stalins Mordanschlag auf die Minsker Zivilbevölkerung«, 2. 5. 1943, NAB, 370-1-12, fol. 13. Zur Darstellung Stalins als teuflische Bestie vgl. auch Plakat »Ohne Maske!«, abgedr. in: Schlootz 1996, S. 35.
[39] Vgl. AOK 2, Ic/VAA [Bossi-Fedrigotti], Geheimer Bericht Nr. 6, 24. 7. 1941, PA AA, R 105173, unfol. Die Fälle, in denen es hierfür konkrete Anknüpfungspunkte gab, wurden weitgehend ausgeschlachtet. Z. B. die nach der Eroberung von Lemberg, Tarnopol oder Brody Ende Juni/Anfang Juli 1941 entdeckten Morde des NKWD an Gefangenen.

spezifisch deutsche oder nationalsozialistische Elemente einer Kriegspropaganda anzusehen. Diese Aspekte finden sich auch in anderen Ländern, nicht zuletzt auf sowjetischer Seite: Auch ihre Kriegspropaganda beinhaltete – nach einer anfänglichen Phase, in der auf die Klassenbrüderschaft der deutschen Soldaten und Arbeiter rekurriert wurde – eine antideutsche Hasspropaganda.[40] Was die deutsche Propaganda jedoch hervorhebt, ist der extreme Antisemitismus sowie der offene Mordaufruf an »Juden und Kommunisten«.

Letzterer war eine der zentralen deutschen *Forderungen* an die sowjetische Zivilbevölkerung. Aufstand, Mord und Pogrome waren ein deutsches Ziel, das in den ersten Flugblättern an die sowjetischen Zivilisten noch etwas verdeckt formuliert war und zwar in der Ankündigung, dass es der Besatzungsmacht um das *»Verschwinden«* bzw. die *»Beseitigung« von Kommunisten und Juden* ginge. Die Flugblätter an die Angehörigen der Roten Armee waren in diesem Punkt von Beginn an deutlicher formuliert:

> »Kommandeure und Soldaten der Roten Armee, wendet Eure Geschütze und Bajonette gegen dies Regime und befreit die Welt von den Feinden der Menschheit [...] Zum Teufel mit allen Juden und Kommunisten. Lasst uns zusammen gegen Moskau und Kiew marschieren. Lasst uns zusammen alle Völker der Sowjetunion von dem kommunistischen Joch, von den verdammten Juden, von den Blutsaugern und Peinigern der Bauern und der Arbeiter befreien! Der Frieden ist in Europa und in Eurer Heimat erst dann möglich, wenn der jüdischen Komintern der Kopf abgeschlagen ist.« bzw. »Die deutsche Wehrmacht [...] kämpft gegen die Juden und gegen die kommunistische Anarchie. [...] Vereinigt Euch mit den Deutschen und kämpft zusammen gegen die roten Schmarotzer, die sich einbilden, dass sie sich auf Eure Bajonette stützen können. Jagd die Juden nach Palästina – Sie haben genug von Eurem Blut getrunken.«[41]

Die Zivilisten wurden zudem nicht nur aufgefordert, ihre Arbeit fortzusetzen, sondern auch die Sicherungspolitik der Besatzer *aktiv* zu unterstützen, indem sie Einrichtungen und Vorräte beschützten und verteidigten, Evakuierungen verhinderten etc. Taten sie dies nicht, so drohten die Deutschen mit *Hungersnöten* und *Strafen*.[42] Dabei kündigte der allererste Aufruf noch den Einsatz von Kriegsgerichten an, vor denen sich »Saboteure und Räuber« zu verantworten hätten. Da der Kriegsgerichtsbarkeitserlass vom 13. Mai solche aber explizit ausgeschlossen hatte, konnte dieser Hinweis nur in der unmittelbaren Angriffssituation benutzt werden. Er tauchte konsequenterweise in keinem der späteren Flugblätter wieder auf. Diese drohten stattdessen mit »härtesten Strafen« bzw. der Todesstrafe. Die genannten Themen durchzogen die deutsche Propaganda während der nächsten Monate und Jahre, sie wurden aber auch den aktuellen Geschehnissen, dem Kriegsverlauf und geänderten besatzungspolitischen Anforderungen angepasst. In der Folge wird es darum gehen, diese Veränderungen nachzuzeichnen.

---

[40] Vgl. Senjavskaja 2004, S. 247 ff.; Perepelicyn/Timofeeva 2004.
[41] Flugblätter 000111 RA und 000112 RA. Übersetzungen in: PA AA, R 105167, unfol.
[42] Vgl. exemplarisch hierfür auch eines der ersten Plakate, die in Weißrussland angeschlagen wurden: Dreisprachiger Aufruf (deutsch, russisch, weißrussisch), Anlage in Kdt.r.A. 559, Ic A.O., 31. 8. 1941, Tätigkeitsbericht, BA-MA, WF-03/14267, fol. 1110 ff.

4. Das Scheitern des Konzeptes (22. Juni-August 1941)

Eine sowjetische Reaktion auf die deutsche Propagandaoffensive beim Einmarsch erfolgte am 3. Juli 1941, als Stalin sich in einer ersten Rundfunkansprache an die sowjetische Bevölkerung wandte.[43] Dieser wies die Behauptung der »großmäuligen faschistischen Propagandisten« zurück, dass die deutschen Truppen unbesiegbar seien, warnte jedoch gleichzeitig vor der »ganzen Größe der Gefahr«. Der Feind, der »grausam und unerbittlich« sei, wolle Boden, Getreide und Öl rauben, die »Macht der Gutsbesitzer« wiederaufrichten und den Zarismus restaurieren. Die Deutschen wollten die nationale Kultur und das »nationale staatliche Eigenleben der [...] freien Völker der Sowjetunion« vernichten, sie germanisieren und in »Sklaven« verwandeln. Dabei appellierte Stalin – anders als der sowjetische Außenminister Molotow am ersten Tag des Überfalls – explizit an die einzelnen Nationalitäten der UdSSR: »Russen, Ukrainer, Belorussen, Litauer, Letten, Esten, Usbeken, Tataren, Moldauer, Georgier, Armenier, Aserbeidschaner« und »andere«.[44] Stalin rief nicht nur zum »vaterländischen Befreiungskrieg gegen die faschistischen Unterdrücker« auf, sondern auch zur »Entfachung des Partisanenkrieges« im bereits besetzten Gebiet. Für den Feind und seine »Helfershelfer« sollten »unerträgliche Bedingungen« geschaffen werden; sie müssten »auf Schritt und Tritt verfolgt und vernichtet« und alle ihre Maßnahmen vereitelt werden. Darüber hinaus forderte Stalin die umfassende Räumung der bedrohten Gebiete: Dem Feind dürfe »keine einzige Lokomotive, kein einziger Waggon, kein Kilogramm Getreide, kein Liter Treibstoff« überlassen werden. Was nicht mehr weggebracht werden könne, müsse »unbedingt vernichtet« werden.[45] Stalins Aufruf war der Auftakt zu einer massiven sowjetischen Propagandakampagne, in deren Rahmen auch große Mengen an Flugblättern über den deutsch besetzten Gebieten abgeworfen wurden.[46]

Auf deutscher Seite sorgte insbesondere der Aufruf zur Räumung der noch nicht besetzen Gebiete für Unruhe. Der Vertreter des AA beim AOK 4, Schattenfroh, betonte in seinem Bericht nach Berlin: »Sehr wichtig wird eine intensive Gegenpropaganda gegen die Aufforderungen Stalins u[nd] a[nderer] führender Männer hinsichtl[ich] Zerstörungen u[nd] Sabotage i[n] d[en] von uns noch nicht besetzten Gebieten sein. Eine entspr[echende] Mitwirk[ung] d[es] Rundf[un]ks sehr nötig.«[47] Das sowjetische Vorgehen bedrohte die deutschen Planungen, die Truppen »aus dem Lande« zu versorgen, ganz außerordentlich. Deshalb konzentrierte sich die deutsche Pro-

---

[43] Rundfunkrede Stalins v. 3. 7. 1941, abgedr. in: Ueberschär/Wette 1991, S. 272. Zum Kriegsbeginn aus sowjetischer Perspektive Overy 2003, S. 125-135.
[44] Molotow hatte sich noch an »unser ganzes Volk« und die »wahren Sowjetpatrioten« gewandt. Rundfunkrede Molotows v. 22. 6. 1941, abgedr. in: Ueberschär/Wette 1991, S. 271 f.
[45] Rundfunkrede Stalins v. 3. 7. 1941, abgedr. in: Ueberschär/Wette 1991, S. 272.
[46] Vgl. AOK 4, Ic – VAA, Gk. Schattenfroh, Kurze Denkschrift über Behandlung und Stimmung der Bevölkerung in Minsk und im allgemeinen, 7. 7. 1941, Anlage zu Bericht Nr. 83, PA AA, R 60759, unfol.; Berück Mitte, Ic, Tätigkeitsbericht, Juli 1941, BA-MA, RH 22/228, fol. 72 sowie die Übersetzung zweier sowjetischer Flugblätter (»An die Bevölkerung der Ortschaften, die zeitweilig besetzt sind« und »Weißrußland hat sich erhoben«), Anlage zu WPr IV h 1 an Gruppenleiter zur Weiterleitung an Dr. Taubert, 22. 8. 1941, BA-MA, RW 4/252, fol. 202-208.
[47] AOK 4, VAA, Gk. Schattenfroh, Bericht Nr. 86, 16. 7. 1941, PA AA, R 60759, unfol.

paganda, die sich an die Bevölkerung im sowjetischen Hinterland wandte, in den nächsten Wochen darauf, den Abtransport und die Vernichtung von Gütern zu verhindern. Als Antwort auf Stalins Rede formulierte man in Berlin einen zweiten Aufruf an die »Völker der Sowjetunion«.[48] Die sowjetische Führung wurde darin der Lüge und des Betrugs bezichtigt. Wenn die Bevölkerung Stalins Rat befolge, drohe ihr Hunger und Tod. Stalin und seine »Genossen« würden fliehen und die Bevölkerung ihrem Schicksal überlassen, diese habe dann »die Folgen der Zerstörungen selbst zu tragen«. Die Deutschen drohten, »weder Brot noch Kleidung [zu] geben, wenn ihr Eure Vorräte selbst vernichtet«. Die Schlussparole des Aufrufes verkündete: »Euer Schicksal hängt von Euch selbst ab. Schützt Euer Volkseigentum, wenn Ihr leben wollt! Nieder mit Euren Peinigern, vorwärts zu neuem Leben!« Die von der sowjetischen Regierung angeordneten *Verteidigungs*maßnahmen wurden von der deutschen Propaganda fortan als illegitime Politik der »Verbrannten Erde« und als gezieltes »Verbrechen« an der zurückbleibenden Bevölkerung denunziert (siehe Abb. 1).

Im Zuge dieser Kampagne forderten die Deutschen die sowjetische Zivilbevölkerung deutlicher zu Aufstand und Mord auf. Am 14. Juli teilte Leutnant von Grote als Vertreter der Abteilung WPr auf der morgendlichen Sitzung bei Leibbrandt mit, dass »aus dem Führerhauptquartier« angeordnet worden sei, die Propaganda »mit sofortiger Wirkung ganz besonders zu intensivieren«.[49] Er legte vier neue Aufrufe vor, die im Rahmen einer am folgenden Tag beginnenden Großkampagne in einer Auflage von zehn Millionen Flugblättern abgeworfen und ebenfalls über Rundfunk und Lautsprecher verbreitet werden sollten. Diese forderten nicht nur ein weiteres Mal dazu auf, Getreide, Vieh und Maschinen aktiv zu verteidigen, sondern auch: »Erhebt Euch gegen die Willkür. [...] Nieder mit den polit[ischen] Leitern! Nieder mit den Juden!«[50] Was damit gemeint war, zeigte die Illustration auf einem der Flugblätter: Ein sowjetischer Funktionär, der Getreide anzünden will, wird von einem Bauern von hinten mit der Mistgabel angegriffen. Die Parole lautete: »Organisiert das Beschützen der Ernte! [...] Tod jedem, der das [...] Getreide vernichtet! Tod dem gemeinen Stalin und seinen Anhängern!«[51] Diese in den folgenden Wochen fortgesetzte Propagandatendenz führte dazu, dass der sowjetischen Bevölkerung vollkommen klar war, dass Juden und Kommunisten von den Deutschen

---

[48] Flugblatt »Völker der Sowjetunion!« (Nr. 2 BR), PA AA, R 105173, unfol. Siehe hierzu auch entsprechende Flugblattentwürfe des AA, Großkopf an Ribbentrop, 4.7.1941 (drei Flugblattentwürfe zur »Beantwortung der Stalin-Rede«), PA AA, R 105167, unfol. Zum Zeitpunkt der Verbreitung vgl. Ref. VLR Großkopf, D IX Nr. 6, betr. Flugblätter des OKW, 7.7.1941, PA AA, R 105167, unfol.; Wehrmacht-Propaganda-Lagebericht, 1.7.-15.7.1941, BA-MA, RW 4/339, fol. 190 RS.
[49] Ref. VLR Großkopf, 14.7.1941, betr. Verstärkung der Propaganda, PA AA, R 105173, unfol.
[50] Übersetzungen der Aufrufe in: PA AA, R 105167, unfol. In anderer Übersetzung auch »Schlagt die polit[ischen] Kommissare! Schlagt die Juden!«, PA AA, R 105173, unfol.
[51] Ebd. Dieses an die ukrainische Bevölkerung gerichtete Flugblatt (000120 RAB) befindet sich als Original und mit etwas abweichender Übersetzung auch in: PA AA, R 105173, unfol. Siehe hier auch das ähnliche Flugblatt 000122 RAB.

besonders verfolgte Gruppen sein würden.[52] Bis zum 18. August verbreiteten die Deutschen fünf Flugblätter, die sich an die Zivilbevölkerung im sowjetischen Hinterland wandten – eine weit größere Anzahl richtete sich an die Angehörigen der Roten Armee.[53]

Eine weitere wichtige Zielgruppe waren die Zivilisten in den eroberten Gebieten. In Weißrussland, das von den Truppenverbänden der Heeresgruppe Mitte besetzt wurde, rückten die Panzergruppe 3 und die 9. Armee im Norden über Wilna sowie die Panzergruppe 2 und die 4. Armee über die im Süden gelegene Stadt Brest in einer großen Zangenbewegung vor. Am 28. Juni wurde die weißrussische Hauptstadt Minsk erobert und am selben Tag vereinigten sich die Panzergruppen 2 und 3 östlich der Stadt. Nach der Schlacht bei Minsk und Bialystok (22. bis etwa 30. Juni) und den Schlachten um Smolensk (10. bis 24. Juli) sowie Gomel und Tschernigow (10. bis 25. August) war Ende August das gesamte Territorium Weißrusslands in deutscher Hand.[54] Insbesondere in den Städten, die zum Teil hartnäckig verteidigt wurden und im Straßenkampf erobert werden mussten, unterstützten die Propagandisten die kämpfenden Einheiten, indem sie – wie im Fall Mogilew – die Zivilisten per Lautsprecher aufforderten, Haustüren und Fenster zu öffnen und vor die Häuser zu treten.[55] In Minsk nutzte die PzPK 697 ihren Lautsprecherwagen, um Anordnungen des Ortskommandanten bekannt zu geben.[56] Die PK 612 ließ zwei verschiedene Aufrufe auf »Schallfolien« schneiden und verbreitete diese – zusammen mit Schallplattenmusik – bis Ende Juli in etwa 120 Ortschaften.[57]

---

[52] Vgl. hierzu den Bericht des VAA beim AOK 2, Bossi-Fedrigotti, den er nach der Besetzung der weißrussischen Stadt Mogilew verfasste. AOK 2, Ic/VAA, Geheimer Bericht Nr. 8, 1. 8. 1941, PA AA, R 105173, unfol. Zu weiteren Flugblättern Aufruf »Bauern der Ukraine!«, PA AA, R 105173, unfol. (»Schlagt alle Kommissare und Juden tot! Sie sind Euer Unglück, Euer Untergang!«); VAA OKW/WPr, an Luther, 12. 8. 1941, Anlage vier neueste Flugblätter des OKW (Russlandflugblätter Nr. 136-139), PA AA, R 105166, fol. 248183-195; Ref. Großkopf, betr. neue Flugblätter, 12. 9. 1941, PA AA, R 105166, fol. 248165.

[53] Vgl. Flugblätter in: PA AA, R 105166, R 105167 und R 105173. Die deutsche Herkunft des Materials war kenntlich gemacht (als Unterzeichner traten der »Oberbefehlshaber der deutschen Truppen« bzw. » der Front« oder »das deutsche Oberkommando« auf), mitunter verwandten die bei den AOKs produzierten Flugblätter aber auch fiktive einheimische Organisationen (z. B. »Verband für die Befreiung der Völker der UdSSR«, »Der neue freie Sowjet der Soldaten der Roten Armee«). Vgl. Ref. Großkopf, betr. Schlechtes Russisch in den Proklamationen der Truppe oder des OKW, 9. 8. 1941, PA AA, R 105173, unfol. Zur Propaganda gegenüber der Roten Armee Buchbender 1978.

[54] Zu den Kampfhandlungen in Weißrussland Gerlach 1999, S. 128 f. Zur Operationsführung insgesamt Klink 1991a.

[55] AOK 2, Ic/VAA [Bossi-Fedrigotti], Geheimer Bericht Nr. 7, 25. 7. 1941, PA AA, R 105173, unfol.

[56] Panzergruppe 3 Abt. Ic/Z, Erfahrungen bezüglich Propaganda-Kompanie, o. D. (Bericht Juni-August 1941), BA-MA, RH 21-3/438, fol. 73. Vgl. auch Panzergruppe 3, Abt. Ic, Tätigkeitsbericht Januar-August 1941 [NOKW 2672], Abschnitt Propagandakrieg. Offensive und defensive Maßnahmen, BA-MA, RH 21-3/423, fol. 26 ff.; Panzergruppe 3, Abt. Ic/AO/Zens, 20. 9. 1941, betr. Orientierung über I. Propaganda in den Feind, II. Berichterstattung für Veröffentlichungen, III. Geistige Betreuung, BA-MA, RH 21-3/441, fol. 12 RS.

[57] Vgl. KTB PK 612, Eintrag v. 31. 7. 1941, BA-MA, RH 45/6; Zusammenfassender Bericht an OKW/WPr Id über die Tätigkeit des Propagandazuges [der PK 612] in der Zeit v. 22. 6. - 31. 7. 1941, 29. 7. 1941, BA-MA, RH 45/17, unfol. Verschiedentlich äußerten die Propagandaeinheiten in

Gerade in Bezug auf die Sicherungspolitik sollte die Propaganda eine zentrale Rolle spielen. Als in Berlin am 16. Juli über die zukünftige Ostpolitik gesprochen wurde, ging es auch um die Frage der Herrschaftssicherung im besetzten Gebiet. Hitler betonte, dass der »Riesenraum [...] natürlich so rasch wie möglich befriedet werden« müsse und dies am besten dadurch geschehe, dass man »Jeden, der nur schief schaue, totschiesse«.[58] Faktisch fehlte für ein solches Vorgehen jedoch Sicherungspersonal. Deshalb präzisierte der Chef des OKW, Keitel, dass »man die Einwohner selbst verantwortlich machen« müsse. Ihm war klar, dass man nicht »jeden Schuppen« oder Bahnhof bewachen lassen konnte, aber die Einwohner »müssten wissen, dass Jeder erschossen würde, der nicht funktioniere, und dass sie für jedes Vergehen haftbar gemacht würden.« Dies war auch eine Frage der Vermittlung. Auf die »Rückfrage« Rosenbergs erwiderte Hitler, dass Zeitungen herausgegeben werden müssten, »um die Einwirkungsmöglichkeit auf die Landesbewohner zu bekommen«.[59] Hier zeigt sich erneut, dass Terror und Propaganda als sich ergänzende Instrumente der Herrschaftssicherung betrachtet wurden. Hitlers Anfang Juli aufgestellte Forderung, angesichts der eigenen Personalschwäche und der Annahme, dass infolge »vorauszusehender Hungersnot in großen Teilen der eroberten Gebiete [...] mit Verzweiflungstaten und Überfällen zu rechnen« sei, die Sicherungskräfte mit Panzern auszurüsten, oder Keitels Ergänzung vom 23. Juli, dass die Besatzungsmacht zur Sicherung der eroberten Ostgebiete »denjenigen Schrecken« verbreiten müsse, »der allein geeignet ist, der Bevölkerung jede Lust zur Widersetzlichkeit zu nehmen«, belegen nicht zwangsläufig eine Ablehnung von systematischen Propagandaaktivitäten.[60]

Folgerichtig war es eines der wichtigsten Ziele der deutschen Propaganda im besetzten Gebiet, der (nichtjüdischen) Bevölkerung vor Augen zu halten, dass es nur zwei Alternativen gebe: aktive, demonstrative Unterstützung der Besatzungsmacht – auch bei der Gegnerverfolgung – oder rigorose Straf- und Repressionsmaßnahmen. In diesem Sinne riefen die von der PzPK 697 im Juni und Juli 1941 massenhaft unter der weißrussischen Zivilbevölkerung verteilten Flugblätter dazu auf, der deutschen Wehrmacht bei der »Befreiung des Landes vom Bolschewistenjoch zu helfen« und »Saboteure zur Anzeige zu bringen«. Ohne eine solche Kooperation gab es kein Auskommen mit der neuen Macht,

---

ihren Berichten Kritik, dass die Lautsprecherwagen für einen Einsatz an der Front nicht die erforderliche Reichweite besäßen.

[58] Aktenvermerk Bormanns über eine Besprechung Hitlers mit Rosenberg, Lammers, Keitel und Göring über die künftige Ostpolitik v. 16. 7. 1941, Dok. L 221, IMT, Bd. 38, S. 92.

[59] Ebd. In den protokollarischen Aufzeichnungen Martin Bormanns über dieses Treffen gibt es keinerlei Hinweise darauf, dass Rosenberg seine Frage als eine *gegen* die von Hitler und Keitel formulierten Vorstellungen gerichtete Handlungsalternative einbrachte.

[60] Auszugsweise Abschrift, Keitel, OKW/WFSt/Abt. L Nr. 441158/41 g. K. Chefs., 5. 7. 1941, BA-MA, RW 4/578, fol. 105 f.; Chef des OKW, Nr. 441254/41 geh. Kds. Chefs. WFSt/Abt. L (I Op), 23. 7. 1941, Ergänzung zur Weisung Nr. 33, abgedr. in: Hubatsch 1983, S. 144. Zu mehrfachen Äußerungen Hitlers, die Menschen im Osten z. B. mit Rundfunksendungen ruhig zu stellen, vgl. Jochmann 1980, S. 90 f. (17. 10. 1941), 311 f. (3. 3. 1942).

4. Das Scheitern des Konzeptes (22. Juni–August 1941)

denn nur »Wer den deutschen Truppen hilft, wird ein Freund Deutschlands«.[61]

4.2. Die »Säuberung« des besetzten Gebiets

Eine der wichtigsten Sicherungsaufgaben im besetzten Gebiet bestand zunächst in der Verfolgung versprengter Rotarmisten.[62] Viele sowjetische Verbände wurden beim raschen Vormarsch der Wehrmacht überrollt, aufgelöst und zersplittert. Tausende von Rotarmisten versteckten sich in den abgelegenen Gebieten zwischen den Vormarschstraßen und entgingen so der Gefangennahme. Ein Teil von ihnen versuchte, einzeln oder in kleinen Gruppen durch die Front auf sowjetisches Territorium zurückzukehren. Eine große Zahl tauchte aber auch als Landarbeiter in Dörfern und kleinen Gemeinden unter und richtete sich auf ein ziviles Leben ein. Diese ehemaligen Soldaten bzw. »Ortsfremden« wurden von den deutschen Sicherungsdivisionen, die die ländlichen Regionen systematisch absuchten, gnadenlos verfolgt. In vielen Fällen wurden sie nicht in die Kriegsgefangenenlager transportiert, sondern kurzerhand erschossen. Diejenigen, die in die Lager gebracht wurden, hatten allerdings ebenfalls kaum eine Chance, den Winter zu überleben.

Der Mord an versprengten Rotarmisten durch Militäreinheiten war eines der ersten Massenverbrechen in den besetzten sowjetischen Gebieten. So wurden allein im rückwärtigen Heeresgebiet Mitte bis einschließlich September 1941 insgesamt 24.668 Personen erschossen.[63] Das deutsche Vorgehen war *keine* Reaktion auf eine akute Gefahr, sondern die präventive Ausschaltung einer *potenziellen* Gegnergruppe. Zwar gab es im Sommer 1941 tatsächlich vereinzelte Angriffe auf deutsche Soldaten sowie »vorkommende, ziemlich seltene Sabotagefälle«.[64] Von einer militärisch relevanten Bedrohung durch Partisanentätigkeiten konnte jedoch noch keine Rede sein. Die »zunächst harmlosen Versprengten« – so die Einschätzung des Ic-Offiziers beim Oberkommando der Panzergruppe 3 – stellten aus deutscher Sicht eine »latente Gefahr dar für den Fall, dass sich Partisanenführer einstellen sollten«.[65] Die Entscheidung, jeden potenziellen Widerstandskämpfer zu ermorden, war bereits *vor* dem Einmarsch gefallen. Stalins Aufruf vom 3. Juli, der erst Monate später eine praktische Relevanz haben sollte, bot allenfalls einen willkommenen Vorwand, oder – wie Hitler am 16. Juli lapidar kommentierte: »Dieser Partisanenkrieg

---

61 Anlagen o und p zu [Panzergruppe 3], Abt. Ic/AO, 7. 8. 1941, Tätigkeitsbericht über Flugblätter in der Zeit v. 22. 6.-6. 8. 1941, BA-MA, RH 21-3/437, fol. 74, 76 f. Für die Übersetzung danke ich Dr. Bärbel Schindler-Saefkow.
62 Allgemein zu diesem Aspekt jetzt auch Hürter 2007, S. 366 ff.
63 Gerlach 1999, S. 875. Siehe auch Streit 1997, S. 107.
64 Schreiben des Panzer-Armeeoberkommandos 4 v. 6. 7. 1941, zitiert und zur Kenntnisnahme weitergeleitet vom OKH Gen StdH/H Wes Abt (Abw) Az.Abw. III Nr. 2 111/41, 12. 7. 1941, betr. Behandlung der Bevölkerung, BA-MA, RH 27-7/156, unfol.
65 Bericht über die Partisanenkämpfe im August und September 1941, Anlage zum Tätigkeitsbericht Nr. 3, Ic, PzGr. 3, 14. 8. 1941-31. 1. 1942, BA-MA, RH 21-3/743, fol. 17. Vgl. auch Römer 2008, S. 81.

hat auch wieder seinen Vorteil: er gibt uns die Möglichkeit, auszurotten, was sich gegen uns stellt«.[66]

Die Jagd auf versprengte Rotarmisten zu unterstützen war eine der Hauptaufgaben der Propagandisten nach dem Einmarsch.[67] Die Propaganda richtete sich dabei an drei Zielgruppen. Die eigenen Soldaten wurden durch eine Hass- bzw. »Untermenschen«-Propaganda auf ihre mörderische Aufgabe vorbereitet. So verfasste die PK 612 Beiträge zum Thema »Heckenschützen« und »Greueltaten an [deutschen] Gefangenen und Verwundeten« durch Rotarmisten. Sie vertrat die Sichtweise: »Unter den sowjetrussischen Horden befinden sich tatsächlich Vertreter des völlig vertierten Untermenschentums, und [...] diese schändlichen Taten werden auf Befehl der jüdischen Kommissare durchgeführt.« In »zahlreichen Fällen« – so berichtete sie – greife die Truppe zur »Selbsthilfe« und übe »schnelle und gerechte Justiz an den aufgefundenen Meuchelmördern und Leichenschändern.«[68] An die zweite Zielgruppe, die Landbevölkerung, waren Flugblätter adressiert, die unter Androhung der Todesstrafe dazu aufforderten, Informationen über Partisanentätigkeiten weiterzugeben und versprengte Rotarmisten festzusetzen bzw. an die deutschen Dienststellen auszuliefern.[69] Für Hinweise und Denunziationen versprach die Militärverwaltung ab Mitte Juli 1941 bis zu 5.000 Rubel Belohnung.[70] Die dritte Zielgruppe bildeten die versprengten Rotarmisten selbst. An sie richtete sich eine so genannte Überläuferpropaganda. So benutzte die PK 612 ihren Lautsprecherwagen nach dem 25. Juni hauptsächlich dazu, von der Straße aus Rotarmisten anzusprechen, die in den angrenzenden Wäldern vermutet wurden. Hier wurde auch der größte Teil der rund eine Million Flugblätter abgeworfen, die die Kompanie bis zum 9. Juli vor Ort herstellte.[71] Auch der Anfang Juli eingesetzte Befehlshaber des rückwärtigen Heeresgebietes Mitte, General von Schenckendorff, ließ unverzüglich ein Flugblatt mit der »Aufforderung an die Versprengten aus den Wäldern zu kommen« drucken.[72] Diese hätten sich sofort bei der nächsten Truppe als »Kriegsgefangene zu melden« – oder sie

---

[66] Geheime Absichtserklärung zur künftigen Ostpolitik: Aktenvermerk v. 16. Juli 1941 über eine Besprechung Hitlers mit Rosenberg, Lammers, Keitel und Göring, aufgezeichnet von Reichsleiter M. Bormann, L-221, IMT, Bd. 38, S. 88.

[67] Allgemein zur Verfolgung der Versprengten Hürter 2007, S. 366 ff.; zu Weißrussland Gerlach 1999, S. 876 ff.

[68] KTB PK 612, Eintrag v. 5. 7. 1941, BA-MA, RH 45/6, unfol. Vgl. auch Diewerge 1941; Didier 1942.

[69] Vgl. [Panzergruppe 3], Abt. Ic/AO, 7. 8. 1941, Tätigkeitsbericht über Flugblätter in der Zeit v. 22. 6.-6. 8. 1941, BA-MA, RH 21-3/437, fol. 47; Flugzettel »Rotarmisten! [...] Bauern!« [25. 8. 1941], Anlage 4 zu Tätigkeitsbericht Nr. 3, Ic, PzGr. 3, 14. 8. 1941-31. 1. 1942, BA-MA, RH 21-3/743, fol. 32.

[70] Vgl. Berück Mitte, Abt. VII/Mil.-Verw., Verwaltungsanordnungen Nr. 2, 13. 7. 1941, NAB, 393-3-42, fol. 2 RS; Berück Mitte, Ic, Tätigkeitsbericht, August 1941, BA-MA, R H 22/228, fol. 74-75.

[71] Vgl. KTB PK 612, Einträge v. 30. 6. 1941, 9. 7. 1941, 8. 8. 1941, BA-MA, RH 45/6, unfol.; Zusammenfassender Bericht an OKW/WPr Id über die Tätigkeit des Propagandazuges [der PK 612] in der Zeit v. 22. 6.-31. 7. 1941, 29. 7. 1941, BA-MA, RH 45/17, unfol.

[72] Berück Mitte, Ic, Tätigkeitsbericht, Juli 1941, BA-MA, RH 22/228, fol. 72 f.

würden als »Freischärler« angesehen und auf der Stelle erschossen.[73] Die Sicherungsdivisionen hefteten den Aufruf bei Waldschneisen und Wegkreuzungen an die Bäume und verteilten ihn ebenfalls an die Dorfbürgermeister, die zugleich für die »Sicherung« ihrer Gemeinden haftbar gemacht wurden.[74] Denjenigen, die sich freiwillig stellten, wurde eine gute Behandlung versprochen:

> »Rote Offiziere und Soldaten! Werft Eure Waffen weg und lauft zu uns über! Ihr werdet nicht erschossen, wie Euch Eure Hetzer sagen. Ihr bekommt bei uns zu essen und wir gehen mit Euch gut um. Wenn Ihr dieses Flugblatt in Händen habt, kommt beruhigt zu uns, vergießt nicht unnütz russisches Blut!«[75]

Das Vorgehen im rückwärtigen Heeresgebiet Mitte wurde wenig später zur allgemeinen Richtlinie erhoben. Am 25. Juli ordnete der Oberbefehlshaber des Heeres an, versprengte Soldaten durch öffentliche Bekanntmachung (Maueranschläge und Lautsprechereinsatz) aufzufordern, sich sofort bei der nächsten deutschen Wehrmachtdienststelle zu melden. Gebietsweise sollten nun Fristen gesetzt werden, nach deren Ablauf die Versprengten als »Freischärler anzusehen und entsprechend zu behandeln« seien.[76] Im rückwärtigen Heeresgebiet Mitte wurde diese Frist zunächst auf den 15. August datiert; später auf den 31. August verlängert.[77] Bis zu diesem Zeitpunkt verbot Schenckendorff das Erschießen von versprengten Rotarmisten – »soweit sie nicht im Kampf, mit der Waffe oder bei Plünderungen gestellt« würden.[78] Die in diesen Wochen massenhaft verbreiteten Flugblätter wurden teilweise auch aus Flugzeugen abgeworfen.[79]

Die Flugblätter, die sich beim Einmarsch millionenfach an die sowjetische Zivilbevölkerung wandten, zielten also zunächst auf die innere »Zersetzung« bzw. eine Spaltung der Zivilisten von den »jüdisch-bolschewistischen« Funktionären. Insbesondere nach Stalins Aufruf von Anfang Juli zur Räumung der bedrohten Gebiete versuchte die deutsche Propaganda gegenüber der Bevöl-

---

[73] Berück Mitte, Abt. VII/Mil.-Verw., Verwaltungsanordnungen Nr. 2, 13. 7. 1941, NAB, 393-3-42, fol. 2 RS.
[74] Vgl. Berück Mitte, Verwaltungsanordnungen Nr. 1, 7. 7. 1941, NAB, 409-1-1, fol. 73 f. Auszüge auch in Verbrechen der Wehrmacht 2002, S. 438; Berück Ia, Korpsbefehl Nr. 40, 16. 8. 1941, NAB, 655-1-1, unfol.
[75] Flugblatt »Rote Offiziere und Soldaten!«, [Juli 1941], Anlage 13 zu Sich.Div. 221, Abt. Ic, Tätigkeitsbericht v. 10. 5.-14. 12. 1941, BA-MA, RH 26-221/70, unfol.
[76] OKH/Gen. z. B. V. beim Ob.d.H., Az. 453/Gr. Rwes. Nr. 1332/41 geh., gez. Müller, abgedr. in: N. Müller 1980, S. 106-109.
[77] Vgl. Berück Ia, Korpsbefehl Nr. 40, 16. 8. 1941, NAB, 655-1-1, unfol.; Berück Mitte, Ic, Tätigkeitsbericht, August 1941, BA-MA, RH 22/228, fol. 74-75. Im Gebiet der Heeresgruppe Mitte galten teilweise auch Fristen bis zum 5. und 15. September. Vgl. Heeresgruppe Mitte Ic/AO, 21. 8. 1941, NAB, 655-1-1, unfol.; PzGr. 3, Abt. Ic/AO, 25. 8. 1941, Anlage 4 zum Tätigkeitsbericht Nr. 3, Ic, PzGr. 3, 14. 8. 1941-31. 1. 1942, BA-MA, RH 21-3/743, fol. 32.
[78] Vgl. Berück Ia, Korpsbefehl Nr. 40, 16. 8. 1941, NAB, 655-1-1, unfol.
[79] Berück Mitte, Ic, Tätigkeitsbericht, August 1941, BA-MA, RH 22/228, fol. 75; Bericht über die Partisanenkämpfe im August und September 1941, Anlage zum Tätigkeitsbericht Nr. 3, Ic, PzGr. 3, 14. 8. 1941-31. 1. 1942, BA-MA, RH 21-3/743, fol. 18. Zum umfassenden Einsatz von Propagandamaßnahmen gegenüber Rotarmisten wie Zivilbevölkerung siehe auch 221. Sich. Div., Abt. Ic, Tätigkeitsbericht v. 10. 5.-14. 12. 1941, BA-MA, RH 26-221/70, unfol.

kerung im sowjetischen Hinterland, die Befolgung dieser Maßnahmen zu verhindern. Im bereits eroberten Gebiet konzentrierten sich die Propagandisten auf drei Bereiche. Die (Land-)Bevölkerung wurde zum einen aufgefordert, »ruhig und fleißig« weiterzuarbeiten, um die reibungslose Fortführung der Produktion zu sichern, von der die Versorgung der Wehrmacht abhing. Zum anderen führte der große Mangel an deutschen Sicherungstruppen dazu, dass die Besatzungsmacht versuchte, einen Teil der Herrschaftssicherung an die Bevölkerung selbst zu delegieren. Von den Zivilisten wurde eine *aktive* Unterstützung der neuen Machthaber gefordert: sie sollten ihre Vorräte und Produktionsmittel gegen Sabotage etc. beschützen und all jene denunzieren und ausliefern, die die Deutschen als ihre Gegner definierten, also v. a. Juden, Kommunisten und versprengte Rotarmisten. Der dritte Bereich betraf die Rotarmisten selbst: Die an sie adressierte so genannte Überläuferpropaganda sollte die Versprengten motivieren, sich freiwillig bei den deutschen Dienststellen zu melden.

4.3. Reaktionen der weissrussischen Bevölkerung und das Scheitern des Propagandakonzeptes

Vor dem Einmarsch hatten die deutschen Truppen – vor allem in den altsowjetischen Gebieten – »mit aktivem Widerstand von Teilen der Bevölkerung« gerechnet. Zu ihrer Überraschung gewannen sie jedoch den Eindruck, dass die meisten Zivilisten nicht offen feindselig, sondern indifferent (vor allem in den Städten) oder sogar freundlich (vor allem auf dem Land) reagierten.[80] Bei der jüdischen Bevölkerung meinten sie teilweise Angst, jedoch auch Unkenntnis der deutschen antijüdischen Politik zu erkennen.[81] Es ist allerdings fraglich, ob diese Eindrücke den tatsächlichen Gefühlen und Reaktionen der Zivilbevölkerung in den überfallenen Gebieten nahe kamen, denn der Besatzungsalltag konfrontierte sie von Beginn an mit schockierenden Verbrechen, Leid und Elend.
In viele Einheiten der Heeresgruppe Mitte wurden sowjetische Soldaten, die sich mit erhobenen Händen ergeben wollten, die verletzt und kampfunfähig

---

[80] Panzergruppe 3, Abt. Ic, Tätigkeitsbericht Januar-August 1941 [NOKW 2672], Abschnitt Propagandakrieg. Offensive und defensive Maßnahmen, BA-MA, RH 21-3/423, fol. 26 ff. Vgl. auch Schreiben des Panzer-Armeeoberkommandos 4 v. 6. 7. 1941, zitiert und zur Kenntnisnahme weitergeleitet vom OKH Gen StdH/H Wes Abt (Abw) Az.Abw. III Nr. 2 111/41, 12. 7. 1941, betr. Behandlung der Bevölkerung, BA-MA, RH 27-7/156, unfol.; AOK 4, Ic – VAA, Gk. Schattenfroh, Kurze Denkschrift über Behandlung und Stimmung der Bevölkerung in Minsk und im allgemeinen, 7. 7. 1941, Anlage zu Bericht Nr. 83, PA AA, R 60759, unfol.; AOK 4, VAA, Gk. Schattenfroh, Bericht Nr. 86, 16. 7. 1941, PA AA, R 60759, unfol.; Panzergruppe 3, Abt. Ic/A.O., betr. Lage in Weißrussland, 14. 7. 1941, (Abschrift), PA AA, R 105173, unfol. Der in den Berichten benutzte Ausdruck »weißrussische« oder »weißruthenische« Bevölkerung schloss immer die jüdischen Bewohner und oftmals auch die polnisch sprechenden Bewohner (die in den westlichen Gebieten der BSSR die Mehrheit darstellten) aus. Zur grundsätzlichen Problematik der deutschen »Stimmungsberichte« siehe Einleitung.

[81] Vgl. Stimmung der Bevölkerung, Anlagen 1 und 2 zu AOK 4, VAA, Gk. Schattenfroh, Bericht Nr. 86, 16. 7. 1941, PA AA, R 60759, unfol.

4. Das Scheitern des Konzeptes (22. Juni-August 1941)

oder bereits gefangen genommen waren, erschossen.[82] Politoffiziere und auch die als »Flintenweiber« diffamierten Rotarmistinnen überlebten ihre Gefangennahme in der Regel nicht.[83] Die über 800.000 sowjetischen Soldaten, die allein im Bereich der Heeresgruppe Mitte bis August 1941 in deutsche Kriegsgefangenschaft gerieten,[84] wurden zu Zehntausenden teilweise ohne Unterkünfte auf offenem Feld zusammengepfercht und vollkommen unzureichend versorgt. Bei den späteren Fußmärschen ins rückwärtige Gebiet wurden erschöpfte und zurückbleibende Gefangene zu Hunderten von den deutschen Wachmannschaften am Straßenrand erschossen.[85] Eine im August 1941 an den Chef des Wehrmachtführungsstabs, Jodl, weitergeleitete Denkschrift stellte fest, dass die Nachrichten von »überall nach Kampfhandlungen herumliegenden Soldatenleichen ohne Waffen mit erhobenen Händen und Nahschußverletzungen« sich ebenso schnell verbreiten würden wie »die z. T. skandalöse Behandlung von Gefangenentransporten durch Wachmannschaften« vor den Augen der Bevölkerung.[86]

Die Zivilisten wurden jedoch nicht nur Zeugen solcher Verbrechen, sie waren auch selbst betroffen. Die Bewohner der Städte sahen sich einem Schreckensszenario gegenüber, das den Visionen der Militärtheoretiker der Zwischenkriegszeit sehr ähnelte. Viele größere Städte Weißrusslands wurden fast vollständig zerstört.[87] Minsk war nach mehrtägigem systematischen Bombenangriffen »zum größten Teil eingeäschert«.[88] Bei Beginn der deutschen Angriffe flohen viele Zivilisten panikartig nach Osten, wurden jedoch von den rasch vorrückenden deutschen Truppen überholt. Die Einsatzgruppe B meldete am 9. Juli aus Minsk, die Bevölkerung kehre »zu Tausenden in die Städte zurück, wo sie nur Ruinen und keine Lebensmöglichkeiten mehr findet.«[89] Viele Wohnungen waren zerstört, die Strom- und Wasserversorgung war zusammengebrochen ebenso wie die Verwaltungsstrukturen. Viele sowjetische Funktionäre – die sich über ihre Zukunftsaussichten unter einer deutschen

---

[82] Zu den Verbrechen der deutschen Fronteinheiten Hürter 2007, S. 359-376; Gerlach 1999, S. 774-781; ders. 1999a.
[83] Zur Behandlung der Politischen Kommissare und Politruks u. a. Hürter 2007, S. 393-398. Zur Behandlung der weiblichen Soldaten ders., S. 365 f.; zu Weißrussland Gerlach 1999, S. 777 f. Während des Krieges taten etwa 800.000 Frauen in der Roten Armee als »frontwiki« ihren Dienst an der Front. Sie stellten 43 % der Feldchirurgen, das gesamte medizinische Pflegepersonal und kämpften u. a. als Scharfschützen. Vgl. Jahn 2002. Berichte überlebender Rotarmistinnen legte Swetlana Alexijewitsch ihrem Buch zugrunde, dies. 1989.
[84] Vgl. Gerlach 1999, S. 791.
[85] Allgemein zur Behandlung der sowjetischen Kriegsgefangenen siehe die Standardwerke von Streit 1997 [zuerst 1980] und Streim 1981. Einen Forschungsüberblick gibt Osterloh 1996. Zu den Zahlen von gefangen genommenen und gestorbenen Rotarmisten auch Bonwetsch 1993a, S. 135 ff. Zu Weißrussland Gerlach 1999, S. 774-858.
[86] Chef WFSt an Chef WPr, 16. 8. 1941, Bitte um Stellungnahme zu anliegendem Schreiben: OKW/WPr, 12. 8. 1941, Propaganda-Einsatz gegen die Rote Armee und die russ[ische] Zivilbevölkerung v. 12. 8. 1941, BA-MA, RW 4/364, fol. 264 f.
[87] Vgl. Gerlach 1999, S. 371-376.
[88] AOK 4, Ic – VAA. Gk. Schattenfroh, Kurze Denkschrift über Behandlung und Stimmung der Bevölkerung in Minsk und im allgemeinen, 7. 7. 1941, Anlage zu Bericht Nr. 83, PA AA, R 60759, unfol.
[89] EM Nr. 17 v. 9. 7. 1941, BA, R 58/214, fol. 109.

Besatzungsmacht wenige Illusionen gemacht haben dürften – waren geflohen. Die deutschen Truppen hatten ohne Rücksichten auf die Bevölkerung Nahrungsmittel, Vorräte, Vieh, Rohstoffe, Kleidung, Ausrüstungsmaterial und vieles andere beschlagnahmt und die deutsche Militärverwaltung sorgte anfangs weder für eine medizinische Versorgung noch für Nahrungsmittel. Binnen kurzer Zeit herrschte in den Städten Hunger. Die Menschen waren vor allem damit beschäftigt, das eigene Überleben notdürftig zu organisieren.[90] Dies betraf ebenfalls die ländlichen Regionen, in denen einzelne Wehrmachtseinheiten in so großem Maßstab requirierten, dass den Bauern das Lebensnotwendige genommen wurde. Für Unruhe sorgten auch Vergewaltigungen einheimischer Frauen und Mädchen durch deutsche Soldaten.[91]

Einer tödlichen Bedrohung sahen sich sowjetische Funktionäre, Mitglieder der Kommunistischen Partei oder von deren Verbänden, Angehörige der Intelligenz und Juden ausgesetzt – kurz alle, die als »Triebkräfte« oder »Träger der bolschewistischen Weltanschauung« und deshalb als potenzielle Organisatoren von Widerstand galten. In vielen weißrussischen Städten errichtete die Wehrmacht so genannte Zivilgefangenenlager, in denen alle Männer im wehrfähigen Alter – und teilweise auch Frauen und Kinder – interniert wurden.[92] So plakatierte die Militärverwaltung in Minsk kurz nach der Eroberung der Stadt Aufrufe, die die männliche Bevölkerung zwischen 18 und 45 Jahren unter Androhung der Todesstrafe aufforderten, sich bei der Minsker Oper zu versammeln. Unter dem Vorwand der »Sicherung der rückwärtigen Verbindungen« und der »Verhütung von Sabotageakten«[93] wurden mindestens 20.000 Zivilisten in ein Lager getrieben, in dem bereits mehr als 80.000 Kriegsgefangene ohne Unterkünfte und sanitäre Anlagen dahinvegetierten.[94] Die über

---

[90] Aus Sicht einer jüdischen Zeitzeugin in Minsk Anna Krasnoperko, dies. 1993.
[91] Vgl. Befehlshaber der Panzergruppe 3, 21. 7. 1941, BA-MA, RH 27-7/156, unfol.; Oberbefehlshaber der 4. Panzer-Armee, 22. 7. 1941, betr. Plünderungen; BA-MA, RH 27-7/156, unfol.; Panzergruppe 3, Abt. Ic, Tätigkeitsbericht Januar-August 1941 [NOKW 2672], BA-MA, RH 21-3/423, fol. 30; Kdt.r.A. 559, Ic A.O., 31. 8. 1941, Tätigkeitsbericht, BA-MA, WF 03/14267, fol. 1110 ff.; EM Nr. 23 v. 15. 7. 1941, BA, R 58/214, fol. 166 f.; EM Nr. 36 v. 28. 7., Nr. 43 v. 5. 8., Nr. 50 v. 12. 8. 1941, BA, R 58/215, fol. 78, 163, 267. Zu Sexualverbrechen siehe auch Beck 2004.
[92] Je weiter die deutschen Truppen nach Osten vorrückten, desto misstrauischer wurden sie gegenüber der gesamten männlichen Bevölkerung im wehrfähigen Alter. Vgl. AOK 9 Ic/A.O. Nr. 2038/41 geh., zur Erinnerung zitiert in: AOK 9, Abt. I c/A.O./O.Qu. Ia Nr. 238/41 geh., betr. Partisanenbekämpfung, 2. 9. 1941, NAB, 655-1-1, unfol.; AOK 2, Ic/VAA [Bossi-Fedrigotti], Geheimer Bericht Nr. 7, 25. 7. 1941, PA AA, R 105173, unfol.; WHA von Bruemmer, Informationsabteilung [AA], Länderreferat Russland, 19. 9. 1941, Bericht über eine Reise zur Ostfront v. 31. 8.-13. 9. 1941, PA AA, R 105177, unfol. Zu Zivilgefangenenlagern in Weißrussland vgl. Gerlach 1999, S. 503-514.
[93] EM Nr. 20, 17. 7. 1941, BA, R 58/214, fol. 133.
[94] Der genaue Zeitpunkt der Errichtung des Minsker Zivilgefangenenlagers ist nicht bekannt, Zeugenaussagen zufolge entweder am 29., 30. Juni oder 1. Juli, also ein bis drei Tage nach der Eroberung der Stadt. Vgl. Gerlach 1999, S. 506. Auch die Zahlenangaben in den Quellen variieren: der Vertreter des AA beim AOK 4 berichtete am 7. Juli von 20.000 (18-45jährigen) zivilen und 80.000 militärischen Gefangenen, MinRat Dorsch gab wenige Tage später 40.000 (15-50jährige) Zivil- und 100.000 Kriegsgefangene an. Vgl. AOK 4, Ic – VAA, Gk. Schattenfroh, Kurze Denkschrift über Behandlung und Stimmung der Bevölkerung in Minsk und im allgemeinen,

4. Das Scheitern des Konzeptes (22. Juni-August 1941)

100.000 Menschen drängten sich auf engstem Raum und wurden zunächst gar nicht versorgt. Obwohl Familienangehörige versuchten, den Männern Wasser und Lebensmittel zu bringen – und ebenfalls eine notdürftige Unterstützung der Zivilisten ohne Angehörige und der Kriegsgefangenen zu organisieren – drohten die Lagerinsassen zu verdursten bzw. zu verhungern. Es kam zu Kannibalismus; Hunderte wurden bei dem Versuch, aus dem angrenzenden Fluss zu trinken, oder bei Tumulten von den Wachmannschaften erschossen.[95] Der Leiter der Zentrale der Organisation Todt, Ministerialrat Franz Xaver Dorsch, informierte am 10. Juli Reichsminister Rosenberg über die Zustände:

»Das Gefangenenlager Minsk beherbergt auf einem Raum von etwa der Grösse des Wilhelmplatzes ca. 100.000 Kriegsgefangene und 40.000 Zivilgefangene. Die Gefangenen, die auf engstem Raum zusammengepfercht sind, können sich kaum rühren und sind dazu gezwungen, ihre Notdurft an dem Platz zu verrichten, wo sie gerade stehen. [...] Die Kriegsgefangenen, bei denen das Verpflegungsproblem kaum zu lösen ist, sind teilweise sechs bis acht Tage ohne Nahrung und kennen in einer durch den Hunger hervorgerufenen tierischen Apathie nur noch eine Sucht: Zu etwas Essbarem zu gelangen. [...] In der Nacht fallen die hungernden Zivilisten über die Versorgten her und schlagen sich gegenseitig tot, um zu einem Stück Brot zu gelangen. Die einzig mögliche Sprache des schwachen Wachkommandos, das ohne Ablösung Tag und Nacht seinen Dient versieht, ist die Schusswaffe, von der rücksichtslos Gebrauch gemacht wird.«[96]

Der Vertreter des Auswärtigen Amtes beim AOK 4, Schattenfroh, hatte bereits wenige Tage zuvor berichtet, dass sich die »Kunde« von den Zuständen im Minsker Gefangenenlager »wie ein Lauffeuer i[n] d[ie] ganze Stadt und Umgebung« verbreite und bei der Bevölkerung »*Panikstimm[un]g*« verursache.[97] Diese Panik wurde vermutlich noch verstärkt, als Kommandos der Einsatzgruppe B zusammen mit der Geheimen Feldpolizei begannen, das Lager zu »durchkämmen«.[98] Nichtjüdische Zivilisten, die sich »einwandfrei ausweisen« konnten und die weder als »politisch noch kriminell belastet« angesehen wurden, durften das Lager verlassen.[99] Unter den verbliebenen Gefangenen suchten die Kommandos nach »belasteten« bzw. »rassisch minderwertigen« Personen – sowjetischen Funktionären, Juden, Asiaten und »Zigeunern« – und erschossen diese.[100] Nach deutschen Angaben wurden im Juli 1941 täglich etwa

---

    7. 7. 1941, Anlage zu Bericht Nr. 83, PA AA, R 60759, unfol.; Bericht von Ministerialrat Dorsch an Rosenberg v. 10. 7. 1941, PS-022, IMT, Bd. 25, S. 81 f. Zu den verschiedenen Standorten dieses Lagers vgl. Gerlach 1999, S. 506.
[95] Vgl. Kohl 1995, S. 91, 99 f.; Grossmann/Ehrenburg 1994, S. 228-235; Gerlach 1999, S. 507.
[96] Bericht von Ministerialrat Dorsch an Rosenberg v. 10. 7. 1941, PS-022, IMT, Bd. 25, S. 81 f.
[97] AOK 4, Ic – VAA, Gk. Schattenfroh, Kurze Denkschrift über Behandlung und Stimmung der Bevölkerung in Minsk im allgemeinen, 7. 7. 1941, Anlage zu Bericht Nr. 83, PA AA, R 60759, unfol. Hvg. im Orig.
[98] Der Stab der Einsatzgruppe B befand sich vom 5. bis etwa 20. 7. in Minsk. An der »Durchkämmung« des Zivilgefangenenlagers waren die Sonderkommandos 7a (4.-9. 7.), und 7b (4.-13. 7.), das Einsatzkommando 8 (Vorkommando ab 8. 7.) und ein Trupp der Einsatzgruppe zbV (ab 8. 7.) beteiligt. Gerlach 1999, S. 541.
[99] Vgl. ebd., 1999, S. 506.
[100] Vgl. EM Nr. 21 v. 13. 7. 1941, BA, R 58/214, fol. 146; EM Nr. 32 v. 24. 7. 1941 und Nr. 43 v. 5. 8. 1941, BA, R 58/215, fol. 61, 175; EM Nr. 67 v. 29. 8. 1941, BA, R 58/216, fol. 239. Vgl.

200 Personen ermordet.[101] Am 24. Juli berichtete der Chef der Einsatzgruppe B, Arthur Nebe, dass in Minsk »nunmehr die gesamte Intelligenzschicht (Lehrer, Professoren, Rechtsanwälte usw. mit Ausnahme der Mediziner) liquidiert worden« sei.[102] Insgesamt ermordeten SS- und Polizeieinheiten in Weißrussland in den ersten sechs Kriegswochen etwa 15.000 Menschen. Annähernd 90 Prozent der Opfer waren Juden, meist Angehörige der Intelligenz.[103] Parallel dazu befahl die Militärverwaltung die Kennzeichnung von Juden – bzw. Personen, die sie dafür hielt – und die Bildung von so genannten Judenräten. In vielen Städten wurden Ghettos errichtet; die jüdische Bevölkerung musste Zwangsarbeit leisten.[104] An dieser Praxis beteiligten sich auch die Propagandaeinheiten der Wehrmacht. So zog die PK 612 Juden zu »allen möglichen Arbeiten« heran, wie zum »Quartiersäubern« und »besonders zum Wagenwaschen«.[105]

Die genaue Zahl der Juden, die sich zum Zeitpunkt des deutschen Überfalls auf weißrussischem Territorium aufhielten, lässt sich nicht mehr rekonstruieren, da keine Angaben über die jüdische Flüchtlingswelle nach dem Überfall auf Polen sowie die vor und während des Überfalls erfolgenden Umsiedlungen und Fluchtbewegungen mehr vorhanden sind.[106] In den östlichen, altsowjetischen Gebieten Weißrusslands hatten vor dem Krieg ca. 375.000 Weißrussen und Weißrussinnen gelebt, die sich zum jüdischen Glauben bekannten – etwa 6,7 Prozent der Gesamtbevölkerung. Sie wohnten größtenteils in den Städten und waren weitgehend in die Gesellschaft integriert; es bestanden vielfach verwandtschaftliche Beziehungen zu Nichtjuden.[107]

Vor diesem Hintergrund sind auch die Reaktionen der nichtjüdischen Weißrussen zu sehen, die den Pogromaufrufen der Besatzer nicht folgten. Auch die Aufrufe zum Mord an Kommunisten schlugen in Weißrussland fehl. »Irgendwelche Anzeichen für eine Auflehnung gegen die Sowjetherrschaft konnten nicht festgestellt werden«– so der Abwehroffizier beim Oberkommando der

---

zur Verfolgung der Asiaten auch Gerlach 1999, S. 554. Zum Mord an »Zigeunern« vgl. Wippermann 1991; Zimmermann 1998; Schmuhl 1999. Der deutschen Vernichtungspolitik fielen darüber hinaus auch behinderte oder »mit ansteckenden Krankheiten behaftete« Menschen zum Opfer. Vgl. EM Nr. 43 v. 5. 8. 1941, BA, R 58/215, fol. 174; EM Nr. 92 v. 23. 9. 1941, BA, R 58/217, fol. 289; EM Nr. 144 v. 10. 12. 1941, BA, R 58/219, fol. 268. Zum Mord an den sog. Geisteskranken siehe Below 1963, 133, 155 ff.; Ebbinghaus/Preissler 1985, S. 75 ff.; Gartenschlaeger 1989, S. 76, 132, 149; Schmuhl 1999; Gerlach 1999, S. 1967-1074.

[101] EM Nr. 36 v. 28. 7. 1941, BA, R 58/215, fol. 75, siehe auch EM Nr. 50 v. 12. 8. 1941, ebd., fol. 265.
[102] EM Nr. 32 v. 24. 7. 1941, BA, R 58/215, fol. 61.
[103] Gerlach 1999, S. 542, 551. Zu den Tätigkeiten der Einsatzgruppe B siehe auch Krausnick 1993, S. 156 ff.
[104] Vgl. Berück Mitte, Abt. VII/Kr.-Verw., 7. 7. 1941, Verwaltungs-Anordnungen Nr. 1, NAB, 370-1-487, fol. 20 f.; ders., 13. 7. 1941, Verwaltungs-Anordnungen Nr. 2, NAB, 393-3-42, fol. 1-2 RS. Zum ersten antijüdischen Maßnahmen bis August 1941 siehe auch Gerlach 1999, S. 503-555.
[105] KTB PK 612, Eintrag v. 1. 7. 1941, BA-MA, RH 45/6. Zum Antisemitismus der Propagandisten siehe auch KTB PK 612, Eintrag v. 7. 7. 1941, BA-MA, RH 45/6 (»Die wie Ratten aus den Schlupflöchern hervorkommende Bevölkerung besteht zum überwiegenden Teil aus Juden.«). Hierzu auch Uziel 2001a.
[106] Vgl. Robel 1991, S. 499 ff.
[107] Vgl. Ainsztein 1993, S. 47. Zu Antisemitismus und Sowjetsystem vgl. Vetter 1999.

4. Das Scheitern des Konzeptes (22. Juni-August 1941)   161

Panzergruppe 3 Mitte Juli 1941.[108] Auch Nebe stellte enttäuscht fest, dass sich die in den unteren Verwaltungsstrukturen neu eingesetzten Weißrussen »wenig aktiv« zeigten; und auch die Bevölkerung sei »noch sehr apathisch« hinsichtlich der »Mitarbeit« bei der »Erfassung von Kommunisten, Funktionären, Kommissaren, Intelligenzjuden usw.«[109] Es wurde bald allgemein deutlich, dass die antisemitische Propaganda nicht die gewünschte Wirkung entfaltet hatte. »Die Tendenz, den Juden als Hauptübel in den Vordergrund zu schieben, war unzweckmäßig, da eine antijüdische Stimmung nur in geringem Umfang vorhanden war.«[110] Ähnlich erfolglos blieb der – wenn auch noch sehr indirekte – Appell an einen weißrussischen Nationalismus. Nebe musste einräumen, dass insbesondere in den altsowjetischen Gebieten »das weißruthenische Selbstbewusstsein fast völlig erloschen« sei; das »Weißruthenentum« lebe in der breiten Masse der Bevölkerung »nur in der Sprache« weiter.[111] »Volkstums«-Appelle liefen in dieser Region ins Leere.[112]

Damit verfehlten die Deutschen ihre grundlegenden Propagandaziele. Es gelang ihnen nicht, die weißrussische Bevölkerung zu zersetzen und gegen Juden und Kommunisten bzw. »Großrussen« aufzuhetzen. Die »Befreiungs«-Parolen der Eroberer gerieten unmittelbar in Konflikt mit den von ihnen begangenen Massenverbrechen. Währenddessen operierte die sowjetische Gegenseite, die zur Verteidigung des Landes aufrief, auf dem Feld des »Propagandakrieges« sehr effektiv: Die Abteilung WPr sprach »geradezu von einer Flugblattinvasion« gegenüber der Bevölkerung in den deutsch besetzten Gebieten.[113]

Das deutsche Zersetzungs- und Destabilisierungskonzept im »Fall Barbarossa« scheiterte – obwohl davon ausgegangen werden muss, dass z. B. die antijüdischen Pogrome in Litauen oder Teilen der Ukraine von der deutschen Propagandakriegführung zumindest unterstützt wurden.[114] Die wichtigste Zielgruppe reagierte nicht wie erwartet – die Angehörigen der Roten Armee.

---

[108] Panzergruppe 3, Abt. Ic/A.O., betr. Lage in Weißrussland, 14. 7. 1941, (Abschrift), PA AA, R 105173, unfol.

[109] EM Nr. 27 v. 19. 7. 1941, BA, R 58/214, fol. 222.

[110] Panzergruppe 3, Abt. Ic, Tätigkeitsbericht Januar-August 1941 [NOKW 2672], Abschnitt Propagandakrieg. Offensive und defensive Maßnahmen, BA-MA, RH 21-3/423, fol. 26. In diesem Sinne auch Chef WFSt an Chef WPr, 16. 8. 1941, Bitte um Stellungnahme zu anliegendem Schreiben: OKW/WPr, 12. 8. 1941, Propaganda-Einsatz gegen die Rote Armee und die russ[ische] Zivilbevölkerung v. 12. 8. 1941, BA-MA, RW 4/364, fol. 263.

[111] EM Nr. 21 v. 13. 7. 1941, BA, R 58/214, fol. 145.

[112] So die Feststellungen in AOK 2, Ic/VAA [Bossi-Fedrigotti], Geheimer Bericht Nr. 8, 1. 8. 1941, PA AA, R 105173, unfol.; Chef WFSt an Chef WPr, 16. 8. 1941, Bitte um Stellungnahme zu anliegendem Schreiben: OKW/WPr, 12. 8. 1941, Propaganda-Einsatz gegen die Rote Armee und die russ[ische] Zivilbevölkerung v. 12. 8. 1941, BA-MA, RW 4/364, fol. 263.

[113] Bericht über die Tätigkeit der Gruppe I des OKW/WPr in der Zeit v. 4. bis 10. 8. 1941, 11. 8. 1941 (Abschrift), PA AA, R 105173, unfol. Vgl. auch AOK 4, Ic – VAA, Gk. Schattenfroh, Kurze Denkschrift über Behandlung und Stimmung der Bevölkerung in Minsk und im allgemeinen, 7. 7. 1941, Anlage zu Bericht Nr. 83, PA AA, R 60759, unfol.; ders., Bericht Nr. 91, 2. 8. 1941, PA AA, R 105173, unfol.; Panzergruppe 3, Abt. Ic, Tätigkeitsbericht Januar-August 1941 [NOKW 2672], Abschnitt Propagandakrieg. Offensive und defensive Maßnahmen, BA-MA, RH 21-3/423, fol. 27.

[114] Vgl. zu Litauen Dieckmann 2003, Abschnitt E.1.1.; zur Ukraine bzw. Ostgalizien D. Pohl 1996, S. 54-71; Golczewski 2003, S. 162 ff.; Grelka 2006, S. 187.

Während Anfang Juli 1941 bei der deutschen Führung noch euphorische Siegesgewissheit geherrscht hatte, zeichnete sich bereits im Verlauf dieses Monats immer deutlicher ab, dass das geplante Kriegführungskonzept – trotz der außerordentlichen militärischen Anfangserfolge der Wehrmacht – gescheitert war.[115] Der erhoffte Zusammenbruch der sowjetischen Streitkräfte war nicht eingetreten. Stattdessen erwies sich die Kampfmoral der gegnerischen Truppen insgesamt als gut und der Widerstand als unerwartet heftig und zunehmend hartnäckiger.[116] Die deutsche Militärführung musste sich spätestens im August 1941 ernsthaft mit der Möglichkeit auseinandersetzen, dass ein Sieg über die UdSSR vor dem Winter nicht mehr erreichbar sein würde. Dies hatte auch Auswirkungen auf das propagandistische Vorgehen: Statt im Spätsommer zur geplanten zweiten Etappe, nämlich der langfristigen, antirussischen Beeinflussung der Bevölkerung im Sinne der Rosenbergschen Dekompositionsvorstellungen überzugehen, musste die Propaganda auf einen länger währenden Krieg umgestellt werden.

---

[115] Vgl. ausführlich hierzu Kershaw 2002, Bd. 2, S. 551-566.
[116] Vgl. u. a. AOK 9 Abt. I c/ A.O. Az. WPr. Nr. 191/41 geh., 30. 7. 1941, betr. Bewährung Flugblattpropaganda, Anlage 1 Bericht über die Bewährung der Flugblattpropaganda im Bereich der 9. Armee für die Zeit v. 22. 6.-26. 7. 1941, BA-MA, RW 4/252, fol. 156; KTB PK 612, Eintrag v. 26. 7. 1941, BA-MA, RH 45/6, unfol.; Dr. W. Kattermann, Hauptmann und Kompaniechef, an Oberstleutnant i. G. Kratzer, OKW/WPr I, 26. 7. 1941, BA-MA, RH 45/17, unfol.

5. Die schrittweise Neuorientierung auf einen langandauernden Krieg (August 1941 – Anfang 1942)

5.1. Die »Ergänzenden Weisungen« vom August – Beginn der Agrarpropaganda

Im August 1941 verfasste das Ostministerium neue »Richtlinien für die Ostpropaganda«.[1] Diese bestärkten unter anderem noch einmal die Hass- und Mordpropaganda: Die Propagandisten sollten großen Wert auf die »*Propaganda gegen die Juden*« legen, »die als Schöpfer und Träger des Bolschewismus die eigentlichen Hauptschuldigen« seien. Dem Ostministerium ging es darum, der Zivilbevölkerung deutlich zu machen: »*Wir haben nicht die Absicht, in den besetzten Gebieten mit Juden oder mit führenden bolschewistischen Funktionären zusammenzuarbeiten.* Wenn die Bevölkerung ihrem seit Jahren gespeicherten Hass jetzt in verständlicher Weise Luft macht und für die Unterdrückungen und Schandtaten der Machthaber Rache nimmt, so haben wir nichts dagegen einzuwenden.« Dies und die Aufforderung, Zerstörungen und Sabotage zu verhindern, könne mit der »Formulierung« vermittelt werden: »Wir wünschen die Gebiete vorzufinden mit unversehrten wirtschaftlichen Einrichtungen und frei von Juden und bolschewistischen Funktionären. Menschen, die hierzu beitragen, sind unsere Freunde; wer aber Sabotage übt oder Juden und Kommunisten fördert, ist unser Feind.«[2]

Auf der Grundlage der Vorgaben aus dem Ostministerium gab das OKW am 21. August 1941 die »Ergänzenden Weisungen für die Handhabung der Propaganda gegen die Sowjetunion« heraus.[3] Für die Frontpropaganda wurde festgelegt, die (antisemitische) Hasspropaganda gegen die politischen Kommissare der Roten Armee noch einmal deutlich zu verschärfen. Fünf der sechs Punkte befassten sich allerdings mit der Zielgruppe Zivilbevölkerung, die mit der Besetzung

---

[1] Vgl. »Richtlinien für die Ostpropaganda« v. 25. 8. 1941, PA AA, R 60694, unfol. Dieses im AA überlieferte Dokument enthält keine Angaben über Herkunft oder Verfasser. Es wurde am 22. 11. 1941 vom Leiter des Referats V (Osteuropa) der Abteilung R im AA, Conradi, zusammen mit »Anweisungen für die Propaganda zum Thema Sowjetunion« an LR Scheliha zur Kenntnisnahme weitergeleitet. Da die Richtlinien des RMO dem Referat Großkopf in der Regel Conradi zugeleitet wurden (z. B. diverse Propagandarichtlinien zur Ukraine und zum Kaukasus, vgl. PA AA, R 105165) und auch Inhalt, sprachlicher Duktus und Schrifttype mit anderen Dokumenten aus dem Arbeitsstab Rosenberg übereinstimmen (vgl. Geh. Rs. Nr. 3 und 4), ist davon auszugehen, dass diese Richtlinien aus der HA Politik des RMO stammen. In Anbetracht des Geschäftsablaufs ist darüber hinaus sicher, dass die »Richtlinien für die Ostpropaganda« vor der Formulierung der »Ergänzenden Weisungen« der Abteilung WPr v. 21. 8. 1941 vorlagen und somit die Grundlage für diese bildeten.

[2] Richtlinien für die Ostpropaganda v. 25. 8. 1941, PA AA, R 60694, unfol.

[3] OKW, Nr. 486/41 g.K. WFSt/WPr (Ia), 21. 8. 1941, Ergänzende Weisungen für die Handhabung der Propaganda gegen die Sowjetunion, (Anlage zu OKH Gen St d H/ H Wes Abt (II) Nr. 366/41 g. Kdos., 4. 9. 1941), BA-MA, RH 19 III/483, fol. 186-188.

großer Gebiete zahlenmäßig enorm angewachsen war. Sie gewann aber auch deshalb an Bedeutung, weil eine unbesiegte UdSSR einerseits deutsche Kräfte an der Front band, die damit nicht zur Sicherung der rückwärtigen Gebiete eingesetzt werden konnten; anderseits konnte sie den Widerstand im Rücken der Deutschen moralisch und materiell unterstützen. Das OKW erinnerte deshalb noch einmal grundsätzlich daran, dass die Propaganda »vor allem« die Aufgabe habe, die Bevölkerung von der »Teilnahme an Partisanenkämpfen und Sabotageakten« abzuhalten und an der »Zerstörung von Wirtschaftsgütern aller Art« zu hindern.[4] Hierbei sei »einerseits die Androhung scharfer Strafen unvermeidlich«, anderseits sollten die bisherigen Propagandatendenzen fortgesetzt werden – Drohung mit eintretendem Hunger, Betonung der Unabhängigkeit der Wehrmacht von den einheimischen Produkten, der Befreiung aus »bolschewistischer Versklavung«, der Schaffung einer »sozialen Gerechtigkeit«, des »wahren Sozialismus« in Deutschland, der Religion als Privatangelegenheit jedes Einzelnen.[5] Das Ostministerium hatte zwar die Förderung einzelner regionaler Religionsgemeinschaften nicht ausgeschlossen, viele ihrer detailreichen Vorgaben wurden von der Abteilung WPr aber auf das Wesentlichste komprimiert.[6] Die Wehrmachtspropagandisten wurden in Bezug auf die Zivilbevölkerung nicht noch einmal explizit an die Bedeutung der antisemitischen Hasspropaganda erinnert – dies war jedoch, wie sich an ihrer Praxis zeigt, auch gar nicht nötig.

Die »Ergänzenden Weisungen« gingen aber noch einmal explizit auf die Frage der zukünftigen politischen Gestaltung der besetzten Gebiete ein. Hier hatte es Unklarheiten gegeben. Die Propagandaeinheiten waren bereits Anfang Juli scharf zurechtgewiesen worden, weil einige eroberte Rundfunksender nach dem Einmarsch Meldungen über nationale Aufstände in Litauen und der Ukraine verbreitet hatten.[7] Im August kam die Abteilung WPr nun noch einmal auf das Thema zu sprechen. Es habe sich »bereits gezeigt, dass große Volksteile die von den Deutschen zu erwartende Freiheit in der Form des Wiederauflebens der *staatlichen Selbständigkeit einzelner Länder* (Lettland, Litauen, Estland, Ukraine usw.)« erhofften. Die Propaganda habe aber »unbedingt alles zu vermeiden, was derartigen Hoffnungen Vorschub leisten könnte«. Soweit sich eine Stellungnahme zur »Frage der politischen Zukunft des europäischen Ostraumes« nicht umgehen ließe, müsse der Bevölkerung gegenüber zum Ausdruck gebracht werden, dass der »augenblickliche Zustand« nur »vorübergehender Natur« sei und dass »neue große Entschlüsse erst nach Abschluß des Krieges« gefasst werden könnten.[8]

---

[4] OKW, Nr. 486/41 g.K. WFSt/WPr (Ia), 21. 8. 1941, Ergänzende Weisungen für die Handhabung der Propaganda gegen die Sowjetunion, (Anlage zu OKH Gen St d H/ H Wes Abt (II) Nr. 366/41 g. Kdos., 4. 9. 1941), BA-MA, RH 19 III/483, fol. 186-188.

[5] Ebd.

[6] Vgl. Richtlinien für die Ostpropaganda v. 25. 8. 1941, PA AA, R 60694, unfol.

[7] Vgl. OKW Nr. 23851/41 WFSt/WPr (Ia), 2. 7. 1941, betr. Weisung für den Einsatz eroberter Sowjet-Sender, BA-MA, RH 19 III/483, fol. 205. Zu Litauen siehe Dieckmann 2003, Abschnitt C.1; zur Ukraine Golczewski 1996, S. 204 f.; ders. 2003, S. 162 ff.

[8] OKW, Nr. 486/41 g.K. WFSt/WPr (Ia), 21. 8. 1941, Ergänzende Weisungen für die Handhabung der Propaganda gegen die Sowjetunion, (Anlage zu OKH Gen St d H/ H Wes Abt (II) Nr. 366/41 g. Kdos., 4. 9. 1941), BA-MA, RH 19 III/483, fol. 187. Hvg. im Orig.

5. Die schrittweise Neuorientierung (August 1941-Anfang 1942)

Während die genannten Aspekte im Wesentlichen die bereits im Juni eingeschlagenen Tendenzen fortsetzten, fand bei der Agrarpropaganda eine wichtige Verschiebung statt. Nach dem Einmarsch war schnell deutlich geworden, dass der Ernteertrag hinter den deutschen Erwartungen zurückbleiben würde. Der Zusammenbruch der Verwaltungsstrukturen führte zu einer vorübergehenden Lähmung aller Arbeiten. Verluste an Maschinen, Inventar und Gebäuden durch Kriegszerstörungen und Plünderungen oder die von sowjetischer Seite durchgeführte Demontage und Evakuierung sowie Treibstoffmangel schränkten die Produktivität der Landwirtschaft stark ein.[9] Die Frage der Kollektive hatte die zentralen Stellen in Berlin nach dem Einmarsch deshalb weiter beschäftigt. Die Mitarbeiter des Arbeitsstabes Rosenberg, der Abteilung WPr, des Wehrwirtschaftsstabes und des Reichsministeriums für Ernährung und Landwirtschaft hatten in der ersten Julihälfte überlegt, wie man die Agrarfrage propagandistisch besser nutzen könne. In Rosenbergs Stab und bei der Wehrmacht befürchtete man, dass Stalin durch eine Wiedereinführung des bäuerlichen Privateigentums der deutschen Propaganda »das Kernstück vorweg nehmen« könnte.[10] Diese Bedenken teilte auch das Auswärtige Amt; Großkopf unterrichtete Reichsaußenminister Joachim von Ribbentrop, dass in diesem Fall »unserer Propaganda aller Wind aus den Segeln genommen [würde]. Bereits erfolgter Appell an nationale und kirchliche Gefühle rechtfertigt derartige Befürchtungen.«[11] Unter Berufung auf Berichte aus den besetzten Ostgebieten, nach denen die ländliche Bevölkerung diesbezüglich große Hoffnungen in die deutschen Machthaber setzen würde, drängte das Russland-Gremium des AA deshalb auf eine weitgehende Abkehr von der bisherigen Linie und schlug vor, die Auflösung der Kolchosen anzukündigen.[12] Ein solch weitgehender Schritt stieß aber insbesondere bei den Wirtschaftsstellen auf Skepsis, da man in diesem Fall weitere Produktivitätseinbrüche befürchtete.[13]

Bis Mitte Juli 1941 handelten Rosenberg und Herbert Backe, Staatssekretär im Reichsministerium für Ernährung und Landwirtschaft, eine gemeinsame Linie aus.[14] Nach Konsultierung der Vierjahresplanbehörde gab Leibbrandt dann am 2. August auf der gemeinsamen Ressortbesprechung die endgültigen Regelungen bekannt: »Im Rahmen der antibolschewistischen Kriegspropaganda« könne der Bevölkerung der Sowjetunion zukünftig auch die »Beseitigung des Kolchos-›Systems‹ versprochen« werden. Mit dieser »propagandistischen Zusage« sollten jedoch »Einschränkungen und Mahnungen« verbunden werden, die geeignet seien, einer »Desorganisation der Ernte, der

---

[9] Vgl. Gerlach 1995, S. 10; ders. 1999, S. 319 ff.
[10] Vermerk Oberstleutnant von Gusovius (WiRü/Amt), betr. Anruf Oberst Blau v. 14. 7. 1941, BA-MA, RW 31/89, unfol.
[11] Ref. VLR Großkopf, betr. Agrarfrage in der Propaganda, 12. 7. 1941, PA AA, R 105173, unfol.
[12] Ebd.
[13] Detailliert zu den wirtschaftspolitischen Aspekten Gerlach 1999, S. 342-371.
[14] Vermerk Oberstleutnant von Gusovius (WiRü/Amt), betr. Anruf Oberst Blau v. 14. 7. 1941, BA-MA, RW 31/89, unfol. Die WiIn Mitte verbreitete bereits im Juli einen entsprechenden Aufruf »Bauern!«, BA-MA, RH 26-221/19, unfol.; Berück Mitte, Ic, Tätigkeitsbericht, Juli 1941, BA-MA, RH 22/228, fol. 73.

Feldbestellung und der Dorfwirtschaft im allgemeinen entgegenzuwirken«.[15] Die »Richtlinien zur Behandlung der Kollektivfrage« – die am 15. August offiziell von Rosenbergs Ministerium ausgegeben und den »Ergänzenden Weisungen« für die Propaganda vom 21. August als Anhang beigefügt wurden – kündigten an, dass die Kolchosen und Sowchosen in »Gemeindewirtschaften« bzw. »Domänen« umgewandelt und die alten Leiter ersetzt würden. Innerhalb der Kolchosen hatten die Bauern Höfe und Land, das sie privat bewirtschaften konnten. Dieses wurde nun zu ihrem »Eigentum« erklärt und sollte zukünftig steuer- und lastenfrei bleiben. Für die erzeugten Produkte würden die Deutschen »feste und ausreichende Preise« bezahlen. Über diese – bereits Mitte Juli ausgehandelten – Maßnahmen hinaus sollte die Propaganda verkünden, dass die Bauern bei gut eingebrachter Ernte und durchgeführter Herbstbestellung zusätzliches Land – bis zur »Verdoppelung« des Hoflandes – sowie weiteres Vieh erhalten würden. Denjenigen, die sich allerdings »eigenmächtig« Land aneigneten, drohten härteste Strafen und die Wegnahme jeglichen Landes und Viehs.[16] Diese Richtlinien erhielten die Propagandisten zusätzlich in Form eines Musterflugblatts, das die Regelungen »in Propagandaform« zusammenfasste.[17]

Substantiell veränderten die »Richtlinien zur Behandlung der Kollektivfrage« vom 15. August allerdings nur wenig. Die Propagandisten sollten – so die Abteilung WPr – die Wiedereinführung bäuerlichen Privatbesitzes als »Absicht auf lange Sicht« darstellen und der Bevölkerung »in sehr vorsichtiger und doch eindringlicher Form« klarmachen, dass dies »zunächst nicht durchführbar« sei. Der Propaganda komme hier die »äußerst wichtige Aufgabe« zu, dafür zu sorgen, dass die Landbevölkerung »angesichts der Hoffnung, wieder Eigenbesitz zu erhalten, wie bisher in ihren Gemeinschaftsbetrieben verbleibt und ruhig und fleißig weiterarbeitet, um dadurch die Sicherung der Ernährungsgrundlagen zu gewährleisten.«[18]

Die inhaltlichen Modifizierungen der Propaganda, die nach dem erkennbaren Scheitern des Kriegführungskonzeptes beschlossen wurden, hielten sich also in engen Grenzen. Dennoch zeigt der vorsichtige Beginn einer Agrarpropaganda, in welchem Sektor die Besatzungsmacht hoffte, die Bevölkerung für sich zu gewinnen. Im September 1941 verstärkten die Deutschen jedoch nicht nur ihre Propagandatätigkeiten, auch die als »unvermeidlich«

---

15 GR Baum, betr. Behandlung der Agrarfrage in der antibolschewistischen Propaganda, 2. 8. 1941, PA AA, R 105173, unfol. Vgl. auch Abschrift, Tätigkeitsbericht der Gruppe Presse des OKW/WiRüAmtes für die Zeit v. 31. 7.-6. 8. 1941, Anlage zu Ref. VLR Großkopf, betr. Propaganda des OKW in der Zeit v. 31. 7.-6. 8., 8. 8. 1941, PA AA, R 105173, unfol.

16 Richtlinien zur Behandlung der Kollektivfrage v. 15. 8. 1941, Anlage 1 zu RMO, HA II, L./Schae. 426/41, 18. 8. 1941, PA AA, R 105193, fol. 310529.

17 Richtlinien in Propagandaform (Maueranschlag) für die Behandlung der landwirtschaftlichen Kollektive durch die Truppe, 15. 8. 1941, Anlage 2 zu RMO, HA II, L./Schae. 426/41, 18. 8. 1941, PA AA, R 105193, fol. 310530. Dieser enthielt allerdings eine missverständliche Formulierung. Vgl. den Hinweis hierauf in EM Nr. 91 v. 22. 9. 1941, BA, R 58/217, fol. 240 f.

18 OKW, Nr. 486/41 g.K. WFSt/WPr (Ia), 21. 8. 1941, Ergänzende Weisungen für die Handhabung der Propaganda gegen die Sowjetunion, (Anlage zu OKH Gen St d H/ H Wes Abt (II) Nr. 366/41 g. Kdos., 4. 9. 1941), BA-MA, RH 19 III/483, fol. 187 f.

angesehene Androhung »scharfer« Strafen hatte weit reichende Konsequenzen.

5.2. DER AUSBAU VON PROPAGANDA- UND STRAFMASSNAHMEN
AB SEPTEMBER 1941

Im September 1941 ist ein deutlicher Anstieg der Propagandaaktivitäten im rückwärtigen Heeresgebiet Mitte zu verzeichnen. Dieser resultierte nicht allein aus den im August gegebenen Weisungen, sondern auch daraus, dass sich ab diesem Zeitpunkt der hierfür notwendige Apparat etablierte. Ende August traf der Verbindungsoffizier der später nachrückenden Propagandaabteilung W, Sonderführer Dr. Fochler-Hauke, beim Befehlshaber des rückwärtigen Heeresgebiets Mitte ein. Entsprechend der ergangenen Weisungen legte man nun »besonderen Nachdruck« auf eine »verstärkte« Flugblattpropaganda und die Verteilung illustrierter Wandzeitungen unter der Landbevölkerung.[19] Fochler-Hauke ließ nach eigenen Entwürfen Flugblätter und Wandplakate in Auflagen zwischen 10.000 und 150.000 Exemplaren drucken,[20] so dass im militärverwalteten Gebiet im September und Oktober insgesamt 226.000 Wandzeitungen und Plakate sowie 570.000 Flugblätter verbreitet wurden.[21] Darüber hinaus veranlasste er die Wiederinbetriebnahme vorhandener Lautsprecheranlagen (in Gomel, Mogilew, Lepel und Witebsk) und den Anschlag des Wehrmachtsberichtes durch die Feld- und Ortskommandanturen.[22] Ab September fanden auch die ersten Filmvorführungen vor einheimischem Publikum statt.[23]

Das vom Ostministerium formulierte »Musterflugblatt« zu den Neuregelungen in der Agrarfrage wurde im rückwärtigen Heeresgebiet Mitte in der zweiten Septemberhälfte als Bekanntmachung »Bauern und Betriebsleiter!« verbreitet. Unterzeichner war das »Oberkommando des Heeres« mit Datum vom 24. August 1941.[24] Auch andere Materialien propagierten die neuen Regelungen, wie die in Berlin massenhaft produzierte Wandzeitung »Aufruf an die Landwirtschaft«[25] oder das Flugblatt »Wollt Ihr mehr Vieh haben?«.[26] In der Presse erschienen »Leitartikel gegen das Partisanentum« und »über die Judenfrage«, Flugblätter riefen zur Teilnahme an der »Partisanenbekämpfung«

---

[19] Berück Mitte, Ic, Tätigkeitsbericht, September 1941, BA-MA, RH 22/228, fol. 77.
[20] Vgl. PAW, Lage- und Tätigkeitsbericht, 1. 11. 1941, BA-MA, RW 4/236, fol. 3.
[21] Berück Mitte, Ic, Tätigkeitsbericht, September 1941, BA-MA, RH 22/228, fol. 78; Berück Mitte, Ic, Tätigkeitsbericht, Oktober 1941, BA-MA, RH 22/228, fol. 82.
[22] PAW, Lage- und Tätigkeitsbericht, 1. 11. 1941, BA-MA, RW 4/236, fol. 3.
[23] Siehe hierzu Abschnitt 3.4. der vorliegenden Arbeit.
[24] Vgl. EM Nr. 91 v. 22. 9. 1941, BA, R 58/217, fol. 232 f.
[25] Wehrmacht-Propaganda-Lagebericht für die Zeit v. 1. 9.-15. 9. 1941, BA-MA, RW 4/339, fol. 210-214 RS; Wehrmacht-Propaganda-Lagebericht für die Zeit v. 1. 10.-15. 10. 1941, ebd., fol. 221-226.
[26] Zum Einsatz derselben vgl. u. a. Berück Mitte, Ic, Tätigkeitsberichte September und Oktober 1941, BA-MA, RH 22/228; PAW, (1.) Lage- und Tätigkeitsbericht, 1. 11. 1941, BA-MA, RW 4/236, fol. 2-6.

auf oder fragten »Sind Partisanen Helden?«.[27] Darüber hinaus deckten die Materialien das gesamte Propagandaspektrum ab.[28]

In den westlichen Gebieten Weißrusslands finden sich ähnliche Anstrengungen. Der Generalkommissar für Weißruthenien, Wilhelm Kube, kritisierte gut zwei Wochen nach seinem Amtsantritt ein »Propagandavakuum« auf deutscher Seite. Dieses nütze die »stellenweise noch wirksame kommunistische Geheimpropaganda« aus, um die Bevölkerung »gegen Deutschland noch weiter aufzuhetzen« und die deutschen Verwaltungsmaßnahmen zu sabotieren.[29] Kube befahl sofortige Gegenmaßnahmen. Die Gebietskommissare sollten dafür sorgen, dass weißrussisch, russisch und polnisch beschriftete Karten mit dem jeweils aktuellen Frontverlauf an gut zugänglichen Plätzen aufgehängt würden. Darüber hinaus forderte der Generalkommissar eine möglichst effektive Vertriebs- und Plakatierungsorganisation für die in der nächsten Zeit geplanten Presseerzeugnisse und anderes Material. In allen Gebieten sollten zudem Lautsprecheranlagen installiert werden, um der Bevölkerung die dreisprachigen Sendungen des Rundfunksenders Baranowitschi zugänglich zu machen.[30] Da die Zivilverwaltung gerade in den ländlichen Regionen dringend auf personelle Unterstützung angewiesen war, regte Kube auch an, eine zusätzliche Propagandastaffel bei der Propagandaabteilung O aufzustellen.[31]

Im Generalkommissariat Weißruthenien fand im September und Oktober 1941 die erste große, zentral organisierte Propagandakampagne nach dem Einmarsch statt: die so genannte Aktion »Schutz der Ernte«. Die Weisung für diese auf das Reichskommissariat Ostland ausgerichtete Kampagne war bereits am 18. August von der Abteilung WPr an die Propagandaabteilung O ergangen, erreichte diese allerdings erst am 5. September.[32] Am 20. September trafen sich der Gruppenleiter Aktivpropaganda der Abteilung, der Ic-Offizier der 707. Infanteriedivision und der Leiter der Hauptabteilung Politik beim Generalkommissar in Minsk, um ihr Vorgehen zu koordinieren.[33] Die Propa-

---

[27] Vgl. PAW, Propagandalage- und Tätigkeitsbericht v. 16. 11.-30. 11. 1941, BA-MA, RW 4/236, fol. 9. An die »Partisanen« gerichtete Flugblätter titelten »Jetzt ist der letzte Moment« oder »Weiter leben oder Tod?«. Zu diesem Aspekt siehe unten.

[28] Vgl. Berück Mitte, Ic, Tätigkeitsberichte September u. Oktober 1941, BA-MA, RH 22/228, fol. 77 ff., 80 ff.

[29] GK f. Weißruthenien, Abt. II a - A, (gez. Kube), 19. 9. 1941, betr. Propagandamaßnahmen, NAB, 370-1-1, fol. 1 f.

[30] Vgl. ebd.; GK Weißruthenien, II a - P Schr/Pa, an die Gebietskommissare, 7. 10. 1941, (zum Erscheinen »Minskaja Hazeta« und »Holos wioski«), NAB, 391-1-9, fol. 3; GK Weißruthenien, II a Ju/Hn., Rundschreiben 2/41 an alle Gebietskommissare, 14. 10. 1941, betr. Drahtfunkempfang, NAB, 391-1-9, fol. 4-RS; GK Weißruthenien, II a – A Dr. Ku/Pa, an Gebietskommissare, betr. Lichtspieltheater, 28. 10. 1941, NAB, 391-1-9, fol. 6; GKW, II a – A Dr. Ku/Pa, an Gebietskommissare, betr. Lautsprecheranlagen, 28. 10. 1941, NAB, 391-1-9, fol. 7.

[31] Siehe Abschnitt 2.1. der vorliegenden Arbeit sowie Lagebericht Nr. 4 der PAO beim WBfh. Ostland v. 29. 9. 1941, BA-MA, RW 4/233, fol. 120.

[32] Vgl. PAO, Lagebericht Nr. 3 v. 13. 9. 1941, BA-MA, RW 4/233, fol. 63-87.

[33] Sie vereinbarten, dass die 707. Infanteriedivision den notwendigen Treibstoff zur Verfügung stellen und die zivile Behörde das gesamte Material mit Hilfe des Fahrbereitschaftsdienstes der Stadt Minsk verteilen würde. Lagebericht Nr. 4 der PAO beim WBfh. Ostland v. 29. 9. 1941, BA-MA, RW 4/233, fol. 120.

gandaabteilung O hatte für das Generalkommissariat Weißruthenien 500.000 Flugblätter in weißrussischer Sprache, 10.000 großformatige Textplakate in Weißrussisch und Deutsch sowie 10.000 weißrussische Bildtext-Plakate zur Verfügung gestellt.[34] Weitere 15.000 Bildtext- und 15.000 Großtext-Plakate wurden zusätzlich in Druck gegeben.[35] Darüber hinaus kamen auch große Mengen von Hakenkreuzfahnen und Hitler-Bilder zum Einsatz – zur »Dekoration« öffentlicher Gebäude sowie im Kleinformat als Fähnchen und »Führer«-Postkarten zur Verteilung unter der Zivilbevölkerung.[36] Die gesamte, bis Ende Oktober 1941 durchgeführte Aktion[37] konzentrierte sich im Wesentlichen darauf, die Landbevölkerung zum Schutz von Erntevorräten und landwirtschaftlichen Einrichtungen aufzufordern. Das zentrale Flugblatt appellierte:

> »Bauern und Landarbeiter!
> *Schützt Eure Ernte und Euren Besitz.*
> Millionen deutscher Soldaten schufen in hartem Kampf gegen die Bolschewisten die Voraussetzungen, daß Ihr Eurer Arbeit im sicheren Schutze gegen den äußeren Feind nachgehen könnt.
> Nun ist es Eure Aufgabe, die Erträgnisse Eurer Arbeit vor Feuer und Verderb zu sichern.
> *Eure Ernte dient der Versorgung der [weißruthenischen[38]] Land- und Stadtbevölkerung.*
> Der deutsche Soldat ist nicht in dieses Land gekommen, um Euch das Brot wegzunehmen, sondern um Euch vom Blutterror des Bolschewismus zu befreien.
> *Darum laßt Euch nicht von böswilligen Gerüchten irre machen und vereitelt jeden Versuch der Vernichtung Eurer Ernte und Eures Besitzes durch landfremde Elemente.*[39]
> Seid würdig der Völker Europas, die am großen Vernichtungskampf gegen den Bolschewismus teilnehmen. *Tretet jeder Wühl- und Vernichtungsarbeit des Bolschewismus in Eurem Lande streng und mitleidlos entgegen.* Das seid ihr der Zukunft Eures Landes, Euren Frauen und Kindern gegenüber schuldig.
> *Damit nehmt ihr Teil an der großen Aufbauarbeit des neuen Europa.*«[40]

---

[34] Vgl. PAO, Lagebericht Nr. 3, 13. 9. 1941, BA-MA, RW 4/233, fol. 63-87; Anlagen Flugblatt »Bauern und Landarbeiter!« sowie Großplakat »Bauern!«, BA-MA, RW 4/233, fol. 86 f.; Bildtext-Plakat »Bauer! Schütze Dein Brot, Deine Ernte vor Feuer und Gefahr«, BA-MA, RW 4/233 K-4.
[35] Lagebericht Nr. 4 der PAO beim WBfh. Ostland v. 29. 9. 1941, BA-MA, RW 4/233, fol. 120.
[36] Vgl. Wehrmacht-Propaganda-Lageberichte von September bis Dezember 1941, BA-MA, RW 4/339, fol. 219 RS, 225 RS, 231 RS, 237 RS, 249 RS, 257 RS. Für GKW vgl. Lagebericht Nr. 4 der PAO beim WBfh. Ostland v. 29. 9. 1941, BA-MA, RW 4/233, fol. 119.
[37] Vgl. Wehrmacht-Propaganda-Lagebericht für die Zeit v. 16. 9.-30. 9. 1941, BA-MA, RW 4/339, fol. 219 RS; Wehrmacht-Propaganda-Lagebericht für die Zeit v. 1. 10.-15. 10. 1941, ebd., fol. 225 RS.
[38] Im Original: »lettischen« Bevölkerung.
[39] Dieser Hinweis auf »landfremde Elemente« konnte – gerade im Baltikum – sowohl in antisemitischer als auch in antirussischer Weise interpretiert werden.
[40] Flugblatt »Bauern und Landarbeiter!«, Anlage 2 zu PAO, Lagebericht Nr. 3, 13. 9. 1941, BA-MA, RW 4/233, fol. 86.

Das Großplakat der Kampagne sprach ganz deutlich von der »Pflicht« der Bauern und drohte: »Wer die Erzeugnisse seiner Arbeit den Gefahren der Vernichtung oder des Verderbens aussetzt, ist ebenso schuldig wie der bolschewistische Brandstifter, der Dir und Deinen Volksgenossen das Brot entreißen möchte.« Das Plakat behauptete auch, dass die »Wirtschaftskraft des Großdeutschen Reiches« die Versorgung der deutschen Wehrmacht garantiere und seine »Organisationskraft« auch »jederzeit die Schwierigkeiten des Nachschubes« überwinde. Die deutsche Verwaltung stünde den Bauern mit Rat und Tat zur Seite und sorge für eine »gesicherte und ausreichende Ernährung der Städte und Dörfer«.[41] Entsprechend der Vorgaben aus Berlin sollte die Bevölkerung davon überzeugt werden, dass es *allein* um eine Sicherstellung ihrer Ernährung gehe, *keinesfalls* um die Versorgung der deutschen Truppen.

Zeitgleich mit dem Ausbau der Propaganda verschärfte die deutsche Besatzungsmacht auch ihre Strafmaßnahmen. Dies betraf insbesondere die besetzten russischen Gebiete, hatte aber auch Auswirkungen auf Weißrussland. Am 21. August 1941 empfahl der Chef des Generalstabes im Heeresgruppenkommando Mitte, dem auch der Befehlshaber des rückwärtigen Heeresgebiets Mitte unterstand, allen Verbänden »Abschreckungsmaßnahmen«: »Partisanen« sollten öffentlich gehenkt und dann »einige Zeit« hängen gelassen werden, versehen mit einem entsprechenden »Hinweisschild« für die Bevölkerung.[42] Als drei Tage später im Bereich der Panzergruppe 3 ein deutscher Soldat im Handgemenge mit einem Verdächtigen getötet wurde, erhängten die Deutschen als Vergeltungsmaßnahme in diesem Ort kurzerhand fünf kurz zuvor aufgegriffene Zivilisten. Neben den Leichen, die sie acht Tage lang hängen ließen, brachten sie ein Textplakat an: »So geht es Verbrechern, welche die Befriedung Rußlands sabotieren. Russen, sorgt selbst dafür, daß die Verbrecher, die die Befreiung Rußlands und Eure friedliche Arbeit stören und sabotieren, aus Euren Reihen ausgemerzt werden.«[43] Dieses Vorgehen zielte nicht allein auf die Einschüchterung der Bevölkerung, sondern – wie es das AOK 9 formulierte – darauf, »dass sich die überwiegend gutwillige Bevölkerung nicht nur von Partisanen fernhält, sondern mit allen Mitteln von sich aus dazu beiträgt, die Partisanen zu vernichten.«[44]

Die Besatzungsmacht hatte bis zu diesem Zeitpunkt zwar mit »Kollektivmaßnahmen« gegen Zivilisten – die der Kriegsgerichtsbarkeitserlass ermöglichte[45] – gedroht, solche aber noch nicht systematisch angewandt. Nun mehrten

---

[41] Großplakat »Bauern!«, Anlage 3 zu PAO, Lagebericht Nr. 3, 13. 9. 1941, BA-MA, RW 4/233, fol. 87.
[42] Heeresgruppe Mitte Ic/AO, 21. 8. 1941, NAB, 655-1-1, unfol. Texte dieser »Hinweistafeln«, in: AOK 9, Abt. I c/AO/Ia/O.Qu./Qu2, Nr. 154/41 geh., 10. 9. 1941, betr. Partisanenbekämpfung, BA-MA, RH 20-9/256, fol. 33.
[43] Anlage 4a zum Tätigkeitsbericht Nr. 3, Ic, PzGr. 3, 14. 8. 1941-31. 1. 1942, BA-MA, RH 21-3/743, fol. 33, siehe auch fol. 19. Der Vorfall ereignete sich in Ripschewo nordöstlich Witebsk (russisches Gebiet an der Grenze zu Weißrussland).
[44] AOK 9, Abt. I c/AO/Ia/O.Qu./Qu2, Nr. 154/41 geh., 10. 9. 1941, betr. Partisanenbekämpfung, BA-MA, RH 20-9/256, fol. 33.
[45] Vgl. Erlass über die Ausübung der Kriegsgerichtsbarkeit im Gebiet »Barbarossa« und über besondere Maßnahmen der Truppe v. 13. 5. 1941, BA-MA, RW 4/577, fol. 72 ff. Allgemein zur

5. Die schrittweise Neuorientierung (August 1941-Anfang 1942) 171

sich die Stimmen, das Vorgehen zu verschärfen.[46] Obwohl kollektive Vergeltungsmaßnahmen erst einige Monate später zum Besatzungsalltag in Weißrussland gehören sollten, kündigten ab Mitte September große Textplakate ein verschärftes Vorgehen an:[47]

»Aufruf!
Russen! Die Befriedung Rußlands und Eure eigene friedliche Arbeit werden immer wieder gestört und sabotiert durch gemeine Verbrechen gegen die deutsche Wehrmacht. Wir deutschen Soldaten legen Wert darauf, daß Ihr ruhig Eurer Arbeit nachgehen könnt; wir müssen aber auch von Euch verlangen, daß Ihr die Verbrecher – seien es einzelne oder ganze Banden – in keiner Weise unterstützt, sondern mithelft sie auszumerzen. Die deutsche Wehrmacht ist bereit, Euch in jeder Weise zu unterstützen, ja Eure Mitarbeit an dem gemeinsamen Werk der Ausrottung des Bolschewismus zu belohnen. Je nach Leistung kann für verdienstvolle Taten eine Belohnung außer in Geld auch in Form von lebendem Vieh, Lebensmitteln wie Brot, Zucker, Mehl u. ä., ferner Sprit und Tabak zugesprochen werden.
Die deutsche Wehrmacht ist aber nicht gewillt, noch länger zu dulden, daß weitere Verbrechen oder feindselige Handlungen, zum Teil mit Eurem Wissen, zum Teil mit Eurer Unterstützung, begangen werden.
Es werden daher vom 16. 9. 41 an folgende verschärfte Bestimmungen erlassen:
1. Wer einem Rotarmisten oder Partisanen Unterschlupf gewährt, ihm Nahrungsmittel aushändigt oder ihn sonstwie, z. B. durch Nachrichtenvermittlung unterstützt, wird mit dem Tode bestraft und erhängt. Dies gilt auch für weibliche Personen. Hiervon wird nur dann abgesehen, wenn erwiesen ist, daß der Betreffende das Vorkommnis so bald und so schnell wie möglich der nächsten Wehrmachtdienststelle gemeldet hat.
2. Wenn irgendwo ein Überfall, eine Sprengung oder eine sonstige Beschädigung deutscher Wehrmachteinrichtungen, z. B. Fernsprechkabel, Eisenbahnen usw., erfolgt, so werden vom 16. 9. ab die Schuldigen am Tatort als abschreckendes Beispiel erhängt. Sind die Täter nicht sofort zu ermitteln, so werden aus der Bevölkerung Geiseln festgenommen; diese Geiseln werden erhängt, wenn die Täter oder der Tat dringend Verdächtigen oder sonstigen Spießgesellen der Täter nicht binnen 24 Stunden beigebracht werden.
Wird die feindselige Handlung an der gleichen Stelle oder in nächster Nähe wiederholt, so wird jeweils die doppelte Anzahl von Geiseln festgenommen bezw. erhängt werden.
Der Oberbefehlshaber der Armee«

Zu den »feindseligen« Handlungen, die mit der Todesstrafe geahndet wurden, zählte noch eine ganze Reihe weiterer Vergehen, unter anderem Behinderungen

---

Umsetzung dieses Aspekts siehe Römer 2008, S. 92 f.
[46] Vgl. Berück Ia, Korpsbefehl Nr. 40, 16. 8. 1941, NAB, 655-1-1, unfol.; Beauftragter des Chefs der Sicherheitspolizei und des SD beim Berück Mitte, Tgb. Nr. 141/41 geh., 10. 9. 1941, betr. Erfahrungen über die Arbeitsweise der Partisanen und ihre Bekämpfung, NAB, 655-1-1, unfol.
[47] Aufruf an die Bevölkerung mit Bekanntgabe zukünftiger Geiselerschießungen des Oberbefehlshabers der 9. Armee, Strauß, Entwurf als Anlage zu AOK 9, Abt. I c/AO/Ia/O.Qu./Qu2, Nr. 154/41 geh., 10. 9. 1941, betr. Partisanenbekämpfung, BA-MA, RH 20-9/256, fol. 32-35. Dieser Aufruf wurde ab 12. 9. auch von anderen Befehlshabern verbreitet. Vgl. für die 3. Panzerarmee E. Hesse 1969, S. 80; Lenhard 1991, S. 216. Als Abbildung in: Verbrechen der Wehrmacht 2002, S. 444.

der Produktion (»böswillige Arbeitseinstellung, Streik, Aussperrung, feindselige Zusammenrottung« oder die »Verleitung hierzu«) sowie jede Form von Propagandatätigkeiten (»gegen die Deutsche Wehrmacht gerichtete Propaganda durch Presse, Schwarzsender, Veranstaltungen, wie Kino, Theater und Abhalten von Versammlungen, öffentliche Hetzreden, Verteilung von Flugblättern oder Handzetteln, aber auch methodische Flüsterpropaganda, namentlich Weiterverbreitung deutsch-feindlicher Rundfunk- oder sonstiger Nachrichten«).[48]

Für die Gebiete, die unter der Befehlsgewalt des OKW standen, verfügte Keitel am 16. September ebenfalls verschärfte kollektive Strafmaßnahmen und ihre abschreckende Inszenierung.[49] Als »Sühne« für den Tod eines deutschen Soldaten schlug er »die Todesstrafe für 50-100 Kommunisten« vor, wobei die Art der Vollstreckung die abschreckende Wirkung noch erhöhen müsse. Gleichzeitig wies er darauf hin, dass der einheimischen Bevölkerung klargemacht werden solle, dass das »scharfe Zugreifen« auch sie »von den kommunistischen Verbrechen befreit und ihr damit selbst zugute« komme. »Eine geschickte Propaganda dieser Art wird infolgedessen auch nicht dazu führen, daß sich aus den scharfen Maßnahmen gegen die Kommunisten unerwünschte Rückwirkungen in den gut gesinnten Teilen der Bevölkerung ergeben.« Diese radikalen Maßnahmen fanden – zu diesem Zeitpunkt – im westlichen Weißrussland noch keinen Niederschlag.[50] Dennoch kombinierte die Zivilverwaltung im Spätsommer 1941 ebenfalls Belohnungen und öffentliche Abschreckungsmaßnahmen, ohne allerdings offen mit Geiseltötungen zu drohen.[51] Ein Beispiel ist die öffentliche Hinrichtung von zwölf Menschen am 26. Oktober in Minsk, von der sich der Kommandant in Weißruthenien, Bechtolsheim, eine abschreckende Wirkung erhoffte. Acht Männer und vier Frauen wurden vor den Augen der Bevölkerung durch die Stadt zu vier verschiedenen Exekutionsorten geführt – von Trommelwirbeln begleitet. Die Deutschen hatten ihnen Schilder um den Hals gehängt, auf denen in deutscher und russischer Sprache

---

[48] So ein etwa zeitgleich im Bereich des AOK 9 verbreiteter Aufruf an die Zivilbevölkerung, den das OKH allgemein zum Nachdruck empfahl. Die Abteilung Ic des AOK 9 fasste in dieser Bekanntmachung die bis zu diesem Zeitpunkt ergangenen Anordnungen einzelner Dienststellen zusammen. Tätigkeitsbericht der Arbeitsgruppe Ic/WPr für die Zeit v. 22. 6.-31. 12. 1941, Beilage zum KTB AOK 9, Tätigkeitsbericht der Abt. Ic/AO 1. 5.-31. 12. 1941, BA-MA, RH 9/643, fol. 35-45; Schriftplakat des Befehlshabers des neu besetzten Gebietes (dt./russ.), NAB, Plakatsammlung, Nr. 300. Mit Schwarzsendern waren geheime Sendeanlagen gemeint.

[49] Erlass des Chefs des OKW Keitel über Vergeltungsmaßnahmen bei Widerstand gegen die deutsche Besatzungsmacht v. 16. 9. 1941, abgedr. in: Ueberschär/Wette 1991, S. 305 ff.

[50] Kontroverse Einschätzungen zur Wirkung des Erlasses bei Heer 1995, S. 106 f.; Gerlach 1999, S. 872.

[51] Vgl. Aufruf des RK Ostland v. 29. 9. 1941 zur Unterstützung der »Bekämpfung von Banden und Terrorgruppen« (dt./russ./poln.), gez. i. V. Fründt, Original in: NAB, Plakatsammlung, Nr. 303. Zur Verpflichtung der Bevölkerung zur diesbezüglichen Unterstützung der Besatzungsmacht siehe auch Aufruf des GK für Weißruthenien, Kube, »An die Bewohner des Generalbezirks Weißruthenien!« (dt., wr.) v. 9. 9. 1941, abgedr. in: Amtsblatt des Generalkommissars für Weißruthenien, Nr. 2, 13. 10. 1941, IfZ, Fb 104/2.; Aufruf des RK für das Ostland, Lohse, an die »Bewohner von Weißruthenien!« (dt., wr.), abgedr. in: Amtsblatt des Generalkommissars für Weißruthenien, Nr. 1 v. 30. 9. 1941, NAB, 370-5-1, fol. 1 f.

5. Die schrittweise Neuorientierung (August 1941-Anfang 1942) 173

stand: »Wir sind Partisanen und haben auf deutsche Soldaten geschossen.« Tatsächlich hatten sie einer Widerstandsgruppe angehört, die Rotarmisten aus dem Lazarett des Infektionskrankenhauses zur Flucht verholfen hatte. Diese waren mit falschen Pässen und Zivilkleidung versorgt und in Richtung Front zu den eigenen Linien geführt worden.[52]

Die Politik gegenüber der Mehrheit der Bevölkerung bestand also in einer Kombination aus Zuckerbrot und Peitsche. Belohnungen sollten zur aktiven Mitarbeit bei der Verfolgungspolitik motivieren. Rigorose Strafmaßnahmen, die ab September verschärft und vermehrt öffentlich inszeniert wurden, zugleich einschüchtern.

5.3. Propaganda im Kontext der »Partisanenbekämpfungsmassnahmen«

Im rückwärtigen Heeresgebiet Mitte ermordeten Wehrmachtseinheiten 1941 im Durchschnitt 300 bis 400 Menschen täglich.[53] Den deutschen »Partisanenbekämpfungsmaßnahmen« fielen bis Anfang Dezember insgesamt 52.970 und bis März 1942 63.257 tatsächliche oder vermeintliche Partisanen zum Opfer.[54] Diese Zahlen standen in keinem Verhältnis zu der tatsächlichen Bedrohung. Auf sowjetischer Seite war man zunächst darum bemüht, die organisatorischen Grundlagen für einen bewaffneten Widerstand zu schaffen. So wurden unter anderem im Spätsommer 1941 Kämpfer durch die Front geschleust und sowjetische Fallschirmspringer im deutsch besetzten Gebiet abgesetzt. Diese hatten jedoch vorrangig noch keine größeren Kampfaufgaben.[55] Das war den Deutschen durchaus bekannt, und sie wussten auch, dass die Partisanenbewegung noch keinen breiten Rückhalt in der Bevölkerung hatte.[56] Zwar befanden

---

[52] Deutsche Propagandafotos hierzu befinden sich u. a. im Belorussischen Staatsarchiv für Kino-, Foto- und Phonodokumente, Dsershinsk. Publiziert in Verbrechen der Wehrmacht 2002, S. 476-480.

[53] Berück Mitte, Ia, Br.B.Nr. 708/42 geh., 1. 3. 1942, Vorschläge zur Vernichtung der Partisanen im rückw. Heeresgebiet und in den rückw. Armeegebieten, gez. Schenckendorff, BA-MA, RH 22/230, fol. 144.

[54] Gerlach 1999, S. 875. Im Spätsommer/Herbst 1941 kam es zu einer deutlichen Verschärfung der Partisanenbekämpfungsmaßnahmen, die hier nur unter der Fragestellung der Propaganda betrachtet werden. Zum Gesamtkomplex vgl. Gerlach 1999, S. 875-884.

[55] Vgl. Beauftragter des Chefs der Sicherheitspolizei und des SD beim Berück Mitte, Tgb. Nr. 141/41 geh., 10. 9. 1941, betr. Erfahrungen über die Arbeitsweise der Partisanen und ihre Bekämpfung, NAB, 655-1-1, unfol. Für den Oblast Baranowitschi auch Musial 2004, S. 18 f., 105; Brakel 2007, S. 399 ff.

[56] Vgl. hierzu Panzergruppe 3, Abt. Ic/A.O., betr. Lage in Weißrussland, 14. 7. 1941 (Abschrift), PA AA, R 105173, unfol.; AOK 4, VAA, Gk. Schattenfroh, Bericht Nr. 86, 16. 7. 1941, PA AA, R 60759, unfol.; Kdt.r.A. 559, Ic A.O., 31. 8. 1941, Tätigkeitsbericht, BA-MA, WF 03/14267, fol. 1110 ff.; Panzergruppe 3, Abt. Ic, Tätigkeitsbericht Januar-August 1941 [NOKW 2672], BA-MA, RH 21-3/423, fol. 31; Bericht über die Partisanenkämpfe im August und September 1941, Anlage zum Tätigkeitsbericht Nr. 3, Ic, PzGr. 3, 14. 8. 1941-31. 1. 1942, BA-MA, RH 21-3/743, fol. 17-22; AOK 9, Abt. I c/A.O./O.Qu. Ia Nr. 238/41 geh., betr. Partisanenbekämpfung, 2. 9. 1941, NAB, 655-1-1, unfol.; Abschrift Berück Ia, 5. 9. 1941, NAB, 655-1-1, unfol.; Beauftragter des Chefs der Sicherheitspolizei und des SD beim Berück Mitte, Tgb. Nr. 141/41 geh., 10. 9. 1941, betr. Erfahrungen über die Arbeitsweise der Partisanen und ihre Bekämpfung,

sich Ende 1941 insgesamt etwa 30.000 Partisanen auf weißrussischem Territorium,[57] trotzdem kam die Abteilung Fremde Heere Ost, die die Entwicklung mit großer Aufmerksamkeit beobachtete und die Befehlshaber und Truppen über entsprechende Beutepapiere und Erkenntnisse informierte,[58] noch Ende 1941 zu dem Schluss, dass die Bemühungen der sowjetischen Seite bis zu diesem Zeitpunkt allenfalls marginale Ergebnisse zeigen würden.[59] Für Weißrussland trifft weder die These eines deutschen »Partisanenkampf[es] ohne Partisanen«[60] zu noch die apologetische Behauptung einer akuten Bedrohungslage.[61] Die radikale Verfolgungs- und Mordpolitik gegenüber untergetauchten Rotarmisten, Kommunisten, »Ortsfremden« und »Wanderern«[62] war in erster Linie eine präventive Maßnahme.[63]

Das rückwärtige Heeresgebiet Mitte übernahm bei diesen »Säuberungsmaßnahmen« quasi eine Vorreiterrolle – auch in Bezug auf Propagandamaßnahmen. Anfang September fasste General von Schenckendorff für das OKH »Gesichtspunkte für den Kampf gegen Partisanen« zusammen. Er schlug nicht nur vor, dass motorisierte Eingreifgruppen in den frühen Morgen- oder Abendstunden überraschend in den Dörfern auftauchen und diese besetzen und kontrollieren sollten. Er hielt zugleich eine »Einwirkung auf Bürgermeister und Bevölkerung, Aufklärung und Propaganda« für notwendig. Bekanntmachungen, Flugblätter, Propagandamaterial, Lautsprecherwagen sollten ebenso eingesetzt werden wie die Androhung von Kollektivmaßnahmen oder die »Liquidierung der Partisanen durch Aufhängen und Hängenlassen für einige Zeit«

NAB, 655-1-1, unfol.; Berück Mitte, Ia, Br.B.Nr. 1154/41 geh., 13. 11. 1941, betr. Beurteilung der Lage, BA-MA, RH 22/225, fol. 167 f.; PAW, Zur Lage und Stimmung der Bevölkerung in Stadt und Gebiet Smolensk, Anhang zu Propagandalage- und Tätigkeitsbericht v. 16.-30. 11. 1941, BA-MA, RW 4/236, fol. 23 f.; Berück Mitte, Ic, Tätigkeitsbericht November 1941, BA-MA, RH 22/228, fol. 84. Dass es vor Frühjahr/Sommer 1942 noch keine relevante Partisanenbedrohung gegeben hat, stützen auch die Räumungs- und Erfahrungsberichte der Gebietskommissare im GKW, in: BA D-H, R 93/13 und 14.

[57] Gerlach 1999, S. 861.
[58] Vgl. OKH GenStdH OQu IV – Abt. Fremde Heere Ost (II) Nr. 1354/41, 6. 8. 1941, Anlage: Merkblatt über Kampfweise der roten Partisanenabteilungen auf Grund russischen Beutematerials zur Verteilung an die Truppen, NAB, 655-1-1, unfol. sowie die überarbeitete Fassung des Merkblatts über die Eigenarten der russischen Kriegführung, Neubearbeitung 1942, OKH/GenStdH/OQu IV, Fremde Heere Ost (II), 15. 2. 1942, BA-MA, RHD 6/19/2, S. 9 f. Die These, dass diese den deutschen Truppen zur Kenntnis gebrachten Unterlagen quasi eine »Partisanenphobie« ausgelöst hätten, »die sich an der Zivilbevölkerung abreagierte« (so Klein 2002, S. 88; siehe auch Heer 1994, S. 23 ff.) ist angesichts der Berichterstattung wenig überzeugend.
[59] Vgl. Geheime Ausarbeitung »Die Kriegswehrmacht der Union der Sozialistischen Sowjetrepubliken (UdSSR)«, Stand Dezember 1941, OKH/GenStdH/OQu IV Abt. Fremde Heere Ost (II) Nr. 4700/41, 1. 12. 1941, 616. Ausfertigung von 1200, BA-MA, RHD 7/11/4, S. 7.
[60] Heer 1995, S. 107.
[61] So u. a. Arnold 2005, S. 450 ff.
[62] Dies waren nicht in den Gemeinden gemeldete Personen, oftmals Flüchtlinge aus den Städten.
[63] Vgl. hierzu u. a. Bericht über die Partisanenkämpfe im August und September 1941, Anlage zum Tätigkeitsbericht Nr. 3, Ic, PzGr. 3, 14. 8. 1941-31. 1. 1942, BA-MA, RH 21-3/743, fol. 17; Beauftragter des Chefs der Sicherheitspolizei und des SD beim Berück Mitte, Tgb. Nr. 141/41 geh., 10. 9. 1941, betr. Erfahrungen über die Arbeitsweise der Partisanen und ihre Bekämpfung, NAB, 655-1-1, unfol.

5. Die schrittweise Neuorientierung (August 1941-Anfang 1942) 175

mit der zugehörigen »Aufklärung der Bevölkerung«.[64] Schenckendorff betrachtete die Propaganda als ein so wichtiges Instrument, dass er Kommandeure, die bei den »Säuberungsaktionen« keine Flugblätter verteilten, scharf rügte[65] und wiederholt nachdrücklich auf seinen Standpunkt pochte, dass »Aufklärung und Propaganda [...] eines der wesentlichsten Momente zur Bekämpfung des Partisanenunwesens« seien.[66]

Mit dieser Sichtweise stand er nicht allein. Der Chef des Generalstabes der Heeresgruppe Mitte, Hans von Greiffenberg, verfügte am 11. September 1941 ebenfalls, dass bei allen Einsätzen Propagandamaterial für die Bevölkerung mitzunehmen sei.[67] Auch der Leiter der Einsatzgruppe B, Nebe, betonte in seinen Berichten nach Berlin die »immer vordringlicher« werdende Notwendigkeit eines intensiven Ausbaus der Propaganda unter der Bevölkerung;[68] der Einsatz von Flugblättern bei der Partisanenbekämpfung habe sich als »unbedingt erforderlich und zweckmäßig erwiesen«.[69] Als Schenckendorff vom 24. bis zum 26. September in Mogilew einen zentralen Lehrgang über die »Bekämpfung von Partisanen« ausrichtete, gehörte deshalb auch die »Unterrichtung über Flugblattpropaganda« zu den behandelten Themen.[70] Unter den insgesamt 61 Teilnehmern waren neben Angehörigen des Stabes von Schenckendorffs unter anderem Vertreter des OKH, der Heeresgruppe Mitte, der einzelne Sicherungsdivisionen, der Feldkommandanturen, der Wirtschaftsinspektion Mitte sowie Erich von dem Bach-Zelewski als HSSPF, Nebe als Beauftragter des Chefs der Sicherheitspolizei und des SD beim Berück, Hermann Fegelein als Kommandeur der SS-Kavallerie-Brigade und Max Montua als Kommandeur des Polizei-Regiments Mitte.[71] Das Thema Propaganda spielte auch bei zwei »Übungen« eine Rolle, bei denen die Kursteilnehmer »Gelegenheit« hatten, die »Ergreifung von Partisanen, Kommissaren und Kommunisten und die Durchkämmung der Bevölkerung praktisch mitzuerleben«. Am 25. September besetzten und durchsuchten Mannschaften des Polizeiregiments

---

[64] Berück Mitte Ia, 5. 9. 1941, Gesichtspunkte für den Kampf gegen Partisanen. Zusammengestellt durch Berück Mitte zur Verwendung durch OKH, NAB, 655-1-1, unfol.
[65] Abschrift, Berück Mitte, Ia, 5. 9. 1941, NAB, 655-1-1, unfol.
[66] Ebd. Siehe auch Sich.Div. 286 Abt. Ia, Divisionsbefehl Nr. 49, 15. 9. 1941, BA-MA, RH 26-286/4, unfol.
[67] Heeresgruppe Mitte Ic/A.O. Nr. 174/41 geh., 11. 9. 1941, betr. Abwehr der Partisanentätigkeit hinter der Front, NAB, 655-1-1, unfol.
[68] EM Nr. 67 v. 29. 8. 1941 sowie Nr. 73 v. 4. 9. 1941, BA, R 58/216, fol. 222, 283.
[69] Beauftragter des Chefs der Sicherheitspolizei und des SD beim Berück Mitte, Tgb. Nr. 141/41 geh., 10. 9. 1941, betr. Erfahrungen über die Arbeitsweise der Partisanen und ihre Bekämpfung, NAB, 655-1-1, unfol.
[70] Neben der »Judenfrage mit besonderer Berücksichtigung der Partisanenbewegung« (Nebe) oder der »Behandlung der Bevölkerung unter besonderer Berücksichtigung der Partisanenunterstützung« (Chef der Kriegsverwaltungsabteilung, Dr. Tesmer). Berück Mitte, Ia, 23. 9. 1941, Tagesordnung für den Kursus »Bekämpfung von Partisanen« v. 24.-26. 9. 1941, BA-MA, RH 22/225, fol. 70-81. Wer den Vortrag zur Propaganda gehalten hat, ist unklar. Mögliche Referenten waren der Ic-Offizier beim Berück, Stürmer, oder der Ic/Prop bzw. Verbindungsoffizier der PAW, Fochler-Hauke, die beide als Teilnehmer bei diesem Lehrgang anwesend waren. Vgl. Berück Mitte, II a, 23. 9. 1941, Teilnehmer-Verzeichnis am Partisanen-Lehrgang v. 24.-26. 9. 1941, BA-MA, RH 22-225, fol. 76.
[71] Ebd., fol. 76-77 RS.

Mitte das etwa 18 Kilometer nordwestlich Mogilew gelegene Dorf Knjashitschi; sie verhörten die Einwohner und erschossen 32 Menschen – »neben einigen Juden verdächtige Ortsfremde«.[72] Einen Tag später demonstrierten Teile des Sicherungsregiments 2 die »Aushebung eines gemeldeten Partisanennestes« (»Unternehmen ›Kussikowitschi‹«). Beide Einsätze umfassten Propagandamaßnahmen: Die Aktion des Polizeiregiments Mitte stand unter dem Thema »Besetzen einer Ortschaft mit Ausstellen von Sperrposten und Flugblätterverteilung«[73] und für das »Unternehmen ›Kussikowitschi‹« wurde befohlen, im »Anschluss an die Säuberungsaktion [...] eine Belehrung der Bevölkerung des Ortes durchzuführen.«[74] Bereits bei seinen einleitenden Worten zum Lehrgang hatte Schenckendorff darauf gedrungen, dass der »*Vielgestaltigkeit des Kampfes* der Partisanen [...] eine ebenso *große Vielgestaltigkeit unserer Kampfweise* entgegengestellt werden« müsse.[75]

Die Erfahrungen und Erkenntnisse dieses »Lehrgangs« flossen in die von Schenckendorff unterzeichnete Ausarbeitung »Der Partisan, seine Organisation und seine Bekämpfung« vom 12. Oktober 1941 ein,[76] die die Grundlage bildete für die ersten zentralen »Richtlinien für Partisanenbekämpfung« des OKH vom 25. Oktober 1941.[77] Als grundsätzliches Ziel wurde die rücksichtslose Tötung aller tatsächlichen oder vermeintlichen Partisanen befohlen. Das hieß auch, unbewaffnete Frauen, alte Menschen, Jugendliche und Kinder zu töten – denn gerade diesen Personengruppen wurde unterstellt, Kurierdienste für die Partisanen zu übernehmen.[78] Deshalb betonte das OKH: »Richtig handelt, wer unter vollkommener Hintansetzung etwaiger persönlicher Gefühls-

---

[72] Aktennotiz über Kursus »Bekämpfung von Partisanen« beim Berück Mitte (25. u. 26. 9. 1941), 2. 10. 1941, NAB, 655-1-1, unfol.

[73] Vgl. ebd., fol. 72.

[74] Sicherungs-Regiment 2, Befehl für das Unternehmen »Kussikowitschi« am 26. 9. 1941, BA-MA, RH 22/225, fol. 90. In der Anlage »Bestimmungen und Erläuterungen für Truppe und Zuschauer« auch als »Belehrung der zusammengetriebenen Bevölkerung« bezeichnet. Anlage ebd., fol. 93.

[75] Einleitungsworte zum Partisanen-Bekämpfungs-Lehrgang, 24. 9. 1941, gez. Schenckendorff, BA-MA, RH 22-225, fol. 81. Hvg. im Orig.

[76] Entwurf, Berück Mitte, Ia, Br.B.Nr. 1001/41, 12. 10. 1941, Der Partisan, seine Organisation und seine Bekämpfung, gez. Schenckendorff, BA-MA, RH 22/225, fol. 120-127 RS. Eine entsprechende Ausarbeitung war das Ziel dieses von Schenckendorff auch als »Erfahrungsaustausch« bezeichneten Treffens gewesen. Vgl. Einleitungsworte zum Partisanen-Bekämpfungs-Lehrgang, 24. 9. 1941, gez. Schenckendorff, BA-MA, RH 22-225, fol. 81; Aktennotiz über Kursus »Bekämpfung von Partisanen« beim Berück Mitte (25. u. 26. 9. 1941), 2. 10. 1941, NAB, 655-1-1, unfol.

[77] Der Oberbefehlshaber des Heeres Gen. St. d. H./Ausb. Abt. (Ia) Nr. 1900/41, 25. 10. 1941, Richtlinien für Partisanenbekämpfung, BA-MA, RH 26-707/3, unfol. Schenckendorffs Vorlage wurde weitgehend unverändert übernommen.

[78] Vgl. Merkblatt über Organisation und Bekämpfung von Partisanen, Anlage zu Heeresgruppe Mitte Ic/A.O. Nr. 174/41 geh., 11. 9. 1941, betr. Abwehr der Partisanentätigkeit hinter der Front, NAB, 655-1-1, unfol.; Einleitungsworte zum Partisanen-Bekämpfungs-Lehrgang, 24. 9. 1941, gez. Schenckendorff, BA-MA, RH 22-225, fol. 79 f.; Entwurf, Berück Mitte, Ia, Br.B.Nr. 1001/41, 12. 10. 1941, Der Partisan, seine Organisation und seine Bekämpfung, gez. Schenckendorff, BA-MA, RH 22/225, fol. 122; Oberbefehlshaber des Heeres Gen. St. d. H./Ausb. Abt. (Ia) Nr. 1900/41, 25. 10. 1941, Richtlinien für Partisanenbekämpfung, BA-MA, RH 26-707/3, unfol.; RFSS Kdo.Stab RFSS Ia/Ic Tgb. Nr. Ic/186/41 g., 18. 11. 1941, Kommando-

5. Die schrittweise Neuorientierung (August 1941-Anfang 1942)   177

anwandlungen rücksichtslos und unbarmherzig zupackt.«[79] Sowohl die von den Deutschen eingesetzten Bürgermeister als auch sämtliche Bewohner wurden für die Sicherung ihrer Gemeinde »voll verantwortlich« gemacht.[80] Dabei legten die Deutschen besonderen Wert auf die »Zusammenarbeit mit der gutwilligen Bevölkerung«, von deren Agenten- und Kundschaftertätigkeiten die Sicherungsdivisionen abhängig waren.

Das OKH befahl, zukünftig bei allen militärischen Maßnahmen reichlich Propagandamaterial zu verteilen und in abgelegenen Gebieten auch mit Hilfe von Flugzeugen abzuwerfen. Die inhaltlichen Tendenzen, die es für diese Materialien vorschlug, orientierten sich an den allgemeinen Vorgaben; neu war allerdings der Hinweis, die »Freilassung von Gefangenen der Minderheitsvolksstämme« herauszustellen.[81] Nachdem einzelne Nationalitäten in den Kriegsgefangenenlagern im Generalgouvernement und auf Reichsgebiet zunächst abgesondert worden waren, hatte das OKW am 8. September die »beschleunigte Entlassung« von so genannten Volksdeutschen, Ukrainern, Weißrussen, Letten, Esten, Litauern, Rumänen und Finnen befohlen.[82] Hintergrund hierfür war unter anderem die Gewinnung von Arbeitskräften für die brachliegenden Erntearbeiten im besetzten Gebiet.[83] Diese »Entlassungen« sollten nunmehr propagandistisch genutzt werden.[84]

Die in den Richtlinien zum Ausdruck kommende Haltung war typisch für das Herangehen der deutschen Besatzungsmacht. Die Zivilbevölkerung, zumindest die ländliche, wurde tendenziell als eine durch Propaganda beliebig formbare Masse betrachtet, um deren Beeinflussung man mit der gegnerischen Propaganda konkurrierte – eine Sichtweise, in der sich das grundsätzliche, in

---

befehl Nr. 42, BA-MA, SF 03-13302, fol. 100 RS; Berück Mitte, Ic, Tätigkeitsbericht Dezember 1941, BA-MA, RH 22/228, fol. 93.

[79] Der Oberbefehlshaber des Heeres Gen. St. d. H./Ausb. Abt. (Ia) Nr. 1900/41, 25. 10. 1941, Richtlinien für Partisanenbekämpfung, BA-MA, RH 26-707/3, unfol. Dieses und alle folgenden Zitate finden sich identisch in: Entwurf, Berück Mitte, Ia, Br.B.Nr. 1001/41, 12. 10. 1941, Der Partisan, seine Organisation und seine Bekämpfung, gez. Schenckendorff, BA-MA, RH 22/225, fol. 122 RS.

[80] Ebd. Hierzu auch Kdr. General der Sicherungstruppen u. Befehlshaber der Hg. Mitte, Abt. VIII/Kr.Verw. Az 20, 21. 10. 1941, Verwaltungsanordnung Nr. 9, NAB, 570-1-1, fol. 128.

[81] Der Oberbefehlshaber des Heeres Gen. St. d. H./Ausb. Abt. (Ia) Nr. 1900/41, 25. 10. 1941, Richtlinien für Partisanenbekämpfung, BA-MA, RH 26-707/3, unfol.

[82] OKW, Az. 2. f 24.11. AWA/Kriegsgef. (I) Nr. 3058/41 geh., 8. 9. 1941, betr. Anordnungen für die Behandlung sowjetischer Kriegsgefangener, abgedr. in: Ueberschär/Wette 1991, S. 297 ff. Zur Praxis in Weißrussland Gerlach 1999, S. 817 ff.

[83] Vgl. AOK 4, Ic – VAA, Gk. Schattenfroh, an VAA OKW/WPr, 2. 8. 1941, Bericht Nr. 91, PA AA, R 105173, unfol.; [AA] GR Baum, Aufzeichnung zur Vorlage Großkopf, 14. 8. 1941, ebd.

[84] Mit der Entscheidung zum Arbeitseinsatz im Reich wurden diese Regelungen teilweise – z. B. für die Ukrainer – wieder zurückgenommen. Vgl. Abschrift, OKH, GenStdH/GenQu, Az. Abt. K.Verw. (Qu 4/Kgf.), Nr. II/7970/41 geh., 17. 11. 1941, betr. Russische Kriegsgefangene ukrainischer Nationalität sowie Abschrift, OKH, GenStdH/GenQu Az.Abt. K.Verw. (Qu 4/Kgf.), Nr. II/8147/41 geh., 19. 11. 1941, betr. Aussonderung von Volksgruppen unter den Kriegsgefangenen, ZStA Moskau, 7021-148-84, fol. 27 ff.

den 1920er und 30er Jahren verbreitete Propagandaverständnis widerspiegelt.[85] Die weißrussische Landbevölkerung galt nicht generell als feindlich eingestellt; die Propagandisten betrachteten sie eher als etwas beschränkt und vor allem als Opfer sowjetischer, »jüdischer« und – im Generalkommissariat – »polnischer Agitation«.[86] Selbst der für seine Brutalität berüchtigte Kommandant in Weißruthenien, Bechtolsheim, sah in ihr eine potentielle Unterstützerin der deutschen Besatzungspolitik.[87] In vielen Stäben kam man deshalb zu der Einschätzung, dass man vor allem die eigenen Propagandaaktivitäten verstärken müsse.[88]

5.4. Die »Propagandafahrten« in die ländlichen Gebiete und der Massenmord an der jüdischen Bevölkerung

Ab Oktober stieg nicht nur die Zahl der im rückwärtigen Heeresgebiet Mitte gefangen genommenen oder getöteten vermeintlichen Partisanen signifikant an, insgesamt entwickelte sich der Propagandaeinsatz gegen diese zur Hauptaufgabe der Wehrmachtspropagandisten. So genannte Propagandafahrten in die ländlichen Regionen bildeten im Herbst/Winter 1941 den Schwerpunkt ihrer Tätigkeiten.[89] Bei diesen Einsätzen hielten sie Kundgebungen ab und verteilten »Führer«-Bilder oder -Postkarten und Hakenkreuzfähnchen. Sie brachten zusammengefasste und übersetzte Wehrmachtsberichte an sowie Karten, auf denen der aktuelle Frontverlauf eingezeichnet war.[90]

Als der deutsche Vormarsch im Oktober vor Moskau ins Stocken geriet, kündigte die sowjetische Propaganda die baldige Befreiung der besetzten Ge-

---

[85] Siehe hierzu Abschnitt 1.1. der vorliegenden Arbeit. Die Stadtbevölkerung galt dagegen als »ein zusammengewürfeltes Völkergemisch und politisch so verdorben, dass ein propagandistischer Einsatz mit außerordentlichen Schwierigkeiten verbunden ist.« PAO, Lagebericht Nr. 5, 15. 10. 1941, BA-MA, RW 4/233, fol. 145.

[86] Vgl. ebd. sowie PAO, Lagebericht Nr. 8, 30. 11. 1941, BA-MA, RW 4/234, fol. 70, 75; PAO, Lagebericht Nr. 10, 31. 12. 1941, BA-MA, RW 4/235, fol. 12; Auszug aus dem Lagebericht des Berück Nord Abt. VII v. 8. 9. 1941, Anlage zu Gen Qu/Abt. K. Verw. (V) Nr. II/6066/41 geh., 15. 9. 1941, BA-MA, RW 4/252, fol. 301 f.

[87] Vgl. Abschrift, Lagebericht des Kommandanten in Weißruthenien i. d. Z. v. 1. 9.-10. 9. 1941, Anlage zu Wehrmachtsbefehlshaber Ostland Abt. Ia Nr. 562/41 geh. an den Reichskommissar für das Ostland mit N.A. für die Höh. SS und Polizeiführer, 14. 9. 1941, NAB, 651-1-1, fol. 24; Kommandant in Weißruthenien, Abt. I a Tgb. Nr. 163/41 geh., Lagebericht 1. 10.-15. 10. 1941, 19. 10. 1941, Anlage zu Wehrmachtsbefehlshaber Ostland, Abt. Ia Nr. 1176/41 geh. an den Reichskommissar für das Ostland, 31. 10. 1941, NAB, 651-1-1, fol. 14.

[88] Vgl. exemplarisch 221. Sich.Div., Abt. Ic, Tätigkeitsbericht v. 10. 5.-14. 12. 1941, BA-MA, RH 26-221/70, unfol.; PAW, Propagandalage- und Tätigkeitsbericht, 16. 11.-30. 11. 1941, BA-MA, RW 4/236, fol. 9.

[89] Allgemein siehe Wehrmacht-Propaganda-Lagebericht für die Zeit v. 16. 12. 1941-15. 1. 1942, BA-MA, RW 4/339, fol. 257 RS; für die PAW vgl. Berück Mitte, Ic, Tätigkeitsbericht November 1941, BA-MA, RH 22/228, fol. 90; PAW, Propagandalage- und Tätigkeitsbericht für die Zeit v. 1.-15. 12. 1941, 16. 12. 1941, BA-MA, RW 4/236, fol. 54 f.

[90] Vgl. Wehrmacht-Propaganda-Lageberichte September bis November, in: BA-MA. RW 4/399; PAO, Lage- und Stimmungsberichte von November und Dezember, in: MA-MA, RW 4/234 u. 235; Berück Mitte, Ic, Tätigkeitsberichte September bis November, in: BA-MA, RH 2/228.

5. Die schrittweise Neuorientierung (August 1941–Anfang 1942) 179

biete an. Gerade in dieser Situation versuchte die deutsche Propaganda die Bevölkerung davon zu überzeugen, dass der militärische Sieg Deutschlands sicher und ein Rückzug auf keinen Fall zu erwarten sei. Ab dem 10. November verbreitete die Propagandastaffel Weißruthenien deshalb kampagnenartig die Wandzeitung »So lügen sie«.[91] In ihrem Standardvortrag, den die Staffel in den Dörfern über Lautsprecher verlas, machte sie die »polnischen und jüdischen Elemente« für die kursierenden »Gerüchte« verantwortlich.[92] Dabei schreckte man auch nicht davor zurück, diese öffentlich zu hängen.[93]

Ein weiterer Themenschwerpunkt – neben den obligatorischen Aufrufen zum »gemeinsamen Kampf gegen die umherschweifenden Partisanenhorden«[94] – ergab sich aus den rücksichtslosen deutschen Requirierungen, die unter der Landbevölkerung große Unruhe auslösten. Die Propagandisten verfassten einen speziellen Vortrag, in dem sie die »zum Teil recht harten Maßnahmen« als »notwendige Kriegserscheinungen« rechtfertigten.[95] Um dem negativen Erscheinungsbild deutscher Soldaten entgegenzuwirken, organisierte die Staffel im Dezember 1941 sogar eine Kampagne, in deren Rahmen 2.000 Plakate mit der Parole »Soldaten Hitlers sind Freunde des Volkes« verbreitet wurden.[96] Das Bild, das einen freundlich lachenden deutschen Soldaten mit einem Kind auf dem Arm zeigte, zielte darauf ab, »Vertrauen bei der Bevölkerung zur deutschen Wehrmacht zu erwecken«.[97] Im rückwärtigen Heeresgebiet Mitte verzichteten die Propagandisten angesichts der Situation der Zivilbevölkerung allerdings auf den Einsatz dieses Plakates:

> »Welch niederschmetternden Eindruck muß es auf den Bauern machen, wenn z. B. deutsche Wirtschaftsoffiziere den Rat erteilen, das Saatgetreide nicht an dem dazu geeigneten Ort aufzubewahren, sondern es so zu verstecken, daß es der Soldat nicht findet. [...] Man hat sinnlos hochtragende Kühe abgeschlachtet, wiederholt Kartoffelmieten [...] geöffnet [...] und [...] den übrigen kostbaren Lebensmittelvorrat dem Verderb preisgegeben. [...] Dort noch den Dorfältesten z. B. das Buntplakat ›Hitlers Soldaten sind Freunde des Volkes‹ zum Aushang bringen zu lassen, hieße unser Ansehen und unsere Glaubwürdigkeit mit Vorbedacht zerstören.«[98]

---

[91] PAO, Lagebericht mit Stimmungsbericht Nr. 7, 15. 11. 1941, BA-MA, RW 4/234, fol. 33. Auch im rückwärtigen Heeresgebiet Mitte wurde die Wandzeitung »So lügen sie« im November verbreitet. Berück Mitte, Ic, Tätigkeitsbericht November 1941, BA-MA, RH 22/228, fol. 91.
[92] PAO, Lagebericht Nr. 8, 30. 11. 1941, BA-MA, RW 4/234, fol. 69 f.
[93] PAO, Lagebericht Nr. 12, 31. 1. 1942, BA-MA, RW 4/235, fol. 66.
[94] PAO, Lagebericht Nr. 8, 30. 11. 1941, BA-MA, RW 4/234, fol. 69 f.
[95] Ebd., fol. 70. Mit derselben Argumentation wandte sich auch das im Oktober 1941 gegründete Weißruthenische Selbsthilfewerk an die ländliche Bevölkerung. Maueranschlag »Bauern Weißrutheniens!« zur Gründung des Weißruthenischen Selbsthilfewerks [etwa Oktober/November 1941], NAB, 384-1-47, fol. 45.
[96] Vgl. PAO, Lagebericht Nr. 10, 31. 12. 1941, BA-MA, RW 4/235, fol. 4, 7. Plakat abgedr. in: Buchbender 1978, S. 268.
[97] So der Kommentar im Lagerverzeichnis der Abt. Ost, BA, R 55/1299, fol. 7 f. Dort, wo »Hungers- oder Wohnungsnot oder Arbeitslosigkeit« herrschte, sollte nach der Berliner Vorgabe die Wandzeitung »Bedankt Euch bei Stalin« zum Einsatz kommen. Ebd.
[98] PAW, Stimmungsbericht zum Propagandalage- und Tätigkeitsbericht v. 1. 12.-15. 12. 1941, BA-MA, RW 4/236, fol. 61.

Zumindest ein Teil dieser Propagandafahrten stand vermutlich, wie beim »Lehrgang« im rückwärtigen Heeresgebiet Mitte empfohlen worden war, in direktem Zusammenhang mit den »Säuberungsaktionen« – und damit auch mit dem Massenmord an der jüdischen Bevölkerung.

Ab Spätsommer 1941 waren die SS- und Polizeiverbände in den besetzten Gebieten der Sowjetunion unter dem Deckmantel der »Partisanenbekämpfung« dazu übergegangen, nicht mehr nur jüdische Männer, sondern auch massenhaft Frauen und Kinder zu ermorden.[99] In den östlichen Regionen Weißrusslands durchkämmten sie kleinere Städte und Dörfer, trieben die jüdischen Bewohner vom Säugling bis zum Greis mit großer Brutalität aus ihren Wohnungen und verluden sie auf Lastwagen. An vorbereiteten Exekutionsplätzen erschossen sie ihre Opfer zu Hunderten und Tausenden und verscharrten die Leichen in Massengräbern. Etwa ab September 1941 begannen auch Wehrmachtsverbände bei ihrer Verfolgungsjagd auf vermeintliche Partisanen oder Partisanen*unterstützer* systematisch weißrussische Juden zu töten.[100] Die 221. Sicherungsdivision rühmte sich nachträglich, außer versprengten Rotarmisten auch »erhebliche Mengen von Partisanen (Freischärlern) und unsicheren Elementen unschädlich gemacht« zu haben. Ihrer Meinung nach sei die »*restlose* Beseitigung der Juden« – als »Zuträger, Hetzer und Zersetzer« – die »Vorbedingung« für die »Befriedung« des Landes gewesen.[101] Im militärverwalteten Gebiet löschten die Deutschen bis Ende 1941 die meisten jüdischen Gemeinden aus; in den westlichen Regionen Weißrusslands wurden im Oktober und November 1941 etwa 60.000 Juden ermordet, 145.000 überlebten zunächst in den Ghettos. Allein die 707. Infanteriedivision ermordete – in Zusammenarbeit mit zwei Kompanien des Reserve-Polizei-Bataillons 11 und drei Kompanien litauischer Hilfspolizisten – bis Dezember 1941 unter dem Vorwand der »Partisanenbekämpfung« etwa 19.000 Menschen. Viele von ihnen waren Juden.[102] Für den Divisionskommandeur Bechtolsheim war der Kampf gegen die Partisanen zugleich ein Kampf gegen das Judentum: »Wenn in einem Dorfe ein Sabotageakt durchgeführt wurde und man vernichtet sämtliche Juden, so kann man sicher sein, dass man den Täter oder wenigstens den Urheber vernichtet hat.«[103]

Die Propagandafahrten der Staffel Weißruthenien – gegenüber dem Staffelführer brachte Bechtolsheim bei einem Besuch am 24. Dezember 1941 »seine volle Anerkennung über die bisher geleistete Arbeit« und die »erzielten Erfolge« zum Ausdruck[104] – begleiteten quasi diesen Massenmord. Im November 1941 fuhren die Propagandisten mit ihren Lautsprecherwagen in mehr als

---

[99] Vgl. hierzu u. a. Longerich 1998, S. 352-410; Friedländer 2007, S. 579-777.
[100] Vgl. hierzu ausführlich Gerlach 1999, S. 555-609.
[101] 221. Sich.Div., Abt. Ic, Tätigkeitsbericht v. 10. 5.-14. 12. 1941, BA-MA, RH 26-221/70, unfol.
[102] Vgl. hierzu Gerlach 1999, S. 609-628; Verbrechen der Wehrmacht 2002, S. 469-474.
[103] Kommandant in Weißruthenien, Abt. I a Tgb. Nr. 163/41 geh., Lagebericht 1. 10. bis 15. 10. 1941, 19. 10. 1941, Anlage zu Wehrmachtsbefehlshaber Ostland, Abt. Ia Nr. 1176/41 geh. an den Reichskommissar für das Ostland, 31. 10. 1941, NAB, 651-1-1, fol. 14. Zu Bechtolsheim siehe auch Gerlach 1999, S. 610 f.
[104] PAO, Lagebericht Nr. 11, 15. 1. 1942, BA-MA, RW 4/235, fol. 24.

5. Die schrittweise Neuorientierung (August 1941-Anfang 1942) 181

17 Ortschaften in der Umgebung von Minsk;[105] in mindestens zwei dieser Orte waren im Vormonat Juden ermordet worden: in Smilowice 1.338 und in Usta 1.740 Menschen.[106] Möglicherweise standen einige Einsätze der Wehrmachtspropagandisten in einem noch direkteren zeitlichen und örtlichen Zusammenhang mit dem Morden: So berichteten Zeitzeugen nach dem Krieg, dass die deutschen Besatzer nichtjüdischen Zivilisten im Vorfeld von Massakern den antisemitischen Film »Jud Süß« gezeigt hätten.[107]

Die direkte Verknüpfung von Propagandamaßnahmen und Massenmord war auch den Himmler unterstellten Verbänden nicht fremd. Als im Juli/August 1941 SS-Kavallerie-Einheiten bei der »Durchkämmung« und »Säuberung« der Pripjet-Sümpfe[108] mehr als 27.000 Menschen – überwiegend Juden – ermordeten, hatte sie der Reichsführer SS zuvor instruiert, die Bevölkerung »zweckmäßig durch Flugblätter aufzuklären und davor zu warnen, Marodeuren Unterstützung zu leisten.«[109] Den Bewohnern sollten »Verhaltensmaßregeln« bekannt gegeben – »am besten durch Plakatanschlag« – und die »Beteiligung an der Beute bei aufgebrachten Partisanen und Marodeuren« zugesagt werden. Die Dörfer und Siedlungen seien entweder »ein Netz von Stützpunkten, deren Bewohner von sich aus jeden Partisanen und Marodeur totschlagen und uns über alles berichten, oder sie hören auf zu bestehen.«[110] Diese Aufrufe waren allerdings nur an die Bevölkerungsgruppen gerichtet, die den Deutschen »völkisch« akzeptabel erschienen.[111] Ein konkretes Hilfsmittel für den Massenmord waren Plakate, die die jüdische Bevölkerung in den Städten aufriefen, sich »zum Arbeitseinsatz« an bestimmten Sammelplätzen einzufinden.[112]

---

[105] Vgl. PAO, Lagebericht Nr. 7, 15. 11. 1941, sowie Nr. 8, 30. 11. 1941, BA-MA, RW 4/234, fol. 33, 71. Zu weiteren Propagandafahrten vgl. PAO, Lagebericht Nr. 9, 15. 12. 1941, BA-MA, RW 4/234, fol. 78-92; PAO, Lagebericht Nr. 10, 11 und 12, BA-MA, RW 4/235, fol. 4 ff., 20 ff., 58 ff.
[106] Für diesen Hinweis danke ich Dr. Christian Gerlach. Vgl. auch ders. 1999, S. 612, 614.
[107] Vgl. Wulf 1989/Bd. 4, S. 455. Die PAW betonte im Dezember 1941, dass auf den Einsatz von Filmen als »Propagandamittel zur Bekämpfung der Partisanengefahr nicht verzichtet werden« könne. PAW, Propagandalage- und Tätigkeitsbericht v. 1. 12.-15. 12. 1941, BA-MA, RW 4/236, fol. 57.
[108] Die Pripjet-Region (oder Polesje) umfasste südliche Regionen Weißrusslands und nordwestliche der Ukraine.
[109] Kommandostab RFSS, Ia, Tgb.-Nr. Ia 18/0/41 geh., Kommandosonderbefehl v. 28. 7. 1941, betr. Richtlinien für die Durchkämmung und Durchstreifung von Sumpfgebieten durch Reitereinheiten, abgedr. in: Baade 1984, S. 221.
[110] Ebd. 222 f. Diese Drohung wurde – trotz der brutalen Morde an der jüdischen Bevölkerung – zu diesem Zeitpunkt noch nicht wahr gemacht.
[111] In den Fällen, in denen die Bevölkerung »national gesehen, feindlich, rassisch und menschlich minderwertig oder gar, wie es in den Sumpfgebieten sehr oft der Fall sein wird, aus angesiedelten Verbrechern zusammengesetzt« sei, so »sind alle, die der Unterstützung der Partisanen verdächtig sind, zu erschießen; Weiber und Kinder sind abzutransportieren, Vieh und Lebensmittel zu beschlagnahmen und in Sicherheit zu bringen. Die Dörfer sind bis zum Boden niederzumachen.« Ebd.
[112] Vgl. Birn 1991, S. 276. Die PK 637 beim AOK der 6. Armee beteiligte sich am Massaker in Babij Jar bei Kiew, indem sie das Plakat formulierte und drucken ließ, das die jüdische Bevölkerung aufrief, sich am 29. 9. 1941 an einem bestimmten Platz zu sammeln. Hierzu J. Förster 1991b, S. 1243; Wette 2002, S. 119 f.

Unbestreitbar ist, dass die Propagandisten durch die ständigen Aufrufe zum Mord an Kommunisten und Juden sowie die stete Verknüpfung Kommunist = Jude = Partisan den Massenmord propagandistisch rechtfertigten. Exemplarisch sei hier aus einem Aufruf der Wirtschaftsinspektion Mitte zitiert, den diese im Oktober 1941 in Borissow verbreitete. In dieser Stadt ermordeten die Deutschen im September und Oktober etwa 2.000 Juden und Jüdinnen, bevor sie am 20. und 21. Oktober auf brutalste Weise weitere 7.000 bis 8.000 Menschen abschlachteten.[113]

> *»Bürger und Bauern!*
> *Im Rücken der deutschen Truppen zurückgebliebene jüdische und kommunistische Partisanen versuchen den Wiederaufbau Eurer Wirtschaft zu stören. [...]*
> *Vergesst nicht: Für die deutsche Armee sind diese Elemente keine Gefahr und werden niemals etwas erreichen können. Die jüdischen Banditen und Partisanen sind aber eine ernste Gefahr für Euch! [...]*
> *Merkt Euch: Das Sowjetregime kehrt nie wieder zurück! Säubert deshalb endgültig den russischen Boden von den jüdisch-kommunistischen Mördern! Greift sie, wo Ihr sie findet und übergibt [sic!] sie den Behörden! [...]*
> *Bildet in Dörfern und Städten freiwillige Abteilungen zur Vernichtung des jüdisch-kommunistischen Partisanentums.*
> *Es darf kein Mitleid mit diesen Elementen geben!*
> *Wer es wagen sollte, sie zu unterstützen, aufzunehmen, zu verpflegen oder auf eine andere Art Hilfe zu leisten, ist ein Volksfeind und wird mit ihnen zusammen vernichtet!«*[114]

Nachdem die Besatzungsmacht im Osten Weißrusslands die jüdischen Gemeinden ausgelöscht hatte, hielten die bei den Sicherungsdivisionen im rückwärtigen Heeresgebiet eingesetzten Verbindungsoffiziere der Propagandaabteilung W diverse Kundgebungen vor der Landbevölkerung zum Thema »Die Juden, das Unglück des weißruthenischen Volkes« ab.[115] Eine Broschüre, die für den allgemeinen Einsatz in den besetzten Ostgebieten vorgesehen war, enthielt nicht nur den Wortlaut der »Protokolle der Weisen von Zion«; im Schlusswort wurde ein kurzer Überblick »über die verzweifelte Lage« gegeben, »in welche die Völker der UdSSR durch die Verwirklichung des in den Protokollen niedergelegten jüdischen Planes geraten« seien und die »Rettungstat des nationalsozialistischen Befreiungskampfes gegen das Judentum« gewürdigt.[116]

Ganz konkret beteiligten sich die Wehrmachtspropagandisten zudem noch auf einer anderen Ebene an der Mordpolitik: Sie überprüften die Mitarbeiter-

---

[113] Vgl. hierzu Wilhelm 1981, S. 576-580; Kohl 1995, S. 115 f., 240-243; Gerlach 1999, S. 597 ff.
[114] »Aufruf an die Bevölkerung der besetzten Gebiete zur Bekämpfung der Partisanen ›Bürger und Bauern‹«, WiIn Mitte/Fü II c, Einheit 05636, Nr. 992/41, an Hgr. Mitte, 6. 10. 1941, NAB, 655-1-1, unfol.
[115] Resp. das Thema »Die Juden, das Unglück des russischen Volkes«. Der Vortrag ging ebenfalls in Druck. Anlage zum Tätigkeitsbericht der 286. Sicherungsdivision, Abt. Ic, Januar-März 1942, BA-MA, RH 26-286/6, fol. 45.
[116] Lagerverzeichnis der Abt. Ost, B 54, Kennwort: Protokolle der Weisen von Zion, BA, R 55/1299. In diesem Sinne auch B 57, Kennwort: An den Quellen des großen Hasses; Wanderausstellungen A 6 »Der ewige Jude« und A 7 »Die jüdische Weltpest«, ebd.

stäbe von Rundfunksendern, Redaktionen, Theatern, Druckereien etc. und lieferten jüdische Mitarbeiter an die Sicherheitspolizei aus.[117] Die Propagandaabteilung W nahm direkt nach ihrer Ankunft Kontakt mit dem SD auf und kam zu einer entsprechenden »Arbeitsvereinbarung«.[118] In den Berichten der Propagandaeinheiten finden sich keinerlei Hinweise darauf, dass der Massenmord an der jüdischen Bevölkerung bei ihnen auf Unbehagen stieß, im Gegenteil. Sie teilten oftmals nicht nur eine extrem antisemitische Weltsicht, sondern setzten sich mitunter auch für ein verschärftes Vorgehen ein. So betonte Heinrich Kurtz, Leiter der Abteilung Propaganda im Generalkommissariat und Vertrauter Kubes, während der zweiten großen Mordwelle, die die weißrussischen Juden 1942 traf:

> »Ein weiteres Problem, das seiner dringlichen Erledigung harrt, sind die Juden. Wenn die zehntausende[n] Schmarotzer auch in Ghettos zusammengezogen wurden, so ist damit die jüdische Gefahr noch keineswegs gebannt. Der Jude findet selbst aus dem Ghetto heraus die Möglichkeit, seine Umwelt zu beeinflussen. Soviel steht fest. Ein ruhiger Aufbau kann nur dann erfolgen, wenn das jüdische Element restlos ausgeschaltet ist.«[119]

Die Propagandisten waren also – auf unterschiedlichen Ebenen – an dem Massenmord an der jüdischen Bevölkerung beteiligt.

5.5. Die Ausgabe neuer Propagandarichtlinien im November/Dezember 1941

Angesichts des bevorstehenden Winters, den sich verschärfenden Hungersnöten unter der Zivilbevölkerung und einer als sehr erfolgreich eingeschätzten sowjetischen Propaganda forderte der Oberbefehlshaber des Heeres am 10. Oktober 1941 eine Verstärkung und bessere Koordination der deutschen Propagandatätigkeiten.[120] Brauchitschs Bedenken wurden von den militärischen Befehlsstäben vor Ort geteilt, die damit rechneten, dass die sowjetische Regierung während der Wintermonate einerseits die Partisanenbewegung verstärkt unterstützen und andererseits versuchen würde, »durch schriftliche und mündliche Propaganda die Bevölkerung gegen die deutschen Truppen aufzuhetzen.«[121] In Berlin liefen bereits die entsprechenden Vorbereitungen: Die

---

[117] Siehe zu diesem Aspekt auch Abschnitt 2.6. der vorliegenden Arbeit.
[118] Außerdem konnte sie »nötigenfalls feldpolizeiliche Hilfe« in Anspruch nehmen. Vgl. Abschrift, Berück Mitte Abt. Ic/Prop., 8. 11. 1941, betr. Einsatz und Aufgaben der Prop. Abt. W, BA-MA, RW 4/253, unfol., ebenfalls in: NAB, 411-1-1, fol. 63 f.; Berück Mitte, PAW, Propagandalage- und Tätigkeitsbericht v. 16. 11.-30. 11. 1941 sowie v. 15. 12.-31. 12. 1941, BA-MA, RW 4/236, fol. 11, 85.
[119] Dr. Kurtz, Weißruthenien von heute, in: Die Aktion 3 (1942), Juli, S. 377, zit. nach: Gerlach 1999, S. 690.
[120] Vgl. OKH Gen St d H/ H Wes Abt (II) Nr. 104/10.41 geh., an OKW/WFSt WPr, 15. 10. 1941, betr. Propaganda in die sowjetische Zivilbevölkerung, BA-MA, RW 4/253, unfol.
[121] AOK 9 Abt. Ic/A.O. Az. WPr. Nr. 2740/41 geh., 27. 10. 1941, betr. Propaganda in die Zivilbevölkerung, BA-MA, RH 20-9/257, unfol. Zu früheren Vorschlägen für den Ausbau der Propaganda siehe exemplarisch Auszug aus dem Lagebericht des Berück Nord Abt. VII v. 8. 9. 1941,

Propagandaabteilungen waren instruiert worden, ihre Aktivitäten zu verstärken; Produktion und Nachlieferung in die besetzten Gebiete wurden ausgebaut bzw. verbessert; im Ostministerium hatte ein spezieller Redaktionsstab für die Propaganda in den zivilverwalteten Gebieten seine Arbeit aufgenommen.[122] Innerhalb des Rosenbergschen Ministeriums arbeitete man zudem im Oktober und November 1941 mit Hochdruck daran, die Propagandainhalte an die veränderte Situation anzupassen.[123]

Dabei spielte das Schicksal der Kriegsgefangenen eine besondere Rolle. Bereits im Juli 1941 war bei einer der ressortübergreifenden Sitzungen bei Leibbrandt über die »propagandistische Bedeutung einer befriedigenden Regelung des Gefangeneneinsatzes und der Gefangenenbehandlung« gesprochen worden, da man davon ausging, dass »gewisse Nachrichten immer durchsickern« würden.[124] Inzwischen lagen die kontraproduktiven Auswirkungen des Hungersterbens und der systematischen Morde unter den Gefangenen auf der Hand, weshalb zunächst die Propaganda in den Kriegsgefangenlagern selbst ausgebaut werden sollte. Am 10. November gab die Abteilung WPr entsprechende Weisungen heraus:

> »Da die Stimmung in den Gefangenenlagern der zivilen Bevölkerung und den Partisanen nicht verborgen bleibt und dadurch auch dem Gegner bekannt wird, muß eine sorgfältige propagandistische Gegenwirkung [...] erfolgen. [...] Es ist [...] nicht Absicht der Deutschen Wehrmacht, die Kriegsgefangenen ungenügend zu ernähren oder ihren Arbeitseinsatz zu verzögern. Die Schuld am Kriege und somit auch an den Entbehrungen, die die Kriegsgefangenen ertragen müssen, tragen die Moskauer Machthaber. Stalin hat den verbrecherischen Befehl zur Vernichtung der

---

mit Stellungnahme des OKH Gen St d H/H Wes Abt. v. 18. 9. 1941, Anlage zu Gen Qu/Abt. K. Verw. (V) Nr. II/6066/41 geh., 15. 9. 1941, BA-MA, RW 4/252, fol. 301 f.; WHA von Bruemmer, Informationsabteilung [AA], Länderreferat Russland, 19. 9. 1941, Bericht über eine Reise zur Ostfront v. 31. 8.-13. 9. 1941, PA AA, R 105177, unfol.

[122] Vgl. WPr/AP2, Vortragsnotiz Nr. I/88 für Chef WPr., 7. 11. 1941, betr. Propaganda in die sowjetische Bevölkerung, BA-MA, RW 4/253, unfol. Zur allgemeinen Einschätzung der Lage und Maßnahmen zur Verbesserung siehe auch Generalreferat Ostraum, Dr. Taubert, an Reichsamtsleiter Tiessler, 18. 10. 1941, BA, NS 18/210, unfol.

[123] Vgl. Pol V 5747/41 g., RMO I/182/41 geh. an AA, 8. 10. 1941, Richtlinien über die der Ukraine gegenüber zu verfolgenden Politik, PA AA, R 105165, fol. 250852 f.; Sondersprachregelung Osten (Nr. 28) [des RMO], 5. 11. 1941, als Anlage zu Ref. Ges. Großkopf, betr. Richtlinien des RM Ost für die propagandapolitische Behandlung der Kaukasus- und der Ukraineprobleme, 5. 11. 1941, PA AA, R 105165, fol. 250849; RMO, Ergänzende Richtlinien für die Presse und Aufklärung in der Ukraine (»die generell für die ehemaligen sowjetischen Gebiete Geltung haben«) [v. 10. 11. 1941], als Anlage zu [AA], Referat Großkopf an Hilger, 13. 11. 1941, PA AA, R 105165, fol. 250845-48. Die Abteilung WPr zitierte Anfang November entsprechende, aber ausführlichere Richtlinien des RMO, die selbst nicht überliefert sind. WPr/AP2, Vortragsnotiz Nr. I/88 für Chef WPr., 7. 11. 1941, betr. Propaganda in die sowjetische Bevölkerung, BA-MA, RW 4/253, unfol. Sie fanden Eingang in die vom OKW Ende November ausgegebenen Richtlinien. Vgl. Abschrift, OKW Nr. 9965/41 WFSt/WPr (AP), 10. 11. 1941, betr. Propaganda in den Kriegsgefangenenlagern in der Nähe der Front, Anlage zu OKH Gen St d H/Gen Qu Az. Abt.K.Verw. (Qu 4/Kgf) Nr. [unleserl.]/15054/41, 24. 11. 1941, BA-MA, RH 19 III/483, fol. 164-167.

[124] [AA], GR Baum, Sitzungsbericht Propagandapolitische Besprechung v. 17. 7. 1941, PA AA, R 105173, unfol. Vgl. auch Ref. Großkopf an RAM, 19. 7. 1941, betr. Behandlung der sowjetischen Kriegsgefangenen, ebd.

5. Die schrittweise Neuorientierung (August 1941-Anfang 1942)

Nahrungsmittelvorräte, der Erzeugungs- und Transportmittel gegeben. Die eigenen Landsleute der Gefangenen haben diesen teuflischen Befehl zum Teil durchgeführt. [...] Die Deutsche Wehrmacht verfügt über einen geregelten Nachschub und ist mit allem versorgt, was sie benötigt. Niemand kann aber erwarten, daß sie darüber hinaus noch große Nahrungsmitteltransporte für die Gefangenen durchführen kann, solange noch Kampfhandlungen im Gange sind. [...]
Die Gefangenen müssen an ihrem Leibe die falsche Politik der Moskauer bolschewistischen Regierung büßen, die seit Jahren unter Außerachtlassung der Volksinteressen eine blinde Aufrüstungspolitik betrieben hat, um ihre Weltrevolutionspläne durchzuführen. Durch diese verbrecherische Haltung hat Stalin verhindert, dass die Sowjetunion an dem Aufbau teilgenommen hat, der das übrige Europa, vor allem das nationalsozialistische Deutschland kennzeichnet.«[125]

Diese im Ostministerium konzipierte Propagandalinie[126] wurde wenig später mit den »Richtlinien für die Durchführung der Propaganda in den besetzten Ostgebieten« vom 24. November für alle Propagandaeinheiten der Wehrmacht verbindlich. Sie betonten noch einmal die Notwendigkeit einer deutschen Propaganda unter der Zivilbevölkerung und unter den Kriegsgefangenen, die angesichts der »sehr eifrigen Sowjetpropaganda«, der »großen Ausdehnung des besetzten Ostraumes« und den im Winter zunehmenden Entbehrungen »nicht unterschätzt werden« dürfe.[127] Wie zuvor ging es darum, die Verantwortung für die leidvollen Zustände in den besetzten Gebieten dem Gegner zuzuschieben, allerdings kam nun der Aspekt der »gerechten Buße« neu hinzu. Die Propagandisten sollten Bildern der militärischen, wirtschaftlichen und politischen Stärke Deutschlands verbreiten und behaupten, dass diese »Aufbauarbeit« durch die »Schuld der jüdisch-kapitalistischen Mächte und des Bolschewismus unterbrochen« worden sei. An diesem »Verbrechen« sei auch die Bevölkerung der »einstigen« Sowjetunion »weitgehend mitschuldig«. Wenn sie »für diese Schuld jetzt büßt, so ist das nur gerecht.«[128]
Da sich die positive Darstellung Deutschlands angesichts der Lebensumstände im besetzten Gebiet jedoch bereits als problematisch erwiesen hatte, wurden die Propagandisten darauf hingewiesen, dass Vergleiche zwischen den Zuständen in den besetzten Gebieten und in Deutschland »nur insoweit zweckmäßig« seien, »als sie keine falsche Begehrlichkeit in der Bevölkerung wecken« würden. Deutschlanddarstellungen sollten deshalb unter dem Motto erfolgen:

---

[125] OKW, Nr. 9965/41 WFSt/WPr (AP), betr. Propaganda in den Kriegsgefangenenlagern in der Nähe der Front, 10. 11. 1941, BA-MA, RH 19 III/483, fol. 165 ff.
[126] Vgl. Sondersprachregelung Osten (Nr. 28) [des RMO], 5. 11. 1941, als Anlage zu Ref. Ges. Großkopf, betr. Richtlinien des RM Ost für die propagandapolitische Behandlung der Kaukasus- und der Ukraineprobleme, 5. 11. 1941, PA AA, R 105165, fol. 250849. Siehe exemplarisch für die Umsetzung Maueranschlag »Bauern Weißrutheniens!« zur Gründung des Weißruthenischen Selbsthilfewerks [etwa Oktober/November 1941], NAB, 384-1-47, fol. 45.
[127] OKW Nr. 8790/41 g WFSt/WPr (Id/AP), 24. 11. 1941, betr. Propaganda in den besetzten Ostgebieten, mit Anlage: Richtlinien für die Durchführung der Propaganda in den besetzten Ostgebieten, BA-MA, RH 19 III/483, fol. 155-164.
[128] Ebd.

»Der Kommunismus hat verhindert, dass die Bevölkerung der Sowjetunion an der Entwicklung des neuen Europas teilhaben durfte. Wieweit das im Rahmen des künftigen Europa möglich sein wird, hängt lediglich von der Disziplin und Mitarbeit der Bevölkerung der besetzten Gebiete ab. Bevor der Krieg beendet ist, kann über die Zukunft nichts Näheres gesagt werden; die Entscheidung wird später je nach der Haltung der Bevölkerung ausfallen.«

Die Propaganda müsse immer wieder betonen, dass die »Parole für die vom Bolschewismus befreite Bevölkerung in den nächsten Jahren lauten muss: ›Arbeit und nochmals Arbeit!‹« Dies war eine – wie die Abteilung WPr einschätzte – »propagandistisch nicht ganz leicht zu vertretende Formel«.[129]

In der Zwischenzeit waren in Berlin vielfältige Vorschläge für eine Optimierung der deutschen Propaganda eingegangen. Sie reichten von der Propagierung einer sofortigen Privatisierung des Landes, der Einrichtung einer russischen Nationalversammlung bzw. Regierung bis zur Rückkehr zur Monarchie. Die Abteilung WPr hatte sich bereits Anfang Oktober veranlasst gesehen, sich zwar höflich für die vielfältigen – allerdings auch sehr widersprüchlichen – Anregungen zu bedanken, aber zugleich auf die grundsätzlichen Richtlinien zu verweisen. Die Truppen im Osten müssten beim Entwurf von Flugblättern »neben der sofortigen Wirkung auch ihre politische Wirkung auf weite Sicht« berücksichtigten.[130] Die November-Richtlinien betonten nun nochmals, dass einer »positiven Propaganda« nach »Lage der Dinge« verhältnismäßig enge Grenzen gesetzt seien. Auf lange Sicht sei es jedoch richtiger, von »wahllosen Versprechungen, die wahrscheinlich nicht eingehalten werden können, abzusehen«. Nur ein »schlechter Propagandist« würde »das Blaue vom Himmel« versprechen«, um »zunächst einmal Ruhe zu haben«. Die bisher ausgegebenen Richtlinien über die Behandlung der »Landfrage«, über die Freiheit der Religionsausübung und über die Abschaffung des Stachanow-Systems[131] böten

---

[129] Vgl. WPr/AP2, Vortragsnotiz Nr. I/88 für Chef WPr., 7. 11. 1941, betr. Propaganda in die sowjetische Bevölkerung, BA-MA, RW 4/253, unfol.

[130] OKW Nr. 7407/41 geh. WFSt/WPr (AP), 3. 10. 1941, betr. Inhaltliche Gestaltung der deutschen Flugblätter, BA-MA, RW 4/253, unfol. Zu entsprechenden Vorschlägen vgl. u. a. AOK 4, Ic – VAA, Gk. Schattenfroh, Kurze Denkschrift über Behandlung und Stimmung der Bevölkerung in Minsk und im allgemeinen, 7. 7. 1941, Anlage zu Bericht Nr. 83, PA AA, R 60759, unfol.; Stimmung der Bevölkerung, Bericht eines Dolmetschers, Anlage 2 zu AOK 4, VAA, Gk. Schattenfroh, Bericht Nr. 86, 16. 7. 1941, PA AA, R 60759, unfol.; Chef WFSt an Chef WPr, 16. 8. 1941, Bitte um Stellungnahme zu anliegendem Schreiben: OKW/WPr, 12. 8. 1941, Propaganda-Einsatz gegen die Rote Armee und die russ[ische] Zivilbevölkerung v. 12. 8. 1941, BA-MA, RW 4/364, fol. 362-267.

[131] Das OKW hatte die Propagandisten am 6. 10. 1941 angewiesen zu betonen, dass das »Stachanow-System« durch eine neue »Ordnung der Dinge« abgelöst würde, die jedem Arbeiter »wie im Reich gerechten Anteil« am Ertrag seiner Arbeit verschaffe. OKW Nr. 8728/41 WFSt/WPr AP3, an Propaganda-Abteilungen B, U und W, 6. 10. 1941, betr. Propaganda unter den sowjetischen Arbeitern, BA-MA, RW 4/364, fol. 238 sowie BA-MA, RH 19 III/483, fol. 178 f. Die Stachanow-Bewegung war nach dem Bergmann Stachanow benannt, der 1935 während einer Nachtschicht im Donezbergbau 102 Tonnen Kohle hieb und damit die Norm zu 1.457 Prozent erfüllte. Zunächst als Industriekampagne geplant, die die Arbeiter durch Leistungsanreize zur Übererfüllung der Normen motivieren sollte, entwickelte sie sich bald zu einer Massenbewegung, die weit über ihre ökonomische Bedeutung hinauswuchs und für viele Sowjetbürger zum Symbol des Aufbruchs und der neuen Arbeitsmoral wurde. Vgl. Maier 1990.

5. Die schrittweise Neuorientierung (August 1941–Anfang 1942) 187

»fürs erste die Grundlage der Werbung zur Mitarbeit für eine bessere Zukunft«. In einer Nuance wichen die Vorgaben aber von der bisherigen Linie ab: Erstmals wurde betont, dass es um die »Sicherstellung der Ernährung der Bevölkerung der besetzten Gebiete und der Besatzungstruppen«(!) gehe.[132] Konkret wurden die Propagandisten aufgefordert, an einer effektiven Nachrichtenvermittlung zu arbeiten, Zeitungen herauszugeben, Drahtfunkanlagen wieder in Betrieb zu nehmen, Flugblättern vor Ort zu produzieren, die »Mundpropaganda« systematisch einzusetzen und »Hörgemeinschaften« (zum gruppenweisen Abhören von Rundfunksendungen) zu organisieren. Um die Personalprobleme zu mindern, ordnete die Abteilung WPr zudem die umfassende »Heranziehung örtlicher Kräfte« an.[133]

Die neuen Richtlinien führten unter anderem zu einer verstärkten Deutschland-Propaganda. Fotografien zeigten große Industriekomplexe, die »Reichsautobahnen« oder den Hamburger Hafen, um die »wirtschaftliche Stärke« und »Produktivität« Deutschlands zu beweisen.[134] Illustrierte Wandzeitungen und Plakate behandelten Themen wie »Soziale Stadt«, »Soziales Land« und »Deutsche Arbeitsfront«.[135] Materialien zur Lage der Arbeiter, Bauern, Frauen und Kinder in Deutschland erschienen. Die ersten zur Jahreswende 1941/42 speziell für die besetzten Ostgebiete fertig gestellten Propagandafilme schilderten die Lebens- und Arbeitsbedingungen der deutschen Industriearbeiter und Bauern.[136] Broschüren über die »Jugendorganisation in Deutschland«[137] oder »Die Wahrheit über das nationalsozialistische Deutschland«[138] kamen ebenso zum Einsatz wie die Anfang 1942 konzipierten Ausstellungen »Der deutsche Bauer«, »Der deutsche Arbeiter« oder »Deutsche Frau und Familie«.[139]

Nur wenige Tage nach der Ausgabe der November-Richtlinien überschlugen sich die Ereignisse. Am 5. Dezember begann die Gegenoffensive der Roten Armee vor Moskau und nach dem japanischen Angriff auf Pearl Harbour am

---

[132] OKW Nr. 8790/41 g WFSt/WPr (Id/AP), 24. 11. 1941, betr. Propaganda in den besetzten Ostgebieten, BA-MA, RH 19 III/483, fol. 158.
[133] Ebd.
[134] In diesem Sinne u. a. der 14tägig gelieferte »Aushangbilderdienst Deutschland« sowie diverse Sonder-Bildserien: »Deutsche Jugend, deutsche Landschaft«, »Der Arbeiter in Deutschland«, »Deutsche Theater – Deutsche Künstler«, »Zehn Jahre Nationalsozialismus«, »Deutsche Bauern«, »Deutsche Stadt«, »Der deutsche Bauer«, »Deutsche Technik«, »Reichsautobahn (Die Straßen des Dritten Reiches)«, »Der schöne Arbeitsplatz«, »Großstadt, Kleinstadt und Dorf in Deutschland«, »Hier Deutschland, da Rußland«, »Deutsche Stadt, deutsches Land«, »Hier Deutschland – da UdSSR« oder »Die deutsche Reichsbahn«. Hinweise in Lagerverzeichnis der Abt. Ost, BA, R 55/1299.
[135] Vgl. Berück Mitte, Ic, Tätigkeitsberichte September-Dezember 1941, BA-MA, RH 22/228, fol. 76, 83, 91.
[136] Vgl. Bericht der Geschäftsführung der ZFO, 11. 11. 1942, BStU, MfS –HA IX/11, RHE 37/80 SU, Bd. 15, fol. 162. Bild-Flugblätter widmeten sich den Themen: »So lebt der deutsche Bauer!«, »Wie sorgt Deutschland für die Werktätigen?«, »So lebt die deutsche Jugend!« oder »Das Leben des deutschen Arbeiters!« Flugblätter in BA-MA, WF 03/29057.
[137] PAW, 30. 11. 1941, Propagandalage- und Tätigkeitsbericht v. 16.-30. 11. 1941, BA-MA, RW 4/236, fol. 9.
[138] PAW, Propagandalage- und Tätigkeitsbericht v. 1.-15. 1. 1942, BA-MA, RW 4/236, fol. 95.
[139] Vgl. PAO, Lageberichte Nr. 15 (13. 3. 1942), Nr. 18 (4. 6. 1942), Nr. 19 (2. 7. 1942) und Nr. 20 (7. 8. 1942), in BA-MA, RW 4/235.

7. Dezember folgte der Kriegseintritt der USA. Am 8. bzw. 10. Dezember erließ die Abteilung WPr deshalb neue Weisungen.[140] Die Propagandisten sollten den Krieg zwischen Japan einerseits und den USA und Großbritannien andererseits – die Kriegserklärung Deutschlands und Italiens an die USA folgte erst am 11. Dezember – als alleinige Schuld Roosevelts darstellen. Den sowjetischen Soldaten und Zivilisten gegenüber sollte unter anderem die nunmehr angeblich endgültig besiegelte Aussichtslosigkeit der sowjetischen Verteidigung betont werden. Da die amerikanischen und britischen Kräfte jetzt in Asien gebunden seien, sei die UdSSR von jeglicher materiellen Unterstützung ihrer Verbündeten abgeschnitten.[141] Deutschland aber könne »sich mit um so größerer Energie zum geeigneten Zeitpunkt der Niederwerfung des letzten Widerstandes der Sowjetunion zuwenden«.

Die Offensive der Roten Armee vor Moskau umschrieb die Abteilung WPr dagegen mit den euphemistischen Worten, dass die »deutschen Operationen an der Ostfront [...] infolge des russischen Winters allmählich zum Stillstand« kämen. Die Propagandisten wurden aufgefordert, »mit allen Mitteln« zu verhindern, dass die Propaganda der Gegenseite »durch diese Tatsache neuen Boden« gewinne. Unter anderem wurde die Parole ausgegeben, dass Adolf Hitler »bisher noch jede Pause in den Operationen zur Vorbereitung neuer entscheidender Schläge ausgenutzt« habe und »kein Grund zur der Annahme« bestehe, dass dies »in Zukunft anders sein sollte«. Die Situation der Sowjetunion sollte in den schwärzesten Farben gemalt werden: Deren »Kerntruppen« seien »bereits zerschlagen«; neue schlagkräftige Armeen in der kurzen Winterpause aufzustellen, sei nicht möglich, da es an Ausbildungspersonal und Kriegsmaterial fehle; das sowjetische Hinterland sei von Flüchtlingen »überschwemmt«, die Bevölkerung leide Hunger, Wirtschafts- und Verkehrswesen kämen zu Erliegen. Die Propaganda sollte prophezeien, dass sich der Winter daher »viel stärker auf die Völker der Sowjetunion« auswirken würde, als auf die deutsche Truppe, die bereits gelernt habe, »auch dem kalten russischen Winter zu trotzen.« Ein Vergleich mit Napoleon – ein von der sowjetischen Propaganda vielfach gebrauchtes Bild – sei schon deshalb abwegig, weil die Armeen Napoleons sich im Winter 1812 auf der Flucht befunden hätten, während die deutschen Armeen angeblich »unerschüttert tief im Herzen der Sowjetunion« stünden.[142]

Obwohl die Abteilung WPr ein weiteres Mal befahl, die Propaganda unter der Zivilbevölkerung zu verstärken – die »Winterpause« müsse »zu einer propagandistischen Durchdringung des gesamten besetzten Gebiets ausgenutzt werden«[143] – standen die Propagandisten im besetzten Weißrussland faktisch vor den größten Schwierigkeiten. Die Rückzüge und die damit ver-

---

[140] OKW Nr. 9330/41 geh. WFSt/WPr (AP), 10. 12. 1941, betr. Propagandaweisungen, BA-MA, RW 4/190, unfol. Bereits am 8. 12. waren die Weisungen mit Fernschreiben an die Propagandaabteilungen gegangen. Ebd.
[141] Zu diesen Hilfslieferungen aus den USA und Großbritannien vgl. Overy 2003, S. 193 f., 300 ff.
[142] OKW Nr. 9330/41 geh. WFSt/WPr (AP), 10. 12. 1941, betr. Propagandaweisungen, BA-MA, RW 4/190, unfol.
[143] Ebd.

bundene Umorganisation der Sicherungstruppen im rückwärtigen Heeresgebiet, schlechte Witterungsbedingungen und Nachschubschwierigkeiten erschwerten ihre Arbeit. Außerdem fehlte Fachpersonal, insbesondere im zivilverwalteten Gebiet, und technisches Gerät.[144] Während es der Propagandaabteilung W in der ersten Novemberhälfte 1941 noch gelungen war, 168.000 Wandzeitungen, 837.850 Flugblätter und Bekanntmachungen, 22.550 »Führerbilder« und 24.390 Broschüren zu verbreiten, erschöpfte sich der ihr zur Verfügung stehende Materialbestand rapide.[145] Der Nachschub aus Berlin brach weitgehend zusammen und auch die Produktion vor Ort war angesichts zerstörter Druckereien und Papiermangel ausgesprochen schwierig. Im Dezember 1941 gelang es der Propagandaabteilung W zwar, die Auflagen der von ihr herausgegebenen einheimischen Zeitungen zu erhöhen und die Deutschland-Propaganda durch den Aushang von Bilderdiensten weiter zu verfolgen.[146] Im Januar verschlechterte sich die Situation jedoch so weit, dass der Ic-Offizier beim Befehlshaber des rückwärtigen Heeresgebiets Mitte in seinem Bericht vermerkte: »Einer äußerst wendigen, zielbewussten und intensiven Feindpropaganda steht von deutscher Seite nichts oder fast nichts gegenüber. [...] Die deutsche Propaganda ist bezüglich Nachlieferung aus der Heimat gänzlich zusammengebrochen, das Wenige, was heran gekommen ist, ist einseitig und nicht zugkräftig.«[147] Dennoch baute die Abteilung im Januar das Pressewesen und das Drahtfunknetz weiter aus und bereitete die nächste große Propagandaaktion vor.

5.6. Die Aktion »Blutmauer« (Januar/Februar 1942)

Zur Jahreswende 1941/42 geriet die deutsche Propaganda im besetzten Weißrussland zunehmend unter Druck. Im Januar 1942 stellte die Propagandaabteilung W eine »sehr geschickt« betriebene und wesentlich aktiver gewordene Feindpropaganda fest.[148] Diese kündigte siegesgewiss die baldige Befreiung an;

---

[144] Zu diesem Schwierigkeiten vgl. u. a. WPr/AP2, Vortragsnotiz Nr. I/88 für Chef WPr., 7. 11. 1941, betr. Propaganda in die sowjetische Bevölkerung, BA-MA, RW 4/253, unfol. sowie AOK 9 Abt. Ic/A.O. Az. WPr. Nr. 2740/41 geh., 27. 10. 1941, betr. Propaganda in die Zivilbevölkerung, BA-MA, RH 20-9/257, unfol.; PAO, Lagebericht mit Stimmungsbericht Nr. 7, 15. 11. 1941, BA-MA, RW 4/234, fol. 39; PAW, Tätigkeitsberichte der Gruppen in der Zeit v. 1.-15. 11. 1941, 14. 11. 1941, BA-MA, RW 4/253, unfol.; PAW, Propagandalage- und Tätigkeitsbericht v. 16.-30. 11. 1941, BA-MA, RW 4/236, fol. 8 f., 16; Berück Mitte, Ic, Tätigkeitsbericht Dezember 1941, BA-MA, RH 22/228, fol. 95.
[145] Vgl. PAW, Tätigkeitsberichte der Gruppen i. d. Z. v. 1.-15. 11. 1941, 14. 11. 1941, BA-MA, RW 4/253, unfol.
[146] Zum Weihnachtsfest 1941 gab die PAW eine Festnummer der zentralen Zeitung »Nowyj Putj« heraus, die sich u. a. mit dem Thema »Glaubensfreiheit unter der deutschen Herrschaft« befasste. PAW, Propagandalage- und Tätigkeitsbericht, 15. 12.-31. 12. 1941, BA-MA, RW 4/236, fol. 84.
[147] OKH Gen St d H/ Gen Qu Abt. K. Verw. (Qu 4/Ausw) Nr. II/ 1211/ 42 geh., an OKW/ WPr H Wes. Abt. b. Gen. z. b. V., 15. 2. 1942, BA-MA, RW 4/254, fol. 384 f.
[148] PAW, Propagandalage- und Tätigkeitsbericht v. 1.-15. 1. 1942, BA-MA, RW 4/236, fol. 95, 100, 101; PAW, Propagandalage- und Tätigkeitsbericht v. 15.-31. 1. 1942, ebd., fol. 105, 110.

die deutschen Truppen seien nicht auf den Winter vorbereitet, die Front bereits eingedrückt und das Bündnis UdSSR-Großbritannien-USA werde den Krieg gegen Deutschland entscheiden.[149] Der sowjetische Vormarsch, über den die Zivilisten im rückwärtigen Heeresgebiet Mitte genauestens informiert waren, blieb nicht ohne Wirkung. Im Januar 1942 erschien ein großer Teil von ihnen nicht mehr zur Arbeit bei den deutschen Dienststellen.[150] Die deutschen Propagandisten reagierten hierauf mit der Propagandaaktion »Blutmauer«, die den verbreiteten »Gerüchten über die bevorstehende Rückkehr« der Roten Armee entgegen steuern sollte.[151]

Bei dieser Propagandakampagne gingen Militär- und Zivilverwaltung erstmalig koordiniert vor. Mitte Januar trafen sich Vertreter der Propagandaabteilung W mit dem Leiter der Abteilung VII des Befehlshabers des rückwärtigen Heeresgebiets Mitte, Tesmer, und dem Leiter der Propagandaabteilung bei der Zivilverwaltung in Minsk, Kurtz. Ziel der Besprechung war, das propagandistische Vorgehen zu vereinheitlichen. So einigte man sich unter anderem auf eine gemeinsame Propagandaaktion, die am 20. Januar unter dem Stichwort »Blutmauer« begann.[152] Als erster Schritt wurden alle an Anschlagtafeln ausgehängten Karten, auf denen die Propagandisten bisher immer den Frontverlauf – und damit die deutschen Erfolge – eingezeichnet hatten, verändert. Statt der exakten Frontlinie wurden nunmehr drei breite rote Streifen eingetragen, die Leningrad und Taganrog verbanden. Die neue Parole hieß: »Die deutsche Front ist elastisch, aber unzerreißbar. – Für die Bolschewisten wird sie die Front der Vernichtung sein.«[153] Ende Januar waren die Verbindungsoffiziere der Propagandaabteilung W ebenso wie der Leiter der Propagandaabteilung in Minsk darum bemüht, diese Maßnahme möglichst auf das gesamte militär- bzw. zivilverwaltete Gebiet auszudehnen. Darüber hinaus richtete die einheimische Presse (»Nowyj Putj«) ihre Kommentare zur militärischen Lage auf die Kampagne aus.[154]

Anfang Februar wurde ein erstes Textflugblatt in einer Auflage von 200.000 Exemplaren mit Flugzeugen über dem rückwärtigen Heeresgebiet abgeworfen und zugleich ein Bildflugblatt (500.000), ein Plakat (30.000) und ein weiteres

---

[149] Vgl. Abschrift, OKW Nr. 68/42 geh. WFSt/WPr, 8. 1. 1942, betr. Propaganda gegen die Sowjettruppen während des Winters, Anlage zu Heeresgruppenkommando Nord Ic Nr. 547/42 geh. v. 20. 1. 1941, BA-MA, RH 22/272, fol. 109.

[150] Vgl. PAW, Propagandalage- und Tätigkeitsbericht für die Zeit v. 15.-31. 12. 1941, 31. 12. 1941, BA-MA, RW 4/236, fol. 83; PAW, Propagandalage- und Tätigkeitsbericht v. 1.-15. 1. 1942, ebd., fol. 95.

[151] OKH Gen St d H/ Gen Qu Abt. K. Verw. (Qu 4/Ausw) Nr. II/ 1211/ 42 geh., an OKW/ WPr H Wes. Abt. b. Gen. z. b. V., 15. 2. 1942, BA-MA, RW 4/254, fol. 384 f.

[152] Vgl. PAW, Propagandalage- und Tätigkeitsbericht, 15. 1.-31. 1. 1942, BA-MA, RW 4/236, fol. 105; PAW, Nr. 29/42 geh., an OKW/WFSt/WPr AP3, 6. 2. 1942, Wehrmachtpropaganda-Lagebericht 1. 1.-1. 2. 1942, BA-MA, RW 4/254, fol. 345.

[153] Ebd. Vgl. auch PAW, Propagandalage- und Tätigkeitsbericht, 15. 1.-31. 1. 1942, BA-MA, RW 4/236, fol. 105. Eine Fotografie der dementsprechend geänderten Karte siehe Anlage 3 zu PAW, Propagandalage- und Tätigkeitsbericht, 1.-15. 2. 1942, BA-MA, RW 4/236, fol. 124.

[154] Vgl. PAW, Propagandalage- und Tätigkeitsbericht, 15. 1.-31. 1. 1942, BA-MA, RW 4/236, fol. 105 f.

5. Die schrittweise Neuorientierung (August 1941-Anfang 1942)   191

Textflugblatt »Was geschieht an der Front?« (300.000) neu gedruckt.[155] Auch die »Besonderen Informationen für Bürgermeister und Dorfälteste« enthielten entsprechend ausgerichtete Artikel zur »Lage an der Front«.[156] Die deutsche »Verteidigungszone« wurde als »vorübergehender Haltepunkt« ausgegeben, um die »Hauptkampflinie noch stärker zu machen.« Alle Angriffe würden an der »biegsamen Taktik der deutschen Front« bzw. an der »elastischen deutschen Verteidigungszone« scheitern.

> »Alle Opfer der Sowjets sind und bleiben vergebens! [...] Der hemmungslose Masseneinsatz der bolschewistischen Armeen ist nichts anderes als ein Wettlauf mit dem Tod. Die deutsche Verteidigungslinie ist die Mauer, an der alle sowjetischen Kräfte zerschellen. Sie ist die Linie der Vernichtung. Je stärker der Ansturm, desto größer und blutiger die Opfer, die sinnlos [...] gebracht werden. Die Mauer der deutschen Abwehr ist [...] die Blutmauer für die Rote Armee geworden. Wenn im Frühjahr die deutschen Armeen zum entscheidenden Schlag ausholen, werden die Sowjets weiterer Reserven entblößt, ihrem wohlverdienten Schicksal der restlosen Vernichtung und Ausrottung nicht mehr entgehen können.«[157]

Informationen über sowjetische Erfolge wurden als »Lüge und Betrug« oder frei erfundene »Gerüchte« hingestellt. Die Propaganda behauptete, dass neben »vereinzelten kommunistischen Elementen« insbesondere »die Juden« für die »Ausstreuung« dieser »echt jüdischen Lügen« verantwortlich seien. Diese versuchten unablässig, bei der Bevölkerung »das Vertrauen in die deutsche Wehrmacht zu untergraben«, weil sie genau wüssten, »dass ihre schmarotzerische Tätigkeit solange unmöglich ist, als deutsche Soldaten den Schutz der befreiten Gebiete garantieren.«[158] Die Kampagne wurde durch diverse – teilweise aus Berlin gelieferte – Materialien ergänzt, die ebenfalls entweder die vermeintliche Schwäche des Gegners (Wandzeitungen »Stalins aussichtsloser Kampf«, »Englands Tonnageverluste«,[159] Plakat »Japans Kampf gegen England und die USA«[160]) oder die eigene Überlegenheit zum Inhalt hatten.[161] Im März 1942

---

[155] Vgl. PAW, Propagandalage- und Tätigkeitsbericht, 1.-15. 2. 1942, BA-MA, RW 4/236, fol. 115 f. (Belegexemplar des ersten Textflugblattes als Anlage 2 ebd., fol. 123 f.); PAW, Tätigkeitsbericht Februar, 5. 3. 1942, BA-MA, RW 4/236, fol. 133 (Belegexemplar des Plakates als Anlage 11 zu ebd., RW 4/236 K 2). Das Plakat »Blutmauer« ist auch abgedr. in: Schlootz 1996, S. 70. Das Flugblatt »Was geschieht an der Front?« befindet sich in BA-MA, RW 4/236, fol. 29.
[156] Vgl. Besondere Informationen für Bürgermeister und Dorfälteste Nr. 3 (PAW J-3), Anlage 10 zu PAW, Tätigkeitsbericht März, 31. 3. 1942, BA-MA, RW 4/236, fol. 184. Zur »Blutmauer«-Thematik im Rahmen der Frontpropaganda vgl. Buchbender 1978, S. 121.
[157] Besondere Informationen für Bürgermeister und Dorfälteste Nr. 3 (PAW J-3), Anlage zu PAW, Tätigkeitsbericht März, 31. 3. 1942, BA-MA, RW 4/236, fol. 184.
[158] Besondere Informationen für Bürgermeister und Dorfälteste Nr. 2 (PAW J-2), Original als Anlage zu PAW, Propagandalage- und Tätigkeitsbericht v. 1.-15. 2. 1942, BA-MA, RW 4/236, fol. 124. Vgl. auch Besondere Informationen für Bürgermeister und Dorfälteste Nr. 3 (PAW J-3), Anlage zu PAW, Tätigkeitsbericht März, 31. 3. 1942, BA-MA, RW 4/236, fol. 184.
[159] PAW, Tätigkeitsbericht Februar, 5. 3. 1942, BA-MA, RW 4/236, fol. 136.
[160] Siehe Hinweis auf entsprechendes Plakat (Eigenauflage), in: PAW, Propagandalage- und Tätigkeitsbericht, 1.-15. 2. 1942, BA-MA, RW 4/236, fol. 116; PAW, Tätigkeitsbericht Februar, 5. 3. 1942, ebd., fol. 136.
[161] Beispielhaft hierfür vgl. Flugblatt »Führerrede 30. 1. 1942« (PAW 8), Auflage im Februar 1942 300.000, Original als Anlage 1 zu PAW, Tätigkeitsbericht Februar, 5. 3. 1942, BA-MA,

wurde die Aktion »Blutmauer« – nachdem die Propagandisten meinten, eine tendenzielle Stimmungsverbesserung unter der Bevölkerung im Zuge der Stabilisierung der Front feststellen zu können – beendet. Die nachfolgenden Kampagnen befassten sich mit den Themen »Adolf Hitler hat immer recht« und »Maulhelden«. Sie sollten die »Richtigkeit und Wahrhaftigkeit der deutschen Behauptungen« herausstreichen sowie die »verlogene Großmäuligkeit der Kremlmacher«.[162]

5.7. Die Förderung des »Weissruthenentums«

Die ausgegebenen Richtlinien betonten zwar immer wieder, dass keine Hinweise auf die zukünftige politische »Neugestaltung« gegeben werden dürften; doch unter der Hand wurde diese indirekt vorbereitet. Rosenberg wies den Reichskommissar für das Ostland, Lohse, in seinen ersten Instruktionen vom 21. Juli 1941 an, »alle geschichtlichen Kämpfe der verschiedenen Völker gegen Moskau und Petersburg zu berücksichtigen«. Diese Aufgabe schloss auch die Förderung des »weißruthenische[n] Volksbewusstsein gegen Rußland« mit ein, wobei Lohse gleichzeitig dafür sorgen sollte, dass »Ansprüche« auf einen von Deutschland unabhängigen estnischen, litauischen oder »weißruthenischen« Staat verhindert würden.[163] Die Weisungen für die Propagandaabteilungen der Wehrmacht bezeichneten diesen Aspekt als »propagandistische Förderung und Beeinflussung der zugelassenen oder geduldeten Bevölkerungsgruppen«.[164] Diese Linie wurde auch nach der Umstellung auf einen länger währenden Krieg beibehalten, wie ein Rede Rosenbergs vom 18. November 1941 zeigt. Bei einem Presseempfang anlässlich der offiziellen Einführung des Reichsministeriums für die besetzten Ostgebiete betonte er, dass die Errichtung der zwei Reichskommissariate Ostland und Ukraine eine »organische Aufteilung« bedeute und man sich später bemühen müsse, diese »zu einem *Auseinanderleben* der verschiedenen, bisher machtpolitisch geeinten Völker fortzuentwickeln.« In diese Entwicklung bezog Rosenberg auch »Weißruthenien« mit ein, das »von einem harmlosen Bauernvolk bevölkert« sei und bisher keine »große politische Aktivität« entfaltet habe:

> »Die Weißruthenen haben sich von den Großrussen assimilieren lassen, sprechen einen Dialekt, der fast russisch ist, der aber mit einiger Hilfe in absehbarer Zeit von der russischen Sprache weiter entfernt werden kann. Auch hier wird man sich

---

RW 4/236, fol. 29. Übersetzung in NAB, 411-1-35, fol. 36.
[162] Vgl. PAW, Propagandalage- und Tätigkeitsberichte Februar u. März 1942, BA-MA, RW 4/236, fol. 117, 138, 162 f. (Zitat), 168, 171. Vgl. auch das Plakat »Der Winter geht zu Ende!« (PAW 17) sowie das illustrierte Flugblatt »Großmaul Stalin« (PAW 18), ebd., fol. 40 ff., 46.
[163] Abschrift Rosenberg an den RK für das Ostland, Lohse, Erste Instruktionen v. 21. 7. 1941, Anlage zu RKO, Abt. II a, an die General- und Gebietskommissare, 20. 8. 1941, NAB, 370-1-49, fol. 30.
[164] Briefwechsel RMVP, Major Titel, an OKW, Major Krause, betr. Weisung für die Propaganda-Abteilungen im Ostraum, Stellungnahmen v. 19. 7. 1941 und 2. 8. 1941, BA-MA, RW 4/253, unfol.

bemühen müssen, diese arbeitsame Bevölkerung in den Dienst der deutschen Politik und der deutschen Wirtschaft zu stellen und jede eigene politische Aspiration zu verhindern.«[165]

Die Propaganda, die das »weißruthenische Volk« konstituieren sollte, war antisemitisch, antirussisch und antipolnisch. Diese drei Feindbilder fasste Generalkommissar Kube so zusammen:

> »Es ist ein hartes Schicksal für ein Volk, geschichtslos durch die Jahrhunderte zu gehen. Die Juden mitten im Lande, die Polen im Westen, die Moskowiter im Osten, so haben die Weißruthenen anderthalb Jahrhunderte dreifaches Joch ertragen und dennoch ihre anständige völkische Eigenart als bodenverwurzeltes Bauernvolk bewahrt.«[166]

Eine konkrete Umsetzung fand diese »Volkstums«-Politik zunächst auf der Ebene der Sprachpolitik. Die Zivilverwaltung führte Weißrussisch als offizielle Amtssprache ein und verfasste »weißruthenische« Propagandamaterialien. Im Herbst 1941 gründete sie dann die erste einheimische Organisation: das so genannte Weißruthenische Selbsthilfewerk (WSW) unter der Leitung von Dr. Iwan Ermatschenko. Das WSW, das der Abteilung Gesundheitswesen und Volkspflege der Behörde in Minsk unterstand, begann Anfang November damit, bei den Gebietskommissaren sowie in allen Rayons und Städten »Stützpunkte« zu errichten, die die Bevölkerung »zur Mitarbeit für die Hilfe der durch den Krieg Verarmten« sowie zum »Aufbau des durch die Misswirtschaft des Sowjets vernichteten weißruthenischen Landes« heranziehen sollte.[167] Die Organisation hatte die Aufgabe, die sozialen Folgen der deutschen Unterversorgung zu kaschieren, indem sie Armenspeisungen, Kleiderspenden u. ä. durchführte. Zugleich diente sie aber auch als Aushängeschild: Als vermeintlich »einheimische« Vertretung entwickelte das WSW sich zum Sammelbecken für politische Mitläufer der Deutschen.[168]

Im rückwärtigen Heeresgebiet Mitte begannen erste Schritte zur »Organisierung des Weißruthenentums« ebenfalls im Oktober 1941.[169] Zum »Kampf gegen die Sowjet-Propaganda« müssten, so General von Schenckendorff, »alle sowjetfeindlichen Kräfte herangezogen werden«. »Zuverlässige« Männer sollten unauffällig dazu bewegt werden, dass »Weißruthenentum auf örtlicher Grundlage« zu organisieren und regional unpolitische Vereine

---

[165] Rede RM Rosenberg anlässl. des Presseempfangs am 18. 11. 1941, PA AA, R 27359, unfol. Abbildungen von ukrainischen und weißrussischen Bauern und Bäuerinnen zeigten dementsprechend gesunde, kräftige und blonde, also »rassisch hochstehende« Menschen. Vgl. z. B. Plakat »Bauer mit Garbe« v. Frühjahr 1942, Lagerverzeichnis der Abt. Ost, P 14, BA, R 55/1299, abgedr. auch in: Buchbender 1978, S. 135; Schlootz 1996, S. 51.
[166] Der genaue Zeitpunkt dieser Äußerung Kubes ist nicht bekannt. Sie wurde nach seinem Tod in der Rubrik »Worte zur Stunde« in der Weißruthenische Korrespondenz abgedruckt, Ausgabe v. 22. 3. 1944, NAB, 370-1-7, fol. 250.
[167] Abschrift, GK Weißruthenien, Abt. IIe 98/41 an Ermatschenko, 5. 11. 1941, NAB, 370-1-1-5, fol. 2.
[168] Zum WSW vgl. Chiari 1998, S. 114-122; Gerlach 1999, S. 209 ff.
[169] Berück Mitte, Abt. VIII/Kr.Verw. Az 20, 21. 10. 1941, Verwaltungsanordnung Nr. 9, NAB, 570-1-1, fol. 131.

zur »Pflege des Brauchtums« gegründet werden. Diese konnten Musik- und Gesangstätigkeiten organisieren, Kindergärten einrichten, Gebrauchsartikeln in Heimarbeit herstellen, die weißrussische Sprache fördern, Theateraufführungen veranstalten oder im Schulwesen mitarbeiten – natürlich unter ständiger Kontrolle durch die Feld- und Ortskommandanturen.[170]

Sowohl in den militär- als auch den zivilverwalteten Regionen Weißrusslands musste die deutsche Besatzungsmacht allerdings feststellen, dass es kaum Anknüpfungspunkte an ein »nationales« Selbstverständnis gab. Die Propagandaabteilung O konstatierte Anfang 1942, das »Fehlen eines ausgesprochenen Gefühls für nationale Unterschiede«, die »Trennungslinie« gehe vielmehr »zwischen orthodox und katholisch«.[171] Die Einführung der weißrussischen Sprache stieß ebenfalls auf enorme Schwierigkeiten, da diese vielfach weder gesprochen noch verstanden und noch weniger gelesen werden konnte. Der Ic-Offizier der 707. Infanteriedivision berichtete, dass eine entsprechende Propaganda keinen Wert habe, da die Bevölkerung »zum überwiegenden Teil russisch« spreche. Nur ein »verschwindend kleiner Teil« verstehe das »Weißruthenische« und es entspreche »nicht den Absichten der Führung, wenn in Ortschaften wie Rakow, wo 90 % Polen wohnen, die sich nur der polnischen Sprache bedienen, russisch aber verstehen, weil sie unter russischer Oberhoheit gelebt haben, die Propagandastaffel ihre Arbeit in weißruthenischer Sprache bringen muss.«[172] Ganz pragmatisch verlegten sich die Propagandisten deshalb darauf, viele der vor Ort hergestellten Propagandamaterialien entweder in Russisch oder mehrsprachig (polnisch, weißrussisch, russisch) zu verfassen.[173]

Die Versuche, die »geistige« Kriegführung den veränderten Bedingungen eines langandauernden Krieges anzupassen, begannen also im August 1941. Erste inhaltliche Modifizierungen betrafen dabei insbesondere den Agrarsektor, in dem nunmehr erste formale Umbenennungen, minimale Veränderungen und vorsichtige Ankündigungen auf eine spätere »Lösung« der Kolchosfrage zugelassen wurden. Die Propaganda wurde quantitativ deutlich ausgebaut, zeitgleich mit einer forcierten Repressionspolitik, die auf dem Prinzip »Zuckerbrot und Peitsche« beruhte: für eine aktive Mitarbeit bei der Gegnerverfolgung wurden Belohnungen versprochen, Strafen gezielt auf ihre

---

[170] Ebd.
[171] Auf die »Frage der Nationalität, ob Pole, Russe oder Weißruthene«, erhielte man immer die »Antwort ›Ich bin Katholik bzw. Orthodox.‹« PAO, Lagebericht Nr. 11, 15. 1. 1942, BA-MA, RW 4/235, fol. 35.
[172] Kommandeur des Sicherungsgebietes Weißruthenien (707. Inf. Div. Kdo.), Ic, Bericht v. 8. 1. 1942, BA-MA, RH 26/707/15, fol. 1 RS. Vgl. auch PAO, Lagebericht Nr. 10, 31. 12. 1941, BA-MA, RW 4/235, fol. 13. Diese Phänomene wurden auch später immer wieder festgestellt. Vgl. Vertrauliche Ostinformation »Vineta«, Nr. 12, 12. 8. 1942, SoM, 1370-1-56, fol. 248 ff.; [RMO], Abteilung II, II 1 c 61/a/43 geh., 6. 12. 1943, Vermerk über die Besprechung mit SS-Gruppenführer von Gottberg am 22. und 23. 11. 1943, BA-MA, FPF 01/7848, fol. 485; GK Minsk, Propagandaamt Dr. A./B., 23. 3. 1944, Bericht über die Kulturarbeit im Gebiet Minsk-Land und zum Teil (Rundfunk und Film) im ganzen Generalbezirk, NAB, 370-1-2379a, fol. 8.
[173] Vgl. exemplarisch PAO, Lagebericht Nr. 20, 7. 8. 1942, BA-MA, RW 4/235, fol. 180.

abschreckende Wirkung hin inszeniert. Die »Partisanenbekämpfung« und der Massenmord an der jüdischen Bevölkerung waren von massiven Propagandaaktivitäten begleitet.

5.8. REAKTIONEN DER BEVÖLKERUNG UND EVALUIERUNG DER DEUTSCHEN PROPAGANDA

Die seit August 1941 verfolgten Anstrengungen, die Propaganda effektiver zu gestalten und dem Kriegsverlauf anzupassen, brachten nicht die erhofften Erfolge. Die Mehrheit der weißrussischen Bevölkerung verhielt sich weiterhin indifferent. Sie zeigte zwar einerseits wenig offene Unterstützung für die ersten Versuche, Partisanenverbände zu organisieren.[174] Anderseits kooperierte sie aber auch nicht mit den Besatzern. Ein Mitarbeiter des Auswärtigen Amtes beschrieb die Bevölkerung in Minsk im September 1941 als »zurückhaltend« und sprach von einer »Indolenz und Passivität« insbesondere bei der Landbevölkerung.[175] Die Propagandaabteilung O berichtete ebenfalls über die »Passivität der Bauern gegenüber den Partisanenhorden«[176] und auch der Leiter der Propagandaabteilung W bestätigte, dass die Bevölkerung »von sich aus wenig Initiative zur Zusammenarbeit mit den deutschen Militärbehörden« zeige.[177] Zum Jahresende 1941 registrierten die Deutschen zudem eine deutliche »Versteifung der Stimmung«.[178]

Die Propagandisten führten dies zum einen auf ihre technischen und logistischen Schwierigkeiten zurück, die auch durch die in den zentralen Befehlen wiederholten Aufforderungen zur Verstärkung der Propaganda nicht grundsätzlich ausgeräumt werden konnten. Zum anderen war ihnen aber auch klar, dass die deutschen Parolen angesichts des Besatzungsalltags unglaubwürdig waren. Diesbezüglich kamen die Berichte immer wieder auf einige zentrale Aspekte zurück. Erstens die katastrophale wirtschaftliche Lage der Zivilbevölkerung: Insbesondere in den Städten herrschten Arbeitslosigkeit und Hunger. Die Propagandaabteilung W stellte im Januar 1942 fest, dass es der Bevölkerung »wirtschaftlich zur Zeit« nicht besser gehe als »in der bolschewistischen Epoche, vielfach noch schlechter, da auch das Letzte an Lebensmitteln und Kleidung genommen« sei. In den Städten und

---

[174] Vgl. Berück Mitte, Ic, Tätigkeitsbericht, Oktober 1941, BA-MA, RH 22/228, fol. 82.
[175] WHA von Bruemmer, Informationsabteilung [AA], Länderreferat Russland, 19. 9. 1941, Bericht über eine Reise zur Ostfront v. 31. 8.-13. 9. 1941, PA AA, R 105177, unfol.
[176] PAO, Lagebericht Nr. 8, 30. 11. 1941, BA-MA, RW 4/234, fol. 70. Vgl. auch Auszug aus dem Lagebericht des Berück Nord Abt. VII v. 8. 9. 1941, mit Stellungnahme des OKH Gen St d H/H Wes Abt. v. 18. 9. 1941, Anlage zu Gen Qu/Abt. K. Verw. (V) Nr. II/6066/41 geh., 15. 9. 1941, BA-MA, RW 4/252, fol. 301 f.
[177] PAW, Zur Lage und Stimmung der Bevölkerung in Stadt und Gebiet Smolensk, Anhang zu Propagandalage- und Tätigkeitsbericht v. 16.-30. 11. 1941, BA-MA, RW 4/236, fol. 19.
[178] PAW, Propagandalage- und Tätigkeitsbericht, 15. 12.-31. 12. 1941, BA-MA, RW 4/236, fol. 83, 88.

Ortschaften herrsche »bitterste Not«.[179] Zweitens sorgten die fortgesetzten Requirierungen und Übergriffe von deutschen Soldaten weiterhin für Unruhe.[180] Der Oberbefehlshaber der 9. Armee, Adolf Strauß, forderte sogar, dass verhindert werden müsse, dass die eigene Truppe durch ihr Verhalten der Zivilbevölkerung »Beweise für die Richtigkeit der bolschewistischen Propaganda« gebe.[181] Drittens löste die Behandlung der sowjetischen Kriegsgefangenen wahre Schockreaktionen aus. Die »Durchkämmung« der Kriegsgefangenenlager und die Ermordung aller politisch oder »rassisch« unerwünschten Gefangenen durch Sonderkommandos der Sicherheitspolizei und des SD[182] entgingen der Zivilbevölkerung ebenso wenig wie die sich rapide ausbreitenden Hungerseuchen. In einigen weißrussischen Lagern lag die Sterbeziffer bereits im Sommer 1941 hoch: in Baranowitschi starben *täglich* bis zu 100, in Lida sogar bis zu 250 Gefangene.[183] Nachdem im September 1941 in Berlin die Entscheidung gefallen war, nicht arbeitsfähige sowjetische Kriegsgefangene sterben zu lassen, verschlechterte sich die Situation in den Lagern dramatisch. Die Todesraten stiegen drastisch an: im rückwärtigen Heeresgebiet Mitte starben im Oktober und November 1941 etwa 110.000 Gefangene, allein im Dulag 131 in Bobruisk verendeten täglich 600 bis 800 Menschen.[184] Gefangenentransporte wurden – trotz des einsetzenden Frostes – in offenen Güterwaggons durchgeführt, so dass Tausende erfroren. Bei Fußmärschen misshandelten und erschossen die Wachmannschaften die völlig entkräfteten Kriegsgefangenen zu Hunderten vor den Augen der Zivilbevölkerung. Dem von der Wehrmacht zu verantwortenden Massensterben fielen bis zum Frühjahr 1942 um die 60 Prozent der bis Jahresende 1941 etwa 3,35 Millionen in deutsche Hände gefallenen sowjetischen Kriegsgefangenen zum Opfer.[185]

Das Schicksal der Kriegsgefangenen sorgte für enorme Unruhe unter der weißrussischen Bevölkerung. Im November 1941 berichtete die Propagandaabteilung W, dass es immer wieder vorkomme, dass Gefangene, die ihren Marsch in das rückwärtige Gebiet nicht mehr fortsetzen könnten, einfach erschossen würden.[186] Solche Vorkommnisse bildeten »wochenlang das Tages-

---

[179] PAW, Nr. 29/42 geh., an OKW/WFSt/WPr AP3, 6. 2. 1942, Wehrmachtpropaganda-Lagebericht 1. 1.-1. 2. 1942, BA-MA, RW 4/254, fol. 344. Vgl. hierzu auch Berück Mitte, Ic, Tätigkeitsbericht, Oktober 1941, BA-MA, RH 22/228, fol. 81; AOK 9 Abt. Ic/A.O./O.Qu. Nr. 3085/41 g., 16. 11. 1941, betr. Propaganda in die Bevölkerung des besetzten Gebietes, BA-MA, RH 20-9/257, unfol.; PAW, Propagandalage- und Tätigkeitsberichte v. November u. Dezember 1941, BA-MA, RW 4/236, fol. 22, 54, 83; PAO, Lagebericht Nr. 10, 31. 12. 1941, BA-MA, RW 4/235, fol. 12.
[180] Vgl. PAW, Propagandalage- und Tätigkeitsbericht, 1. 12.-15. 12. 1941, BA-MA, RW 4/236, fol. 60 f.
[181] AOK 9 Abt. Ic/A.O./O.Qu. Nr. 3085/41 g., 16. 11. 1941, betr. Propaganda in die Bevölkerung des besetzten Gebietes, BA-MA, RH 20-9/257, unfol.
[182] Die grundlegende Befehle und Richtlinien für diese »Säuberungen« sind abgedr. in: Ueberschär/Wette 1991, S. 292-313. Zu Weißrussland Gerlach 1999, S. 834-843.
[183] Vgl. Gerlach 1999, S. 796.
[184] Vgl. ebd., S. 796 ff.
[185] Vgl. Streit 1997, S. 136 ff.
[186] PAW, Tätigkeitsberichte der Gruppen in der Zeit v. 1.-15. 11. 1941, BA-MA, RW 4/253, unfol.

5. Die schrittweise Neuorientierung (August 1941-Anfang 1942) 197

gespräch«, die Einheimischen reagierten »völlig fassungslos«.[187] Auch die Propagandaabteilung O bezeichnete das »Problem der Kriegsgefangenen« Ende November als eine »sehr ernste Frage, eine Frage, die unter Umständen die ganze Arbeit illusorisch« mache.[188] Besonderes Entsetzen löste unter den Bewohnern von Minsk ein Ereignis Ende Januar 1942 aus. Nachdem in der Nacht ein großer Gefangenentransport angekommen war, erschossen die Wachmannschaften auf dem sechs bis sieben Kilometer langen Weg vom Bahnhof zum Kriegsgefangenenlager zwischen 1.000 und 2.000 Gefangene. Den ganzen folgenden Tag lagen die »zum Teil arg zerschossenen Leichen« auf der Straße. Der Bericht der Propagandaabteilung O betonte, dass sich in der Bevölkerung »Bestürzung, Erregung und größtes Misstrauen« bemerkbar mache, man höre »nur noch die Meinung, es seien nicht flüchtende, sondern kranke und marschunfähige Kriegsgefangene kurzerhand erschossen worden und keine deutsche Propaganda könne über solche Ereignisse hinwegtäuschen.« Es hieße allgemein, »man lasse die Kriegsgefangenen verhungern, es sei unmenschlich, meist unschuldige Russen, die zwangsweise von den Bolschewisten einberufen waren, so zu misshandeln.«[189]

Die Berichterstattenden formulierten jedoch keineswegs ethische oder völkerrechtliche Bedenken, sondern ausschließlich die Befürchtung, dass die zuschauenden Zivilisten negativ beeinflusst werden und die sowjetische Seite Ansatzmöglichkeiten für ihre Propaganda finden könnte. Der Ic-Offizier der 221. Sicherungsdivision kam Ende 1941 zu dem Schluss, dass sich »unzweifelhaft vom Gesichtspunkt der Feindpropaganda die Form der Behandlung der Gefangenen in den Lagern und auf den Transporten ungünstig« ausgewirkt habe.[190] Übereinstimmend liefen die »Lösungs«-Vorschläge darauf hinaus, eine »strenge, aber gerechte Behandlung« derjenigen Gefangenen zu gewährleisten, die die Bevölkerung *sehen* konnte.[191] Die Propagandaabteilung W empfahl: »Soweit dies [das Erschießen erschöpfter Kriegsgefangener, B. Q.] in abgelegenen Gebieten und außerhalb geschlossener Ortschaften geschieht, dürfte die Bevölkerung davon nichts merken. Die Kunde von Fällen aber, in denen Gefangene innerhalb geschlossener Ortschaften einfach erschossen werden, verbreiten sich mit Windeseile über den ganzen Raum.«[192] Im Sinne einer »er-

---

[187] PAW, Zur Lage und Stimmung der Bevölkerung in Stadt und Gebiet Smolensk, Anhang zu Propagandalage- und Tätigkeitsbericht v. 16.-30. 11. 1941, BA-MA, RW 4/236, fol. 22. Vgl. auch PAW, Propagandalage- und Tätigkeitsbericht, 15. 12.-31. 12. 1941, BA-MA, RW 4/236, fol. 88.
[188] Anlage 1 zum Lagebericht Nr. 8 der PAO v. 30. 11. 1941, BA-MA, RW 4/234, fol. 76.
[189] PAO, Lagebericht Nr. 12 v. 31. 1. 1942, BA-MA, RW 4/235, fol. 67. Zu den Morden in Minsk und anderen Vernichtungsaktionen bei Märschen und Transporten Gerlach 1999, S. 843-848.
[190] 221. Sich.Div., Abt. Ic, Tätigkeitsbericht v. 10. 5.-14. 12. 1941, BA-MA, RH 26-221/70, unfol.
[191] Vgl. Berück Mitte, Ic, Tätigkeitsbericht, Oktober 1941, BA-MA, RH 22/228, fol. 81.
[192] WPr Nr. 8644/ 41 g. WPr AP 3, 26. 11. 1941, Vortragsnotiz für Herrn Chef WFSt, mit Anlagen: Tätigkeits- und Stimmungsbericht der PAW für die Zeit v. 1.-15. 11. 1941, BA-MA, RW 4/253, unfol. Die Abteilung reagierte zunächst einmal damit, dass sie das in Berlin produzierte Flugblatt RA 190, das die gute Behandlung der Kriegsgefangenen in Text und Bild »bewies«, nicht mehr verbreitete, »weil die Bevölkerung das Schicksal der Kriegsgefangenen mit Aufmerksamkeit verfolgt und demzufolge die zu dieser Propaganda in Widerspruch stehende und selbst wahrgenommene Tatsachen als Beweis für eine Lügenhaftigkeit der deutschen Propaganda betrach-

folgreichen Propaganda« – so auch der Leiter der Propagandaabteilung O – müsse gefordert werden, dass bei »ähnlichen Vorfällen«, wie den Erschießungen Ende Januar 1942 in Minsk, »wenigstens die Leichen den Blicken der Bevölkerung entzogen werden.«[193]

Angesichts der zugespitzten Lage sah sich Ende November 1941 auch der Chef des Wehrmachtführungsstabes, Jodl, zu einer Stellungnahme gezwungen. Unter den ihm vorgelegten Bericht der Propagandaabteilung W setzte er den handschriftlichen Kommentar, dass man im »Hinblick auf die jetzigen Absichten ohnehin bestrebt sein« müsse, »möglichst viele zurückzubringen.« Damit rekurrierte er auf die wenige Wochen zuvor getroffene grundsätzliche Entscheidung, die arbeitsfähigen sowjetischen Kriegsgefangenen – ebenso wie sowjetische Zivilisten – zukünftig als Arbeitskräfte im Reichsgebiet einzusetzen. Im Übrigen – so Jodl weiter – müsse die Propaganda betonen, »daß es sich um Gefangene handelt, die sich weigern weiterzumarschieren, nicht weil sie nicht mehr *können*, sondern weil die nicht mehr *wollen*.« Grundsätzlich fügte er noch hinzu: »Aus allen derartigen Berichten fällt mir auf, daß festgestellt wird, durch welche falsche Maßnahmen von uns die f[ein]dl. Gegenpropaganda eine Handhabe bekommt; wir können tun, was wir wollen, die f[ein]dl. Propaganda wird immer Ansatzpunkte finden. Richtiger wäre es zu melden, welche propagandistischen Gegenmaßnahmen ergriffen worden sind«.[194] Die Frage der Kriegsgefangenen sollte die zentralen Stellen in den folgenden Monaten jedoch noch weiter beschäftigen.

Als letzter Punkt ist der Massenmord an der jüdischen Bevölkerung zu nennen. Die Mehrheit der weißrussischen Bevölkerung beteiligte sich *nicht* an der Verfolgung und Ermordung ihrer jüdischen Nachbarn; sie zeigte im Gegenteil »vielfach eine Verständnislosigkeit für die deutscherseits gegen die Juden ergriffenen Maßnahmen.«[195] Als z. B. Ende Oktober 1941 das der 707. Infanteriedivision unterstellte Reservepolizeibataillon 11 mehrere tausend jüdische Bewohner der Stadt Sluzk ermordete, kam es zu Szenen von – wie der Gebietskommissar, Heinrich Carl, sich ausdrückte – »unbeschreiblicher Brutalität«.[196] Jüdische und teilweise auch nichtjüdische Weißrussen wurden unter Schlägen zusammengetrieben, in der gesamten Stadt kam es zu Schießereien, in einzelnen Straßen häuften sich die Leichen, und aus den Massengräbern außerhalb der Stadt gruben sich Verletzte noch längere Zeit

---

ten würde.« PAW, Propagandalage- und Tätigkeitsbericht, 16. 11.-30. 11. 1941, BA-MA, RW 4/236, fol. 9. Das Flugblatt RA 190 ist abgedruckt in: Buchbender 1978, S. 74 f.

[193] PAO, Lagebericht Nr. 12 v. 31. 1. 1942, BA-MA, RW 4/235, fol. 67.

[194] Handschriftliche Notiz Jodls v. 28. 11. unter dem Stimmungsbericht der PAW für die Zeit v. 1.-15. 11. 1941, BA-MA, RW 4/253, unfol. In der maschinenschriftlichen Fassung wird die Notiz fälschlicherweise auf den 18. 11. datiert, der Bericht wurde Jodl aber erst am 26. 11. vorgelegt. WPr Nr. 8644/41 g WPr AP3, 26. 11. 1941, Vortragsnotiz für Herrn Chef WFSt., ebd.

[195] EM Nr. 67 v. 29. 8. 1941, BA, R 58/216, fol. 223. Vgl. ähnliche Einschätzungen in EM Nr. 31 v. 23. 7. 1941, BA, R 58/215, fol. 8; EM Nr. 43 v. 5. 8. 1941, ebd., fol. 170; EM Nr. 154 v. 12. 1. 1942, BA, R 58/220, fol. 81.

[196] GebK Sluzk, an GK Minsk, 30. 10. 1941, betr. Judenaktion, PS-1104, IMT, Bd. 27, S. 4-8. Vgl. hierzu auch Gerlach 1999, S. 612 ff.

5. Die schrittweise Neuorientierung (August 1941-Anfang 1942) 199

nach dem Massaker wieder aus. Begleitet wurde die »Aktion« von umfassenden und gewaltsamen Plünderungen. Carl sprach in seinem Bericht davon, dass die weißrussische Bevölkerung »fassungslos« auf das Geschehen reagiere.[197] Im rückwärtigen Heeresgebiet Mitte stellte die Propagandaabteilung W ähnliche Reaktionen fest, wobei es nach ihrem Abteilungskommandeur, Albert Kost, – selbst ein überzeugter Antisemit – eigentlich nur der richtigen »Aufklärung« bedurfte:

> »Der Russe – vielleicht mit Ausnahme der Intelligenz – begreift und billigt im allgemeinen die Absonderung der Juden in Ghettos. Er versteht jedoch nicht, infolge des Mangels jeglicher Aufklärung, die radikalen Maßnahmen zur Beseitigung der Judenfrage. Ihre Durchführung ist weiten Kreisen der Bevölkerung bekannt geworden und hat stimmungsmäßige Rückschläge, ja sogar Befürchtungen hinsichtlich des eigenen Schicksals, ausgelöst. Die Feindpropaganda hat sich diese Umstände zum Zwecke der Einschüchterung und Beunruhigung der Einheimischen offensichtlich zunutze gemacht. [...] In der Judenfrage [...] ist [...] mehr Aufklärung als reine Agitation angebracht, da die Bevölkerung bisher der projüdischen Propaganda des Bolschewismus ausgesetzt war, und sich über die Rolle des Weltjudentums und der eigenen Juden nicht im Klaren ist.«[198]

Die deutsche Besatzungspolitik stand in krassem Gegensatz zu den »Befreiungs«-Versprechen beim Einmarsch. Insbesondere die Massenverbrechen ließen sich durch die deutschen Parolen weder kaschieren noch rechtfertigen; der Besatzungsalltag nahm der weißrussischen Bevölkerung jegliche Illusionen über ihr künftiges Schicksal unter der neuen Macht. Der sowjetischen Gegenpropaganda boten sich dagegen vielfache Anknüpfungspunkte. Bereits im August 1941 hatten in Weißrussland verbreitete sowjetische Flugblätter den Deutschen unter anderem Vernichtungs- und Umsiedlungspläne vorgeworfen.[199] Zudem fand die Rote Armee in den bis Frühjahr 1942 zurückeroberten Territorien eine Vielzahl von konkreten Beweisen für die deutschen Verbrechen, die sie für ihre Propaganda nutzte.[200] Ihre Parolen setzten außerdem seit Herbst/Winter 1941 stärker auf einen nationalen, *russischen* Patriotismus.[201] Die deutschen Berichte mussten immer wieder einräumen, dass die sowjetische Gegenpropaganda ausgesprochen effektiv sei. Gleichzeitig gelang es auch den weißrussischen Partisanen im Spätherbst 1941 erste eigene systematische Propagandatätigkeiten zu entwickeln.[202]

---

[197] GebK Sluzk, an GK Minsk, 30. 10. 1941, betr. Judenaktion, PS-1104, IMT, Bd. 27, S. 4-8.
[198] PAW, Zur Lage und Stimmung der Bevölkerung in Stadt und Gebiet Smolensk, Anhang zu Propagandalage- und Tätigkeitsbericht v. 16.-30. 11. 1941, BA-MA, RW 4/236, fol. 22, 24 f.
[199] Vgl. Übersetzung zweier sowjetischer Flugblätter (»An die Bevölkerung der Ortschaften, die zeitweilig besetzt sind« und »Weißrußland hat sich erhoben«), Anlage zu WPr IV h 1 an Gruppenleiter zur Weiterleitung an Dr. Taubert, 22. 8. 1941, BA-MA, RW 4/252, fol. 202-208.
[200] Zur diesbezügl. sowjetischen Propaganda Perepelicyn/Timofeeva 2004, S. 271 ff.; Senjavskaja 2004, S. 254. Zu den deutschen Gräueltaten auch Overy 2003, S. 195 ff.
[201] Vgl. Perepelicyn/Timofeeva 2004, S. 270; Overy 2003, S. 185 f.
[202] Vgl. PAO, Lagebericht Nr. 6, 31. 10. 1941, BA-MA, RW 4/234, fol. 22; Berück Mitte, Ic, Tätigkeitsbericht Dezember 1941, BA-MA, RH 22/228, fol. 93. Siehe hierzu auch Dallin u. a. 1964, S. 204 ff.; Musial 2004. Näheres hierzu in den Abschnitten 6.1. und 6.2. der vorliegenden Arbeit.

Die Defensive der deutschen Propagandakriegführung ließ sich nicht mehr leugnen. Der übergroßen Mehrheit der einheimischen Bevölkerung boten sich faktisch weder politische, wirtschaftliche noch soziale Anreize für eine Kooperation mit der Besatzungsmacht. Ihre Situation verschlechterte sich zunehmend und die deutschen Massenverbrechen versetzten die Menschen in Angst und Schrecken. Insgesamt gelang es den Deutschen in Weißrussland nicht, Teile der Bevölkerung zur Mitarbeit zu bewegen, weder bei der Agrarproduktion noch bei der Sicherungspolitik. Je länger der Krieg aber dauerte, desto abhängiger waren die Besatzer von einer solchen Kooperation. Notgedrungen suchten die zentralen Stellen in Berlin deshalb seit Herbst 1941 nach neuen Wegen in der »geistigen« Kriegführung. In den letzten Wochen des Jahres 1941 konzipierte das Ostministerium eine modifizierte Propagandalinie, die verstärkt auf eine *positive* »Propaganda der Tat« setzen sollte.

1 | »Der Mörder und Brandstifter Stalin hat ausgespielt!«
Auf dem Schriftblatt:
»Programm des Mordbrenners Stalin! Vernichtung Euerer Vorräte, damit Ihr verhungert. Abbrennen von Euren Städten und Dörfern, damit Ihr ohne Dach über dem Kopf seid. Zerstörung Eurer Arbeitsplätze und Fabriken, wo Ihr täglich Euer Brot erwerbt. Zerstörung von Straßen und Brücken, damit man die Städte nicht mehr mit Lebensmitteln versorgen kann. Das waren die Absichten von Stalin.« (1941)

2 | »Der Jude ist Euer ewiger Feind!
Stalin und die Juden sind eine große Verbrecherbande!«
Kleiner Text:
»1. Wer hat Blut, Tränen und Hunger über Euch gebracht? Die Juden!
2. Wer unterstützte den Henker Stalin? Die Juden!
3. Wer hat Eure Frauen und Töchter verschleppt und vergewaltigt? Die Juden!
4. Wer hat Euch ausgesogen und ausgepresst bis aufs letzte? Die Juden!
5. Wer schimpfte am meisten auf die Kapitalisten, aber war selbst unersättlich nach Geld? Die Juden!
6. Wer veranlasste nach dem Willen Stalins die Zerstörung Eurer Wohnstätten? Die Juden!
7. Wer hat Millionen von Euch in den NKWD-Kellern zu Tode gequält? Die Juden!
8. Wer ist schuld am Kriege? Die Juden!
9. Wer hat Millionen von Euch in die Zwangsarbeitslager verschleppt? Die Juden!
10. Wer veranlasste nach dem Willen Stalins die Vernichtung Eurer Lebensmittelvorräte? Die Juden!
11. Wer erfand die ›Stachanowica‹, um Euch noch mehr auszusaugen? Die Juden!
12. Wer wählte sich immer die leichtesten Arbeiten, die schweren den anderen überlassend? Die Juden!
13. Wer versprach Euch das Paradies und schuf dabei die Hölle? Die Juden!
14. Wer zerstörte Euer reiches Land und machte Euch bettelarm? Die Juden!
15. Wer zerstörte nach dem Willen Stalins Eure Arbeitsstätten und Fabriken, von denen Euer täglich Brot abhängt? Die Juden!
16. Wer hetzte das Volk in den Krieg, sich selbst in Sicherheit bringend? Die Juden!
17. Wer hat überall die besten Wohnungen? Die Juden!
18. Wer war der eigentliche Nutznießer des bolschewistischen Terrorsystems? Die Juden!
19. Wer arbeitete am wenigsten und fraß sich dabei dick und fett? Die Juden!
20. Wer veranlasste nach dem Willen Stalins die Zerstörung Eurer Maschinen und Geräte? Die Juden!
21. Wer veranlasste nach dem Willen Stalins die Vernichtung Eurer Ernten und die Tötung Eures Viehs? Die Juden!
22. Wer veranlasste nach dem Willen Stalins die Zerstörung Eurer Transportwege, um Eure Versorgung mit den notwendigen Lebensmitteln unmöglich zu machen? Die Juden!
23. Wer hat die entsetzlichen Foltermethoden der NKWD erfunden und hat so Eure Brüder mit grausamstem Sadismus gemartert? Die Juden!« (1941)

3 | »Hitler, der Befreier!« (1941)

4 | »Arbeiter-Bauern-Macht. Das ist die Sowjetfreiheit!« (1941)

5 | »Sie sind schuld daran!
Die Juden und ihre Helfershelfer – die Kommunisten!
Sie haben Euch Euer letztes Hemd genommen!
Die Juden und ihre Helfershelfer – die Kommunisten!
Sie haben Eure Männer, Frauen und Kinder bis auf den Tod gequält!
Die Juden und ihre Helfershelfer – die Kommunisten!
Sie sind die schlimmsten Feinde Eures Volkes!
Die Juden und ihre Helfershelfer – die Kommunisten!
Vergesst das nicht!« (1941/42)

6 | »Die neue Agrarordnung für den fleißigen Bauern – die Grundlage des Wohlstandes!« (1942)

7 | »Deutschland hat Dich vom Bolschewismus befreit, jetzt arbeite mit am Aufbau Deiner Heimat!« (1942)

8 | »Vernichtet die Banditen und ihre Helfershelfer unter Euch – sie schaden Euch selbst am meisten! Wer Banditen gewähren lässt, ist selbst ein Bandit! Meldet alles Verdächtige umgehend der nächsten deutschen Dienststelle, der Wehrmacht oder der Polizei!« (1942)

9 | »Für wen kämpfen die Banden Stalins? Für die Feinde Eures Volkes!« (1942)

10 | »Ich fahre morgen, wer fährt mit? Durch Deine Arbeit in Deutschland hilfst Du, den Bolschewismus zu vernichten.« (1942)

11 | »Galja Saslawskaja schreibt einen Brief aus Deutschland. Wer in Deutschland arbeitet, der bringt das Ende des Krieges näher!« (1942)

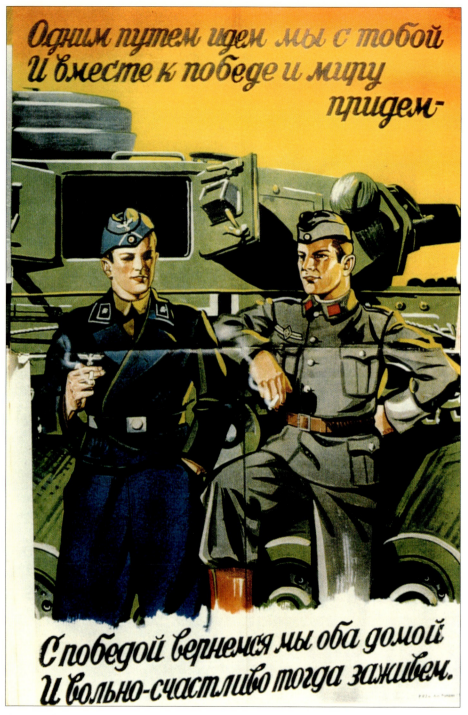

12 | »Wir gehen einen gemeinsamen Weg mit Dir. Gemeinsam werden wir diesen Sieg und die Freiheit erlangen. Siegreich wollen wir nach Hause zurückkehren und dann ein freies und glückliches Leben führen.« (1943)

13 | »Dieser Bund ist das Pfand des Sieges über den gemeinsamen Feind.
Er ist das Pfand einer glücklichen Zukunft für die Völker Europas.« (1943)

14 | »Bolschewismus – Neues Europa« (1943)

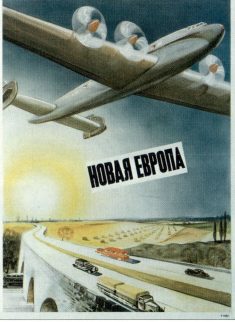

15 | »Unter der Heimatfahne in eine leuchtende Zukunft!« (1943)

16 | »Durch fleißige Arbeit zur eignen Scholle. Die neue Agrarordnung wird 1943 beschleunigt fortgesetzt. Der tüchtige Bauer hat allen Vorrang.« (1943)

17 | »Spannt Eure Kühe an, wie es in Deutschland gemacht wird. Dort werden rund ein Viertel aller Milchkühe als Zugtiere eingesetzt.«
Bildunterschriften:
»Die Kuh bei der Feldbestellung.«
»Die Kuh vor der Egge.«
»Die Kuh vor dem Wagen.«
Unterer Text:
»Die Zugkuh lohnt bei guter Pflege und Fütterung durch doppelte Leistung: Milch und Arbeit!« (1943)

18 | »Vernichtet die Stalinbanditen, die Feinde des Wiederaufbaus – Fort vom weißrussischen Boden!« (1943)

19 | »Im Schutz des deutschen Adlers arbeitet das Neue Europa für Freiheit und eine neue Ordnung. Reihe Dich ein in die Kolonnen der Kämpfer für den Aufbau eines neuen Lebens!« (1943)

20 | »Die Macht Deutschlands wächst mit jedem Tag ...
Darum wird Deutschland siegen!« (1943)

6. »Propaganda der Tat« – Das Jahr der grossen Propagandakampagnen 1942

6.1. Die grundlegende Modifizierung des politisch-propagandistischen Vorgehens zur Jahreswende 1941/42

Der »scharfen und pausenlosen Feindpropaganda durch die Tat zu begegnen«[1] – dieser Anspruch charakterisierte das deutsche Vorgehen ab Anfang 1942. Im Januar legte das Ostministerium die »Richtlinien für den Ausbau der Ostpropaganda« vor.[2] Darin stellte es grundsätzlich fest, dass die Lage an der Ostfront und in den besetzten Gebieten »eine veränderte Grundlage für die Aufgaben der Aufklärung und Propaganda« geschaffen habe. Es käme »jetzt einzig und allein« darauf an, »der schwer kämpfenden Front den Rücken freizuhalten, für Ruhe und Ordnung in den rückwärtigen Gebieten zu sorgen, das Bandenwesen niederzuhalten und die Bevölkerung zur Mitarbeit zu gewinnen.« Angesichts der Notwendigkeit, »zunächst den Krieg gegen Moskau zu gewinnen«, müssten »bisher geübte Einschränkungen in der Propaganda fallen, die vielfach mit politischen Zukunftsrücksichten begründet wurden.« Es dürfe nunmehr keine Zeit mehr verloren werden und bei »aller gebotenen Härte im Großen der politischen Zielsetzung« müsse »der Gewinnung der Bevölkerung zur Mitarbeit durch entsprechende lockende Maßnahmen im Kleinen der Boden bereitet werden, ohne den solche Aufklärung und Propaganda nicht durchführbar« sei.[3]

Die neue Linie wurde durch das Schlagwort »Propaganda der Tat« charakterisiert.[4] Ihr Ziel war es, »den von der Sowjetpropaganda verschiedentlich ausgestreuten Behauptungen, dass Deutschland die vollständige Vernichtung des russischen Volkes plane, vor allem mit dem Hinweis auf die Aufbautätigkeit

---

[1] RMO, Richtlinien für den Ausbau der Ostpropaganda, Jan. 1942, BA D-H, R 90/31, unfol.

[2] Es ist unklar, in welcher Form diese Richtlinien später an die Propagandaeinheiten weitergegeben wurden, da entsprechende schriftliche Weisungen des OKW nicht überliefert sind. Der Pressechef im RMO, Cranz, schlug im Januar eine kurzfristig einzuberufende zentrale Tagung in Berlin vor. Am 23. 2. – vier Tage vor Beginn der Kampagne zur Neuen Agrarordnung – fand im RMO ein Presseempfang statt, auf dem die neuen Richtlinien vorgestellt wurden. In der Forschung wird diese Kursänderung oft fälschlicherweise Goebbels zugeschrieben, der die Richtlinien einen Tag nach der Pressekonferenz in seinem Tagebuch zusammenfasste. Goebbels TB, Eintrag v. 24. 2. 1942, II, Bd. 3, S. 363-366. Vgl. Dallin 1981, S. 156 f.; Longerich 1987, S. 93. Auch die Oberbefehlshaber der Heeresgruppen und Armeen im Osten waren keine Vorreiter dieser Wende – so Hürter 2007, S. 464.

[3] RMO, Richtlinien für den Ausbau der Ostpropaganda, Jan. 1942, BA D-H, R 90/31, unfol. Die PAW hatte bereits im Dezember betont, dass eine »freundliche, d. h. nutzbringende, Einstellung für Deutschland [...] nur durch klare materielle Vorteile zu erzielen« sei. PAW, Propagandalage- und Tätigkeitsbericht, 1. 12.-15. 12. 1941, BA-MA, RW 4/236, fol. 61.

[4] Vgl. Buchbender 1978, S. 359 (Fn. 149). Der Terminus »Propaganda der Tat« stammt ursprünglich aus dem russischen Anarchismus. Buchbender übersieht den Einfluss des RMO bei der Festlegung dieser neuen Linie. Vgl. ebd., S. 133.

der deutschen Besatzungsbehörden in den besetzten Gebieten wirksam entgegenzutreten.«⁵ Das Schlagwort vom »Aufbau« – z. B. in Form des »Aufbaus eines neuen Europa« oder der »tatkräftige[n] deutsche[n] Mithilfe am Wiederaufbau«⁶ – war von Beginn an inhaltlicher Bestandteil der deutschen Propaganda gewesen. Die im Januar 1942 eingeschlagene Tendenz sollte im Unterschied hierzu jedoch möglichst an konkreten Maßnahmen anknüpfen.

In den vorangegangenen Monaten war immer wieder Kritik geübt worden, dass die deutsche Propaganda einerseits zu wenig *positive* Inhalte vermitteln würde und andererseits die ausgegebenen Parolen substantiell nicht untermauert seien. Der Oberbefehlshaber des Heeres, Brauchitsch, hatte im Oktober 1941 betont, dass »auch nur ein bescheidener Ansatz zur Verwirklichung der Hoffnungen auf Besserung des Lohnes, Abschaffung des Stachanow-Systems, eigenes Land und freie Religionsausübung [...] seine Wirkung nicht verfehlen« würde.⁷ Diese Ansicht wurde in der Abteilung WPr geteilt, deren Mitarbeitern ebenfalls klar war, dass die Wirkung der Propagandatendenzen »solange gering bleiben« müsse, »als zwischen Versprechungen und Verwirklichung eine allzu große Spanne« bestehe.⁸ Das grundlegende Problem lag jedoch in der Frage, *welche* konkreten Maßnahmen ergriffen werden konnten, ohne die grundsätzlichen kriegs- und besatzungspolitischen Ziele zu gefährden. Hierum drehten sich seit Oktober 1941 die Diskussionen. Die wichtigsten Entscheidungen fielen dabei *vor* dem Beginn der sowjetischen Gegenoffensive und dem Kriegseintritt der USA im Dezember 1941. Die Modifizierung des Vorgehens war also keine Reaktion auf diese Ereignisse, sondern resultierte aus dem bereits zuvor erkennbaren Scheitern der eigenen Kriegs- und Propagandaplanung.

Die wichtigste Entscheidung betraf zweifellos den Agrarsektor. Die Zurücknahme der sowjetischen Agrarreform, also die Auflösung der Kolchosen und Sowchosen wurde in den deutschen Berichten aus den besetzten Gebieten vielfach als der entscheidende Punkt zur Gewinnung der Landbevölkerung für die kriegsnotwendige Mitarbeit angesehen.⁹ Anfang Oktober 1941 legte der Chef des OKW, Keitel, Hitler entsprechende Anregungen des von den Deutschen eingesetzten stellvertretenden Bürgermeisters von Smolensk, Basilowski, vor. Hitler schlug daraufhin vor, die »Aufnahmefähigkeit des russischen

---

5   Wehrmacht-Propaganda-Lagebericht für die Zeit v. 1. 3.-15. 3. 1942, BA-MA, RW 4/340, fol. 22.
6   Vgl. Flugblätter zur Aktion »Schutz der Ernte« (Sept./Okt. 1941) oder [AA], Ru V (Osteuropa) Conradi, 5. 11. 1941, Propagandistische Auswertung des Jahrestages der bolschewistischen Oktoberrevolution durch den deutschen Auslandsfunk, PA AA, R 105181, unfol.
7   OKH Gen St d H/ H Wes Abt (II) Nr. 104/10.41 geh., an OKW/WFSt WPr, 15. 10. 1941, betr. Propaganda in die sowjetische Zivilbevölkerung, BA-MA, RW 4/253, unfol.
8   WPr/AP2, Vortragsnotiz Nr. I/88 für Chef WPr, 7. 11. 1941, betr. Propaganda in die sowjetische Bevölkerung, BA-MA, RW 4/253, unfol.
9   Vgl. exemplarisch Chef WFSt an Chef WPr, 16. 8. 1941, Bitte um Stellungnahme zu anliegendem Schreiben: OKW/WPr, 12. 8. 1941, Propaganda-Einsatz gegen die Rote Armee und die russ[ische] Zivilbevölkerung v. 12. 8. 1041, BA-MA, RW 4/364, fol. 362-267; WHA von Bruemmer, Informationsabteilung [AA], Länderreferat Russland, 19. 9. 1941, Bericht über eine Reise zur Ostfront v. 31. 8.-13. 9. 1941, PA AA, R 105177, unfol.; verschiedene Lageberichte der PAO in BA-MA, RW 4/234; Tätigkeits- und Stimmungsberichte der PAW in BA-MA, RW 4/253 und RW 4/236; Berichte des Ic-Offiziers beim Berück Mitte in BA-MA, RH 22/228.

Landvolkes für diese Gedanken« auszunutzen. Unter der Voraussetzung, dass die Felder ordnungsgemäß beackert und bestellt und die Abgabeverpflichtungen eingehalten würden, werde »die deutsche Regierung die bisherigen Zustände allmählich ändern, sodass der russische Bauer wieder in Besitz von Grund und Boden« gelange.[10] Diese noch wenig konkreten Formulierungen flossen in die am 24. November ausgegebenen Richtlinien für die Propaganda ein.[11] Unklar war zu diesem Zeitpunkt noch, in welcher Form und zu welchem Zeitpunkt diese Ankündigung umgesetzt werden sollte, doch bereits etwa eine Woche später fiel die grundsätzliche Entscheidung für eine Agrarreform.[12]

Der Agrarwissenschaftler Otto Schiller, dessen Kompromissvorschlag sich schließlich durchsetzen sollte, argumentierte Anfang November 1941 damit, dass eine Aufrechterhaltung der Kolchosen auf die Dauer sowieso nicht möglich sei und ein Aufschieben der Reform wirtschaftlichen und politischen »Schaden« anrichte, »der später nicht wieder gut zu machen« sei.

> »Wenn wir uns im nächsten Jahr, in dem wir dem Bauern eine materielle Besserstellung bestimmt nicht bieten können, auf ein starres Festhalten an dem bisherigen Zustand beschränken, ohne in konkreter Form den Weg für eine allmähliche Abschaffung der bolschewistischen Agrarreform aufzuzeigen, so wird die Produktion durch ein Nachlassen der Arbeitswilligkeit leiden. Es würde in einem solchen Falle – zumal in Anbetracht der dann zu erwartenden Belebung der Partisanentätigkeit und der unterirdischen Agitation der Gegenseite – die Gefahr bestehen, daß die Bauern in eine Oppositionsstellung getrieben werden, die uns zu Repressalien zwingt, so daß auch bei einer späteren Änderung des Kurses das Vertrauen der Bauern nicht zurückzugewinnen ist. [...] Die Verkündung einer neuen Agrarordnung und ein auch noch so bescheidener Beginn von praktischen Reformmaßnahmen gibt uns die Möglichkeit, die Agrarfrage, die in Rußland das wirksamste und wichtigste Propagandamittel ist, propagandistisch voll auszunutzen und einer Agitation der Gegenseite den Boden zu entziehen. Wir verhindern damit außerdem, daß von unberufener Seite Reformvorschläge an entscheidende Stellen herangetragen werden und uns damit u. U. die Initiative aus der Hand genommen wird.«[13]

Die deutschen Ausplünderungspläne für die kommenden Jahre – von Schiller euphemistisch als »hohe Erfassungsquoten, Eingriff in die Viehbestände, Schwierigkeiten der Bestellung, völliges Fehlen von Konsumgütern usw.« umschrieben – machten es »dringend erforderlich, daß wir ein Mittel in die Hand bekommen, um die Bauern für uns zu gewinnen und ihre Arbeitswilligkeit anzuspornen.«[14] Christian Gerlach hat nachgewiesen, dass sich die Deut-

---

[10] Abschrift OKW Wi-Rü-Amt/Stab I a, 6. 11. 1941, zu den von Keitel weitergegebenen Ausführungen Hitlers zu den Anregungen des stellvertretenden Bürgermeisters von Smolensk sowie WFSt/Abt. L (IV/Qu) Nr. 02257/41 geh., 6. 10. 1941, an Verteiler, betr. Anregungen des stellvertretenden Bürgermeisters von Smolensk für die deutsche Propaganda unter den russischen Bauern, BA-MA, RW 4/253, unfol. Vgl. auch Buchbender 1978, S. 133.
[11] Siehe oben.
[12] Zur Diskussion um die Agrarreform siehe Dallin 1981, S. 337-346; Gerlach 1999, S. 342-371.
[13] Wirtschaftsstab Ost, Chefgruppe La, 3. 11. 1941, Die Gründe für die Verkündung der neuen Agrarordnung, gez. Schiller, PA AA, R 105170, fol. 256687 ff.
[14] Ebd.

schen von einer substantiellen Änderung der Agrarverfassung inzwischen auch wirtschaftliche Vorteile versprachen. Ein Verhungernlassen von Millionen von Menschen zugunsten der Versorgung der Wehrmacht war in der Praxis nicht durchführbar. Die riesigen Regionen ließen sich nicht kontrollieren, die hungernden Zivilisten versuchten, ihre eigene Versorgung zu sichern und lieferten ihre Ernteerträge nicht ab. Der deutschen Besatzungsmacht blieb nunmehr nur der Versuch, die landwirtschaftliche Produktivität zu steigern und zwar durch eine Stärkung der Arbeitsmotivation der einzelnen Bauern.[15]

Mitauslöser für die letztendliche Entscheidung war ein Bericht der Propagandaabteilung W, den die Abteilung WPr dem Chef des Wehrmachtführungsstabes, Jodl, am 26. November zur Kenntnisnahme vorlegte. Hierin äußerte sich der Abteilungskommandeur, Kost, unter anderem zu der seiner Meinung nach feststellbaren und bisher enttäuschten Erwartung der Bauern nach Privatisierung des Landes. Er betonte, dass sich »eine bindende Erklärung über Zeitpunkt und Art der Landrückgabe stimmungsmäßig außerordentlich günstig auswirken und eine erhebliche Bresche in die gegnerische Arbeit der so genannten Partisanen schlagen« würde.[16] Bereits seit Oktober kursierten Gerüchte im besetzten Gebiet, dass die sowjetische Regierung das kollektive Wirtschaftssystem auflockern würde.[17] Damit drohte die bereits im Juli befürchtete Situation einzutreten, dass die Sowjetunion die Auflösung der Kolchosen vorwegnehmen könnte. Kost meinte auch, dass die deutsche Ankündigung einer Bodenreform die Widerstandskraft der Roten Armee zersetzen würde. Er spekulierte darauf, dass gerade Rotarmisten mit bäuerlichem Hintergrund massenhaft desertieren bzw. überlaufen würden, um bei der Landverteilung nicht leer auszugehen.[18]

Nachdem Jodl den Bericht gelesen hatte, wandte er sich direkt an Keitel. Bezugnehmend auf die Äußerungen Hitlers von Anfang Oktober sandte er die Notiz: »Der Fuehrer wollte doch die Eigentumsgrundlage etwas (?) betonen, sie ist sicher das zugkraftigste Mittel für die ganze Landbevölkerung, auch für die, welche noch im russischen Heer kaempft.«[19] Keitel antwortete knapp: »ja OKH. WPr in Benehmen mit Rosenberg das nötige veranlassen.«[20] Damit waren Ende November, spätestens Anfang Dezember 1941 die grundlegenden Weichen für eine Agrarreform gestellt.[21] Inwieweit eine etwa zeitgleich eintreffende Nachricht Schenckendorffs mit zu der Entscheidung beitrug, lässt sich nicht rekonstruieren. Dieser meldete alarmiert, dass Partisanen

---

[15] Vgl. Gerlach 1999, S. 329.
[16] WPr Nr. 8644/ 41 g. WPr AP 3, 26. 11. 1941, Vortragsnotiz für Herrn Chef WFSt, mit Anlagen: Tätigkeits- und Stimmungsbericht der PAW für die Zeit v. 1.-15. 11. 1941, BA-MA, RW 4/253, unfol.
[17] Vgl. Berück Mitte, Ic, Tätigkeitsbericht, Oktober 1941, BA-MA, RH 22/228, fol. 83.
[18] WPr Nr. 8644/ 41 g. WPr AP 3, 26. 11. 1941, Vortragsnotiz für Herrn Chef WFSt, mit Anlagen: Tätigkeits- und Stimmungsbericht der PAW für die Zeit v. 1.-15. 11. 1941, BA-MA, RW 4/253, unfol.
[19] Notiz Jodls, o. D., BA-MA, RW 4/253, unfol.
[20] Notiz Keitels, o. D., BA-MA, RW 4/253, unfol.
[21] Die zitierten Dokumente wurden in der Forschung bisher nicht berücksichtigt.

6. Das Jahr der großen Propagandakampagnen 1942

im rückwärtigen Heeresgebiet Mitte begonnen hätten, mit dem Hinweis auf einen »Auftrag der Sowjetregierung« Kolchosenland an die Bauern zu verteilen.[22]

In der ersten Dezemberhälfte 1941 begannen die konkreten Vorbereitungen für eine Agrarreform, die im Frühjahr 1942 in den altsowjetischen Gebieten durchgeführt werden sollte. Als Göring und Hitler am 30. Januar bzw. 15. Februar 1942 den entsprechenden Erlassen zustimmten, waren die Planungen bereits weitgehend abgeschlossen.[23] Die Einführung der »Neuen Agrarordnung« galt zwar zweifellos als die wichtigste Propagandaaktion des Jahres 1942,[24] sie war jedoch nur *ein* Punkt in einem ganzen Bündel von Maßnahmen, das zur Jahreswende 1941/1942 beschlossen wurde. Diese umfassten sieben Bereiche:[25]

1. *»Aufbaumaßnahmen der Verwaltung«*: Im Baltikum und in der Ukraine sollten die Propagandisten vor allem auf wirtschaftliche Maßnahmen hinweisen – »Besitzfrage, Hebung und Förderung des Handwerks, Stabilisierung von Löhnen und Preisen«. Diese Themen wurden in den altsowjetischen Gebieten, wo die »Neue Agrarordnung« im Mittelpunkt der Propaganda stehen sollte, ausgeklammert.

2. *»Selbstverwaltung«*: Die Propaganda sollte den Einsatz einheimischer Personen auf den unteren Verwaltungsebenen stark hervorheben und der Bevölkerung damit suggerieren, dass »sie selbst weitgehend für die Neuordnung und Festigung ihrer wirtschaftlichen Lage mitverantwortlich« sei. Zu diesem Zweck schlug das Ostministerium auch vor, in den Hungergebieten »Selbsthilfeausschüsse« der Bevölkerung zu bilden. Obwohl klar war, dass diese die Lebensmittelnot nicht lindern könnten, sollte die deutsche Verwaltung mit ihnen zusammenarbeiten, um damit eine »sichtbare Hilfsabsicht der deutschen Stellen« propagieren zu können.[26] Darüber hinaus wurde auch erwogen, in bestimmten Gebieten die »Selbstverwaltungs«-

---

[22] Berück Mitte, Ic – Az. Prop., 30. 11. 1941, betr. Landaufteilung durch Partisanen, gez. Schenckendorff, BA-MA, RW 4/253, unfol. Vgl. hierzu auch Berück Mitte, Ic, Tätigkeitsbericht November 1941, BA-MA, RH 22/228, fol. 85 f.; PAW, Stimmungsbericht zum Propagandalage- und Tätigkeitsbericht v. 1. 12.-15. 12. 1941, BA-MA, RW 4/236, fol. 61 f.; OKH Gen St d H/Gen Qu, Az.Abt.K.Verw. (Qu 4/Ausw) Nr. II) 99/42 geh., an Reichsminister für die besetzten Ostgebiete und OKW/WPr, 12. 1. 1942, Auszugsweise Abschrift aus Lage- und Tätigkeitsbericht des Berück Mitte v. 19. 12. 1941, BA-MA, RW 4/235, fol. 19.

[23] Vgl. auch Gerlach 1995, S. 10; ders. 1999, S. 346.

[24] Vgl. RMO, Richtlinien für den Ausbau der Ostpropaganda, Januar 1942, BA D-H, R 90/31, unfol. Zu den detaillierten Planungen siehe Abschnitt 6.2. der vorliegenden Arbeit.

[25] Die folgende Darstellung orientiert sich an den Richtlinien für den Ausbau der Ostpropaganda vom Januar 1942 (BA D-H, R 90/31, unfol.) sowie an einer Reihe von Dokumenten, die die geplanten Maßnahmen mehrfach darstellten und kommentierten. Sie wurden im April 1942 als einzelne Anlagen zum innerministeriellen Mitteilungsblatts Nr. 1 (Stempel), o. D. zusammengefasst: Presseempfang im RMO am 23. 2. 1942 mit Referaten von Cranz, Leibbrandt, Riecke und Schlotterer (Anlage II), Propagandamaßnahmen (Anlage III), Stellungnahme des Pressechefs des RMO über den Ausbau der Aufklärung und Propaganda im Ostraum (Anlage IV), BA, R 6/408, fol. 36-58.

[26] RMO, Richtlinien für den Ausbau der Ostpropaganda, Jan. 1942, BA D-H, R 90/31, unfol. Zu den etwa ab August 1941 im zivilverwalteten Gebiet eingesetzten »Vertrauensräten« vgl. auch GR Baum an Großkopf, 14. 8. 1941, PA AA, R 105173, unfol.

Strukturen auszubauen. Eine solche »Musterregelung« – mit der man die internationale Öffentlichkeit täuschen und den noch nicht eroberten Völkern ein positives Vorbild vorhalten wollte – war für das Baltikum angedacht.[27] Alle weitergehenden Anregungen, nationale Kräfte stärker zu fördern oder eventuell von deutscher Seite abhängige und kontrollierte Vertretungen (»Scheinregierungen«) zu schaffen,[28] wurden zur Jahreswende 1941/42 negativ beschieden. Auch Vorschläge, die russische Bevölkerung in eine solche Politik einzubinden,[29] stießen im Ostministerium zu diesem Zeitpunkt noch auf Ablehnung. Zwar war bereits im November/Dezember 1941 beschlossen worden, gegenüber den Bewohnern des Kaukasus und den so genannten Turkvölkern stärker auf nationalistische Parolen zu setzen und ihnen eine »selbständige nationale Entwicklung« nach dem Krieg anzudeuten.[30] Bezüglich der westlichen Randgebiete der UdSSR sollten jedoch weiterhin alle Hinweise auf die politische Zukunft unterbleiben, wobei Rosenberg aber wiederholt auf ein differenziertes propagandistisches Vorgehen in den einzelnen Regionen gepocht hatte.[31] Das Ostministerium verfolgte nach wie vor eine antirussische Spaltungs- und Schwächungspolitik, die durch ein »Auseinanderleben« und eine »verschiedenartige Behandlung der zahlreichen Völkerschaften« langfristig garantiert werden sollte[32] – oder wie der Leiter der Hauptabteilung Politik, Leibbrandt, es im Februar 1942 aus-

---

[27] Vgl. Aufzeichnung betr. Stand der Agrarordnungs-, Religions- und Nationalitätenfrage in den besetzten Ostgebieten, o. D. (Eingangsstempel AA D IX, 24. 3. 1942), PA AA, R 105170, fol. 256691-94. Im März 1942 hieß es dagegen: »Die Gewährung der Selbstverwaltung an Esten, Letten und Litauer wird außerhalb der landeseigenen Verwaltungen dieser Gebiete weder in Presse noch im Rundfunk propagandistisch verwertet, um an anderen Stellen nicht unnötige Begehrlichkeit zu wecken.« Wehrmacht-Propaganda-Lagebericht für die Zeit v. 16. 3.-31. 3. 1942, BA-MA, RW 4/340, fol. 27.

[28] Vgl. entsprechende Vorschläge z. B. in PAO, Lagebericht Nr. 5, 15. 10. 1941, BA-MA, RW 4/233, fol. 145.; OKH Gen St d H/ Gen Qu Abt. K. Verw. (Qu 4/Ausw) Nr. II/ 1211/ 42 geh., an OKW/ WPr H Wes. Abt. b. Gen. z. b. V., 15. 2. 1942, BA-MA, RW 4/254, fol. 384 f.; Gen Qu, Abt. K. Verw., 8. 1. 1942, Vortragsnotiz für Herrn Gen Qu., gez. Altenstadt, Anlage: Vorschläge für die Zersetzung der sowjetischen Widerstandskraft, BA D-H, R 90/257, unfol.

[29] Vgl. PAW, Nr. 29/42 geh., an OKW/WFSt/WPr AP3, 6. 2. 1942, Wehrmachtpropaganda-Lagebericht 1. 1.-1. 2. 1942, BA-MA, RW 4/254, fol. 345.

[30] Vgl. [RMO], Sondersprachregelung Osten (Nr. 28), 5. 11. 1941, als Anlage zu Ref. Ges. Großkopf, betr. Richtlinien des RM Ost für die propagandapolitische Behandlung der Kaukasus- und der Ukraineprobleme, 5. 11. 1941, PA AA, R 105165, fol. 250849; [RMO], Richtlinien für die Propaganda im Kaukasus, Anlage zu [AA], RU V, Conradi, 5. 12. 1941, PA AA, R 105165, fol. 250837 f.; [RMO], Richtlinien für die Propaganda unter den Turkvölkern, Anlage zu [AA], RU V, Conradi, 5. 12. 1941, PA AA, R 105165, fol. 250840. Zur Propagandalinie im Kaukasus vgl. auch RMO, Abt. Presse u. Aufklärung/Gruppe Aktivpropaganda, Propaganda-Dienst Nr. 2, [Juli 1942], IfZ, Da 46.06, unfol. Zur Besatzungspolitik im Kaukasus Dallin 1981, S. 252; Umbreit 1999, S. 42 f.; Angrick 2003, S. 545-669.

[31] Vgl. OKW Nr. 8728/41 WFSt/WPr AP3, an Propaganda-Abteilungen B, U und W, 6. 10. 1941, betr. Propaganda unter den sowjetischen Arbeitern, BA-MA, RW 4/364, fol. 238.

[32] Rede von Reichsminister Rosenberg anlässlich des Presseempfangs am 18. 11. 1941 im RMO, PA AA, R 27359, unfol. Vgl. auch Presseempfang im RMO am 23. 2. 1942 mit Referaten von Cranz, Leibbrandt, Riecke und Schlotterer, BA, R 6/408, fol. 37 f.; Aufzeichnung betr. Stand der Agrarordnungs-, Religions- und Nationalitätenfrage in den besetzten Ostgebieten, o. D. (Eingangsstempel AA D IX, 24. 3. 1942), PA AA, R 105170, fol. 256692.

drückte: »Alle sind gegeneinander aufzuhetzen. Dies ist das Gesetz, das über allem steht.«³³ Für das »Weißruthenentum« wurde in diesem Rahmen die »Konsolidierung und Selbstbehauptung gegenüber Russentum und Polentum« angestrebt.³⁴

3. »*Religionsfrage*«: Innerhalb der Hauptabteilung Politik des Ostministeriums versprach man sich von einer stärkeren Betonung der »Religionsfreiheit« eine positive Wirkung auf die Bevölkerung.³⁵ Bereits im November und Dezember 1941 hatten die Propagandarichtlinien für den Kaukasus einen offensiveren Umgang mit dem »Mohammedanertum« vorgegeben. Es wurde nicht nur eine »ungestörte Religionsausübung für alle Bekenntnisse einschließlich der Mohammedaner« verfügt, sondern auch die Wiedereröffnung von Kirchen und Moscheen gestattet.³⁶ Nun sollte die Religionsfrage insgesamt stärker in den Vordergrund gerückt werden, wozu das Ostministerium einen von Hitler unterzeichneten zentralen »Kirchenerlass« bzw. ein »Toleranzedikt« anregte.³⁷

4. »*Kulturelle Betätigung*«: Soweit »politisch irgendwie vertretbar« sollten kulturelle Tätigkeiten jetzt stärker gefördert werden. Nachrichten über diese »Zulassung und Wirksamkeit« von Theatern, Kinos, Konzerten, Vortrags- und »Volkstums«-Veranstaltungen aller Art waren planmäßig zu sammeln und zu verbreiten.³⁸ Leibbrandt brachte es auf den Punkt: »Zugeständnisse auf kulturellem Gebiet« seien erforderlich, »da wirtschaftliche Vorteile nicht geboten werden können.«³⁹

5. »*Zeitungen und Zeitschriften*«: Die Berichterstattung aus den besetzten Gebieten hatte wiederholt auf den »großen Nachrichten-Hunger« der Bevölkerung verwiesen, die aus sowjetischen Zeiten an eine regelmäßige Versorgung mit Zeitungen und Propagandamaterial gewöhnt sei.⁴⁰ Das Ostministerium hielt deshalb die »anfänglich gebotene Beschränkung von

---

33 Aufzeichnung über die Besprechung mit den Wirtschaftsinspekteuren der rückwärtigen Heeresgebiete im WiStab Ost am 23. und 24. 2. 1942, zit. nach: N. Müller 1971, S. 206.
34 Aufzeichnung betr. Stand der Agrarordnungs-, Religions- und Nationalitätenfrage in den besetzten Ostgebieten, o. D. (Eingangsstempel AA D IX, 24. 3. 1942), PA AA, R 105170, fol. 256693.
35 Allgemein zur Religionspolitik Dallin 1981, S. 486-508.
36 Sondersprachregelung Osten (Nr. 28) [des RMO], 5. 11. 1941, als Anlage zu Ref. Ges. Großkopf, betr. Richtlinien des RM Ost für die propagandapolitische Behandlung der Kaukasus- und der Ukraineprobleme, 5. 11. 1941, PA AA, R 105165, fol. 250849; [RMO], Richtlinien für die Propaganda im Kaukasus, Anlage zu [AA], RU V, Conradi, 5. 12. 1941, PA AA, R 105165, fol. 250837 f.
37 Vgl. RMO, Richtlinien für den Ausbau der Ostpropaganda, Jan. 1942, BA D-H, R 90/31, unfol.; Presseempfang im RMO am 23. 2. 1942 mit Referaten von Cranz, Leibbrandt, Riecke und Schlotterer sowie Propagandamaßnahmen, BA, R 6/408, fol. 38, 44; Aufzeichnung betr. Stand der Agrarordnungs-, Religions- und Nationalitätenfrage in den besetzten Ostgebieten, o. D. (Eingangsstempel AA D IX, 24. 3. 1942), PA AA, R 105170, fol. 256691-94.
38 RMO, Richtlinien für den Ausbau der Ostpropaganda, Jan. 1942, BA D-H, R 90/31, unfol.
39 Presseempfang im RMO am 23. 2. 1942 mit Referaten von Cranz, Leibbrandt, Riecke und Schlotterer, BA, R 6/408, fol. 38.
40 Vgl. exemplarisch OKH GenStdH/ HWesAbt (II) Nr. 104/10.41 geh., an OKW/WFSt WPr, 15. 10. 1941, betr. Propaganda in die sowjetische Zivilbevölkerung, BA-MA, RW 4/253, unfol.

Zeitungen und Zeitschriften« inzwischen für »hinfällig« und verfügte den umfassenden Ausbau des einheimischen Pressewesens.[41]

6. »*Formationen der verschiedenen Völker*«: Eine Frage, die sich der deutschen Besatzungsmacht angesichts des eigenen Personalmangels zunehmend aufdrängte, war die der Aufstellung einheimischer bewaffneter Verbände. Ein solches Vorgehen barg jedoch eine große Gefahr: Bewaffnete Verbände stellten einen potenziellen und letztlich unkalkulierbaren Machtfaktor dar. In Berlin versuchte man auch hier eine Kompromisslinie zu finden. Während aus Angehörigen der kaukasischen Bevölkerungsgruppen und den so genannten Turkvölkern auch Frontverbände aufgestellt wurden, beschränkte sich die deutsche Besatzungsmacht in den westlichen Regionen der UdSSR auf den Einsatz bewaffneter Einheimischer in Polizei- und Milizformatio-nen. Diese Politik sollte ab Januar 1942 unter dem Schlagwort »Zulassung und Wirksamkeit der Formationen der von den Sowjets unterdrückten Völker«[42] propagandistisch besonders hervorgehoben werden. Der Bevölkerung sollte klargemacht werden, dass »sie selbst an der Seite der deutschen Befreier aktiv am Kampf gegen den verhassten Bolschewismus und seine ›Partisanen‹, Banditen und Sabotagetreibenden [...] und zum Teil auch schon an der deutschen Front teilnimmt und dass das Schicksal ihrer eigenen Verbände unlösbar mit dem Endsieg der deutschen Befreier verkettet« sei.[43]

7. »*Deutschlandfahrten*«: Unter dem Stichwort »Mundpropaganda durch Vertreter der Bevölkerung« wurde Anfang 1942 zudem die Durchführung von so genannten Deutschlandfahrten beschlossen. Einheimische verschiedener Berufsschichten sollten an mehrwöchigen Gruppenreisen nach Deutschland teilnehmen und später als »Augenzeugen« zur »aktiven Mundpropaganda« eingesetzt werden.[44] Diese Reisen wurden später unter anderem durch Bildbände, Sonder-Bildserien oder Filme dokumentiert.[45]

Insgesamt betrachtet führte die Anfang 1942 eingeleitete propagandapolitische Wende zu einem deutlichen Ausbau der Propagandaaktivitäten der Besatzungsmacht.[46]

Ein propagandapolitisch ganz zentraler Aspekt war weiterhin die Situation der sowjetischen Kriegsgefangenen, die sich auch durch die Entscheidung zum Arbeitseinsatz im Reich faktisch kaum verbessert hatte. Im Ostministerium ging man davon aus, dass dies die »Gesamtpropaganda« belaste, da die Bevöl-

---

[41] Siehe Abschnitt 3.1. der vorliegenden Arbeit.
[42] RMO, Richtlinien für den Ausbau der Ostpropaganda, Jan. 1942, BA D-H, R 90/31, unfol.
[43] Ebd. Vgl. hierzu auch Gen Qu, Abt. K. Verw., 8. 1. 1942, Vortragsnotiz für Herrn Gen Qu., gez. Altenstadt, Anlage: Vorschläge für die Zersetzung der sowjetischen Widerstandskraft, BA D-H, R 90/257, unfol.
[44] RMO, Richtlinien für den Ausbau der Ostpropaganda, Jan. 1942, BA D-H, R 90/31, unfol.
[45] Vgl. Bildserie »Weißruthenen als Gäste in Deutschland« bzw. Filme »Mit eigenen Augen« (russ. und ukr.) oder »Wir haben Deutschland gesehen« (russ.), jeweils über eine »Besichtigungsfahrt einer Gruppe russischer Arbeiter durch Deutschland.« Länge 900 m, in russischer und ukrainischer Sprache. Hinweise in Lagerverzeichnis der Abt. Ost, BA, R 55/1299.
[46] Zu den institutionellen Anpassungen im Frühjahr 1942 siehe Abschnitt 2.1., zur Entwicklung der Medien Abschnitt 3. der vorliegenden Arbeit.

kerung vielfach »selbst Zeuge des Schicksals der Gefangenen und [...] demzufolge Versprechungen gegenüber misstrauisch« würde.[47] Im Januar schlug das Ministerium deshalb – ähnlich wie bereits die Berichte aus den besetzten Gebieten – vor, dass die »nichtbeteiligte Bevölkerung« grundsätzlich von dem »Anblick von Straf- und Vergeltungsmaßnahmen radikal ausgeschlossen werden« müsste.[48] Ende Februar wandte sich Rosenberg noch einmal persönlich an Keitel, um auf die kontraproduktive Wirkung der Kriegsgefangenenbehandlung hinzuweisen, die er – wie andere Stellen auch – ebenfalls als Ursache für den hartnäckigen Widerstand der Roten Armee ansah.[49] Das OKW schloss sich zwar der Auffassung an, Erschießungen nicht vor den Augen der Zivilisten durchzuführen. Alle Anregungen, die Verpflegung und Behandlung der Kriegsgefangenen »mit den – in diesem Punkte bewusst übertriebenen – Versprechen der deutschen Propaganda in Einklang zu bringen«, wies es aber mit Hinweis auf die Transportlage und den Vorrang der Deutschen strikt zurück.[50]

Dennoch gab das OKH Mitte April 1942 neue Richtlinien zur allgemeinen Behandlung der Kriegsgefangenen heraus – mit der Begründung, dass sich diese zum einen auf die feindlichen Truppen und das sowjetische Hinterland auswirke. »Die Kunde von guter Aufnahme und Behandlung« würde »der gegnerischen Propaganda einen starken Schlag versetzten, die feindliche Front zermürben und die unter der roten Herrschaft lebenden Menschen in ihrer Hoffnung auf einen deutschen Sieg bestärken.« Zum anderen beeinflusse sie die Bevölkerung in den besetzten Gebiete, da diese »nicht mit Unrecht [...] von der Art, mit der ihre kriegsgefangenen Volksgenossen behandelt werden, auf die grundsätzliche Einstellung des Siegers zum ganzen Volk« schließe. Das OKH betonte, dass die »freiwillige Mitarbeit« der Bevölkerung »an der Landesausnutzung und am Wiederaufbau« nicht zu entbehren sei. Die Kriegsgefangenenbehandlung müsse auf Grund ihrer »stimmungsmäßigen Auswirkung auf die Haltung der Bevölkerung dieser Tatsache Rechnung tragen.«[51]

Erschießungen versprengter Rotarmisten wurden ebenfalls mit der Begründung eingeschränkt, man wolle damit der gegnerischen Propaganda den Boden entziehen.[52] Einig war man sich darüber hinaus, dass die Überläufer aus der Roten Armee, die bisher genau so wie die Kriegsgefangenen behandelt worden

---

[47] Pressechef für die besetzten Ostgebiete, Lagebericht über die Ostpropaganda v. 18. 4. 1942, Anlage zu [RMO], Abt. Presse und Aufklärung an Bräutigam, 7. 5. 1942, BA, R 6/192, fol. 45.
[48] RMO, Richtlinien für den Ausbau der Ostpropaganda, Jan. 1942, BA D-H, R 90/31, unfol.
[49] Rosenberg an Keitel, 28. 2. 1942, betr. Kriegsgefangene, PS-081, IMT, Bd. 25, S. 157-161.
[50] OKW, Nr. [unleserl.]/150/42 g. Kdos. WFSt/WPr (AP), 23. 3. 1942, betr. Grundlagen der Propaganda gegen die Wehrmacht und Völker der Sowjetunion, gez. i. A. Jodl, BA-MA, RH 19 III/483, fol. 82.
[51] Befehl des OKH GenStdH/Gen Qu Abt.K.Verw. (Qu 4/Kgf.) Nr. II/4530/42, 13. 4. 1942, betr. Merkblatt für die Behandlung sowjetischer Kriegsgefangener, Anlage zu Wi Stab Ost, Chefgruppe Arbeit, Az. 5311, an die Wi In Süd, Mitte und Nord, 20. 4. 1942, ZStA Moskau, 7021-148-84, fol. 38 f. Auch in den Unterlagen der 221. Sicherungsdivision, BA-MA, RH 26-221/34, unfol.
[52] Vgl. die »Anweisung an die Truppe über die Behandlung von im rückwärtigen Gebiet eingebrachten Gefangenen« des AOK 4 v. 29.3.1942, zit. in: Hürter 2007, S. 370, Fn. 53.

waren, fortan »sichtbar« zu bevorzugen seien.[53] Auch dies sollte »bessere Voraussetzungen« für die Propaganda »in die feindliche Truppe« schaffen.[54] Am 7. März 1942 befahl das OKH die gesonderte Behandlung der Überläufer und die Einrichtung spezieller Lager.[55] Aus dem gleichen Grund wurde letztlich auch erwogen, die »Richtlinien zur Behandlung der politischen Kommissare« vom 6. Mai 1941 aufzuheben. Nach Einschätzung der militärischen Stäbe im Osten hatte deren Durchführung zu einer Versteifung des Widerstands der Roten Armee beigetragen.[56] Nachdem Hitler im September 1941 eine Veränderung des Vorgehens abgelehnt hatte, stimmte er Anfang Mai 1942 zu. »Um die Neigung zum Überlaufen und zur Kapitulation eingeschlossener sowjetrussischer Gruppen zu steigern,« wurde auf Befehl Hitlers, das Leben der Kommissare und Politruks »zunächst versuchsweise« geschont.[57] Danach gab es offenbar keine Erschießungen mehr auf Grundlage des so genannten Kommissarbefehls.[58]

Ein weiteres Thema, bei dem man sich zu Modifizierungen gezwungen sah, war die Behandlung der Zivilbevölkerung bzw. der Einsatz von Straf- und Vergeltungsmaßnahmen. In den Januar-Richtlinien konstatierte das Ostministerium:

> »Im Hinblick auf die große und schwere Aufgabe der Gewinnung der Bevölkerung zur Mitarbeit angesichts der bekannten Widerstände muß alles vermieden werden, was die Lösung dieser Aufgabe aufhält oder stört. Die lange und mühevolle Arbeit und Wirkung jeglicher Aufklärungs- und Propagandatätigkeit wird durch falsch angebrachte Maßnahmen, Ungerechtigkeiten und Härten zunichte gemacht. *Es wird vorgeschlagen, Vorsorge zu treffen, daß die Verhängung und Durchführung notwendiger Straf- oder Vergeltungsmaßnahmen grundsätzlich nur der Entscheidung höherer Verwaltungsorgane überlassen bleibt. Es sollen bei aller Wahrung der Staatsautorität vorbeugende Maßnahmen gegen jegliche Mißgriffe getroffen werden.*«[59]

---

[53] Befehl des OKH GenStdH/Gen Qu Abt.K.Verw. (Qu 4/Kgf.) Nr. II/4530/42, 13. 4. 1942, betr. Merkblatt für die Behandlung sowjetischer Kriegsgefangener, Anlage zu Wi Stab Ost, Chefgruppe Arbeit, Az. 5311, an die Wi In Süd, Mitte und Nord, 20. 4. 1942, ZStA Moskau, 7021-148-84, fol. 38 f.

[54] OKH Gen. z. b. V./ H Wes Abt (II) Nr. 270/2.42 geh., an Chef OKW/WPr, 24. 2. 1942, betr. Propaganda in den Feind, BA-MA, RW 4/256, fol. 184. Siehe auch Rosenberg an Keitel, 28. 2. 1942, betr. Kriegsgefangene, PS-081, IMT, Bd. 25, S. 157-161.

[55] OKH/GenStdH/GenQu Abt. K.Verw. (Qu 4 B/Kgf.) Nr. II/2710/42 v. 7. 3. 1942, Hinweis in OKW, Nr. [unleserl.]/150/42 g. Kdos. WFSt/WPr (AP), 23. 3. 1942, betr. Grundlagen der Propaganda gegen die Wehrmacht und Völker der Sowjetunion, gez. i. A. Jodl, BA-MA, RH 19 III/483, fol. 82.

[56] Vgl. die Beispiele in Hürter 2007, S. 399 f. Mit einem »Unbehagen« der Befehlshaber (ebd., S. 399-404) oder humanitären Motiven (so Hartmann 2004, S. 48) hatten die verschiedenen Initiativen zur Aufhebung des Kommissarbefehls nichts zu tun. Zur Aufhebung des Kommissarbefehls siehe auch Streim 1981, S. 140 ff.; Streit 1997, S. 87; Gerlach 1999, S. 837.

[57] Vgl. Auszug aus dem KTB des OKW/WFSt v. 6. 5. 1942, abgedr. in: Ueberschär/Wette 1991, S. 347. Der erste diesbezügliche Versuch in großem Maßstab war das Unternehmen »Hannover« im Mai/Juni 1942. Vgl. Heeresgruppe Mitte Ic/A.O. Nr. 766/42 geh., 22. 6. 1942, betr. Flugblatteinwirkung auf Kommissare und Politruks, BA-MA, RW 4/256, fol. 249 ff.; Wehrmacht-Propaganda-Lagebericht für die Zeit. v. 1.-15. 6. 1942, BA-MA, RW 4/340, fol. 50.

[58] Hürter 2007, S. 403 f.

[59] RMO, Richtlinien für den Ausbau der Ostpropaganda, Jan. 1942, BA D-H, R 90/31, unfol. Hvg. im Orig. Vgl. hierzu auch Gen Qu, Abt. K. Verw., 8. 1. 1942, Vortragsnotiz für Herrn Gen

6. Das Jahr der großen Propagandakampagnen 1942

Im den folgenden Monaten erging eine ganze Reihe von Weisungen und Befehlen, die versuchten, willkürliche Repressionsmaßnahmen einzuschränken bzw. diese *zielgerichteter* einzusetzen.[60] Im Mai erließ das OKH neue »Richtlinien für die Behandlung der Bevölkerung im Osten«, die klarstellten, dass »Herrentum [...] niemals in Verachtung gegenüber wehrlosen Besiegten ausarten« dürfe. Für eine schnelle Befriedung der eroberten Gebiete, sei das »Vertrauen der Bevölkerung« unerlässlich. »*Wer Greueltaten der Roten Armee an der wehrlosen und unschuldigen Zivilbevölkerung rächt, hilft der gegnerischen Propaganda.* Der Soldat muss durch strenge aber gerechte Behandlung der Bevölkerung der beste Propagandist des Großdeutschen Reiches sein.«[61]

Mitte März wies das Ostministerium die Zivilverwaltung zudem an, »unsere Interessen schädigende Äußerungen« zu unterbinden, da diese von der sowjetischen Propaganda ausgenutzt würden. Dies betraf vor allem Beschreibungen der Ostgebiete als deutsches »Kolonialland«. Das OKH setzte die militärischen Kommandostäbe im Osten über die Verfügung in Kenntnis und forderte sie auf, die enthaltenen grundsätzlichen Richtlinien den unteren Kommandobehörden bekannt zu geben.[62]

Seine Grenzen fand das deutsche Vorgehen in den Kriegsinteressen. Aus Stäben im besetzten Gebieten waren der Abteilung WPr vielfältige, zum Teil noch weitergehende Vorschläge für ein verändertes Vorgehen zugetragen worden. Am 23. März stellte deshalb eine von Jodl unterzeichnete Weisung zu den »Grundlagen der Propaganda gegen Wehrmacht und Völker der Sowjetunion«[63] klar: »Die Ansicht, daß die Propaganda demjenigen, den sie erfassen will, alles versprechen soll, was er gerne hört, ist falsch.« Nicht eingelöste Versprechungen würden »schwere Rückschläge« zur Folge haben. »Propagandistische Verheißungen« fänden deshalb ihre »Grenzen in der Berücksichtigung der folgenden Punkte [...], *die die deutsche Propaganda [...] selbstverständlich nicht aussprechen*« dürfe. Unter anderem betonte das OKW, dass Deutschland den Krieg zu seiner »Selbsterhaltung« – für »Lebensraum« und zur Sicherung der »Ernährungsgrundlage Europas« – führe, nicht um die sowjetische Bevölkerung einen »glücklicheren Lose« zuzuführen oder ihnen »volle Freiheit und politische Selbständigkeit« zu gewähren. Ausgenommen wurden hier die Turkvölker und die Bewohner der kaukasischen Gebiete. Da man nicht beabsich-

---

Qu., gez. Altenstadt, Anlage: Vorschläge für die Zersetzung der sowjetischen Widerstandskraft, BA D-H, R 90/257, unfol.

[60] Siehe hierzu auch Abschnitt 6.3. der vorliegenden Arbeit.

[61] 221. Division Abt. Ic Nr. 209/42 geh., 1. 6. 1942, betr. Behandlung der einheimischen Bevölkerung im Osten, BA-MA, RH 26 –221/34, unfol. Siehe auch Kdt. r. A. 559, Abt. Ic A.O. Tgb. Nr. 1038/42, 27. 5. 1942, betr. Behandlung der einheimischen Bevölkerung im Osten, BA-MA, RH 22/130, unfol.; Abschrift, OKH, Gen zbV b OKH/Heerwes.Abt., Az. III Nr. 130/6.42 g, 3. 6. 1942, Merkblatt für das Verhalten des deutschen Soldaten in den besetzten Ostgebieten, BA-MA, SF 01/4051.

[62] Abschrift, Der Reichsminister für die besetzten Ostgebiete, 17. 3. 1942, Anlage zu OKH Gen St d H/ Gen Qu Abt. K.Verw. (Qu 4 B), Nr. II/2812/42 geh., 19. 4. 1942, betr. Propaganda-Hinweis des RM Ost an die Zivilverwaltung, BA-MA, RH 19 III/483, fol. 97 f.

[63] OKW, Nr. [unleserl.]/150/42 g. Kdos. WFSt/WPr (AP), 23. 3. 1942, betr. Grundlagen der Propaganda gegen die Wehrmacht und Völker der Sowjetunion, gez. i. A. Jodl, BA-MA, RH 19 III/483, fol. 79-83.

tige, neue Staaten zu gründen, sollte die Propaganda von »hochgetriebenen politischen Selbständigkeitsversprechungen« absehen und stattdessen z. B. auf die gewährte »Selbstverwaltung« (Lettland, Estland, Litauen) verweisen. Religiöse Aktivitäten seien zu tolerieren, ein Zusammenschluss auf dem Boden einer einigenden russischen Kirche sei aber unerwünscht. Das Schul- und Bildungswesen sollte aus wirtschaftlichen Gründen in »bescheidenen Grenzen« ausgebaut werden, eine Förderung der Intelligenz liege aber nicht im deutschen Interesse.[64] Bezüglich des Agrarsektors stellte das OKW klar:

> »Eine Verbesserung der Ernährungsgrundlagen für Deutschland und Europa ist nur zu erreichen, wenn der von Natur aus faule und ehrgeizlose [...] russische Bauer dazu gezwungen wird, fleißig zu arbeiten und zwar nicht nur für sich, sondern auch für uns.
> Aufgabe der Propaganda ist es, hier die unvermeidliche Strenge in Einklang zu bringen mit der Zukunftsaussicht, daß es den russischen Bauern tatsächlich besser gehen wird als unter bolschewistischer Herrschaft. [...]
> Von allzu weitgehenden Versprechungen muß schon deswegen abgesehen werden, weil auf absehbare Zeit hinaus die Versorgung der deutschen Wehrmacht nur sichergestellt werden kann, wenn in starkem Maß von Beitreibungen Gebrauch gemacht wird, für die der Bauer niemals Verständnis haben wird.«[65]

Neben der Einführung der Neuen Agrarordnung, die gesondert behandelt wird, dominierten verschiedene Themenschwerpunkte die Propaganda der folgenden Monate. In der einheimischen Presse erschienen ganze Aufsatzserien zum Thema »Europa«.[66] Die »Religionsfreiheit« wurde unter anderem anlässlich des Osterfestes thematisiert,[67] wobei das vom Ostministerium vorgeschlagene »Toleranzedikt« Hitlers letztlich nicht zustande kam.[68] Dieser befürchtete – ebenso wie Mitarbeiter der Parteikanzlei – innenpolitische Irritationen, wenn eine »Förderung« von Religionsgemeinschaften in den besetzten Gebieten im Reich bekannt und damit zwangsläufig in Konflikt mit der allgemeinen nationalsozialistischen Kirchenpolitik geraten würde. Stattdessen gab Rosen-

---

[64] Ebd., fol. 82. Vgl. hierzu auch OKW WFSt/WPr (Ia), an die Propaganda-Abteilungen Frankreich, Belgien u. Nordfrankreich, Ostland, W, U, 14. 4. 1942, betr. Kulturelle Betreuung durch die Prop.-Abteilungen, BA-MA, RW 4/255, fol. 227 f.

[65] OKW, Nr. [unleserl.]/150/42 g. Kdos. WFSt/WPr (AP), 23. 3. 1942, betr. Grundlagen der Propaganda gegen die Wehrmacht und Völker der Sowjetunion, gez. i. A. Jodl, BA-MA, RH 19 III/483, fol. 79-83.

[66] Vgl. Pressechef für die besetzten Ostgebiete, Lagebericht über die Ostpropaganda v. 18. 4. 1942, Anlage zu [RMO], Abt. Presse und Aufklärung an Bräutigam, 7. 5. 1942, BA, R 6/192, fol. 43. Siehe auch den Hinweis auf den »Volkskalender ›Neues Europa‹« für das Jahr 1942, in: Vertrauliche Ostinformation »Vineta«, Nr. 15, 18. 8. 1942, SoM, 1370-1-56, fol. 226.

[67] Vgl. OKW, Nr. [unleserl.]150/42 g. Kdos. WFSt/WPr (AP), 23. 3. 1942, betr. Grundlagen der Propaganda gegen die Wehrmacht und Völker der Sowjetunion, gez. i. A. Jodl, BA-MA, RH 19 III/483, fol. 80 f.; OKW Nr. 2970/42 WFSt/WPr (AP), 27. 3. 1942, betr. Ostern, BA-MA, RH 19 III/483, fol. 100; OKW 4500/42 g WFSt/WPr (AP), 1. 9. 1942, betr. Richtlinien für die Aktivpropaganda in die Sowjetarmee, BA-MA, RW 4/257, unfol.

[68] Bis Mitte April liefen aber noch konkrete Abstimmungsversuche zwischen Reichskanzlei und Ostministerium. Vgl. [AA], Ru V – Dr. Luckau, Sitzungsbericht aus dem Reichsministerium für die besetzten Ostgebiete v. 8. 4. 1942, PA AA, R 105188, fol. 204872.

berg im Mai 1942 entsprechende Richtlinien an die Zivilverwaltung aus.[69] Der 1. Mai wurde dazu genutzt, die »freie Arbeit im neuen Europa« der »Zwangsarbeit in der Sowjetunion« gegenüberzustellen;[70] in den Betrieben waren an diesem Tag im Anschluss an die Arbeit kurze »Feierstunden« geplant sowie »Dankkundgebungen« der Berufsverbände und Betriebe.[71]

Ein wichtiges Thema der Propaganda war weiterhin, Stalin die alleinige »Schuld« an der elenden Situation der Bevölkerung in den deutsch besetzten Gebieten zuzuschieben – »wobei auch all diejenigen nicht schuldlos sind, die blind und ohne Rücksicht auf die Gemeinschaft den wahnsinnigen Vernichtungsbefehlen Stalins nachgekommen sind.«[72] Wie pragmatisch die deutsche Propaganda operierte, zeigt, dass diese Propagandatendenz gegenüber der deutschen Bevölkerung und dem internationalen Ausland Anfang 1942 zurückgestellt wurde:

> »Von der deutschen In- und Auslandspropaganda ist bisher bewußt der besetzte Ostraum als ein durch die Kriegsereignisse und der [sic!] planmäßigen Vernichtungstaktik der Sowjets nach dem Prinzip der ›verbrannten Erde‹ restlos verwüstetes und zerstörtes Gebiet dargestellt worden, so daß im In- und Ausland der Eindruck entstehen musste, daß die deutschen Truppen ein Gebiet besetzten, dessen wirtschaftliche Ausnutzung kaum möglich ist.
> Aufgrund eines kürzlich erschienen Artikels des sowjetischen Volkskommissars *Kalinin* in der Moskauer Istwestija ergibt sich nunmehr die Notwendigkeit, die Propagandatendenz in dieser Hinsicht allmählich zu ändern und sozusagen um 180 Grad zu drehen. Kalinin hat unter Hinweis auf die eigenen deutschen Darstellungen [...] ausgeführt, daß die Deutschen ein völlig vernichtetes, chaotisches Gebiet vorgefunden hätten, in dem es kaum noch Häuser und Fabriken, keine Traktoren, landwirtschaftliche Maschinen etc. gäbe, in dem es an Treibstoff, Arbeitskräften und Saatgut fehle und dessen Nutzbarmachung für das deutsche Kriegspotential illusorisch sei. Deutschland könne daher den Krieg gegen die Sowjetunion nicht gewinnen, da es der deutschen Heeresleitung nicht gelinge, den Nachschub durch dieses Gebiet zur Front sicherzustellen. [...]
> Es ist daher notwendig geworden, eine allmähliche Umstellung in der deutschen Propaganda in dieser Hinsicht zu vollziehen und darauf hinzuweisen, daß die besetzten Gebiete keineswegs in dem Maße vernichtet und zerstört sind, wie man

---

[69] Zu diesem Aspekt Dallin 1981, S. 492-495; Bräutigam 1968, S. 470 f.; Boelcke 1989, S. 231.
[70] Wehrmacht-Propaganda-Lagebericht für die Zeit v. 16. 4.-30. 4. 1942, BA-MA, RW 4/340, fol. 35.
[71] Vgl. RMO, I/4, Stackelberg, 9. 4. 1942, Entwurf an Abteilung Propaganda beim RKU und RKO, betr. 1. Mai in den besetzten Ostgebieten, BA-MA, RW 4/255, fol. 233; [AA], Ru V – Dr. Luckau, Sitzungsbericht aus dem Reichsministerium für die besetzten Ostgebiete v. 8. 4. 1942 sowie ders., 11. 4. 1942, betr. Feier des 1. Mai in den besetzten Ostgebieten, PA AA, R 105188, fol. 204851-54, 204872; OKW Nr. 2414/429, WFSt/ WPr (Ia), an die Propaganda-Kompanien, Propaganda-Abteilungen und Propaganda-Abschnittsoffiziere im Osten, 14. 4. 1942, betr. Propaganda zum 1. Mai, BA-MA, RW 4/255, fol. 229 ff.
[72] Besondere Informationen für Bürgermeister und Dorfälteste Nr. 3 (PAW J-3), Anlage zu PAW, Tätigkeitsbericht März, 31. 3. 1942, BA-MA, RW 4/236, fol. 184. Vgl. auch die zum 1. Mai 1942 ausgegeben Parole »Wer ist schuld, wenn ihr hungert, wer ist schuld, wenn ihr friert, wer ist schuld, wenn ihr keine Arbeit findet: Stalin, denn er hat das Getreide vernichtet, die Häuser verbrannt, die Fabriken zerstört!« RMO, I/4, Stackelberg, 9. 4. 1942, Entwurf an Abteilung Propaganda beim RKU und RKO, betr. 1. Mai in den besetzten Ostgebieten, BA-MA, RW 4/255, fol. 233.

es gemeinhin annimmt, und daß es gelungen sei, u. a. beispielsweise 60 % der Traktoren wieder gebrauchsfähig zu machen usw.«[73]

Die Parolen einer »Unbesiegbarkeit« der Wehrmacht waren weiterhin zentraler Bestandteil der deutschen Propaganda. Die deutsche Offensive im Südabschnitt der Front (Operation »Blau«) bot Mitte 1942 noch einmal gute Möglichkeiten, die Überlegenheit der deutschen Truppen zu »beweisen«.[74] Doch immer öfter hatten die Propagandisten die Aufgabe, Defensiven oder das Zurückweichen deutscher Truppenverbände in deutsche Erfolge umzudeuten. Kernstück dieses Versuches war die Behauptung, die sowjetischen Erfolge seien durch einen bewusst skrupellosen und menschenverachtenden Masseneinsatz von neu eingezogenen, schlecht ausgerüsteten jungen Soldaten erkauft worden. Diese dienten als Kanonenfutter in einem aussichtslosen Kampf.[75]

Um die sowjetische Parole vom »Großen Vaterländischen Krieg« auszuhebeln, behaupteten die Deutschen, dass Stalin den ganzen Krieg überhaupt nicht im Interesse der Bevölkerung und zur Verteidigung der »russischen Heimat« führe. Es ginge ihm vielmehr um deren Ausverkauf an »fremde Mächte«: »Das Bündnis des Bolschewisten Stalin mit den kapitalistischen angelsächsischen Mächten und mit Juden bedeutet, dass Millionen von Russen und Angehörigen der übrigen Völker der Sowjetunion für die imperialistische Politik Londons und Washingtons geopfert werden. Die Engländer und Amerikaner [...] versuchen vergeblich, sich durch das russische Blutopfer zu retten. England kämpft bis zum letzten Russen!«[76] Die Maßnahmen, von denen die Deutschen sich Anfang 1942 die größten Erfolge erhofften, betrafen die Agrarpolitik.

6.2. Die Propagandaoffensive im Agrarsektor

6.2.1. Die Aktion »Vergrößerung des Hoflandes«

Als Partisanenverbände im rückwärtigen Heeresgebiet Mitte im November 1941 damit begannen, »im Namen Stalins« Land an die Bauern zu verteilen,[77]

---

[73] Propagandamaßnahmen, als Anlage III Teil des innerministeriellen Mitteilungsblatts Nr. 1 (Stempel), o. D. [nach 15. 4. 1942], BA, R 6/408, fol. 44 f. Hvg. im Orig.

[74] Vgl. exemplarisch hierfür Tägliche Mitteilungen der Zeitung »Nowyj Putj«, Nr. 13 und 14, Juli 1942, Originale in NAB, 411-1-38, fol. 13, 15. Für die Übersetzung danke ich Dr. Schindler-Saefkow. Siehe auch OKW 4500/42 g WFSt/WPr (AP), 1. 9. 1942, betr. Richtlinien für die Aktivpropaganda in die Sowjetarmee (gedruckt), BA-MA, RW 4/257, unfol.

[75] Vgl. exemplarisch Flugblatt »Wofür kämpft Ihr?« (PAW Stb. 18 und 19), Staffel Borissow, o. D., NAB, 411-1-35, fol. 13.

[76] OKW 4500/42 g WFSt/WPr (AP), 1. 9. 1942, betr. Richtlinien für die Aktivpropaganda in die Sowjetarmee (gedruckt), BA-MA, RW 4/257, unfol. Auch als Anlage zu OKW 4500/42 g WFSt/WPr (AP) an Heeresgruppe Nord, betr. Aktivpropaganda, 7. 9. 1942, RH 19 III/483, fol. 17 ff. Siehe auch Pressechef für die besetzten Ostgebiete, Lagebericht über die Ostpropaganda, 18. 4. 1942, (Anlage zu [RMO], Abt. Presse und Aufklärung an Bräutigam, 7. 5. 1942), BA, R 6/192, fol. 43.

[77] Vgl. Berück Mitte, Ic, Tätigkeitsbericht November 1941, BA-MA, RH 22/228, fol. 85 f.; PAW, Stimmungsbericht zum Propagandalage- und Tätigkeitsbericht v. 1. 12.-15. 12. 1941, BA-MA,

6. Das Jahr der großen Propagandakampagnen 1942

geriet die Besatzungsverwaltung stark unter Zugzwang. Auf deutscher Seite war auf diesem Gebiet bisher praktisch nichts geschehen – trotz der seit August 1941 bestehenden Möglichkeit, das Hofland zu verdoppeln.[78] Am 8. Januar 1942 befahl die Abteilung WPr, die Parolen zur Hoflandverdoppelung nur noch gegenüber den Soldaten der Roten Armee und nicht mehr gegenüber der Bevölkerung bereits besetzter Gebiete zu gebrauchen.[79] Diese Weisung – die vermutlich mit der für Februar geplanten Propagandaoffensive zur Neuen Agrarordnung zusammenhing – stieß vor Ort auf Widerspruch. Der Ic-Offizier der Heeresgruppe Nord drängte gegenüber der Abteilung WPr darauf, »wenn man schon der Bevölkerung z. Zt. die restlose Landaufteilung noch nicht verkünden kann, wenigstens die bisherigen Zusagen nicht zu ändern.«[80]

Das Vorgehen wurde in Berlin offenbar noch einmal überdacht, denn Ende Januar reagierte der Wirtschaftsstab Ost – auf Anregung des OKH – mit neuen Richtlinien, die die Vergrößerung des privaten Hoflandes regelten. Die Fachliche Weisung Nr. 3 der Wirtschaftsinspektion Mitte, Chefgruppe Landwirtschaft, vom 27. Januar 1942 legte die konkreten Schritte fest.[81] Die Bürgermeister und Kolchos- bzw. »Gemeinwirtschafts«-Leiter sollten versammelt und darüber informiert werden, dass die Bauern in Zukunft Anträge auf Vergrößerung des Hoflandes stellen könnten. Sie sollten die Anträge prüfen und einen Plan für die Landzuteilung erstellen, den die deutsche Verwaltung bestätigen musste.[82] Dabei war eine ganze Reihe von Gesichtspunkten zu berücksichtigen. Eine der wichtigsten Vorgaben war die Bevorzugung von Bauern, die bei der »Partisanenbekämpfung mitgewirkt« hatten und von »im Kampfe gegen den Bolschewismus bewährte[n] Kriegsgefangene[n]«.[83] Die Deutschen erstellten Listen von Bauern, die »nachweislich« an Kampfhandlungen gegen Partisanen teilgenommen, »unter Einsatz von Leib und Leben« Partisanen abgewehrt und Wachdienste übernommen oder wiederholt Mel-

---

RW 4/236, fol. 61 f.; OKH Gen St d H/Gen Qu, Az.Abt.K.Verw. (Qu 4/Ausw) Nr. II) 99/42 geh., an RM für die besetzten Ostgebiete und OKW/WPr, 12. 1. 1942, Auszugsweise Abschrift aus Lage- und Tätigkeitsbericht des Berück Mitte v. 19. 12. 1941, BA-MA, RW 4/235, fol. 19.

[78] Vgl. Berück Mitte, Abt. Ic – Az. Prop., 30. 11. 1941, betr. Landaufteilung durch Partisanen, gez. Schenckendorff, BA-MA, RW 4/253, unfol.; Berück Mitte, Ic, Tätigkeitsbericht Dezember 1941, BA-MA, RH 22/228, fol. 95; OKH Gen St d H/ Gen Qu Abt. K. Verw. (Qu 4/Ausw) Nr. II/ 1211/ 42 geh., an OKW/ WPr H Wes. Abt. b. Gen. z. b. V., 15. 2. 1942, BA-MA, RW 4/254, fol. 384 f.

[79] Abschrift, OKW Nr. 68/42 geh. WFSt/WPr, 8. 1. 1942, betr. Propaganda gegen die Sowjettruppen während des Winters, Anlage zu Heeresgruppenkommando Nord Ic Nr. 547/42 geh. v. 20. 1. 1941, BA-MA, RH 22/272, fol. 106-110.

[80] Heeresgruppenkommando Nord Ic an OKW/WFSt/WPr, 16. 1. 1942, Bezug OKW Nr. 68/42 geh. WFSt/WPr v. 8. 1. 1942, BA-MA, RH 22/272, fol. 122.

[81] Vgl. Berück Mitte, Abt. VII / Kr. – Verw. Az. 20/42, Verwaltungsanordnung Nr. 14, 31. 1. 1942, BA-MA, WF 03/7366, fol. 1146 f. sowie die entsprechende Ausführungsanordnung: Fachliche Anweisung Nr. 7, betr. Vergrößerung der Hofparzellen, als Anlage abgedr. in: Berück Mitte, Abt. VII / Kr. – Verw. Az. A 20/42, Verwaltungsanordnung Nr. 15, 18. 2. 1942, BA-MA, WF 03/7366, fol. 1160 f.

[82] Diese Regelungen nahmen Punkt 8 der Neuen Agrarordnung vorweg. Vgl. Bekanntmachung: Die neue Agrarordnung, Anlage zu »Unterlagen für die Propaganda«, PA AA, R 105193, unfol.

[83] So Punkt 9 der Fachlichen Anweisung Nr. 7.

dungen über Partisanen an deutsche Dienststellen überbracht hatten. Kriegsgefangene, die nach ihrer Entlassung in ihre Heimatdörfer zurückkehrten, mussten »im Verbande von landeseigenen Truppenteilen zur Sicherung des Gebietes oder an der Front« eingesetzt gewesen sein. Diese Personengruppen wurden nicht nur propagandistisch stark herausgestellt, sie bekamen auch *mehr* als das Doppelte des Hoflandes sowie Land in der Nähe ihrer Höfe zugeteilt.[84]

Die Maßnahmen sollten vor allem die gegnerische Propaganda aushebeln: »Von bolschewistischer Seite, insbesondere von den Partisanen, ist die Nachricht verbreitet worden, Stalin habe in einer Radioansprache an die russischen Bauern erklärt, er bekenne sich schuldig und es würde das Kolchossystem im russischen unbesetzten Gebiet aufgehoben werden. Das ist alles Lug und Betrug. Tatsächlich wird im russischen noch von den Bolschewisten besetzten Gebiet das Kolchossystem viel schärfer durchgeführt, um die letzten Reserven für die hungernden Städte und die geschlagene Armee herauszupressen.« Die Vergrößerung des Hoflandes sei dagegen »die erste weitreichende positive Tat von deutscher Seite zur Behebung des Landhungers [...] und zur Veränderung des [...] verhassten Kolchos-Systems.«[85] Die neuen Anordnungen wurden von der Wirtschaftsinspektion Mitte als »erster Schritt« auf dem »Wege zur Neuen Agrarordnung« gesehen.[86]

Die Propagandaabteilung W machte sich Ende Januar unverzüglich an die Arbeit und verfasste ein zweisprachiges Text-Plakat, das in der ersten Februarhälfte 1942 im rückwärtigen Heeresgebiet Mitte in einer Auflage von 4.000 Exemplaren ausgehängt wurde.[87]

> »Bekanntmachung
> Als dem russischen Bauern vor Monaten Hofland zur eigenen und steuerfreien Bewirtschaftung übergeben wurde, gab die deutsche Wehrmacht gleichzeitig das Versprechen, dieses Hofland in absehbarer Zeit entsprechend dem Fleiß und dem persönlichen Einsatz des einzelnen Bauern zu vergrößern. In Erfüllung dieses Versprechens wird nunmehr eine Vergrößerung der Hofparzellen vorgenommen. Damit ist gleichzeitig eine weitere Voraussetzung für die langsame Übernahme des Landes durch die russischen Bauern geschaffen worden. Die jetzt einsetzende Verdoppelung des Hoflandes soll eine Belohnung für diejenigen Bauern darstellen, die sich auf ihrem Eigenland bewährt haben und die im aktiven Einsatz gegen die Ruhestörer und Partisanen ihren Mann gestellt haben.
> Die Vergrößerung des Hoflandes erfolgt nach folgenden Gesichtspunkten: [...]
> 2. Es werden in erster Linie Bauern, die bei der Bekämpfung der Partisanenbanditen, und die ehemaligen Kriegsgefangenen, die bei der Bekämpfung des Bolschewismus sich besonders bewährt haben, bevorzugt berücksichtigt werden. [...]

---

[84] Vgl. Fachliche Anweisung Nr. 7, betr. Vergrößerung der Hofparzellen, als Anlage abgedr. in: Berück Mitte, Abt. VII / Kr. – Verw. Az. A 20/42, Verwaltungsanordnung Nr. 15, 18. 2. 1942, BA-MA, WF 03/7366, fol. 1160 f.
[85] Ebd.
[86] Die insgesamt ausgegebenen propagandistischen Leitlinien nahmen Teile der späteren Kampagne vorweg. Vgl. ebd.
[87] Vgl. PAW, Propagandalage- und Tätigkeitsberichte v. 15.-31. 1. 1942 sowie v. 1.-15. 2. 1942, BA-MA, RW 4/236, fol. 106, 115 f.

Bauern! Geht also an die Bearbeitung des Landes, das Euch schon jetzt vertrauensvoll übergeben wird. Besonders ergeht hier auch der Ruf an die Frauen, durch tatkräftige Mitarbeit jene Lücke zu schließen, die durch die bolschewistischen Einberufungen und die Blutopfer des Krieges entstanden ist.
Und nun geht daran, die für Euch befreite Erde zu bebauen!
Der Befehlshaber des Gebiets«[88]

Das Plakat sprach zum ersten Mal explizit Frauen an. Diese bildeten eine der wichtigsten Zielgruppen der Propaganda, da der größte Teil der landwirtschaftlichen Arbeiten im Frühjahr 1942 von Frauen geleistet wurde. Die männliche Bevölkerung im wehrfähigen Alter war zur Roten Armee eingezogen worden. Die Propagandaabteilung W verfasste deshalb einige Materialien, die sich speziell an Bäuerinnen wandten.[89]

Zusätzlich zu der zitierten Bekanntmachung wurde im Februar noch ein weiteres Plakat verbreitet, das auszugsweise den Wortlaut der Verordnung wiedergab. Die Presse griff das Thema auf, die »Nowyj Putj« gab hierzu eine besondere »Bauernnummer« heraus.[90] Die »Besonderen Informationen für Bürgermeister und Dorfälteste« befassten sich ebenfalls mit der »Hoflandverteilung«.[91] Der Befehlshaber des rückwärtigen Heeresgebiets Mitte, Schenckendorff, fordert wegen der »Bedeutung der Aktion« die »größte Unterstützung« der Feld- und Ortskommandanturen ein. Sie sollten »bei jeder Gelegenheit der Zusammenkunft mit landeseigenen Dienststellen (Rayonleiter-, Bürgermeisterdienstbesprechungen, Ordnungsdienstappelle usw.) die Aktion zur Vergrößerung des bäuerlichen Hofbesitzes propagandistisch« auswerten.[92] Ende Februar wurde die Aktion durch die Kampagne zur »Neuen Agrarordnung« abgelöst.[93]

6.2.2. Die Kampagne zur Einführung der »Neuen Agrarordnung«

Am 15. Februar 1942 erfolgte die offizielle Zustimmung Hitlers zum »Agrar«-Erlass, der einen Tag später in Kraft trat.[94] Die »Neue Agrarordnung« (NAO)

---

[88] Zweisprachige Bekanntmachung (dt.-russ.), BA-MA, RW 4/236 K, K4.
[89] Vgl. PAW, Propagandalage- und Tätigkeitsbericht, 1.-15. 2. 1942, BA-MA, RW 4/236, fol. 117. Beispielhaft hierfür ist das sog. Frauenflugblatt: »Frauen – Bäuerinnen der befreiten Gebiete!« (PAW 13), Original als Anlage 5 zu PAW, Tätigkeitsbericht Februar, 5. 3. 1942, BA-MA, RW 4/236, fol. 79 f. Übersetzung in: NAB, 411-1-35, fol. 36.
[90] Vgl. PAW, Propagandalage- und Tätigkeitsbericht, 1.-15. 2. 1942, BA-MA, RW 4/236, fol. 115 ff.; PAW, Nr. 29/42 geh., an OKW/WFSt/WPr AP3, 6. 2. 1942, Wehrmachtpropaganda-Lagebericht 1. 1.-1. 2.1942, BA-MA, RW 4/254, fol. 345.
[91] Besondere Informationen für Bürgermeister und Dorfälteste, Nr. 3, (PAW J-3), Anlage zu PAW, Tätigkeitsbericht März, 31. 3. 1942, BA-MA, RW 4/236, fol. 183 RS. Zur Einberufung der Versammlungen vgl. PAW, Nr. 29/42 geh., an OKW/WFSt/WPr AP3, 6. 2. 1942, Wehrmachtpropaganda-Lagebericht 1. 1.-1. 2. 1942, BA-MA, RW 4/254, fol. 345.
[92] Berück Mitte, Abt. VII / Kr. – Verw. Az. A 20/42, Verwaltungsanordnung Nr. 15, 18. 2. 1942, BA-MA, WF 03/7366, fol. 1154.
[93] Vgl. Berück Mitte, Abt. VII/Kr. Verw. Tgb. Nr. 158 geh., an OKH Gen St d H/Gen Qu Abt. K. Verw. (V), 10. 6. 1942, betr. Lage- und Tätigkeitsbericht, BA-MA, WF 03/7366, fol. 1131.
[94] Vermerk über eine Unterredung beim Führer v. 19. 2. 1942, BA, R 6/213, fol 1; Druckschrift »Die neue Agrarordnung mit Präambel und Schlußwort des Reichsministers für die besetzten Ostgebiete«, BA, R 6/171, fol. 18-21 RS. Bereits in den Wochen zuvor hatte die Propaganda-

sollte in den so genannten altsowjetischen Gebieten eingeführt werden, in Weißrussland also nur in den östlichen Bezirken des Generalkommissariats Weißruthenien (Minsk-Land, Borissow und Sluzk) und den Gebieten unter Militärverwaltung.[95] Grundsätzlich waren zukünftig drei verschiedene Formen der Bewirtschaftung vorgesehen: die »Gemeinwirtschaft«, die »Landbaugenossenschaft« und der Einzelhof.[96] Bei der Gemeinwirtschaft handelte es sich im Wesentlichen um eine Umbenennung der bestehenden Kolchosen, was nur marginale Veränderungen bedeutete. Es wurden alle Beschränkungen bei der individuellen Viehhaltung aufgehoben, das Hofland zu Privatbesitz und als steuerfrei erklärt sowie die Möglichkeit eingeräumt, dieses auf Antrag zu vergrößern – Regelungen, die theoretisch bereits seit August 1941 in Kraft waren. Während die Zuteilung von Einzelhöfen mittelfristig gar nicht vorgesehen war, sondern hauptsächlich als Anreiz für die Bauern dienen sollte, waren die Landbaugenossenschaften das »Kernstück des Reformprojektes«.[97] Sie stellten eine Kombination aus kollektiven und individuellen Produktionsformen dar, die eine optimale Ausnutzung des vorhandenen – und für eine Einzelbewirtschaftung völlig mangelhaften – Bestandes an Inventar, Geräten und Arbeitsvieh garantieren sollte. Vorgesehen war, die Anbauflächen der Kolchosen (Gemeinwirtschaften) bzw. eines Dorfes gleichmäßig in Feldstreifen aufzuteilen und den Einzelhöfen zuzuordnen, wobei leistungsschwache, »politisch unzuverlässige« oder anderweitig »ungeeignet« erscheinende Bauern von Beginn an ausgeschlossen wurden. Die Feldstreifen wurden zur Nutzung, nicht als Eigentum übergeben. Zwar hatte sich Göring Ende Januar offenbar für eine weitergehende Regelung ausgesprochen,[98] Rosenberg und Hitler verständigten sich in ihrer Besprechung Mitte Februar jedoch darauf, dass von »Eigentum« nur in Verbindung mit dem sog. Hofland gesprochen werden dürfe.[99] Die Bestellung der Feldstreifen sollte – nach deutschen Anbauvorgaben – kollektiv erfolgen, für die Pflege und Ernte waren die Bauern aber individuell verantwortlich. Als Anreiz wurde versprochen, dass alle Ernteerträge, die die von den Deutschen geforderten Abgaben überstiegen, behalten werden dürften. Auch Viehzucht sollte individuell und unbeschränkt betrieben werden können – eine Regelung, die angesichts des akuten Viehmangels faktisch jedoch keinerlei Bedeutung hatte. Die zur Landbaugenos-

---

abteilung W mit den Vorbereitungen begonnen, »um nach endgültiger Entscheidung der gesamten Landfrage durch den Führer eine besonders starke Aktion einsetzen zu lassen.« PAW, Propagandalage- und Tätigkeitsbericht, 1.-15. 2. 1942, BA-MA, RW 4/236, fol. 115 f.

[95] Zu den Regelungen der NAO und ihrer Durchführung in Weißrussland siehe Gerlach 1999, S. 347-365.

[96] Vgl. Druckschrift »Die neue Agrarordnung«, BA, R 6/171, fol. 18-21 RS. Text auch als Anlage zu »Unterlagen für die Propaganda«, PA AA, R 105193, unfol.

[97] Gerlach 1999, S. 347.

[98] Aufzeichnung betr. Stand der Agrarordnungs-, Religions- und Nationalitätenfrage in den besetzten Ostgebieten, o. D. (Eingangsstempel AA D IX, 24. 3. 1942), PA AA, R 105170, fol. 256691.

[99] So die Information von Cranz auf eine diesbezügliche Nachfrage des AA. Ref. Ges. Großkopf, RR Baum, betr. Privateigentums-Begriff und Agrarordnungspropaganda, 27. 2. 1942, PA AA, R 105170, fol. 256569 ff.

6. Das Jahr der großen Propagandakampagnen 1942

senschaft zusammengeschlossenen Höfe[100] nutzten Zugvieh und Inventar gemeinschaftlich; Großgeräte stellten, soweit vorhanden, die Maschinen-Traktoren-Stationen (MTS), die als früheres sowjetisches Staatseigentum – ebenso wie die in »Staatsgüter« umbenannten Sowchosen – von der deutschen Verwaltung übernommen und teilweise zu landwirtschaftlichen Stützpunkten ausgebaut wurden.[101]

Die Zuteilung individuell zu bearbeitender Feldstreifen sollte einerseits die Arbeitsmotivation der Bauern stärken. Anderseits eröffnete dies den Deutschen aber auch eine individuelle Leistungskontrolle und damit die Möglichkeit, starken Druck auszuüben: »Während bei der Gemeinschaftsarbeit eine nachträgliche *Kontrolle der Einzelleistung* unmöglich ist, kann auf den Einzelstreifen eine schlechte Bearbeitung nachträglich jederzeit festgestellt werden. Da dem Bauern bei schlechter Arbeit der Verlust seines Landstreifens droht, wird er gezwungen, sich anzustrengen.«[102]

Anfänglich war geplant, nur einen kleinen Teil der »Gemeinwirtschaften« in Landbaugenossenschaften umzuwandeln; letztlich sollten die Neuregelungen jedoch je nach Lage variabel angewandt und ausprobiert werden.[103] Für das Generalkommissariat Weißruthenien erließ das Ostministerium bereits im März einen Sondererlass, der die sofortige Einführung von Landbaugenossenschaften ermöglichte.[104] Statt der ursprünglich vorgesehenen zehn Prozent wurden hier bis zum Sommer 1942 so gut wie alle Gemeinwirtschaften umgewandelt.[105] Die Zuteilung von Einzelhöfen spielte 1942 dagegen keine Rolle; zur Jahreswende 1942/43 erhielten nur ganz vereinzelt Bauern Höfe als Belohnung für »Verdienste« bei der Bekämpfung von Partisanen.[106]

Die Propagandakampagne zur Einführung der Neuen Agrarordnung wurde akribisch vorbereitet. Am 5. Januar 1942 legte der Leiter der Abteilung Presse und Aufklärung im Ostministerium, Zimmermann, »Richtlinien für die propagandistische Auswertung des geplanten Agrarerlasses« vor, drei Tage später folgte der Leiter der Gruppe Aktivpropaganda, Stackelberg, mit dem »Propaganda-Arbeitsplan zur Einführung der Agrarreform«.[107] Am 21. Januar fand unter dem Vorsitz des stellvertretenden Leiters der Hauptabteilung Politik,

---

[100] Etwa sechs bis zwölf Höfe bildeten eine Höfegruppe, eine Landbaugenossenschaft umfasste oftmals ein Dorf und ein Kolchos im Durchschnitt drei bis vier Dörfer.
[101] Vgl. Druckschrift »Die neue Agrarordnung«, BA, R 6/171, fol. 18-21 RS.
[102] [Schiller], Begründung zu dem Entwurf einer neuen Agrarordnung, o. D., PA AA, R 105170, fol. 256666 sowie 256673. Vgl. hierzu auch Gerlach 1999, S. 349.
[103] Vgl. [Schiller], Begründung zu dem Entwurf einer neuen Agrarordnung, o. D., PA AA, R 105170, fol. 256665; Presseempfang im RMO am 23. 2. 1942, mit Referaten von Cranz, Leibbrandt, Riecke und Schlotterer, BA, R 6/408, fol. 40.
[104] Vgl. 707. Inf.Div., Ic, Monatsbericht 1. 3.-31. 3. 1942, 14. 5. 1942, BA-MA, RH 26/707/15, fol. 16.
[105] Vgl. Gerlach 1999, S. 356 ff.
[106] Diese Maßnahme sollte erst 1944 im Rahmen des Wehrdorfprojekts eine größere Rolle spielen. Vgl. Gerlach 1999, S. 361. Siehe auch Abschnitt 7.5.3. der vorliegenden Arbeit.
[107] Sachbearbeiter Zimmermann, Geheime Richtlinien für die propagandistische Auswertung des geplanten Agrarerlasses, 5. 1. 1942; Sachbearbeiter Stackelberg, Geheimer Propaganda-Arbeitsplan zur Agrarreform, 8. 1. 1942. Beide Dokumente als Anlage zu »Unterlagen für die Propaganda«, PA AA, R 105193, unfol.

Bräutigam, eine zentrale Besprechung statt, an der neben Mitarbeitern des Ostministeriums auch Vertreter des OKW, des Propagandaministeriums, des Wirtschaftsstabs Ost, des Reichsministeriums für Ernährung und Landwirtschaft und des Auswärtigen Amtes teilnahmen.[108] Im Februar traf Bräutigam auch mit dem Reichskommissar für die Ukraine, Koch, und drei Generalkommissaren des Reichskommissariats Ostland zusammen.[109]

Inhaltlich sollte die Kampagne die Neue Agrarordnung als »besonderes Entgegenkommen« Deutschlands gegenüber der Bevölkerung, als »Geschenk« des Reichsministers für die besetzten Ostgebiete ausgeben.[110] Da die Wirtschaftsexperten für den Großteil der Kolchosen zunächst nur den Status der Gemeinwirtschaft vorgesehen hatten, bestand eine wichtige Aufgabe der Propagandisten darin, diesen begrenzten Schritt zu rechtfertigen. Es gelte, die »tödlichen Wirkungen einer zwanzigjährigen Mißwirtschaft von geradezu teuflischer Planmässigkeit zu beseitigen, ehe aufgebaut werden« könne. Es sei klar, dass diese Wirkungen nicht von heute auf morgen verändert werden könnten. »Auch der Arzt vermag einen durch Jahre planmäßig vergifteten Körper nicht mit einer einzigen Medizin oder mit einem einzigen Eingriff zu heilen, sondern die vorsichtige Entgiftung und der langsame Wiederaufbau der Gesundheit sind erforderlich.« Es wäre »sehr kurzsichtig, von heute auf morgen die an sich untaugliche bolschewistische Kollektivwirtschaft durch die alte bäuerliche Individualwirtschaft ersetzen zu wollen«, da die Voraussetzungen hierfür zerstört seien. Es fehle an Erfahrungen, Zugvieh und Inventar. Die deutsche Verwaltung müsse also, »obgleich sie die bolschewistische Wirtschaftsform der Kolchose als verkehrt ablehnt, zunächst mit den Gegebenheiten der bolschewistischen Erbschaft« rechnen. Ließe sich die deutsche Verwaltung stattdessen – »dem Wunsche einzelner einsichtsloser Bauern folgend« – zu »voreiligen, dilettantischen Maßnahmen hinreißen«, so würden die Bauern »in kurzer Zeit rettungslos zugrunde gehen.«[111]

Die Neue Agrarordnung wurde als schrittweiser »Übergang zu einer neuen Ordnung«, als »erste Etappe der stufenweisen Behebung der tödlichen Schäden« bzw. als »weise Übergangsregelung« bezeichnet.[112] Dabei sollten die Propagandisten an Einsicht und Vernunft (an den »gesunden Menschenverstand«[113]) appellieren – ein Tenor, der sich von dem bis dahin eher einfordernden Ton

---

[108] Vgl. [AA], Ru V [Conradi], an LR Schirmer, 21. 1. 1942, betr. Die neue Agrarordnung in den besetzten Ostgebieten, PA AA, R 105170, fol. 256649 f.

[109] Vgl. Bräutigam-Tagebuch Einträge v. 3. 2. und 13. 2. 1942, Heilmann 1989, S. 155.

[110] Vgl. Sachbearbeiter Stackelberg, Geheimer Propaganda-Arbeitsplan zur Einführung der Agrarreform, 8. 1. 1942, PA AA, R 105193, unfol. Siehe auch den vorgegebenen Pressekommentar »Los vom Kolchos« (Dr. Schünemann) sowie den Presseartikel »Die neue Agrarordnung, ein Geschenk für die Bauernschaft« (Dr. Vaatz). Beides als Anhang zu den »Unterlagen für die Propaganda«, PA AA, R 105193, unfol.

[111] Sachbearbeiter Zimmermann, Geheime Richtlinien für die propagandistische Auswertung des geplanten Agrarerlasses, 5. 1. 1942, PA AA, R 105193, unfol.

[112] Ebd.; Sachbearbeiter Stackelberg, Geheimer Propaganda-Arbeitsplan zur Einführung der Agrarreform, 8. 1. 1942, PA AA, R 105193, unfol.

[113] RMO, Richtlinien für den Ausbau der Ostpropaganda, Jan. 1942, BA D-H, R 90/31, unfol.

deutlich unterschied. Exemplarisch zeigt diese Linie die von Rosenberg unterzeichnete Präambel zum Agrarerlass:

> »Ich weiß, dass Ihr alle die Früchte Eurer Arbeit für Euch und Eure Familien und Eure Dorfgemeinschaften sichern wollt. Ich vertraue nunmehr aber auch auf Eure gesunde Einsicht. Ihr werdet begreifen, dass nach der Zerstörung Eures Viehbestandes durch den Bolschewismus und der Vernichtung so vieler Dörfer und technischer Hilfsmittel durch den Krieg erst eine Übergangszeit nötig ist, um nach und nach die furchtbaren Folgen der Euch mordenden Kolchosgesetzgebung zu überwinden. Eine plötzliche Änderung würde Euch vor ein leeres Land stellen ohne jede Hilfsmittel, die nun einmal für die Bestellung des Ackers notwendig sind.«[114]

Die Propagandamaterialien konzentrierten sich darauf, die neuen Regelungen in allgemein verständlicher Form zu erklären und ihre »Vorteile« für die Landbevölkerung aufzuzeigen. Dabei sollte ganz deutlich betont werden, dass »einzig und allein das Leistungsprinzip« gelten würde.[115] Nur dem »loyalen und arbeitswilligen Bauern« wurden Vorteile versprochen – entsprechend dem für die gesamte Kampagne formulierten Hauptmotto: »Dem tüchtigen Bauern sein Land!« Ständig wurde wiederholt, dass nur diejenigen auf Einzelhöfe hoffen könnten, »die bewiesen haben, dass sie besonders fähig, tüchtig und in jeder Beziehung zuverlässig« seien. Das Erreichen dieses Ziels hänge ausschließlich von der eigenen »Leistung« und dem eigenen »Aufbauwillen« ab. Gleichzeitig drohten die Deutschen mit der Wegnahme zugeteilten Bodens, falls dieser »schlecht« bewirtschaftet würde. »Tüchtige« und »Untüchtige« wurden gegeneinander ausgespielt, indem Ersteren das Land der »faulen und widerspenstigen Elemente« versprochen wurde.

Von Beginn an machte die Propaganda deutlich, dass »alle unzuverlässigen Mitglieder der bäuerlichen Gemeinwirtschaft, die ihren Verpflichtungen gegenüber den deutschen Behörden oder der Gemeinwirtschaft nicht nachkommen, die sich gegen die Anordnungen der deutschen Behörden vergangen haben, politisch unzuverlässig oder für eine individuelle Bodennutzung ungeeignet sind«, von der Landzuteilung ausgeschlossen würden. »Damit werden alle Faulpelze, Krakeeler und politisch unzuverlässigen Elemente von der Bodenbewirtschaftung ferngehalten«, die nur »den fleißigen, tüchtigen, pflichtbewussten und zuverlässigen Bauern« übertragen werde.[116]

Doch die Bauern sollten nicht nur zu möglichst produktiver Arbeit motiviert bzw. gezwungen werden, sondern auch zur aktiven Mithilfe bei der Partisa-

---

[114] Druckschrift »Die neue Agrarordnung mit Präambel und Schlußwort des Reichsministers für die besetzten Ostgebiete«, BA, R 6/171, fol. 18 RS. Text des Vor- und Nachwortes Rosenbergs auch als Anhang zu den »Unterlagen für die Propaganda«, PA AA, R 105193, unfol.

[115] Merkblatt »Der neue Agrarerlass ist da!«, BA-MA, RH 19 III/483, fol. 128 f. Alle folgenden Zitate aus ebd.; Sachbearbeiter Zimmermann, Geheime Richtlinien für die propagandistische Auswertung des geplanten Agrarerlasses, 5. 1. 1942, PA AA, R 105193, unfol.; Anlagen zu »Unterlagen für die Propaganda«, PA AA, R 105193, unfol.

[116] Presseartikel »Was bedeutet die Aufhebung der Kolchosverfassung für die Landwirtschaft?« (o. A.), Anhang zu den »Unterlagen für die Propaganda«, PA AA, R 105193, unfol.

nenbekämpfung. In dem von Rosenberg unterzeichneten Nachwort zum Agrarerlass gehörte dies ebenfalls zu den »Pflichten«: »[...] und ich erwarte von Euch, dass Ihr behilflich seid, alle Schädlinge niederzuhalten [...].«[117] Noch deutlicher formulierte dies das millionenfach verteilte »Merkblatt«:

> »Vergesst dabei nicht: *Ihr habt einen Feind, der Euch vernichten will: den Bolschewismus!* Wer mit uns eine gesicherte Zukunft aufbauen will, muss durch die Tat beweisen, dass er ein Feind des Bolschewismus ist [...]. Jede der bolschewistischen Bestien, die in den unter deutscher Verwaltung stehenden Gebieten ihrem Schicksal bisher entgangen sind (sic!) und die alles daran setzen, um durch sinnlose Zerstörungen den Aufbau zu verzögern, bringt Eurer Zukunft Unheil. Schlagt diese Feinde Eures Glücks tot, wo ihr sie trefft. Glaubt auch kein Wort von dem, was Stalin Euch durch seine Kreaturen zuflüstern lässt. [...] Rottet die ›Flüsterer‹, die Euch vergiften wollen, aus wie Ratten. Schlagt zu, wo Ihr sie trefft.«[118]

Trotz solcher Hass- und Mordparolen war die Kampagne zur Neuen Agrarordnung – in ihrer Gesamtheit betrachtet – von dem Bemühen gekennzeichnet, einen relativ sachlichen Ton anzuschlagen. Schiller hatte Anfang Februar betont, dass die Propaganda die Bevölkerung überzeugen müsse, dass die von deutscher Seite abgegebenen Erklärungen »ehrlich und aufrichtig gemeint« seien. Deshalb dürfe die Propaganda »nicht übersteigert« werden, man dürfe »weder die Sowjetzustände noch schwärzer schildern als sie es ohnehin waren, noch die Zukunftsaussichten zu rosig, weil sonst der Gegensatz zu der gegenwärtigen Not zu kraß« würde. Er schlug eine »sachliche und nüchterne Kommentierung« der Maßnahmen und Anordnungen vor.[119] Auch Hitler und Rosenberg waren sich Mitte Februar darüber einig, dass die Propaganda »keine übermäßigen Hoffnungen wecken« sollte, »die sich nicht erfüllen ließen.«[120] Die Propagandisten der Wehrmacht wurden instruiert, »keine über den Rahmen der tatsächlichen Bestimmungen hinausgehende Versprechungen« zu machen. »Die Propaganda des Wortes muß mit der Propaganda der Tat übereinstimmen.«[121]

Um die Glaubwürdigkeit der deutschen Parolen zu erhöhen, sollte nunmehr sogar auf die eigenen, deutschen Interessen verwiesen werden. Diese Tendenz hatte sich bereits in den Richtlinien vom November 1941 angekündigt.[122] Schiller meinte, es sei »wirkungsvoller«, wenn man der Bevölkerung nicht nur

---

[117] Druckschrift »Die neue Agrarordnung mit Präambel und Schlußwort des Reichsministers für die besetzten Ostgebiete«, BA, R 6/171, fol. 21 RS.

[118] Merkblatt »Der neue Agrarerlass ist da!«, BA-MA, RH 19 III/483, fol. 129.

[119] RMO, III E 1 b, Vermerk zur Propaganda für die neue Agrarordnung, 2. 2. 1942, gez. Schiller, PA AA, R 105193, unfol.

[120] Ref. Ges. Großkopf, RR Baum, betr. Privateigentums-Begriff und Agrarordnungspropaganda, 27. 2. 1942, PA AA, R 105170, fol. 256569 ff.

[121] OKW Nr. 1140/42 geh. WFSt/ WPr (AP), an Heeresgruppen etc., 18. 2. 1942, betr. Propagandaweisung zur Neuregelung der Agrarordnung im Ostraum, gez. Kratzer, BA-MA, RW 4/254, fol. 411 f.

[122] Siehe oben. Diese hatten die Propagandisten angewiesen, deutsche Interessen nicht mehr grundsätzlich zu leugnen. Vgl. OKW Nr. 8790/41 g WFSt/WPr (Id/AP), 24. 11. 1941, betr. Propaganda in den besetzten Ostgebieten, mit Anlage: Richtlinien für die Durchführung der Propaganda in den besetzten Ostgebieten, BA-MA, RH 19 III/483, fol. 159.

die eigenen Interessen vor Augen halte, sondern sage: »Wir haben hier sehr reale Interessen. Wir haben das Interesse, dass die Landwirtschaft möglichst viel produziert, damit Ihr alle satt werdet und wir unsere Truppen ernähren können, die Euch vor dem Bolschewismus schützen.«[123] Zugleich sollte der Agrarerlass als »Beweis« dafür herhalten, dass die deutsche Verwaltung »nicht nur die eigenen nationalen und kriegsbedingten Erfordernisse« im Auge habe, sondern »schon jetzt die Lebens- und Aufstiegsmöglichkeiten der Bauernschaft der besetzten Ostgebiete in Betracht« ziehe.[124]

Ein wichtiger Aspekt war die grundsätzliche Darstellung des »Bauerntums«.[125] Die deutsche Propaganda behauptete, dass das eigentliche Ziel der sowjetischen Kollektivierungspolitik gewesen sei, das »Bauerntum durch die Verstädterung und Proletarisierung der Vernichtung zuzuführen« – mit Hilfe einer »Entwurzelung von der Scholle« und der Vernichtung der »Werte eigenständiger bäuerlicher Kultur«.[126] Sie vertrat das ideologisch verklärte Bild eines »Bauerntums« als »Träger des völkischen Lebens«.[127] Dies stieß bei den sowjetischen Bauern offenbar auf wenig Verständnis: Das »Bild eines Bauern hinter dem Pflug« – so berichtete der Wirtschaftstab Ost – imponiere ihnen in keiner Weise, da sie der Ansicht seien, dass der Traktor »vorteilhafter und bequemer« sei.[128]

Die entsprechenden Materialien wurden entweder im Vorfeld der Kampagne jeweils in russischer, ukrainischer und weißrussischer Sprache gedruckt[129] oder kurz vor Beginn der Kampagne als Druckvorlagen ins besetzte Gebiet geliefert.[130] Dabei kam dem so genannten Merkblatt ein zentraler Stellenwert

---

[123] RMO, III E 1 b, Vermerk zur Propaganda für die neue Agrarordnung, 2. 2. 1942, gez. Schiller, PA AA, R 105193, unfol. In diesem Sinne auch Sachbearbeiter Zimmermann, Geheime Richtlinien für die propagandistische Auswertung des geplanten Agrarerlasses, 5. 1. 1942, PA AA, R 105193, unfol.; Kiekheben-Schmidt, Zentraler Presse- und Rundfunkkommentar, Anhang zu den »Unterlagen für die Propaganda«, PA AA, R 105193, unfol.

[124] Sachbearbeiter Zimmermann, Geheime Richtlinien für die propagandistische Auswertung des geplanten Agrarerlasses, 5. 1. 1942, PA AA, R 105193, unfol.

[125] Vgl. Sachbearbeiter Stackelberg, Geheimer Propaganda-Arbeitsplan zur Einführung der Agrarreform, 8. 1. 1942, PA AA, R 105193, unfol.

[126] Presseartikel »Die bäuerliche Familie in der neuen Agrarordnung« (Ahrens), Anhang zu den »Unterlagen für die Propaganda«, PA AA, R 105193, unfol. In diesem Sinne auch Presseartikel »Die neue Agrarordnung, ein Geschenk für die Bauernschaft« (Vaatz), ebd.

[127] Sachbearbeiter Stackelberg, Geheimer Propaganda-Arbeitsplan zur Einführung der Agrarreform, 8. 1. 1942, PA AA, R 105193, unfol.; Presseartikel »Die Bedeutung des selbständigen Bauerntum im Osten« (Kischka), Anhang zu den »Unterlagen für die Propaganda«, PA AA, R 105193, unfol.

[128] Zit. in: Wi P 1397/42 g, an WPr AP, 26. 2. 1942, betr. Propagandistische Bearbeitung der Bevölkerung in den besetzten Ostgebieten, BA-MA, RW 4/255, fol. 41.

[129] Nur die Flugblätter, die jenseits der Front eingesetzt werden sollten, wurden ebenfalls in den kaukasischen Sprachen verfasst. Sachbearbeiter Stackelberg, Geheimer Propaganda-Arbeitsplan zur Einführung der Agrarreform, 8. 1. 1942, PA AA, R 105193, unfol.

[130] Vgl. RMVP, Ost 2281/55-16,13, an OKW, z. Hd. Leutnant von Grote, 17. 2. 1942, betr. Propaganda-Aktion über die Agrar-Reform in der Sowjet-Union, gez. Taubert, BA-MA, RW 4/254, fol. 396-401; OKW Nr. 1160/42 geh. WFSt/ WPr (Ia), 20. 2. 1942, betr. Weisung für die Durchführung der Propagandaaktion für die neue Agrarordnung, BA-MA, RW 4/254, fol. 415-417. Zum folgenden siehe Sachbearbeiter Stackelberg, Geheimer Propaganda-Arbeitsplan zur Einführung der Agrarreform, 8. 1. 1942, PA AA, R 105193, unfol. sowie die auf diesem Plan basierenden »Hinweise zum Einsatz

zu, das die Landbevölkerung »in volkstümlicher Form« über die »Vorteile« des Agrarerlasses informieren sollte. Man wollte es möglichst »jedem Bauern« in die Hand geben und druckte eine Auflage von acht Millionen Exemplaren. Ein Plakat wurde allein zu dem Zweck entworfen, auf die Verteilung des »Merkblatts« hinzuweisen (das so genannte Händeplakat). Zu Beginn der Kampagne sollten die zuständigen Hoheitsträger vor Ort ein von ihnen unterzeichnetes Textplakat drucken. Unter einem Reichsadler mit Hakenkreuz stand:

> »An alle Bauern!
> Die deutsche Regierung, die Euch befreit hat, hat den Befehl erteilt, den Bauern das Land zur individuellen Nutzung zu geben. Aus diesem Grund, wird der neue Agrar-Erlaß verkündet. Sein Ziel ist:
> Jedem tüchtigen Bauern sein Land!
> Die Verteilung wird schrittweise durchgeführt. Bei manchen Gemeinwirtschaften beginnt sie sofort, bei manchen erst später. Entscheidend für den Zeitpunkt sind die jeweiligen wirtschaftlichen und technischen Voraussetzungen.
> Warte ruhig ab und erfülle Deine Pflicht am Aufbau Deiner Heimat. Umso früher wirst auch Du Dein Land erhalten.«[131]

Darüber hinaus sollte noch eine ganze Reihe weiterer Materialien zum Einsatz kommen: 1. Eine Wandzeitung, die auch in den Städten plakatiert werden sollte und die den »Wert« des Erlasses erklärte; 2. Drei große Bildplakate, die »stimmungsmäßig« wirken sollten: »Lachender Bauer«, »Bauer mit Garbe« (siehe Abb. 6) und »Arbeiter und Bauer unter Sowjetjoch«; 3. Ein Plakat, das den vollständigen Erlasstext mit Vor- und Nachwort Rosenbergs wiedergab und in den Versammlungs- und Diensträume der Landwirtschaftsführer aufgehängt werden sollte (es diente der Erläuterung einzelner Punkte)[132]; 4. Ein Plakat, das für den dauerhaften Aushang in den landwirtschaftlichen Betrieben vorgesehen war und das den Bauern an »seine Aussicht auf individuelle Landbewirtschaftung und Nutzung« erinnerte – unter der Voraussetzung, dass er sich voll einsetze; 5. Ein in vier Millionen Exemplaren gedrucktes Faltblatt »Dem tüchtigen Bauern sein Land«, das mit farbigen Zeichnungen und wenig Text in »populärer Form« »Sinn und Vorteile« des Erlasses erläuterte. Außerdem entwarf das Ostministerium diverse Presse- und Rundfunkmanuskripte.[133] Im Februar gab es die 31seitigen »Anweisungen für Propagandisten und Landwirtschaftsführer zum Agrarerlaß« heraus.[134] Diese enthielten Hinweise zum

---

    der zum Agrar-Erlaß vorgesehenen Druckerzeugnisse«, in: Anweisungen für Propagandisten und Landwirtschaftsführer zum Agrarerlass, Anlage zu OKW Nr. 1330/42 geh. WFSt/WPr (AP), 26. 2. 1942, betr. Propaganda für die Neue Agrarordnung, BA-MA, RH 19 III/483, fol. 115 RS f. Auf die Kampagne zur Einführung der NAO geht auch Buchbender ein. Vgl. ders. 1978, S. 133-139.

[131] Als Muster fungierte die Seite 2 des Merkblatts.

[132] Als Plakat P 11 in Lagerverzeichnis der Abt. Ost, BA, R 55/1299. Ebd. auch Plakate »Bauer mit Mütze« (P 13), »Bauer mit Garbe« (P 14), »Hände-Plakat! (P 15), »Agrar-Wandzeitung« (P 16).

[133] Vgl. 17 verschiedene Artikel und Kommentare (48 Seiten), in: »Unterlagen für die Propaganda«, PA AA, R 105193, unfol.

[134] Anweisungen für Propagandisten und Landwirtschaftsführer zum Agrarerlass, Anlage zu OKW Nr. 1330/42 geh. WFSt/WPr (AP), 26. 2. 1942, betr. Propaganda für die Neue Agrarordnung, BA-MA, RH 19 III/483, fol. 112-138. Hierzu auch Boeckh 1996, S. 16 ff.

6. Das Jahr der großen Propagandakampagnen 1942   225

Einsatz der vorbereiteten Materialien, die inhaltlichen Leitlinien, detaillierte Argumentationshilfen anhand eines Fragenkatalogs,[135] eine Liste mit ins Russische, Ukrainische und Weißrussische übersetzten Begriffen und die Übersetzung des zentralen »Merkblatts«.

Die technische Umsetzung der Kampagne war ebenfalls detailliert geplant. Auf zentraler Ebene arbeiteten Rosenbergs und Goebbels' Ministerien, das OKW und der Wirtschaftsstab Ost eng zusammen. Im besetzten Gebiet sollten sich alle Pressechefs und Propagandaabteilungen bei der Zivilverwaltung, die Propagandakompanien und -abteilungen der Wehrmacht sowie die Landwirtschaftsführer beteiligen.[136] Am 20. Februar brachten Kuriere das in Berlin vorbereitete Material sowie die Druckvorlagen, »Führerplakate« und Sondernummern des »Ostraum-Pressedienstes« nach Minsk, Smolensk, Riga, Rowno und Krementschug.[137] Am 27. Februar wollte man die Agrarreform »in den gesamten Ostgebieten« schlagartig bekannt geben; Presse und Rundfunk sollten den Erlass an diesem Tag erläutern. Die Abteilung WPr ordnete an, hierfür »Hörgemeinschaften« zu nutzen bzw. neu zu bilden. Wenige Tage später, am 3. März, sollten dann zusätzlich Anschläge und Plakate ausgehängt und das »Merkblatt« verteilt werden. Bis zu diesem Zeitpunkt hatten die Propagandisten Zeit, auf Grundlage der zugesandten Druckvorlagen vor Ort Material zu produzieren. Ab dem 3. März sollten sie – in Zusammenarbeit mit den La-Führern – auch damit beginnen, mit »positiv eingestellten« Bauern Versammlungen zur öffentlichen Erläuterung der Agrarordnung abzuhalten. Für den »feierlichen Anstrich« dieser Kundgebungen hatten sie unter anderem ein »umkränztes Führer-Bild« aufzustellen. In den folgenden Wochen war geplant, kontinuierlich weiteres Material aus Berlin – unter anderem Schallplatten und Filme – nachzuliefern.

In einer zweiten Etappe nach der Bekanntgabe der Neuen Agrarordnung sollte sich die Propaganda darauf konzentrieren, möglichst konkret deren »greifbaren praktischen Ergebnisse« herauszustellen.[138] Vorrangige Zielgruppen waren dabei die Bevölkerung der besetzten Gebiete und die internationale Öffentlichkeit,[139] weniger die deutsche Bevölkerung. Gegenüber dieser und den deutschen Soldaten wollte Hitler unbedingt den Eindruck vermeiden, dass

---

[135] Diesen hatte Schiller bis Anfang Februar erarbeitet. Vgl. RMO, III E 1 b, Vermerk zur Propaganda für die neue Agrarordnung, 2. 2. 1942, gez. Schiller sowie RMO, III E 1 b, betr. Richtlinien für die La-Führer zur Beantwortung von Fragen, die zur neuen Agrarordnung von der einheimischen Bevölkerung an sie gestellt werden, 3. 2. 1942, gez. Schiller, PA AA, R 105193, unfol.

[136] Vgl. Sachbearbeiter Stackelberg, Geheimer Propaganda-Arbeitsplan zur Einführung der Agrarreform, 8. 1. 1942, PA AA, R 105193, unfol. Zum »engsten Kontakt« zwischen Schiller und RMVP/Taubert siehe auch MinRat Dr. Taubert, an MinDir. Dr. Naumann, 12. 5. 1942, betr. Ihre Aufträge, BDC RKK 2401/Taubert, unfol.

[137] Zum Ablauf der Kampagne vgl. RMVP, Ost 2281/55-16,13, an OKW, z. Hd. Leutnant von Grote, 17. 2. 1942, betr. Propaganda-Aktion über die Agrar-Reform in der Sowjet-Union, gez. Taubert, BA-MA, RW 4/254, fol. 396-401; OKW Nr. 1160/42 geh. WFSt/ WPr (Ia), 20. 2. 1942, betr. Weisung für die Durchführung der Propagandaaktion für die neue Agrarordnung, BA-MA, RW 4/254, fol. 415-417.

[138] RMO, Richtlinien für den Ausbau der Ostpropaganda, Jan. 1942, BA D-H, R 90/31, unfol.

[139] Vgl. [AA], Ru V [Conradi], an LR Schirmer, 21. 1. 1942, betr. Die neue Agrarordnung in den besetzten Ostgebieten, PA AA, R 105170, fol. 256649 f.

die Versprechen auf »Siedlungsland« im Osten enttäuscht werden könnten.[140] Intern gingen aber weder er noch die Wirtschaftsexperten davon aus, dass die neuen Regelungen dauerhaft Gültigkeit haben würden. Schiller hatte frühzeitig klargestellt, dass ein »teilweiser Übergang zur individuellen Bodennutzung« die »spätere Durchführung von Plänen einer deutschen Bewirtschaftung oder einer deutschen Besiedlung« nicht behindern würde. Falls Gebiete »später durch deutsche Bauern besiedelt werden sollen, müssen die einheimischen Bauern in jedem Falle ausgesiedelt werden, wobei es keinen großen Unterschied darstellt, ob sie bis dahin ihre Felder gemeinschaftlich oder individuell bearbeitet haben.«[141]

Am 27. Februar 1942 begann in Weißrussland die Kampagne zur Einführung der »Neuen Agrarordnung«[142], wobei es regional zu Verzögerungen kam.[143] Im rückwärtigen Heeresgebiet führten vor allem die Propagandaabteilung W und ihre Staffeln – in Zusammenarbeit mit der Wirtschaftsverwaltung – die Kampagne durch; im zivilverwalteten Gebiet übernahm die Staffel Weißruthenien der Propagandaabteilung O die Aktivpropaganda, während die zivile Behörde sich im Wesentlichen auf die Presse- und Rundfunkarbeit konzentrierte.[144] Riesige Materialmengen waren vor Ort produziert worden. Allein die Propagandaabteilung O begann ihre »Propaganda-Schlacht«[145] mit der Verteilung von einer Million Exemplaren einer Sondernummer der Propagandazeitung »Prawda«, zehn Millionen »Merkblättern« (davon eine Million in weißrussisch), 16.000 Plakaten mit dem Erlasstext (5.000 in weißrussisch) und 180.000 Textplakaten (40.000 in weißrussisch). Ihre Staffel Weißruthenien konnte am 27. Februar mit ihrem Lautsprecherwagen wegen Schnee und schlechter Wegeverhältnisse zwar nur zwei an Hauptstraßen gelegene Ortschaften – Rudensk und Dukora – erreichen. Dafür wurden aber die Bevölkerung des Umlands und insbesondere Bürgermeister, Dorfälteste und Kolchosenleiter hierhin »zitiert«.[146]

Der März 1942 stand in ganz Weißrussland »propagandistisch im Zeichen der Agrarreform«.[147] In Zusammenarbeit mit den La-Führern organisierten

---

[140] Vgl. Ref. Ges. Großkopf, RR Baum, betr. Privateigentums-Begriff und Agrarordnungspropaganda, 27. 2. 1942, PA AA, R 105170, fol. 256569 ff.

[141] [Schiller], Begründung zu dem Entwurf einer neuen Agrarordnung, o. D., PA AA, R 105170, fol. 256667. In diesem Sinne äußerte sich Hitler auch gegenüber Rosenberg, Vermerk über eine Unterredung beim Führer v. 19. 2. 1942, vgl. Gerlach 1999, S. 346, Fn. 720.

[142] Vgl. PAO, Lagebericht Nr. 15, 26. 2.-11. 3. 1942, BA-MA, RW 4/235, fol. 73; PAW, Tätigkeitsbericht Februar, 5. 3. 1942, BA-MA, RW 4/236, fol. 133.

[143] So klagte z. B. der Verbindungsoffizier der PAW bei der 201. Sicherungsbrigade über Verzögerungen bei der Materiallieferung, in seinem Gebiet begann der »schlagartige Einsatz« erst am 10. 3. VO der PAW bei Sich.Brig. 201, [Schaefer], Tätigkeitsbericht März 1942, 24. 3. 1942, BA-MA, RH 26-201/4, fol. 64. Vgl. auch PAO, Lagebericht Nr. 15, 26. 2.-11. 3. 1942, BA-MA, RW 4/235, fol. 74, 76.

[144] Der Zivilverwaltung fehlte sowohl Personal als auch die technische Ausstattung, wie z. B. Lautsprecherwagen. WBfh. Ostland, Ic (Daven), Politischer Lagebericht v. 15. 5. 1942, BA-MA, RW 4/235, fol. 128.

[145] PAO, Lagebericht Nr. 15, 13. 3. 1942, BA-MA, RW 4/235, fol. 73.

[146] PAO, Lagebericht Nr. 15, 26. 2.-11. 3. 1942, BA-MA, RW 4/235, fol. 82.

[147] Berück Mitte, Ic, Tätigkeitsbericht März 1942, 10. 4. 1942, BA-MA, RH 22/243, fol. 24.

die Propagandisten eine große »Versammlungswelle«.[148] So wurde die Reform nicht nur auf den regelmäßig stattfindenden Bürgermeistertreffen oder bei den Zusammenkünften der Kolchosenleiter vorgestellt, sondern es fanden auch Massenkundgebungen mit bis zu 6.000 Teilnehmern statt – wie beispielsweise in Orscha, Mogilew oder Pleschtschenizy. Diese wurden von Chorgesang, durch Lautsprecherwagen übertragene Marschmusik und Aufrufe, eine »Flaggenparade der Schutzpolizei« und die Verteilung von Hakenkreuzfähnchen begleitet. Prominente Redner traten auf: In Pleschtschenizy verkündete der Gebietskommissar die Agrarreform, und bei einer Großkundgebung am 31. Mai 1942 in Kojdonow anlässlich der Umwandlung der letzten Kolchosen im zivilverwalteten Gebiet verteilte Generalkommissar Kube persönlich »Führerpostkarten«.[149]

Beispielhaft für ähnliche Veranstaltungen steht das Vorgehen der Propagandaabteilung W Ende März 1942 in Smolensk. Im Vorfeld der Veranstaltung setzten die Propagandisten systematisch Mundpropaganda ein, die einheimische Verwaltung versandte Einladungen, in der Presse erschienen Aufrufe und ein Lautsprecherwagen der Propagandaabteilung kam im Stadtgebiet zum Einsatz. Die Kundgebung selbst, die im großen Saal des Stadthauses stattfand, wurde durch Lautsprecher auf öffentlichen Plätzen und über Drahtfunk übertragen. Musikstücke gaben den Rahmen für zwei deutsche und zwei einheimische Redner, von denen einer unter anderem ein »Danktelegramm an den Führer« verlas. Die Propagandisten hatten ebenfalls dafür gesorgt, dass ein Zuschauer aus dem Publikum »im Namen der Bauern« dankte. Nach den Reden erhielten die Teilnehmer Eier und Marchorka, womit der erste etwa zweistündige Teil der Veranstaltung endete. Anschließend empfing der Befehlshaber des rückwärtigen Heeresgebiets Mitte eine Delegation einheimischer Vertreter. Ihre Bitte, die »Dankadresse der russischen Besucher und Bauern dem Führer telegrafisch zu übermitteln«, Schenckendorffs Antwort und seine anschließende Einladung zu einem »kleinen Imbiß« wurden in Film, Presse und Rundfunk dokumentiert.[150]

Die in Smolensk inszenierte »Dankbarkeit« der Landbevölkerung war ein gezielt eingesetztes Mittel der Propaganda. Bei den im Frühjahr 1942 organisierten Versammlungen wurden Dankadressen an Hitler oder Rosenberg »gesammelt« und später propagandistisch genutzt.[151] Dies galt auch für die Bau-

---

[148] Vgl. PAW, Tätigkeitsberichte Februar und März, in BA-MA, RW 4/236, fol. 135, 162, 167, 177 ff.; Anlage zum Tätigkeitsbericht der Sicherungsdivision 286, Abt. Ic, Januar-März 1942, BA-MA, RH 26-286/6, fol. 45; VO der PAW bei Sich.Brig. 201, [Schaefer], Tätigkeitsbericht März 24. 3. 1942, BA-MA, RH 26-201/4, fol. 64 RS; PAO, Lagebericht Nr. 17, 3. 5. 1942, BA-MA, RW 4/235, fol. 122.

[149] Vgl. Anlage zum Tätigkeitsbericht der Sicherungsdivision 286, Abt. Ic, Januar-März 1942, BA-MA, RH 26-286/6, fol. 44; PAO, Lagebericht Nr. 17, 3. 5. 1942, BA-MA, RW 4/235, fol. 122; PAO, Lagebericht Nr. 19, 2. 7. 1942, ebd., fol. 158.

[150] Vgl. Kundgebung der Bürgermeister und Agronome zur Agrar-Reform im großen Saal des Stadthauses Smolensk am 29. 3. 1942, Anlage 1 zu PAW, Tätigkeitsbericht März, 31. 3. 1942, BA-MA, RW 4/236, fol. 177 f.

[151] VO der PAW bei Sich.Brig. 201, [Schaefer], Tätigkeitsbericht März 1942, 24. 3. 1942, BA-MA, RH 26-201/4, fol. 64 RS. Z. B. in Orscha, Klinzy, Krassny und Smolensk. Berück Mitte, Ic,

erndelegationen ins Reich, die ihren Dank persönlich abstatten sollten.[152] Für die Teilnehmer dieser Delegationen wurden Besichtigungsreisen organisiert, um sie nach ihrer Rückkehr als »aktive Propagandisten für die deutsche Sache zu benutzen«.[153] Die Propagandaabteilung W sandte Anfang April 1942 eine erste Bauerndelegation zu Rosenberg, um die Teilnehmer nach ihrer Rückkehr bei Versammlungen einzusetzen.[154] In den folgenden Monaten traten sowohl im militär- als auch im zivilverwalteten Gebiet solche Reiseteilnehmer als Kundgebungs- und Versammlungsredner auf.[155] In der Presse erschienen entsprechende Artikelserien; später begleiteten auch Filmteams diese Reisen, um Propagandafilme herzustellen.[156]

Während der Kampagne zur Neuen Agrarordnung setzte die Propaganda alle Medien ein. Das vorbereitete oder später zusätzlich produzierte Propagandamaterial wurde verbreitet, Rundfunk bzw. Drahtfunk berichteten ausführlich, ebenso die einheimische Presse. Spezielle Sondernummern einheimischer Presseerzeugnisse und eine neue, an die Landbevölkerung gerichtete Wochenzeitung »Kollokol« (Die Glocke) wurden herausgegeben, »Bauernkalender«, Ausstellungen und ein »Bauernfilm« produziert.[157] Im Sommer 1942 erschienen in der einheimischen Presse zudem verstärkt Artikel zu allgemeinen Fragen der Agrarproduktion.[158]

Tätigkeitsbericht März 1942, 10. 4. 1942, BA-MA, RH 22/243, fol. 24; Berück Mitte, Abt. VII/Kr. Verw. Tgb. Nr. 97/42 geh., an OKH Gen St d H/Gen Qu Abt. K. Verw. (V), 10. 4. 1942, betr. Lage- und Tätigkeitsbericht, BA-MA, WF 03/7366, fol. 1090 f. Siehe auch Wehrmacht-Propaganda-Lagebericht, 16. 4.-30. 4. 1942, BA-MA, RW 4/340, fol. 35.

[152] Vgl. Generalreferat Ostraum, ORR Dr. Taubert, an Reichsminister, 20. 4. 1942, betr. Bauernabordnungen aus den besetzten Ostgebieten, BStU, RHE 37/80 SU, Bd. 15, fol. 128 f. Verschiedene Abrechnungen von Reisegruppen v. April bis Juni 1942, ebd., fol. 130-136.

[153] Ebd., fol. 128 f.

[154] Vgl. PAW, Mitteilungs- und Verordnungsblatt Nr. 3, 30. 3. 1942, BA-MA, RW 4/236, fol. 180; PAW, Tätigkeitsbericht März, 31. 3. 1942, ebd., fol. 161.

[155] Vgl. für das rückwärtige Heeresgebiet: Berück Mitte, Abt. VII/Kr. Verw. Tgb. Nr. 158 geh., an OKH Gen St d H/Gen Qu Abt. K. Verw. (V), 10. 6. 1942, betr. Lage- und Tätigkeitsbericht, BA-MA, WF 03/7366, fol. 1118; Berück Mitte, Ic, Tätigkeitsbericht Juni 1942, 3. 7. 1942, BA-MA, RH 22/243, fol. 53. Für das GK Weißruthenien: PAO, Lagebericht Nr. 19, 2. 7. 1942, BA-MA, RW 4/235, fol. 159. Reiseteilnehmer waren nicht nur Bauern, sondern auch einheimische Bürgermeister. Vgl. Vertrauliche Ostinformation »Vineta«, 27. 6. 1942, SoM, 1370-1-56, fol. 373.

[156] Vgl. PAW, Mitteilungs- und Verordnungsblatt, Nr. 9, 3. 6. 1942, NAB, 411-1-6, fol. 41; Einsatzgruppe B, Propagandastaffel SS-Sonderführer Meyer, 1. 7. 1942, Vorschlag für die Aktivpropaganda – Schaffung eines Filmes, der russische Arbeiter im Reich zeigt, BStU, RHE 37/80 SU T 15, fol. 117 121.

[157] Vgl. PAW, Tätigkeitsberichte Februar und März, in BA-MA, RW 4/236, fol. 135 ff., 161 f., 167, 177 ff.; Anlage zum Tätigkeitsbericht der Sicherungsdivision 286, Abt. Ic, Januar-März 1942, BA-MA, RH 26-286/6, fol. 45; VO der PAW bei Sich.Brig. 201, [Schaefer], Tätigkeitsbericht März 1942, 24. 3. 1942, BA-MA, RH 26-201/4, fol. 64 RS; Berück Mitte, Ic, Tätigkeitsbericht März 1942, 10. 4. 1942, BA-MA, RH 22/243, fol. 26; PAO, Lageberichte Nr. 15 und Nr. 17, BA-MA, RW 4/235, fol. 73, 94, 122; RMO, Abteilung Presse und Aufklärung, Lagebericht über die Ostpropaganda, 18. 4. 1942, BA, R 6/192, fol. 41; Generalreferat Ostraum, Engelhardt, an Reichsminister, 20. 6. 1942, betr. Filmarbeit in Weißruthenien, BStU, RHE 37/80 SU, Bd. 15, fol. 124 f.

[158] Vgl. PAW, Mitteilungs- und Verordnungsblatt, Nr. 9, 3. 6. 1942, NAB, 411-1-6, fol. 41.

Gerade in Weißrussland war die »Frage der Agrarordnung« aufs engste mit dem »Gesichtspunkt der Befriedung des Landes« verknüpft.[159] Schenckendorff hoffte, dass die Auflösung der Kolchosen »der Partisanenbekämpfung sehr zugute kommen« werde, weil die Bauern nun »unter deutscher Anleitung« *ihr* Land und *ihre* Tiere bewachen und beschützen würden. Dies erschwere wiederum die Versorgung der Partisanen und nehme der »sehr tätigen Sowjet-Gegenpropaganda« den Wind aus den Segeln.[160] Die Wehrmacht sei bei der Durchführung der Neuen Agrarordnung vor allen Dingen daran interessiert, dass der »damit verbundene Anreiz zur Mitarbeit an der Befriedung des Landes« tatsächlich eintrete.[161] Dementsprechend war die Propaganda ausgerichtet: »Wer nicht die allgemeine Pflicht zur Verteidigung der befreiten Gebiete und zur Vernichtung der Banditen erfüllt, verliert das Recht auf das Land, welches den Bauern zuerkannt wird durch das neue Gesetz zur Landnutzung.«[162] Im zivilverwalteten Gebiet, wo die Propaganda aufgrund der ministeriellen Sonderbestimmungen ab März darauf ausgerichtet war, die sofortige Einführung der Landbaugenossenschaften zu verkünden,[163] betonte die Propagandastaffel Weißruthenien ihre Ziele etwa indirekter: Die deutsche Regierung könne diese »Bevorzugung Weißrutheniens« vor den übrigen besetzten Gebieten durchführen, weil die Bauern »zuverlässig seien und man sich auf ihre Mithilfe bei der Befriedung des Landes verlassen könne.«[164]

Die Kampagne zur Einführung der Neuen Agrarordnung wurde im besetzten Weißrussland noch etwa bis August 1942 weitergeführt.[165] Der erhoffte politische Erfolg stellte sich jedoch nicht ein.[166] Nachdem die Propagandaabteilung W im März 1942 noch eine vorsichtig positive Prognose gewagt hatte, kam sie im Mai zu dem Schluss, dass die Stimmung sich nicht wesentlich verbessert habe. Im Juni stellte sie eine »spürbar[e]« Verschlechterung fest, für

---

[159] Ref. Ges. Großkopf, RR Baum, betr. Privateigentums-Begriff und Agrarordnungspropaganda, 27. 2. 1942, PA AA, R 105170, fol. 256569 ff.
[160] OKH Gen St d H/Gen Qu Abt. K. Verw. (Qu 4/Ausw.) Nr. II/ 1981/ 42 g, an OKW/WFSt, OKW/WPr, RMO über V.O. Hpt. Lorenz, 15. 3. 1942, auszugsweise Abschrift aus dem Bericht Schenckendorffs über Propaganda in den besetzten Ostgebieten und über die Stimmung der russischen Bevölkerung, BA-MA, RW 4/255, fol. 122.
[161] Berück Mitte, Abt. VII / Kr. – Verw. Tgb. Nr. 158, an OKH Gen St d H / Gen Qu Abt. K. Verw. (V), 10. 6. 1942, betr. Lage- und Tätigkeitsbericht, BA-MA, WF 03/7366, fol. 1130.
[162] Plakat »Der Winter geht zu Ende!« (PAW 17), Original als Anlage 9 zu PAW, Tätigkeitsbericht März, 31. 3. 1942, BA-MA, RW 4/236, fol. 46. Übersetzung in: NAB, 411-1-49, fol. 3. Siehe auch Flugblatt »Bürger! Russischer Bauer!« (306 Part.), [Feb./März 1942], BA-MA, WF 03/29057, fol. 634063.
[163] Vgl. PAO, Lagebericht Nr. 15, 26. 2.-11. 3. 1942, BA-MA, RW 4/235, fol. 83.
[164] 707. Inf.Div., Ic, Monatsbericht 1. 3.-31. 3. 1942, 14. 5. 1942, BA-MA, RH 26/707/15, fol. 16.
[165] Vgl. für GK Weißruthenien: WBfh. Ostland, Ic (Daven), Politischer Lagebericht v. 15. 5. 1942, BA-MA, RW4/235, fol. 128; PAO, Lagebericht Nr. 19, 2. 7. 1942, BA-MA, RW 4/235, fol. 158. Für das militärverwaltete Gebiet: Berück Mitte, Ic, Tätigkeitsbericht Juni 1942, 3. 7. 1942, BA-MA, RH 22/243, fol. 50-54. Allgemein: RMO, Abt. Presse u. Aufklärung/Gruppe Aktivpropaganda, Propaganda-Dienst Nr. 2, [Juli 1942], IfZ, Da 46.06, unfol.; Vertrauliche Ostinformation »Vineta«, Nr. 4, 3. 8. 1942, SoM, 1370-1-56, fol. 292; Vertrauliche Ostinformation »Vineta«, Nr. 15, 18. 8. 1942, ebd., fol. 228.
[166] Zu den wirtschaftlichen Erfolgen, die mittelfristig durchaus erreicht wurden, vgl. Gerlach 1999, S. 361 ff.

August sprach sie von einer ausgesprochenen »Stimmungsflaute«.[167] Auch im zivilverwalteten Gebiet löste die Agrarreform bei der Landbevölkerung »keinerlei Begeisterung« aus; Anfang Mai klagte die Propagandaabteilung O, dass ein »Nachlassen der Bandentätigkeit als Folge der Neuen Agrarordnung« nicht festgestellt werden könne.[168]

Der geringe Effekt der Kampagne wurde unter anderem durch eine propagandistische Panne auf deutscher Seite mit befördert. Statt der schlagartigen Bekanntgabe Ende Februar war der Text der Neuen Agrarordnung sinngemäß bereits Mitte Februar im rückwärtigen Heeresgebiet Mitte und über den Rundfunksender Minsk bekannt gegeben worden. Dies hatte der sowjetischen Gegenpropaganda die Gelegenheit gegeben, sofort zu reagieren und die Agrarreform als ein »sicheres Zeichen der Schwäche« und als rein taktische Maßnahme anzugreifen.[169]

6.2.3. Die Aktion »Kriegsabgabe«

Die Agrarpropaganda blieb auch nach Abschluss der Kampagne zur Neuen Agrarordnung ein Themenschwerpunkt der Propagandisten. Im Spätsommer und Herbst sollte sie dafür sorgen, dass die Landbevölkerung ihre Ernteerträge bei den deutschen Dienststellen ablieferte. Im September 1942 begannen die ersten Vorbereitungen für die Propagierung der »Kriegsabgabe 1942/43«.[170] Die Propagandaabteilung W startete eine »Aufklärungsaktion«, um den Bauern die »*Notwendigkeit* der *Kriegsabgaben* von der diesjährigen Ernte klarzumachen.«[171] Die Abgaben lagen allerdings erwartungsgemäß weit höher als im Frühjahr angekündigt, sie bedrohten die Existenz – wenn nicht sogar das Leben – der Bauern bzw. Bäuerinnen und ihrer Familien. Als Rechtfertigung hielt die Propagandaabteilung W der Landbevölkerung vor, »dass die Kriegsabgabe im ganzen nicht höher« sei, »als die verschiedenen im Laufe eines Jahres von den Sowjets früher erhobenen Abgaben zusammen genommen.«[172] Die Propagandisten kündigten – trotz des offenkundig gegenteiligen Vorgehens der Besatzungsmacht – an, dass die Abgaben bezahlt würden und die

---

[167] Vgl. PAW, Tätigkeitsbericht März, 31. 3. 1942, Anlage Stimmungsbericht, BA-MA, RW 4/236, fol. 176; PAW, Stimmungsbericht für Mai 1942, 2. 6. 1942, BA-MA, RW 4/306, unfol.; PAW, Stimmungsbericht für Juni 1942, 4. 7. 1942, BA-MA, RW 4/237, fol. 80; PAW, Stimmungsbericht für August 1942, 4. 9. 1942, ebd., fol. 207, 213; Berück Mitte, Ic, Tätigkeitsbericht Juni 1942, 3. 7. 1942, BA-MA, RH 22/243, fol. 53.

[168] PAO, Lagebericht Nr. 15 v. 13. 3. 1942, BA-MA, RW 4/235, fol. 89; PAO, Stimmungsbericht Nr. 17, 3. 5. 1942, BA-MA, ebd., fol. 122. Vgl. auch WBfh. Ostland, Ic (Daven), Politischer Lagebericht v. 15. 4. 1942 sowie v. 15. 5. 1942, BA-MA, RW 4/235, fol. 107, 126.

[169] Vgl. 707. Inf. Div., Ic, Monatsbericht v. 1. 2.-28. 2. 1942, 4. 3. 1942, BA-MA, RH 26-707/15, fol. 14; PAO, Lagebericht Nr. 15 v. 13. 3. 1942, BA-MA, RW 4/235, fol. 89; Geheime Aufzeichnung Bräutigams v. 25. 10. 1942, PS-294, IMT, Bd. 25, S. 335.

[170] PAW, Mitteilungs- und Verordnungsblatt Nr. 14, 15. 9. 1942, NAB, 411-1-1, fol. 29.

[171] RMO, Abt. Presse u. Aufklärung/Gruppe Aktivpropaganda, Propaganda-Dienst Nr. 9 v. 7. 11. 1942, IfZ, Da 46.06, unfol.

[172] Ebd.

Bauern Saatgut sowie Produkte für die eigene Ernährung und die ihres Viehs behalten dürften.[173]

Die Agrarpropaganda gegenüber der Landbevölkerung bildete 1942 also einen deutlichen Schwerpunkt der Tätigkeiten der Propagandisten in Weißrussland. Die Produktivität der landwirtschaftlichen Erzeugung, von der die deutschen Truppen abhängig waren, sollte durch eine Bodenreform gesteigert werden, die Leistungsanreize und Kontroll- bzw. Repressionsmaßnahmen miteinander kombinierte. Neben den wirtschaftlichen Zielen verfolgte die mit großem Aufwand vorbereitete und durchgeführte Propagandakampagne zur »Neuen Agrarordnung« zugleich (sicherungs)politische Aufgaben: die Bevölkerung sollte zu einer grundsätzlichen Kooperation mit der Besatzungsmacht motiviert werden, insbesondere im Bereich der Partisanenbekämpfung.

6.3. Neue Strategien zur Partisanenbekämpfung

Bis zum Frühjahr 1942 gelang es den Partisanen in Weißrussland, die personellen und organisatorischen Voraussetzungen für einen effektiven Widerstand gegen die Besatzer zu schaffen.[174] Mit Hilfe der sowjetischen Regierung, die Personal und Material in die deutsch besetzten Gebiete einschleuste, waren in den Wintermonaten 1941/42 die Grundlagen für bewaffnete Großverbände gelegt worden. Bis zum Frühsommer 1942 stiegen deren Mitgliederzahlen auf etwa 23.000, bis Jahresende auf über 57.000 Männer und Frauen an. Der Frauenanteil bei den sowjetischen Verbänden lag bei etwa 10 bis 12 Prozent.[175] Die Führung wurde nach und nach vereinheitlicht: dem Beschluss des Staatlichen Verteidigungskomitees der UdSSR zur Bildung des Zentralen Stabs der Partisanenbewegung vom 30. Mai 1942 folgte im September die Bildung des Weißrussischen Stabes. Die weißrussische Partisanenbewegung war allerdings nicht homogen. Neben den sowjetischen Gruppen existierten nationalistisch, religiös oder propolnisch orientierte Verbände, die oftmals stark antisowjetisch ausgerichtet waren. Teilweise kam es sogar zu bewaffneten Auseinandersetzungen untereinander.[176] Antikommunistische Gruppierungen wurden von den Deutschen zuweilen nicht nur toleriert, sondern auch bei der Bekämpfung der sowjetischen Partisanen mit einbezogen.[177]

---

[173] Ebd.
[174] Zur Partisanenbewegung in Weißrussland vgl. Krawtschenko 1961; Kalinin 1968; Wilenchik 1984; Kühnrich u. a. 1984. Überblick in Gerlach 1999, S. 860-869. Zum Gebiet Baranowischi siehe auch Brakel 2007 sowie die Dokumentenedition von Musial 2004 (inkl. Forschungsüberblick). Allgemein zum »Partisanenkrieg« Armstrong 1964; Kühnrich 1968; E. Hesse 1969; Cooper 1979; Bonwetsch 1985; Wegner 1990; J. Förster 1991b; Birn 1991; Umbreit 1992; Lustiger 1994; Orlov 1995; Richter 1998; Grenkevich 1999; Slepyan 2006; Hürter 2007, S. 404-441.
[175] Vgl. Kühnrich 1968, S. 156; Gerlach 1999, S. 861; Musial 2004, S. 21.
[176] Vgl. Wilenchik 1984, S. 231-241. Musial spricht z. B. von einem ab 1943 stattfindenden »polnisch-sowjetischen Partisanenkrieg« im Gebiet Baranowitschi. Ders. 2004, S. 221-255.
[177] Vgl. Wilenchik 1984, S. 257-261; Gerlach 1999, S. 1052 ff.

Eine besondere Rolle spielte der jüdische Widerstand. Als SS- und Polizeiverbände im Frühjahr 1942 damit begannen, systematisch die noch existierenden jüdischen Ghettos zu räumen und deren Bewohner zu ermorden, versuchten viele Juden und Jüdinnen angesichts des sicheren Todes zu fliehen.[178] Die Flucht zu den bewaffneten Verbänden in die Wälder bot aber hauptsächlich familiär ungebundenen Jugendlichen oder jungen Erwachsenen eine mögliche Überlebensperspektive. Sie schlossen sich meist den sowjetischen Partisanenverbänden an und gründeten auch eigene Sektionen in diesen. Unbewaffnete oder kampfunfähige Personen, insbesondere alte Menschen oder Kleinkinder, stellten für die Partisanen jedoch eine Belastung dar und konnten deshalb nur selten mit deren Unterstützung rechnen. In Weißrussland versuchte der jüdische Widerstand dennoch, auch diese Personengruppen zu retten. Es entstanden so genannte Familiengruppen bzw. -lager, in denen auch unbewaffnete Frauen, Kinder und Alte lebten. Eines der bekanntesten Beispiele hierfür ist die jüdische Partisaneneinheit bzw. das Familienlager der Brüder Bielski in den Urwäldern von Naliboki, in dem mehr als 1.200 Menschen die deutsche Besatzung überlebten.[179]

Wenn im Folgenden von Partisanen die Rede ist, so sind – wenn nicht ausdrücklich anders benannt – die sowjetischen Verbände gemeint. Hatten diese sich 1941 vor allem auf spontane und gelegentliche Aktionen gegen die Besatzer beschränken müssen, so versuchten sie ab Frühjahr 1942 systematisch, die wirtschaftliche Ausbeutung des Landes durch die Deutschen zu verhindern. Sie setzten die einheimische Verwaltung unter Druck und töteten mit den Deutschen kooperierende Bürgermeister oder Mitglieder der einheimischen Polizei. Ziel von Sabotage und Anschlägen waren zudem die Kommunikations- und Verkehrsverbindungen (vor allem Eisenbahnen). Im Laufe des Jahres 1942 entstanden die ersten Partisanenzonen, d. h. Gebiete, die die Deutschen praktisch nicht mehr kontrollieren konnten.[180] Mit dem Erstarken des Partisanenwiderstands veränderte sich 1942 auch das deutsche Vorgehen.

6.3.1. Propagandaeinsätze im Rahmen militärischer Großoperationen

Nach wie vor besetzten die deutschen Sicherungskräfte in den frühen Morgen- bzw. späten Abendstunden einzelne Ortschaften, riegelten sie ab und durchsuchten sie nach Verdächtigen. Ab März 1942 begannen im Osten Weißrusslands zusätzlich militärische Großoperationen, bei denen speziell zusammengezogene Wehrmachts-, SS- und Polizeiverbände zunächst ganze Gebiete einkesselten, um sie anschließend systematisch zu »durchkämmen«. Dabei töteten sie hauptsächlich so genannte Partisanen*verdächtige*, also die

---

[178] Zu dieser zweiten Tötungswelle Gerlach 1999, S. 683-773.
[179] Vgl. Wilenchik 1984, S. 242-256; Musial 2004, S. 183-220. Zum jüdischen Widerstand in Weißrussland u. a. Smolar 1966; ders. 1989; Tec 1986; Krasnoperko 1991. Zu der Einheit um Tuvia Bielski (1906-1987) und seine Brüder Zus und Asael siehe Tec 1996, die umfangreiche Interviews mit Überlebenden auswertete.
[180] Vgl. Gerlach 1999, S. 863.

Landbevölkerung in der Umgebung von Partisanenzonen. Ganze Dörfer wurden zerstört, die Einwohner auf zum Teil bestialische Art und Weise ermordet. In vielen Fällen sperrten die Deutschen Frauen, Kinder und Greise in Kirchen oder Scheunen ein und brannten diese dann nieder. Charakteristisch für das deutsche Vorgehen bei diesen »Unternehmen« war auch der umfassende und restlose Raub von Vieh, Getreide und Lebensmittelvorräten.[181]

Am 1. März 1942 wies das OKH die militärischen Sicherungskräfte im Heeresgebiet Mitte an, »die planmäßige Vernichtung der Partisanengruppen Zug um Zug« bis zum Beginn der so genannten Schlammperiode durchzuführen.[182] Mit dem etwa im April einsetzenden Tauwetter wurden die Wege- und Straßenverhältnisse für die Deutschen besonders ungünstig, während es den Partisanen wiederum die Möglichkeit bot, sich in den Schutz der für die Deutschen nur schwer zugänglichen Wald- und Sumpfgebiete zurückzuziehen. In Weißrussland befanden sich zu diesem Zeitpunkt etwa 20.000 Partisanen und Partisaninnen. Die anvisierte »Säuberung« sollte eine neu gebildete Kampfgruppe unter dem Befehl Schenckendorffs übernehmen; unter anderem wurde die bisher im Westen Weißrusslands eingesetzte 707. Infanteriedivision verlegt. Das OKH ordnete in diesem Zusammenhang zugleich die »Vorbereitung und Durchführung einer umfangreichen Propaganda-Aktion im Einsatzgebiet unter besonderer Ausnutzung der für die neue Landordnung gegebenen Propaganda-Richtlinien« an.[183]

Die Verknüpfung von militärischen und propagandistischen Maßnahmen kam dem Befehlshaber des rückwärtigen Heeresgebiets Mitte, Schenckendorff, sehr entgegen. Sie entsprach seinen grundsätzlichen Vorstellungen, die er in seinen zeitgleich eingereichten »Vorschläge[n] zur Vernichtung der Partisanen« niedergelegt hatte. Schenckendorff war davon überzeugt, dass die Partisanenbekämpfung unter »zwei großen Gesichtspunkten« erfolgen müsse: »1) Propagandistische Bearbeitung der Bevölkerung. 2) Militärische Vernichtung der Partisanen.« Die »Freundwilligkeit« der Bevölkerung sah er als die »Vorbedingung einer nachhaltigen Partisanenvernichtung« an.[184] Angesichts des eigenen Truppenmangels blieb keine andere Möglichkeit als der Versuch, die Zivilbevölkerung »noch intensiver zur Bekämpfung der Partisanen heranzuziehen«.[185] Aus diesem Grund befahl er, dass jede militärische Operation – »Unternehmung oder Ortsbesetzung« – in seinem Befehlsgebiet »zu reichlicher Propa-

---

[181] Zu den wirtschaftlichen Aspekten vgl. ausführlich Gerlach 1999, S. 884-1007.
[182] OKH Gen St d H Gen Qu/Op. Abt. Nr. II/427/42 g.K., an Hg. Mitte, nachrichtl. Berück Mitte, gez. Halder, 1. 3. 1942, BA-MA, RH 22/230, fol. 161 f.
[183] Ebd.
[184] Berück Mitte, Ia, Br.B.Nr. 708/42 geh., 1. 3. 1942, Vorschläge zur Vernichtung der Partisanen im rückw. Heeresgebiet und in den rückw. Armeegebieten, gez. Schenckendorff, BA-MA, RH 22/230, fol. 134. Auch der Leiter der PAO betonte Ende Januar 1942: »Für die Bekämpfung der Partisanen ist die Hilfe der Zivilbevölkerung, die durch den Propagandaeinsatz gewonnen werden muss, notwendig«, PAO, Lagebericht Nr. 12, 31. 1. 1942, BA-MA, RW 4/235, fol. 67.
[185] Berück Mitte, Ia, Br.B.Nr. 894/42 geh., an Sich.Div. 286, Sich.Brig. 201 u. 203, 13. 3. 1942, betr. Freiwillige Partisanenbekämpfungs-Abteilungen, BA-MA, RH 22/230, fol. 180 f. Vgl. auch OKH Gen St d H/Gen Qu Abt. K. Verw. (Qu 4/Ausw.) Nr. II/ 1981/ 42 g, an OKW/WFSt, OKW/WPr, RMO über V.O. Hpt. Lorenz, 15. 3. 1942, auszugsweise Abschrift aus dem Bericht Schenckendorffs über Propaganda in den besetzten Ostgebieten und über die Stimmung der russischen Bevölkerung, BA-MA, RW 4/255, fol. 121 ff.

ganda« ausgenutzt werden müsste. Flugblätter sollten verteilt und durch so genannte V-Leute »Aufklärungsvorträge« vor der versammelten Dorfbevölkerung gehalten werden.[186] Für die militärischen Großunternehmen schlug Schenckendorff einen verstärkten Einsatz von Flugzeugen vor. Diese sollten nicht nur Partisanenstellungen und verdächtige Dörfer bombardieren, sondern auch Flugblätter abwerfen.[187] Eine entsprechende Nachfrage des OKW beim Luftwaffenführungsstab hatte zunächst aufgrund der angespannten Versorgungslage an der Ostfront nur teilweise Erfolg,[188] dennoch wurden ab Sommer 1942 im rückwärtigen Heeresgebiet Mitte regelmäßig Flugzeuge zu diesem Zweck eingesetzt.[189]

Die Sicherungstruppen sollten bei den geplanten Großoperationen – so Schenckendorff – drei Aufgaben erfüllen: »a) Vernichtung von Partisanenbanden [...]; b) Befriedung des Landes [...]. Propaganda; c) Sicherung der Landesvorräte.«[190] Die ersten beiden Einsätze fanden in der zweiten Märzhälfte 1942 unter den Decknamen »München« und »Bamberg« statt, wobei letzteres quasi das Pilotprojekt für die neue Strategie darstellte.[191] Schenckendorff strebte für dieses eine »nachdrückliche propagandistische Ausnutzung« an.[192] Nachdem die Propagandaabteilung W bereits im Februar ihre »Antipartisanenpropaganda« verstärkt hatte, konzentrierte sie sich ab Anfang März auf die Vorbereitung der Großoperationen. Am 5. März 1942 teilte der Abteilungskommandeur, Kost, mit, dass eine entsprechende Sonderaktion »Geburtstagsfeier« ideenmäßig abgeschlossen sei.[193] Umgesetzt wurde sie drei Wochen später beim Unternehmen »Bamberg«,[194] bei dem zwischen dem 26. März und 6. April 1942 ein großes Gebiet südwestlich von Bobruisk eingekesselt und »durchkämmt« wurde. Während die Partisanenverbände weitgehend ausweichen konnten, zerstörten die 707. Infanteriedivision, das slowakische Infanterieregiment 102 und das deutsche Polizeibataillon 315 eine ganze Reihe von Dörfern und verbrannten einen Teil ihrer Bewohner bei lebendigem Leibe. Offiziell wurde die Zahl der weißrus-

---

[186] Berück Mitte, Ia, Br.B.Nr. 727/42 geh., 3.3.1942, betr. Partisanenbekämpfung, BA-MA, RH 22/230, fol. 153 f.
[187] Vgl. Berück Mitte, Ia, Br.B.Nr. 708/42 geh., 1.3.1942, Vorschläge zur Vernichtung der Partisanen im rückw. Heeresgebiet und in den rückw. Armeegebieten, gez. Schenckendorff, BA-MA, RH 22/230, fol. 140 f.
[188] Vgl. OKW WFSt/WPr (AP) Nr. 2948/42, an Hg. Nord, Mitte, Süd, 26.3.1942, betr. Flugblattabwurf über Partisanengebieten, BA-MA, RH 19 III/483, fol. 105.
[189] Vgl. Berück Mitte, Ic, Tätigkeitsbericht April 1942, 1.5.1942, BA-MA, RH 22/243, fol. 36; PAW, Stimmungsbericht Mai 1942, 2.6.1942, BA-MA, RW 4/306, unfol.; PAW, Mitteilungs- und Verordnungsblatt, Nr. 9, 3.6.1942, NAB, 411-1-6, fol. 41.
[190] Berück Mitte, Ia, Br.B.Nr. 727/42 geh., 3.3.1942, betr. Partisanenbekämpfung, BA-MA, RH 22/230, fol. 153 f.
[191] Vgl. Gerlach 1999, S. 885 ff. Zum Unternehmen »München«, das ab dem 19.3. im Raum Drogobusch-Jelnja östlich von Smolensk stattfand, Weinberg 1964, S. 425-430.
[192] Berück Mitte, Ia, 13.4.1942, Tätigkeitsbericht für den Monat März 1942, BA-MA, RH 22/231, fol. 85.
[193] PAW, Tätigkeitsbericht Februar, 5.3.1942, BA-MA, RW 4/236, fol. 133 ff.
[194] Vgl. PAW, Tätigkeitsbericht März, 31.3.1942, BA-MA, RW 4/236, fol. 162 f., 165 f., 167 f.; Wehrmacht-Propaganda-Lagebericht, 16.3.-31.3.1942, BA-MA, RW 4/340, fol. 27.

sischen Todesopfer mit 3.500 Personen angegeben, tatsächlich muss man von mindestens 6.000 Ermordeten ausgehen. Als Beute wurden 2.454 Rinder, 2.286 Schafe, 115 Tonnen Getreide, 120 Tonnen Kartoffeln und anderes abtransportiert.[195]

Für das Unternehmen »Bamberg« war die Staffel W 4 der Propagandaabteilung W durch eine weitere Halbstaffel sowie drei so genannte Propaganda-Werfer-Trupps verstärkt und der 707. Infanteriedivision zugeteilt worden.[196] Neben dem gerade aktuellen Propagandamaterial verbreiteten die Propagandisten während der Operation eine ganze Reihe von Flugblättern – teilweise durch Abwurf aus Flugzeugen[197] –, die die Propagandaabteilung W speziell für diesen Einsatz hergestellt hatte. Sie wandten sich an die Bevölkerung sowie an die Partisanen selbst.[198] Inhaltlich versuchten sie, die Partisanenbewegung, die von der sowjetischen Propaganda als Verteidigungskampf in der Tradition antinapoleonischer Kämpfe heroisiert wurde, zu delegitimieren. Dies geschah durch ihre Diffamierung als kriminell und »jüdisch« unterwandert. Bereits 1941 hatte das Ostministerium die Sprachregelung herausgegeben: »Partisanen – irreguläre Kämpfer, mitunter mit lobendem Unterton – Räuberhorden, Banden, Wegelagerer«[199] und im Frühjahr 1942 bekräftigt.[200] Bei den entsprechenden Weisungen Hitlers bzw. Himmlers im Sommer

---

[195] Ausführlich zum Unternehmen »Bamberg« Gerlach 1999, S. 885-893. Zur Durchführung siehe auch 707. Inf. Div., Ic, Monatsbericht für die Zeit v. 1. 3. bis 31. 3. 1942, 14. 5. 1942, BA-MA, RH 26/707/15, fol. 16-18 RS.

[196] Vgl. PAW, Tätigkeitsbericht März, 31. 3. 1942, BA-MA, RW 4/236, fol. 161.

[197] Ein entsprechender Hinweis findet sich in PAW, Stimmungsbericht Mai 1942, 2. 6. 1942, BA-MA, RW 4/306, unfol.

[198] Vgl. die Flugblätter »Bürger der befreiten russischen Ortschaften!« (PAW 14), »Bauern und Bäuerinnen! Bewohner der befreiten Gebiete!« (PAW 15), »Bürgerinnen und Bürger der befreiten Gebiete« (PAW 16), »Bürger!« (PAW 24), das Plakat »Der Winter geht zu Ende!« (PAW 17) (siehe Originale als Anlagen zu: PAW, Tätigkeitsbericht März, 31. 3. 1942, BA-MA, RW 4/236, 36 ff.) sowie die illustrierte Flugblattzeitung »Er verbrennt Dein Getreide! Wirke mit bei der Vernichtung der Banditen!« (P 14b/1) (NAB, 370-1-1300, fol. 49), »Die roten Banditen bringen Euch den Tod und Euren Häusern und dem Lande die Zerstörung!« (PAW P 14b/1a), »Für wen kämpfen die Banditen Stalins – Für die Feinde Eures Volkes!« (PAW P 14 a russ.), »Wir wollen die Banditen Stalins vernichten!« (PAW Flugblatt 14 d 1 (Wr)) (Anlagen zum Vermerk des Referats II b, Nowogrodek, 10. 8. 1943, betr. Propagandaaktion im Rahmen des Unternehmen »Hermann«, NAB, 370-1-1286, fol. 106 ff.). Bei den Unternehmen »München« und »Bamberg« wurden insgesamt verbreitet: Flugblätter PAW Nr. 14, 15, 16 »Partisanenbanditen« (Eigenauflagen), PAW Nr. 18 »Maulhelden«, PAW Nr. 24 »Bauernaufforderung«, »Warum Krieg?«, »Wer waren eure Unterdrücker?«, 296 L, 298 L, 299 L; Plakate: PAW Nr. 17 Anschlag »Partisanenbanditen« (Eigenauflage), Agrarerlass, »Blutmauer«; Wandzeitungen: Kalender 1942, England Tonnageverluste; Merkblätter: Agrarerlass, Informationsdienst Nr. 3, Flugblattzeitung 284 Z. PAW, Tätigkeitsbericht März, 31. 3. 1942, BA-MA, RW 4/236, fol. 165 ff.; Berück Mitte, Ic, Tätigkeitsbericht März 1942, 10. 4. 1942, BA-MA, RH 22/243, fol. 26.

[199] RMO, Abt. Presse und Aufklärung, Liste der häufigsten Ostbegriffe, o. D. [1941], BA, R 6/192, fol. 4. Im Februar 1942 ergingen ähnliche Vorgaben durch das RMVP an die Presse: statt Partisanen sollten die Medien Stalin-Banden, Plünderer, Räuber, Mordbrenner, Banden und Heckenschützen verwenden. Vgl. J. Hagemann 1970: S. 272, Anm. 521 u. 522, Boelcke 1989, S. 219.

[200] Pressechef für die besetzten Ostgebiete im RMO, 31. 3. 1942, Erster Nachtrag zur Sprachregelung über die Begriffe des Ostens v. 5. 3. 1942, BA, R 90/109, fol. 2.

1942[201] handelte es sich also keineswegs – wie oft angenommen – um eine »neue« Ausdrucksweise.[202]

Die von der Propagandaabteilung W im Frühjahr 1942 verteilten Materialien bezeichneten die Partisanenverbände als die »letzten Zufluchtsorte der jüdisch-bolschewistischen Kommissare, NKWD-Henker und aller verbrecherischen Elemente«.[203] Diese würden die Bevölkerung nur terrorisieren, »ausplündern« und »vergewaltigen«.[204] Die häufigsten Zuschreibungen waren »Brandstifter«, »Plünderer«, »Diebe«, »Mörder«, »Gewalttäter«, »Zuchthäusler« oder »dunkle Elemente«.[205] Im Vergleich zu den Partisanen des Jahres 1812, die »zweifellos Volkshelden« gewesen seien, würden sich die »Banden« heute nur Partisanen nennen, aber »in Wirklichkeit« nichts anderes sein als »Bolschewistenmietlinge«.[206] Widerstand und Partisanenbewegung wurden als Handlangerdienste für die im Hintergrund die Fäden ziehenden »Juden« dargestellt (siehe Abb. 9).

Die deutschen Parolen verwiesen wiederholt auf das vermeintlich *eigene* Interesse der Bevölkerung. »Die Banditen schaden nur Euch, weil sie Euer Eigentum, Euer Brot und Eure Verpflegungsmittel vernichten, wodurch Euch das Allernotwendigste genommen wird.« Den Deutschen und »noch viel weniger« ihrer unbesiegbaren Wehrmacht könnten solche Handlungen nicht schaden, da diese sich dank ihrer »großartigen Organisation« selbst versorgen könnten.[207] Die Partisanen würden nur die von den Deutschen durchgeführte »friedliche Aufbauarbeit« stören;[208] je schneller sie vernichtet seien, desto eher würden Leid, Hunger, Wohnungsnot und Arbeitslosigkeit überwunden sein.[209] Wie bereits 1941 riefen die Flugblätter offen zum Mord auf: »[...] befreit Euch von diesen Banditen! Schlagt sie tot wie räudige Hunde und der Lohn wird nicht ausbleiben!«[210] (siehe auch

---

[201] Vgl. Sonderbefehl des RFSS und Chef der Deutschen Polizei, 31. 7. 1941, abgedr. in: Rürup 1991, S. 132; Berück Mitte, Ia, Br. B. Nr. 508/42 g. Kds., 31. 8. 1942, Auszug aus einem Befehl des Oberkommandos der Hgr. Mitte v. 25. 8. 1942, BA-MA, RH 22/233, fol. 149 f.; Berück Mitte, Ia, 14. 9. 1942, Bericht für August 1942, BA-MA, RH 22/233, fol. 195.

[202] So Gerlach 1999, S. 925. Vgl. auch E. Hesse 1969, S. 179; Richter 1999, S. 855.

[203] Besondere Informationen für Bürgermeister und Dorfälteste Nr. 2 (PAW J-2), Original als Anlage 5 zu PAW, Propagandalage- und Tätigkeitsbericht v. 1.-15. 2. 1942, BA-MA, RW 4/236, fol. 124.

[204] Plakat »Der Winter geht zu Ende!« (PAW 17). Zu den Fundstellen der zitierten Materialien siehe Angaben in Fn. 198 der vorliegenden Arbeit.

[205] Vgl. PAW 17; Flugblatt »Bürger der befreiten russischen Ortschaften!« (PAW 14); Illustriertes Flugblatt »Er verbrennt Dein Getreide! Wirke mit bei der Vernichtung der Banditen!« (P 14b/1).

[206] Illustriertes Flugblatt »Für wen kämpfen die Banditen Stalins – Für die Feinde Eures Volkes!« (PAW P 14 a russ.). Abgedr. in: Schlootz 1996, S. 40.

[207] Illustriertes Flugblatt »Er verbrennt Dein Getreide! Wirke mit bei der Vernichtung der Banditen!« (P 14b/1).

[208] Illustriertes Flugblatt »Die roten Banditen bringen Euch den Tod und Euren Häusern und dem Lande die Zerstörung!« (PAW P 14b/1a).

[209] Vgl. Illustriertes Flugblatt »Für wen kämpfen die Banditen Stalins – Für die Feinde Eures Volkes!« (PAW P 14 a russ.).

[210] Flugblattentwurf »Bauern«, Anlage 1 zu Sicherungsbrigade 203 Abt. Ia, Nr. 38/42 g. Kds., 10. 3. 1942 an den Berück Mitte, betr. Unternehmen »Bamberg«, BA-MA, RH 22/230, fol. 205.

6. Das Jahr der großen Propagandakampagnen 1942   237

Abb. 8). Der Hinweis auf den Lohn war die Klammer zur Neuen Agrarordnung.

Die vermeintliche Aussicht auf Landzuteilung nutzte auch die so genannte Überläuferpropaganda, welche sich an die Partisanen selbst wandte und die bei den Großoperationen einen wichtigen Schwerpunkt darstellte. »Noch ist es Zeit! Die Bajonette in die Erde! Beeilt Euch, den deutschen Befreiern die Hand zu drücken. Dann werdet Ihr bei der Aufteilung der Kolchosen nicht vergessen, [...]. Nur wer jetzt die Waffen niederlegt, hat die Möglichkeit, wieder ein freier Bauer zu sein.«[211] Oder noch knapper: »Der eigene Grundbesitz erwartet Euch.«[212]

Nachdem Anfang März 1942 die bevorzugte Behandlung von Überläufern aus der Roten Armee festgelegt worden war, übertrugen die militärischen Stäbe im rückwärtigen Heeresgebiet Mitte dies auch auf die Partisanenverbände – obwohl eine entsprechende grundsätzliche Regelung für die Behandlung dieser Personengruppe erst später erfolgte.[213] Der Ic-Offizier beim Befehlshaber des rückwärtigen Heeresgebiets Mitte, Schubuth, äußerte im April 1942 die Hoffnung: »Wenn auf der Gegenseite bekannt wird, dass Überläufer nicht erschossen werden, werden noch mehr überlaufen.«[214] Die in diesem Monat verstärkte Propagandaoffensive[215] gegenüber den Partisanen operierte mit dem Versprechen: »Überläufer werden laut neuem Befehl des Deutschen Oberkommandos bevorzugt behandelt und verpflegt.«[216] Aus Rücksicht auf die propagandistische Rückwirkung sollte dieses Versprechen auch eingehalten werden. Bei einem zweiten »Lehrgang« zur »Bekämpfung von Partisanen«, den Schenckendorff vom 20. bis 24. Mai 1942 organisierte,[217] kam man zu dem Vorsatz: »Partisanenüberläufer offensichtlich gut behandeln und später den Überläufer-Lagern zuführen«.[218] Bewaffnete Partisanen sollten nunmehr möglichst *außerhalb* der »durchkämmten« Ortschaften getötet werden: Das »Nichterschießen an Ort und Stelle bzw. in der Öffentlichkeit« bringe die Partisanen »eher zum

---

[211] Flugblatt »Rotarmisten!« (PAW 31), o. D., NAB, 411-1-35, fol. 33.
[212] Flugzettel »Kommandeure! Rotarmisten! Partisanen!« (PAW 42), [Sommer 1942], NAB, 378-1-36, fol. 49.
[213] Nämlich mit der Kampfanweisung für die Bandenbekämpfung im Osten v. 11. 11. 1942 sowie dem Grundlegenden Befehl Nr. 13 a des OKH v. 1. 7. 1943. Siehe unten.
[214] Berück Mitte, Ic, Tätigkeitsbericht April 1942, 1. 5. 1942, BA-MA, RH 22/243, fol. 34-36.
[215] Vgl. 221. Sicherungsdivision Abt. Ic Nr. 122/42 geh., 8. 4. 1942, betr. Behandlung von Kriegsgefangenen, Partisanen und Bevölkerung, BA-MA, RH 26-221/34, unfol.
[216] Flugblatt »Rotarmisten!« (PAW 31), o. D., NAB, 411-1-35, fol. 33.
[217] Berück Mitte, Ia, 18. 5. 1942, Tagesordnung für den Lehrgang »Bekämpfung der Partisanen« v. 20. 5.-24. 5. 1942, mit Anlagen Tagesordnung, Merkblatt, Teilnehmerliste sowie Einleitungsworten Schenckendorffs, BA-MA, RH 22/231, fol. 240-248. Auch diesmal stand die »Besetzung einer Ortschaft, Durchsuchung von Häusern und Überprüfung der Einwohner durch eine Kompanie in Verbindung mit der G. P. F.« auf der Tagesordnung.
[218] Berück Mitte, Ia, 6. 6. 1942, Lehren aus dem Lehrgang für Partisanenbekämpfung, BA-MA, RH 22/231, fol. 287 f. Vgl. hierzu auch 221. Sicherungsdivision Abt. Ic Nr. 122/42 geh., 8. 4. 1942, betr. Behandlung von Kriegsgefangenen, Partisanen und Bevölkerung, BA-MA, RH 26-221/34, unfol. (»Zur Unterstützung dieser Propaganda ist erforderlich, dass Überläufer tatsächlich besser behandelt werden.« Der jeweils dienstälteste anwesende Soldat konnte jedoch eine sofortige Erschießung anordnen, wenn beim Transport eine »Gefahr für die Sicherheit der Truppe« angenommen wurde.)

Überlaufen als viele sonstige Versprechungen.«[219] Nach der Aufhebung des Kommissarbefehls im Mai 1942 wurden erstmals auch die Kommissare und Politruks in die Überläuferpropaganda mit einbezogen.[220] Ob es jedoch überhaupt eine relevante Zahl von Überläufern aus den Partisanenverbänden gegeben hat, ist bisher nicht erforscht. Schubuth berichtete für Mai 1942 von insgesamt 62 Überläufern, eine Staffel der Propagandaabteilung W konstatierte im Dezember eine »verschwindend geringe Zahl«.[221]

Die Propagandamaterialien, die sich direkt an die Partisanen wandten, behandelten alle thematischen Facetten, die auch die allgemeine Propaganda prägten. Darüber hinaus finden sich jedoch spezifische Elemente einer – auch in der Frontpropaganda gegenüber den Soldaten der Roten Armee angewandten – Überläuferpropaganda. So wurde der Begriff »Partisan« Ende Mai 1942 von Schenckendorff für den Gebrauch gegenüber den Partisanenverbänden erlaubt – was die Propagandaabteilung W als große Erleichterung ihrer Arbeit wertete.[222] Die Aufrufe, sich den Deutschen freiwillig zu ergeben, versprachen *immer* eine gute Behandlung und beinhalteten meistens spezielle »Passierscheine«, die bei den Deutschen vorgezeigt werden konnten.[223] Um die Partisanen zu demoralisieren, betonte die Propaganda ständig die absolute militärische Überlegenheit Deutschlands und die Sinn- und Aussichtslosigkeit jeglichen Widerstandes. Die militärischen Erfolge der Heeresgruppe Süd im Sommer 1942 wurden in den Flugblättern weidlich ausgenutzt, die Eroberung von Sewastopol oder die Überschreitung des Don entsprechend kommentiert.[224] Allen, die sich nicht freiwillig ergeben würden, drohe die sichere Vernichtung: »Warum wollt Ihr sinnlos sterben für eine verlorene Sache!«[225] Die

---

[219] HSSPF Russland Mitte, 19. 6. 1942, Erfahrungen und Richtlinien für die Partisanenbekämpfung (Bericht über den Lehrgang v. 21.-24. 5. 1942), 8 S., BA-MA, RS 3-36/21, unfol. Vgl. auch Berück Mitte, Ia, 6. 6. 1942, Lehren aus dem Lehrgang für Partisanenbekämpfung, BA-MA, RH 22/231, fol. 287 f.

[220] Siehe oben. Flugblattbeispiele: »Kommandeure! Rotarmisten! Partisanen! Politruks!« (PAW 56), Original und Übersetzung in PAW, Gruppe Aktivpropaganda, o. D. [nach der Eroberung Sewastopols Anfang Juli 1942], NAB, 378-1-36, fol. 22 ff.; Flugblatt »Kommandeure! Rotarmisten! Partisanen! Politruks!« (PAW 62), Original und Übersetzung in PAW, Gruppe Aktivpropaganda, o. D. [1. 8. 1942 per Kurier an die Staffeln der PAW versandt], NAB, 411-1-38, fol. 10 f.

[221] Berück Mitte, Ic, Tätigkeitsbericht Mai 1942, 1. 6. 1942, BA-MA, RH 22/243, fol. 41-44; [PAW, Staffel Witebsk, Nebenstelle Polozk], 18. 12. 1942, Stimmungsbericht, NAB, 411-1-50, fol. 9 f.

[222] Vgl. PAW, Mitteilungs- und Verordnungsblatt, Nr. 9, 3. 6. 1942, NAB, 411-1-6, fol. 41 f.; PAW, Stimmungsbericht für Mai 1942, 2. 6. 1942, BA-MA, RW 4/306, unfol.

[223] Hierzu bereits Psychologisches Laboratorium der RKM, Nr. 241/35 g, 2. 11. 1935, Völkerpsychologische Untersuchung Nr. 5, BA-MA, RH 2/981, fol. 115 RS.

[224] Vgl. PAW, Stimmungsbericht Mai 1942, 2. 6. 1942, BA-MA, RW 4/306, unfol.; Illustriertes Flugblatt »Kommandeure! Rotarmisten! Partisanen! Politruks!« (PAW 56), Original und Übersetzung in PAW, Gruppe Aktivpropaganda, o. D. [nach der Eroberung Sewastopols Anfang Juli 1942], NAB, 378-1-36, fol. 22 ff.; Flugblatt »Kommandeure! Rotarmisten! Partisanen! Politruks!« (PAW 62), Original und Übersetzung in PAW, Gruppe Aktivpropaganda, o. D. [1. 8. 1942 per Kurier an die Staffeln der PAW versandt], NAB, 411-1-38, fol. 10 f.

[225] Illustriertes Flugblatt »Kommandeure! Rotarmisten! Partisanen! Politruks!« (PAW 56), Original und Übersetzung in PAW, Gruppe Aktivpropaganda, o. D. [nach der Eroberung Sewastopols Anfang Juli 1942], NAB, 378-1-36, fol. 22 ff.

6. Das Jahr der großen Propagandakampagnen 1942   239

Propaganda verwies auf die Härten des Partisanenlebens, den drohenden Hungertod in den Wintermonaten, Kälte, Strapazen oder allgemeine Gesundheitsschäden.[226] Gezielt wurde an die Sehnsucht nach und die Verantwortung für die Familienangehörigen appelliert: »Denkt an Eure Eltern, Frauen und Kinder«[227] oder »Erhaltet Euch Euren Familien!«[228] Um den Weg des »Überlaufens« zu eröffnen, versuchte die deutsche Propaganda zudem, Kommandoführung und Kämpfer/-innen der Partisanenverbände zu spalten. Unter anderem behauptete sie, dass ein Teil der Partisanen nur unter dem Zwang der Kommandeure bzw. politischen Kommissare in die Wälder gegangen bzw. dort geblieben sei.[229]

Beim zweiten »Lehrgang« zur »Bekämpfung von Partisanen« im Mai 1942 hielt der Leiter der Propagandaabteilung W, Kost, einen Vortrag über die »Propaganda im Dienst der Partisanenbekämpfung«.[230] Wie im Vorjahr kam man zu dem Schluss, »sämtliche Unternehmungen [...] durch Propaganda zu unterstützen.«[231] Dementsprechend bildete der Propagandaeinsatz bei den militärischen Operationen einen deutlichen Tätigkeitsschwerpunkt der Propagandaabteilung W. Im Juli 1942 waren ihre Staffeln bei den Großoperationen »Maikäfer«, »Adler«, »Nordpol I, II, III« sowie etlichen weiteren »Säuberungsaktionen« eingesetzt.[232] Allein im Rahmen des Unternehmens »Adler« – bei dem zwischen dem 15. Juli und etwa 7. August 1.809 Partisanen »unschädlich« gemacht wurden[233] – organisierten Angehörige der Abteilung neben der Überläuferpropaganda an die Partisanen in 29 Ortschaften Versammlungen, auf denen jeweils zwei Redner sprachen und Zeitungen sowie weiteres Propagandamaterial an die Zivilbevölkerung verteilt wurde. Nach eigenen Angaben nahmen an diesen Versammlungen insgesamt etwa 5.000 Personen teil.[234] In den folgenden Monaten konzentrierte sich fast die gesamte Arbeit der Abteilung auf die »Bekämpfung des Bandenunwesens.«[235] Diese Aufgabe, also die

---

[226] Vgl. exemplarisch Flugblatt »Partisanen! Kämpfer, Kommandeure und Politarbeiter!« (PAW 103), PAW, Gruppe Aktivpropaganda, o. D. [nach der Besetzung des Nordkaukasus, Herbst 1942], NAB, 411-1-38, fol. 19.
[227] Aufruf »Partisanen! Versprengte Rotarmisten!« (wr./russ./poln.), Original in NAB, Plakatsammlung, Nr. 301.
[228] Illustriertes Flugblatt »Kommandeure! Rotarmisten! Partisanen! Politruks!« (PAW 56), Original und Übersetzung in PAW, Gruppe Aktivpropaganda, o. D. [nach der Eroberung Sewastopols Anfang Juli 1942], NAB, 378-1-36, fol. 22 ff.
[229] Vgl. exemplarisch »Bekanntmachung!« [= Plakat PAW 20 »Funkagenten und Diversanten«, NAB, Plakatsammlung Nr. 305], Anlage 6 zu PAW, Tätigkeitsbericht Februar, 5. 3. 1942, BA-MA, RW 4/236 K, K 3.
[230] Berück Mitte, Ia, 18. 5. 1942, Tagesordnung für den Lehrgang »Bekämpfung der Partisanen« v. 20. 5.-24. 5. 1942, mit Anlagen, BA-MA, RH 22/231, fol. 241.
[231] Berück Mitte, Ia, 6. 6. 1942, Lehren aus dem Lehrgang für Partisanenbekämpfung, BA-MA, RH 22/231, fol. 287 f.
[232] Vgl. Berück Mitte, Ic, Tätigkeitsbericht Juli 1942, BA-MA, RH 22/244, fol. 4 f.
[233] Vgl. Berück Mitte, Ia, 14. 9. 1942, Bericht für August 1942, BA-MA, RH 22/233, fol. 195.
[234] Sdf. (Z) N. Jaesche, 1. 8. 1942, Geheimer Tätigkeitsbericht über den Einsatz im Beresinischen Rayon bei Mogilew [17. 7.-31. 7. 1942], NAB, 411-1-10, fol. 1 ff. Eine Liste der einzelnen Orte ebd.
[235] PAW, Stimmungsbericht August 1942, BA-MA, RW 4/237, fol. 210. Vgl. auch Berück Mitte, Ia, 14. 9. 1942, Bericht für August 1942, BA-MA, RH 22/233, fol. 196; Berück Mitte, Ic, Tätigkeits-

»propagandistische Partisanenbekämpfung« im Rahmen der Großoperationen, war spätestens ab Sommer 1942 *das* zentrale Aufgabengebiet der Propagandisten im besetzten Weißrussland.[236]

Zu ihren Aufgaben gehörte dabei auch die Beeinflussung von Gefangenen. Die im rückwärtigen Heeresgebiet Mitte eingesetzten Sicherungsdivisionen begannen im Sommer 1942 damit, bei den Operationen *alle* Männer im wehrfähigen Alter festzunehmen. Nach der »Aussonderung« von »gemeingefährliche[n] Elemente[n]« und der Entlassung der wenigen, die als zuverlässig eingeschätzt wurden, verbrachte man den Großteil der Männer in Lager, wo sie nochmals überprüft wurden. Bevor sie – mit Propagandamaterial versehen – wieder entlassen wurden, hielten die Ic-Offiziere bzw. Angehörige der Propagandaabteilung W Vorträge und zeigten Wochenschauen und Filme.[237] Die 221. Sicherungsdivision führte eine solche »propagandistische Bearbeitung« der Bevölkerung »nach Aussonderung der verbrecherischen Elemente aus den festgenommenen männlichen Einwohnern« bei sämtlichen Operationen durch.[238]

Zusätzlich organisierte die Propagandaabteilung W noch »besondere Unternehmen«, bei denen »Spezial-Propaganda-Trupps« gemeinsam mit kleineren Militäreinheiten eingesetzt waren.[239] Der Leiter der Abteilung, Kost, hatte diese – vermutlich auf dem »Lehrgang« im Mai – vorgeschlagen. Der erste Einsatz fand im Juni 1942 im Raum Tschetschersk, etwa 60 Kilometer nördlich von Gomel unter dem Motto »Freundschaft« (»drushba«) statt – daher auch die sich später allgemein durchsetzende Bezeichnung »Freundschaftsunternehmen«. Beteiligt waren ein Sonderkommando der Propagandaabteilung unter der Leitung von Leutnant Czermak, Teile der Kosakenabteilung 102 unter Oblt. Mudroff, ein Zug Landesschützen mit zwei MG-Gruppen (Sich.Brig. 203), ein Vertreter der Wirtschaftsinspektion Mitte und ein Kommando der Geheimen Feldpolizei (Sich.Brig. 203). Die Kosakenabteilung sollte nach Abschluss der Operation in dem Gebiet verbleiben. Am 8. Juni marschierten die Einsatzkräfte von Gadilowitschi (15 Kilometer östlich von Rogatschew) nach Tschetschersk.[240] Dabei galt: »Grundsätzlich soll *die Befriedung auf friedliche Art mit Mitteln der Propaganda* versucht werden. Wo sich aber Widerstände

---

bericht August 1942, 2. 9. 1942, BA-MA, RH 22/244, fol. 16; Berück Mitte, Ic, Tätigkeitsbericht Oktober 1942, 5. 11. 1942, BA-MA, RH 22/244, fol. 42 ff.; Anlagenband des KTB der 221. Division (August 1942 bis Januar 1943), BA-MA, RH 26-221/75; PAW, Staffel Witebsk, Nebenstelle Polozk, 17. 12. 1942, Tätigkeits- und Lagebericht, NAB, 411-1-50, fol. 9 f.; Abschrift, PAW Abt. Ia, an alle Staffeln, 24. 12. 1942, betr. Bandenbekämpfung, gez. Kost, NAB, 411-1-52, fol. 4.

[236] Vgl. auch Wehrmacht-Propaganda-Lageberichte im zweiten Halbjahr 1942, BA-MA, RW 4/340, fol. 57, 72 (Zitat), 78, 90 RS, 96 RS, 109 RS. Ab November 1942 galt dies auch für die Propagandaabteilung Ukraine. Vgl. ebd., fol. 113, 120, 127.

[237] Berück Mitte, Ic, Tätigkeitsbericht Juli 1942, BA-MA, RH 22/244, fol. 5; 221. Sicherungsdivision, Abt. Ic, v. 29. 6. 1942, 11. 7. 1942 sowie 16. 7. 1942, BA-MA, RH 26-221/75, unfol.

[238] 221. Sicherungsdivision, Abt. Ic, 23. 8. 1942, BA-MA, RH 26-221/75, unfol.

[239] PAW, Stimmungsbericht Mai 1942, 2. 6. 1942, BA-MA, RW 4/306, unfol.

[240] Berück Mitte, Ia, 31. 5. 1942, Sonderaktion »Freundschaft« (8. 6. 1942), BA-MA, RH 22/231, fol. 264 ff.

zeigen, sind dieselben mit allen Mitteln zu brechen.«[241] In den Dörfern hielt man Versammlungen ab, bei denen mit Hilfe von Lautsprecherwagen Vorträge gehalten und Musik gespielt wurde. Als Redner trat unter anderem ein Mitglied der nach Deutschland gereisten Bauern-Delegation auf. Flugblätter, Plakate und Zeitungen wurden verteilt. Aufgegriffene »einzelne Partisanenhelfer und Partisanen« wurden »festgenommen«[242] und mit großer Wahrscheinlichkeit erschossen. Noch im selben Monat wiederholte die Propagandaabteilung W einen ähnlichen Einsatz in der Gegend von Monastyrschtschina.[243]

Die Deutschen schätzten den Erfolg dieser »Freundschaftsunternehmen« positiv ein und führten sie – soweit es der Personalbestand der Propagandaabteilung W zuließ – in der Folgezeit so oft wie möglich durch.[244] Aus deutscher Perspektive ging es bei diesen Aktionen nicht vorrangig um die Festnahme oder Tötung von Partisanen, sondern um die Demonstration deutscher Macht gegenüber der Zivilbevölkerung. In weiten Gebieten des besetzten Weißrusslands gab es – außer in Form von Straf-, Vergeltungs- oder Großoperationen – keine deutsche Truppenpräsenz. Die Partisanenverbände bildeten hier die militärische und administrative Macht, an der sich die Bevölkerung orientierte. Der Ic-Offizier beim Befehlshaber des rückwärtigen Heeresgebiets Mitte glaubte, dass die Landbevölkerung es als »Zeichen der Schwäche« sehe, dass die Wehrmacht die Partisanenbewegung nicht effektiver bekämpfe, und aus diesem Grunde habe man »neue Wege auf propagandistischem Gebiet« gesucht.[245]

Die Entwicklung im zivilverwalteten Gebiet verlief ähnlich. Die Staffel Weißruthenien der Propagandaabteilung O setzte ihren Lautsprecherwagen einerseits auf den Minsker Märkten ein, auf denen sie die »zahlreich auch vom Lande erschienene Bevölkerung in eindringlicher Weise zum Kampf gegen das Bandenwesen« aufrief.[246] Andererseits wurde sie etwa ab Juni 1942 verstärkt in den ländlichen Regionen eingesetzt – ausschließlich mit militärischem Geleit.[247] Genau wie im rückwärtigen Heeresgebiet bewertete man allein das Auftauchen deutscher Besatzer in abgelegenen Gebieten als einen propagandistischen Erfolg, da dies die sowjetische Propaganda von einer »regellosen Flucht« deutscher Verbände widerlegen würde.[248]

---

[241] Ebd., fol. 264 RS. Hvg. im Orig.
[242] Berück Mitte, Ic, Tätigkeitsbericht Juni 1942, 3. 7. 1942, BA-MA, RH 22/243, fol. 54.
[243] Allerdings ohne militärisches Geleit. Berück Mitte, Ic, Tätigkeitsbericht Juni 1942, 3. 7. 1942, BA-MA, RH 22/243, fol. 53 f.
[244] Vgl. ebd.; Berück Mitte, Ic, Tätigkeitsbericht Juli 1942, BA-MA, RH 22/244, fol. 4; PAW, Stimmungsbericht Juli 1942, BA-MA, RW 4/237, fol. 122; 221. Sicherungsdivision, Abt. Ic, 16. 7. 1942, ders. 18. 7. 1942, 23. 8. 1942, BA-MA, RH Ebd. 26-221/75, unfol.
[245] Berück Mitte, Ic, Tätigkeitsbericht Juni 1942, 3. 7. 1942, BA-MA, RH 22/243, fol. 53 f.
[246] PAO, Stimmungsbericht Nr. 19, 2. 7. 1942, BA-MA, RW 4/235, fol. 158. Siehe auch PAO, Stimmungsbericht Nr. 20, 7. 8. 1942, ebd., fol. 179.
[247] Vgl. PAO, Stimmungsberichte Nr. 19 (2. 7. 1942), Nr. 20 (7. 8. 1942), Nr. 21 (5. 9. 1942), in: BA-MA, RW 4/235, fol. 157, 179, 197; WBfh. Ostland, Ic, Tgb. Nr.4216/42 geh., an OKW/WPr, 20. 8. 1942, betr. Politischer Stimmungsbericht, sowie ders. 19. 9. 1942, Stimmung der Bevölkerung, BA-MA, RW 4/235, fol. 186 RS, 204.
[248] PAO, Stimmungsbericht Nr. 20, 7. 8. 1942, BA-MA, RW 4/235, fol. 179.

Propaganda und Mord waren bei diesen Einsätzen aufs engste miteinander verknüpft. Als am 23. Juli 1942 deutsche Polizeiverbände in das jüdische Ghetto der Stadt Kopyl einrückten und etwa 1.000 Juden und Jüdinnen massakrierten, gingen das Ghetto und auch ein Teil der Stadt in Flammen auf. Etwa 200 Menschen gelang es, zu fliehen.[249] Da auch die nichtjüdische Bevölkerung mit »stärkste[r] Nervosität« reagierte, hielten die Deutschen eine »Propaganda-Aufklärung« für »dringend erforderlich«.[250] Einen Tag später rückte die Propagandastaffel Weißruthenien mit ihrem Lautsprecherwagen in Kopyl an, hielt Vorträge und verteilte Flugblätter und Zeitungen. Nach ihrer Aussage stieß die Kundgebung bei der Bevölkerung auf reges Interesse. Entweder noch am selben oder am nächsten Tag fuhr die Staffel, deren Einsatz »in Verbindung mit einer mit grösseren militärischen Kräften durchgeführten Bandenaktion« in der Region stand, nach Timkowitschi. Dort zeigte die Bevölkerung, so der Sonderbericht der Staffel, »eine gewisse Zurückhaltung, da das Dorf mit keiner bodenständigen Einheit belegt und die Bevölkerung somit der Willkür der Banden preisgegeben ist.«[251] Der Bericht machte keine weiteren Angaben über das, was in dem Ort geschah. Der Zeitzeuge Sak Heimowitsch Sadowskij berichtete nach dem Krieg, dass die Deutschen die Bevölkerung auf dem Dorfplatz zusammentrieben, Kinder und alte Menschen dort erschossen und die restlichen 900 Dorfbewohner zu einem Platz außerhalb des Dorfes jagten. Dort mussten die Männer drei große Gruben ausheben. Die Menschen wurden gezwungen sich auszuziehen und an den Grubenrand zu stellen, wo die Deutschen sie mit Genickschuss töteten. 15 Männer rannten los, als sie getötet werden sollten – zwei von ihnen, darunter Sadowskij, gelang die Flucht.[252]

Es ist unklar, ob der Einsatz der Propagandastaffel und das Massaker in einem *unmittelbaren* zeitlichen Zusammenhang standen, ob die Propagandisten also direkt am Zusammentreiben der Menschen beteiligt waren – Berichte über andere Einsätze legen diesen Schluss aber nah. So hatte die Staffel zwei Wochen früher bei einer »Aktion gegen das Bandenunwesen« im Gebiet Pleschtschenize die Bevölkerung – so ihre Worte – »herangelockt und zutraulich gemacht«. In ihrem Sonderbericht über diesen Einsatz bemerkte sie zudem, dass sich bei den Frauen des Dorfes Saretschje eine »starke Nervosität« bemerkbar gemacht habe, als »aus dem Walde das Feuergefecht hörbar wurde.«[253]

---
[249] Vgl. Gerlach 1999, S. 700.
[250] Sonderbericht über den Lautsprecherwageneinsatz der Staffel Weißruthenien im Gebiet Sluzk und Umgebung [18.- 29. 7. 1942], Anlage 2 zu PAO, Stimmungsbericht Nr. 20, BA-MA, RW 4/235, fol. 184.
[251] Ebd.
[252] Vgl. Kohl 1995, S. 69. Nach Sadowskijs Erinnerungen fanden diese Ereignisse am 25.6.1942, also einen Monat früher, statt. Da es aber unwahrscheinlich ist, dass die Propagandastaffel *nach* einem solchen Massaker an den Bewohnern Timkowitschis dort noch eingesetzt wurde, irrt er sich vermutlich im Datum.
[253] Sonderbericht über den Lautsprecherwageneinsatz der Staffel Weißruthenien im Gebiet Pleschtschenizy [14.- 15. 7. 1942], Anlage 1 zu PAO, Stimmungsbericht Nr. 20, BA-MA, RW 4/235, fol. 181 f. Siehe auch Auszüge des Berichts in der Einleitung der vorliegenden Arbeit.

6.3.2. Die Weisung Nr. 46 vom 18. August 1942

Obwohl auf Kommandoebene seit Frühjahr 1942 darauf gedrängt wurde, keine *willkürlichen* Vergeltungsmaßnahmen gegen die Zivilbevölkerung zu unternehmen, veränderte sich die diesbezügliche Praxis kaum. General von Schenckendorff befahl Mitte Juni 1942 zwar, dass beim Auftreten von Partisanen die »Vergeltung sofort und schlagartig erfolgen« sollte. Er sah sich aber zugleich veranlasst, »nachdrücklich das Anzünden von Dörfern« zu verbieten; er sprach vom »Angehen gegen die Lust der Soldaten, etwas brennen zu sehen«. Es müssten »andere Strafmittel« gefunden werden, da die Bevölkerung ansonsten den Partisanen »in die Arme getrieben« würde.[254]

Gut einen Monat später vermerkte Sonderführer (Z) Jaesche von der Propagandaabteilung W, der mit der Propaganda beim Unternehmen »Adler« beauftragt worden war, dass sich viele Partisanen ohne Zweifel sofort ergeben würden, wenn sie den Flugblättern bzw. Passierscheinen glauben würden. Das Versprechen, dass jeder, der sich ergebe, in ein Lager komme und spätestens nach Kriegsende entlassen würde, kontrastierte Jaesche mit dem Vorgehen der Geheimen Feldpolizei, die Angehörige von Partisanen – auch Frauen, Kinder und Säuglinge – erschossen hatte. Solche Vorkommnisse würden sich wie ein Lauffeuer verbreiten und die Zahl der Partisanen »fast stündlich« vermehren. Diese sagten sich, wenn ihre Angehörigen, selbst Kinder erschossen würden, was geschehe dann mit denen, »die wirklich schuldig« seien.[255]

Im August berichtete die Propagandaabteilung W über weitere »Fälle völlig unzweckmäßiger und den Vorschriften widersprechender Behandlung« im Rahmen der militärischen Operationen, die »sehr viel Unheil angerichtet« hätten.[256] Die Propagandisten hatten begonnen, speziell die Frauen in den Dörfern anzusprechen und sie aufzufordern, ihre von den Partisanen – wie die Deutschen vermuteten – zwangsweise rekrutierten Männer zurückzuholen.[257] Nun waren Frauen erschossen worden, »obwohl sie gerade unter Bezug auf unsere Propaganda auf dem Wege zu ihren Männern in die Wälder waren.«[258]

Auch die umfassenden Getreide- und Vieheintreibungen schufen aus der Perspektive der Propagandisten Probleme. Kost setzte sich im Juli 1942 mehrfach für ein verändertes Vorgehen, d. h. ein Herabsetzung der Ablieferungsquoten ein. Seinen Angaben zufolge konnte »in den meisten Fällen eine erträgliche Lösung für beide Teile« gefunden werden; in einzelnen Orten, wo die Deutschen das gesamte Vieh abgetrieben hatten, sei ein Teil wieder zurückgegeben worden.[259] Zumindest nach der Darstellung Kosts ging auch der Befehl

---

[254] Besprechungspunkte für Divisions-Kommandeur-Besprechung, 12. 6. 1942, BA-MA, RH 22/231, fol. 304. Siehe auch 221. Sicherungsdivision Abt. I c, 29. 7. 1942, betr. Anschläge und Bekanntmachungen, BA-MA, RH 26-221/75, unfol.
[255] Sdf. (Z) N. Jaesche, 1. 8. 1942, Geheimer Tätigkeitsbericht über den Einsatz im Beresinischen Rayon bei Mogilew [17. 7.-31. 7. 1942], NAB, 411-1-10, fol. 1 ff.
[256] PAW, Stimmungsbericht August 1942, BA-MA, RW 4/237, fol. 210.
[257] Vgl. hierzu auch Plakat P 149 im Lagerverzeichnis der Abt. Ost, BA, R 55/1299, abgedr. in: Buchbender 1978, S. 287.
[258] PAW, Stimmungsbericht August 1942, BA-MA, RW 4/237, fol. 210.
[259] Ebd., fol. 122 f.

Schenckendorffs vom 3. August 1942 auf seine Initiative zurück.[260] Der Befehlshaber des rückwärtigen Heeresgebiets Mitte drängte darin nochmals nachdrücklich auf die Einschränkung von Vergeltungsmaßnahmen. Es sei in letzter Zeit immer wieder zu »sog. ›Vergeltungsmaßnahmen‹« gekommen, »die im Gegensatz zu der von mir vertretenen grundsätzlichen Auffassung stehen, dass es darauf ankommt, die Bevölkerung für uns zu gewinnen und mit ihr zusammen Ruhe und Ordnung sicherzustellen.« Schenckendorff hielt »Terrormaßnahmen, wie Niederbrennen von Ortschaften und Erschießen von Einwohnern, insbesondere von Frauen und Kindern« für kontraproduktiv. Deshalb ordnete er – im Einvernehmen mit dem Höheren SS und Polizeiführer ebenfalls für die Ordnungs- und Sicherheitspolizei – folgendes an:

> »1. Kollektiv- und Strafmaßnahmen, soweit sie die Erschießung von Einwohnern und Niederbrennen von Dörfern betreffen, dürfen grundsätzlich nur auf Befehl eines Offiziers mindestens in der Stellung eines Btls.Kdrs. [Bataillonskommandeurs] durchgeführt werden, wenn *eindeutig* die Unterstützung der Partisanen durch die Bevölkerung oder bestimmte Personen *erwiesen* ist. Der anordnende Offizier trägt mir gegenüber die Verantwortung für die Notwendigkeit der Maßnahme und hat mir in jedem Falle auf dem Dienstwege zu berichten. 2. *Ich verbiete die Erschießung von Frauen und Kindern, Flintenweibern ausgenommen.* Fälle, in denen Strafmaßnahmen gegen Frauen und Kinder geboten sind, sind mir [...] zur Entscheidung vorzulegen. 3. *Verstöße gegen die Befehle zu 1. und 2. werden kriegsgerichtlich geahndet.*«[261]

Am 14. August präzisierte Schenckendorff den letzten Punkt, indem er hinzufügte, dass hierdurch die vom OKH mitgeteilte Verfügung, wonach Einsatzgruppen bzw. Kommandos des SD berechtigt seien, »im Rahmen ihres Auftrages in eigener Verantwortung Exekutivmaßnahmen gegenüber der Zivilbevölkerung zu treffen, nicht berührt« würde.[262] Dies wird in der Forschung dahingehend interpretiert, dass sich der Befehlshaber des rückwärtigen Heeresgebiets Mitte gegenüber dem Reichsführer SS bzw. dem SD und der Sicherheitspolizei mit seiner Linie nicht habe durchsetzen können.[263] Die Entwicklung der folgenden Wochen lässt jedoch eher darauf schließen, dass hier vor allem Kompetenzen geklärt wurden.

Statt Vergeltungsmaßnahmen empfahl Schenckendorff Anfang August das »bestens bewährt[e]« Verfahren, die gesamte männliche Bevölkerung festzunehmen und anschließend »eingehend« zu überprüfen. Auch die »Freundschaftsunternehmen« sollten seiner Meinung nach vermehrt durchgeführt werden.[264] Bei den Getreide- und Vieheintreibungen forderte er eine Woche später von seinen Divisionskommandeuren die engste Zusammenarbeit mit den Propagandastaffeln. Die »notwendige Abnahme« müsse so erfolgen, dass

---

[260] Vgl. PAW, Stimmungsbericht Juli 1942, BA-MA, RW 4/237, fol. 123.
[261] Berück Mitte, Ia, 3. 8. 1942, gez. Schenckendorff, BA-MA, RH 22/233, fol. 66 f. Hvg. im Orig.
[262] Berück Mitte, Ia, 14. 8. 1942, Bezug: Berück Mitte Ia v. 3. 8. 1942, betr. Vergeltungsmaßnahmen, BA-MA, RH 22/233, fol. 113.
[263] Vgl. u. a. Klein 2002, S. 98.
[264] Berück Mitte, Ia, 3. 8. 1942, gez. Schenckendorff, BA-MA, RH 22/233, fol. 66 f.

die Wirkung der Propaganda nicht beeinträchtigt würde.[265] Nach wie vor gingen die Besatzer davon aus, dass die weißrussische Landbevölkerung in ihrer Mehrheit potentiell zu gewinnen sei.[266]

Die Gründe, warum Befehlslage und Praxis so weit auseinander lagen, sind vielschichtig. Eine allgemeine, durch das *eigene* Vorgehen bestärkte Verrohung und Brutalisierung der deutschen Einheiten hat sicher eine Rolle gespielt.[267] Grundsätzlich ist aber festzustellen, dass die gestellten Aufgaben – Tötung der Partisanen, möglichst vollständiger Abtransport der Vieh- und Getreidebestände, Befriedung der (ausgeplünderten) Bevölkerung – in einem Spannungsverhältnis standen, das so gut wie nicht aufzulösen war.[268] Die Situation drohte, politisch und damit auch militärisch und wirtschaftlich völlig zu entgleiten – eine Entwicklung, auf die die zentralen Stellen in Berlin reagieren mussten.

Nachdem die Partisanenbewegung in Weißrussland im Sommer 1942 enorm an Stärke gewonnen hatte und nunmehr auch auf westukrainische Gebiete übergriff, fanden in Berlin verstärkte Anstrengungen statt, das deutsche Vorgehen zu koordinieren.[269] Am 23. Juli entschied Hitler, dass für die Partisanenbekämpfung eine »einheitliche Führungsstelle« beim Reichsführer SS eingerichtet werden sollte.[270] Mit der Weisung Nr. 46 vom 18. August 1942[271] wurde Himmler die alleinige Verantwortung für die Partisanenbekämpfung in den zivilverwalteten Gebieten übertragen. In den rückwärtigen Heeresgebieten blieb der Chef des Generalstabs des Heeres zuständig, wobei ein Erfahrungsaustausch und eine enge Kooperation vorgesehen waren. Die Partisanenbekämpfung wurde zur Führungsangelegenheit.[272] Um die Partisanenverbände bis zum Beginn des Winters vernichtend zu schlagen, sollten die Truppen verstärkt, die einhei-

---

[265] Besprechungspunkte für Divisions-Kdr.-Besprechung, 9. 8. 1942, BA-MA, RH 22/233, fol. 85.
[266] Vgl. exemplarisch Auszug aus dem Tätigkeitsbericht des Berück Mitte Ic für Februar 1942, Anlage zu OKH Heereswesen-Abt. beim Gen z B. V b OKH, an OKW/WPr, OKW Abt. Inland, AHA/H, VO Stab Rosenberg/Hptm. Lorenz, 16. 4. 1942, BA-MA, RW 4/236, fol. 197; Berück Mitte, Ia, Br.B.Nr. 1694/42 geh., 7. 5. 1942. Tätigkeitsbericht der Abt. Ia für Monat April 1942, BA-MA, RH 22/231, fol. 201; Berück Mitte, Ic, Tätigkeitsbericht August 1942, 2. 9. 1942, BA-MA, RH 22/244, fol. 15-18; RMO, Abt. Presse u. Aufklärung/Gruppe Aktivpropaganda, Propaganda-Dienst Nr. 9 v. 7. 11. 1942, IfZ, Da 46.06, unfol.
[267] Verweise auf den angeblich brutalisierenden Einfluss des Vorgehens der Partisanenverbände lenken von dem grundsätzlichen Charakter der deutschen Maßnahmen ab. In diesem Sinne E. Hesse 1969, S. 71 ff.; Arnold 2005, S. 438 ff. Zur zwangsläufigen Verrohung, zu der der Kriegsgerichtsbarkeitserlass führen musste, Hürter 2007, S. 255.
[268] Vgl. hierzu bereits die entsprechende Stellungnahme des Wirtschaftskommandos Bobruisk Anfang März 1942 zum Unternehmen »Bamberg«. Sicherungsbrigade 203 Abt. Ia, Nr. 38/42 g. Kds., 10. 3. 1942 an den Berück Mitte, betr. Unternehmen »Bamberg«, BA-MA, RH 22/230, fol. 201 f.
[269] Für RMO, OKW und RMVP vgl. RMO, Abt. Presse u. Aufklärung/Gruppe Aktivpropaganda, Propaganda-Dienst Nr. 2, [Juli 1942], IfZ, Da 46.06, unfol.
[270] OKW/WFSt/Qu (II) Nr. 002592/42 g. Kdos., 23. 7. 1942, gez. Keitel, abgedr. in: N. Müller 1980, S. 129 f.
[271] Der Führer, OKW/WFSt/Op. Nr. 002821/42 g.K., 18. 8. 1942, Weisung Nr. 46, Richtlinien für die verstärkte Bekämpfung des Bandenunwesens im Osten, abgedr. in: Hubatsch 1983, S. 203.
[272] Dies bedeutete eine Zuständigkeitsverlagerung aus der Abteilung Kriegsverwaltung in die Operationsabteilung und damit eine Gleichstellung mit Kampfmaßnahmen an der Front.

mischen Kampfverbände ausgebaut und die Mitarbeiter aller Besatzungsinstitutionen – auch Eisenbahner, Forstbeamte, La-Führer, RAD etc. – bewaffnet werden. Es dürfe »keinen Deutschen geben, der nicht aktiv oder passiv in die Bandenbekämpfung eingespannt« sei. Grundsätzlich forderte Hitler die »Zusammenfassung aller propagandistischen, wirtschaftlichen und politischen Maßnahmen auf die Notwendigkeit der Bandenbekämpfung«. Dies sollte sowohl eine »strenge, aber *gerechte Behandlung der Bevölkerung*« beinhalten, als auch die »*Sicherstellung*« ihres »*Existenzminimums*«. Hitler stellte klar, dass die »*Mitarbeit der Bevölkerung* bei der Bandenbekämpfung [...] unentbehrlich« sei und schlug eine Kombination aus Belohnungen und härtesten Strafen vor: »Die Belohnung verdienter Leute darf nicht kleinlich gehandhabt werden. Sie soll wirklich einen Anreiz bieten. Umso härter müssen demgegenüber Sühnemaßnahmen für jede Begünstigung der Banden sein.«[273]

Die von Hitler – neben der brutalen Abschreckung – geforderte Einbindung der Bevölkerung wird in der Forschung häufig unterschätzt,[274] wenn nicht sogar unterschlagen.[275] Mitunter löst sie Erstaunen aus und/oder wird als bewusst widersprüchliche Formulierung gedeutet, mit der Hitler den Vertretern zweier vermeintlich gegensätzlicher Fraktionen – Befürwortern einer »pragmatischen Linie« und »Hartlinern« – jeweils einen Interpretationsspielraum bieten wollte.[276] Tatsächlich spiegelte sie aber nur den Diskussionsstand um effektive Möglichkeiten der Herrschaftssicherung in den besetzten Gebieten wider. Im Sommer 1942 war *allen* beteiligten Institutionen klar, dass die Masse der Bevölkerung tendenziell auf die deutsche Seite gezogen werden musste, und zwar mit Hilfe einer Kombination aus politisch/propagandistischen Maßnahmen und verschärftem Terror. Es ist davon auszugehen, dass Himmlers Ende Juli formulierte Auffassung, dass eine »Trennung der ruhigen und friedliebenden Bevölkerung« von den Partisanen »und damit das Abschneiden jeder Unterstützung [...] eine der wichtigsten Voraussetzungen für deren Vernichtung« sei,[277] einen Konsens darstellte.

Als Konsequenz dieser Einschätzung wurde z. B. ab Sommer 1942 die Lebensmittelversorgung der weißrussischen Bevölkerung umorganisiert, im Herbst wurden erstmals offiziell Lebensmittelkarten ausgegeben.[278] Große Anstrengungen fanden auch auf dem propagandistischen Sektor statt. Bereits Ende Juli hatten die Vorbereitungen für eine drei- bis vierwöchige Inspektionsreise

---

[273] Der Führer, OKW/WFSt/Op. Nr. 002821/42 g.K., 18. 8. 1942, Weisung Nr. 46, Richtlinien für die verstärkte Bekämpfung des Bandenunwesens im Osten, abgedr. in: Hubatsch 1983, S. 203. Hvg. im Orig.
[274] Vgl. u. a. Klein 2002, S. 99, Fn. 59. Differenzierter Wegner 1990, S. 918 ff.
[275] So N. Müller 1971, S. 146 ff.; Gerlach 1999, S. 921-930.
[276] Richter 1998, S. 66; ders. 1999, S. 853 f.
[277] Sonderbefehl des RFSS und Chef der Deutschen Polizei, 31. 7. 1941, abgedr. in: Rürup 1991, S. 132. Selbst der für seine rücksichtslose Herrenmenschenpolitik bekannte Reichskommissar für die Ukraine, Koch, stimmte dem im Grundsatz zu. Vgl. Bericht über die Propagandalage im Osten, 17. 9. 1942, [Verfasser Hadamovsky unter Mithilfe von Taubert nach einer Dienstfahrt zu den RK Ostland und Ukraine sowie den rückwärtigen Heeresgebieten Nord und Mitte], BA, R 55/1434, fol. 19 ff. Dallins Interpretation überzeugt hier nicht, ders. 1981, S. 157.
[278] Vgl. hierzu Gerlach 1999, S. 306 ff.

begonnen.²⁷⁹ Im August und September bereiste eine hochrangig besetzte, neunköpfige Delegation mit Vertretern aller an der Propaganda beteiligten Institutionen unter der Leitung von Eugen Hadamovsky, Stabsleiter in der Reichspropagandaleitung, die Reichskommissariate Ostland und Ukraine sowie die rückwärtigen Heeresgebiete Nord und Mitte. Teilnehmer waren Taubert und Quitzow von der Abteilung Ost im Propagandaministerium, Major Graf von Wedel als Verbindungsreferent des OKW zu den militärischen Propagandaabteilungen im Osten, Brandenburg, Verbindungsführer des RFSS zum Ostministerium, sowie Kielpinski, Sachbearbeiter für Propagandafragen des SD. Vom Ostministerium waren die Referenten für Aktivpropaganda bzw. Presseangelegenheiten, Stackelberg und Kiekheben-Schmidt, vertreten. Weitere Delegationsmitglieder waren Bock, Referent der Reichspropagandaleitung der NSDAP, sowie Kaufmann, der frühere Reichspropagandaamtsleiter von Wien, der allerdings nur den ersten Teil der Reise begleitete.²⁸⁰ Die Delegation sollte die Wirksamkeit der Propagandamaßnahmen und des -apparates überprüfen und Vorschläge für eine Intensivierung der Propaganda ausarbeiten.

Für das konkrete weitere Vorgehen war eine spezielle »Kampfanweisung für die Bandenbekämpfung im Osten« geplant.²⁸¹ Doch noch bevor diese formuliert war, schlugen sich die in der Weisung Nr. 46 niedergelegten Richtlinien bei der Partisanenbekämpfung im Generalkommissariat Weißruthenien nieder.

6.3.3. Die Differenzierung der Propaganda im Generalkommissariat Weißruthenien

Himmler übertrug das Prinzip der militärischen Großoperationen auf das zivilverwaltete Gebiet: Allein dem Unternehmen »Sumpffieber« (22. August-21. September) fielen über 10.000 Menschen zum Opfer fielen – 389 »bewaffnete Banditen«, 1.274 »Verdächtige« und 8.350 Juden.²⁸² Bis zum Jahresende 1942 folgte eine ganze Reihe ähnlicher Operationen – mit mehr als 10.000 weiteren Opfern.²⁸³ Am 10. September wurde beim Ostministerium ein ständiger Arbeitsausschuss etabliert, dem Vertreter von SD, Polizei, Waffen-SS und Propagandaministerium angehörten. Dieses neue Gremium sollte unter der politischen Leitung des Ostministeriums die Propagandaaktivitäten bei den von Himmler angeordneten »Großaktionen« koordinieren. Das Arbeitsgebiet

---

²⁷⁹ Vgl. Goebbels TB, Einträge v. 27. 7., 28. 7., 18. 8. 1942, Bd. 5, S. 162, 190, 335.
²⁸⁰ Bericht über die Propagandalage im Osten, 17. 9. 1942, [Verfasser Hadamovsky unter Mithilfe von Taubert nach einer Dienstfahrt zu den RK Ostland und Ukraine sowie den rückwärtigen Heeresgebieten Nord und Mitte], BA, R 55/1434, fol. 2 f.
²⁸¹ Vgl. Der Führer, OKW/WFSt/Op. Nr. 002821/42 g.K., 18. 8. 1942, Weisung Nr. 46, Richtlinien für die verstärkte Bekämpfung des Bandenunwesens im Osten, abgedr. in: Hubatsch 1983, S. 201-205.
²⁸² HSSPF für das Ostland, 2000/42 g., 6. 11. 1942, Abschlussbericht »Sumpffieber«, gez. Jeckeln, NAB, 685-1-1, fol. 108 RS. Vgl. zum Unternehmen »Sumpffieber« auch Gerlach 1999, S. 703, 899, 930 ff.
²⁸³ Zu den Unternehmen »Nürnberg« (23.-29. 11. 1942), »Hamburg« (10.-21. 12. 1942) und »Altona« (22.-29. 12. 1942) vgl. ebd., S. 705, 900.

des Ausschusses umfasste im Spätherbst 1942 neben dem Generalkommissariat Weißruthenien ebenfalls den Generalbezirk Wolhynien-Podolien (RKU) sowie das rückwärtige Heeresgebiet Mitte. Als regionale Vertretung wurde in Minsk eine »Verbindungsstelle« unter der Leitung des Kommandeurs der Sicherheitspolizei und des SD (KdS), Eduard Strauch, eingerichtet. Dieser war fortan für die Propaganda im Rahmen der Partisanenbekämpfung zuständig, wobei er eng mit der Propagandaabteilung beim Generalkommissar und den Propagandaeinheiten der Wehrmacht zusammenarbeitete.[284]

Die Zivilverwaltung in Minsk, die nach wie vor Probleme mit einer umfassenden Propagandaarbeit hatte,[285] war bereits im Juli und August 1942 dazu übergegangen, die Flugblattpropaganda gegen die Partisanen deutlich zu verstärken.[286] Ab September wurde der Einsatz von verschieden Medien stark ausgebaut. In Berlin massenhaft produziertes Propagandamaterial wurde unter anderem mit Hilfe des Polizeinachschubs ins besetzte Gebiet gebracht und dort mit Unterstützung der Dienststellen des SD und der Polizei in die »partisanenverseuchten und partisanengefährdeten« Gebiete transportiert.[287] Angehörige der militärischen und zivilen Propagandaabteilungen, des Heeres, der Waffen-SS, der Polizei und des SD sowie Bürgermeister und »sonstige deutschfreundliche Personen« verteilten das Material – soweit es nicht aus Flugzeugen abgeworfen wurde. Lautsprecherwagen wurden verstärkt eingesetzt, Versammlungen abgehalten. Alle Propagandaeinsätze gegen Partisanen sollten *ausschließlich* in Kombination mit militärischen bzw. polizeilichen Operationen erfolgen, und die Propagandaabteilungen wurden angewiesen, eng mit den Polizeiorganen zusammenzuarbeiten. Die Deutschen stellten auch kleine Grüppchen von Einheimischen zusammen, die getarnt als Propagandisten arbeiteten, indem sie eine »Flüsterpropaganda« über deutsche Erfolge, gute Behandlung usw. betrieben.

Am 22. Oktober 1942 beschloss der zentrale Arbeitsausschuss, dass der Schwerpunkt der Propaganda nunmehr hauptsächlich auf der »Stärkung des Widerstandswillens der Bevölkerung« – in deutschem Sinne – liegen sollte.[288] Die Besatzungsverwaltung organisierte vermehrt Deutschlandreisen für Einheimische aus »partisanenverseuchten« Gebieten, um sie anschließend »an Ort

---

[284] Vgl. RMO, Abt. Presse u. Aufklärung/Gruppe Aktivpropaganda, Propaganda-Dienst Nr. 4 v. 17. 9. 1942 sowie Nr. 9 v. 7. 11. 1942, IfZ, Da 46.06, unfol. Auf diese Tätigkeiten bezog sich auch die spätere Bemerkung Strauchs, der SD habe sich mit den »Mitteln der Propaganda [...] eingehend [...] beschäftigt und viele Hunderttausend Flugblätter in die Menge geworfen«. Protokoll der Tagung der Gebietskommissare, Hauptabteilungsleiter und Abteilungsleiter des GK in Minsk v. 8. 4.-10. 4. 1943, NAB, 370-1-1264, fol. 142.

[285] Vgl. Stadtkommissar Minsk, 30. 9. 1942, Lagebericht für die Monate Juli-September 1942, gez. Janetzke, NAB, 370-1-473, fol. 5; Bericht über die Propagandalage im Osten, 17. 9. 1942, [Verfasser Hadamovsky unter Mithilfe von Taubert nach einer Dienstfahrt zu den RK Ostland und Ukraine sowie den rückwärtigen Heeresgebieten Nord und Mitte], BA, R 55/1434, fol. 15.

[286] Vgl. WBfh. Ostland, Ic, Tgb. Nr.4216/42 geh., an OKW/WPr, 20. 8. 1942, betr. Politischer Stimmungsbericht, BA-MA, RW 4/235, fol. 186 f.

[287] Diese und die folgenden Angaben aus RMO, Abt. Presse u. Aufklärung/Gruppe Aktivpropaganda, Propaganda-Dienst Nr. 4 (17. 9. 1942), Nr. 6 (12. 10. 1942) sowie Nr. 9 (7. 11. 1942), IfZ, Da 46.06, unfol.

[288] RMO, Abt. Presse u. Aufklärung/Gruppe Aktivpropaganda, Propaganda-Dienst Nr. 9 v. 7. 11. 1942, IfZ, Da 46.06, unfol.

6. Das Jahr der großen Propagandakampagnen 1942   249

und Stelle über ihre Erfahrungen« berichten zu lassen. Kriegsgefangene wurden vom Ostministerium »umgeschult« und ebenfalls als Redner eingesetzt. Neben weiterem Plakat- und Flugblattmaterial wurde ein Propagandafilm vorbereitet.[289]

Eines dieser zentral verfassten Flugblätter zeigt typische Tendenzen dieser Zeitphase:

> »Wer hindert Dich, ruhig zu leben und zu arbeiten?
>   Die Stalin-Banditen
> Wer raubt Dein Eigentum?
>   Die Stalin-Banditen
> Wer verbrennt Dein Haus?
>   Die Stalin-Banditen
> Wer vergiesst das Blut Deiner Lieben?
>   Die Stalin-Banditen
> Wer will morgen auch Dein eigenes Blut vergiessen?
>   Die Stalin-Banditen
> Die roten Stalin-Banditen, die sich schamlos und verlogen ›Partisanen‹ nennen, obwohl sie nur gemeine, von Stalin bestochene Verbrecher sind, sind Deine Feinde. Sie sind die Feinde Deiner Familie, die Feinde unseres Volkes.
> *Wofür kämpfen die roten Banditen?*
> *Für die Wiederkehr des Kolchosjoches!*
> Sie kämpfen, um uns wieder den Boden und die Freiheit zu nehmen, die uns die Deutschen gegeben haben. Sie kämpfen, um von neuem uns schaffenden Bauern das Stalinjoch aufzuzwingen.
> Werktätige! Leistet den Stalin-Banditen eisernen Widerstand. Verteidigt Euch selbst, Eure Lieben, Euer Leben und Euer Hab und Gut gegen die Stalin-Räuber. Die Deutschen geben uns jede mögliche Hilfe. Aber die deutschen Truppen haben jetzt andere, viel wichtigere Aufgaben, als das rote Verbrecher-Geschmeiss der so genannten ›Partisanen‹ zu zertreten. Wie sie uns vom Bolschewistenjoch befreien, so müssen sie erst die anderen Völker der UdSSR erlösen und den Bolschewismus ausrotten. Dann werden die deutschen Truppen den ganzen Partisanenspuk hinwegfegen.
> *Bis dahin aber ist der Kampf gegen die roten Banditen unsere Pflicht.*
> Im Kampf gegen sie retten wir uns selbst, sichern wir uns unsere eigene glückliche Zukunft.
> Bauern! Reiht Euch ein in die Front der Kämpfer gegen die roten Mordbanden. Schlagt sie tot, wo Ihr sie trefft. Haltet Auge und Ohr gut offen. Meldet den Deutschen, was Ihr über die Banditen in Erfahrung bringt. Seid tapfer und stark für unser Volk, für unsere Heimat!
>   Die Aufbauwilligen«[290]

In diesem Flugblatt wandten sich vermeintlich Einheimische an ihre Mitbürger. Mit dem Verweis, dass die deutschen Truppen aktuell wichtigere Aufgaben als die Partisanenbekämpfung hätten, versuchte die Propaganda die fehlende deut-

---
[289] Ebd. Bis Anfang November wurden 14 verschiedene Flugblätter in jeweils 300.000 Exemplaren, eine Wandzeitung und zwei Plakate produziert.
[290] Flugblatt zur Partisanenbekämpfung Fl. P. 66 (Gruppe 1, Bauern), zit. nach: RMO, Abt. Presse u. Aufklärung/Gruppe Aktivpropaganda, Propaganda-Dienst Nr. 1 [Juli 1942], BA-DH, R 90/154, unfol.

sche Truppenpräsenz zu rechtfertigen, die von der Bevölkerung als Schwäche erkannt wurde. Die Neue Agrarordnung wurde in der zweiten Jahreshälfte 1942 als *Errungenschaft* (»Boden« und »Freiheit«) präsentiert, die die Partisanen bzw. die Sowjetunion nun *rückgängig* machen wolle. Der »Schutz« der Deutschen zöge eine Pflicht der »Gemeinschaft« nach sich.

Diese Tendenz prägte auch einen allgemeinen Aufruf, der etwa ab August massenhaft angeschlagen und über Rundfunk sowie in »gefährdeten« Gebieten verlesen wurde. »Jeder, der den deutschen Anordnungen Widerstand leistet oder sich gegen den guten Willen zur Mitarbeit der weitaus überwiegenden Mehrzahl der Bevölkerung stellt, der Gerüchte oder sowjetische Propagandalügen verbreitet, hat als *Schädling an der Gemeinschaft* die schwersten Strafen zu erwarten.« Die »*Ausmerzung von Schädlingen*« sei eine »*Gemeinschaftspflicht*«. Die Bevölkerung wurde aufgerufen »Verführte« zu warnen, mit »ihrem sinnlosen Widerstand fortzufahren«, es sei »schon genug Blut geflossen und der unerbittliche Schlag des deutschen Schwertes greift nur dort ein, wo es unter allen Umständen notwendig« sei. »*Beherzige daher jeder Mann und jede Frau diese Sätze*, die ein letzter *gutgemeinter Rat zur Vernunft*, aber auch eine *letzte Warnung* sein sollten! *Wer nicht mit uns ist – ist gegen uns! Das Los für unsere Feinde ist völlige Vernichtung. […] Bekämpft jeden Störer der Aufbaumaßnahmen! Ihr nützt damit Euch und Eurem Volk am besten!*«²⁹¹

Die Propaganda unterschied erstmals systematisch verschiedene Zielgruppen innerhalb der Bevölkerung und innerhalb der Partisanenverbände: »a) Aufklärung der Bevölkerung, b) Förderung der Partisanenbekämpfer, c) Ansprache der zu den Bande gepressten Bevölkerungsteile; d) Ansprache an die Partisanen selbst.«²⁹² Die Masse der Bevölkerung wurde unterteilt in »prozentual geringe Teile, die mit den Banden sympathisieren«, eine »überwiegende Mehrzahl der Indifferenten« und die so genannten deutschfreundlichen Elemente.²⁹³ Die Sympathisanten erhielten »eindeutige Warnungen«, d. h. sie sollten durch »Abschreckmittel« und »drastische, propagandistische Bilder« davon abgehalten werden, Partisanen zu unterstützen oder sich ihnen anzuschließen. Man war sich einig darin, dass man »in dieser Hinsicht soweit wie irgend möglich gehen« könne, »vorausgesetzt, dass eine drakonische Polizeiaktion sofort folgt oder bereits im Gange ist.«²⁹⁴ Für »tatkräftige Mithilfe« wurden Belohnungen versprochen, die auch tatsächlich übergeben werden sollten – darauf wurde ausdrücklich hingewiesen. An aktive »Partisanenjäger« konnten Land, Diplome oder Gebrauchsgegenstände des täglichen Lebens vergeben werden ebenso wie Salz oder Machorka, die speziell für diesen Zweck geliefert wurden. Hitler stiftete – einem Vorschlag Rosenbergs folgend²⁹⁵ – eine

---
²⁹¹ Aufruf, zit. nach: ebd.
²⁹² RMO, Abt. Presse u. Aufklärung/Gruppe Aktivpropaganda, Propaganda-Dienst Nr. 9 v. 7. 11. 1942, IfZ, Da 46.06, unfol.
²⁹³ Dies., Propaganda-Dienst Nr. 6 v. 12. 10. 1942, ebd.
²⁹⁴ Dies., Propaganda-Dienst Nr. 4 v. 17. 9. 1942, ebd.
²⁹⁵ Vgl. Abschrift, Der RM für die besetzten Ostgebiete, Nr. II 1 d 559/42 g., an OKW, 8. 6. 1942, betr. Stiftung besonderer Tapferkeitsauszeichnungen für Freiwillige der besetzten Ostgebiete,

»Tapferkeits- und Verdienstauszeichnung für Angehörige der Ostvölker«. Diese konnte durch den Wehrmachtsbefehlshaber, Polizeiführer oder auch durch die Reichs- bzw. Generalkommissare verliehen werden. Der Orden »erster Klasse« war mit einem größeren Geldbetrag oder Landbesitz verbunden. Die Aushändigung solcher Belohnungen sollten die Propagandisten »stärkstens« herausstellen.[296]

Die Partisanen wurden in zwei Gruppen geteilt: diejenigen, die »nur mit der Waffe zu erledigen« und diejenigen, die »auch propagandistisch zu bekämpfen« seien. Während die Angehörigen der politischen Führungsstäbe, Juden und alle »fanatischen Bandenanhänger« ebenso wie »kriminelle Elemente« sofort getötet werden sollten, galten Rotarmisten, ehemalige Kriegsgefangene und aus der Zivilbevölkerung »gepresste bzw. zwangsausgehobene Bandenangehörige« als tendenziell beeinflussbar.[297] Die mit der Weisung Nr. 46 vorgegebenen Differenzierungen schlugen sich also auch in der Propaganda nieder.

6.3.4. Die »Kampfanweisung für die Bandenbekämpfung im Osten« vom 11. November 1942

Wie in der Weisung Nr. 46 angekündigt, begann der Wehrmachtführungsstab – in Abstimmung mit dem Reichsführer SS – im August 1942 unverzüglich damit, ausführliche und detaillierte Anweisungen für die Partisanenbekämpfung zu erarbeiten.[298] Am 23. August bat der Chef des Wehrmachtführungsstabes, Jodl, die Abteilung WPr – als eine der »praktisch in der Bandenbekämpfung tätigen Stellen« – in einem geheimen Fernschreiben, hierfür bis spätestens Mitte September Erfahrungen, Anregungen und Vorschläge vorzulegen. Unter anderem sollten folgende Aspekte kommentiert werden: »Einspannen der Bevölkerung in die Bandenerkundung«, »Richtlinien für die Propagandatätigkeit« und »Zusammenarbeit mit der willigen und bandenfeindlichen Bevölkerung«.[299]

Am 11. September sandte die Abteilung WPr ihre Stellungnahme.[300] Sie schlug vor, den zur Partisanenbekämpfung eingesetzten Kampfgruppen nach Möglichkeit Propagandagruppen zu unterstellen, deren Stärke, Zusammensetzung und Ausrüstung sich nach Umfang und Art ihres Auftrages

---
BA, R 6/18, fol. 105 f.
[296] Vgl. RMO, Abt. Presse u. Aufklärung/Gruppe Aktivpropaganda, Propaganda-Dienst Nr. 4 (17. 9. 1942), Nr. 6 (12. 10. 1942), Nr. 9 (7. 11. 1942), IfZ, Da 46.06, unfol.
[297] Dies., Propaganda-Dienst Nr. 4 v. 17. 9. 1942, ebd.
[298] Bei Himmler sollte die »zentrale Stelle für die Sammlung und Auswertung aller Erfahrungen auf dem Gebiete der Bandenbekämpfung« eingerichtet werden. Der Führer, OKW/WFSt/Op. Nr. 002821/42 g.K., 18. 8. 1942, Weisung Nr. 46, Richtlinien für die verstärkte Bekämpfung des Bandenunwesens im Osten, abgedr. in: Hubatsch 1983, S. 201-205.
[299] OKW/ WFSt/ Op. (H) Nr. 02391/42 geh., Geheimes Fernschreiben an OKW/WPr, gez. Jodl, 23. 8. 1942, BA-MA, RW 4/257, unfol.
[300] WPr Nr. 4406/42g WPr (Ib), an WFSt Op. (H), 11. 9. 1942, betr. Kampfanweisungen für die Bandenbekämpfung, BA-MA, RW 4/254, fol. 77 ff. Alle folgenden Zitate ebd.

richten müsse. In der Regel bestehe eine solche Gruppe aus einem Gruppenführer – meist ein Aktivpropagandist –, einem oder mehreren sprachkundigen Propagandarednern – »gegebenenfalls ausgebildeten Landeseinwohnern« –, Lautsprechertrupps, einem Filmvorführtrupp und einem Propagandaverteilungstrupp für Flugblätter, Plakate, Zeitungen usw. In den Fällen, in denen Kampfhandlungen erwartet würden, regte die Abteilung noch den Einsatz von Propagandawerfertrupps und Flugzeugen an. Bereits vor Beginn der Operationen müssten an die Partisanen gerichtete Flugblätter abgeworfen oder durch V-Männer und Landeseinwohner verteilt werden. Für die Zivilbevölkerung sah die Abteilung WPr ebenfalls eine die Militäreinsätze vorbereitende Flugblattpropaganda vor sowie den Einsatz kleinerer Propagandatrupps, die mit Lautsprechern, Vortragsrednern, Propagandamaterial und Filmvorführwagen ausgerüstet waren. Auch die Einrichtung von festen Propagandastellen, Lesestuben und Rundfunk-Hörgemeinschaften hielt sie für sinnvoll, denn die Zivilbevölkerung sollte unabhängig von den militärischen Einsätzen ständig propagandistisch beeinflusst werden. Hierfür sollten die Propagandaeinheiten vor Ort alle in den besetzten Gebieten eingesetzten Wehrmachts- und Polizeiverbände, die Dienststellen des RAD, der OT, des NSKK usw. einschalten können. Die Abteilung WPr formulierte auch Vorschläge für inhaltliche Leitlinien, die jedoch nicht über die bisher ausgegebenen Weisungen hinausgingen: Der sicher zu erwartende Sieg der deutschen Wehrmacht nütze der Bevölkerung, mit einer »Rückkehr der Bolschewisten« sei nicht mehr zu rechnen, Nachrichten über die Kriegslage sollten durch Informationen über die »tatsächliche Lage in Deutschland« (»Lebenshaltung des deutschen Bauern und des deutschen Arbeiters«) ergänzt werden. Der Bevölkerung müsse klargemacht werden, dass es »ihr sich unmittelbar auswirkender Schaden ist, wenn sie Banden unterstützt, dass es aber ihr Vorteil ist, wenn sie sich aktiv an der Bandenbekämpfung beteiligt.« Nur in einem »bandenfreien Gebiet« sei sie »auf die Dauer ihres Lebens und ihres Eigentums sicher«. Die deutsche Wehrmacht würde sich nur denjenigen gegenüber verpflichtet fühlen, die sie im »Kampf gegen die Banden wirksam unterstützen«. Versprechungen sollten »nur im Rahmen des Zulässigen und Möglichen« gemacht werden. Gegenüber den »Banden« selbst sollte die Aussichtslosigkeit des Widerstandes und die Sinnlosigkeit eines fortgesetzten Kampfes hervorgehoben werden, nur wer freiwillig aufgebe und überlaufe, habe Schonung zu erwarten. Grundsätzlich betonte die Abteilung WPr, dass dafür Sorge getragen werden müsse, dass »die erzielte Propagandawirkung« und die »dadurch erreichte Befriedung« nicht durch »widersprechende Maßnahmen [...] durchkreuzt und unwirksam« gemacht würden.

Am 11. November 1942 unterzeichnete Jodl die fertig ausformulierte »Kampfanweisung für die Bandenbekämpfung im Osten«.[301] Auf 39 Seiten

---

[301] OKW 1216/42 WFSt/Op., 11. 11. 1942, Kampfanweisung für die Bandenbekämpfung im Osten, Nrbg. Dok. NOKW-067, Staatsarchiv Nürnberg (Auszüge abgedr. in: N. Müller 1980, S. 136-139).

6. Das Jahr der großen Propagandakampagnen 1942 253

fasste das Merkblatt die bisherigen Erfahrungen und Konzepte zusammen. Das Ziel aller Maßnahmen sollte »die *Vernichtung*, nicht die Vertreibung der Banden« sein.³⁰² Unter Zusammenfassung aller Kräfte sollten weiterhin Groß- sowie Kleinunternehmen durchgeführt und besonders ausgerüstete Jagdkommandos sowie »landeseigene Kräfte« eingesetzt werden. Letztere hätten sich »sowohl in unmittelbarem Kampfeinsatz als auch im Aufklärungs- und Propagandadienst bewährt.«³⁰³ Alle Operationen waren »nach Möglichkeit mit *Propagandaeinsätzen*« zu verbinden, die sich »in erster Linie« an die Bevölkerung, aber auch »an die Banden selbst« wenden müssten.³⁰⁴ Die »von den Banden gepressten Landesbewohner« sollten besonders angesprochen werden.³⁰⁵ Grundsätzlich galt:

> »Bei der Behandlung der Banditen und ihrer freiwilligen Helfer ist *äußerste Härte* geboten. Sentimentale Rücksichten sind in dieser entscheidenden Frage unverantwortlich. Schon die Härte der Maßnahmen und die Furcht vor den zu erwartenden Strafen muß die Bevölkerung davon abhalten, die Banden zu unterstützen oder zu begünstigen.«³⁰⁶

Gefangen genommene Partisanen und »Zivilisten, die beim aktiven Kampf angetroffen werden (auch Frauen)« sollten – nach kurzem Verhör – an Ort und Stelle erschossen oder erhängt werden. Dies wurde nunmehr zur Pflicht erklärt, die Abteilungsführer waren nur noch »in begründeten Ausnahmefällen« berechtigt, »von diesem Grundsatz unter Meldung der besonderen Veranlassung abzuweichen.«³⁰⁷ Die »abwehrmäßigen Hinweise« am Ende der »Kampfanweisung« betonten zudem, dass die Partisanen häufig Frauen, Mädchen und Kinder als »Spitzel« einsetzen würden: »wer hierbei ertappt wird, ist sofort zu erledigen.«³⁰⁸

Auch *jede* Form der Unterstützung von Partisanen bis hin zur »Verheimlichung ihres bekannten Aufenthaltes« – also die Verweigerung der Denunziation – zog die Todesstrafe nach sich. Ausgenommen wurden arbeitsfähige Männer, die »nachweislich durch Terror zu dieser Bandenunterstützung gezwungen worden« seien. Sie sollten zur Strafarbeit bzw. zum Arbeitseinsatz im Reichsgebiet herangezogen werden³⁰⁹ – eine Regelung, die die Partisanenbekämpfung im darauf folgenden Jahr stark prägen sollte.³¹⁰ »Ungerechte Strafen« sollten aber auf jeden Fall vermieden werden.³¹¹ Nach wie vor waren zwar auch kollektive Strafmaßnahmen vorgesehen; sie seien »in der Regel« gegen

---

³⁰² Ebd., S. 10.
³⁰³ Ebd., S. 12 f.
³⁰⁴ Ebd., S. 14.
³⁰⁵ Ebd. S. 33.
³⁰⁶ Ebd., S. 31.
³⁰⁷ Ebd. Ausnahmen waren Gefangene, die als V-Leute in die »eigene Bandenbekämpfung eingespannt« werden sollten. Vgl. hierzu auch Ziffer 11, S. 8 f.
³⁰⁸ Ebd., S. 39.
³⁰⁹ Ebd., S. 32.
³¹⁰ Siehe Abschnitt 7.5.2. der vorliegenden Arbeit.
³¹¹ OKW 1216/42 WFSt/Op., 11. 11. 1942, Kampfanweisung für die Bandenbekämpfung im Osten, Nrbg. Dok. NOKW-067, Staatsarchiv Nürnberg, S. 32.

die Dörfer geboten, die Partisanen auf *freiwilliger* Basis – dieses Kriterium wurde als ausgesprochen wichtig angesehen – unterstützt hätten. Je nach »Schwere der Schuld« konnten die Bewohner zu vermehrten Abgaben herangezogen, das Vieh teilweise oder ganz weggenommen, arbeitsfähige Männer zum Arbeitseinsatz nach Deutschland transportiert oder das gesamte Dorf »vernichtet« werden. Den Befehl hierzu durften nur Offiziere im Range eines Hauptmanns geben. Außerdem müsse die Bevölkerung in diesen Fällen darüber informiert werden, warum die Strafmaßnahmen durchgeführt würden: »Diese Aufklärung kann nicht als wichtig genug angesehen werden.«[312]

In Bezug auf die »allgemeine Behandlung der Bevölkerung« wurde betont, dass die »Vernichtung des Bandenunwesens« in »hohem Maße davon abhängig« sei, »daß die Masse der Bevölkerung auf uns vertraut.« Dies würde aber nur der Fall sein, wenn sie die »Zuversicht« habe, »unter deutscher Herrschaft besseren Zeiten als bisher entgegenzusehen.« Hierzu sollte die »*Sicherstellung ihres nötigsten Lebensbedarfes*« dienen. Hungernde Menschen würden leicht geneigt sein, sich den Partisanen anzuschließen. »Bei der Ausnutzung des Landes müssen daher wirtschaftliche Gesichtspunkte unter Umständen hinter den Erfordernissen der Bandenbekämpfung zurücktreten.« Von den Wirtschaftsstellen vor Ort festzulegende Mindestmengen an Getreide, Vieh usw. sollten den Bauern belassen werden. Auch »gedankenlose Rohheiten und Willkürakte« seien zu unterbinden. Eine »willige Mitarbeit« ließe sich nur durch »*gerechte und korrekte Behandlung*« erreichen. Eine »tatkräftige und richtige Propaganda« sei bei der Behandlung der Bevölkerung »von entscheidender Wichtigkeit«. Um Parolen und Praxis möglichst schnell in Übereinstimmung zu bringen, sollten die Propagandaeinheiten enge Verbindung zu den militärischen, politischen und wirtschaftlichen Stellen halten.[313]

Ein ganz zentrales Ziel war das konkrete »Einspannen der Bevölkerung in die Bandenbekämpfung« – als Mitglieder der einheimischen Polizei oder als so genannte V-Leute.[314] »Alle deutschen Stellen im Bandengebiet müssen [...] bestrebt sein, durch Vertrauensleute aus der Bevölkerung Nachrichten über die Banden zu gewinnen«. Die »Bandenaufklärung« habe durch ein »engmaschiges Agentennetz und durch Nachrichtengewinnung aus der Bevölkerung« zu erfolgen; als V-Leute könnten »Angehörige der ansässigen Bevölkerung (möglichst solche, bei denen aus irgendwelchen Gründen eine sowjetfeindliche Einstellung angenommen werden kann), Gefangene oder Überläufer von den Banden verwandt werden. [...] Daneben haben sich alle Truppen und sonstigen militärischen und zivilen Dienststellen Vertrauensleute aus der Bevölkerung zu halten.«[315] Im Umfeld von besonders gefährdeten Eisenbahnverbindungen sollten auch Zivilisten zum »Bahnschutz« herangezogen werden.[316] Als Anreiz zur Mitarbeit wurden Belohnungen ausgesetzt – wie dies im Generalkommissariat Weißruthenien be-

---

[312] Ebd., S. 32 f.
[313] Ebd., S. 33 f. Die von der Abteilung WPr zusammengefassten inhaltlichen Richtlinien wurden in die Kampfanweisung übernommen. Ebd., S. 34 ff., Ziffer 92-99.
[314] Ebd., S. 36.
[315] Ebd., S. 7 ff.
[316] Ebd., S. 28.

reits in den vorangegangenen Monaten praktiziert worden war. Da die Besatzungsmacht inzwischen aber die Erfahrung gemacht hatte, dass sie den Schutz der so Hervorgehobenen nicht gewährleisten konnte, schlug sie nun eine heimliche Übergabe vor: »In vielen Fällen wird, um den Betreffenden vor der Rache der Banden zu schützen, Geheimhaltung der Belohnung zweckmäßig sein.«[317]

Zur Überwachung und Kontrolle der Bevölkerung sah die »Kampfanweisung« unter anderem das im rückwärtigen Heeresgebiet Mitte erprobte Verfahren von Zivilgefangenenlagern vor. Von Zeit zu Zeit sei die Bevölkerung auf »verdächtige Elemente« zu überprüfen. Hierzu könne es »zweckmäßig sein, [...] alle männlichen Einwohner vorläufig festzunehmen und in besonderen Lagern eine Zeitlang zu überwachen, um so durch V-Leute diejenigen, die auf Seiten der Banden stehen, herauszubekommen.« Die »Entlassung der Unschuldigen« würde »dann dazu beitragen, das Vertrauen der Bevölkerung in die Gerechtigkeit der deutschen Maßnahmen zu heben.«[318]

Es bestand ein weitgehender Konsens über diese Linie, weshalb Görings Befehl vom 16. Oktober 1942, beiderseits der Bahnlinien ein 1.000 Meter tiefes Niemandsland zu schaffen, und Abschreckungsmaßnahmen wie Aufhängen an den Telegraphenmasten, Niederbrennen von Dörfern, Lagerhaft für Frauen und Kinder etc. einzusetzen, auch auf Kritik stieß und sich in der »Kampfanweisung« nicht niederschlug.[319]

Jodl unterzeichnete diese Richtlinien, *bevor* er sie Hitler vorlegte. Dieser wiederum zögerte mit seiner Zustimmung, weil er Einschränkungen bezüglich eines äußerst brutalen und rücksichtslosen Vorgehens befürchtete.[320] Anfang Dezember pochte er darauf, dass auf *keinen* Fall kriegsgerichtliche Einschränkungen gelten sollten und schlug die Voranstellung einer entsprechenden Präambel vor. Verärgert hielt Jodl Hitler daraufhin entgegen, dass davon »gar nicht die Rede« sei und die Männer im Kampf machen könnten, »was sie wollen«. Die einzige Einschränkung betreffe die »Repressalien *nach* dem Kampf in jenen Gebieten, in denen Banden gelebt haben«. Jodl verwies dabei auch auf die Zustimmung Himmlers und antwortete auf den von Hitler ins Gespräch gebrachten Hinweis, dass es bezüglich der SS heiße, sie gehe brutal vor: »Das stimmt gar nicht. Sie macht es sehr geschickt; sie macht alles mit Zuckerbrot und Peitsche, wie es in aller Welt geschieht!«[321]

Noch am selben Tag, dem 1. Dezember 1942, traten die neuen Richtlinien in Kraft.[322] Hitlers Insistieren führte wenig später zu der Weisung Keitels vom

---

[317] Ebd., S. 37.
[318] Ebd., S. 37 f.
[319] Vgl. Der Reichsmarschall des Großdeutschen Reiches und Obd.L. Nr. 04120/42 geh., 16. 10. 1942, auszugsweise abgedr. in: Europa 1991, S. 339 f.; Berück Mitte, Ia, Br.B.Nr. 3477/42 geh., 27. 10. 1942, Bezug Görings Befehl v. 16. 10. 1942, betr. Zusammenarbeit zwischen Heer und Luftwaffe im Sicherungsdienst, gez. Hielscher, BA-MA, RH 22/233, fol. 351 ff.
[320] Vgl. hierzu Lagebesprechung am 1. 12. 1942, abgedr. in: Heiber 1962, S. 65-69, sowie Jodls Aussage im Nürnberger Hauptprozess am 7. 6. 1946, IMT, Bd. 15, S. 594.
[321] Lagebesprechung am 1. 12. 1942, abgedr. in: Heiber 1962, S. 68 f.
[322] Vgl. Jodls Aussage im Nürnberger Hauptprozess am 7. 6. 1946, IMT, Bd. 15, S. 594; Berück Mitte, Ia, Br.B.Nr. 4310/42 geh., 14. 12. 1942, Korpsbefehl Nr. 128, Kampfanweisung für die Bandenbekämpfung im Osten, gez. Schenckendorff, BA-MA, RH 22/235, fol. 202 ff.

16. Dezember, die jedoch nicht im Gegensatz zu den Richtlinien stand[323], sondern als deren Ergänzung zu interpretierten ist. Keitel betonte, dass die Truppe »berechtigt und verpflichtet« sei, »in diesem Kampf ohne Einschränkung auch gegen Frauen und Kinder jedes Mittel anzuwenden, wenn es nur zum Erfolg« führe. »Rücksichten, gleich welcher Art, sind ein Verbrechen gegen das deutsche Volk und den Soldaten an der Front.« Diese Grundsätze müssten auch die Anwendung der »Kampfanweisung« beherrschen. Kein in der Partisanenbekämpfung eingesetzter Deutscher dürfe »*wegen seines Verhaltens im Kampf gegen die Banden und ihre Mitläufer* disziplinarisch oder kriegsgerichtlich zur Rechenschaft gezogen werden.«[324]

Damit war das im rückwärtigen Heeresgebiet Mitte entwickelte Modell zur Partisanenbekämpfung Ende 1942 zur allgemeinen Richtlinie erhoben worden. Eine gnadenlose Vernichtung aller Partisanen und ihrer *freiwilligen* Unterstützer sollte mit der Einbindung der Masse der Bevölkerung mittels politisch-propagandistischer Maßnahmen kombiniert werden. Schenckendorff gab die Weisungen denn auch mit der genugtuenden Bemerkung weiter: »Die in der Vorschrift niedergelegten Richtlinien sind von mir schon seit langem befohlen.«[325] Die »Kampfanweisung für die Bandenbekämpfung im Osten« bildete bis zum Mai 1944 die allgemeingültige Grundlage für das deutsche Vorgehen.[326]

Zusammenfassend betrachtet zielten die im Frühjahr 1942 begonnenen Großoperationen gegen tatsächliche oder vermeintliche Partisanen einerseits auf die gnadenlose Verfolgung und Tötung aller Partisanen und ihrer *freiwilligen* Helfer; anderseits sollte die Landbevölkerung, von deren Bereitschaft zur Informationsweitergabe, zu Kundschafterdiensten und Denunziationen die schwachen deutschen Sicherungstruppen abhängig waren, eingebunden werden. Systematische Propagandamaßnahmen wurden deshalb zu einem zentralen Element der Operationen. Es wurde massenhaft Propagandamaterial verbreitet, das die Bauern zur aktiven Unterstützung der Verfolgungsmaßnahmen motivieren sollte – u. a. mit dem Versprechen auf Belohnungen. Gegenüber den Partisanen betrieben die Deutschen eine Zersetzungspropaganda. Willkürliche Vergeltungsmaßnahmen gegen Zivilisten sollten eingeschränkt und durch einen *zielgerichtetem Terror* ersetzt werden. Diese Doppelstrategie »Vernichtung« und »Propaganda«[327] wurde mit Hitlers Weisung Nr. 46 vom 18. August 1942 und der »Kampfanweisung für die Bandenbekämpfung im Osten« vom 11. November 1942 zur allgemeinen Richtlinie erhoben. Grundsätzliche Differenzen bezüglich dieser Vorgehensweise lassen sich nicht erkennen: Vertreter aller Institutionen waren grundsätzlich von der Notwendigkeit überzeugt, dass zielgerichtete Terrormaßnahmen mit verstärkten, möglichst effektivierten Propagandaaktivitäten kombiniert werden müssten, um die Bevölkerung zu der

---

[323] In diesem Sinne z. B. Umbreit 1992, S. 138.
[324] Der Chef des OKW Nr. 004870/42 g.K. WFSt/Op (N), Bandenbekämpfung, 16. 12. 1942, gez. Keitel, UK-066, IMT, Bd. 39, S. 128 f. Hvg. im Orig.
[325] Berück Mitte, Ia, Br.B.Nr. 4310/42 geh., 14. 12. 1942, Korpsbefehl Nr. 128, Kampfanweisung für die Bandenbekämpfung im Osten, gez. Schenckendorff, BA-MA, RH 22/235, fol. 202 RS.
[326] Vgl. Jodls Aussage im Nürnberger Hauptprozess am 7. 6. 1946, IMT, Bd. 15, S. 594.
[327] Hürter 2007, S. 438.

als notwendig betrachteten Mitarbeit im Rahmen der Partisanenbekämpfung zu drängen. Die Einschätzung, dass die Propaganda in der Eigendynamik und Eskalation der Großoperationen »völlig in den Hintergrund« getreten sei, ist nicht zutreffend.[328]

6.4. Die »Ostarbeiterwerbung«

Das dritte Einsatzfeld, das die Propaganda 1942 dominierte, war – neben der Agrar- und Antipartisanenpropaganda – die so genannte Ostarbeiterwerbung. Ende Oktober 1941 entschied Hitler, dass für den »Fremdarbeiter«-Einsatz im Reich auch Arbeitskräfte aus den besetzten sowjetischen Gebieten – Kriegsgefangene und Zivilisten – rekrutiert werden sollten.[329] Damit begann ein Kapitel des Krieges gegen die Sowjetunion, das Norbert Müller treffend als eine »bisher nicht gekannte Stufe offener Massenversklavung« charakterisiert hat.[330] Mitte 1944 betrug die Gesamtzahl der im Reich unter unmenschlichen Bedingungen eingesetzten und ausgebeuteten »Ostarbeiter« 2,8 Millionen Menschen, über die Hälfte davon Frauen und Mädchen.[331] Aus dem besetzten Weißrussland wurden insgesamt etwa 380.000 Arbeitskräfte ins Deutsche Reich gebracht.[332]

6.4.1. Der Beginn der Arbeitskräfterekrutierung

Im Dezember 1941 begann in den besetzten sowjetischen Gebieten die Rekrutierung von Zivilisten für den Reichseinsatz.[333] Die These Ulrich Herberts, dass die Besatzungsmacht es aufgrund ihrer »Untermenschen«-Einstellung grundsätzlich abgelehnt habe, überhaupt Werbemaßnahmen einzusetzen, ist nicht haltbar.[334] Dass die propagandistische »Werbung« anfänglich nicht besonders umfangreich war, lag daran, dass die Rekrutierung bzw. der Reichseinsatz *an sich* als ein positives Propagandamittel im Rahmen der »Propaganda der Tat« eingeschätzt wurden. Ihr rassistisches und kulturalistisches Überlegenheits-

---

[328] Ebd., S. 440.
[329] Grundlegend hierzu Herbert 1986; ders. 1991; Spoerer 2001; ders. 2004. Einen Überblick über die zeitlichen Phasen der Rekrutierung bietet R.-D. Müller 1989. Zur Rolle der Propaganda bei der Rekrutierung Quinkert 1999. Zur Arbeitskäftepolitik im besetzten Weißrussland insgesamt Gerlach 1999, S. 449-501.
[330] N. Müller 1971, S. 175.
[331] Herbert 1986, S. 160 f., 180.
[332] Vgl. Gerlach 1999, S. 463.
[333] Vgl. ebd., S. 458 sowie Bericht Regierungsrat Grünthaler an das Reichsarbeitsministerium, 20. 12. 1941, abgedr. in: Below 1963, S. 210; Berück Mitte, Abt. VII / Kr.-Verw. Az. A 20/42, Verwaltungsanordnung Nr. 13, 7. 1. 1942, BA-MA, WF 03/7366, fol. 1142; Dienstanweisung des Wirtschaftsstabes Ost an die Dienststellen in den besetzten Ostgebieten v. 26. 1. 1942, USSR-381, IMT, Bd. 39, S. 491 f.; Berück Mitte, Abt. VII / Kr.-Verw. Az. A 20/42, Verwaltungsanordnung Nr. 14, 31. 1. 1942, BA-MA, WF 03/7366, fol. 1150; Berück Mitte, Abt. VII / Kr.-Verw. Az. A 20/42, Verwaltungsanordnung Nr. 15, 18. 2. 1942, ebd., fol. 1153.
[334] Vgl. Herbert 1986, S. 157. In diesem Sinne auch R.-D. Müller 1991d, S. 238.

denken ließ die Deutschen ernsthaft annehmen, dass allein die Möglichkeit, die »rückständigen« sowjetischen Gebiete zu verlassen und das »sozial fortgeschrittene« Deutschland persönlich kennen zu lernen, einen positiven Eindruck auf die Verschickten – und damit auch rückwirkend auf die Bevölkerung in den besetzten Gebieten – machen würde.[335]

Zunächst meldete sich tatsächlich eine Reihe von Menschen »freiwillig«, wobei diese *Freiwilligkeit* angesichts der Zerstörung und den Hungersnöten in den Städten relativ war – ein Aspekt, der der Besatzungsverwaltung durchaus nicht entging.[336] Die Mehrheit der Bevölkerung reagierte jedoch mit großem Misstrauen. Das nach Minsk versetzte Kommando des Landesarbeitsamts Sudetenland berichtete Mitte Februar 1942, dass die Anwerbekommissionen »zunächst wenig Erfolg« gehabt hätten, »da Gerüchte umliefen, dass die ruthenischen Arbeiter in Deutschland ähnlich wie die russischen Juden behandelt würden.«[337] Der Umgang der Deutschen mit den rekrutierten Arbeitskräften bestärkte solche Befürchtungen.[338] Diese wurden wie Gefangene behandelt, in Lagern gesammelt und teilweise in unbeheizten Eisenbahnzügen ins Reichsgebiet gebracht. Bei den Transporten blieben sie oft tagelang ohne jegliche Versorgung und kamen völlig erschöpft oder krank an. Nach ihrer Ankunft erwarteten sie entwürdigende Entlausungsprozeduren, die diffamierende Kennzeichnung mit dem »Ost«-Abzeichen, der Einsatz in geschlossenen Arbeitskolonnen und die Unterbringung in mit Stacheldraht umzäunten Lagern

---

[335] Vgl. Pressechef für die besetzten Ostgebiete, Lagebericht über die Ostpropaganda, 18. 4. 1942, (Anlage zu [RMO], Abt. Presse und Aufklärung an Bräutigam, 7. 5. 1942), BA, R 6/192, fol. 43. Beispielhaft auch Berück Mitte, Abt. VII/Kr. Verw. Tgb. Nr. 97/42 geh., an OKH Gen St d H/Gen Qu Abt. K. Verw. (V), 10. 4. 1942, betr. Lage- und Tätigkeitsbericht, BA-MA, WF 03/7366, fol. 1091; Berück Mitte, Abt. VII/Mil.Verw. Tgb. Nr. 392 geh., 5. 12. 1942, im Entwurf gez. Schenckendorff, Auszug abgedr. in: N. Müller 1980, S. 297. Auf dieser Fehleinschätzung beruhte auch die wiederholt formulierte Forderung nach Zulassung und Förderung des Postverkehrs mit den Angehörigen. Vgl. u. a. Berück Mitte, Ic, Tätigkeitsbericht März 1942, 10. 4. 1942, BA-MA, RH 22/243, fol. 22-27; WBfh. Ostland, Ic (Daven), Politischer Lagebericht v. 15. 4. 1942, BA-MA, RW 4/235, fol. 108; Berück Mitte, I a, Br.B.Nr. 2572/42 geh., 14. 7. 1942, betr. Bericht für den Monat Juni 1942, an das OKH, BA-MA, RH 22/233, fol. 37 f.; Abschrift, Abt. K.Verw. (Qu 4/Ausw) Nr. II /4209/42 geh., an H Wes Abt. beim Gen z. B. V. b. OKH und V.O. RMO, 28. 6. 1942, zur Kenntnis Auszüge aus dem Lagebericht des Berück Nord v. 20. 6. 1942, BA-MA, RW 4/256, fol. 266 f.; 707. Inf.Div., Ic, Lagebericht für Juli 1942, 1. 8. 1942, BA-MA, RH 26/707/15, fol. 29; Vertrauliche Ostinformation »Vineta«, Nr. 11, 11. 8. 1942, SoM, 1370-1-56, fol. 259.

[336] Vgl. Berück Mitte, Abt. VII/Kr. Verw. Tgb. Nr. 97/42 geh., an OKH Gen St d H/Gen Qu Abt. K. Verw. (V), 10. 4. 1942, betr. Lage- und Tätigkeitsbericht, BA-MA, WF 03/7366, fol. 1091; Berück Mitte, Abt. VII / Kr.-Verw. Tgb. Nr. 158, an OKH Gen St d H / Gen Qu Abt. K. Verw. (V), 10. 6. 1942, betr. Lage- und Tätigkeitsbericht, ebd., fol. 1133; OKW, Amt Ausland/Abwehr, Nr. 942/4.42 Abw. II/J ON, an RMO (Mende), GBA (Sauckel), RSHA, OKH Abt. f. Heerwesen, OKW/WPr, Chef Z, Ausl, Abw III, 18. 5. 1942, betr. Bericht über die Lage in Kiew, Anlage: 3. Bericht über die Lage in Kiew, Sonderbericht über die Werbung von Arbeitskräften zum Einsatz in Deutschland v. 12. 4. 1942, BA-MA, RW 4/306, unfol.

[337] Zit. nach: Gerlach 1999, S. 465.

[338] Vgl. OKW, Amt Ausland/Abwehr, Nr. 942/4.42 Abw. II/J ON, an RMO (Mende), GBA (Sauckel), RSHA, OKH Abt. f. Heerwesen, OKW/WPr, Amt Ausl/Abw Z, Ausl, Abw III, 1. 5. 1942, betr. Schwierigkeiten bei der Werbung von Arbeitskräften in Kiew, BA-MA, RW 4/306, unfol.

6. Das Jahr der großen Propagandakampagnen 1942

unter strenger Bewachung. Ein umfangreiches Besteuerungs- und Abgabesystem sorgte dafür, dass vom Lohn kaum etwas übrig blieb. Die Menschen erhielten nicht annähernd genug zu essen, Kranke wurden nur mangelhaft versorgt. Es gab so gut wie keine Arbeitsschutzbestimmungen und es herrschte ein drakonisches Strafsystem. Obwohl die zurückgebliebenen Familien aufgrund des für »Ostarbeiter« verhängten Postverbotes oftmals wochen- oder monatelang keine Nachricht von ihren Angehörigen erhielten – was ihre Sorge um deren Verbleib und Wohlergehen noch verstärkte[339] – sickerten Informationen über die unmenschlicher Behandlung der Rekrutierten durch und verbreiteten sich wie ein Lauffeuer im besetzten Gebiet.[340]

Wenige Wochen nach Beginn der Rekrutierung blieben die »freiwilligen« Meldungen fast gänzlich aus – zeitgleich stiegen aber die zentralen Forderungen nach Arbeitskräften. Werner Mansfeld, bis zur Ernennung Fritz Sauckels zum Generalbevollmächtigten für den Arbeitseinsatz (GBA) am 21. März 1942 der zuständige Leiter der Geschäftsgruppe Arbeitseinsatz bei der Vierjahresplanbehörde, forderte am 24. Februar 1942 über das Ostministerium 627.000 sowjetische Arbeiter und Arbeiterinnen an. Auf das Generalkommissariat Weißruthenien einschließlich des Gebietes der Wirtschaftsinspektion Mitte entfiel ein Aufbringungssoll von 60.000 Arbeitskräften.[341] Als Sauckel am 21. März sein Amt als Generalbevollmächtigter antrat, erhöhte er die Forderungen um das Dreifache und drängte auf eine Umsetzung noch im April.[342] Um dieses Ziel zu erreichen, ging die Besatzungsmacht zweigleisig vor. Einerseits wurde die bisherige, propagandistisch wenig eingebettete Form der »Anwerbung« verändert.[343] Andererseits sollten Zwangsmaßnahmen eingesetzt werden – jedoch nur in einem Maße, das die seit Januar verfolgte politisch-propagandistische Linie nicht gefährdete.

Am 6. März 1942 wies Rosenberg die Reichskommissare an, eine zwangsweise Rekrutierung von Arbeitskräften zu vermeiden – aus »politischen Gründen« sollte die »Freiwilligkeit der Meldung« gewahrt bleiben – jedenfalls soweit das anvisierte Ziel erreicht würde. Andernfalls schlug der Minister die Anwendung der im Dezember eingeführten Arbeitspflicht vor. Eine umfang-

---

[339] Vgl. PAW, Stimmungsbericht für Juni 1942, 4. 7. 1942, BA-MA, RW 4/237, fol. 80-83.
[340] Z. B. über Briefe, die der normalen Feldpost mitgegeben worden waren. Vgl. OKW, Amt Ausland/Abwehr, Nr. 942/4.42 Abw. II/J ON, an RMO (Mende), GBA (Sauckel), RSHA, OKH Abt. f. Heerwesen, OKW/WPr, Amt Ausl/Abw Z, Ausl, Abw III, 1. 5. 1942, betr. Schwierigkeiten bei der Werbung von Arbeitskräften in Kiew, BA-MA, RW 4/306, unfol.; Zentralstelle für Angehörige der Ostvölker, 30. 9. 1942, betr. Gegenwärtiger Stand der Ostarbeiterfrage, PS-084, IMT, Bd. 25, S. 164 ff.
[341] Vgl. RM für die besetzten Ostgebiete, III Wi.Arb.Pol. u. Soz.Verw. Az: 5782-460/42, an OK Ostland und RK Ukraine, 6. 3. 1942, betr. Anwerbung ziviler Arbeitskräfte aus den besetzten Ostgebieten, PS-580, IMT, Bd. 26, S. 163 ff.
[342] Beauftragte für den Vierjahresplan, Der Generalbevollmächtigte für den Arbeitseinsatz, Va 5780.28/742, an RM Rosenberg, 31. 3. 1942, betr. Russeneinsatz, USSR-382, IMT, Bd. 39, S. 494 ff.
[343] Zur Kritik »unzureichender« und »bisher versäumter« Propaganda siehe OKW, Amt Ausland/Abwehr, Nr. 942/4.42 Abw. II/J ON, an RMO (Mende), GBA (Sauckel), RSHA, OKH Abt. f. Heerwesen, OKW/WPr, Amt Ausl/Abw Z, Ausl, Abw III, 1. 5. 1942, betr. Schwierigkeiten bei der Werbung von Arbeitskräften in Kiew, BA-MA, RW 4/306, unfol.

reiche »*Werbung* in Presse und Rundfunk« sollte die Rekrutierung unterstützten.³⁴⁴ Am 8. April instruierte auch der Wirtschaftsstab Ost seine Dienststellen, die erhöhten Rekrutierungsforderungen Sauckels propagandistisch intensiv vorzubereiten. Dabei könne man sich der vorhandenen Propagandaeinrichtungen bedienen und diese in ähnlicher Weise wie bei Einführung der Neuen Agrarordnung einsetzen. Zwangsmaßnahmen – in Form von Mindestauflagen an die einzelnen Gemeinden – war nur dann vorgesehen, wenn die Zahlen hinter den deutschen Erwartungen zurückblieben.³⁴⁵

Aufgrund der offenkundig negativen Rückwirkungen auf die besetzten Gebiete standen inzwischen auch die im November 1941 festgelegten Einsatzbedingungen der »Ostarbeiter« auf dem Prüfstand. Nach entsprechenden Vorgaben Hitlers vom 21./22. März wurden ab April bestimmte allgemeine Lockerungen – in Kombination mit einer verschärften Repression gegen Einzelne – verfügt.³⁴⁶ Die angestrebte Verbesserung der Arbeits- und Lebensbedingungen der »Ostarbeiter« hatte faktisch allerdings nur wenig Folgen.³⁴⁷

6.4.2. Die Propagandakampagne zur »Ostarbeiterwerbung«

Im April 1942 begann in den besetzten Gebieten eine große »Anwerbe«-Kampagne, die im Wesentlichen in Rosenbergs Ministerium konzipiert worden war. Unter dem zentralen Motto »Arbeit in Deutschland ist Frontkampf gegen den Bolschewismus« waren drei Propaganda-»Wellen« geplant.³⁴⁸ Als erster Schritt sollte den verbreiteten Informationen über die Arbeits- und Lebensbedingungen der sowjetischen Arbeitskräfte im Reich entgegen gesteuert werden. Hierzu wollte man die »Ostarbeiter« selbst funktionalisieren. In bestimmten Lagern wurden kurzfristig die Lebensmittelrationen erhöht und die Unterkunfts- und Lebensverhältnisse verbessert. Nachdem die Arbeiter und Arbeiterinnen so in »deutschfreundlichem Sinne« beeinflusst worden waren, sollten

---

³⁴⁴ Der RM für die besetzten Ostgebiete, III Wi.Arb.Pol. u. Soz.Verw. Az: 5782-460/42, an OK Ostland und RK Ukraine, 6. 3. 1942, betr. Anwerbung ziviler Arbeitskräfte aus den besetzten Ostgebieten, PS-580, IMT, Bd. 26, S. 163. Hvg. im Orig.

³⁴⁵ Wirtschaftsstab Ost, Chefgruppe Arbeitseinsatz, an WiIn Nord, Mitte, Süd, 8. 4. 1942, betr. Russeneinsatz, USSR-382, IMT, Bd. 39, S. 493 f. Vgl. auch OKH/GenSt. d. H./GenQu Abt. Kriegsverw. (Wi) Nr. II/3210/42 geh., 10. 5. 1942, gez. Wagner, abgedr. in: N. Müller 1980, S. 292. Für den RFSS Herbert 1986, S. 166 f.

³⁴⁶ Vgl. ebd. Siehe auch Sauckels »Programm für den Arbeitseinsatz« v. 20. 4. 1942, PS-016, IMT, Bd. 25, S. 69 f.

³⁴⁷ Vgl. Vorträge, die anlässlich der Tagung der Reichspropagandaämter am 13. und 14. 7. 1942 im RMVP gehalten wurden, Anlage zu 375/42 gRs (1) Pro RP 2002, IfZ, Fa 511, hier Vortrag MinRat Dr. Taubert, fol. 60; Der Generalbevollmächtigte für den Arbeitseinsatz G.Z. Va 5780/1644, 27. 7. 1942, Einsatz fremdländischer Arbeitskräfte in Deutschland, Stand 27. 7. 1942, IfZ, Fa 511, fol. 94 f. Zu den Einsatzbedingungen vgl. Zentralstelle für Angehörige der Ostvölker, 30. 9. 1942, betr. Gegenwärtiger Stand der Ostarbeiterfrage, PS-084, IMT, Bd. 25, S. 161-179.

³⁴⁸ Vgl. Propagandamaßnahmen, BA, R 6/408, fol. 43; RM für die besetzten Ostgebiete, 15. 4. 1942, betr. Propagandamaßnahmen zur Lenkung des Arbeitseinsatzes von ukrainischen Arbeitskräften, ebd., fol. 51-54. Die folgende Darstellung der Kampagnenplanung gründet auf diesen beiden Dokumenten.

6. Das Jahr der großen Propagandakampagnen 1942   261

sie die Möglichkeit erhalten, in größerem Umfang Briefe nach Hause zu schreiben. Um die gute Verpflegung, Unterbringung, Freizeitgestaltung etc. zu *beweisen*, wurden darüber hinaus in diesen Lagern Foto-, Presse- und Rundfunkreportagen für die Veröffentlichung in den besetzten Ostgebieten hergestellt. Sowohl die Idee der Briefe als auch die Reportagen setzten stark auf die vermeintliche Authentizität bzw. Glaubwürdigkeit individueller, persönlicher Angaben. In den Presseartikeln sollten möglichst konkrete Namen genannt werden, ebenso in den Bildunterschriften. Großer Wert wurde auch auf persönliche Interviews gelegt, in denen die Interviewten teilweise direkt ihre Verwandten aufforderten, sich ebenfalls zum Arbeitseinsatz zu melden. Fotografen erstellten »Gruppenbilder«, die – neben Deutschland- oder »Führer«-Bildern – als Postkarten nach Hause geschickt werden konnten.

In einer zweiten Propaganda-»Welle« sollten in den größeren Städten und Ortschaften im besetzten Gebiet Versammlungen abgehalten werden, auf denen »authentische Berichte« verlesen und die entsprechenden Broschüren und Flugblätter verteilt wurden. Jeder »Werber« erhielt ein Foto-Album, das neben Bildmaterial über Deutschland auch die manipulierten Belege für das gute Leben der »Ostarbeiter« im Reich enthielt. Der Abtransport der Arbeitskräfte sollte zukünftig mit Musik und feierlichem Appell als propagandistisches Ereignis inszeniert und durch Foto- bzw. Rundfunkreportagen dokumentiert werden. Zudem erhielten Journalisten der örtlichen Presse die Gelegenheit, besondere Arbeitslager in Deutschland zu besuchen.

Die dritte »Welle« unterschied sich von der zweiten nur insofern, als nun das bis zu diesem Zeitpunkt neu produzierte Propagandamaterial vorliegen würde: Fotobroschüren, Filme vom Einsatz im Reich bzw. von den Transporten und eine Wanderausstellung, die bei den Versammlungen in Kombination mit Lautsprecherwagen eingesetzt werden konnte.

In Weißrussland begann die Propagandakampagne zur »Ostarbeiterwerbung« in der zweiten Aprilhälfte 1942. Die Propagandaabteilung W startete am 23. April eine besondere Aktion, die sich schwerpunktmäßig auf die Städte Witebsk, Polozk, Mogilew, Orscha, Borissow, Kritschew, Roslawl, Smolensk, Orel, Briansk, Klinzy, Gomel und Bobruisk konzentrierte.[349] Das Ziel war es, die Arbeitsämter dabei zu unterstützen, Transportzüge mit jeweils mindestens 1.000 Personen zusammenzustellen. Nachdem der Rundfunk bereits am 20. April den Aufruf »Deutschland ruft Euch!«[350] gesendet hatte, folgte nun der massenhafte Anschlag des zentralen »Werbe«-Plakates:[351]

> »Maenner und Frauen der vom Bolschewismus befreiten Gebiete!
> In den Kaempfen des vorigen Jahres wurden fast alle Fabrikbetriebe der befreiten Gebiete auf Grund des wahnsinnigen Befehls Stalins zerstoert. Die Arbeitsstaetten Tausender von Arbeitern und Arbeiterinnen sind vernichtet und koennen erst nach

---

[349] PAW, Mitteilungs- und Verordnungsblatt Nr. 6, 15. 4. 1942, NAB, 411-1-6, fol. 14 f.
[350] Rundfunkkommentar 20. 4. 1942: »Deutschland ruft Euch!«, NAB, 411-1-32, fol. 42 f.
[351] Anlage 1 zu PAW, Mitteilungs- und Verordnungsblatt Nr. 6, 15. 4. 1942, NAB, 411-1-6, fol. 17. Das in Berlin produzierte Plakat »Ostarbeiterwerbung Nr. 1« war knapper formuliert. Vgl. Lagerverzeichnis der Abt. Ost, BA, R 55/1299, P 27a. Weiteres Plakat- und Wandzeitungsmaterial zur »Arbeitsfreiwilligenwerbung« ebd.

dem Kriege wieder aufgebaut werden. Viele von Euch sind ohne Arbeit und Brot. Andererseits geben die riesigen verschiedenartigen Aufgaben Deutschlands vielen Arbeitern neue Arbeitsmoeglichkeiten.
Deshalb hat die Deutsche Reichsregierung eine Verfuegung erlassen, nach der Maenner und Frauen aus den befreiten russischen und weissruthenischen Gebieten als Arbeitskraefte in Deutschland eingestellt werden koennen. In der Zeit der bolschewistischen Herrschaft waren Euch der Blick und der Weg in die uebrige Welt vollkommen verschlossen. Was Ihr beispielsweise ueber Deutschland wusstet, waren allein die luegenhaften Parolen der Moskauer Ausbeuter, die sich nicht anders zu helfen wussten, als Euch jede Moeglichkeit zu nehmen, die uebrige Welt mit eigenen Augen kennenzulernen. Durch den Arbeitseinsatz in Deutschland oeffnen sich fuer Euch die Pforten dieses hochkultivierten Landes. Dieses ist von besonderem Wert fuer diejenigen von Euch, die nach der Befreiung von der bolschewistischen Sklavenherrschaft die Wahrheit über Deutschland kennenlernen wollen und die in einer positive Werte schaffenden Arbeit die Grundlage fuer ein geordnetes und gluecklisches Leben sehen.
Es ist selbstverstaendlich, dass von jedem Einzelnen in Deutschland vollwertige Arbeit verlangt werden wird. Dafuer aber sorgt das nationalsozialistische Deutschland in jeder Weise für die Arbeiter, nicht nur fuer die eigenen, sondern auch fuer die fremden.
Deshalb meldet Euch in Eurem eigenen Interesse zur Arbeitsaufnahme in Deutschland.
Ihr werdet eine gerechte Entlohnung, anstaendige Unterkunft, ausreichende Verpflegung erhalten und werdet im Krankheitsfalle in gleicher Weise wie die deutschen Arbeiter versorgt sein. Ihr werdet die Moeglichkeit haben, Euch allerhand notwendige Verbrauchsgueter anzuschaffen. Fuer Eure in der Heimat zurueckbleibenden Familienangehoerigen werden die Gemeindeverwaltungen unter Aufsicht der deutschen Dienststellen sorgen.
Waehrend der Arbeit in Deutschland werdet Ihr vieles lernen koennen, was Ihr spaeter für Euch selbst und Eure Heimat nutzbringend werdet verwenden koennen.
Meldungen werden entgegengenommen:
von der maennlichen und weiblichen Bevoelkerung der Stadt .....
beim Arbeitsamt .....
oder beim Buergermeister,
von der maennlichen und weiblichen Landbevoelkerung,
die in Deutschland Landarbeit verrichten will,
beim oertlichen Dorfaeltersten.

Der Befehlshaber des Gebietes«

In diesem Aufruf finden sich ganz typische Elemente der »Ostarbeiterwerbung«: der explizite Appell an Frauen, die Verheißung besserer Arbeits- und Lebensbedingungen in Deutschland und die Behauptung einer vermeintlichen Isolation, die nun durchbrochen werden könnte. Der Arbeitseinsatz wurde als persönliche Bildungsmöglichkeit präsentiert – ein Ansatz, der insbesondere an den Wissensdurst und die Neugier junger Menschen plädierte.[352] Ganz wichtig

---

[352] Vgl. hierzu auch Rundfunkkommentar 20. 4. 1942: »Deutschland ruft Euch!«, NAB, 411-1-32, fol. 42 f.; »Mauerplakat« im Lagerverzeichnis der Abt. Ost, P 30, BA, R 55/1299, abgedr. in: Buchbender 1978, S. 273, Schlootz 1996, S. 20. Zur Propagandathese der »hermetischen Ab-

6. Das Jahr der großen Propagandakampagnen 1942   263

war auch das Versprechen, dass für die zurückbleibenden Familienmitglieder gesorgt sei. Solche Unterhaltszahlungen waren im Februar 1942 per Erlass geregelt worden; de facto wurden sie in den meisten Fällen jedoch nicht ausgezahlt, da die entsprechende behördeninterne Anordnung eine Reihe beliebig auszuweitender Ausschlusskriterien enthielt.[353]

Eine zentrale Rolle spielte, wie geplant, das Thema »Briefe«. Der im zivilverwalteten Gebiet verbreitete Aufruf kündigte die Briefaktion ganz offen an: »Wir werden in Kürze Briefe von in Deutschland arbeitenden Weißruthenen veröffentlichen. Dann könnt Ihr lesen, wie es in Wirklichkeit in dem dem Tyrannen Stalin verhaßten Deutschland aussieht. Daß alles Wahrheit ist, was Euch deutsche Soldaten und auch die Männer der Werbekommissionen erzählten.«[354] Wie defensiv die deutsche Propaganda dabei bereits im Frühjahr 1942 agierte, zeigen auch folgende Formulierungen: »Nicht als Zwangsarbeiter sollt Ihr kommen. Wir verabscheuen solche bolschewistischen Methoden. Ihr sollt freiwillig kommen. [...] *Es ist Lüge*, daß wir Euch verschleppen wollen. *Wahrheit ist*, daß Ihr nach Beendigung Eurer Verpflichtungszeit ungehindert zurückkehren könnt. *Es ist Lüge*, daß wir Euch verschleppen wollen.«[355] Der

---

schließung« der UdSSR siehe auch Pressechef für die besetzten Ostgebiete, Lagebericht über die Ostpropaganda, 18. 4. 1942, (Anlage zu [RMO], Abt. Presse und Aufklärung an Bräutigam, 7. 5. 1942), BA, R 6/192, fol. 43. Bräutigam übernahm die eigenen Propagandaparolen, als er noch 1954 behauptete, dass sich bei dem »Werbefeldzug« viele »freiwillig« gemeldet hätten, »vielfach schon aus Neugierde, um die Verhältnisse in den vielgeschmähten ›kapitalistischen‹ Staaten persönlich kennenzulernen.« Bräutigam 1954, S. 90.

[353] Vgl. RMO an die Reichskommissare Ostland und Ukraine, 6. 2. 1942, betr. Unterhalt der Angehörigen der aus den neubesetzten Ostgebieten in das Reich vermittelten Arbeitskräfte, NAB, 370-1-460, fol. 1 f. Zum Unterhalt der Angehörigen vgl. auch Richtlinien Görings für den Arbeitseinsatz, Besprechung v. 7. 11. 1941 über den Einsatz von Sowjetrussen, PS-1193, IMT, Bd. 27, S. 58; Berück Mitte, Abt. VII / Kr.-Verw. Az. A 20/42, Verwaltungsanordnung Nr. 13, 7. 1. 1942, BA-MA, WF 03/7366, fol. 1142; Wi Stab Ost, Chefgruppe Arbeit, Akt.Z.L.8, an WiIn Mitte (Borrisow), Süd (Poltawa) und Wirtschaftskommando in Pleskau, 6. 2. 1942, betr. Unterhalt der Angehörigen der aus den neu besetzten Ostgebieten in das Reich vermittelten Arbeitskräfte, ZStA Moskau, 7021-188-83, fol. 17 f.; Mitteilungsblatt des Reichskommissars für das Ostland, Ausgabe B, Nr. 13, Riga, 22. 4. 1942, u. a. Erste Durchführungsbestimmungen zum Erlass des RM f. d. bes. Ostgebiete über Unterhalt der Angehörigen der aus den neubesetzten Ostgebieten in das Reich vermittelten Arbeitskräfte v. 6. 2. 1942, NAB, 370-1-23, fol. 31 f.; OKW, Amt Ausland/Abwehr, Nr. 942/4.42 Abw. II/J ON, an RMO (Mende), GBA (Sauckel), RSHA, OKH Abt. f. Heerwesen, OKW/WPr, Amt Ausl/Abw Z, Ausl, Abw III, 1. 5. 1942, betr. Schwierigkeiten bei der Werbung von Arbeitskräften in Kiew, BA-MA, RW 4/306, unfol.; Bräutigam, an Chefgruppe Arbeit, 5. 5. 1943, zu Klagen über nicht ausgezahlte Unterstützung an Angehörige, BA, R 6/81, fol. 3; Chef der Sicherheitspolizei und des SD, IV D 5-2637/42g, 22. 1. 1943, Mitteilungsblatt Nr. 15, Anlage 1 Arbeitstagung der kommandierenden Generale der rückwärtigen Heeresgebiete mit Vertretern des RMO in Berlin, Abschrift 22. 12. 1942, Grundsätzliche Gedanken aus der Aussprache des RM für die besetzten Ostgebiete mit den Befehlshabern der Heeresgebiete im Osten, SoM, 504-2-13, fol. 24-33; Beauftragter f. d. Vierjahresplan, VIa 5760.28/5081/43 g, an RMO, 31. 7. 1943, betr. Stimmungsbericht der ABP Berlin auf der Grundlage der Ostarbeiterpost, BA, R 6/81, fol. 117 f.

[354] Flugblatt/Aufruf »Arbeit in Deutschland ist Kampf gegen den Bolschewismus« (russ., dt., wr., poln.), [April 1942], Anlage zum Vermerk des Referats II b, Nowogrodek, 10. 8. 1943, betr. Propagandaaktion im Rahmen des Unternehmen »Hermann«, NAB, 370-1-1286, fol. 145 ff.

[355] Ebd., Hvg. im Orig.

Rundfunkkommentar, den die Propagandaabteilung W verlesen ließ, benutzte ebenfalls einen vermeintlich authentischen Brief:

> »Folgt dem Beispiel derer unter Euch, die schon vor Wochen nach Deutschland gefahren sind! Sie haben alle die besten Erfahrungen gemacht und ihren Entschluss nicht bereut. Das erzählen sie in den Briefen, die sie ihren Angehörigen geschrieben haben. Helena Maslowa schreibt am 26. März an ihre Eltern: ›Alles ist hier in Deutschland so gut, dass ich es mir besser gar nicht wünschen könnte. Die deutsche Bevölkerung ist so lieb zu mir, dass ich mich gar nicht als eine Fremde fühle. Die deutschen Arbeiterinnen sind so korrekt zu mir, dass ich mich nur wundern muss. Wenn es möglich sein sollte, nach Deutschland zu fahren, dann fahrt sofort, wenigstens einer von Euch. Erstens werdet Ihr hier nicht hungern, zweitens werdet Ihr Euch Kleidung beschaffen können, auch werdet Ihr hier keine Sorgen haben.‹ Es kann sich jeder überzeugen, dass dieser Brief nichts als die[356] Wahrheit berichtet.«[357]

Die Lebensbedingungen der Arbeitskräfte im Reich blieben Dauerthema,[358] wobei auch die im Sommer 1942 zentral in Berlin produzierten Materialien – farbige Großplakate, Wandzeitungen, Broschüren, Fotos, Filme etc. – das »Briefe«-Thema aufgriffen. Sie zeigten entweder Personen – meist junge Frauen –, die gerade Briefe schrieben, oder die Briefe selbst.[359] Die sowjetische Gegenpropaganda nutzte dieses Motiv ebenfalls: ein Plakat zeigte eine weinende junge Frau mit einem Ostarbeiterkennzeichen am Arm, die einen Brief nach Hause schreibt.[360]

Auf Schwierigkeiten stießen die Propagandisten durch die zeitgleiche Einführung der Neuen Agrarordnung. Deren Ziel, die Landbevölkerung zu einem verstärkten Arbeitseinsatz zu motivieren, geriet in Konflikt mit dem Aufruf, sich zum Reichseinsatz zu melden. Die Aufrufe betonten deshalb, dass Bauern, die zur Arbeit nach Deutschland gingen, bei der »Landverteilung in ihren Heimatorten« ebenfalls »voll berücksichtigt« und »ihren Anteil nach der Rückkehr« erhalten würden.[361]

Grundsätzlich war die Kampagne antibolschewistisch ausgerichtet. Der Arbeitseinsatz in Deutschland wurde als »Kampf gegen den Bolschewismus«, als »Ehrendienst« am deutschen »Volk« und »Führer« und als Mithilfe beim »Auf-

---

[356] handschriftl. Korrektur »nur die«.
[357] Rundfunkkommentar 20. 4. 1942: »Deutschland ruft Euch!«, NAB, 411-1-32, fol. 42 f.
[358] Die im August 1942 vorbereiteten neuen, wöchentlich zusammengestellten »Europa-Bildstreifen« (Auflage 40.000 in fünf Sprachen) umfassten u. a. Fotos zum Thema »Leben und Unterbringung der Ostarbeiter im Reich«. RMO, Abt. Presse u. Aufklärung/Gruppe Aktivpropaganda, Propaganda-Dienst Nr. 3, 27. 8. 1942, IfZ, Da 46.06, unfol.
[359] Eine Wandzeitung zeigte z. B. den »Brief eines ukrainischen Mädchens« im »Original« und illustrierte ihn mit Fotos, eine Broschüre »Ukrainische Arbeiter schreiben nach Hause« zeigte ebenfalls »Originalbriefe mit nebenstehenden namentlich bezeichneten Fotos der Schreiber«. Vgl. hierzu RMO, Abt. Presse u. Aufklärung/Gruppe Aktivpropaganda, Propaganda-Dienst Nr. 2, [Juli 1942] und Nr. 3 (27. 8. 1942), IfZ, Da 46.06, unfol. Siehe auch Plakat »Wem vertraust Du mehr...«, abgedr. in: Schlootz 1996, S. 61.
[360] Abgedr. in: Demosfenora 1985, S. 138.
[361] Handschriftliche Ergänzung in Rundfunkkommentar 20. 4. 1942: »Deutschland ruft Euch!«, NAB, 411-1-32, fol. 42 f. Hierzu auch Propagandamaßnahmen, BA, R 6/408, fol. 43; RM für die besetzten Ostgebiete, 15. 4. 1942, betr. Propagandamaßnahmen zur Lenkung des Arbeitseinsatzes von ukrainischen Arbeitskräften, ebd., fol. 51-54.

bau des neuen Europa« verklärt. Farbige Großplakate zeigten Schweißer, Gießer, Arbeiter an der Schleifmaschine oder am Presslufthammer etc. und waren mit Parolen versehen wie »Deine Arbeit in Deutschland hilft den Bolschewismus vernichten« oder »Deine Arbeit in Deutschland verkürzt den Krieg«.[362]

Bis Ende Juni 1942 verteilten die Propagandisten im rückwärtigen Heeresgebiet Mitte rund 1,25 Millionen Flugblätter, Wandzeitungen und Handzettel zur »Ostarbeiterwerbung«.[363] Im Rundfunk bzw. Drahtfunk ließen sie Briefe und »Grüße russischer Arbeiter aus Deutschland an ihre Familien in der Heimat« verlesen sowie kurze Aufrufe, mit der Aufforderung Familienangehörige, Freunde oder Arbeitskollegen für den Arbeitseinsatz zu werben. Gesendet wurden auch Berichte von Teilnehmern der Deutschlandreisen, praktische Hinweise für die Transporte (Abfahrtstermine, Unterweisungen für die Fahrt, Gepäckregelungen etc.) und über die »Versorgung der Familien«. Persönliche Interviews wurden ebenso genutzt wie Rundfunkreportagen aus dem Arbeitsamt oder von den kleinen »Feierstunden«, die anlässlich der Abfahrten mit Volksmusik, Abschiedsworten und Grüßen an die Familien veranstaltet wurden.[364] In der ersten Junihälfte stellte die Propagandaabteilung W zudem eine große Rundfunkreportage über die Abfahrt eines Transportzuges vom Smolensker Bahnhof her.[365] Diese dokumentierte nicht nur den musikalischen Einsatz von Blaskapelle, Balaleika und »Volkschor«, sondern ging auch auf die Verpflegung und Betreuung während des Transportes ein und beinhaltete Interviews mit »Fahrtteilnehmer«.[366] Im zivilverwalteten Gebiet setzte die Staffel Weißruthenien der Propagandaabteilung O bereits im April 1942 Filme ein.[367]

Da Frauen in den besetzten Gebieten zahlenmäßig das größte Rekrutierungspotential bildeten, wurden sie nicht nur gesondert angesprochen – es war kein Zufall, dass in dem zitierten Rundfunkkommentar der angebliche Brief eines jungen *Mädchens* an ihre Eltern verlesen wurde –, eine ganze Reihe von Propagandamaterialien war speziell auf diese Zielgruppe zugeschnitten (siehe Abb. 10 und 11). Diese Tendenz verstärkte sich im Spätsommer 1942 noch. Sauckel hatte bereits im April angekündigt, er werde im Auftrag Hitlers etwa eine halbe Million »Mädchen« ins Reich holen, um Hausfrauen und Mütter zu entlasten. Ende Juli gab er bekannt, dass die »Anwerbung von Hausgehilfinnen« nunmehr aufgenommen würde, am 8. August erging der Erlass zur

---

[362] Vgl. Lagerverzeichnis der Abt. Ost, P 20 und 22-37, BA, R 55/1299. Weitere Plakate befinden sich u. a. in Minsker Archiven. Beispiele abgedr. in: Buchbender 1978, S. 283 f.; Rürup 1991, S. 206; Schlootz 1996, S. 46, 48, 52, 61; Verbrechen der Wehrmacht 2002, S. 381.
[363] Wehrmacht-Propaganda-Lagebericht für die Zeit v. 16.-30. 6. 1942, BA-MA, RW 4/340, fol. 57.
[364] Vgl. PAW, Gruppe Rundfunk, an die Einsatzstaffeln und PK 669, 693, 694, 26. 5. 1942, betr. Arbeiterwerbung im Drahtfunk, NAB, 411-1-6, fol. 35 f. »Feierstunden« fanden direkt in den Drahtfunkanlagen statt.
[365] Wehrmacht-Propaganda-Lagebericht für die Zeit v. 1. 6.-15. 6. 1942, BA-MA, RW 4/340, fol. 50.
[366] Vgl. PAW, Gruppe Rundfunk, an die Einsatzstaffeln und PK 669, 693, 694, 26. 5. 1942, betr. Arbeiterwerbung im Drahtfunk, NAB, 411-1-6, fol. 35 f.
[367] Vgl. PAO, Stimmungsbericht Nr. 17, 3. 5. 1942, BA-MA, RW 4/235, fol. 123; WBfh. Ostland, Ic (Daven), Politischer Lagebericht v. 15. 5. 1942, BA-MA, fol. 128. Zur Verlesung von »Briefen« im GKW vgl. PAO, Lagebericht Nr. 18, 4. 6. 1942, BA-MA, RW 4/235, fol. 145 f.

entsprechenden »Sonderaktion«.³⁶⁸ Typisch für die an junge Frauen gerichtete Propaganda war die Broschüre »Halja Saslawsakja fährt zur Arbeit nach Deutschland«, die den Weg einer Arbeiterin von der »Anwerbung« im Dorf bis zum Einsatz im Reich zeigte.³⁶⁹ Auch das so genannte Reiseplakat zeigte eine junge Frau vor einem Zug, aus dem sich weitere Reisende mit freudigen Gesichtern hinauslehnen.³⁷⁰ Plakate gaben auch Fotos frauenspezifischer Berufssparten wieder unter dem Motto »So arbeiten Frauen und Mädchen in Deutschland«.³⁷¹

Die allgemeine Kampagne zur Rekrutierung von Arbeitskräften reichte bis in die Herbst- und Wintermonate. Nachdem Sauckel weitere Forderungen gestellt hatte, wurden im Generalkommissariat Weißruthenien im Oktober »in verstärktem Maße neue Werbeaktionen« initiiert. Ende Oktober 1942 forderte der Leiter der Abteilung Arbeit und Soziales beim Generalkommissar in Minsk, Freudenberg, auch das Weißruthenische Selbsthilfewerk (WSW) zur »intensiven Mitarbeit« auf, damit die Aufrufe »wenigstens diesesmal [sic!] die gewünschte Wirkung« hätten. Als Anlage übersandte er »Bedingungen, unter denen weißruthenische Arbeiter im Reiche beschäftigt« würden, mit dem vielsagenden Kommentar: »Sie sind so gehalten, daß auch sie ihre zugkräftige Wirkung nicht versagen werden.«³⁷² Mit den tatsächlich geltenden Verordnungen hatten diese wenig gemein.³⁷³ Allein in Minsk organisierten die Deutschen zwischen dem 1. und 24. November in 18 Betrieben Propagandaversammlungen mit jeweils zwischen 50 und 500 Teilnehmern, in deren Rahmen für den Reichseinsatz geworben wurde.³⁷⁴ Auch im militärverwalteten Gebiet fanden im November und Dezember 1942 weitere Plakataktionen,

---

³⁶⁸ Vgl. Sauckels »Programm für den Arbeitseinsatz« v. 20. 4. 1942, PS-016, IMT, Bd. 25, S. 63; Der Generalbevollmächtigte für den Arbeitseinsatz G.Z. Va 5780/1644, 27. 7. 1942, Einsatz fremdländischer Arbeitskräfte in Deutschland, Stand 27. 7. 1942, IfZ, Fa 511, fol. 95. Allgemein zu den »Hausgehilfinnen« Herbert 1986, S. 175 ff.; Mendel 1994; Winkler 2000. Zur »Werbung von Hausgehilfinnen« im GKW siehe auch GK für Weißruthenien, Abt. III A So - 2 F 2 - Referat Arbeitseinsatz an Dr. Ermatschenko v. 30. 10. 1942, betr. Werbung von Arbeitskräften aus Weißruthenien für Deutschland, NAB, 384-1-26, fol. 16 ff.

³⁶⁹ RMO, Abt. Presse u. Aufklärung/Gruppe Aktivpropaganda, Propaganda-Dienst Nr. 2, [Juli 1942], IfZ, Da 46.06, unfol. Diese Broschüre sowie das gleichnamige Plakat befinden sich in NAB, 370-1-1286, fol. 148 ff. Plakate und Broschüren speziell zur »Hausgehilfinnen-Anwerbung« auch im Lagerverzeichnis der Abt. Ost, BA, R 55/1299, P 55a, a, c, d, e, f, g, h, B 22 a, B 48, B 53.

³⁷⁰ Sie schaut den Betrachter lachend an und verkündet: »Ich fahre morgen ab! Wer fährt mit? Deine Arbeit in Deutschland hilft den Bolschewismus vernichten.« Lagerverzeichnis der Abt. Ost, P 23, BA, R 55/1299.

³⁷¹ Vgl. Lagerverzeichnis der Abt. Ost, P 42 und 55 ff., BA, R 55/1299.

³⁷² GK für Weißruthenien, Abt. III A So - 2 F 2 - Referat Arbeitseinsatz an Dr. Ermatschenko v. 30. 10. 1942, betr. Werbung von Arbeitskräften aus Weißruthenien für Deutschland, Anlage: Bedingungen für den Einsatz der Ostarbeiter, NAB, 384-1-26, fol. 16 ff.

³⁷³ Vgl. Verordnung über die Einsatzbedingungen der Ostarbeiter v. 30. 6. 1942, Abschrift als Anlage zu Abt. III A So an die Gebietskommissare v. 12. 8. 1942, NAB, 370-1-460, fol. 9-14.

³⁷⁴ Stadtkommissar Minsk, 3. 12. 1942, Lagebericht für die Monate Oktober und November 1942, gez. Janetzke, NAB, 370-1-473, fol. 18 ff.

6. Das Jahr der großen Propagandakampagnen 1942

Versammlungen mit Filmvorführungen, Rundfunkübertragungen u. ä. statt.[375]

Die »Anwerbe«-Kampagne brachte jedoch nicht die erhofften Erfolge. Die angestrebten »Sollzahlen« wurden durchweg nicht einmal annähernd erreicht, die Zwangsmaßnahmen rasch ausgebaut.[376] Im April/Mai 1942 gingen die Arbeitseinsatzkommandos unter anderem dazu über, mit Hilfe von Polizeikräften ganze Dörfer zu umstellen und die Arbeitskräfte zwangsweise zu verschleppen.[377] Auch auf Märkten oder Straßenkreuzungen, bei Lebensmittelverteilungsstellen, Veranstaltungen, Filmvorführungen oder Festlichkeiten wurden ganze Menschengruppen eingekesselt. Die Deutschen trieben Männer, Frauen und Jugendliche unter Prügeln auf Lastwagen, die sie in die Auffanglager oder direkt zum Bahnhof zum Abtransport brachten. Die sowjetische Propaganda sprach von einer »massenhaften Menschenjägerei«.[378] Dörfer und Gemeinden erhielten die Gestellungsbefehle mit der Drohung, sollte sich jemand verstecken oder flüchten, würden die Eltern erschossen oder erhängt. In manchen Fällen nahmen die Deutschen diese auch solange als Geiseln, bis sich die Kinder stellten. Etwa ab Anfang Oktober wurden bei Nichterfüllung der Auflagen immer häufiger Höfe oder ganze Dörfer niedergebrannt.[379] Die Menschen versuchten mit allen Mitteln – wie Krankmeldungen, Schwangerschaften, Bestechungen – der »Erfassung« zum Arbeitseinsatz in Deutschland zu entgehen.[380] Bereits Anfang Mai berichtete die Propagandaabteilung O auch, dass die Bewohner einiger Dörfer im Falle einer Zwangsrekrutierung mit einer »Massenflucht in die Wälder« gedroht hätten.[381] Die Flucht zu den Partisanen wurde im Verlauf des Jahres 1942 zu einem Massenphänomen.[382]

---

[375] Vgl. [PAW, Staffel Witebsk, Nebenstelle Polozk], Tätigkeitsbericht für die Zeit v. 20. 11.-20. 12. 1942, NAB, 411-1-50, fol. 41 f.; PAW, Staffel Witebsk, Nebenstelle Polozk, 17. 12. 1942, Tätigkeits- und Lagebericht, ebd., fol. 9 f.; PAW, Nebenstelle Mogilew, an die 3./PAW Orscha (über 286. Sich.Div.), 22. 12. 1942, betr. Monats- und Stimmungsbericht, NAB, 411-1-11, fol. 21.

[376] Vgl. EM Nr. 193 v. 17. 4. 1942, BA, R 58/221, fol. 346; PAW, Stimmungsbericht für Mai 1942, 2. 6. 1942, BA-MA, RW 4/306, unfol.; PAW, Stimmungsbericht Juni 1942, BA-MA, RW 4/237, fol. 81; Vertrauliche Ostinformation »Vineta«, Nr. 12, 12. 8. 1942, SoM, 1370-1-56, fol. 247.

[377] Entsprechende Berichte lieferten sowohl die PAW als auch die PAO. Protokoll einer Besprechung der Abteilung WPr über Methoden der Arbeitskräftebeschaffung v. 7. 5. 1942, OKW/Abt. WPr/WiPr Nr. 3063/42 Anlage geh., Auszüge abgedr. in: N. Müller 1980, S. 289 f. Vgl. auch PAW, Stimmungsbericht Juni 1942, BA-MA, RW 4/237, fol. 81.

[378] Flugblattübersetzung der »Feindpropaganda«, Anlage zu Bericht über die Lage in Kiew, Sonderbericht über die Werbung von Arbeitskräften zum Einsatz in Deutschland v. 12. 4. 1942, BA-MA, RW 4/306, unfol. Bräutigam sprach im Oktober 1942 von einer »regelrechte[n] Menschenjagd«. Geheime Aufzeichnung Bräutigam v. 25. 10. 1942, PS-294, IMT, Bd. 25, S. 338.

[379] Angaben aus einem Auszug aus dem geheimen Stimmungsbericht der Auslandsbriefprüfstelle über in der Zeit v. 11. 9. bis 10. 11. 1942 ausgewertete Briefe aus den besetzten Ostgebieten, Anlage zu RM f. d. bes. Ostgebiete, an Gauleiter Sauckel, Generalbevollmächtigter für den Arbeitseinsatz, 21. 12. 1942, PS-018, IMT, Bd. 25, S. 74-79.

[380] Vgl. R.-D. Müller 1991d, S. 238 ff.

[381] PAO, Stimmungsbericht Nr. 17, 3. 5. 1942, BA-MA, RW 4/235, fol. 123.

[382] Vgl. exemplarisch Berück Mitte, Abt. VII/Mil.Verw. Tgb. Nr. 392 geh., 5. 12. 1942, im Entwurf gez. Schenckendorff, Auszug abgedr. in: N. Müller 1980, S. 297; Chef der Sicherheitspolizei und des SD, IV D 5-2637/42g, 22. 1. 1943, Mitteilungsblatt Nr. 15, Anlage 1: Arbeitstagung der kommandierenden Generale der rückwärtigen Heeresgebiete mit Vertretern des RMO in Berlin,

6.5. Reaktionen der Bevölkerung und Evaluierung der Propagandakampagnen

Im Verlauf des Jahres 1942 wurde immer deutlicher, dass alle seit Jahresbeginn verfolgten politisch/propagandistischen Maßnahmen in Weißrussland weitgehend erfolglos blieben. Das Ziel, die Bevölkerung effektiver in die deutschen Interessen einzuspannen, schlug fehl, eine nachhaltige Schwächung der Partisanenbewegung gelang nicht. Der Chef der Abteilung Kriegsverwaltung beim Generalquartiermeister im OKH, Johann Schmidt von Altenstadt, zog rückblickend das Fazit: »Alle bisherige[n] Gegenmaßnahmen« – wie »Entlassungen kriegsgefangener Ukrainer, Esten, Letten usw., bessere Behandlung der Gefangenen, Bevorzugung der Überläufer, Schonung der Kommissare, Verbot sinnloser Kollektivstrafen, Propagierung und Anlaufen der Agrarreform, großzügige Aufstellung landeseigener Verbände und Hilfswilliger, Belohnung bewährter Kämpfer und landeseigener Arbeiter, Verhinderung von Vergewaltigungen, Willkür, Rohheit« – hätten keinen »entscheidenden Erfolg« gebracht.[383] Stattdessen registrierte die Besatzungsmacht eine von Monat zu Monat zunehmende Stimmungsverschlechterung unter der einheimischen Bevölkerung sowie das kontinuierliche Anwachsen der Partisanenbewegung.

Nicht nur in den Städten, auch auf dem Land litten die Menschen unter der katastrophalen Versorgungslage. Als die Staffel Weißruthenien der Propagandaabteilung O im Juli 1942 das Gebiet Pleschtschenizy besuchte, stellte sie eine »völlig unzureichend[e]« Versorgung der Bevölkerung fest. In vielen »Hütten« hätten die Propagandisten in den Kochtöpfen »gekochtes Gras – *nicht* Sauerampfer oder Spinat« gefunden. Der Bericht sprach von dem »eindrucksvollen Bild« der »›Hungerbäuche‹ der Kinder«.[384] Das im Frühjahr gegebene Versprechen, das Hofland steuer- und abgabenfrei zu belassen, wurde nicht eingehalten und die im Herbst 1942 von der Landbevölkerung verlangten hohen Kriegsabgaben wurden von dieser »als schwerste Belastung« – so die deutsche Einschätzung – empfunden.[385] Zudem blieben wilde Requirierungen an der Tagesordnung.[386]

Die Unterstützung der sowjetischen Partisanenbewegung durch die weißrussische Bevölkerung wuchs im Laufe des Jahres 1942 kontinuierlich an und

---

Abschrift 22. 12. 1942, Grundsätzliche Gedanken aus der Aussprache des RM für die besetzten Ostgebiete mit den Befehlshabern der Heeresgebiete im Osten, SoM, 504-2-13, fol. 26.

[383] OKH Gen St d H/ Gen Qu Abt. Kr. Verw. Nr. II/15/43 g. Kdos, 3. 1. 1943, Aufzeichnung über die Ostfrage, PA AA, R 27342, fol. 205688 ff.

[384] Sonderbericht über den Lautsprecherwageneinsatz der Staffel Weißruthenien im Gebiet Pleschtschenizy [14.-15. 7. 1942], Anlage 1 zu PAO, Stimmungsbericht Nr. 20, BA-MA, RW 4/235, fol. 181 f. Für die Stadtbevölkerung vgl. Berück Mitte, Ic, Tätigkeitsbericht September 1942, 10. 10. 1942, BA-MA, RH 22/244, fol. 32.

[385] RMO, Abt. Presse u. Aufklärung/Gruppe Aktivpropaganda, Propaganda-Dienst Nr. 9 v. 7. 11. 1942, IfZ, Da 46.06, unfol.

[386] Entsprechende Hinweise finden sich häufig in den Berichten des Stabes beim Berück Mitte (vgl. u. a. BA-MA, WF 03/7366, fol. 1090, 1117; BA-MA, RH 22/231, fol. 201; RH 22/233, fol. 290). Siehe auch RMO, Abt. Presse u. Aufklärung/Gruppe Aktivpropaganda, Propaganda-Dienst Nr. 3, 27. 8. 1942, IfZ, Da 46.06, unfol.

6. Das Jahr der großen Propagandakampagnen 1942   269

erreichte gerade in dieser Region in der Folge eine beispiellose Dimension. Die über 57.000 Männer und Frauen, die Ende 1942 in den Partisanenverbänden auf dem Territorium der ehemaligen BSSR operierten, konnten sich vielfacher Unterstützung aus der Zivilbevölkerung sicher sein. Das Bild eines »allgemeinen Volkskrieges« ist allerdings zu undifferenziert. Die Unterstützung differierte sowohl regional (im östlichen Weißrussland stärker als in den westlichen Gebieten) als auch von der sozialen Struktur her (stärkeres Engagement der Städter im Vergleich zur Landbevölkerung).[387] Gerade für die Landbevölkerung entstanden äußerst schwierige Konfliktlagen. Zu dem Problem, trotz der deutschen Ausplünderungspolitik die eigene Versorgung zu sichern, kamen die Forderungen der Partisanenverbände hinzu, die Nahrungsmittel requirierten und die männliche Dorfbevölkerung mobilisierten bzw. rekrutierten – mitunter auch unter Androhung von Strafen und Zwang. Auf Seiten der Partisanen gab es zudem Probleme mit Alkoholismus; es kam zu Übergriffen und Vergewaltigungen, obwohl die Führungsstäbe versuchten, solche Erscheinungen als Disziplinlosigkeit strikt zu unterbinden.[388] Eine undifferenzierte Verallgemeinerung dieser Aspekte erscheint jedoch ebenso unzulässig wie deren Leugnung.[389]

Vor allem gelang es den Partisanen in der Regel nicht, die Bevölkerung vor den Straf-, Vergeltungs- und »Erfassungs«-Maßnahmen der deutschen Besatzer zu schützen. Während die Partisanenverbände oftmals ausweichen und sich entziehen konnten, war die Dorfbevölkerung den Deutschen schutzlos ausgeliefert – für sie entstand ein permanenter, lebensbedrohlicher Kriegszustand. Dies führte in vielen Fällen zu einer von der deutschen Seite als indifferent wahrgenommenen Haltung, nämlich dem Versuch, das persönliche Überleben zu sichern und dabei allen Schwierigkeiten so gut es ging aus dem Weg zu gehen. Das in der deutschen Berichterstattung häufig gebrauchte – und in der westlichen Forschung vielfach übernommene – Bild einer zwischen zwei Seiten zerriebenen Zivilbevölkerung verleugnet allerdings die qualitativen und quantitativen Unterschiede.[390] Übergriffe, Zwang und selbst brutale Strafen wie das Töten von Familienangehörigen von Kollaborateuren durch die Partisanen lassen sich in keiner Weise mit dem willkürlichen und massen-

---

[387] Vgl. Bonwetsch 1985.
[388] Vgl. Musial 2004.
[389] Selbst den zeitgenössischen deutschen Berichterstattern entgingen keineswegs die Unterschiede. Vgl. Berück Mitte, Abt. VII / Kr.-Verw. Tgb. Nr. 158, an OKH Gen St d H / Gen Qu Abt. K. Verw. (V), 10. 6. 1942, betr. Lage- und Tätigkeitsbericht, BA-MA, WF 03/7366, fol. 1116 (»Bei ihren Aktionen gegen die Dörfer führen die Partisanen im großen Umfange Rekrutierungen durch; ein Teil der sowjetisch erzogenen Jugend geht freiwillig in ihre Reihen über.«); PAO, Stimmungsbericht Nr. 19, 2. 7. 1942, BA-MA, RW 4/235, fol. 157 (»Während einige Gruppen brutalen Terror ausüben, begnügen andere Banden sich damit, vorgefundene Führerbilder zu vernichten und die Bevölkerung in ihrem Sinne zu belehren.«).
[390] Vgl. Berück Mitte, Ia, Br.B.Nr. 1694/42 geh., 7. 5. 1942, Tätigkeitsbericht für April 1942, BA-MA, RH 22/231, fol. 201; PAW, Stimmungsbericht für Juni 1942, 4. 7. 1942, BA-MA, RW 4/237, fol. 83; Sdf. (Z) N. Jaesche, 1. 8. 1942, Geheimer Tätigkeitsbericht über den Einsatz im Beresinischen Rayon bei Mogilew [17 .7.-31. 7. 1942], NAB, 411-1-10, fol. 1 ff.; PAW, Stimmungsbericht August 1942, BA-MA, RW 4/237, fol. 210. Zur Übernahme dieses Bildes siehe u. a. Dallin 1981, S. 83; Klein 2002, S. 92; Hürter 2007, S. 439.

haften Morden der Besatzungsmacht gleichsetzen. Da die weißrussische Bevölkerung grundsätzlich durchaus in der Lage war, zwischen Eroberern und Verteidigern zu unterscheiden, scheiterten die Spaltungsversuche der deutschen Antipartisanenpropaganda. Obwohl im Sommer 1942 bei der Mehrheit der Zivilisten »Kriegsmüdigkeit und de[r] Wunsch nach Frieden um jeden Preis« vorherrschten – so ein V-Mann –, brachte sie den Partisanen »keinen Hass« entgegen, sondern »des öfteren ehrliche Bewunderung für ihre Kühnheit.«[391]

Den entscheidenden Impuls, sich den Partisanen anzuschließen, lieferte in vielen Fällen die drohende Verschleppung zum Reichseinsatz. Das grundsätzliche Misstrauen der Zivilisten gegenüber einem Arbeitseinsatz in Deutschland ließ auch nach Beginn der Propagandakampagne im April 1942 nicht nach.[392] Es wurde im Gegenteil noch verstärkt: einerseits durch die zunehmend ausgebauten Zwangsmaßnahmen bei der »Anwerbung« und andererseits durch weitere Informationen über das Schicksal der Deportierten, die ins besetzte Gebiet gelangten. Dies geschah vor allem durch den im Sommer 1942 allgemein gestatteten Postverkehr mit den Angehörigen.[393] Diese Maßnahme, von der sich die Deutschen eine positiv »werbende« Wirkung versprochen hatten, erwies sich als Bumerang. Die deutsche Postkontrolle war nicht annähernd in der Lage, die einsetzende Flut von Briefen zu zensieren, so dass diese weiterhin nicht das »gute Leben«, sondern die unmenschliche Behandlung der »Ostarbeiter« bezeugten. Gerade die Briefe avancierten – wie der Leiter der Abteilung Ost im Propagandaministerium, Taubert, sich ein Jahr später ausdrückte – zur »wirksamsten Gegenpropaganda«.[394] Zudem nutzte die sowjetische Propaganda die Massenverschleppung zum Reichseinsatz geschickt aus und machte sie zu einem ihrer Schwerpunkte.[395] Im Frühjahr 1942 berichtete der Moskauer

---

[391] Bericht eines V.-Mannes, Anlage zu PAW, Stimmungsbericht Juli 1942, BA-MA, RW 4/237, fol. 128. Zur Kriegsmüdigkeit vgl. auch RMO, Abt. Presse u. Aufklärung/Gruppe Aktivpropaganda, Propaganda-Dienst Nr. 4, 17. 9. 1942, IfZ, Da 46.06, unfol.

[392] Vgl. PAO, Stimmungsbericht Nr. 17, 3. 5. 1942, BA-MA, RW 4/235, fol. 123.

[393] Nach der entsprechenden Regelung für das zivilverwaltete Gebiet folgte Ende Juni 1942 auch die Zulassung des Postverkehrs mit den rückwärtigen Heeresgebieten. Abschrift OKW Amt Ausl/Abw-Abt Abw III Nr. 01958/42 (III N 3), 22. 6. 1942, betr. Schriftverkehr der in Deutschland eingesetzten russischen Arbeiter mit ihren Angehörigen, Anlage zu Wi Stab Ost, Chefgruppe Arbeit, Az. 5705, 30. 6. 1942, ZStA Moskau, 7021-148-85, fol. 38 ff.

[394] Leiter Ost, Taubert, an Reichsminister, 22. 7. 1943, Betr. Zensur von Ostarbeiterbriefen, BA, R 55/450, fol. 13. Vgl. auch PAW, Stimmungsbericht für Juli 1942, 3. 8. 1942, BA-MA, RW 4/237, fol. 122-130; PAW, Stimmungsbericht für August 1942, 4. 9. 1942, ebd., fol. 212.; Berück Mitte, Ic, Tätigkeitsbericht Dezember 1942, 6. 1. 1943, BA-MA, RH 22/244, fol. 61.

[395] Vgl. »Brüder und Schwestern!«, Flugblattübersetzung der »Feindpropaganda«, Anlage zu Bericht über die Lage in Kiew, Sonderbericht über die Werbung von Arbeitskräften zum Einsatz in Deutschland v. 12. 4. 1942, BA-MA, RW 4/306, unfol.; OKW, Amt Ausland/Abwehr, Nr. 942/4.42 Abw. II/J ON, an RMO (Mende), GBA, (Sauckel), RSHA, OKH Abt. f. Heerwesen, OKW/WPr, Amt Ausl/Abw Z, Ausl, Abw III, 1. 5. 1942, betr. Schwierigkeiten bei der Werbung von Arbeitskräften in Kiew, BA-MA, RW 4/306, unfol.; RMO, Abt. Presse u. Aufklärung/Gruppe Aktivpropaganda, Propaganda-Dienst Nr. 4, 17. 9. 1942, IfZ, Da 46.06, unfol.; Zentralstelle für Angehörige der Ostvölker, 30. 9. 1942, betr. Gegenwärtiger Stand der Ostarbeiterfrage, (u. a. zur Molotow-Note), PS-084, IMT, Bd. 25, S. 165 f.; GK Minsk, Abt. III/ASo, Ref. Arbeitseinsatz, 19. 10. 1942, Über die Arbeitseinsatzlage im Generalbezirk, BA, R 6/27,

6. Das Jahr der großen Propagandakampagnen 1942   271

Rundfunk teilweise noch am Abend desselben Tages über die Einkesselung bestimmter Dörfer und die Gefangennahme der männlichen Bevölkerung.[396] Alle deutschen Gegenmaßnahmen schlugen dagegen weitgehend fehl.[397]

Im Spätsommer/Herbst 1942 bestätigten sich die Informationen noch einmal auf brutale Weise. Mit den so genannten Rückkehrertransporten wurden Zehntausende von »Arbeitsunfähigen« aus dem Reichsgebiet wieder in die besetzten Gebiete abgeschoben.[398] Mit ihnen gelangten nicht nur Augenzeugen zurück,[399] die in den Zügen zusammengepferchten Greise, Kranken, Halbverhungerten, Verstümmelten und Hochschwangeren boten selbst ein Bild unvorstellbaren Elends.[400] Der Befehlshaber des rückwärtigen Heeresgebiets Mitte, Schenckendorff, musste Ende 1942 zugeben:

> »Der Arbeitseinsatz in Deutschland, von dem zunächst eine positive Auswirkung auf die Stimmung der russ. Bevölkerung erwartet werden konnte, hat sich genau in das Gegenteil verkehrt. Wenn sich auch die Behandlung der zivilen russ. Arbeitskräfte im Reich aufgrund der inzwischen erfolgten Anordnungen des Generalbevollmächtigten für den Arbeitseinsatz gebessert haben mag, so hat doch die teilweise bisher erfolgte, von einer unglaublichen Instinktlosigkeit zeugende Behandlung dazu geführt, daß die jetzt erfolgten Werbemaßnahmen für den Arbeitseinsatz im Reich zu einem massenweisen Verlassen der Dörfer und häufigen Überlaufen von Landeseinwohnern zu den Banden führen. Die damit verbundene Notwendigkeit, die Werbung im Wege des Zwanges durchzuführen, verstärkt die Abneigung gegen die Verbringung ins Reich. Die angeworbenen Kräfte entfliehen noch auf dem Transport zu den Sammelstellen.«[401]

Während die Auswirkungen der »Ostarbeiterwerbung« ein häufig genannter Aspekt in den Stimmungsberichten war, fand der Mord an der jüdischen Bevölkerung – 1942 töteten die Deutschen im Generalkommissariat Weißruthenien etwa 115.000 weißrussische Juden[402] – kaum noch Erwähnung. Die wenigen Hinweise zeigen jedoch, dass ihr Schicksal nicht auf Gleichgültigkeit stieß. Obwohl es durchaus vorkam, dass Weißrussen sich individuell an jüdischem Eigentum bereicherten und so von der deutschen Mordpolitik

---

fol. 76 f.; Berück Mitte, Ic, Tätigkeitsbericht Dezember 1942, 6. 1. 1943, BA-MA, RH 22/244, fol. 61.
[396] Vgl. Protokoll einer Besprechung der Abteilung WPr über Methoden der Arbeitskräftebeschaffung v. 7. 5. 1942, OKW/Abt. WPr/WiPr Nr. 3063/42 Anlage geh., Auszüge abgedr. in: N. Müller 1980, S. 289 f.
[397] Vgl. Wehrmacht-Propaganda-Lagebericht für die Zeit v. 1. 7.-15. 7. 1942, BA-MA, RW 4/340, fol. 66 RS; PAW, Stimmungsbericht für Juli 1942, 3. 8. 1942, BA-MA, RW 4/237, fol. 122-130.
[398] Insgesamt dürfte es sich dabei um 150.000 bis 200.000 Menschen gehandelt haben. Davon allein bis Herbst 1942 80.000-100.000 (nach Angaben der Zentralstelle für Angehörige der Ostvölker, 30. 9. 1942, betr. Gegenwärtiger Stand der Ostarbeiterfrage, PS-084, IMT, Bd. 25, S. 175 ff.; Geheime Aufzeichnung Bräutigam v. 25. 10. 1942, PS-294, IMT, Bd. 25, S. 338). Vgl. hierzu Herbert 1986, S. 164; Dallin 1981, S. 456; N. Müller 1971, S. 186; R.-D. Müller 1991d, S. 241; Gerlach 1999, S. 478 f.
[399] Vgl. Vertrauliche Ostinformation »Vineta«, 27. 6. 1942, SoM, 1370-1-56, fol. 375.
[400] Vgl. R.-D. Müller 1991d, S. 241; Gerlach 1999, S. 441 f.
[401] Berück Mitte, Abt. VII/Mil.Verw. Tgb. Nr. 392 geh., 5. 12. 1942, im Entwurf gez. Schenckendorff, Auszug abgedr. in: N. Müller 1980, S. 297.
[402] Vgl. Gerlach 1999, S. 705.

profitierten,[403] rief das deutsche Vorgehen offensichtlich vor allem Verunsicherung über das weitere eigene Schicksal hervor. Ein V-Mann der Propagandaabteilung W berichtete im Juli 1942 von einem ansteigenden Mystizismus bei Teilen der Bevölkerung, der durch »die Ausrottung des Judentums von Borissow« einen »starken Auftrieb« erhalten habe:

> »Die Leute sagen: ›Man hat die Juden für ihre Sünden erschlagen, wie ihnen das in den heiligen Büchern vorausgesagt war. In der Heiligen Schrift muss auch zu finden sein, was für ein Schicksal uns bevorsteht.‹ Über die Judenfrage zu sprechen vermeidet man. Bisweilen hört man die Leute sagen: ›Wozu von den Toten sprechen? Ob man mit ihnen gut oder schlecht verfahren ist, wird Gott entscheiden.‹ Man sagt den Juden nichts Gutes nach – aber selbst die, die sich an Judenvermögen bereichert haben, sprechen nicht schlecht über sie.«[404]

Trotz der offenkundig wachsenden Zurückhaltung der weißrussischen Bevölkerung gingen die deutschen Besatzer grundsätzlich aber immer noch davon aus, dass die Mehrheit eigentlich mit den »Befreiern« sympathisiere und nur durch den »Terror« der Partisanen sowie durch die sowjetische Propaganda negativ beeinflusst sei.[405] Deren russisch-patriotische Ausrichtung war sehr erfolgreich. So kam Schenckendorff im Dezember 1942 nicht umhin zuzugeben, dass die »Sowjets« eine »fabelhafte nationale Propaganda« machten, auf die die Bevölkerung »positiv reagiere«.[406] Goebbels sprach sogar von einem »Meisterwerk in der Propaganda«.[407] Anknüpfend an die bereits zur Jahreswende 1941/42 diskutierten Vorschläge mehrten sich deshalb 1942 die Stimmen, die eine irgendwie geartete »nationale« Gegenmobilisierung vorschlugen.[408] »Oppositionsregierungen« waren im Frühjahr zwar auch im näheren Umfeld Hitlers erwogen worden,[409] hiervon hatte man – mit kleinen

---

[403] Vgl. hierzu Dean 2000.
[404] Bericht eines V-Mannes über die Stimmung der Zivilbevölkerung im Juli 1942, Anlage zu PAW, Stimmungsbericht für Juli 1942, 3. 8. 1942, BA-MA, RW 4/237, fol. 130.
[405] Diese Einschätzung durchzieht die gesamte Berichterstattung aus dem besetzten Weißrussland.
[406] Chef der Sicherheitspolizei und des SD, IV D 5-2637/42g, 22. 1. 1943, Mitteilungsblatt Nr. 15, Anlage 1 Arbeitstagung der kommandierenden Generale der rückwärtigen Heeresgebiete mit Vertretern des RMO in Berlin, Abschrift 22. 12. 1942, Grundsätzliche Gedanken aus der Aussprache des RM für die besetzten Ostgebiete mit den Befehlshabern der Heeresgebiete im Osten, SoM, 504-2-13, fol. 26. In diesem Sinne auch diverse weitere Berichte aus dem rückwärtigen Heeresgebiet Mitte aus der zweiten Jahreshälfte 1942.
[407] Boelcke 1989, S. 324 (21. 1. 1943). Vgl. auch Goebbels TB, Eintrag v. 21. 1. 1943, II, Bd. 7, S. 149.
[408] Gerade im Stab des Berück Mitte wurde eine solche Linie favorisiert. Vgl. OKH Gen St d H/Gen Qu Abt. K. Verw. (Qu 4/Ausw.) Nr. II/ 1981/ 42 g, an OKW/WFSt, OKW/WPr, RMO über V.O. Hpt. Lorenz, 15. 3. 1942, auszugsweise Abschrift aus dem Bericht Schenckendorffs über Propaganda in den besetzten Ostgebieten und über die Stimmung der russischen Bevölkerung, BA-MA, RW 4/255, fol. 121 ff.; PAW, Tätigkeitsbericht März, 31. 3. 1942, BA-MA, RW 4/236, fol. 176; Denkschrift des Pressereferenten der PAW, Dr. Schüle, v. 10. 2. 1942, Anlage zu MinRat Dr. Taubert, an Dr. Naumann, 12. 5. 1942, betr. Ihre Aufträge, BDC RKK-2401/Taubert; Berück Mitte, Abt. VII / Kr.-Verw. Tgb. Nr. 158, an OKH Gen St d H / Gen Qu Abt. K. Verw. (V), 10. 6. 1942, betr. Lage- und Tätigkeitsbericht, BA-MA, WF 03/7366, fol. 1118 f. Vgl. weitere Hinweise in Dallin 1981, S. 524-538.
[409] Ebd., S. 538. Siehe auch Goebbels TB, Eintrag v. 24. 2. 1942, II, Bd. 3, S.363-366.

Einschränkungen bezüglich der »Turkvölker« und der Bewohner des Kaukasus – jedoch abgesehen. Je desolater die Situation im besetzten Gebiet wurde, desto dringlicher kam man nun – sowohl auf regionaler als auch auf zentraler Ebene – zu diesen Fragen zurück.[410]

In ihrem Bericht über die im August/September 1942 durchgeführte Inspektionsreise durch die besetzten Ostgebiete kamen Hadamovsky und Taubert zu dem Schluss, dass dringend ein »Kampf- und Arbeitsziel« benötigt würde, »für das sich der Arbeitseinsatz wie der Bluteinsatz der Ostvölker in deren Augen« lohne. Konkrete Aussagen über staatliche Organisationsformen lehnten sie aber ab.[411] Im Stab Schenckendorffs favorisierte man dagegen, Russen, Ukrainern und Weißrussen konkrete Belege dafür zu geben, dass sie »im Rahmen des neuen Europas unter Deutschlands Führung« eine »Eigenstaatlichkeit« erlangen könnten.[412] Eine von Deutschland kontrollierte »landeseigene Verwaltung oder Regierung oder wie man es nennen will« könnte sowohl die Partisanenbekämpfung als auch andere, die Bevölkerung belastende Maßnahmen übernehmen. Eine großzügige Landverteilung, eine Senkung der Ablieferungspflichten und eine bessere Behandlung und Versorgung von »Ostarbeitern«, Kriegsgefangenen und »Hilfswilligen« böten zudem den Vorteil, dass dann »restlos allen Propagandathesen der Bolschewisten« der Boden entzogen wäre: »sei es die Wiedereinführung des feudalen Großgrundbesitzes, sei es die Versklavung und Ausbeutung der Landbevölkerung, sei es die von uns beabsichtigte Vertilgung des russischen Volkes nach Beseitigung der Juden und was es noch für unsinnige Schlagworte gibt«.[413]

Angesichts des zunehmenden Kontrollverlustes in den besetzten Gebieten wurden die Forderungen nach »aktive[n] Maßnahmen« zur Jahreswende 1942/43 immer drängender.[414] Einen entscheidenden Impuls in diesen Diskussionen gab der Entschluss, den akuten Personalmangel der Wehrmacht im Osten durch die Rekrutierung von Hunderttausenden von Zivilisten und Kriegsgefangene auszugleichen.

---

[410] Vgl. Tauberts Hinweis auf entsprechende Vorschläge in seinem Vortrag anlässlich der Tagung der Reichspropagandämter am 13. und 14. 7. 1942 im RMVP, Anlage zu 375/42 gRs (1) Pro RP 2002, IfZ, Fa 511, fol. 57.
[411] Bericht über die Propagandalage im Osten, 17. 9. 1942, [Verfasser Hadamovsky unter Mithilfe von Taubert nach einer Dienstfahrt zu den RK Ostland und Ukraine sowie den rückwärtigen Heeresgebieten Nord und Mitte], BA, R 55/1434, fol. 38 f.
[412] Dies könne später ja noch revidiert werden. [Schubuth], OKH-Vortragsnotiz v. 21. 10. 1942 über innere Veränderungen im Sowjet-Regime, IfZ, 1307/54, fol. 34-44.
[413] Ebd.
[414] Vgl. Berück Mitte, Ic, Tätigkeitsberichte September, Oktober, Dezember (Zitat) 1942, BA-MA, RH 22/244, fol. 33, 43, 61.

7. Die Mobilisierung des »Neuen Europa« gegen den »Bolschewismus« 1943/44

7.1. Der »Kurswechsel« zur Jahreswende 1942/43

7.1.1. Die »Hilfswilligen«-Aktion

Nach dem Einmarsch hatte die Wehrmacht Einheimische als so genannte Hilfswillige (Hiwis) herangezogen, die für grundlegende Versorgungsarbeiten bei den deutschen Verbänden eingesetzt wurden. Darüber hinaus hatte sie – ebenso wie Polizei und SS – in gewissem Rahmen auch bewaffnete einheimische Verbände gebildet. Dabei handelte es sich um geschlossene Verbände für den Fronteinsatz, um »landeseigene Sicherungsverbände« (meist Bataillone) sowie um weißrussische Hilfspolizisten, die im rückwärtigen Heeresgebiet Mitte als »Ordnungsdienst« und im Generalkommissariat Weißruthenien als »Schutzmannschaften« bezeichnet wurden.[1] Mit der Weisung Nr. 46 befahl Hitler im August 1942 den Ausbau dieser landeseigenen Verbände für den Einsatz bei der Partisanenbekämpfung.[2] Noch im gleichen Monat folgte der von Halder unterzeichnete Befehl des OKH, angesichts der Weite des Ostraumes und des Mangels an deutschen Kräften einheimische Zivilisten und Kriegsgefangene maximal auszunutzen.[3] Auf dieser Basis warben die Propagandisten im rückwärtigen Heeresgebiet Mitte bereits ab Spätsommer aktiv für den Eintritt in die landeseigenen Verbände.[4] Die weitreichendste Entscheidung fiel jedoch wenige Wochen später: Am 24. November 1942 informierte der Chef der Abteilung Kriegsverwaltung beim Generalquartiermeister im OKH, Altenstadt, eine Versammlung von Heeresgruppen- und Armeeärzten darüber, dass man sich dazu entschlossen und »den Befehl des Führers erwirkt« habe, die etwa 800.000 »Fehlstellen des Ostheeres« mit Einheimischen aufzufüllen. Zunächst sollten 500.000 Männer – hauptsächlich Russen – als so genannte Hilfswillige

---

[1] Zu den einheimischen Polizeiformationen siehe auch Dean 2000. Zu den so genannten Hilfswilligen und Freiwilligen aus Osteuropa Kroener 1999, S. 987 ff.; R.-D. Müller 2007, S. 153-242.

[2] Der Fronteinsatz wurde explizit verboten. Der Führer, OKW/WFSt/Op. Nr. 002821/42 g.K., 18. 8. 1942, Weisung Nr. 46, Richtlinien für die verstärkte Bekämpfung des Bandenunwesens im Osten, abgedr. in: Hubatsch 1983, S. 201-205.

[3] Dallin verweist auf den diesbezüglichen Befehl des OKH v. August 1942 (GenStdH Org. Abt. (II), Nr. 8.000, betr. Landeseigene Hilfskräfte im Osten). Ders. 1981, S. 556.

[4] Vgl. Berück Mitte, Ia, 14. 9. 1942, Bericht für August 1942, BA-MA, RH 22/233, fol. 197; Berück Mitte, Ic, Tätigkeitsbericht November 1942, BA-MA, RH 22/244, fol. 50 f.; PAW, Abt. Ia, an alle Staffeln, 5. 12. 1942, betr. Monatsberichte, NAB, 411-1-11, fol. 18 f.; 221. Sicherungsdivision, Abt. Ic, 14. 12. 1942, betr. Verstärkung der landeseigenen Verbände, Anlage: Muster eines in Gomel gedruckten Werbe-Plakates für die Rekrutierungsaktion, BA-MA, RH 26-221/75, unfol.; PAW, Staffel Gomel, 20. 1. 1943, betr. Monatsbericht v. 20. 12. 1942-20. 1. 1943, BA-MA, RH 26-221/76, unfol.

(Hiwis) herangezogen werden. Zu diesem Zweck würden »Sammelstellen« und »Werbebüros« eingerichtet und »eine ganz großzügige Propagandaaktion« durchgeführt werden. Das erklärte Ziel war es, bis Anfang April 1943 etwa 300.000 »Freiwillige« aus den Kriegsgefangenenlagern sowie 200.000 aus der Zivilbevölkerung im Operationsgebiet zu rekrutieren.[5]

Über eine halbe Million Einheimische in die Wehrmacht zu integrieren, war ein riskantes Unterfangen. Zwar sollten nicht alle bewaffnet und nur ein kleiner Teil in geschlossenen Verbänden und an der Front eingesetzt werden. Dennoch stellte sich aus deutscher Sicht die Frage, wie die Kampfbereitschaft und Loyalität der Menschen gesichert werden konnte. Als sich am 18. Dezember 1942 auf Einladung Rosenbergs Vertreter der militärischen und ministeriellen Führungsebene zu einer Arbeitstagung trafen,[6] betonte Altenstadt, dass die »politische Voraussetzung« für die neuen Planungen die Formulierung eines Zieles sei, das den Rekrutierten den »Kampf und den Tod« sinnvoll erscheinen ließe. Aus seiner Sicht war eine »große politische Erklärung« notwendig, um »die Völker des Ostens in das neue Europa« einzureihen, ansonsten würde die Eingliederung von mehr als einer halben Million Russen, Ukrainer und anderer die »allergrößte Gefahr« darstellen.[7]

Altenstadt rekurrierte dabei auf die seit Spätsommer diskutierte Idee, die »Europa«-Propaganda als zentralen Ansatzpunkt für eine Gegenmobilisierung zur russisch-patriotischen Propaganda auszubauen.[8] Die sowjetische Propa-

---

[5] Vortrag Oberstleutnant i. G. von Altenstadt anlässlich der Heeresgruppen- und Armeeärztebesprechung am 24. 11. 1942, Anlage zu Schmieden[?unleserl.] an Etzdorf, 20. 12. 1942, PA AA, R 27359, fol. 316857–65. Zu den bereits exitierenden »Osteinheiten« vgl. Dallin 1981, S. 552 ff.; J. Hoffmann 1981; Mulligan 1988, S. 147-161.

[6] Anwesend waren für das Heeresgebiet Nord: General d. I. von Roques, Heeresgebiet Mitte: General d. I. von Schenckendorff, Oberstltn. von Kraewel, Heeresgruppe Mitte: KV Abtl. Chef Tesmer, Oberltn. von Schlabrendorff, Heeresgebiet B: Oberst i. G. Gillhausen, OKVR Dr. Mellin, Heeresgruppe B: Hptm. Dr. Pauls, Heeresgruppe A: Oberltn. Herwarth von Bittenfeld, Wehrmachtführungsstab: Oberst i. G. von Tippelskirch, KV Abtl. Chef Heinrich von Fritsch, Generalquartiermeister: Oberstltn. von Altenstadt, KVR von Dreising, Generalstab des Heeres, Organisationsamt: Major i. G. Graf Stauffenberg, WiStab Ost: General d.I. Stapf, RMO: Reichsminister Rosenberg, Gauleiter und Reichsstatthalter Meyer, MinDir. Dr. Leibbrandt, MinDir. Dr. Runte, MinDir. Dr. Schlotterer, MinDir. Barth, Oberbereichsleiter Malletke, KVVChef SS-Brigadeführer Zimmermann, KVVChef Küper, MinDir. Zimmermann, SS-Sturmbannführer Dr. Kleist, Prof. Dr. von Mende, MinRat Dr. Ter-Nedden, SA-Staf. Dr. Köppen, SA-Staf. Dr. Marquardt, OBR Dr. Thüsing, OKVR Dr. Körner und OKVR Dr. Baath. Protokoll v. 4. 1. 1943 über die Beratung Rosenbergs mit den Befehlshabern der rückwärtigen Heeresgebiete am 18. 12. 1942, abgedr. in: N. Müller 1991, S. 374.

[7] Chef der Sicherheitspolizei und des SD, IV D 5-2637/42g, 22. 1. 1943, Mitteilungsblatt Nr. 15, Anlage 1 Arbeitstagung der kommandierenden Generale der rückwärtigen Heeresgebiete mit Vertretern des RMO in Berlin, Abschrift 22. 12. 1942, Grundsätzliche Gedanken aus der Aussprache des RM für die besetzten Ostgebiete mit den Befehlshabern der Heeresgebiete im Osten, SoM, 504-2-13, fol. 29 (im folgenden zit. als Abschrift 22. 12. 1942, Grundsätzliche Gedanken ...).

[8] Vgl. Strik-Strikfeldt, Der russische Mensch 1942, Vortrag, gehalten vor der Abt. Fremde Heere Ost am 28. 8 .1942, Anlage: »Der russische Mensch«, 30. 8. 1942, PA AA, R 27360, unfol.; Aktennotiz Rosenbergs für den Führer, 4. 8. 1942, Anlage Aufruf »An die Völker des Ostens!«, BA, R 6/35, fol. 98-110; Bericht über die Propagandalage im Osten, 17. 9. 1942, [Verfasser Hadamovsky unter Mithilfe von Taubert nach einer Dienstfahrt zu den RK Ostland und

ganda hatte seit Anfang 1942 stark auf das Schlagwort eines »vaterländischen« Krieges zur Verteidigung »Russlands« gesetzt.[9] Nach deutscher Einschätzung hatte sie damit großen Erfolg. Edwin Erich Dwinger sprach im Herbst davon, dass es Stalin »unglücklicherweise gelungen ist, aus dem Behauptungskampf eines Systems einen vaterländischen Krieg zu machen« und so »jene patriotische Hingabe zu wecken«, die Dwingers Meinung nach »schon immer einer der stärksten Kräfte des russischen Menschen« gewesen sei.[10] Das Schlagwort vom »Neuen Europa« war an sich nicht neu. Eine radikale Veränderung bedeutete allerdings die Ende 1942 vom Ostministerium vorgeschlagene Tendenz, nun auch explizit die *Russen* als »gleichberechtigte Partner der europäischen Völkergemeinschaft« anzusprechen.[11] Damit revidierte Rosenberg seine bisher verfolgte antirussische Politik grundlegend.

Die Teilnehmer der Dezembertagung waren sich im Grundsatz darüber einig, dass ein »totaler Umbruch der deutschen Politik« notwendig sei.[12] Man beklagte insbesondere die negativen Auswirkungen der schlechten Versorgungslage der Bevölkerung sowie der Zwangsmaßnahmen bei der »Ostarbeiterwerbung«. Diskutiert wurden u. a. eine verstärkte Landverteilung, die Wiederherstellung des Privateigentums, der Ausbau der Schulpolitik und eine Stärkung der einheimischen Verwaltungen. Die offizielle Bekanntgabe einer »politischen Zielsetzung« hielt man für grundlegend – Schenckendorff schlug z. B. eine »Protektoratsautonomie« anstelle des »heutigen Kolonialsystems« vor.[13] Altenstadt begrüßte am Ende der Besprechung die »100 %ige Übereinstimmung« und fasste zusammen: »Die Weiterführung des Krieges ist nur möglich bei einer Abkehr von den bisherigen Zwangs- und Kolonial-Methoden und der Anerkennung der Freiwilligkeit des Einsatzes der Völker. Das wichtigste ist dabei der Kriegseinsatz der Völker und in seinem Rahmen wieder der Einsatz des russischen Volkes selbst.« Mit dem »Russentum«, das die »stärkste politische und physische Kraft in diesem Raum« darstelle, habe man sich bisher »am allerwenigsten auseinandergesetzt«, dies sei jetzt aber notwendig. »Ebenso wie wir ohne die Esten, Letten, Litauer, ohne die kaukasischen Völker nicht aus-

---

Ukraine sowie den rückwärtigen Heeresgebieten Nord und Mitte], BA, R 55/1434, fol. 38 f.; Geheimrede Rosenbergs über die Probleme im Osten [Herbst 1942], ZStA Moskau, 7021-148-18, fol. 1-16; Edwin Erich Dwinger, Wesensfundamente einer Ostraumpolitik, Herbst 1942, PA AA, R 27360, fol. 288649-64.

[9] Vgl. Perepelicyn/Timofeeva 2004, S. 270; Overy 2003, S. 185 f.; PAW, Az. Nr. 29/42 geh., an OKW/ WFSt/ WPr/ AP3, 6. 2. 1942, Anlage: »Wehrmachts-Propaganda-Lagebericht für OKW/WFSt/WPr (Gruppe IVb) für die Zeit v. 1. 1.-1. 2. 1942, BA-MA, RW 4/254, fol. 343.

[10] Edwin Erich Dwinger, Wesensfundamente einer Ostraumpolitik, Herbst 1942, PA AA, R 27360, fol. 288656.

[11] Entwurf einer Führervorlage Rosenbergs, 25. 1. 1943, BA, R 6/35, fol. 142 f. Vgl. auch Geheimer Vorschlag für Richtlinien zur Ostpolitik, [1942], ebd., fol. 114-128. Für die Umsetzung 1943: Richtlinien für die Pressezensur in den besetzten Ostgebieten, hg. v. Pressechef für die besetzten Ostgebiete, [1943], Stichwort »Europa«, S. 42, IfZ, Da 46.03. Polen wurde in diese Propagandalinie nicht mit einbezogen. Vgl. ebd., Stichwort »Polenfrage«.

[12] So Hauptmann Dr. Pauls von der Heeresgruppe B. Abschrift 22. 12. 1942, Grundsätzliche Gedanken aus der Aussprache des RM für die besetzten Ostgebiete mit den Befehlshabern der Heeresgebiete im Osten, SoM, 504-2-13, fol. 29.

[13] Vgl. ebd., fol. 26, 28, 31.

7. Die Mobilisierung des »Neuen Europa« 1943/44

kommen können, ebenso wenig könnten wir um die zentrale Frage des Russentums herumkommen, deren Gewinnung es in erster Linie gelte.«[14]
Rosenberg gab in seinem Schlusswort zwar zu bedenken, dass es »schwierig sei, die imperialen Ansprüche des Russentums zugleich mit den nationalen Ansprüchen der aus der Sowjetunion ausbrechenden Völker zu vereinen«;[15] dennoch herrschte ein weitgehender Konsens zwischen den militärischen Dienststellen und dem Ostministerium. Unabhängig von graduellen Unterschieden – einer deutlich prorussischen Gruppe von Offizieren der Wehrmacht und einer vor allem im Ostministerium vertretenen Gruppe, die einen multinationalen Ansatz favorisierte und Bedenken bezüglich einer möglicherweise drohenden russischen Dominanz formulierte – wurde von beiden Seiten die Einrichtung *verschiedener* nationaler »Vertretungen« erwogen; und allen Beteiligten war klar, dass dem Appell an das »Russentum« angesichts der aktuellen Planungen besondere Bedeutung zukam.[16]
Die »Parole« könne nunmehr nur lauten – so das Tagungsprotokoll: »Aufnahme der Bevölkerung als Verbündete im Kampf gegen die Sowjets unter verständnisvoller Zulassung eines Eigenlebens mit den erforderlichen politischen und wirtschaftlichen Konsequenzen.«[17] Eine solch weitreichende, auch materielle Bereiche umfassende Umorientierung der Besatzungspolitik und die quasi offizielle Einbindung der bisher als »Untermenschen« diffamierten Bewohner »Großrusslands« als Verbündete waren ein so grundlegender »Kurswechsel«, dass ebenfalls Übereinstimmung darüber herrschte, dass ein solcher am besten durch eine entsprechende »Deklaration des Führers« verkündet würde.[18] Rosenberg informierte Hitler unverzüglich über die Tagungsergebnisse.[19]
Am 27. Dezember 1942 gab das OKW die zentrale Weisung für die »Hilfswilligen (Dobrovolez)-Aktion« heraus.[20] Die zentrale Mobilisierungsparole lautete »Die Hilfswilligen werden zu ihren Fahnen gerufen«. Das Ostministe-

---

[14] Ebd., fol. 32. Oberleutnant von Herwarth von der Heeresgruppe A hatte dies in die Worte gefasst, der »russische Raum muss in das neue Europa eingebaut werden.« Ebd., fol. 29.
[15] Ebd., fol. 32.
[16] Vgl. Strik-Strikfeldt, Der russische Mensch 1942, Vortrag, gehalten vor der Abt. Fremde Heere Ost am 28. 8. 1942, Anlage »Der russische Mensch«, 30. 8. 1942, PA AA, R 27360, unfol.; [Schubuth], OKH-Vortragsnotiz v. 21. 10. 1942 über innere Veränderungen im Sowjet-Regime, IfZ, 1307/54, fol. 41 f.; Berück Mitte, Ia, 25. 12. 1942, Erfahrungen in der Verwaltung des Landes und politische Zielsetzung, zit. nach: Dallin 1981, S. 574; Geheimer Vorschlag für Richtlinien zur Ostpolitik, [1942], BA, R 6/35, fol. 119 ff.
[17] Protokoll v. 4. 1. 1943 über die Beratung Rosenbergs mit den Befehlshabern der rückwärtigen Heeresgebiete am 18. 12. 1942, abgedr. in: N. Müller 1991, S. 378.
[18] Vgl. ebd.; Abschrift 22. 12. 1942, Grundsätzliche Gedanken aus der Aussprache des RM für die besetzten Ostgebiete mit den Befehlshabern der Heeresgebiete im Osten, SoM, 504-2-13, fol. 29; Geheimer Vorschlag für Richtlinien zur Ostpolitik, [1942], BA, R 6/35, fol. 121, 128; OKH Gen St d H/ Gen Qu Abt. Kr. Verw. Nr. II/15/43 g. Kdos, 3. 1. 1943, Aufzeichnung über die Ostfrage, PA AA, R 27342, 205688 ff.
[19] Vgl. Protokoll v. 4. 1. 1943 über die Beratung Rosenbergs mit den Befehlshabern der rückwärtigen Heeresgebiete am 18. 12. 1942, abgedr. in: N. Müller 1991, S. 378.
[20] Die Weisung vom 27. 12. 1942 wird teilweise wiedergegeben in: Abschrift, RMO, Richtlinien zur »neuen Propaganda-Aktion zur Agrarordnung 1943« und zur »Hilfswilligen (Dobrovolez)-Aktion«, Januar 1943, Auszüge, BA-MA, RH 2/2558, fol. 82-96.

rium kommentierte dies im Januar mit dem Hinweis, dass diese Formulierung keinen »tatsächlichen, sondern nur einen symbolischen Charakter« haben könne; die Propaganda sollte zwar von der »Verpflichtung zum Kampf für die Heimat« sprechen, Festlegungen im Hinblick auf eine Selbständigkeit aber weiterhin vermeiden.[21] Der russische Begriff »Dobrovolez« (Freiwilliger) wurde sinngemäß in die verschiedenen osteuropäischen Sprachen übersetzt, um die jeweilige »völkische Zugehörigkeit« zu berücksichtigen. Die Propagandisten erhielten den Auftrag, darauf zu achten, den Ausdruck »Hilfe« unbedingt zu vermeiden, um nicht den »falschen Eindruck« zu erwecken, dass die Rekrutierung eine »Notmaßnahme der deutschen Wehrmacht« bzw. diese auf die Hilfswilligen »angewiesen« sei. Hinweise auf materielle Vorteile sollten als positive Anreize fungieren.[22] Im Gegensatz zu den Vorjahreskampagnen wurden die Propagandisten diesmal explizit angewiesen, jegliche Drohungen und Strafankündigungen zu unterlassen.[23] Die gesamte Rekrutierung sollte so weit wie möglich auf dem Prinzip der »Freiwilligkeit« basieren, wobei dieses faktisch durch die am 6. Februar 1943 eigens eingeführte Arbeitspflicht für alle Bewohner des Operationsgebietes zwischen dem 14. und 65. Lebensjahr ersetzt wurde.[24] Dennoch hoffte man – vor dem Hintergrund der Problematik der langfristig zu sichernden Loyalität der Rekrutierten – auf die Wirkung der materiellen Anreize.[25]

Die Rekrutierungskampagne umfasste wie die großen Kampagnen des Vorjahrs die gesamte Palette der zur Verfügung stehenden Medien: in Berlin wurden spezielle Broschüren produziert, ebenso wie großformatige Plakate (siehe Abb. 12 und 13), Flugblätter, Handzettel, Ansprachen und Interviews für den Rundfunk, Schallplatten, Fotografien und Filmaufnahmen. Sie konzentrierte sich auf das

---

[21] Ebd., fol. 96. Altenstadt hatte noch von dem Motto »Eilt zu den deutschen Fahnen!« gesprochen. Vortrag Oberstleutnant i. G. von Altenstadt anlässlich der Heeresgruppen- und Armeeärztebesprechung am 24. 11. 1942, Anlage zu Schmieden[unleserl.] an Etzdorf, 20. 12. 1942, PA AA, R 27359, fol. 316860.

[22] Versprochen wurde die Sicherheit der Versorgung, Verpflegung und Besoldung, der ärztlichen und kulturellen Betreuung sowie eine Beschädigten- und Angehörigen-Fürsorge, wobei allerdings darauf verwiesen wurde, dies nicht zu groß in den Vordergrund zu schieben, »um die Meldung von unsoldatischen Elementen aus materiellen Gründen zu vermeiden.« Ebd., fol. 94.

[23] Ebd.

[24] Abgedr. in: N. Müller 1980, S. 300-303. Altenstadt hatte im November angekündigt, die Freiwilligkeit sei »natürlich keine andere – wenn ein Scherz erlaubt ist – wie die eines jungen Mädchens, das vor Gericht angibt, vergewaltigt zu sein, und der gegenüber die Beklagte angibt, nur die ›übliche sanfte Gewalt‹ angewandt zu haben. Wir erlassen das Arbeitspflichtgesetz, das jeden Russen verpflichtet, jede Arbeit an jeder Stelle, die von ihm verlangt wird, auszuführen.« Vortrag Oberstleutnant i. G. von Altenstadt anlässlich der Heeresgruppen- und Armeeärztebesprechung am 24. 11. 1942, Anlage zu Schmieden[unleserl.] an Etzdorf, 20. 12. 1942, PA AA, R 27359, fol. 316860.

[25] »Das wichtigste Zugmittel wird die Feldküche sein.« Ebd. Im Januar 1943 wurde dann die vielsagende Leitlinie ausgegeben: »Im Rahmen der Arbeitspflicht gilt die Dienstleistung der truppentauglichen Männer als Hilfswillige auf *freiwilliger Grundlage* als *bevorzugter* Einsatz.« Abschrift, RMO, Richtlinien zur »neuen Propaganda-Aktion zur Agrarordnung 1943« und zur »Hilfswilligen (Dobrovolez)-Aktion«, Januar 1943, Auszüge, BA-MA, RH 2/2558, fol. 92. Hvg. im Orig.

7. Die Mobilisierung des »Neuen Europa« 1943/44

Operationsgebiet und die rückwärtigen Heeresgebiete; in den Reichskommissariaten sollte die Propaganda die Aktion lediglich öffentlich machen und die Bevölkerung auffordern, »sich durch ihre Arbeit und ihre Haltung dem Einsatz der Hilfswilligen würdig zu erweisen.«[26]

In Weißrussland begann die Kampagne Mitte Januar 1943. Mit dem Hinweis »Eilt sehr!« befahl die Propagandaabteilung W ihren Gruppen, sofort mit der Werbung für die »Narodny-Armee« zu beginnen.[27] In den folgenden Wochen konzentrierten sich die Tätigkeiten der Abteilung auf diesen Sektor: Eigene Flugblätter wurden hergestellt, in Mogilew fanden im großen Kinosaal Werbeversammlungen statt, einheimische Redner widmeten sich dem Thema ebenso wie der Rund- bzw. Drahtfunk.[28] Die Rekrutierung wurde auch nach der im Oktober verfügten Verlegung der Ostbataillone nach Westen fortgesetzt.[29]

Weit reichende Konsequenzen hatte die Entscheidung des OKW, die »Werbung« vor allem von einheimischen Kräften durchführen zu lassen.[30] Bereits im November 1942 war in Dabendorf bei Berlin ein »Schulungslager für russische Freiwillige« eingerichtet worden, die später als Propagandisten eingesetzt wurden; ab Dezember verstärkten die so genannten Ost-Propaganda-Züge die Propagandaeinheiten im Osten; in den folgenden Monaten kam es zu einem massiven Ausbau des einheimischen Propagandaapparates sowie insgesamt zu einer deutlichen Schwerpunktverlagerung auf die »Aktivpropaganda«.[31]

Diese Entwicklung hing ebenfalls damit zusammen, dass die »geistige Betreuung« der Rekrutierten immens an Bedeutung gewann. Das OKW verfügte am 27. Dezember deren planmäßige Versorgung mit Propagandamaterial »aller Art«, da dies sowohl »für die Haltung und Schlagkraft der Hilfswilligen als

---

[26] Ebd., fol. 95. Vgl. Plakate und Broschüren zur »Freiwilligen«-Werbung, in: Lagerverzeichnis der Abt. Ost, BA, R 55/1299, P 92 a, b, c, d, e, f, B 51, B 52.

[27] Die Rekrutierten sollten zunächst zum Ost-Ersatz-Regiment nach Bobruisk in Marsch gesetzt und später den Ostbataillonen zugeführt werden. An alle Gruppen, 15. 1. 1942 [muss heissen: 1943], Werbung für die »Narodny-Armee«, NAB, 411-1-12, fol. 1 f.

[28] Vgl. PAW, Staffel Gomel, 20. 2. 1943, betr. Monatsbericht v. 20. 1.-20. 2. 1943, Anlage 40 zu 221. Sich.Div., Abt. Ic Nr. 768/43, Tätigkeitsbericht v. 1. 1.-31. 8. 1943, 19. 11. 1943, BA-MA, RH 26-221/76, unfol.; PAW, Gruppe Rundfunk, Monatsbericht der Gruppe Rundfunk für Februar und März 1943, NAB, 411-1-52, fol. 16, 21 f. Zu einzelnen Gebieten, in denen die Aktion zeitlich verschoben begann, vgl. PAW, Staffel Polozk, Nebenstelle Polozk, 16. 1. 1943, Tätigkeits- und Lagebericht, NAB, 411-1-50, fol. 5; PAW, Staffel Gomel, Monatsberichte v. Januar bis Juli 1943, Anlagen 40, 41, 43, 44 und 45 zu 221. Sich.Div., Abt. Ic, Nr. 768/43, Tätigkeitsbericht v. 1. 1.-31. 8. 1943, 19. 11. 1943, BA-MA, RH 26-221/76, unfol.

[29] Vgl. WPr (ID), 6. 4. 1944, Wochenbericht der PAW für die Zeit v. 27. 3.-2. 4. 1944, SoM, 1363-5-6, fol. 26; Auszüge aus Meldungen über Prop.-Erfahrungen, Anlage 2 zu AOK 4 Ic/Prop. Nr. 26/44 Br.Nr. 520/44 geh., 12. 4. 1944, Propaganda-Lagebericht für die Zeit v. 1.-31. 3. 1944, BA-MA, RH 20-4/782, unfol.; Auszüge aus Meldungen eingesetzter Propagandisten, Anlage zu AOK 4 Ic/Prop. Nr. 30/44 Br.Nr. 650/44 geh., 9. 5. 1944, Propaganda-Lagebericht für die Zeit v. 1.-30. 4. 1944, BA-MA, RH 20-4/782, unfol.

[30] Abschrift, RMO, Richtlinien zur »neuen Propaganda-Aktion zur Agrarordnung 1943« und zur »Hilfswilligen (Dobrovolez)-Aktion«, Januar 1943, Auszüge, BA-MA, RH 2/2558, fol. 95.

[31] Siehe hierzu auch Abschnitt 2.6. der vorliegenden Arbeit.

auch für die stimmungsmäßige Einwirkung auf die Bevölkerung von Bedeutung« sei.[32] Am 8. Januar 1943 erschien die erste Ausgabe der Wochenzeitung »Dobrovolez« (Der Freiwillige), die neben der Zeitung »Zarja« (Die Morgenröte) das Hauptmedium der »geistigen Betreuung« der Hilfswilligen und Osttruppen darstellte.[33] Die Gesamtzahl der einheimischen Kräfte inklusive derjenigen in Polizeiformationen stieg von etwa 750.000 Personen im Februar 1943 auf etwa 1,2 Millionen im Juli.[34]

Zentrales Element der Rekrutierungskampagne waren Aufrufe, die von Generalleutnant Andrej Andrejewitsch Wlassow unterzeichnet worden waren. Wlassow war am 12. Juli 1942 im Wolchow-Kessel in deutsche Gefangenschaft geraten. Anfang August hatte er sich in einer gemeinsamen Denkschrift mit Oberst Wladimir Bojarski zum Kampf gegen Stalins Regierung bekannt und vorgeschlagen, eine russische Armee aufzustellen. Nach einer ersten Vernehmung am 7. August und der Einschaltung der Abteilung WPr war der erste Aufruf Wlassows – das so genannte Winniza-Flugblatt – in der zweiten Septemberhälfte über der Front verbreitet worden.[35] Sein Einsatz wurde als erfolgreich bewertet und der Wehrmachtführungsstab beschloss daraufhin, mit der Genehmigung des Chefs des OKW, Keitel, in den »Propagandaplan Winter 42/43« eine größere Aktion »von Russen zu Russen« einzufügen.[36]

Zeitgleich mit den vom OKW herausgegebenen Weisungen erschien am 27. Dezember 1942 der von Wlassow zusammen mit W. Malyschkin unterzeichnete »Aufruf des Russischen Komitees an die Soldaten und Offiziere der Roten Armee, an das ganze russische Volk und die anderen Völker der Sowjetunion«. Darin rief ein vorgeblich in Smolensk eingerichtetes »Russisches Komitee« – deshalb auch die spätere Bezeichnung Smolensker Manifest – zur

---

[32] Abschrift, RMO, Richtlinien zur »neuen Propaganda-Aktion zur Agrarordnung 1943« und zur »Hilfswilligen (Dobrovolez)-Aktion«, Januar 1943, Auszüge, BA-MA, RH 2/2558, fol. 94.

[33] Die ersten drei Seiten der vierseitigen Zeitung »Dobrovolez« wurden in Berlin (bzw. Dabendorf, Schröder 2001, S. 143) als Mater vorproduziert, die letzte Seite von der jeweils zuständigen Propagandaabteilung verfasst und dann vor Ort in hohen Auflagen gedruckt. Ebd., fol. 94. Übersetzungen von einzelnen »Dobrovolez«-Ausgaben aus den Jahren 1943 und 1944 in SoM, 1370-1-12, fol. 22-33 RS, 41-46 RS, 48-55 RS.

[34] Mulligan 1988, S. 157 f.

[35] Vgl. [Botschaftsrat Hilger], Aufzeichnung betr. Vernehmung von kriegsgefangenen sowjetischen Offizieren, 8. 8. 1942, PA AA, R 27359, fol. 305147-58. Abgedr. auch in: KTB OKW, II/2, S. 1287-1290; Abt. Fremde Heere Ost, geh. Kds., 1. 6. 1943, Entwicklung der militärischen Propaganda seit Herbst 1942 (Wlassow-Aktion), PA AA, R 27342, fol. 205954. Das Flugblatt 480 RAB/IX.42 ist als Faksimile abgedr. in: Buchbender 1978, S. 221 ff. Zu weiteren Flugblättern dieser Anfangsphase vgl. ebd.; Schröder 2001, S. 139 f. Zur Wlassowbewegung siehe auch Fischer 1952; Steenberg 1968; Strik-Strikfeld 1970; Volkmann 1972; Thorwald 1974; J. Hoffmann 1994; Andreyev 1987.

[36] Vgl. Abt. Fremde Heere Ost, geh. Kds., 1. 6. 1943, Entwicklung der militärischen Propaganda seit Herbst 1942 (Wlassow-Aktion), PA AA, R 27342, fol. 205954. Die Darstellung der Beteiligten nach 1945, sie hätten Keitel die Genehmigung quasi abgerungen, indem sie auf die ausschließlich propagandistische Funktion der enthaltenen Aussagen hingewiesen hätten, ist vor allem dem Versuch zuzuordnen, sich nachträglich als Opposition zu stilisieren. Unkritisch übernommen z. B. bei Buchbender 1978, S. 221; Schröder 2001, S. 140 f.

»Zusammenarbeit mit Deutschland zwecks Bekämpfung des Bolschewismus und Aufbau des neuen Europas« auf.[37] Neben einem dreizehn Eckpunkte umfassenden Programm für einen vermeintlich angestrebten politischen und sozialen »Neuaufbau Rußlands« schlug sich die neue Linie auch in folgenden Formulierungen nieder:

> »Deutschland erhebt keinen Anspruch auf den Lebensraum des russischen Volkes oder seine nationale und politische Freiheit. Das nationale Deutschland Adolf Hitlers hat sich die Neuordnung Europas ohne Bolschewisten und Kapitalisten zur Aufgabe gestellt und in diesem neuen Europa wird jedem Volk sein ihm zukommender Platz angewiesen. Die Stellung des russischen Volkes in der europäischen Völkergemeinschaft wird von den Maß seiner Mitarbeit im Kampf gegen den Bolschewismus abhängen, denn die Vernichtung Stalins und seiner Verbrecherclique ist vor allen Dingen eine Sache des russischen Volkes. [...] Es lebe das russische Volk als gleichberechtigtes Mitglied der Völkerfamilie des neuen Europa!«[38]

Nachdem Rosenberg am 12. Januar 1943 seine Zustimmung zu diesem Flugblatt erteilt hatte – unter der Bedingung, dass dieses ausschließlich über der Front und im sowjetischen Hinterland, nicht aber in den rückwärtigen und vor allem nicht in den zivilverwalteten Gebieten verbreitet werden sollte – begann Ende Januar/Anfang Februar der Abwurf von etwa 40 Millionen Exemplaren.[39]

7.1.2. »Nationalkomitees« und »Volksarmeen«

Es war unumstritten, das Schlagwort vom »Neuen Europa« als zentrale Mobilisierungsparole zu nutzen und dabei die russische Bevölkerung aktiv einzubinden. Die Frage war, welche *konkreten* Konsequenzen daraus erwachsen sollten. Diskutiert wurde, ob und in welcher Form »nationale Komitees« oder auch »Volksarmeen« tatsächlich gebildet werden könnten. Vertretungen einzelner nichtrussischer Nationalitäten gab es zu diesem Zeitpunkt bereits: Das Ostministerium betreute einzelne Gremien – ein turkestanisches, nordkaukasisches, georgisches, armenisches, aserbaidschanisches, wolgatatarisches –, deren Aufgaben vor allem darin bestanden, in den Kriegsgefangenenlagern »Hilfswillige« für die Deutschen zu finden.[40] Zur Jahreswende 1942/43 rückten jedoch Russland und die Ukraine in den Mittelpunkt des Interesses. Erste Überlegungen, eine russische »Befreiungsarmee« nicht nur zu proklamieren, sondern tatsächlich Verbände unter russischer Befehlsgewalt aufzustellen, hat-

---

[37] Aufruf des Russischen Komitees an die Soldaten und Offiziere der Roten Armee, an das ganze russische Volk und die anderen Völker der Sowjetunion, 27. 12. 1942, Übersetzung im PA AA, abgedr. in: Volkmann 1972, S. 137 ff. Faksimile abgedr. in: Buchbender 1978, S. 226 f.
[38] Ebd.
[39] Vgl. Dallin 1981, S. 574 f.; Buchbender 1978, S. 224 ff.; Chef der Sicherheitspolizei und des SD, IV D 5-2637/42g, 12. 4. 1943, Mitteilungsblatt Nr. 18, SoM, 504-2-13, fol. 43; Abt. Fremde Heere Ost, geh. Kds., 1. 6. 1943, Entwicklung der militärischen Propaganda seit Herbst 1942 (Wlassow-Aktion), PA AA, R 27342, fol. 205955.
[40] Vgl. Heiber 1962, S. 262, Fn. 1; Umbreit 1999, S. 44.

te das OKW im November 1942 abgelehnt. Ende Januar 1943 verfasste Rosenberg eine so genannte Führervorlage, auf deren Grundlage er bei einem persönlichen Treffen mit Hitler dessen Zustimmung zu den nächsten konkreten Schritten erreichen wollte.[41]

> »Die Gründe für den erbitterten Widerstand des bolschewistischen Gegners« – so Rosenberg – »liegen nicht nur in seiner rein technisch-militärischen Macht und Zahl, sondern vor allem in unserem Verzicht, [...] die Völker für eine Mitarbeit und Kampfeinsatz auf unserer Seite zu gewinnen. Anstatt die Völker des Ostens aus dem Joch des Bolschewismus zu befreien, hat man sie [...] vielfach zurückgestossen und entrechtet und dadurch den Partisanen in die Arme getrieben. [...] Der Versuch, die deutsche Front mit Hilfswilligen aus den Ostvölkern zu ergänzen, ist heute *noch* durchführbar. [...] Die militärischen Notwendigkeiten ebenso wie die Ordnung der besetzten Ostgebiete erfordern [...] eine Rückkehr zu unserer ursprünglichen Ostkonzeption, die auf dem Grundsatz eines organischen Systems von nationalen Staatswesen beruht. Dieser Umschwung muss radikal sein, da wir nur durch allerdrastischste Massnahmen das Vertrauen der Völker, das durch einen anderthalbjährigen Kurs der Ausbeutung zerstört worden ist, wiedergewinnen können. (Hierüber besteht Einmütigkeit bei allen verantwortlichen Stellen der Wehrmacht, dem SD sowie dem RMfdbO.)«[42]

Rosenberg schlug eine »Deklaration des Führers« vor, in der die angestrebten Maßnahmen zusammengefasst würden. Diese sollte verkünden, dass »nunmehr die Zeit gekommen sei, die neue europäische Ordnung (Magna Charta Europas gegen Atlantic Charta – europäische Völkergemeinschaft gegen Sowjetunion) auch den Völkern der Sowjetunion zu verleihen, durch die sie als gleichberechtigte Partner der europäischen Völkergemeinschaft anerkannt werden.«[43] Eine solche Stellungnahme könne »aus naheliegenden Gründen« erst mit dem Beginn einer positiven militärischen Entwicklung veröffentlicht werden,[44] die »grundsätzliche Änderung unserer Ostpolitik« müsse jedoch »*sofort* eingeleitet« werden. Konkret nannte der Minister die Schaffung von »nationalen Vertretungen einzelner Völker«, die Aufstellung von »Volksarmeen« und die Wiederherstellung des Privateigentums. Die vorbereitenden Schritte hierzu seien bereits eingeleitet – nun fehlte nur noch die Zustimmung Hitlers.[45]

---

[41] Entwurf einer Führervorlage Rosenbergs, 25. 1. 1943, mit Anlagen »An das ukrainische Volk!« und »Russisches Volk!«, BA, R 6/35, fol. 141-152. Auszugsweise abgedr. in: Volkmann 1972, S. 139-142.

[42] Entwurf einer Führervorlage Rosenbergs, 25. 1. 1943, BA, R 6/35, fol. 142. Hvg. im Orig. Mit den Begriffen »Rückkehr« und »ursprünglich« rekurrierte Rosenberg nicht auf die antirussische Ausrichtung dieser Konzeption – in diesem Sinne die Interpretation Volkmann (ders. 1972, S. 121). Er meinte vielmehr die allgemeinen Dekompositionsvorstellungen, die vom Ostministerium aus taktischen Gründen zunächst zurückgestellt worden waren. Vgl. Abschnitt 1.4.3. der vorliegenden Arbeit.

[43] Entwurf einer Führervorlage Rosenbergs, 25. 1. 1943, BA, R 6/35, fol. 142 f.

[44] Sowohl der Generalstab des Heeres, der Generalquartiermeister und die Abteilung WPr drängten darauf, die Deklaration sofort herauszugeben und unbedingt von Hitler persönlich unterzeichnen zu lassen. Notiz des Oberfehlshabers der 11. Armee, Manstein, 3. 2. 1943, zum Entwurf einer Führerproklamation des RMO, BA, R 6/35, fol. 158.

[45] Entwurf einer Führervorlage Rosenbergs, 25. 1. 1943, BA, R 6/35, fol. 143. Alle Hvg. im Orig.

7. Die Mobilisierung des »Neuen Europa« 1943/44

Rosenberg räumte der Stellungnahme gegenüber dem »russischen Volk« eine »entscheidende Bedeutung« ein. Dessen »Vormachtstellung« könne auch als »positiver Faktor bei der kommenden Neuordnung« genutzt werden, indem es auf seine »urtümlichen Aufgaben im Osten« – in Richtung Sibirien – gelenkt und so zur »Sicherung der europäischen Völkerordnung gegenüber asiatischen Bestrebungen« eingesetzt würde. Dies wollte Rosenberg der russischen Bevölkerung als *nationale Sendung zum Bewusstsein* bringen. »Wenn anerkanntermassen das Fehlen eines politischen Zieles das Haupthindernis ist, die Russen zu einer innerlichen Lösung von ihren gegenwärtigen Beherrschern zu bewegen, so bietet sich hier ein Weg, ein hohes nationales Ziel zu proklamieren [...].« Die Deklaration müsse deshalb, die »grundsätzliche Anerkennung des Anspruchs der Russen auf *Eigenstaatlichkeit*« enthalten, ihre »vitalsten wirtschaftlichen Interessen« berücksichtigen und sie dazu aufrufen, »sich dem Befreiungskampf der deutschen Wehrmacht anzuschliessen mit dem Ziel, ein *Neues Russland* aufzubauen, dem als Aufgabe die Erschliessung des nordasiatischen Raumes und russischen Volksbodens zufällt.« Diese Aufgaben würden »durch die für die anderen wichtigsten Völker bestimmten Deklarationen ihre natürliche Begrenzung« finden.[46] Mit diesem Ansatz gelang es Rosenberg, zwei Dinge unter einen Hut zu bekommen: er plädierte für eine *nationale* Mobilisierung der russischen Bevölkerung, ohne sein grundsätzliches Ziel der Schwächung »Grossrussland« aufzugeben.

Konkret schlug der Minister vor, nach der Verkündigung der Deklaration aus russischen Überläufern Kampfeinheiten aufzustellen. Diese sollten zwar nicht gemeinsam eingesetzt werden, aber im Hinblick auf »die gewünschte politische Wirkung« eine »möglichst klingende, das Nationalgefühl ansprechende Sammelbezeichnung« erhalten (z. B. »Russische Volksarmee«). Darüber hinaus war eine »kampfbundähnliche nationale Organisation« vorgesehen, die im russischen Hinterland einen Bürgerkrieg entfesseln sollte. Im deutsch besetzten Gebiet würde ein »russisches ›*Nationalkomitee zur Befreiung der Heimat*‹ mit Regierungsfunktion« gebildet – mit Sitz in einer russischen Stadt –, das nach außen hin die Verantwortung für die Verwaltungsmaßnahmen übernehmen würde und sich »zur gegebenen Zeit zu einer national-russischen Regierung entwickeln *kann*.« Die politische Steuerung dieses Gremiums sollte in deutscher Hand liegen, die Frage der Kontrolle seiner Mitglieder war für Rosenberg vor allem ein »technisches Problem unserer Aufsichtsorgane«. Durch die vorgeschlagenen Maßnahmen würde – so Rosenberg – »allen Bestrebungen der Bolschewisten, ihrem Regime nach außen ein nationales Gesicht zu geben [...] das Wasser abgegraben.«[47]

Der ukrainischen Bevölkerung sollte die unverzügliche Einrichtung eines »Nationalrats«,[48] die Anerkennung der »ukrainische[n] Nationalarmee«, der

---

[46] Ebd., fol. 144 f.
[47] Ebd., fol. 145 ff.
[48] Bzw. zwei, denn für die westukrainischen Gebiete im Generalgouvernement sollte ein eigener Nationalrat gebildet werden.

»Grundsatz des Privatbesitzes« und die Besserstellung der ukrainischen Arbeitskräfte in Deutschland angekündigt werden.[49]
Wenige Tage nach der Kapitulation der 6. Armee in Stalingrad traf sich Rosenberg am 8. Februar 1943 mit Hitler.[50] Über die Ergebnisse dieses Treffens existieren zwei Berichte. Der Leiter der Hauptabteilung Presse und Propaganda im Ostministerium, Zimmermann, informierte Himmler darüber, dass Hitler der Schaffung »einer Art Nationalkomitee« als »Symbol« einer künftigen Autonomie »irgendwelcher Art« für die Ukraine und eines weiteren für Russland im Gebiet der Heeresgruppe Mitte – zunächst zu »Propagandazwecken« – zugestimmt habe ebenso wie einer Zusammenfassung der Osttruppen »nach außen hin« zu einer »russischen Befreiungsarmee.«[51] Nach einem – aus Dallins Sicht glaubwürdigeren – Bericht Körners an Göring vom 20. Februar 1943 hatte Hitler jedoch keinerlei Entscheidung getroffen und Rosenberg lediglich zur Vorlage weiterer Entwürfe und Empfehlungen aufgefordert.[52] Diese Version wird – mit kleinen Abweichungen – von Goebbels' Tagebuch-Aufzeichnungen gestützt.[53] Zimmermanns Bericht belegt m. E. jedoch, dass sich Hitler zumindest für eine weitere offensive propagandistische Nutzung des Themas ausgesprochen hatte. Dass dieser auch eine Deklaration an die russische Bevölkerung nicht grundsätzlich ablehnte, zeigen seine Äußerungen gegenüber Goebbels, mit dem er zwei Wochen zuvor über die geplante innenpolitische Propagandakampagne zum »totalen Krieg« gesprochen hatte.[54] Goebbels hatte dabei auch die Notwendigkeit einer »Europa«- sowie einer »Ostproklamation« angesprochen[55] und von Hitler unter anderem den Auftrag erhalten, eine »Verlautbarung an das russische Volk« zu entwerfen.[56]
Da man es nach wie vor für möglich hielt, dass Hitler sich – bei einer Verbesserung der militärischen Lage – noch positiv zu den Vorschlägen äußern würde,[57] liefen die konkreten Vorbereitungen weiter. Am 10. Februar traf sich

---

[49] Vgl. ebd., fol. 149 f.
[50] Zur allgemeinen Stimmung und Verfassung Hitlers zur Jahreswende 1942/43 siehe Kershaw 2002, Bd. 2, S. 713-722.
[51] Zimmermann an Himmler [etwa 12. 2. 1943], zit. nach: Dallin 1981, S. 578.
[52] Ebd.
[53] Vgl. Goebbels TB, Eintrag v. 11. 2. 1943, II, Bd. 7, S. 321.
[54] Vgl. Goebbels TB, Eintrag v. 23. 1. 1943, II, Bd. 7, S. 160-182; Boelcke 1989, S. 324 f.; Kershaw 2002, Bd. 2, S. 720.
[55] Vgl. Einträge v. 21. 1. 1943 sowie v. 23. 1. 1943: »Er [Hitler] ist einverstanden, dass wir, sobald die Lage etwas besser ist, ein Europa-Programm entwickeln, das in allgemeiner Form Europa ein neues Statut geben soll. Er beauftragt mich, dazu den Entwurf zu machen. Auch bezüglich der Politik im Osten ist er nicht so ablehnend, wie ich gedacht hatte. Auch hier gibt er mir den Auftrag, ein Programm auszuarbeiten, was ja eigentlich Rosenbergs Aufgabe gewesen sei.« Goebbels TB, II, Bd. 7, S. 150, 180.
[56] Zit. nach: Boelcke 1989, S. 331 (31. Januar/1. Februar). Hadamovsky formulierte daraufhin Vorschläge für »Tendenzen zur Ostvölker- und Europa-Proklamation«, die die Linie von der »Gleichberechtigung der Ostvölker in der europäischen Völkerfamilie« aufgriffen. Reichspropagandaleitung, Stabsleiter, an Reichspropagandaleiter, 27. 1. 1943, betr. Ostproklamation, gez. Hadamovsky, NS 18/417, fol. 4.
[57] Vgl. Goebbels TB, Einträge v. 11. 2. 1943 und 7. 3. 1943, II, Bd. 7, S. 321, 489 f.; Abt. Fremde Heere Ost, geh. Kds., 1. 6. 1943, Entwicklung der militärischen Propaganda seit Herbst 1942 (Wlassow-Aktion), PA AA, R 27342, fol. 205958.

Rosenberg mit seinen Abteilungsleitern Leibbrandt, Mende, Kleist und Kinkelin und besprach das weitere Vorgehen. Leibbrandt informierte Rosenberg bei diesem Treffen darüber, dass die Abteilung WPr im Zusammenhang mit der »Wlassow«-Aktion dringend vorschlage, ein russisches Nationalkomitee »auch wirklich zu schaffen«, damit die diesbezügliche Propaganda »nicht als propagandistischer Bluff erkannt« und sich »in kurzer Zeit gegen uns« wenden würde. Er legte Rosenberg konkrete Vorschläge vor, die dieser absegnete. Danach sollte unter anderem ein russisches Komitee im Bereich der Heeresgruppe Mitte gebildet und durch einen abgeordneten Bevollmächtigten des Ostministeriums gesteuert werden ebenso wie Komitees für die Ukrainer und Kaukasier. Die in der Wehrmacht kämpfenden Russen sollten als »Russische Befreiungsarmee« bezeichnet werden, die eingesetzten Ukrainer entsprechend als »Ukrainische Befreiungsarmee«. Leibbrandt ging dabei von dem Grundsatz aus, dass »*alle* Völker der Sowjetunion als gleichberechtigte Partner zur europäischen Völkergemeinschaft« gehörten und die Russen »nicht mehr über den anderen Völkern der Sowjetunion, sondern neben ihnen« stünden.[58]

In den folgenden Wochen wurden detaillierte Organisationsentwürfe für ein »Russisches Nationalkomitee« ausgearbeitet.[59] Das Reichssicherheitshauptamt kümmerte sich um die mögliche personelle Besetzung.[60] Von verschiedener Seite wurde angesichts des Glaubwürdigkeitsverlustes der Propaganda dringender Handlungsbedarf festgestellt. Dabei schuf das Bekanntwerden der »Wlassow«-Propaganda in den rückwärtigen Gebieten zusätzlichen Druck. Beim massenhaften Abwurf des »Smolensker Manifests« waren die Windverhältnisse nicht genügend berücksichtigt worden, so dass ein Teil der Flugblätter ins rückwärtige Heeresgebiet Nord verweht wurde.[61] Teilweise kam es auch zum direkten Abwurf über rückwärtigen Gebieten – die Gründe hierfür sind unklar. Zwar mutmaßten bereits Zeitgenossen, dass dies »angeblich versehentlich« geschehen sei,[62] doch gibt es faktisch keine Beweise für die bis heute kolportierte Legende, dass die Abteilung WPr dies bewusst manipuliert habe.[63]

---

[58] Notiz, 15. 2. 1943, betr. Russisches Nationalkomitee, BA, R 6/35, fol. 159 f. Rosenberg befürwortete bezüglich des ukrainischen Komitees einen Sitz außerhalb der Ukraine. Vgl. Dallin 1981, S. 578 f.

[59] Vgl. Prinzip [der Nationalkomitees], o. D., BA, R 6/35, fol. 161-167; Geheime Vorschläge für ein vorläufiges Organisationsschema des Russischen Nationalkomitees (RNK), 8. 3. 1943, BA, R6/72, fol. 18-25.

[60] Chef der Sicherheitspolizei und des SD, IV D 5-2637/42g, 12. 4. 1943, Mitteilungsblatt Nr. 18, SoM, 504-2-13, fol. 43.

[61] Vgl. PAO, Geheimer Stimmungsbericht Nr. 27, 8. 3. 1943, BStU, RHE 37/80 SU, Bd. 15, fol. 85.

[62] Chef der Sicherheitspolizei und des SD, IV D 5-2637/42g, 12. 4. 1943, Mitteilungsblatt Nr. 18, SoM, 504-2-13, fol. 43.

[63] So z. B. Smeth 1965, S. 339 f., 406; Buchbender 1978, S. 225; Mulligan 1988, S. 165; Schröder 2001, S. 142. Als Beleg werden in der Regel Aussagen Strik-Strikfelds und Milettij Alexandrowitsch Sykows, eines Mitstreiters Wlassows, angegeben. Strik-Strikfeld behauptete 1970 in seinen Erinnerungen aber nicht, dass es sich um eine gezielte Manipulation gehandelt habe, er stellte vielmehr explizit fest, dass Grote (WPr) und er sich »darin einig« waren, »dass keinem von uns ein besonderer Verdienst für das ›Verfliegen‹ der Flugzeuge und den Abwurf des Aufrufes diesseits der Front zukam. Wir freuten uns aber darüber.« Strik-Strikfeld 1970, S. 109.

Anderseits bemühte sich die Abteilung WPr aber auch nicht besonders um die Geheimhaltung der »Wlassow«-Aktion. Die Positionen Wlassows wurden in den von der Wehrmacht kontrollierten einheimischen Presseerzeugnissen offen diskutiert, beispielsweise in der ersten Ausgabe der für die »Hilfswilligen«- bzw. »Freiwilligen«-Betreuung herausgegebenen Zeitung »Dobrovolez«.[64] Anfang März erschien dort auch ein Aufruf des »Russischen Komitees«, der in Form eines offenen Briefes Wlassows an die Bevölkerung im sowjetischen Hinterland formuliert war.[65] Die Propagandaabteilung O veröffentlichte diesen Mitte März nicht nur in den Zeitungen »Sa Rodinu« und »Sewernoje Slowo«, sondern verbreitete ihn auch als Flugblatt mit einer Auflage von 500.000 Exemplaren im gesamten Gebiet der Heeresgruppe Nord und im Bereich der 16. Armee.[66] Auf verschiedenen Wegen wurden so die Inhalte der »Wlassow-Aktion« breiteren Kreisen der Zivilbevölkerung in den deutsch besetzten Gebieten bekannt. Sie erregten großes Aufsehen und fanden entsprechend schnell Verbreitung[67] – zur Verärgerung Rosenbergs, der im Frühjahr 1943 versuchte, die politische Steuerung der Kampagne wieder unter seine Kontrolle zu bringen.[68]

Ein großer Teil der Bevölkerung in den besetzten Gebieten ging davon aus, dass es sich lediglich um einen »Propagandatrick« der Deutschen handelte.[69] Damit gerieten die zentralen Stellen in Berlin unter Zugzwang. Im Frühjahr 1943 organisierte die Abteilung WPr Rundreisen Wlassows durch die besetzten Ostgebiete, um durch sein persönliches Auftreten die Existenz des »Russischen Komitees« zu *beweisen*.[70] Am 25. Februar trat Wlassows seine erste Reise an,

---

Auch die Bemerkung Sykows (»Lasst uns das Teufelchen aus der Flasche entweichen, es wird schon wirken.«), mit der dieser v. a. Wlassow von dem Einsatz des »Smolensker Manifests« überzeugen wollte, ist keinesfalls als ein entsprechender Beleg zu bewerten. Vgl. ebd. 107.

[64] Vgl. PAO, Geheimer Stimmungsbericht Nr. 27, 8. 3. 1943, BStU, RHE 37/80 SU, Bd. 15, fol. 85; Chef der Sicherheitspolizei und des SD, IV D 5-2637/42g, 12. 4. 1943, Mitteilungsblatt Nr. 18, SoM, 504-2-13, fol. 43.

[65] Aufruf des Russischen Komitees, »Warum fing ich den Kampf gegen den Bolschewismus an?«, Offener Brief des Generalleutnants A. A. Wlassow, deutsche Übersetzung in: ebd., fol. 44-46.

[66] Vgl. PAO, Geheimer Stimmungsbericht Nr. 28, 5. 4. 1943, BStU, RHE 37/80 SU, Bd. 15, fol. 92, 97 ff.

[67] Vgl. PAO, Geheimer Stimmungsbericht Nr. 27, 8. 3. 1943, ebd., fol. 85.

[68] Diese Einschätzung findet sich in Chef der Sicherheitspolizei und des SD, IV D 5-2637/42g, 12. 4. 1943, Mitteilungsblatt Nr. 18, SoM, 504-2-13, fol. 43.

[69] Vgl. PAO, Geheimer Stimmungsbericht Nr. 27, 8. 3. 1943, BStU, RHE 37/80 SU, Bd. 15, fol. 77 ff., 82, 85; PAO, Geheimer Stimmungsbericht Nr. 28, 5. 4. 1943, ebd., fol. 92 f., 99, 104; AOK 16 Ic/ A.O.-Abt. Presse Nr. 2980/43 geh., an Oberkommando Hg. Nord Ic, 30. 4. 1943, betr. Propaganda in die russische Zivilbevölkerung, BA-MA, RH 19 III/659, unfol.; Oberbefehlshaber Heeresgruppe Mitte von Kluge, an Chef OKH/GenStdH (Zeitzler), 22. 5. 1943, NOKW 3521, Auszüge zit. in: Heiber 1962, S. 268, Fn. 1; Abt. Fremde Heere Ost, geh. Kds., 1. 6. 1943, Entwicklung der militärischen Propaganda seit Herbst 1942 (Wlassow-Aktion), PA AA, R 27342, fol. 205958 ff.

[70] Allgemein hierzu Dallin 1981, S. 580-585; Steenberg 1968, S. 79-88, 93-99; Andreyev 1987, S. 47-50; Mulligan 1988, S. 168 f.; Schröder 2001, S. 144 f. Zu Weißrussland siehe Reiseberichte Schubuths, in: Wlassow-Material von Jürgen Thorwald, IfZ, 1307/54; PAO, Staffel Pleskau, 16. 4. 1943, Bericht über den Besuch General Wlassows in Mogilew am 13. 3. 1943, BA-MA, RH 19 III/659, unfol.

die ihn ins rückwärtige Heeresgebiet Mitte führte, wo er unter anderem die Städte Smolensk, Mogilew und Bobruisk besuchte.[71] Die Propagandaabteilung W sorgte dafür, dass er bei der Besichtigung von Sehenswürdigkeiten und kulturellen Einrichtungen entsprechend auffiel – sein Gefolge war weniger aus Sicherheits-, sondern vor allem aus Propagandagründen besonders groß. Wlassow wurde sowohl von General von Schenckendorff als auch vom Oberbefehlshaber der Heeresgruppe Mitte, Günther von Kluge, empfangen. Er hielt öffentliche Reden und besuchte die einheimische Verwaltung, den Ordnungsdienst sowie etliche landeseigene Verbände – quasi als Maßnahme der »geistigen« Betreuung.[72] Im März/April folgte eine weitere Reise ins rückwärtige Heeresgebiet Nord.

Obwohl Wlassow auf Wunsch des Ostministeriums im zivilverwalteten Gebiet nicht persönlich in Erscheinung trat, wurde die Kampagne auch hier bekannt.[73] So erschien am 14. März 1943 ein größerer Artikel in der Zeitung »Sa Rodinu« und auch der obligatorisch im Rundfunk zu übernehmende russische Nachrichtendienst aus Berlin kommentierte Ende März ausführlich das 14-Punkte-Programm Wlassows, berichtete über seine Person und verlas den Offenen Brief.[74] In Weißrussland reagierten die Vertretern der einheimischen Intelligenz, die mit den Deutschen kooperierten, verbittert. Sie kritisierten vor allem, dass in »Weißruthenien selbst keine ähnlichen die Bevölkerung mitreißenden Bekanntmachungen« herauskämen. Aus ihrer Sicht hätte das bereits ein halbes Jahr zuvor gebildete so genannte Weißruthenische Verteidigungskorps, welches zur Unterstützung der deutschen Partisanenbekämpfung gegründet worden, aber weitgehend bedeutungslos geblieben war,[75] so etwas ähnliches wie die »Russische Befreiungsarmee« darstellen können.[76] Verschiedene Stellen berichteten über kontroverse bzw. ablehnende Reaktionen auf die »Wlassow-Aktion«, so dass man in Berlin bei einem offensiven propagandistischen Vorgehen in Weißrussland »sehr negative stimmungsmäßige Auswirkungen« befürchtete.[77]

---

[71] Vgl. Schubuth, Bericht über die Reise nach Smolensk, Mogilew und Bobruisk mit Gen.Lt. Wlassow (Auszug), IfZ, 1307/54, fol. 2-4; Abschrift, ders., 8. 3. 1943, betr. Bericht über Reiseeindrücke mit Gen.Lt. Wlassow, ebd., fol. 5-7; ders., Reise mit General Wlassow zum Heeresgebiet Mitte, ebd., fol. 8-18; Abschrift, ders., Reisebericht v. 25. 2.-10. 3. 1943, 11. 3. 1943, ebd. fol. 19-33.
[72] Vgl. ebd., fol. 11 ff., 14 ff., 17, 20 f.
[73] Zum RMO vgl. Schubuths Berichte in IfZ, 1307/54.
[74] Vertrauliche Ostinformation Vineta, Nr. 160, 17. 4. 1943, SoM, 1370-1-61, fol. 11 f.; PAW, Gruppe Rundfunk, Monatsbericht der Gruppe Rundfunk für März 1943, NAB, 411-1-52, fol. 22.
[75] Vgl. hierzu Dallin 1981, S. 230; Gerlach 1999, S. 211 f.
[76] Vertrauliche Ostinformation Vineta, Nr. 160, 17. 4. 1943, SoM, 1370-1-61, fol. 11 f.
[77] Ebd. Zu Reaktionen vgl. 221. Sich.Div. Abt. Ic, 20. 6. 1943, betr. Wirkung der Propaganda des Generals Wlassow, Anlage 61 zu 221. Sich.Div., Abt. Ic Nr. 768/43, Tätigkeitsbericht v. 1. 1.-31. 8. 1943, 19. 11. 1943, BA-MA, RH 26-221/76, unfol.; Amt Ausland/Abwehr, Befehlsstab Walli/Abt. III Br.B.Nr. D 2577/43 g (C/Ausw. 6), 25. 4. 1943, Bericht zur Lage in den besetzten Ostgebieten: Zur Lage und Stimmung in Gomel (Quelle: Bericht eines in deutschen Diensten stehenden V-Mannes, Anlage zu Verbindungsoffizier OKW/WPr beim OKH Nr. 661/4.43 geh., an OKW/WPr I, 3. 5. 1943, betr. Bericht zur Lage in den besetzten Ostgebieten, BA-MA,

Die Propagandaparolen über die Bildung des »Russische Komitees« und einer »Russischen« bzw. »Ukrainischen Befreiungsarmee« dominierten die Rekrutierungskampagne für »Hilfswillige« und »Freiwillige« in den militärverwalteten Gebieten.[78] Die »Werbung« operierte vor allem mit den Ideen, die in den zwei Flugblättern zur »Wlassow«-Aktion formuliert worden waren.[79] Diese Propagandatendenz kam ebenfalls in der Überläuferpropaganda an der Front zum Einsatz und wurde Anfang Mai 1943 – in enger Abstimmung mit Rosenberg – im Kontext der geplanten Offensive am Kursker Bogen noch einmal massiv forciert. Am 21. April 1943 gab das OKH eigens den grundlegenden Befehl Nr. 13 heraus, der Überläufern nicht nur gute Behandlung versprach, sondern auch anbot, sich für den »Eintritt in einen Verband der nationalen Befreiungsarmeen oder als Dobrovolez für die rückwärtigen Dienste der Truppe oder für den freiwilligen Arbeitseinsatz im Raum der befreiten Ostgebiete« zu entscheiden. Der Befehl wurde als zweisprachiges Textflugblatt gedruckt, das millionenfach zum Einsatz kam.[80]

Um diese Überläufer-Kampagne ging es in der Aussprache Hitlers mit Keitel und Zeitzler am 8. Juni 1943, in deren Rahmen Hitler sich grundsätzlich *gegen* eine Aufstellung von russischen Verbänden unter Wlassows bzw. russischem Befehl aussprach.[81] Keitel, der sich bereits durch Äußerungen Wlassows im Rahmen von dessen Reise durch das Gebiet der Heeresgruppe Nord provoziert gefühlt hatte,[82] schlug vor, das Angebot, in die »Russische Befreiungsarmee« einzutreten, in den Flugblättern zu korrigieren. Hitler meinte dagegen, solche Angebote brauche man nicht so tragisch zu nehmen, das Entscheidende für ihn sei, dass keine »falsche Meinung auf unserer eigenen Seite« entstehe. Man müsse unterscheiden »zwischen der Propaganda, die ich hinüber mache, und dem, was wir endlich selber machen.« Der Befehl

---

RW 4/309a, fol. 132 ff.; Notiz zu Reaktionen auf Wlassow-Bewegung, Eingang Vineta 27. 7. 1943, SoM, 1370-1-61, fol. 8.

[78] Zu Aufrufen, sich der »Ukrainischen Befreiungsarmee« anzuschließen, vgl. Atelier Vineta an Wiebe, 7. 4. 1943, SoM, 370-1-10, fol. 140.

[79] Notiz, 15. 2. 1943, betr. Russisches Nationalkomitee, BA, R 6/35, fol. 159 f. Dabei handelte es sich um das sog. Smolensker Manifest und einen von Wlassow und Malyschkin gemeinsam unterzeichneten Aufruf v. 30. 1. 1943. Vgl. Dallin 1981, S. 579, Fn. 2.

[80] Flugblatt AM 74/IV 43/56 (deutsch-russisch), Faksimile abgedr. in: Buchbender 1978, S. 234 f. Auszüge zit. in: Volkmann 1972, S. 125 f., Fn. 33. Zur Aktion »Silberstreif«, die die Offensive an Kursker Bogen begleiten sollte, und bei der von Mai bis Juli 1943 etwa eine Milliarde Flugblätter abgeworfen wurde, siehe Buchbender 1978, S. 232-247. Mit dem Grundlegenden Befehl Nr. 13a v. 1. 7. 1943 wurde dieses »Angebot« auch auf die Partisanenverbände ausgeweitet. Grundlegender Befehl Nr. 13 a des OKH, 1. 7. 1943, abgedr. in: Buchbender 1978, S. 328 f.

[81] Besprechung Hitlers mit Keitel und Zeitzler am 8. 6. 1943 auf dem Berghof, Heiber 1962, S. 252-268.

[82] Wlassow hatte seine deutschen Gastgeber in Gatschina nach einem erfolgreichen Sieg nach St. Petersburg eingeladen, worauf Keitel am 18. 4. 1943 – nach den Angaben Thorwalds (Heiber 1962, S. 266, Fn. 1) sowie Strik-Strikfelds (ders., 1970, S. 139) – jegliche politische Aktivität Wlassows verboten und damit gedroht hatte, ihn ansonsten wieder in ein Kriegsgefangenenlager zu bringen oder der Gestapo zu übergeben. Dallin, der nur von einer dienstlichen Anfrage Keitels bei der Abteilung WPr über Wlassows politische Äußerungen – mit kaum verhüllten Drohungen – spricht (Quellenangabe Interview Thorwald), räumt allerdings zu Recht ein, dass Thorwald die Krise etwas zu stark dramatisiert haben dürfte. Dallin 1981, S. 586 f., 587, Fn. 1.

7. Die Mobilisierung des »Neuen Europa« 1943/44

Nr. 13 stehe »außer jeder Diskussion« und »auch die anderen Sachen« könne man »unter der Voraussetzung machen, dass nicht die geringsten Konsequenzen praktisch daraus gezogen« würden. Hitler stellte klar: »Wir bauen nie eine russische Armee auf, das ist ein Phantom ersten Ranges.« Er hielt es für effektiver, Russen als Arbeitskräfte nach Deutschland zu holen. Ebenso ablehnend äußerte er sich gegenüber jeglichen Festlegungen, die auf einen ukrainischen Staat hinauslaufen könnten. Im Hinblick auf Wlassow entschied Hitler, dass dieser im besetzten Gebiet nicht mehr aktiv werden dürfe, in der Frontpropaganda aber die bisherige Linie fortgesetzt würde. Die propagandistische Betreuung der einheimischen Verbände sollte sich fortan weniger auf die »Nationalkomitees« konzentrieren, als auf die materiellen Anreize.[83]

Am 1. Juli 1943 legte Hitler seine Gedanken noch einmal den militärischen Befehlshabern persönlich dar und begründete, warum er sich gegen einen Teil der vorgeschlagenen Maßnahmen entschieden hatte. Er stellte klar, dass er grundsätzlich alle Facetten der psychologischen Kriegführung ohne Skrupel ausschöpfen würde. Doch in der aktuellen Situation befürchtete er einerseits die Entstehung langfristiger nationaler Ansprüche und andererseits negative Auswirkungen auf die »geistige« Mobilisierung nach innen. Wenn die deutschen Soldaten keine »positiven« Kriegsziele mehr hätten, würde ihre Kampfmoral schwinden: »Wenn heute ein Bauernjunge hinausgeht, dann sagt er nicht: Gott sei Dank, diese Erde machen wir frei für die braven Ukrainer, sondern er sagt: das ist ein Boden, da möchte ich herkommen, hier möchte ich mich niederlassen.« Hitler betonte, dass er durchaus eine unabhängige Ukraine proklamieren – und dies dann »eiskalt« nicht einhalten – würde, er könne »aber nicht jedem Soldaten [...] ebenso öffentlich sagen: es ist nicht wahr, was ich gesagt habe, das ist nur eine Taktik.«[84]

Das Argument der Kampfmoral der eigenen Soldaten wog nach der Niederlage in Stalingrad und der rapiden Stimmungsverschlechterung innerhalb der eigenen Truppe und der deutschen Bevölkerung schwer.[85] Ähnliche Bedenken waren zu diesem Zeitpunkt auch für Himmlers ablehnende Haltung gegenüber Wlassow ausschlaggebend.[86] Aus Hitlers Perspektive erforderte die Situation Mitte 1943 eine Kompromisslinie: Es ging ihm darum, einerseits einheimische Kampfeinheiten ausnutzen zu können, ohne diese allerdings zu »Armeen« zusammenzufassen und politische »Konsequenzen« zu riskieren,

---

[83] Vgl. Heiber 1962, S. 264-267; Notiz des Botschaftsrats Hewel v. 9. 6. 1943 für Ribbentrop, zit. in: Volkmann 1972, S. 127; Abschrift, [in Handakten Etzdorf], Juni 1943, PA AA, R 27359, fol. 305022.

[84] Ansprache des Führers an die Heeresgruppenführer am 1. 7. 1943, Auszüge abgedr. in: Krausnick 1954, S. 309 ff.

[85] Vgl. hierzu Kershaw 2002, Bd. 2, S. 717 f., 723 f., 728 ff., 734, 764.

[86] Vgl. RFSS, geh. Rs., an HSSPF von dem Bach, Jan. 1943, IfZ, Ma 330, fol. 4191 f.; Abschrift, RFSS an SS-Sturmbannführer d'Alquen, Juli 1943, Anlage zu Chef der Sicherheitspolizei und des SD, IV D 5-B.Nr. 2637/42g, 18. 8. 1943, Mitteilungsblatt Nr. 20, SoM, 504-2-13, fol. 49; Rede Himmlers vor den Reichs- und Gauleitern in Posen am 6. 10. 1943, Auszüge abgedr. in: Volkmann 1972, S. 146 ff.

»die wir einmal einlösen müssen oder die der Soldat gar nicht mehr versteht.«[87]

Aufgrund der Vorgaben Hitlers gab die Abteilung WPr am 10. Juli 1943 die Weisung aus, die »Wlassow-Frage« zukünftig nicht mehr so stark herauszustellen. Den Propagandisten wurden Richtlinien an die Hand gegeben, wie sie die Fragen nach Wlassow bzw. seinem Projekt beantworten könnten. Dabei wurde einerseits die Fiktion eines kontinuierlichen Aufbaues des »Russischen Komitees« und einer »Russischen Befreiungsarmee« aufrechterhalten und andererseits das Fehlen von weiteren öffentlichen Verlautbarungen Wlassows gerechtfertigt.[88] Diese Linie schlug sich nicht nur in der an die sowjetischen Soldaten bzw. an die Partisanenverbände gerichteten Überläuferpropaganda nieder, sondern auch in den Publikationen »Dobrovolez« und »Sarja« sowie in Flugblättern an die Bevölkerung.[89] Das Ostministerium wies die Presse im zivilverwalteten Gebiet an, den Einsatz Einheimischer in Militär- und Polizeiformationen positiv hervorzuheben, dabei die Bezeichnungen »Russische Befreiungsarmee« und »Ukrainisches Befreiungsheer« jedoch zu unterlassen.[90]

Trotz weiterer Appelle der Befürworter eines aktiven Einsatzes Wlassows,[91] wurde diese Linie zunächst beibehalten. Im Laufe des folgenden Jahres rief man allerdings diverse »Nationalkomitees« u. ä. ins Leben, die nicht nur die kaukasischen Bevölkerungsgruppen, sondern auch die Ukrainer, Esten und Weißrussen in die deutsche Politik einbinden sollten.[92] Im Herbst/Winter 1944/45 wurden dann – auf Initiative Himmlers – doch noch konkrete Maßnahmen unternommen, unter Rückgriff auf Wlassow ein »Befreiungskomitee der Völker Rußlands« zu schaffen und zwei Divisionen einer »Russischen Befreiungsbewegung« aufzustellen.[93]

Festzustellen bleibt, dass die Befürworter eines »Kurswechsels« sich 1943 nicht in *allen* Punkten durchsetzen konnten, dennoch fand dieser seinen Niederschlag. Der Paradigmenwechsel in der Propaganda – die Einbeziehung von Russen als vermeintlich »gleichberechtigte Partner« im »neuen Europa« – führte zu einer ganzen Reihe grundlegender Maßnahmen.

---

[87] Krausnick 1954, S. 309 ff.
[88] Die Weisung ist auszugsweise zitiert in: Pz.AOK 3, Ic/AO (Prop.) Nr. 4695/43 geh., 21. 8. 1943, Richtlinien für die Aktiv-Propaganda Nr. 2, BA-MA, RH 21-3/511, fol. 8 RS ff.
[89] Vgl. Original und Übersetzung des Flugblattes Nr. 57/2 B/IX 43 »An die evakuierte Bevölkerung!«, Anlage zu AOK 4 Ic/Prop. Nr. 289/43 Br.Nr. 1014/43 geh., 15. 10. 1943, Propaganda-Lagebericht für die Zeit v. 1.-30. 9. 1943, BA-MA, RH 20-4/469, unfol.
[90] Stichwort »Freiwilligenformationen, Legionen, Schutzmannschaften«, in: Richtlinien für die Pressezensur in den besetzten Ostgebieten, hg. v. Pressechef für die besetzten Ostgebiete, [1943], IfZ, Da 46.03
[91] Vgl. Abschrift, Geheime Aufzeichnung Hilgers v. 29. 6. 1943, betr. Aktion Wlassow, PA AA, R 27359, fol. 305024-28; Edwin Erich Dwinger, Was muss im Augenblick geschehen, um Stalins System zu stürzen?, PA AA, R 27360, fol. 288633-48.
[92] Vgl. Volkmann 1972, S. 131; Umbreit 1999, S. 44, 53 f. Zur Einberufung einer »Weißruthenischen Nationalversammlung« Ende Juni 1944 siehe Dallin 1981, S. 236; Gerlach 1999, S. 212.
[93] Vgl. hierzu Volkmann 1972, S. 130-134, 148, 155; Schröder 2001, S. 152-163; R.-D. Müller 2007, S. 219-226.

7.1.3. Das veränderte Vorgehen: »Gleichberechtigte Partner« im »Neuen Europa«

Die Einigung auf eine zentrale »Europa«-Parole zur ideologischen Mobilisierung der sowjetischen Bevölkerung unter Einbeziehung der Russen hatte weit reichende Konsequenzen – nicht zuletzt auf dem innenpolitischen Sektor. Gefordert war eine grundsätzliche »Neuorientierung des deutschen Menschen zu den Ostvölkern«.[94] Hatte die Propaganda gegenüber der deutschen Bevölkerung und den eigenen Soldaten bis zu diesem Zeitpunkt stark auf eine antislawische Ausrichtung gesetzt, so musste dieser Tendenz nunmehr aktiv entgegengesteuert werden. Um der sowjetischen Gegenpropaganda den Wind aus den Segeln zu nehmen, hatten sich sowohl Rosenberg als auch Goebbels bereits zur Jahreswende 1942/43 scharf gegen jegliche öffentliche Äußerungen gewandt, die die sowjetische Seite ausnutzen konnte – wie die Begriffe Kolonien und Kolonialpolitik oder Hinweise auf deutsche Eroberungs-, Siedlungs- oder Germanisierungsabsichten.[95] Als Mitte Februar 1943 die große antibolschewistische Propagandakampagne im Reich gestartet wurde, betonte Goebbels, dass »sorgsam darüber gewacht werden« müsse, »daß nicht von einem Kampf gegen die Slawen oder das russische Volk gesprochen wird«.[96] Auch das SS-Schulungsmaterial revidierte antislawische Tendenzen. In einer vom SS-Hauptamt herausgegebenen Broschüre wurde die Frage »Was ist Europa?« jetzt so beantwortet:

> »Nicht erst seit einigen Jahrhunderten gibt es eine gemeinsame Grundlage der europäischen Völker. Schon seit ihrer Entstehung, seit Jahrtausenden, bilden diese Völker selbst eine große Familie, erwachsen aus den gleichen Rassen, nur daß deren Zusammensetzung in jeder Völkergruppe, bei Germanen, Romanen, *Slawen* usw., verschieden ist. [...] Die stärkste Bedrohung für Europa ist eben die Vernichtung unseres wertvollen Erbgutes durch die bolschewistische Lawine. Wenn der stählerne Schutzwall, den der deutsche Soldat mit seinen europäischen Kameraden im Osten bildet, durchbrochen werden sollte, so würden *nicht etwa die Slawen*, sondern Juden und innerasiatische Nomaden die Oberhand gewinnen.«[97]

---

[94] Abschrift, RMO, Richtlinien zur »neuen Propaganda-Aktion zur Agrarordnung 1943« und zur »Hilfswilligen (Dobrovolez)-Aktion«, Januar 1943, Auszüge, BA-MA, RH 2/2558, fol. 82-96. Vgl. hierzu auch entsprechende Äußerungen bei der Tagung am 18. 12. 1942, Abschrift 22. 12. 1942, Grundsätzliche Gedanken aus der Aussprache des RM für die besetzten Ostgebiete mit den Befehlshabern der Heeresgebiete im Osten, SoM, 504-2-13, fol. 28 f.; OKH Gen St d H/ Gen Qu Abt. Kr. Verw. Nr. II/15/43 g. Kdos, 3. 1. 1943, Aufzeichnung über die Ostfrage, PA AA, R 27342, fol. 205688 ff.

[95] Vgl. RM f. d. besetzen Ostgebiete, R/H 734/42 g., an alle Obersten Reichsbehörden, 3. 12. 1942, gez. Rosenberg, BA, R 6/208, fol. 52 f.; zu Goebbels Boelcke 1989, S. 324 (21. 1. 1943), 341 (20. 2. 1943), 342 (22. 2. 1943); Reichspropagandaleiter der NSDAP, an alle Reichsleiter, Gauleiter u. Gaupropagandaleiter, geh., 15. 2. 1943, betr. Behandlung der europäischen Völker, gez. Goebbels, NS 18/770, fol. 1-3.

[96] Zit. nach: Boelcke 1989, S. 337 (12. 2. 1943).

[97] RFSS-SSHA o. J., S. 3, 5. Hvg. B. Q. Siehe auch den Hinweis Dallins auf Erwin Kirchhoff, Neue Verbündete: Vom Einsatz der landeseigenen Verbände an der Ostfront, in: Das Reich, 21. 2. 1943, ders. 1981, S. 563.

Diese taktisch motivierte Revision des Antislawismus ist auch deshalb von so großer Bedeutung, weil sie zeigt, dass Antisemitismus und Antislawismus einen *unterschiedlichen* Stellenwert hatten. Beide waren nicht – so die These Wolfram Wettes – *unlösbar* miteinander verknüpft.[98] Als Beleg führt Wette unter anderem eine Aussage von Bach-Zelewski an, mit der dieser 1946 die Massenmorde rechtfertigte: Es sei jahrzehntelang in der Propaganda gepredigt worden, »dass die slawische Rasse eine Unterrasse ist, dass die Juden überhaupt keine Menschen sind«.[99] Diese Sätze können jedoch auch in der gegenteiligen Weise interpretiert werden; sie zeigen nämlich eine Hierarchie, in der zwischen »Unterrasse« und »keine[n] Menschen« unterschieden wird.[100] Wichtig ist, dass die antislawischen Tendenzen in der Propaganda Anfang 1943 flexibel verändert wurden – eine solche Flexibilität war im Hinblick auf den Antisemitismus undenkbar. Dieser bildete eine unveränderbare Grundkonstante der deutschen Propaganda, von der z. B. in Weißrussland trotz verschiedener Berichte über ihre offenkundige Unwirksamkeit nicht abgerückt wurde.[101]

Die konkrete Umsetzung der veränderten Gesamtlinie stellte allerdings ein Problem dar. So forderte das Ostministerium die Zivilverwaltung im Januar 1943 auf, behördenintern dafür zu sorgen, dass sich »aus dem Mitkämpfen von Einheimischen eine Korrektur der Einstellung und Behandlung« ergeben müsse.[102] Für die deutschsprachige Presse im zivilverwalteten Gebiet galt fortan, dass der »auf die bolschewistischen Drahtzieher, die jüdischen Funktionäre und die Bandenführer« passende Begriff »Untermenschentum« in Bezug auf die »Bevölkerung der Sowjetunion und der besetzten Ostgebiete wie auch auf die Sowjetsoldaten zu vermeiden« sei.[103] Der Wirtschaftsstab Ost wies sein Personal grundsätzlich an, das die »richtige Behandlung« der Bevölkerung der Schlüssel zum Erfolg deutscher wirtschaftlicher Maßnahmen sei. Es sei »daher Sorge zu tragen, daß die arbeitenden einheimische Bevölkerung anständig und gerecht behandelt wird, und daß ehrverletzende Maßnahmen, wie Prügeln, Schikanen u. ä., vermieden« würden.[104] Ein neues »Merkblatt für die Truppe« – das auch die Minsker Behörde an die Gebietskommissare verteilte – forderte nicht nur

---

[98] Wette 1995, S. 175.
[99] IMT, Bd. 4, S. 549, Verhör v. 7. 1. 1946, Auszüge auch abgedr. in: Poliakov/Wulf 1975, S. 521.
[100] Die Differenzierungen und Veränderungen im Russlandbild der SS ebenfalls unterschätzend Hass 1994.
[101] Nur ganz vereinzelt waren die Deutschen hier offenbar zu einer flexiblen Handhabung bereit: Es gibt Hinweise darauf, dass auf der Krim und im Kaukasus etwas zurückhaltender mit antisemitischen Parolen operiert wurde, weil sie hier für nicht so erfolgversprechend gehalten wurden.
[102] Abschrift, RMO, Richtlinien zur »neuen Propaganda-Aktion zur Agrarordnung 1943« und zur »Hilfswilligen (Dobrovolez)-Aktion«, Januar 1943, Auszüge, BA-MA, RH 2/2558, fol. 82-96. Vgl. hierzu auch WBfh. Ostland, Ic, 26. 12. 1942, betr. Lage im Ostland, Anlage zu Wehrmachtsbefehlshaber Ostland, Ic (Major Daven), Tätigkeitsbericht für die Zeit v. 16. 7.-8. 8. 1944, BA-MA, RW 41/53, unfol.
[103] Richtlinien für die Pressezensur in den besetzten Ostgebieten, hg. v. Pressechef für die besetzten Ostgebiete, Stichwort »Untermenschentum«, S. 161, IfZ, Da 46.03.
[104] WiStab Ost an Göring, Januar 1943, Nürnbg. Dok. NO-3470; WiStab Ost, Behandlung der Bevölkerung, 8. 2. 1943, zit. nach: Dallin 1981, S. 563. Vgl. hierzu auch Merkblatt Wi 1,

7. Die Mobilisierung des »Neuen Europa« 1943/44

»Seid gerecht!«, »Lobe den Einheimischen, wenn er gut arbeitet!« und »Vermeide es, Einheimische zu prügeln!«. Es sollte auch vermieden werden, ihnen gegenüber zum Ausdruck zu bringen, »dass der Deutsche eine bessere Rasse als der Einheimische sei« – besonders die »Weißruthenen, Ukrainer und die Großrussen im Norden« gehörten zur »Völkerfamilie der Arier«![105]

Diverse Maßnahmen betrafen auch die sowjetischen Arbeitskräfte im Reich. Der Wirtschaftstab Ost verfügte im Januar 1943 unter anderem eine Herabsetzung der Aushebungsquoten und eine bessere Behandlung der Arbeitskräfte.[106] Davon sollten allerdings vor allem die leistungsstarken Arbeiter und Arbeiterinnen profitieren – mangelnde Leistung wurde fortan umso härter bestraft.[107] Goebbels arbeitete Richtlinien aus, die ebenfalls darauf abzielten, die »Ostarbeiter« im Reich »etwas pfleglicher« zu behandeln – ansonsten würde »durch Briefe eine direkte Greuelpropaganda in den Ostvölkern selbst« verbreitet. Man könne die »Angehörigen der russischen Völkerschaften nicht einfach wie Tiere behandeln«, man müsse ihnen »ein gewisses Entgegenkommen zeigen, wenn man sich ihrer Dienste überhaupt bedienen will.«[108] Die von Goebbels Mitte Februar 1943 an alle Reichsleiter, Gauleiter und Gaupropagandaleiter ausgegebenen Richtlinien zur »Behandlung der europäischen Völker« betonten: »Alles, was die notwendige Mitarbeit aller europäischen Völker, in Sonderheit der Ostvölker, für den Sieg gefährdet«, müsse »unterlassen werden.« Ihre Herabsetzung vertrage sich nicht mit dem Ziel einer europäischen Mobilisierung.[109] Nach Gesprächen mit Göring und »verschiedensten Persönlichkeiten« sprach Goebbels im März 1943 von einer vorherrschenden Meinung darüber, »dass wir die Ostvölker nicht bei der Sache halten können, wenn wir mit unseren bisherigen Methoden weiter fortfahren.«[110] Zumindest auf dem Papier folgten auch Konsequenzen aus dieser Einsicht. Am 5. April änderte der Generalbevollmächtigte für den Arbeitseinsatz die Verordnung über die Einsatzbedingungen der »Ostarbeiter«. Unter anderem waren ab dem 1. Mai neue Entgelttabellen gültig, die Arbeiter erhielten nun detaillierte Lohnabrechnungen.[111] Diverse Anregungen und Vorstöße zur Abschaffung des »Ostarbeiterkennzeichens« und seiner Ersetzung durch eine »nationale«

---

21. 6. 1943, Richtlinien für Zivilpersonen im Wirtschaftseinsatz des Ostens – Verkehr mit Einheimischen, NAB, 370-1-1144, fol. 226 f.

[105] Abschrift, Merkblatt für die Truppe – 10 Gebote für den Umgang mit Einheimischen, Anlage zu GK Minsk, Abt. II Verw., an die GebK, 4. 8. 1943, betr. Umgang mit Einheimischen, NAB, 370-1-543, fol. 54 ff.

[106] WiStab Ost an Göring, Januar 1943, Nürnbg. Dok. NO-3470; WiStab Ost, Behandlung der Bevölkerung, 8. 2. 1943, zit. nach: Dallin 1981, S. 563.

[107] Vgl. Organisation Todt, Merkblatt über Einsatz, Behandlung und Betreuung russischer Arbeitskräfte, [Anfang 1943], NAB, 379-1-46, fol. 49-53.

[108] Goebbels TB, Eintrag v. 11. 2. 1943, II, Bd. 7, S. 321.

[109] Reichspropagandaleiter der NSDAP, an alle Reichsleiter, Gauleiter u. Gaupropagandaleiter, geheim, 15. 2. 1943, betr. Behandlung der europäischen Völker, gez. Goebbels, NS 18/770, fol. 1-3. Vgl. zu diesem Aspekt auch Didier 1943; Davidts 1943.

[110] Boelcke 1989, S. 344 (5. 3. 1943). Zu entsprechenden Äußerungen Hitlers am 8. 6. 1943 siehe Heiber 1962, S. 257, 266.

[111] Vgl. [PAW], Ostdienst, Beilage zum Informationsdienst, 13. 4. 1943, NAB, 378-1-35, fol. 13 f.

Zuordnung[112] hatten allerdings erst im Sommer 1944 praktische Konsequenzen.[113]

Auch bezüglich der *arbeitsfähigen* sowjetischen Kriegsgefangenen[114] und insbesondere der »Freiwilligen« und »Hilfswilligen« in der Wehrmacht ergingen neue Weisungen. Am 9. Februar 1943 verfügte Generalquartiermeister Wagner eine bevorzugte Behandlung der Rekrutierten.[115] Die Oberbefehlshaber der Heeresgruppen wurden angewiesen, in ihren Bereichen alle Maßnahmen zu treffen, um »das Vertrauen der landeseigenen Hilfskräfte in die deutsche Führung und damit die Sicherheit im Operationsgebiet« zu gewährleisten.« Mit den Wirtschafts-Dienststellen war vereinbart worden, das »hervorragende Leistung bzw. Bewährung« belohnt werden konnte, indem das Hofland sofort bis zur »Höchstgrenze« vergrößert bzw. ein Einzelhof, Nutz- und Zugvieh sowie landwirtschaftliches Gerät oder auch ein handwerklicher oder städtischer Betrieb als »Privateigentum« zugewiesen wurden. Einzelne dieser so »großzügig« Belohnten sollten später als »Träger einer wirksamen, positiven deutschen Propaganda auf dem flachen Lande« eingesetzt werden und helfen, das »Misstrauen der Landbevölkerung der deutschen Führung gegenüber zu überwinden.« Eine bessere Regelung der Versorgung der »Hilfswilligen« und ihrer Angehörigen wurde ebenfalls befohlen. Wagner wies die Befehlshaber darauf hin, dass die Durchführung aller derartigen Maßnahmen »drastisch und wirkungsvoll« sein müsse; sie seien »propagandistisch voll auszunutzen«.[116]

Dieses ganze Bündel von Weisungen und Befehlen, die im Frühjahr 1943 zur »besseren« Behandlung von »Ostarbeitern«, Kriegsgefangenen und Bewohnern der besetzten Gebiete ergingen, waren kein isoliertes Phänomen, mit dem einige Stäbe oder Behörden versuchten, Hitlers Vorstellungen zu unterlaufen.[117] Tatsächlich war dieser »neue Geist«[118] Ausdruck des – auch von Hitler getragenen – »Kurswechsels«, mit dem die deutsche Führung die verlorengegangene Initiative zurückgewinnen wollte. Bis heute betont die Forschung

---

[112] Vgl. u. a. Protokoll der Tagung der Gebietskommissare, Hauptabteilungsleiter und Abteilungsleiter des GK in Minsk v. 8. 4.-10. 4. 1943, NAB, 370-1-1264, fol. 70 (Leiter der Abteilung Jugend, Schulz), 76 (Abteilungsleiter Freudenberg). Zu diesen Initiativen auch Dallin 1981, S. 457-461.

[113] Vgl. Leiter Ost an Reichsminister, 29. 6. 1944, Geheim, betr. Ostarbeiterabzeichen, gez. Taubert, SoM, 1363-1-82, fol. 141-146; [RMVP], Abteilung Ost, Referent Scharrenbroich, an Leiter Ost, 29. 7. 1944, betr. Großaktion anlässlich der Einführung der nationalen Kennzeichen für die Ostarbeiter, SoM, 1363-1-161, fol. 8 f.; Dallin 1981, S. 461.

[114] Vgl. OKH GenStdH GenQu Abt. K.Verw. (Qu 5/kgf) Nr. II/13651/42, 1. 12. 1942, Merkblatt über Behandlung der Kriegsgefangenen durch Bedarfsträger im Arbeitseinsatz, NAB, 658-1-2, fol. 160.

[115] Abschrift des Befehls des Generalquartiermeisters v. 9. 2. 1943 in VAA beim OKH (GenStdH) [Etzdorf], 1169/43, an AA, 25. 2. 1943, Inhalt: Landeseigene Hilfskräfte im Osten, PA AA, R 27358, fol. 316831 ff.

[116] Ebd. Dies galt auch für die wenig später erfolgenden Regelungen des Postverkehrs. Abschrift, Oberkom. der Hgr. Mitte Ic/O.Qu./Qu.2/Br.Nr. 3335/43 geh., 15. 3. 1943, betr. Postverkehr der Hilfswilligen während und nach der Evakuierung, Anlage zu 221. Sich.Div., Abt. Ic Nr. 768/43, Tätigkeitsbericht v. 1. 1.-31. 8. 1943, 19. 11. 1943, BA-MA, RH 26-221/76, unfol.

[117] Vgl. Dallin 1981, S. 563 f.

[118] Ebd., S. 564.

vermeintlich unüberbrückbare und im ersten Halbjahr 1943 offenkundig werdende Differenzen zwischen Wehrmacht, Ostministerium und Hitler. Dies hängt damit zusammen, dass einige der Beteiligten nach 1945 die Legende pflegten, sie seien mit ihren »vernünftigen« Argumenten – nämlich der Bildung einer russischen Gegenregierung bzw. militärischen Verbänden unter Wlassows Befehl – an antirussischen Vorstellungen Rosenbergs und einer rassenideologischen Verblendung Hitlers und seines näheren Umfeldes gescheitert. Andernfalls – so die implizierte und höchst unwahrscheinliche These – wäre eine Kriegswende noch möglich gewesen. Diese Selbststilisierung als »gescheiterte« Opposition diente den Beteiligten nach dem Krieg dazu, sich von der von ihnen mitkonzipierten und getragenen verbrecherischen Ostpolitik zu distanzieren.[119] Tatsächlich waren die Übereinstimmungen aber weit größer, als bisher angenommen.

In der Praxis zeigten sich jedoch auch die Grenzen einer solch grundlegenden Wendung in der »geistigen« Kriegführung. Trotz der Vielzahl von entsprechenden Forderungen stieß die konkrete Umsetzung einer »besseren« Behandlung auf enorme Schwierigkeiten – z. B. im Hinblick auf die »Ostarbeiter« im Reich. Die antislawischen Einstellungen in der deutschen Bevölkerung ließen sich nicht einfach kurzfristig verändern. Klare Grenzen setzten zudem die Kriegsnotwendigkeiten, da eine Beendigung des Krieges und die Aufnahme von Friedensverhandlungen zu keiner Zeit erwogen wurden. Um den Krieg fortsetzen zu können, waren die Deutschen z. B. weiterhin von der radikalen Abschöpfung der Ressourcen in den besetzten Gebieten abhängig ebenso wie von dem massenhaften Einsatz sowjetischer Arbeiter und Arbeiterinnen im Reich. Dennoch fand der »Kurswechsel« nicht allein auf dem Gebiet der Propaganda statt, sondern in Ansätzen auch auf konkret/materieller Ebene – dies zeigt das Beispiel Weißrusslands.

7.2. Die Auswirkungen des »Kurswechsels« in Weissrussland – Die »nationale Wiedergeburt Weissrutheniens«

Das Schlagwort eines »Befreiungskampfes« des »Neuen Europa« unter der Führung Deutschlands gegen den »Bolschewismus« dominierte ab 1943 die gesamte Propaganda gegenüber der einheimischen Bevölkerung in den besetzten sowjetischen Gebieten (siehe Abb. 14). Diese Kampagne hatte auch auf das politisch-propagandistische Vorgehen in Weißrussland bis zum Ende der Besatzung Mitte 1944 einen weit reichenden Einfluss. Im April 1943 kündigte Generalkommissar Kube den in Minsk zusammengerufenen Gebietskommissaren, Hauptabteilungs- und Abteilungsleitern an, dass man mit dem »ersten Kurs unserer Politik« grundsätzlich Schluss machen müsse, wenn man »den

---

[119] Vgl. u. a. Wedel 1962; Bräutigam 1968; Kleist 1950; Strik-Strikfeld 1970. Diese Selbstdarstellung hat die Forschung zu diesen Aspekten nachhaltig geprägt. Vgl. u. a. Dallin 1981; Mulligan 1988, S. 163 ff.; Umbreit 1992, S. 138-142, 146; Schröder 2001, S. 141 ff., 145; Zellhuber 2006, S. 20, 320 f., 347 ff.; R.-D. Müller 2007, S. 215 ff.

weißrussischen Raum und sein Volkstum [...] zum neuen Europa führen« wolle.[120] Diese Worte spiegelten keinen Sonderweg Kubes wider,[121] sondern knüpften vielmehr an die zentralen Vorgaben an. Bereits am 5. Januar 1943 hatten sich Vertreter des Reichskommissariats Ostland, des Generalkommissariats in Minsk und des SD getroffen, um eine zukünftig einzuschlagende politische Linie für Weißrussland zu diskutieren. Debattiert wurden die Fragen, ob sich der Leiter des Weißruthenischen Selbsthilfewerks, Dr. Ermatschenko, zu einem für die Deutschen bedrohlichen »Volksführer« entwickeln könne und ob die »Schaffung eines weißruthenischen Volkes überhaupt angestrebt und bereits jetzt gefördert werden solle, da noch keine Entscheidung darüber vorliege, was mit [diesem] überhaupt geschehen soll.«[122] Es war noch unklar, welches Schicksal den Weißrussen im Rahmen der großen Siedlungspläne im Osten zukommen sollte. Die Frage ihrer »Rassenzugehörigkeit« und damit das Ausmaß ihrer Vertreibung bzw. Vernichtung wurde nie abschließend geklärt.[123]

Im Januar 1943 einigte man sich ganz pragmatisch darauf, dass dem »Weißruthenentum« gegenüber eine »positive Politik« betrieben werden müsse, »unbeschadet dessen, was in der Zukunft entschieden wird.«[124] Einer der Abteilungsleiter der Minsker Behörde begründete solche Überlegungen mit den folgenden Worten: »Warum sollen wir dem Volk auf nationalpatriotischem Gebiet wie auf den Gebieten der Volkstumspflege nicht alles zugestehen, wenn wir dadurch seine Mitarbeit erreichen und somit dem Siege dienen?« Wenn es den Deutschen nütze, sollte der »nirgendwo ausgeprägte Nationalismus« eben geweckt werden – eine Gefahr entstehe daraus nicht, da man nach einem errungenen Sieg mächtig genug sei, damit fertig zu werden.[125]

Wie diese »positive Politik« konkret aussehen sollte, darüber sprach Kube im April. Geplant – und teilweise bereits in Vorbereitung – waren die »Reprivatisierung des Bauernlandes«, die Etablierung einer Jugendbewegung und Veränderungen im Bereich von Bildung, Erziehung und Kultur. In diesem

---

[120] Eröffnungsvortrag GK Kube, Protokoll der Tagung der Gebietskommissare, Hauptabteilungsleiter und Abteilungsleiter des GK in Minsk v. 8. 4.-10. 4. 1943, NAB, 370-1-1264, fol. 8.

[121] So u. a. die Interpretation Dallins, ders. 1981, S. 229 ff.

[122] Auf Einladung Dr. Waegners (Abteilungsleiter Gesundheitswesen und Volkspflege, RKO) trafen sich Sturmbannführer Humitsch (SD), Jurda (Abteilungsleiter Verwaltung, GKW) und Dr. Weber (Abteilungsleiter Gesundheitswesen und Volkspflege, GKW), [RMO], I/2 36 RA Mauch, Vermerk v. 8. 1. 1943, betr. Einheimisches Selbsthilfewerk Weißruthenien, BA, R 6/106, fol. 1.

[123] Vgl. hierzu Stellungnahme und Gedanken zum Generalplan Ost des Reichsführers SS von Erhard Wetzel, 27. 4. 1942, abgedr. u. a. in: Heiber 1958, S. 281 ff. sowie Madajczyk 1994, S. 50 ff., vgl. hier insbes. 66 ff.; Dr. Köhler an SS-Unterstuf. Kuhn bei der Dienststelle des SD in Minsk, 30. 4. 1943, betr. Bericht über die Rassenzugehörigkeit der weißruthenischen Bevölkerung, NAB, 370-1-254, fol. 230 ff. Zu deutschen Siedlungsplänen in Weißrussland siehe auch Gerlach 1999, S. 11-127.

[124] [RMO], RA Mauch, Vermerk v. 8. 1. 1943, betr. Einheimisches Selbsthilfewerk Weißruthenien, BA, R 6/106, fol. 1.

[125] Referat des Leiters der Abteilung Jugend, Schulz, Protokoll der Tagung der Gebietskommissare, Hauptabteilungsleiter und Abteilungsleiter des GK in Minsk v. 8. 4.-10. 4. 1943, NAB, 370-1-1264, fol. 68.

7. Die Mobilisierung des »Neuen Europa« 1943/44

Zusammenhang sollten unter anderem ein einheimischer »Vertrauensrat« gegründet werden sowie eine Kultur- und eine Jugendorganisation – zusätzlich zu dem seit 1941 bestehenden Weißruthenischen Selbsthilfewerk. Möglicherweise spielte hierbei auch die Überlegung eine Rolle, den Einfluss Ermatschenko möglichst zu begrenzen, jedenfalls betonte Kube, dass er es für falsch halte, nur eine einheimische Organisation zu haben, man müsse »sie nach dem alten Grundsatz auch gegeneinander ausspielen können«.[126]

Diese Linie führte 1943/44 zu diversen Neugründungen von vermeintlich unabhängigen Organisationen und Gremien: Es entstanden »weißruthenische Betriebsgemeinschaften«, die »Weißruthenische Frauenarbeit«, das »Weißruthenische Jugendwerk« (22. Juni 1943), der »Weißruthenische Vertrauensrat« (27. Juni 1943), die »Weißruthenische Wissenschaftliche Gesellschaft« (vor September 1943),[127] der »Weißruthenische Zentralrat« (21. Dezember 1943), die »Weißruthenische Kulturgemeinschaft« (6. Februar 1944),[128] die »Weißruthenische Heimatwehr« (6. März 1944) und die »Deutsch-weißruthenische Landeszentrale für Wissenschaft und Forschung« (Mai/Juni 1944).[129] Zugleich fanden Anstrengungen statt, den Bereich der Kultur- und Bildungspolitik auszubauen.[130]

Die »Volkstums«-Propaganda wurde wesentlich verstärkt und die »nationale Wiedergeburt Weißrutheniens« beschworen.[131] Dieses reihe sich ein in die »gemeinsame antibolschewistische und antikapitalistische Front der jungen Völker Europas«.[132] Antirussische Tendenzen wurden abgeschwächt, während antipolnische Parolen stärker zum Tragen kamen und von Versuchen begleitet

---

[126] Eröffnungsreferat GK Kube, Protokoll der Tagung der Gebietskommissare, Hauptabteilungsleiter und Abteilungsleiter des GK in Minsk v. 8. 4.-10. 4. 1943, NAB, 370-1-1264, fol. 11 f. (Zitat), 18.

[127] Vgl. Abt. I Politik, an GK, 24. 11. 1943, betr. Weißruthenische Wissenschaftliche Gesellschaft, NAB, 370-1-23, fol. 65.

[128] Vgl. Kalubowitschs Artikel »Neugeburt aus Not und Kampf. Weg und Ziel der Weißruthenischen Kulturgemeinschaft« in: Weißruthenische Korrespondenz, 28. 3. 1944, NAB, 370-1-7, fol. 388 ff.

[129] GK Minsk, P 4, an Hauptabteilungsleiter Freitag, 30. 5. 1944, betr. Gründung der deutsch-weißruthenischen Landeszentrale für Wissenschaft und Forschung, Satzung, NAB, 370-1-64, fol. 46 f.

[130] Vgl. hierzu u. a. [RMO], Richtlinien für die Propaganda in den besetzten Ostgebieten, 25. 9. 1943, BA, R 6/192, fol. 65 f.; Propagandareferent beim GebK Slonim, 15. 3. 1944, Lagebericht für die Zeit v. 5. 2.-15. 3. 1944, BA-MA, FPF 01/7869, fol. 1385 f.; GebK Glebokie, Ref. II Verw.-Ber./Fi., an GK in Minsk, 22. 3. 1944, betr. Lagebericht für die Monate Dezember 1943, Januar, Februar u. März 1944, BA-MA, FPF 01/7869, fol. 1454; GK Minsk, Propagandaamt Dr. A./B., 23. 3. 1944, Bericht über die Kulturarbeit im Gebiet Minsk-Land und zum Teil (Rundfunk und Film) im ganzen Generalbezirk, NAB, 370-1-2379a, fol. 1-9; GK Minsk, Abt. I Kult, an ORR Dr. Markus, 17. 2. 1944, betr. Vorläufiger Einsatz der vom RMO zugewiesenen Gebietsschulräte, NAB, 370-1-484, fol. 9 f.; Bericht über die Arbeitstagung der Gebietsschulreferenten v. 7.-12. 6. 1944, Anlage zu GK Minsk, P 4-Dr. L./W, an GebK Pinsk, 27. 6. 1944, betr. Arbeitstagung, NAB, 370-1-385, fol. 1-30. Zum rückwärtigen Heresgebiet auch [PAW], Ostdienst, Beilage zum Informationsdienst, 13. 4. 1943, NAB, 378-1-35, fol. 13 f.

[131] Vgl. verschiedene Nummern der »Instruktionen für die weißruthenischen Propagandisten« von April bis Juli 1943 in: NAB, 370-1-1272.

[132] Instruktion Nr. 1 [für die weißruthenischen Propagandisten, April 1943], ebd., fol. 13 ff. Vgl. auch Vertrauliche Ostinformation Vineta, Nr. 160, 17. 4. 1943, SoM, 1370-1-61, fol. 11 f.

waren, Polen in den einheimischen Verwaltungsstrukturen durch Weißrussen zu ersetzen.[133] Der Gebietskommissar von Baranowitschi berichtete, dass eine »besondere Propaganda« durch die Presse verbreitet würde, die sich »indirekt [...] gegen das Polentum auswirken soll mit dem Zweck, die Weißruthenen mehr als dies bisher der Fall war, in ihrem Nationalbewusstsein gegenüber den Polen zu stärken.«[134] Das Ziel war sozusagen eine nationale, weißrussische Identitätsstiftung, die möglichst von konkreten Maßnahmen der Besatzungsverwaltung begleitet werden sollte.

7.2.1. Die »Feiertage«: 1. Mai und 22. Juni 1943

Für die Mobilisierung des »weißruthenischen Volkstums« wurden oftmals traditionelle oder auch neu eingerichtete Feiertage benutzt.[135] Im April 1943 erhielten die Propagandisten die zentrale Weisung, sowohl das Osterfest als auch den 1. Mai feierlich zu gestalten und alle Propagandamedien dafür einzusetzen, eine Stimmungsverbesserung in der Zivilbevölkerung zu erreichen.[136] Der Leiter der Abteilung Propaganda in Minsk, Schröter, kündigte im April an, dass zum 1. Mai Parolen herausgegeben würden, die »in ihrer äußeren Form der bolschewistischen Färbung entsprechen, inhaltlich aber die Kernprobleme unserer Politik und Propaganda herausstellen«.[137] Der Schwerpunkt lag dabei auf der neu ausgerichteten »Europa«-Propaganda.[138] Als besonders »Geschenk« der Besatzungsmacht kündigten sowohl die Zivil- als auch die Militärverwaltung spezielle »Fürsorge«-Maßnahmen für die

---

[133] Aus pragmatischen Gründen waren in den westlichen Gebieten Weißrusslands anfangs vor allem Polen in der einheimischen Verwaltung eingesetzt worden. Vgl. zur Rolle der Polen im GKW Chiari 1998, S. 270-302.

[134] GebK Baranowitschi, Propaganda, o. D. [etwa September 1943], NAB, 370-1-1285, fol. 27 f.

[135] Ostern, 1. Mai, 22. Juni (»Tag der Befreiung«) und 25. März (1944 eingeführter »weißruthenischer Nationalfeiertag«). Im einzelnen hierzu siehe unten. Weitere »Festtage« waren auch der 1. September als Jahrestag der Einführung der Zivilverwaltung, das Erntedankfest, der »Heldengedenktag« oder der »Führergeburtstag«. Vgl. Propaganda-Parolen zum Erntedankfest, NAB, 370-1-15, fol. 15; Dallin 1981, S. 230; Stichwort »Feiertage (politisch)« in Richtlinien für die Pressezensur in den besetzten Ostgebieten, hg. v. Pressechef für die besetzten Ostgebiete, [1943], IfZ, Da 46.03; [Propagandaamt Minsk], Referat Aktive Propaganda, Tätigkeitsbericht für die Zeit v. 2.-19. 4. 1944, NAB, 370-1-2426, fol. 20 f.

[136] Vgl. OKW Nr. 1730/43 WFSt/WPr (I/IV), 8. 4. 1943, betr. Propaganda in den besetzten Ostgebieten zum Osterfest, mit Anlagen, BA-MA, RH 19 III/659, unfol.; Fernspruch 1845, PAW Gruppe Rundfunk, 20. 4. 1943, betr. Propaganda-Richtlinien für das Osterfest und 1. Mai, NAB, 411-1-52, fol. 42; Stichworte »Feiertage (kirchliche)« und »Feiertage (politisch)« in Richtlinien für die Pressezensur in den besetzten Ostgebieten, hg. v. Pressechef für die besetzten Ostgebiete, [1943], IfZ, Da 46.03.

[137] Referat des Abteilungsleiters Propaganda, Schröter, Protokoll der Tagung der Gebietskommissare, Hauptabteilungsleiter und Abteilungsleiter des GK in Minsk v. 8. 4.-10. 4. 1943, NAB, 370-1-1264, fol. 108.

[138] Vgl. Fernspruch 1845, PAW Gruppe Rundfunk, 20. 4. 1943, betr. Propaganda-Richtlinien für das Osterfest und 1. Mai, NAB, 411-1-52, fol. 42; GK Minsk, Abt. Pro, An alle Propagandisten Weißruthauns, Parolen zum 1. Mai 1943, NAB, 370-1-1272, fol. 19-22; Stichwort »Feiertage (politisch)« in Richtlinien für die Pressezensur in den besetzten Ostgebieten, hg. v. Pressechef für die besetzten Ostgebiete, [1943], IfZ, Da 46.03.

7. Die Mobilisierung des »Neuen Europa« 1943/44

Bevölkerung an – aus denen wiederum eine »Verpflichtung der Mitarbeit« abgeleitet wurde. Im Zentrum stand dabei die Einführung einer Kranken- und Unfallversorgung.[139] »Verdiente Landeseinwohner« erhielten zudem »Sonderzuteilungen« (Lebensmittel, Verbrauchsgüter oder Alkohol) oder auch Land bzw. Einzelhöfe. Die Übergabe dieser »Belohnungen« wurde feierlich in Szene gesetzt.[140] In Minsk fanden nicht nur Betriebsappelle und Schulfeiern statt, der Berufsverband Minsk organisierte am Nachmittag des 1. Mai auch eine »Massenkundgebung« der Arbeiter und Angestellten der Minsker Betriebe im Stadtpark. Hier hielt Generalkommissar Kube seine zentrale Rede, in der er unter anderem die zukünftige Krankenversicherung ankündigte.[141] Ähnliche Versammlungen fanden auch in den einzelnen Gebieten statt.[142]

Die Beteiligung an der »Massenkundgebung« in Minsk war freigestellt, was dazu führte, dass faktisch kaum Einheimische erschienen. Daraus zog die Besatzungsbehörde Konsequenzen: bei ähnlichen Anlässen wurde zukünftig die Teilnahme zur Pflicht erklärt.[143] Dies betraf auch den nächsten großen »Feiertag«, den »Tag der Befreiung« am 22. Juni. Er wurde 1943 zum »weißruthenischen Staatsfeiertag« erklärt und das Rahmenprogramm, das die Zivilverwaltung an diesem Tag inszenierte, übertraf ihre ersten Versuche von Anfang Mai bei weitem. Betriebsappelle und Gemeinschaftsempfänge wurden ebenso organisiert wie ein auch im Rundfunk übertragener Dankgottesdienst in der Metropoliten-Kirche – mit dem Metropoliten und dem Erzbischof. Ein Platzkonzert der Polizeikapelle fand statt, auf festlich geschmückten Straßen und Plätzen wurden kurze Ansprachen und musikalische Darbietungen geboten, Kinos und Theater zeigten Sondervorstellungen. Am Nachmittag übertrug der Rundfunk eine Sondersendung mit dem Titel »Weißruthenien lebt wieder!«.[144] Im rückwärtigen Heeresgebiet Mitte wurden ebenfalls festliche Großveranstaltungen organisiert. So fand in Mogilew auf dem Platz vor dem »Deutschen Theater« eine Kundgebung mit 3.000 Menschen statt, die über den russischen Rundfunksender »Stimme des Volkes« übertragen wurde.[145]

---

[139] Im rückwärtigen Heeresgebiet zudem die »Fürsorge für alle im Kampf gegen den Bolschewismus versehrten Landeseinwohner und deren Hinterbliebene« sowie die Veröffentlichung einer neuen Schulordnung. PAW, Gruppe Rundfunk, 20. 4. 1943, betr. Propaganda-Richtlinien für das Osterfest und 1. Mai, NAB, 411-1-52, fol. 42. Für das GKW vgl. Der Beauftragte für den Berufsverband, Generalbezirk Weißruthenien, 27. 4. 1943, betr. Feier am 1. Mai, NAB, 370-1-57, fol. 6; GK Minsk, Abt. III A So, 17. 6. 1943, betr. Entwurf einer Verordnung über die Errichtung einer Krankenversicherungsanstalt Weißruthenien und der 1. Entwurf Durchführungsverordnung, NAB, 370-1-1256, fol. 4-10.

[140] Vgl. GK Minsk, II Z (HB)-1 E 2, an die Abteilungsleiter, 29. 4. 1943, betr. Feier des 1. Mai für die einheimischen Gefolgschaftsangehörigen, NAB, 370-1-468, fol. 47.

[141] Vgl. ebd.; Der Beauftragte für den Berufsverband, Generalbezirk Weißruthenien, 27. 4. 1943, betr. Feier am 1. Mai, gez. Freudenberg, NAB, 370-1-57, fol. 6.

[142] Vgl. Leiter der Propaganda im Gebiet Baranowitschi [Bjedritzky], Bericht über die Propagandatätigkeit im Gebiet Baranowitschi in der Zeit v. 1.-30. 5. 1943, NAB, 370-6-48, fol. 58.

[143] Vgl. GK Minsk, II Z (HB), an Hauptabt.- und Abteilungsleiter, 21. 6. 1943, betr. Staatsfeiertag am 22. 6. 1943, NAB, 370-1-468, fol. 72.

[144] Minsker Veranstaltungsfolge zum »Tag der Befreiung« (22. 6. 1943), NAB, 370-1-1284, fol. 119.

[145] Vgl. PAW, Wochenbericht der Gruppe Rundfunk v. 20.-26. 6. 43, 25. 6. 1943, NAB, 411-1-59, fol. 26.

In Minsk sollte eine Kundgebung im Minsker Stadttheater im Mittelpunkt der Veranstaltungen stehen. Hier wollte Generalkommissar Kube seine zentrale Rede halten.[146] Mit einem Minenanschlag gelang es jedoch den Partisanen bzw. dem städtischen Widerstand den Ablauf erheblich zu stören – die deutsche Propaganda versuchte dies als »Stalins Mordanschlag auf die Minsker Zivilbevölkerung« darzustellen.[147] Die wichtigste Ankündigung des Generalkommissars, dessen Rede auszugsweise auch auf Flugblättern und Plakaten gedruckt wurde,[148] betraf die offizielle Gründung des Weißruthenischen Jugendwerkes.

7.2.2. Das Weißruthenische Jugendwerk

Die Vorbereitungsarbeiten für eine weißrussische Jugendorganisation hatten etwa zur Jahreswende 1942/43 begonnen. Seit Dezember 1942 waren bei der Zivilverwaltung spezielle Jugendabteilungen gebildet und der Abteilung Jugend im Ostministerium unter der Leitung von Hauptbannführer Siegfried Nickel unterstellt worden. Nickel hatte im Februar/März 1942 die Reichskommissariate bereist und war dabei auch mit dem Leiter der Abteilung Jugend in Minsk, HJ-Bannführer Wilhelm Schulz, zusammengetroffen. Gemeinsam entwarf man das Konzept und die Statuten für die geplante Jugendorganisation.[149] Nachdem Rosenberg am 10. Juni seine Zustimmung gegeben hatte, setzte Generalkommissar Kube als Zeitpunkt für die offizielle Bekanntgabe des »Weißruthenischen Jugendwerks« (WJW) den 22. Juni 1943 fest.[150]

Diese Ankündigung sollte der wichtigste Propagandacoup zum »Tag der Befreiung« werden. Die Abteilung Jugend versorgte die einzelnen Gebietskommissariate mit Tausenden von Plakaten, Aufrufen und Handzetteln und wies sie an, diese in der Nacht vom 21. auf den 22. Juni zu verbreiten. Am 22. sollte »das gesamte weißruthenische Volk über die Jugendorganisation unterrichtet sein.« An diesem Tag veröffentlichten sämtliche einheimischen Zeitungen den entsprechenden Erlass Kubes und die Satzung des WJW. Der Generalkommissar selbst verfasste einen Leitartikel, der gemeinsam mit Artikeln

---

[146] Vgl. Minsker Veranstaltungsfolge zum »Tag der Befreiung« (22. 6. 1943), NAB, 370-1-1284, fol. 119.
[147] Vgl. Artikel »Stalins Mordanschlag auf die Minsker Zivilbevölkerung«, NAB, 370-1-12, fol. 13; Aufruf an die »Einwohner von Minsk«: »Neues bolschewistisches Attentat auf die friedliche Bevölkerung von Minsk!«, NAB, 370-1-12, fol. 18; Abt. I Pro-Pressereferent Gl./Sch., 25. 6. 1943, betr. Bombenattentat in Minsk (Stadttheater), NAB, 370-1-1325, fol. 131 f.
[148] Vgl. [GK Minsk], Abt. Pro Schr/G, an GebK, 18. 6. 1943, betr. 22. 6. – Tag der Befreiung, NAB, 370-1-1287, fol. 130.
[149] Vgl. RKO, II Pers. – Schulz, an RMO, 24. 12. 1942, betr. Einrichtung einer Abteilung Jugend beim Generalkommissar in Minsk, Bezug: Erlass v. 3. 12. 1942, NAB, 370-1-80, fol. 280. Nickel war auch zu weiteren Besprechungen zum WJW am 9. 6. 1943 persönlich in Minsk. GK Minsk, HA I, an Abteilungsleiter Rein, Abt. II Z u. Pers., 7. 6. 1943, NAB, 370-1-57, fol. 7. Siehe auch Herzog 1960, S. 21 ff.; Herbert 1986, S. 258.
[150] Vgl. GK Minsk, I Jugend, an GebK, betr. Weißruthenisches Jugendwerk, 16. 6. 1943, NAB, 391-198, fol. 35 ff.; GK Minsk, Abt. I Jugend, an GebK und Hauptabteilungs- und Abteilungsleiter, 16. 6. 1943, betr. Weißruthenisches Jugendwerk, NAB, 391-1-98, fol. 35 ff.

der einheimischen Redakteure und einem ersten Aufruf des »Chef des Führungsstabes des WJW« – diesen Posten übernahm der frühere Dolmetscher bei der deutschen Behörde Hanjko Pravadnik[151] – publiziert wurde.[152] In Minsk fand eine eigene Kundgebung mit Jugendlichen statt, auf der Kube sowie die neu ernannten regionalen Gebietsjugendführer sprachen. Das Theaterorchester sowie »Sing- und Spielscharen der weißruthenischen Jugend« steuerten Musikbeiträge bei. Der Landessender Minsk übertrug diese »Feier« in kleinere Städte – die Gebietskommissare hatten die strikte Anweisung erhalten, für den »Gemeinschaftsempfang« der Sendung auf öffentlichen Plätzen und in Schulen zu sorgen und im Anschluss daran, eigene regionale »Verpflichtungsfeiern« durchzuführen. Wie in Minsk sollten diese unter anderem Kranzniederlegungen an deutschen Soldatengräbern umfassen.[153]

Der erste Aufruf des WJW, der in der Presse abgedruckt und als illustriertes Flugblatt verbreitet wurde, ist ein typisches Beispiel für die an Kinder und Jugendliche gerichtete Propaganda. Das Bild zeigte einen Jungen in Uniform, der ernst und entschlossen eine Fahne mit den »weißruthenischen« Farben und dem eigens entworfenen WJW-Emblem trägt und den Blick über den Betrachter hinweg in die Ferne richtet. Die Parole verkündete: »Unter der Heimatfahne in die glückliche Zukunft!« (siehe Abb. 15). Der rückseitige Text lautete:

> »Weissruthenische Jungen und Mädel!
> Vor zwei Jahren haben die tapferen deutschen Soldaten auf Befehl und unter der Führung von Adolf Hitler dem weissruthenischen Volk die Befreiung gebracht, nachdem sie ein für alle mal Juden und Bolschewisten aus unserem Lande vertrieben und uns die Möglichkeit gegeben haben, selbst unser weissruthenisches Leben aufzubauen. Unsere Väter und Mütter freuen sich, dass sie nicht mehr unter der Aufsicht der Juden und Kommunisten stehen, dass sie anstatt der Kolchosensklaverei wieder ihre eigene Scholle bebauen dürfen. Sie freuen sich auch, dass wir, ihre Freude und Zukunft, uns nicht mehr in der jüdischen Knechtschaft quälen und die krummnasigen Baruchs, Mowsches und Lejbes nicht mehr unsere jungen Seelen vergiften werden, sondern dass wir endlich eine schöne Welt erleben dürfen, ohne Lüge, Spötterei und Unrecht.
> Adolf Hitler hat auch uns weissruthenische Jugend nicht vergessen und hat uns das schönste Geschenk gegeben: Heute, noch im Kriege dürfen wir unsere eigene, selbständige Organisation ›Weissruthenisches Jugendwerk‹ haben. Das ist wieder ein Beweis für die ohnehin feststehende Tatsache, dass der Führer Grossdeutschlands das weissruthenische Volk als ein positives Element im neuen Europa betrachtet und will, dass die weissruthenische Jugend schon heute beginnt, die Zukunft für ihr Volk aufzubauen. Die weissruthenische Jugend wird durch ihre Arbeit in ihrer

---

[151] Gerlach 1999, S. 1084, Fn. 154, nennt fälschlicherweise nur dessen Vormanen: Michail Hanjko.
[152] Vgl. Minsk, Abt. I Jugend, an GebK und Hauptabteilungs- und Abteilungsleiter, 16. 6. 1943, betr. Weißruthenisches Jugendwerk, NAB, 391-1-98, fol. 35 ff. Vgl. auch Rede/Artikel »Volk, steh auf!«, (zur Gründung des WJW, Autor unklar), NAB, 370-1-2376, fol. 206 ff.
[153] In Minsk selbst organisierte das WJW noch ein abendliches Sonnenwendfeuer. Vgl. Minsk, Abt. I Jugend, an GebK und Hauptabteilungs- und Abteilungsleiter, 16. 6. 1943, betr. Weißruthenisches Jugendwerk, NAB, 391-1-98, fol. 35 ff. Einen detaillierten Bericht zu den entsprechenden Aktivitäten in Wilejka gibt GebK Wilejka, I Politik B 3/Gr./Se., an Minsker Zeitung, 25. 6. 1943, Bericht über den Ablauf des Staatsfeiertages am 22. Juni 1943 in Wilejka, NAB, 370-1-12, fol. 12 f.

eigenen Organisation eine wichtige und entscheidende Prüfung für das ganze weissruthenische Volk ablegen. Es wird sich entscheiden, ob es fähig ist, das Werden der neuen europäischen Ordnung zu verstehen und daran mitzuarbeiten.
Weissruthenische Jungen und Mädel! Ihr werdet nicht nur vom ganzen weißruthenischen Volk, sondern auch von ganz Europa angeschaut! Was und wie wir schaffen, das ist morgen das weissruthenische Volk. Die Zukunft Weißrutheniens liegt in unseren Händen. Wir sind jung und haben viel Kraft, junge Energie gibt uns Schwung zu unseren Taten, die Lust zur Arbeit und zum Kampf reisst uns mit.
Lasst uns keine Zeit verlieren! Wir sollen mit der eigenen Umerziehung beginnen, wir sollen in uns das ausmerzen, was die ›schlauen‹ Juden zu unserem Schaden in uns hineingestopft haben. Wir müssen lernen, unser Volk, seine Sprache und Vergangenheit zu lieben, vernünftig zu arbeiten und kulturell zu leben, ebenso nach der Arbeit auch auszuspannen.
Weissruthenischer Junge! Nach ein paar Jahren bist Du selber Landwirt, Arbeiter, Techniker oder Dienststellenleiter. Du sollst also schon heute lernen zu arbeiten und zu kämpfen und die Arbeit der anderen zu schätzen.
Weissruthenisches Mädel! Nach ein paar Jahren bist Du weißruthenische Frau und Mutter. Du sollst also schon heute lernen, eine sittliche, gesunde und arbeitsliebende Frau zu werden.
Das wird Euch das WJW lehren. Hier werdet Ihr lernen, wie man für das Glück und Wohl des weißruthenischen Volkes und Vaterlandes dienen, arbeiten und kämpfen muss.
Sitzet nicht tatenlos! Auf Euch wartet Eure Organisation! Tretet dem weissruthenischen Jugendwerk bei! Das WJW-Abzeichen ist eine ehrenhafte Auszeichnung [...]. Es darf keine ordentlichen weissruthenischen Jugendlichen ausserhalb der Reihen des WJW geben!
Tretet an und kommt mit zur Arbeit! Es möge in den entferntesten Winkeln Weissrutheniens als allmächtiges Echo unser gewaltiger Ruf widerhallen: ›Es lebe Weissruthenien!‹.
Der Chef des Führungsstabes des WJW«[154]

Die Propagandainhalte unterschieden sich nicht wesentlich von der allgemeinen Propaganda, spezifisch an dem Aufruf war jedoch, dass er die Kinder und Jugendlichen als zukünftige nationale Elite stilisierte – und ihnen die Verantwortung für das weitere Schicksal der weißrussischen Bevölkerung aufbürdete. Der Versuch, dabei an jugendlichen Elan und Begeisterungsfähigkeit anzuknüpfen, wurde durch die vermeintliche »Wir«-Perspektive noch bestärkt. Nach außen hin sollte das Jugendwerk als eine unabhängige »Selbsterziehungsgemeinschaft junger Weißruthenen zum Wiederaufbau ihres Vaterlandes« erscheinen.[155] Um die deutsche Kontrolle möglichst zu kaschieren, hatte die Abteilung Jugend den einheimischen Führungsstab bewusst mit in die Formu-

---

[154] »Weißruthenische Jungen und Mädel!«, Anlage zu GK Minsk, I Jugend, an GebK., 19. 6. 1943, betr. Weißruthenisches Jugendwerk, NAB, 391-1-98, fol. 43 f. Auch als Flugblatt in: Lagerverzeichnis der Abt. Ost, F 23, BA, R 55/1299.

[155] Referat des Leiters der Abteilung Jugend, Schulz, Protokoll der Tagung der Gebietskommissare, Hauptabteilungsleiter und Abteilungsleiter des GK in Minsk v. 8. 4.-10. 4. 1943, NAB, 370-1-1264, fol. 67. Vgl. auch »Das weißruthenische Jugendwerk (WJW), dessen Satzungen, Organisation nebst Zusatzbestimmungen«, Abschrift RMO v. 19. 4. 1943, BA, R6/186; GK Minsk, Abteilung I Jugend, an die Hauptabteilungs- und Abteilungsleiter, 10. 6. 1943, betr. Weißruthenisches Jugendwerk, Anlage Satzung, NAB, 370-1-468, fol. 65-70.

lierung der Satzung, des Propagandamaterials, der Unterlagen für den organisatorischen Aufbau, des Schulungsmaterials und der Entwürfe über Abzeichen, Fahnen und Uniformen eingebunden.[156]

In Albertin bei Slonim errichteten die Deutschen ein Jugendlager, das dazu diente, Lehrgänge zur Ausbildung des Führungspersonals auszurichten.[157] Speziell für die Mädchen, deren Leitung Frau Dr. Abramowa übernahm,[158] wurden das SS-Gut Drozdy bei Minsk und die Anfang 1944 eingerichtete »Führerinnenschule« in Florianow bei Baranowitschi genutzt.[159] Die Propagandaarbeit in diesen Jugendlagern und im Jugendwerk selbst – das über ein eigenes Jugendwohnheim in Minsk verfügte – zielte darauf, den Jugendlichen »nationale« Inhalte zu vermitteln. Neben einer paramilitärischen Ausbildung und sportlichen Aktivitäten lernten sie weißrussische Lieder oder hörten Vorträge über weißrussische Dichter und Wissenschaftler. Auch die Phase vermeintlicher nationaler Blüte unter deutscher Besatzung im Ersten Weltkrieg gehörte zu den behandelten Themen.[160]

Für das angehende Führungspersonal organisierte das WJW auch Deutschlandreisen. Bereits im Juli 1943 fuhr auf Einladung der Reichsjugendführung eine Gruppe von 21 jungen Frauen im Rahmen eines vierwöchigen Lehrgangs des WJW ins Reichgebiet, wenige Tage nach ihrer Rückkehr – und ihrem feierlichen Empfang durch Generalkommissar Kube – trat eine weitere Gruppe die Reise an.[161] Diese Praxis wurde fortgesetzt.[162] Bernhard Chiari gibt an, dass insgesamt 54 Jungen und 92 Mädchen als »besonders linientreue Aktivisten« an diesen Deutschlandfahrten teilnahmen.[163] Ab Herbst 1943 erschien zudem

---

[156] Vgl. Referat des Leiters der Abteilung Jugend, Schulz, Protokoll der Tagung der Gebietskommissare, Hauptabteilungsleiter und Abteilungsleiter des GK in Minsk v. 8. 4.-10. 4. 1943, NAB, 370-1-1264, fol. 68.

[157] Zur »Landesführerschule« Albertin vgl. GK Minsk, I Jugend, an die GebK, 15. 6. 1943, betr. Einberufung zum Führerlehrgang im Einsatzlager Slonim v. 22. 6.-8. 7. 1943, NAB, 391-1-98, fol. 32; GebK Slonim, 10. 8. 1944, Tätigkeitsbericht für die gesamte Zeit seit Übernahme des Gebietes in die Zivilverwaltung, gez. Erren, BA D-H, R 93/13, fol. 4; GebK Glebokie, Ref. II Verw.-Ber./Fi., an GK in Minsk, 22. 3. 1944, betr. Lagebericht für die Monate Dezember 1943, Januar, Februar u. März 1944, BA-MA, FPF 01/7869, fol. 1454.

[158] Vgl. »Weißruthenische Mädchen kehren zurück aus dem Reiche«, Artikel über den Empfang der Gruppe bei Generalkommissar Kube am 16. 7. 1943, NAB, 370-1-2376, fol. 81 ff.

[159] Vgl. GK Minsk, I Jugend, an GebK, 29. 4. 1943, betr. Weißruthenisches Mädellager in Drostje bei Minsk, NAB, 391-1-98, fol. 4; GebK Baranowitschi, Lagebericht der Abteilung Propaganda, Januar bis März 1944, fol. 19 f.; GebK Baranowitschi, 11. 8. 1944, Tätigkeits- und Erfahrungsbericht, BA D-H, R 93/13, fol. 46; Artikel »Haus Florianow – dritte Schulungsstätte des WJW«, NAB, 370-1-7, fol. 156.

[160] Zu diesem Aspekt siehe unten. Zu den Tätigkeiten des WJW siehe auch Chiari 1998, S. 224-230. Nach seinen Angaben durchliefen 617 Jungen insgesamt elf Kurse und rund 700 Mädchen 20 entsprechende Schulungen. Ebd.

[161] Vgl. »Weißruthenische Mädchen kehren zurück aus dem Reiche«, Artikel über den Empfang der Gruppe bei Generalkommissar Kube am 16. 7. 1943, NAB, 370-1-2376, fol. 81 ff.

[162] Vgl. [GK Minsk], I Pro-Schr/Sz, an RMO und RKO, 15. 10. 1943, betr. Studienfahrten ins Reich, Anlage: Berichte von Angehörigen des WJW über ihre Eindrücke in Deutschland, NAB, 370-1-400, fol. 9-13.

[163] Chiari 1998, S. 225.

eine eigene Jugendzeitschrift unter dem Titel »Zywie Bielarus!« (Es lebe Weißruthenien).¹⁶⁴

Nachdem die Propagandakampagne für den Eintritt in die Jugendorganisation durch die militärische Entwicklung im August 1943 – die deutschen Fronttruppen mussten sich bis an den Dnepr zurückziehen und östliche Gebiete Weißrusslands aufgeben – zeitweise »erheblich gestört« worden war, setzten die Deutschen sie nach Beruhigung der militärischen Lage weiter fort und erreichten, so die deutsche Selbstdarstellung, nun »einen erheblichen Widerhall bei der Jugend und bei der Bevölkerung«.¹⁶⁵ Nachdem immer wieder ganze »Werbewochen« für das WJW veranstaltet worden waren,¹⁶⁶ lag die Gesamtzahl der Mitglieder Mitte 1944 – verschiedenen Angaben zufolge – zwischen 12.000 und 40.000.¹⁶⁷

Die Aufgabe des Weißruthenischen Jugendwerks lag *nicht* in der Fürsorge für die Jugendlichen – dies war eine von der deutschen Propaganda aufgestellte Behauptung, die auch nach 1945 weiter kolportiert wurde.¹⁶⁸ Es war einerseits eines der Instrumente, mit denen die Besatzungsmacht eine nationale Mobilisierung in Weißrussland erreichen wollte.¹⁶⁹ Anderseits – und darin lag seine Hauptfunktion – diente es der Kontrolle der Jugendlichen und ihrer Erfassung und Ausbeutung als Arbeitskräfte.

Solche Überlegungen waren bereits 1942 aufgetaucht.¹⁷⁰ So hatte der Ic-Offizier beim Wehrmachtsbefehlshaber Ostland, Daven, im Mai 1942 betont, dass »die untätig herumtreibende polnische Jugend deutschfeindliche Flüsterpropaganda« betreibe und ihre »Erfassung und Heranziehung zu einem straff organisierten Arbeitsdienst« vorgeschlagen – dies sei »aus wirtschaftlichen

---

164 Vgl. GKW, Abt. Jugend, Schu./Sch., an Druckerei der Minsker Zeitung, 4. 10. 1943, Auftrag zur Drucklegung der »Weißruthenischen Jugendzeitschrift«, Auflagenhöhe 2.500, NAB, 370-1-1284, fol. 100. Siehe hierzu auch Abschnitt 3.1. der vorliegenden Arbeit.
165 Erfahrungsbericht der Militärverwaltung beim Oberkommandos der Heeresgruppe Mitte für die Zeit v. 22. 6. 1941 bis August 1944, gez. Tesmer, BA-MA, RH 19 II/334, fol. 11.
166 Vgl. GebK Glebokie, Ref. II Verw.-Ber./Fi., an GK in Minsk, 22. 3. 1944, betr. Lagebericht für die Monate Dezember 1943, Januar, Februar u. März 1944, BA-MA, FPF 01/7869, fol. 1454; Propagandareferent beim GebK Slonim, 15. 3. 1944, Lagebericht für die Zeit v. 5. 2.-15. 3. 1944, BA-MA, FPF 01/7869, fol. 1385 f.
167 Vgl. Chiari 1998, S. 223; Gerlach 1999, S. 1084; Lenhard 1991, S. 121. Allein im Gebiet Branowitsche sollen es etwa 5.000 Mitglieder gewesen sein, und in den Bereichen der AOK 9 und AOK 4 im März 1944 insgesamt 1.139. GebK Baranowitschi, 11. 8. 1944, Tätigkeits- und Erfahrungsbericht, BA D-H, R 93/13, fol. 46; Durchschlag, Vertreter des AA beim OKH (GenSt.dH), Nr. 1017/44 g., 25. 4. 1944, Inh.: Monatsbericht für März 1944 der Heeresgruppen des Ostens, PA AA, R 27358, fol. 316747.
168 Vgl. Herzog 1960, S. 20 ff.; Bräutigam 1968, S. 700 f.
169 Die Militärverwaltung fasste später zusammen: »Als politisches Ziel hatte die Weißruthenische Jugendbewegung das Bekenntnis zu Volk und Familie, ohne dass dabei staatsrechtliche Fragen berührt wurden.« Erfahrungsbericht der Militärverwaltung beim Oberkommandos der Heeresgruppe Mitte für die Zeit v. 22. 6. 1941 bis August 1944, gez. Tesmer, BA-MA, RH 19 II/334, fol. 11.
170 Vgl. PAO, Geheimer Stimmungsbericht Nr. 28, 5. 4. 1943, BStU, RHE 37/80 SU, Bd. 15, fol. 94 f.; Berück Mitte, Abt. VII / Kr.-Verw. Tgb. Nr. 158, an OKH Gen St d H / Gen Qu Abt. K. Verw. (V), 10. 6. 1942, betr. Lage- und Tätigkeitsbericht, BA-MA, WF 03/7366, fol. 1121.

7. Die Mobilisierung des »Neuen Europa« 1943/44

Gründen sehr erwünscht.«[171] Den entscheidenden Impuls zur Bildung einer Jugendorganisation lieferte dann die im Dezember 1942 gefallene Entscheidung, etwa 30.000 Jugendliche der Jahrgänge der 15-18jährigen aus dem Generalkommissariat Weißruthenien für den Reichseinsatz zu rekrutieren.[172] Der Leiter der Abteilung Jugend, Schulz, äußerte sich im internen Rahmen ganz offen zu den wirklichen Zielen des WJW:

> »Die Arbeitskraft dieser wil[d] herumlungernden Jugend muß der deutschen Kriegs- und Landwirtschaft nutzbar gemacht werden, und hierzu muß uns jedes Mittel recht sein. Es steht also für die deutsche Führung der *Arbeitseinsatz* der weißruthenischen Jugend zur Erringung des Sieges im Vordergrund und bestimmt unser Handeln. [...] Die Schaffung dieser Organisation [...] dient für die deutsche Führung nur dem Arbeitseinsatz.«[173]

Der »noch brauchbare Teil der Jugend« sollte nach Schulz' Vorstellungen »auf freiwilliger Basis« zum Arbeitseinsatz ins Reich entsandt werden; die Jugendlichen, bei denen sich »schon Erziehungsschwierigkeiten« ergeben hätten und die »noch schlimmeren Elemente« wollte er in »Jugendarbeitslager nach dem Muster deutscher Erziehungsanstalten« einweisen. Der Führungsstab des WJW in Minsk und die regionalen Gebietsjugendführer versuchten, möglichst alle Jungen und Mädchen zwischen 10 und 20 Jahren zu erfassen und auf zwei Hauptgruppen zu verteilen: in die »Einsatzgruppe Deutschland« kamen diejenigen, die durch den »Arbeitseinsatz im Reich dem Führer für die Befreiung vom Bolschewismus« danken sollten und in die »Einsatzgruppe Weißruthenien« diejenigen, »die im Lande selbst für den Aufbau ihres Landes« arbeiten sollten – teilweise in »kasernierte[n] Einheiten in Lagern«.[174] Das Lager in Albertin diente als so genanntes Auffanglager, von dem aus die Jugendlichen zum Arbeitseinsatz verschickt wurden.[175] Und die Hauptbeschäftigung der Mädchen in der »Mädelschule« auf dem SS-Gut Drozdy war ein drei- bis sechsmonatiger Arbeitseinsatz in der Landwirtschaft.[176]

Charakteristisch für die Rekrutierungskampagne des WJW war die starke Betonung der »Freiwilligkeit«. Schulz reiste im Januar 1943 nach Berlin und

---

[171] WBfh. Ostland, Ic (Daven), Politischer Lagebericht v. 15. 5. 1942, BA-MA, RW 4/235, fol. 126.

[172] Vgl. Vermerk des Abteilungsleiters III Arbeit und Soziales, Freudenberg, betr. Anwerbung von einheimischen Arbeitskräften aus dem GKW für den Einsatz im Reich v. 15. 12. 1942, NAB, 385-2-3, fol. 68; Korrespondenzen RMO-RKO-GKW v. Frühjahr 1943, in: NAB, 385-2-25, fol. 88-93 RS. Hierzu auch Quinkert 1999, S. 715.

[173] Referat des Leiters der Abteilung Jugend, Schulz, Protokoll der Tagung der Gebietskommissare, Hauptabteilungsleiter und Abteilungsleiter des GK in Minsk v. 8. 4.-10. 4. 1943, NAB, 370-1-1264, fol. 62-71. Hvg. im Orig.

[174] Ebd., fol. 66, 69.

[175] Vgl. ebd., fol. 70; GK Minsk, I Jugend, an die GebK, 15. 6. 1943, betr. Einberufung zum Führerlehrgang im Einsatzlager Slonim v. 22. 6.-8. 7. 1943, NAB, 391-1-98, fol. 32; GK Minsk, Abt. III A So-2 F 2, an Stadt- und GebK, 8. 11. 1943, betr. Ostarbeitereinsatz, hier: Werbung von Jugendlichen zu den Junkers-Werken, NAB, 385-2-25, fol. 94 f.

[176] Vgl. GK Minsk, I Jugend, an GebK, 29. 4. 1943, betr. Weißruthenisches Mädellager in Drostje bei Minsk, NAB, 391-1-98, fol. 4. Hierzu auch Chiari 1998, S. 228, der ansonsten allerdings den Aspekt der Arbeitskräfterekrutierung bei seinen Ausführungen zum WJW vollkommen ignoriert.

setzte sich für eine bessere Behandlung der weißrussischen Arbeitskräfte im Reich ein, um dies als Anreiz nutzen zu können. Dabei hatte er vom Generalbevollmächtigten für den Arbeitseinsatz, Sauckel, für die vom WJW erfassten Jugendlichen die Zusage für eine bessere Behandlung, Unterbringung, Verpflegung, Einkleidung und Betreuung erhalten.[177] Der »Grundsatz der Freiwilligkeit« blieb letztlich aber eine Parole, wie seine Auslegung durch das Ostministerium zeigt:

> »Ihre Erfassung [der Jugendlichen, B.Q.] muß auf freiwilliger und gesetzlicher Grundlage zugleich erfolgen. Der Ton hat auf freiwillig zu liegen und eine Motivierung gesetzlicher Erfassungsmaßnahmen hat nur unter dem Gesichtspunkt des Kriegseinsatzes und des Kriegshilfsdienstes zu erfolgen. Der Begriff der Freiwilligkeit schwimmt für den bolschewistischen Jugendlichen viel zu sehr, als daß in ihm etwas besonders wertvolles, vom Deutschen geschenktes anerkannt werden könnte. Sein Sinn liegt daher für uns vielmehr im propagandistischen nach außen, als im praktischen nach innen, hier wird der Begriff der Freiwilligkeit stehen und fallen mit der geringeren Anwendung von Gewaltmitteln.«[178]

Noch vor der offiziellen Gründung des WJW hatten sich bereits einzelne Institutionen und Unternehmen an das Ostministerium bzw. die Zivilverwaltung gewandt, um Arbeitskräfte zu bestellen. So erkundigte sich der Direktor der Schlesischen Schuhwerke Ottmuth A. G. bei Nickel »über die geplanten Einsätze der weißruthenischen Jugendlichen im Reich« und bat um Zuteilung von 800 Arbeitskräften. Und auch die Organisation Todt sicherte sich Hunderte von »ausgehobenen« Jugendlichen, um sie – nach »rassischer« Überprüfung – in »Lehrwerkstätten« auszubeuten. Dabei übernahm die Staffel Weißruthenien der Propagandaabteilung O die propagandistische »Betreuung« der Jugendlichen und wies auch die Bauführer der OT entsprechend an.[179] Insgesamt »vermittelte« das Jugendwerk etwa 10.000 Jungen und Mädchen im Alter zwischen 14 und 18 Jahren zur Arbeit nach Deutschland, zum größten Teil in die Rüstungsindustrie. Viele der Jugendlichen der »Einsatzgruppe Deutschland« landeten bei den Junkers-Werken in Crimmitschau, wo die Jungen in sechsmonatigen »Ausbildungslehrgängen« angeblich auf die Durchführung von Facharbeiten vorbereitet und die Mädchen als Küchenhilfspersonal, Putzfrauen und Schneiderinnen eingesetzt wurden. Um den hohen »Bedarf« zu

---

[177] Vgl. Referat des Leiters der Abteilung Jugend, Schulz, Protokoll der Tagung der Gebietskommissare, Hauptabteilungsleiter und Abteilungsleiter des GK in Minsk v. 8. 4.-10. 4. 1943, NAB, 370-1-1264, fol. 70.

[178] »Das weißruthenische Jugendwerk (WJW), dessen Satzungen, Organisation nebst Zusatzbestimmungen« 1943, Abschrift RMO v. 19. 4. 1943, R6/186, fol. 13 RS f.

[179] Vgl. Referat Arbeitsamt Minsk-Land, Nachwuchsführer Bruer, Protokoll der Tagung der Gebietskommissare, Hauptabteilungsleiter und Abteilungsleiter des GK in Minsk v. 8. 4.-10. 4. 1943, NAB, 370-1-1264, fol. 85 f.; Der Chef der Befehlsstelle Osten an Leiter der HJ-Bezirksstelle Weißruthenien, Bannführer Schulz, v. 3. 4. 1943, betr. Weißruthenisches Jugendwerk, NAB, 385-2-25, fol. 91 f.; PAO, Geheimer Stimmungsbericht Nr. 28, 5. 4. 1943, BStU, RHE 37/80 SU, Bd. 15, fol. 104.

decken, wurden ab November 1943 sogar – soweit sie kräftig genug erschienen – 14jährige Jungen verschickt.[180]

Das WJW unterstützte darüber hinaus nicht nur allgemeine »Werbe«-Aktionen,[181] es beteiligte sich auch an speziellen Jugend- und Kinderverschleppungen (der so genannten SS-Helfer- und HEU-Aktion) sowie an »Betreuungs«-Aufgaben gegenüber Arbeitskräften, die die Wehrmacht im Rahmen ihrer Rückzüge »evakuierte« (zu diesen Aspekten siehe unten).

Letztlich fungierte es auch als Vorbild für das »Russische Jugendwerk«, das Anfang Mai 1944 in Borissow ins Leben gerufen wurde, um die große Zahl russischer Jugendlicher zu kontrollieren, die mit den Rückzügen und »Evakuierungs«-Maßnahmen der Wehrmacht nach Weißrussland gebracht worden war.[182]

7.2.3. »Zentralrat«, »Heimatwehr« und »Nationalfeiertag«

Am 27. Juni 1943, fünf Tage nach der offiziellen Einführung des WJW berief Generalkommissar Kube einen so genannten weißruthenischen Vertrauensrat ein, der als »beratendes« Gremium der deutschen Verwaltung tätig werden sollte.[183] Ihm gehörten 16 Personen an: je ein Kreisältester aus den elf Gebieten, die Leiter des Weißruthenischen Selbsthilfewerks, des Jugendwerks, des Berufsverbandes sowie ein Vertreter der Kulturschaffenden und eine Vertreterin der Frauen. Der Rat trat je nach Bedarf unter der Leitung des Generalkommissars oder seines Beauftragten zu Sitzungen zusammen.[184] Eine seiner wichtigsten Funktionen war die Unterstützung der deutschen Partisanenbekämpfung.[185] Weitergehende Planungen für den Ausbau einer einheimischen Verwaltung im Generalkommissariat wurden angesichts der starken Partisanenbewegung fallen gelassen.[186] Nachdem Kube am 22. September einem At-

---

[180] Vgl. GK Minsk, Abt. III A So – 2 F 2, an Stadt- und GebK, 8. 11. 1943, betr. Ostarbeitereinsatz, hier: Werbung von Jugendlichen zu den Junkers-Werken, NAB, 385-2-25, fol. 94 f. Vgl. auch Herbert 1986, S. 258; Gerlach 1999, S. 1085.

[181] Vgl. GK Minsk, Propagandaamt, an Gebietskommissare – Propagandareferenten, betr. Arbeiterwerbung, 14. 2. 1944 sowie 23. 2. 1944, NAB, 370-1-2383, fol. 12 f., 27 f.

[182] Vgl. Durchschlag, Vertreter des AA beim OKH (GenSt.dH), Nr. 734/44 g., 28. 2. 1944, Inh.: Politischer Bericht aus dem Operationsgebiet des Ostens für Januar 1944, PA AA, R 27358, fol. 316768; PAW, Wochenbericht für die Zeit v. 29. 5.-4. 6. 1944, 6. 6. 1944, NAB, 411-1-102, fol. 37; Erfahrungsbericht der Militärverwaltung beim Oberkommandos der Heeresgruppe Mitte für die Zeit v. 22. 6. 1941 bis August 1944, gez. Tesmer, BA-MA, RH 19 II/334, fol. 11. Nach Angaben der Militärverwaltung hatte dieses im Juni 1944 in Borissow etwa 500 Mitglieder und begann auch in den benachbarten Rayons Fuß zu fassen. Ebd., fol. 11.

[183] GK Kube, Zusammenarbeit für das neue Europa!, Rede anlässlich der Einberufung des Weißruthenischen Vertrauensrates am 27. 6. 1943, NAB, 370-1-486, fol. 4-8.

[184] Vgl. Abschrift, Der GK in Minsk, Abt. II Verw., an RKO, 12. 8. 1943, Anlage zu RK für das Ostland Abt. II Verw. 374 Tgb. Nr. 6433/43 g, an RM für die besetzten Ostgebiete, 30. 11. 1943, betr. Verwaltungsaufbau im Generalbezirk Weißruthenien, BA-MA, FPF 01/7848, fol. 477.

[185] Vorschlag des Weißruthenischen Vertrauensrates zu Partisanenbekämpfung v. 23. 7. 1943, NAB, 370-6-98, fol. 4-7.

[186] Vgl. Der RK für das Ostland Abt. II Verw. 374 Tgb. Nr. 6433/43 g, an RM für die besetzten Ostgebiete, 30. 11. 1943, betr. Verwaltungsaufbau im Generalbezirk Weißruthenien, Bezug:

tentat des Widerstands zum Opfer gefallen war – sein Dienstmädchen, Jelena Masanik, hatte eine Mine unter seinem Bett deponiert –, setzte sein Nachfolger, Curt von Gottberg, den begonnenen Kurs weiter fort.[187] Am 21. Dezember löste er den »Vertrauensrat« auf und etablierte stattdessen den so genannten Weißruthenischen Zentralrat (WZR). Zeitgleich kündigte er auch die Einführung der neuen Kranken-, Unfall- und Sonderversorgung an – Kubes Initiative vom Mai hatte bis zu diesem Zeitpunkt keine konkreten Auswirkungen gehabt.[188] Der Zentralrat, zu dessen Präsident Radoslav Astrouski ernannt wurde,[189] erhielt vermeintlich unabhängige Kompetenzen im Bereich des Ausbildungs-, Kultur- und Sozialwesens.[190] Seine Hauptaufgabe lag aber zweifellos darin, die weißrussische Bevölkerung zum Kampf gegen die Partisanen zu mobilisieren, d. h. konkret für die zu diesem Zweck geplante »Weißruthenische Heimatwehr«.[191]

Zeitgleich mit der Einberufung des WZR befahl Generalkommissar von Gottberg, eine Welle von antisowjetischen »Protestkundgebungen« zu organisieren. Die Propagandaabteilung seiner Behörde wies die Gebietskommissare an, dass diese Kundgebungen »eindeutig und in möglichst vielfältiger Form« den Willen des »weißruthenischen Volkes« zeigen sollten, »mit allen seinen Kräften und allen ihm zur Verfügung stehenden Mitteln gegen den Bolschewismus zu kämpfen und treu an der Seite Deutschlands zu stehen«. Die Versammlungen sollten wie »spontane Willenskundgebungen« wirken,

---

RM-Erlass über Ausbau der ukrainischen Hilfsverwaltung v. 4. 11. 1942, Anlage: Abschrift, Der GK in Minsk, Abt. II Verw., an RKO, 12. 8. 1943, BA-MA, FPF 01/7848, fol. 471-478.

[187] Vgl. Aufzeichnung des GK für Weißruthenien [Gottberg] über die im weißruthenischen Raum zu treffenden politischen Maßnahmen, Anlage zu Abschrift, Chef des Führungsstabes Politik – Pers. Referenr – P 2115/43 g., 1. 12. 1943, BA-MA, FPF 01/7848, fol. 527.

[188] Sprachregelung zur propagandistischen Auswertung der neuen Kranken-, Unfall- und Sonderversorgung, o. D., handschriftl. 19. 2. [1944], NAB, 370-1-2382, fol. 29 f. Vgl. auch GK Minsk, Propagandaamt, an Gebietskommissare – Propagandareferenten – im Generalbezirk Weißruthenien, 18. 2. 1944, betr. Propagandistische Herausstellung der neuen Sozialversorgung für Weißruthenien, NAB, 370-1-2383, fol. 14; Schriftplakat »Sozialversorgung« (PAM 107/44), GK Minsk, Propagandaamt – Hu./W., 11. 3. 1944, NAB, 370-1-7, fol. 85.

[189] Astrouski (1887-1976) war von Mitte 1941 bis Oktober 1943 als Bezirksverwalter bzw. Inspekteur für die landeseigene Verwaltung im Operationsgebiet eingesetzt. Erfahrungsbericht der Militärverwaltung beim Oberkommandos der Heeresgruppe Mitte für die Zeit v. 22. 6. 1941 bis August 1944, gez. Tesmer, BA-MA, RH 19 II/334, fol. 13 RS. Biografische Angaben zu Astrouski, der auch nach 1945 im US-amerikanischen Exil als »Präsident des weißrussischen Zentralrats« firmierte, siehe »Unser Präsident Professor Astrouski«, NAB, 370-1-487, fol. 24 ff.; Dallin 1981, S. 234; Loftus 1982; Gerlach 1999, S. 211, Fn. 502.

[190] Vgl. Übersetzung der Rede des Präsidenten des Weißruthenischen Zentralrates, [zur Gründung des WZR, gehalten 21. 12. 1943], Anlage zu [GK Minsk], Pressestelle, an Pressereferent beim RKO, 31. 12. 1943, NAB, 370-1-1284, fol. 135-141; Aufgaben auf dem Gebiete des Schul- und Ausbildungswesens im Generalbezirk Weißruthenien für die deutsche Zivilverwaltung und den Weißruthenischen Zentralrat, 19. 6. 1944, NAB, 370-1-2374, fol. 44 f. Siehe hierzu auch Gerlach 1999, S. 211. Zur Bildungspolitik Chiari 1994.

[191] Vgl. Statut des Weißruthenischen Zentralrates v. 21. 12. 1943, unterzeichnet von GK von Gottberg (deutsch und weißrussisch), NAB, 381-2-4, fol. 7; Abschrift [RMO], Abt. II 1, II c 307/44 g., 10. 3. 1944, Geheimer Vermerk über die Besprechung mit dem stellvertretenden Generalkommissar von Weißruthenien, SS-Gruppenführer von Gottberg, am 1. 3. 1944, BA, R 6/289, fol. 29 f.

7. Die Mobilisierung des »Neuen Europa« 1943/44

eine »Regie deutscher Dienststellen« dürfe »auf keinen Fall« erkennbar sein.[192] Solche »Protestkundgebungen« wurden im Frühjahr 1944 sowohl im zivil- als auch im militärverwalteten Gebiet regelmäßige Praxis.[193]
Etwa zweieinhalb Monate später begann die Einberufung zur »Weißruthenischen Heimatwehr«. Am 6. März 1944 befahl der Präsident des Zentralrates, Astrouski, dass sich alle bis zu 55 bzw. 57 Jahre alten ehemaligen Offiziere und Unteroffiziere bis zum nächsten Tag zu melden hätten. Am 10. März sollten sich dann alle Männer der Jahrgänge 1908 bis 1924 zur Musterung einfinden.[194] Die Propagandaabteilung W berichtete, der Aufruf habe »zunächst große Aufregung« verursacht, da die Bevölkerung einen Trick vermutete, mit dem männliche Arbeitskräfte gesammelt und dann ins Reich deportiert werden sollten.[195] Astrouskis Aufruf operierte mit der üblichen antisemitisch-antibolschewistischen Hasspropaganda und rief die »Stunde der Vergeltung« aus. Die Mitgliedschaft in der »Heimatwehr« wurde als »heilige Pflicht vor [...] Volk und Vaterland« deklariert, »Verräter[n]« mit der Todesstrafe gedroht. Es fehlten aber auch nicht die Hinweise auf materielle Vorteile: Für die Zeit nach dem Krieg wurden Wohlstand und Land für alle »Kämpfer« und ihre Familien versprochen.[196] Die Mobilisierung gipfelte in den Feierlichkeiten zum 25. März und die einen Tag später durchgeführte öffentliche Vereidigung der Weißruthenischen Heimatwehr auf dem Minsker Marktplatz.[197]
Der 25. März wurde 1944 zum »weißruthenischen Nationalfeiertag« erklärt. Im deutsch besetzten Minsk hatte am 25. März 1918 eine bürgerliche Rada zum ersten Mal die Unabhängigkeit Weißrusslands von Russland erklärt. Als die Rote Armee im Dezember 1918 Weißrussland zurückeroberte, verlor die Rada jedoch rasch an Einfluss – am 1. Januar 1919 wurde die Unabhängige Sozialis-

---

[192] GK Minsk, Abt. I Pro, an alle GebK, 21. 12. 1943, betr. Anti-bolschewistische Protestkundgebungen der werktätigen weißruthenischen Bevölkerung, NAB, 370-1-398, fol. 49.
[193] Vgl. exemplarisch GebK Glebokie, Ref. II Verw. – Ber./Fi., an GK in Minsk, 22. 3. 1944, betr. Lagebericht für die Monate Dezember 1943, Januar, Februar u. März 1944, BA-MA, FPF 01/7869, fol. 1453; Weißruthenische Korrespondenz, 17. 3. 1944, NAB, 370-1-7, fol. 40; OKH GenStdH GenQu Abt. Kriegsverw. (Qu 4) Nr. II/2334/44 geh., 24. 3. 1944, Anlage Monatsbericht Ost für Februar 1944, PA AA, R 27358, fol. 316757.
[194] Vgl. den entsprechenden Befehl Astrouskis v. 6. 3. 1944, abgedr. in: Weißruthenische Korrespondenz, 10. 3. 1944, NAB, 370-1-7, fol. 111 f. Zum bereits seit Juli 1942 existierenden Weißruthenischen Verteidigungskorps siehe Dallin 1981, S. 230; Gerlach 1999, S. 211; PAO, Stimmungsbericht Nr. 20, 7. 8. 1942, BA-MA, RW 4/235, fol. 181; Vertrauliche Ostinformation Vineta, Nr. 160, 17. 4. 1943, SoM, 1370-1-61, fol. 11 f.
[195] Auszüge aus Meldungen über Prop.-Erfahrungen, Anlage 2 zu AOK 4 Ic/Prop. Nr. 26/44 Br.Nr. 520/44 geh., 12. 4. 1944, Propaganda-Lagebericht für die Zeit v. 1.-31. 3. 1944, BA-MA, RH 20-4/782, unfol.
[196] Aufruf des WZR »Weißruthenen!« (zur Einberufung der Heimatwehr am 6. 3. 1944), abgedr. in: Weißruthenische Korrespondenz, 10. 3. 1944, NAB, 370-1-7, fol. 109 ff. Siehe auch Aufruf »Auch wir! Weißruthenien greift zu den Waffen«, ebd., fol. 108.
[197] Vgl. GK Minsk, 21. 3. 1944, betr. Vereidigung der Weißruthenischen Heimatwehr, NAB, 370-1-19, fol. 96 ff.; Der Präsident des WZR, 20. 3. 1944, Anweisung über die Vereidigung der Soldaten der Weißruthenischen Heimatwehr, gez. Kuschel, ebd., fol. 99 f.; Artikel »Weißrutheniens Nationalfeiertag. Minsk feiert den 25. März«, NAB, 370-1-7, fol. 349; Der GK in Minsk Abt. V 1 (Verwaltung), 18. 4. 1944, Lagebericht, IfZ, MA 797, fol. 217.

tische Räterepublik Weißrussland proklamiert.[198] Auf diese wenige Monate vermeintlich »nationaler Blüte« unter deutscher Herrschaft bezog sich nun die Propaganda:

> »Heute kämpft das weissruthenische Volk unter seinem eigenen Banner Seite an Seite mit Deutschland für ein freies Leben im neuen, gerechteren Europa. Wenn Deutschland und die weissruthenische nationale Freiheitsbewegung von 1917-20 zu schwach waren, um die am 25. 3. vom weissruthenischen Nationalrat proklamierte Freiheit zu verwirklichen, so bürgen jetzt das mächtige nationalsozialistische Deutsche Reich und die Willenskraft des weissruthenischen Volkes dafür, dass wir das bolschewistische Moskau besiegen und ein freies Weissruthenien aufrichten werden.«[199]

Der 25. März 1944, ein Samstag, war zwar nicht arbeitsfrei, wurde aber mit morgendlichem »Gedenken« und dem Schmücken von Straßen und Plätzen eingeleitet.[200] Straßen wurden öffentlich umbenannt – die ehemalige Sowjetstraße in Minsk erhielt den Namen des 25. März, andere die Namen von »weißruthenischen Freiheitskämpfern« –, Abzeichen zum »Nationalfeiertag« verkauft und Schulfeiern veranstaltet. Am Sonntag folgten – neben der Vereidigung der »Heimatwehr« – Dankgottesdienste in den Kirchen und eine Großkundgebung im Minsker Stadttheater, bei der der Vorsitzende der am 6. Februar 1944 neu gegründeten Weißruthenischen Kulturgemeinschaft, Eugen Kalubowitsch,[201] eine »flammende« Rede hielt. Eine Resolution der Zuhörer und ein »wahrhaft vaterländisches Konzert« mit Liedern, Chören, Orchesterstücken und Balletttanz beendeten die Veranstaltung. Am Abend lud der Zentralrat zu einem »festlichen Bankett«. Wie bei ähnlichen Anlässen wurde auch der 25. März in der Presse systematisch propagandistisch vorbereitet und auch in der Folgezeit genutzt: das Propagandaamt Minsk ließ unter anderem eine illustrierte Wandzeitung über den »Nationalfeiertag« drucken und in 10.000 Exemplaren verteilen.[202]

Die Mobilisierungskampagne zur »Weißruthenischen Heimatwehr« hatte jedoch ausgesprochen wenig Erfolg; die meisten Männer versuchten der Einberufung zu entgehen, indem sie sich beispielsweise zum Arbeitseinsatz bei

---

[198] Vgl. zum geschichtlichen Hintergrund Vakar 1956; Pawlowa/Baranowa 1985. Zur deutschen Ostpolitik im Ersten Weltkrieg Strazhas 1993.

[199] [Vorlage, unles.] zum Referat über den weißruthenischen Nationalfeiertag am 25. 3. 1944, NAB, 370-1-7, fol. 185 ff. Vgl. auch Artikel »Zum weißruthenischen Nationalfeiertag«, in: Weißruthenische Korrespondenz, 22. 3. 1944, NAB, 370-1-7, fol. 251 f.; Weißruthenische Korrespondenz v. 4. 4. 1944, NAB, 558-1-7, fol. 27 f., 30.

[200] Diese und die folgenden Hinweise aus [Propagandaamt Minsk], Lagebericht für die Zeit v. 27. 3.-1. 4. 1944, NAB, 370-1-2426, fol. 51; Artikel »Weißrutheniens Nationalfeiertag. Minsk feiert den 25. März«, NAB, 370-1-7, fol. 348-352; Kalubowitschs Artikel »Neugeburt aus Not und Kampf. Weg und Ziel der Weißruthenischen Kulturgemeinschaft«, in: Weißruthenische Korrespondenz, 28. 3. 1944, NAB, 370-1-7, fol. 387-396.

[201] Vgl. u. a. ebd., fol. 388 ff.

[202] Vgl. [Propagandaamt Minsk], Referat Aktive Propaganda, Tätigkeitsbericht für die Zeit v. 2.-19. 4. 1944, NAB, 370-1-2426, fol. 20 f.; PAM 152/44 Wandzeitung zum 25. März in 10.000 Auflage, [Propagandaamt Minsk], Referat Aktive Propaganda, Tätigkeitsbericht für die Zeit v. 4.-10. 5. 1944, NAB, 370-1-2426, fol. 34.

der Reichsbahn oder der Organisation Todt melden.²⁰³ Die Drohung mit der Todesstrafe führte zwar letztlich dazu, dass ein Teil der Rekrutierten in sechs Heimatwehr-Pionier-Bataillonen zusammengefasst und weitere in Wehrmacht-Pionier-Bataillone eingegliedert wurden.²⁰⁴ Die Kampagne war trotzdem ein totaler Fehlschlag: Die Männer waren wenig motiviert, es herrschte Disziplinlosigkeit und ein großer Teil von ihnen desertierte bei der ersten Gelegenheit.²⁰⁵ Dennoch setzte die deutsche Besatzungsmacht buchstäblich bis in die letzten Tage ihrer Herrschaft auf den Versuch einer »nationalen« Mobilisierung: Noch am 27. Juni 1944 – wenige Tage vor der Befreiung – organisierten die Deutschen in Minsk eine »Weißruthenische Nationalversammlung« mit rund Tausend Delegierten.²⁰⁶

Zusammenfassend kann man sagen, dass die Besatzungsmacht 1943/44 mit einer verstärkten »Europa«- und »Volkstums«-Propaganda – und mit zum Teil erheblichem Aufwand – versuchte, eine nationalistische Stimmung in der weißrussischen Bevölkerung zu schüren. Dies betraf in besonderem Maße das Generalkommissariat Weißruthenien, dennoch lassen sich ähnliche Ansätze auch im militärverwalteten Gebiet erkennen. Nachdem das »Russische Komitee« bzw. Wlassow als diesbezüglicher Ansatzpunkt etwas in den Hintergrund getreten waren, spielten hier vor allem zwei Organisationen als »zentrale Führungsmittel für die Lenkung des Volkes«²⁰⁷ eine Rolle.

Zum einen war dies die so genannte Kaminski-Bewegung bzw. die maßgeblich von dieser gestützte, am 8. Dezember 1943 gegründete »Nationalsozialistische Arbeiterpartei Russlands« (im Bereich der 3. Panzerarmee).²⁰⁸ Unter der Führung Bronislaw Kaminskis war Ende 1941 in Lokot im Raum Brjansk ein

---

²⁰³ Vgl. Propagandareferent beim GebK Slonim, 15. 3. 1944, Lagebericht für die Zeit v. 5. 2.-15. 3. 1944, BA-MA, FPF 01/7869, fol. 1385 f.; GebK Baranowitschi, Lagebericht der Abteilung Propaganda, Januar bis März 1944, fol. 17.

²⁰⁴ Zum Aufbau der Heimatwehr vgl. GK in Minsk, an GebK, 20. 3. 1944, betr. Aufstellung der Weißruthenischen Heimatwehr-Pionier-Bataillone, gez. Gottberg, NAB, 370-1-7, fol. 177-180; GK Minsk, an Oberkommando der Heeresgruppe Mitte, 21. 3. 1944, betr. Einsatz von Pionier-Batl. der Weißruthenischen Heimatwehr, Vorg. Besprechung Hauptabteilungsleiter MVA-Chef Gehlberg mit OQu./Qu. 2 am 16. 3. 1944, NAB, 370-1-7, fol. 222; Gerlach 1999, S. 212. Aus der »Weißruthenischen Heimatwehr« ging Anfang 1945 die 30. Waffen-SS-Grenadierdivision (weißruthenische) hervor. Ebd.

²⁰⁵ Vgl. GebK Baranowitschi, 11. 8. 1944, Tätigkeits- und Erfahrungsbericht, BA D-H, R 93/13, fol. 53; GebK Slonim, Tgb.Nr. 2046/44, an GK Minsk, 24. 6. 1944, betr. Lagebericht April, Mai, Juni 1944, gez. Erren, Anlage: Fachberichte der Referenten, NAB, 370-1-487, fol. 79; GebK Nowogrodek, 2. 8. 1944, Tätigkeits-, Räumungs- und Erfahrungsbericht, BA D-H, R 93/13, fol. 147 RS; GebK Sluzk, an GK Weißruthenien, o. D., Bericht über die Räumung des Gebietes Sluzk, BA, R 6/366, fol. 50 ff.

²⁰⁶ Vgl. Dallin 1981, S. 236; Gerlach 1999, S. 212.

²⁰⁷ Erfahrungsbericht der Militärverwaltung beim Oberkommandos der Heeresgruppe Mitte für die Zeit v. 22. 6. 1941 bis August 1944, gez. Tesmer, BA-MA, RH 19 II/334, fol. 13.

²⁰⁸ Zur Verkündung des Parteiprogramms der NSAPR siehe PAW, Einsatzstaffel, 1. Einsatzzug Lepel, Tätigkeits- und Lagebericht 22. 11.-15. 12. 1943, NAB, 411-1-53, fol. 6. Zum Verhältnis NSAPR und Kaminski-Bewegung vgl. Tätigkeits- und Stimmungsberichte der PAW Einsatzstaffel, 1. Einsatzzug, November 1943 bis März 1944, ebd.; Pz.AOK 3, Ic/AO (Prop.) Nr. 1750/44 geh., 9. 4. 1944, betr. Aktiv-Propaganda, BA-MA, RH 21-3/511, fol. 17 f. Allgemein zu Kaminski und seinen Verbänden Dallin 1972, S. 246-259; Cooper 1979, S. 112 f.; Gerlach 1999, S. 1052 f.; R.-D. Müller 2007, S. 212 f.

von deutscher Seite geduldeter und ab 1942 geförderter Selbstverwaltungsbezirk entstanden. Kaminskis bewaffnete Einheiten beteiligten sich aktiv an der antisowjetischen Partisanenbekämpfung. Im Februar 1942 wurde die »Russische Volksbefreiungsarmee« (RONA) gegründet, die bis Februar 1943 auf über 10.000 bewaffnete Kämpfer anwuchs. Mit dem deutschen Rückzug im Spätsommer 1943 wurden die Verbände einschließlich ihrer Familienangehörigen in den Raum Lepel evakuiert, wo sie angesiedelt werden sollten. Anfang 1944 unterstellte man sie größtenteils Gottberg und siedelte sie in die Gebiete Slonim und Nowogrodek um.[209] Die Hauptaufgabe der RONA lag weiterhin auf dem Gebiet der Partisanenbekämpfung. Im Juli 1944 zogen sich 6.000 Bewaffnete und 20.000 Zivilisten mit den Deutschen nach Westen zurück, wo die Verbände Kaminskis im August 1944 zur Niederschlagung des Warschauer Aufstandes eingesetzt wurden. Kaminski selbst wurde dort auf Befehl Bach-Zelewskis wegen Plünderung erschossen, seine Verbände in den folgenden Monaten bei Kämpfen in der Slowakei, Pommern, Bayern und an der Oder aufgerieben.

Zum anderen diente der im März 1944 ins Leben gerufene »Kampfbund gegen den Bolschewismus« (im Bereich der 9. Armee) als Mobilisierungsinstrument.[210] Der »Kampfbund« unter der Leitung des Oberleutnants der ROA, Oktan, warb 12.000 Mitglieder. Diese meldeten sich in den meisten Fällen »kollektiv« bei Versammlungen und waren aus deutscher Sicht in der Mehrzahl politisch unzuverlässige »Mitläufer«. Dies war der Militärverwaltung allerdings nicht so wichtig, da der Kampfbund in ihren Augen »im Wesentlichen [...] ein künstliches Instrument« war, das sich die deutsche Wehrmacht selbst geschaffen habe, »um die verschiedensten Aufgaben zur Erfassung des Raumes (Arbeitseinsatz, Stellungsbau usw.) durchzuführen.«[211]

1943/44 setzte die deutsche Besatzungsmacht also auf eine »europäische« bzw. »nationale« Mobilisierung, um ihre Interessen durchsetzen zu können. Ein grundlegender Bestandteil dieser Kampagne war eine forcierte antisowjetische Gräuelpropaganda.

7.3. »Die Rückkehr des Bolschewismus« – Steigerung der Gräuelpropaganda

»Wenn die Bolschewicken [sic!] kommen, werdet ihr ermordet, wenn die Bolschewicken kommen, wird alles verbrannt usw.« – dies müsse man der Zivilbevölkerung immer wieder sagen, so der Kommandeur der Sicherheitspolizei

---

[209] Vgl. Durchschlag, Vertreter des AA beim OKH (GenSt.dH), Nr. 734/44 g., 28. 2. 1944, Politischer Bericht aus dem Operationsgebiet des Ostens für Januar 1944, PA AA, R 27358, fol. 316766.
[210] Vgl. Durchschlag, Vertreter des AA beim OKH (GenSt.dH), Nr. 1017/44 g., 25. 4. 1944, Inh.: Monatsbericht für März 1944 der Heeresgruppen des Ostens, PA AA, R 27358, fol. 316748.
[211] Erfahrungsbericht der Militärverwaltung beim Oberkommandos der Heeresgruppe Mitte für die Zeit v. 22. 6. 1941 bis August 1944, gez. Tesmer, BA-MA, RH 19 II/334, fol. 13.

7. Die Mobilisierung des »Neuen Europa« 1943/44

und des SD in Minsk, Strauch, im April 1943. Nur so könne man »der Gegenpropaganda Herr werden und die ideelle Unterstützung der Partisanen durch die Bevölkerung untergraben.«[212] Je wahrscheinlicher die deutsche Niederlage wurde, desto stärker setzte die deutsche Propaganda auf die Drohung mit der »Rückkehr des Bolschewismus«.

Die antisowjetische Gräuelpropaganda gab immer wieder immense Zahlen über Verhaftungen, Verschleppungen und Morde der Vorkriegsjahre bekannt[213] und warnte die weißrussischen Zivilisten davor, dass die »Bolschewisten« sich nicht geändert hätten. Mit ihnen würden das sowjetische System mit seiner »jüdischen Herrschaft«, die »Kolchossklaverei«, das »Stachanow-System«, Zwangs- und Strafarbeit, Verhaftungen, Säuberungen etc. wiederkehren.[214] Die Entdeckung der Massengräber bei Katyn (in der Nähe von Smolensk), in denen der NKWD im Frühjahr 1940 etwa 4.000 ermordete polnische Offiziere verscharrt hatte, war dabei aus Sicht der deutschen Propaganda ein Glücksfall. Man hatte die Sowjetunion zwar wiederholt bezichtigt, Kriegsverbrechen zu begehen, jedoch kaum konkrete Beweise vorlegen können.[215] Im Mai 1943 wurde nun eine Kommission zur Exhumierung der Leichen entsandt und Katyn fortan zu *einem* Schwerpunkt der Propaganda gemacht.[216]

Eine wichtige, neue Facette der antisowjetischen Propaganda war die Behauptung, dass die Rote Armee in den von ihr befreiten Gebieten Massenverbrechen begehe. Berichte über die angeblichen »Greuel der Bolschewisten in

---

[212] Referat KdS Strauch, Protokoll der Tagung der Gebietskommissare, Hauptabteilungsleiter und Abteilungsleiter des GK in Minsk v. 8. 4.-10. 4. 1943, NAB, 370-1-1264, fol. 142.

[213] Vgl. exemplarisch Flugblatt »Was bringt der Bolschewismus?« [Okt./Nov. 1943], NAB, 385-2-45, fol. 42 f. Entsprechende Statistiken zählten bereits in den 1930er Jahren zu den Standardpublikationen der Antikomintern.

[214] Vgl. u. a. Aufsatz für den »Nowyj Putj« v. 2. 9. 1943, Anlage 1 zu Pz.AOK 3, Ic/AO (Prop.) Nr. 4950/43 geh., 27. 8. 1943, BA-MA, RH 21-3/511, fol. 11; Flugblatt »Wofür kämpft Ihr?« (PAW Stb. 18 und 19), Staffel Borissow, o. D. [1943], NAB, 411-1-35, fol. 13; Broschüre »Weißruthenien zur Zeit der Bolschewisten«, GK Minsk, Abt. I Prop – Schr./Kl., 29. 12. 1943, BA D-H, R 90/156, unfol.; Flugzeitung »Nachrichten für Weißruthenien«, Ausgabe Februar 1944 (PAM 106/44), GK Minsk, Propagandaamt – Dr.Kr/W., Minsk, 1. 3. 1944, NAB, 370-1-7, fol. 172-176; GK Minsk, Propagandaamt, Fr./W., an die Gebietskommissare (Propagandareferenten), 11. 2. 1944, Streng vertraulicher Überblick über die Propagandalage, NAB, 370-1-1285, fol. 64; PAW, Propaganda-Einsatzzug Lepel, 20. 5. 1944, Flugblatt-Entwurf »Partisanen!«, NAB, 411-1-109, fol. 28; [GebK Slonim], Referat I Propaganda, Lagebericht für die Zeit v. 21. 5.-22. 6. 1944, Anlage zu GebK Slonim, Tgb.Nr. 2046/44, an GK Minsk, 24. 6. 1944, betr. Lagebericht April, Mai, Juni 1944, gez. Erren, NAB, 370-1-487, fol. 82.

[215] Vgl. Bussemer 2000, S. 83. Zu Katyn Ruchniewicz/Ruchniewicz 2001.

[216] Vgl. [PAW], Ostdienst, Beilage zum Informationsdienst v. 14. 4. 1943, bzw. 22. 4. 1943, NAB, 378-1-35, fol. 6 ff., 14; Flugblatt »Enthüllungen über den bolschewistischen Massenmord bei Smolensk« (PAW 132), PAW, Gruppe Aktivpropaganda, o. D., NAB, 378-1-36, fol. 33 f.; Flugblatt »Betrug, Elend, und Mord – das ist Stalins blutdurchtränkter Weg« (wr., dt.), GK Minsk, Abt. I Pro – Schr./Kl., 14. 9. 1943, BA D-H, R 90/156, unfol.; Flugzeitung »Nachrichten für Weißruthenien«, Ausgabe Februar 1944 (PAM 106/44), GK Minsk, Propagandaamt – Dr.Kr./W., Minsk, 1. 3. 1944, NAB, 370-1-7, fol. 172-176. Propagandafotos der PAW zu Katyn sind dokumentiert in: N. N. 1965. Zur Propagandakampagne auch Fox 1982; Bussemer 2000.

den von ihnen zurückeroberten Gebieten«[217] sollten die Menschen nach dem Prinzip »Stärke durch Furcht« mobilisieren – ein Vorgehen, das auch die Propaganda gegenüber der deutschen Bevölkerung prägte.[218] Dabei spielten konkrete Belege keine Rolle – im Gegenteil. In der letzten Kriegsphase projizierte die deutsche Propaganda vielfach die eigenen Verbrechen auf den Gegner. Die im Oktober/November 1943 in Weißrussland verbreitete Flugzeitung »Was bringt der Bolschewismus?«[219] ließ angebliche Augenzeugen zu Wort kommen, die detailliert »grauenvolle Blutbäder« schilderten, die sie in der Regel »jüdischen Kommissaren« oder »ganzen Rudel[n] sibirischer Schützen«[220] anlasteten. Aus einer ganzen Reihe von Dörfern seien die Frauen und Mädchen verschleppt, verhört und gefoltert worden. Die Zivilbevölkerung müsse binnen weniger Stunden ihre Dörfer verlassen; zu Tausenden seien »Frauen, Mütter, Kinder, Säuglinge und Greise« in den Wald oder in den Sumpf getriebenen worden, wo sie entweder erschossen wurden oder verhungert seien. Frauen und Kinder würden auch durch die kämpfenden Linien getrieben und so getötet. Viele Dörfer seien umstellt und niedergebrannt worden; man habe die Zivilisten auf dem Dorfplatz zusammengetrieben und mit Maschinengewehren niedergemetzelt, Handgranaten in die Häuser geworfen oder diese »zugesperrt und mit den Menschen darin völlig verbrannt«. Frauen seien entkleidet und an Kirchenzäune gebunden, Geistliche an Kirchentüren genagelt, Bauern die Hände abgehackt worden. Kinder hätten sich ihr Grab in der hart gefrorenen Erde selber hacken müssen und seien dann »von dem jüdischen Kommissar« niedergeschossen worden. Die teilweise nur Verwundeten habe man »lebendig begraben«. Ermordete Patienten in Krankenhäusern, zu Tode gefolterte Ärzte und Krankenschwestern ... zahllose weitere Beispiele dieser Art folgten.[221] Eine im Mai 1944 herausgebende Flugzeitung behauptete darüber hinaus:

> »Der Eisenbahnarbeiter Sergeij Kuchanow aus Barled [...] erzählte, man habe ihn gezwungen, an einem luftdicht abgeschlossenen Güterwagen, aus dem ein schwaches Wimmern drang, einen Gasschlauch anzuschließen. Wie sich herausgestellte, war der Wagen von NKWD-Leuten voll Menschen gestopft worden, die durch das Gas getötet wurden.«[222]

---

[217] PAO, Geheimer Stimmungsbericht Nr. 28, 5. 4. 1943, BStU, RHE 37/80 SU, Bd. 15, fol. 95.
[218] Zu Propaganda gegenüber der deutschen Bevölkerung nach der Niederlage bei Stalingrad vgl. Zeman 1964, S. 173 ff.; Bramstedt 1971, S. 351-360; Longerich 1987a; Serrano 1999; Sösemann 2002, S. 149 ff.
[219] Flugblatt »Was bringt der Bolschewismus?« [Okt./Nov. 1943], NAB, 385-2-45, fol. 47. Der Text war ursprünglich als Broschüre geplant, wurde dann aber als Flugzeitung mit einer Auflage von jeweils 250.000 in weißrussischer und russischer Sprache verbreitet. Vgl. GK Minsk, Abt. I Prop. – Schr./Kl., 30. 10. 1943, BA D-H, R 90/156, unfol.
[220] Zu antislawischen und antiasiatischen Feindbildern siehe insbesondere die Arbeiten Peter Jahns. Ders. 1985; ders. 1991; ders. 2002. Siehe auch Klug 1987; Wette 1994; ders. 1995; ders. 1996.
[221] In diesem Sinne auch die Flugzeitung »Nachrichten für Weißruthenien«: Ausgabe März 1944 (PAM 131/44), GK Minsk, Propagandaamt - Dr.Kr./W., 30. 3. 1944, NAB, 370-1-2407, fol. 34 sowie 370-1-7, fol. 327 f.; Ausgabe April 1944 (PAM 153/44), GK Minsk, Propagandaamt - Dr. Kr./W., 5. 5. 1944, NAB, 370-1-2407, fol. 21-24; Ausgabe Mai 1944 (PAM 162/44), GK Minsk, Propagandaamt Hu/Str., 13. 6. 1944, NAB, 370-1-2376, fol. 49-54.
[222] Ebd.

7. Die Mobilisierung des »Neuen Europa« 1943/44

Diese Beispiele zeigen, dass die deutschen Propagandisten Bilder benutzten, die bereits für die Gräuelpropaganda im Ersten Weltkrieg typisch waren, nämlich die Darstellung einer besonderen Brutalität gerade gegenüber Frauen und Kindern.[223] Darüber hinaus wurden dem sowjetischen Gegner 1943/44 allerdings Verbrechen zugeschrieben, die auf *deutscher Seite* tatsächlich begangen worden waren – ganze Dörfer auslöschen, Frauen und Kinder in Sümpfe treiben oder in Kirchen bei lebendigem Leibe verbrennen, Gräber von den Opfern selbst ausheben lassen oder mit Gas töten – das waren *deutsche* Vorgehensweisen. Denn Massenverbrechen an der Bevölkerung durch die sowjetische Armee hat es in dieser Form nicht gegeben – trotz einer teilweise rücksichtslosen Verfolgung von vermeintlichen oder tatsächlichen Kollaborateuren.

Die deutsche Propaganda drohte der weißrussischen Bevölkerung damit, dass in den von den sowjetischen Truppen wiedereroberten Gebieten fast ausnahmslos *alle* mit schärfsten Repressionen zu rechnen hätten, allein auf Grund der Tatsache, dass sie in Kontakt mit den Deutschen gekommen seien. Dies habe sie zu Zeugen einer anderen Welt gemacht und Stalin fürchte nun, dass diese Kenntnis ausreichen würde, seinen Machtanspruch zu untergraben.[224] Obwohl die deutsche Propaganda auch hier maßlos übertrieb, konnte sie an ein tatsächliches Phänomen anknüpfen, nämlich ein grundsätzliches Misstrauen der sowjetischen Führung gegenüber der Bevölkerung in den zuvor deutschbesetzten Gebieten.[225] Dies ging allerdings nicht so weit, dass – so die deutschen Propagandabehauptungen – alle »Belasteten« beseitigt würden.[226] Ihren Gipfel erreichte die deutsche Gräuelpropaganda mit der so genannten Aktion Kapor im Februar/März 1944.

Der Mitte Februar 1944 an der Beresina übergelaufene sowjetische Hauptmann in einer Schützendivision, Igor Sinentjewitsch Kapor – so zumindest die Behauptung in den Flugblättern – könne bezeugen, dass Stalin geheime Befehle herausgegeben hätte, die Bevölkerung Weißrusslands nach der Besetzung quasi zu vernichten. Unter dem Schlagwort »Moskauer Vernichtungsplan für Weißruthenien« wurde behauptet, dass alle wehrfähigen Männer zwischen 14 und 55 Jahren sofort in die Rote Armee eingezogen und dort Strafkompanien zugeteilt würden, die übrige arbeitsfähige Zivilbevölkerung, hauptsächlich Frauen, zwangsweise erfasst und zum Wiederaufbau in das Donezbecken verschleppt sowie die Kinder von ihren Müttern getrennt und zur Erziehung in besonderen Kinderheimen dem NKWD übergeben würden.[227] Am 6. März

---

[223] Vgl. Horne/Kramer 2004, S. 335 ff.
[224] Vgl. Flugblatt »Was bringt der Bolschewismus?« [Okt./Nov. 1943], NAB, 385-2-45, fol. 47.
[225] Vgl. u. a. Segbers 1987. Zum Verhältnis zu den aus dem Deutschen Reich zurückkehrenden Zwangsarbeitern und Kriegsgefangenen auch Bonwetsch 1993; ders. 1993a.
[226] Vgl. OKW, Nr. 6207/44g/WFSt/WPr (I/IV), 27. 1. 1944, Richtlinien für Aktiv-Propagandisten Nr. 2, BA-MA, RW 4/20, fol. 2 f. Zu den entsprechenden Propagandatendenzen vgl. auch GK Minsk, Propagandaamt, Fr./W., an die Gebietskommissare (Propagandareferenten), 11. 2. 1944, Streng vertraulicher Überblick über die Propagandalage, NAB, 370-1-1285, fol. 64 ff.
[227] GK Minsk, Propagandaamt, 7. 3. 1944, betr. Flugblatt »Moskauer Vernichtungsplan für Weißruthenien!« (PAM 128/44), BA D-H, R 90/156, unfol. Vgl. auch Aufruf »Auch wir! Weißruthenien greift zu den Waffen« (zur Einberufung der Heimatwehr am 6. 3. 1944), abgedr. in: Weißruthenische Korrespondenz, 10. 3. 1944, NAB, 370-1-7, fol. 108; Weißruthenische

1944 trat Kapor in Minsk das erste Mal öffentlich auf.[228] Etwas später sprach er in Slonim in sowjetischer Uniform während einer Kundgebung auf dem Marktplatz zwei Stunden lang vor etwa 2.000 Menschen; das Gebietskommissariat ließ 40.000 Flugblätter mit Auszügen seiner Rede verteilen.[229] In den folgenden Wochen organisierten die Propagandisten im Generalkommissariat Weißruthenien eine ganze Versammlungswelle mit Kapor.[230]

Im Mai 1944 startete das Propagandaamt Minsk zusätzlich die »Anti-Greuelaktion«,[231] mit der sie die sowjetische Propaganda über deutsche Gräueltaten entkräften wollte. Diese wurden nun nicht mehr einfach geleugnet, sondern zugegeben – um sie im nächsten Atemzug mit dem Vergleich zu den vermeintlich viel größeren sowjetischen Verbrechen zu relativieren:

> »Die verlogene sowjetische Propaganda sagt Euch, daß Ihr diesen Kampf für Eure Heimat führen müßt, um diese von den ›deutschen Menschenfressern‹ und ›faschistischen Tieren‹ zu befreien. Ihr habt die Deutschen selbst kennengelernt, Ihr wisst selbst, was Ihr von den Erzählungen der Sowjetjuden über deutsche Grausamkeiten zu halten habt. Gewiß, es lässt sich im Krieg nicht immer vermeiden, dass Unschuldige für die Taten anderer büßen müssen, dass für Überfälle von Banditen die Häuser unschuldiger Bauern abgebrannt wurden. *Doch es ist gewiß ein Beweis für die Mäßigung der Deutschen, dass der von Moskau angezettelte Bandenkrieg in diesem unglücklichen Land innerhalb von zwei Jahren noch nicht so viel Opfer unter der Bevölkerung gefordert hat, als in den friedlichen Jahren 1937 und 1938 Einwohner Weißrutheniens vom NKWD ›liquidiert‹ wurden.«*[232]

Der Antisemitismus blieb bis zum Ende der Besatzung ein Grundpfeiler der antisowjetischen Propaganda. Dies betraf nicht nur das Stereotyp des »jüdischen Kommissars« als besonders brutalem Folterer und Mörder, sondern auch die Bilder der »Juden« als »fremde Ausbeuter und Unterdrücker der Völker der Sowjetunion« bzw. deren »Versippung [...] mit führenden nichtjüdischen Bolschewisten« oder die »Rolle des internationalen Judentums als

---

Korrespondenz, 17. 3. 1944, ebd., fol. 34 (vgl. zur Behandlung der Aktion Kapor in der Presse); Flugzeitung »Nachrichten für Weißruthenien«, Ausgabe März 1944 (PAM 131/44), GK Minsk, Propagandaamt – Dr.Kr./W., 30. 3. 1944, NAB, 370-1-2407, fol. 34; GK Minsk, Propagandaamt Hu/Str., 13. 6. 1944, betr. Flugzeitung »Nachrichten für Weißruthenien«, Ausgabe Mai 1944 (PAM 162/44), Original und Übersetzung ebd., fol. 8.

[228] Vgl. GK Minsk, Propagandaamt, 7. 3. 1944, betr. Flugblatt »Moskauer Vernichtungsplan für Weißruthenien!« (PAM 128/44), BA D-H, R 90/156, unfol.

[229] Propagandareferent beim GebK Slonim, 15. 3. 1944, Lagebericht für die Zeit v. 5. 2.-15. 3. 1944, BA-MA, FPF 01/7869, fol. 1385 f.

[230] Vgl. Der GebK Baranowitschi, Lagebericht der Abteilung Propaganda, Januar bis März 1944, fol. 19; Der GK in Minsk Abt. V 1 (Verwaltung), 18. 4. 1944, Lagebericht, IfZ, MA 797, fol. 211-218; [Propagandaamt Minsk], Referat Aktivpropaganda, Tätigkeitsbericht für die Zeit v. 12.-17. 5. 1944, NAB, 370-1-2426, fol. 53 f.; Weißruthenische Korrespondenz, Nr. 17, 7. 6. 1944, NAB, 370-1-2380, fol. 34 ff.

[231] Vgl. [Propagandaamt Minsk], Referat Aktive Propaganda, Tätigkeitsbericht für die Zeit v. 4.-10. 5. 1944, NAB, 370-1-2426, fol. 34; [Propagandaamt Minsk], Referat Aktivpropaganda, Tätigkeitsbericht für die Zeit v. 12.-17. 5. 1944, NAB, 370-1-2426, fol. 53 f.

[232] Flugblatt »Das Urteil eines Bandenführers«, GK Minsk, Propagandaamt-W., 8. 5. 1944, BA D-H, R 90/156, unfol. Hvg. im Orig.

7. Die Mobilisierung des »Neuen Europa« 1943/44 317

Kriegstreiber, Kriegsgewinnler u. ä.«.[233] Aus dem Repertoire der antisemitischen Propaganda während des Ersten Weltkrieges wurde die Denunziation von Juden als »Drückeberger« übernommen: Zehntausende seien mit dem Orden »Helden der Sowjet-Union« ausgezeichnet worden, aber »in der vordersten Linie« seien »sie nicht zu sehen« gewesen.[234]

Angesichts der militärischen Defensive der Deutschen wurde das Thema militärische Über- bzw. Unterlegenheit immer wichtiger (siehe Abb. 20). 1943 verkündete eine Flugzeitung: »Mit einer einem Menschenhasser eigenen Gleichgültigkeit im Herzen liest der Mörder Stalin die Berichte seiner Roten Stäbe über die Getöteten und Verkrüppelten, und um seine kostbare Haut zu retten, schickt er mit einer noch größeren Entschlossenheit neue Massen der Rotarmisten, die zugrunde gehen und unter dem Feuer der deutschen Verteidigung verbluten, der Vernichtung entgegen.«[235] Die Zeitung »Nowyj Putj« teilte ihren Lesern mit, dass dieses »traurige Blutopfer« letztlich nur »im Dienste des Kapitalismus« erbracht würde, da Stalin sich mit den »jüdischen Kapitalisten Englands und Amerikas« verbündet habe, die wiederum »das russische Volk auf den Schlachtfeldern verbluten« lassen würden.[236]

Deutsche Rückzugsbewegungen wurden im Gegenzug nicht nur als ein von deutscher Seite geplantes und selbstbestimmtes Vorgehen dargestellt, sondern auch als Zeichen einer humanen Rücksichtnahme auf die eigenen Soldaten.[237] Hinweise auf eine rüstungsmäßige Überlegenheit Deutschlands gewannen immer mehr an Bedeutung.[238] Noch im Januar 1944 wurden die Propagandisten

---

[233] Richtlinien für die Pressezensur in den besetzten Ostgebieten, hg. v. Pressechef für die besetzten Ostgebiete, [1943], IfZ, Da 46.03, S. 75. Beispiele u. a. in Anlagen zu GK Minsk, Abt. I Prp-Schr./Kl., 5. 8. 1943, oder GK Minsk, Abt. I Pro – Schr./Sz., 5. 11. 1943, betr. Propagandamaterial zum Tag der Oktoberrevolution (7.-9. 11.), BA D-H, R 90/156, unfol.

[234] OKW/WPr/1/IV/Nr. 2850/44, Richtlinien für die Kampfpropaganda im Osten v. 15. 5. 1944, zit. in: PAW, Auswertung Nr. 16, 5. 6. 1944, NAB, 411-1-108, fol. 36 f. Noch im Mai 1944 wies die Abteilung WPr den »Antisemitismus« mit als das wichtigste Thema der »Zersetzungspropaganda« aus.

[235] Flugblatt »Was bringt der Bolschewismus?« [Okt./Nov. 1943], NAB, 385-2-45, fol. 41. Vgl. auch Flugblatt »Wofür kämpft Ihr?« (PAW Stb. 18 und 19), Staffel Borissow, o. D., NAB, 411-1-35, fol. 13 (»Erfolglos versucht die Rote Armee anzugreifen, aber sie erstickt in ihrem eigenen Blute. Jeder winzige territoriale Erfolg wird mit zahlreichen nutzlos umgekommenen russischen Menschen bezahlt.«); Stichworte für den Redereinsatz, Anlage 2 zu Pz.AOK 3, Ic/AO (Prop.) Nr. 4950/43 geh., 27. 8. 1943, BA-MA, RH 21-3/511, fol. 13 f.; Flugblatt »Partisanen – Weißruthenen!« (PAM 133/44), wr. Original und Übersetzung in GK Minsk, Propagandaamt - Fr./W., 23. 3. 1944, NAB, 370-1-1283, fol. 19-22 RS (»Der Bolschewismus stützt sich heute nur auf den Terror. Seine ›Siege‹ an der Front – was sind sie schon Entscheidendes? – Das sind nur geringe Bodengewinne, für die man den Millionen Soldatenleben und den letzten Kriegsreserven zahlt.«); GK Minsk, Propagandaamt Hu/Str., 13. 6. 1944, betr. Flugzeitung »Nachrichten für Weißruthenien«, Ausgabe Mai 1944 (PAM 162/44), NAB, 370-1-2376, fol. 53.

[236] Aufsatz für den »Nowyj Putj« v. 2. 9. 1943, Anlage 1 zu Pz.AOK 3, Ic/AO (Prop.) Nr. 4950/43 geh., 27. 8. 1943, BA-MA, RH 21-3/511, fol. 11.

[237] »Die Frontverkürzung ist eine von langer Hand vorbereitete strategische Notwendigkeit, die gleichzeitig deutsches Blut erspart.« Richtlinien für die Aktiv-Propaganda Nr. 4, Pz.AOK 3, Ic/AO (Prop.) Nr. 5540/43 geh., [vor 22. 9. 1943], BA-MA, RH 21-3/511, fol. 16.

[238] Vgl. Plakate »Deutschland wird stärker mit jedem Tag ... Darum gewinnt Deutschland den Krieg!«, Lagerverzeichnis der Abt. Ost, P 77, 79, BA, R 55/1299, abgedr. in: Buchbender 1978, S. 48, 267 bzw. Schlootz 1996, S. 69.

angewiesen, deutlich zu machen, dass die deutsche Wehrmacht »geschmeidig« kämpfe, »um unnötige Verluste zu vermeiden«. Sie ließe den Gegner »ausbluten« und ihre Widerstandskraft würde »alle leichtfertigen Voraussagen Lügen strafen«. Das »Großdeutsche Reich« sei »auf Jahre hinaus gerüstet« und warte »auf den geeigneten Augenblick zum Gegenstoß.«[239]

Die verstärkte antisowjetische Gräuelpropaganda – in Kombination mit den nationalistischen Appellen an das »weißruthenische Volkstum« – sollte der weißrussischen Bevölkerung suggerieren, dass ihre einzige Überlebenschance in einem aktiven Kampf auf deutscher Seite bestehe.

7.4. Agrarpropaganda: Die »Reprivatisierung des Bauernlandes« und die »fachliche Aufklärungsarbeit«

Eine der »positiven« Maßnahmen, die Generalkommissar Kube im April 1943 ankündigte, war die »Reprivatisierung des Bauernlandes«.[240] Anfang 1943 wurde in Berlin eine »neue Propaganda-Aktion zur Agrarordnung 1943« konzipiert, die mit dem Stichtag 15. Februar – also genau ein Jahr nach der ersten Kampagne zur Neuen Agrarordnung – beginnen sollte. An die Reform anknüpfend wollte man die Landbevölkerung »zu einer weiteren Leistungssteigerung« aufrufen.[241] Das Tempo der Reformmaßnahmen sollte insgesamt erhöht, noch bestehende Gemeinwirtschaften verstärkt in Landbaugenossenschaften und Einzelhöfe umgewandelt werden, wobei die allgemeinen Richtlinien durch gesonderte Zusätze für einzelne Regionen – das Reichskommissariat Ukraine, das Generalkommissariat Weißruthenien und die Gebiete der Wirtschaftsinspektionen Mitte, Nord und Donez – ergänzt wurden.[242] Für das Generalkommissariat Weißruthenien war vorgesehen, den Aufbau von Landbaugenossenschaften »mit allen Mitteln« voranzutreiben, da die allgemeine Auflösung der Kolchosen im Vorjahr in den meisten Fällen zu einer »ungeordneten Einzelnutzung« geführt hatte. Zudem sollten nun auch in größerem Umfang Einzelhöfe gebildet werden (siehe Abb. 16).[243]

---

[239] OKW, Nr. 6207/44g/WFSt/WPr (I/IV), 27. 1. 1944, Richtlinien für Aktiv-Propagandisten Nr. 2, BA-MA, RW 4/20, fol. 2.

[240] Eröffnungsreferat GK Kube, Protokoll der Tagung der Gebietskommissare, Hauptabteilungsleiter und Abteilungsleiter des GK in Minsk v. 8. 4.-10. 4.1943, NAB, 370-1-1264, fol. 18.

[241] Abschrift, RMO, Richtlinien zur »neuen Propaganda-Aktion zur Agrarordnung 1943« und zur »Hilfswilligen (Dobrovolez)-Aktion«, Januar 1943, Auszüge, BA-MA, RH 2/2558, fol. 82, 84.

[242] Vgl. ebd., fol. 86 f., 90 f. Im Bereich des rückwärtigen Heeresgebiets Mitte waren bereits im Winter vorsorglich Schulungslehrgänge für Landmesser veranstaltet worden, um die geplanten Maßnahmen auch durchführen zu können. Vgl. [PAW], Ostdienst, Beilage zum Informationsdienst, 9. 4. 1943, NAB, 378-1-35, fol. 73.

[243] Abschrift, RMO, Richtlinien zur »neuen Propaganda-Aktion zur Agrarordnung 1943« und zur »Hilfswilligen (Dobrovolez)-Aktion«, Januar 1943, Auszüge, BA-MA, RH 2/2558, fol. 91. Siehe auch Hinweis auf RMO, Nur für den Dienstgebrauch, Die Durchführung der Agrarordnung im Jahre 1943, Informationen und Anweisungen für Propagandisten und Landwirtschaftsführer, B 58 in Lagerverzeichnis der Abt. Ost, BA, R 55/1299.

Wie die Vorjahreskampagne umfasste die Propagandaaktion sämtliche Medien[244] und auch der Ablauf in zwei Wellen wurde wiederholt. Inhaltlich orientierte man sich an den bereits bekannten Tendenzen – Dankbarkeit für die »Befreiung«, eigenes Interesse, Bevorzugung der Produktivsten, voller Nutzen der Reform erst nach dem Krieg etc. –, ordnete diese aber in den »größeren Rahmen des Befreiungskampfes gegen den Bolschewismus für das neue Europa« ein. Die zentrale Parole lautete deshalb 1943: »Der Pflug ist der Bruder des Schwertes«.[245]

Da die hohen Abgaben im Vorjahr nach Einschätzung der Deutschen sehr zur »Missstimmung« beigetragen hatten, wurde 1943 versprochen, die »Erfassungspolitik« grundlegend zu ändern. Die Bauern sollten dieses Jahr einen Teil ihrer Überproduktion tatsächlich für sich behalten können. Die Besatzungsmacht wollte feste Ablieferungskontingente bekanntgeben, die nachträglich nicht mehr überschritten werden sollten. Grundsätzlich seien, so sollte die Propaganda betonen, die »Kriegsabgaben« aber notwendig, um die deutsche Wehrmacht und ihre Verbündeten in die Lage zu versetzten, »die Bauern und ihr Land vor der Rückkehr der Bolschewisten und der Kolchossklaverei zu schützen.«[246] Der Bevölkerung sei klarzumachen, dass die Agrarreform *trotz* des Krieges und *trotz* zahlreicher Schwierigkeiten – wie z. B. fehlender Landmesser oder Vermessungsinstrumente – weitergeführt würde.

Die Zuteilung von Land und Einzelhöfen wurde wiederum an das »Leistungsprinzip« geknüpft.[247] Bevorzugt wurden auch dieses Jahr Bauern, die sich im »Kampf gegen das Bandenunwesen« bewährt hatten – ebenso wie Mitglieder der »Freiwilligen«-Verbände und »Hilfswillige« sowie Rayonleiter, Bürgermeister etc., die sich »besonders ausgezeichnet« hatten.[248] Die Propagandaabteilung in Minsk gab unter anderem die Parole aus: »Die letzte Stufe der Agrarordnung, der Einzelhof ist in Vorbereitung. [...] Bauern müssen jetzt aktiv an der Befriedung des Landes mitarbeiten und sich selbst gegen die Banditen wehren, denn nur in einem befriedeten Land kann eine solche Arbeit durchgeführt werden.«[249]

---

[244] Vgl. exemplarisch für die Presse in Weißrussland I Pro-Presse Schr/G, an die Weißruthenische Zeitung, Dorfstimme, Baranowitscher Zeitung, nachrichtl. Landessender Minsk, 13. 2. 1943, Anlage: Leitartikel »Ein Jahr Neue Agrarordnung«, NAB, 370-1-12, fol. 9 (Anlage fehlt); Sonderdruck der Bauernzeitschrift »Holos Wioski« Nr. 7 v. 18. 2. 1943: Ein Jahr Neue Agrarordnung, NAB, 393-1-321, fol. 21; I Pro-Presse Schr/G, an GebK Minsk-Land, 20. 2. 1943, betr. Agrar-Propaganda, [10.000 Sonderdrucke zur Verbreitung], NAB, 370-1-23, fol. 18.

[245] Abschrift, RMO, Richtlinien zur »neuen Propaganda-Aktion zur Agrarordnung 1943« und zur »Hilfswilligen (Dobrovolez)-Aktion«, Januar 1943, Auszüge, BA-MA, RH 2/2558, fol. 83.

[246] Ebd., fol. 84.

[247] Ebd., fol. 87. Vgl. auch das Plakat »Zur eigenen Scholle« (P 102) in Lagerverzeichnis der Abt. Ost, BA, R 55/1299, von dem allein die Wirtschaftsinspektionen 100.000 in russischer, 50.000 in ukrainischer und 30.000 in weißrussischer Sprache verteilten. R.-D. Müller 1991b, S. 460 (Anlage 35).

[248] Abschrift, RMO, Richtlinien zur »neuen Propaganda-Aktion zur Agrarordnung 1943« und zur »Hilfswilligen (Dobrovolez)-Aktion«, Januar 1943, Auszüge, BA-MA, RH 2/2558, fol. 85 f.

[249] GK Minsk, Abteilung Pro, an GebK Sluzk, 12. 2. 1943, betr. Fortführung der Agrarpropaganda, NAB, 370-1-1, fol. 17 f. Vgl. auch PAO, Geheimer Stimmungsbericht Nr. 28, 5. 4. 1943,

Auch im rückwärtigen Heeresgebiet Mitte wurden 1943 weitere Landbaugenossenschaften gebildet. Die Propagandastaffeln der Propagandaabteilung W organisierten im März und April (teilweise – wie bei der Staffel Gomel – bis in den Juni hinein) festliche Versammlungen.[250] Die einheimischen Redner wurden angewiesen, die beabsichtigte Einrichtung von Einzelhöfen »vorsichtig« anzukündigen. Mit den deutschen Rückzügen brach diese Entwicklung im August 1943 jedoch ab und damit auch die entsprechende Propaganda.[251]

Ein bedeutendes Thema der Agrarpropaganda war auch die Deklaration Rosenbergs über die Einführung des bäuerlichen Grundbesitzes vom 3. Juni 1943.[252] Diese so genannte Eigentumsdeklaration hatte letztlich wenig Konsequenzen: Die Landempfänger erhielten keine rechtlichen Garantien (in Form von Grundbucheinträgen), sondern lediglich »Einweisungsurkunden«, die angeblich eine spätere Eigentumsübertragung garantieren sollten.[253] Die Propagandisten veröffentlichten den Deklarationstext in der einheimischen Presse und mit Hilfe von Hunderttausenden von Plakaten und Flugblättern; die einheimischen Redner machten ihn auf ihren Versammlungen bekannt.[254] Die Wirtschaftsinspektionen verteilten in den Gebieten unter Militärverwaltung über anderthalb Millionen Text-Plakate in weißrussischer und russischer Sprache.[255] Im Generalkommissariat Weißruthenien wurde eine weitere Million über den nicht mehr zugänglichen ländlichen Regionen aus Flugzeugen abgeworfen. Dabei mussten die Deutschen allerdings feststellen, dass die Bevölkerung der Deklaration »ziemlich verständnislos« gegenüberstehe, unter anderem, weil die Kommandeure der Partisanenverbände den dortigen Bauern bereits vor Mona-

---

BStU, RHE 37/80 SU, Bd. 15, fol. 104.

[250] Vgl. PAW, Staffel Gomel, Monatsberichte von März bis Juni 1943, Anlagen 42-44 zu 221. Sich. Div., Abt. Ic Nr. 768/43, Tätigkeitsbericht v. 1. 1.-31. 8. 1943, 19. 11. 1943, BA-MA, RH 26-221/76, unfol.

[251] Vgl. Erfahrungsbericht der Militärverwaltung beim Oberkommandos der Heeresgruppe Mitte für die Zeit v. 22. 6. 1941 bis August 1944, gez. Tesmer, BA-MA, RH 19 II/334, fol. 12.

[252] Abgedr. in: Kleist 1950, S. 317. Siehe auch Führervorlage Rosenbergs zur Wiederherstellung des Privateigentums, 24. 4. 1943, BA, R 6/18, fol. 187-190; Gerlach 1999, S. 351 f.

[253] Vgl. Verordnung über die Landeinrichtung v. 30. 7. 1943, gez. GK Kube, NAB, 370-1-64, fol. 16.

[254] Vgl. Geheimes Fernschreiben, RMO an MinDir. Zimmermann, 18. 6. 1943, betr. Deklaration zur Eigentumsverleihung in der Ukraine, BA, R 6/89, fol. 40 ff.; Plakat mit der Deklaration über das Grundeigentum (P 112) in Lagerverzeichnis der Abt. Ost, BA, R 55/1299; Instruktionen Nr. 4 für die weißruthenischen Propagandisten, Anlage zu GK Minsk, Abt. I Pro – Schr/G, an die GebK, 6. 7. 1943, NAB, 370-1-1272, fol. 1 f.

[255] 1,05 Millionen weißrussische Exemplare, 1,24 Millionen in ukrainisch. Angaben bei R-D. Müller 1991b, S. 460 (Anlage 35). Dies waren allerdings nicht die Gesamtzahlen, so die falsche Annahme von Gerlach 1999, S. 352, Fn. 761. In russischer Sprache wurde das Plakat in mindestens 510.000 weiteren Exemplaren gedruckt. Angabe in: Geheimes Fernschreiben, RMO an MinDirig. Zimmermann, 18. 6. 1943, betr. Deklaration zur Eigentumsverleihung in der Ukraine, BA, R 6/89, fol. 40. Vgl. auch [GK Minsk], I Pro – Pn./Kl. an GebK Sluzk, 12. 6. 1943, betr. Propagandamaterial [u. a. 100.000 Flugblätter »Aufruf der Reichsregierung«], NAB, 370-1-1287, fol. 141; siehe ähnliche Lieferungen an verschiedene GebK, ebd., fol. 138 f., 142 f., 146.

7. Die Mobilisierung des »Neuen Europa« 1943/44

ten Landbesitz übergeben hätten.[256] Ende September wies das Ostministerium nochmals explizit an, die Deklaration als Fortsetzung der mit der Neuen Agrarordnung begonnenen Reprivatisierungspolitik auszugeben.[257]

Neben diesen Kampagnen spielte 1943/44 noch eine andere Form von Propagandamaterialien eine zentrale Rolle im Agrarsektor: die so genannten fachlichen Weisungen. Die Wirtschaftsinspektion Mitte erarbeitete bis Februar 1943 ein »Propaganda-Rahmenprogramm für die Erzeugung«.[258] Diese »fachliche Aufklärungsarbeit« umfasste regelmäßige Aufsätze in der Presse, die monatliche Veröffentlichung von »Landwirtschaftlichen Arbeitskalendern« und »Merkregeln« (für den Flachsanbau oder die Kükenzucht etc.)[259] und den Verkauf des »Bauernkalenders« (Jahreskalender mit landwirtschaftlichen Hinweisen).[260] Sonderdrucke, Flugblätter, Broschüren, Rundfunksendungen und Versammlungen kamen ebenso zum Einsatz wie Filme. Die Abteilung Ost im Propagandaministerium produzierte bis Anfang 1944 zehn solcher »landwirtschaftlichen Filme« (meist in drei oder vier Sprachen) zu den Themen »Arbeitsjahr des deutschen Bauern« (1200 m), »Hofland und seine Bedeutung« (326 m), »Hofland und seine Nutzung« (348 m), »Ein Bauer bringt sein Gemüse auf den Markt« (450 m), »Kuhanspannung« (550 m), »Weidefilm« (450 m), »Hofland und seine Düngung« (225 m), »Ein Bauer bestellt sein Feld« (450 m), »Brache und Bodenbearbeitung« (378 m) und »Bauernarbeit im Herbst« (450 m).[261] Die Bauern wurden zur Ablieferung bestimmter Produkte aufgefordert[262] oder erhielten praktische Hinweise zur Durchführung verschiedener landwirtschaftlicher Arbeitsgänge.[263] Ein wichtiger Aufruf lautete: »Bauer,

---

[256] WBfh. Ostland, Abt. Ic, 14. 7. 1943, betr. Stimmung der Bevölkerung im Ostland, Anlage zu Hauptmann Groß, WPrO beim WBfh. Ostland, an Wedel, Chef WPr, 17. 7. 1943, BA-MA, RW 4/309b, fol. 149 RS.

[257] Vgl. [RMO], Richtlinien für die Propaganda in den besetzten Ostgebieten, 25. 9. 1943, BA, R 6/192, fol. 65 f. Siehe auch Stichwort »Agrarordnung«, in Richtlinien für die Pressezensur in den besetzten Ostgebieten, hg. v. Pressechef für die besetzten Ostgebiete, [1943], IfZ, Da 46.03. Das Thema Landverteilung bzw. »Reprivatisierung« hatte auch eine wichtige Funktion beim Wehrdorfprojekt. Siehe Abschnitt 7.5.3. der vorliegenden Arbeit.

[258] Wi In Mitte, Chefgruppe Landwirtschaft, 1 b 6, 6. 2. 1943, Rundverfügung Nr. 8, betr. Propaganda-Rahmenprogramm für die Erzeugung, NAB, 370-1-401, fol. 45-51 RS. Auszüge abgedr. in: Schlootz 1996, S. 47. Zu den Propagandatätigkeiten der Wirtschaftsinspektionen siehe auch R-D. Müller 1991b, S. 125 f., 460.

[259] Vgl. hierzu die Anlage »Anhaltspunkte für die Propaganda«, in der für die Monate Januar bis Dezember jeweils Stichworte für den Arbeitskalender, die Merkregeln und die Presseartikel aufgelistet sind. Ebd., fol. 45-50 RS.

[260] Zum Verkauf dieses Kalenders vgl. PAW, Staffel Gomel, 21. 3. 1943, betr. Monatsbericht v. 20. 2.-20. 3. 1943, BA-MA, RH 26-221/76, unfol.

[261] Acht weitere waren im Januar 1944 in Arbeit. Liste in OKW, Nr. 6207/44g/WFSt/WPr (I/IV), 27. 1. 1944, Richtlinien für Aktiv-Propagandisten, BA-MA, RW 4/20, fol. 5 f.

[262] Vgl. exemplarisch [GK Minsk], I Pro Schr./g, an Zentralhandelsgesellschaft Ost m. b. H., Zweigstelle Minsk, 26. 5. 1943, betr. Landwirtschaftliche Propaganda, [u. a. Flugblatt (250.000) und Plakat (15.000) »Weißruthenischer Bauer!« zur Schweineablieferung], NAB, 370-1-1287, fol. 164.

[263] Vgl. GK Minsk, Hauptabteilung Ernährung und Landwirtschaft, Abt. III E 2d 500, 27. 4. 1944, Fachliche Weisung Nr. 9, betr. Schweinemast, NAB, 370-1-401, fol. 3 ff.; Abteilung 2, 1. 3. 1943, betr. Rundfunk- und Pressepropaganda der Abteilung 2 (für die Monate April bis Juli), NAB, 370-1-401, fol. 35-38; Flugblatt »Bauern: Es ist Zeit an die Aussaat der Winterung zu denken«,

spanne Deine Kuh an!«[264] Die Landbevölkerung sollte angesichts des Mangels an Maschinen und Pferden dazu gebracht werden, ihre Kühe zum Pflügen etc. einzusetzen (siehe Abb. 17). Entsprechende »Rahmenprogramme« wurden auch für das Jahr 1944 entworfen.[265] Insgesamt ist festzustellen, dass die Agrarpropaganda bis zum Ende der Besatzung eines der zentralen Themen der deutschen Propaganda im besetzten Gebiet blieb.[266]

7.5. Die Weiterentwicklung der »Antipartisanenpropaganda«

7.5.1. Propaganda und Großoperationen

Die Partisanenbewegung war 1943 für die deutsche Besatzungsmacht in Weißrussland zum alles dominierenden Problem geworden. Die Partisanen zerstörten in großem Umfang Fernsprechleitungen, Gleisverbindungen, Straßenbrücken und kriegswichtige Betriebe. Sie legten Minen, überfielen Fahrzeuge und töteten von den Deutschen eingesetzte Bürgermeister. Den Partisanenverbänden gelang es, die wirtschaftliche Ausplünderung Weißrusslands stark einzuschränken. So konnten die Besatzer im zivilverwalteten Gebiet nur noch ein Drittel der Staatsgüter nutzen. Immer größere Regionen wurden unkontrollierbar und die Deutschen waren gezwungen, ihre dortigen Stützpunkte zu räumen. Es entstanden sogar Gebiete, die von der Bevölkerung als »Sowjetrepubliken« bezeichnet wurden, in denen die Partisanen weitgehend auch die administrative Macht übernahmen. In weite Teile des besetzten Weißrusslands

---

Original und Übersetzung in GK Minsk, Abt. I Pro – Schr./Kl., 28. 7. 1943, NAB, 370-1-1325, fol. 16 ff.; Leiter Ost, Ref. Kurtz, an Staatssekretär, 8. 2. 1944, betr. Herstellung von Bildbänden, BA, R 55/564, fol. 111 f. (Vorschläge WiStab Ost, Abt. La für russische und weißrussische Bildbände mit den Themen: »Gute Düngung, hohe Erträge«, »Unkrautbekämpfung und Saatpflege«, »Bessere Bodenbearbeitung – höhere Erträge«); Abschnitt »Für den weißruthenischen Landsmann!«, in: Weißruthenische Korrespondenz, Nr. 17, 7. 6. 1944, NAB, 370-1-2380, fol. 41 ff. (»Winke für die Heuernte«, »Vorteile der künstlichen Besamung bei Ziegen«, »Jetzt Eier abliefern!«, »Beginnt rechtzeitig mit dem Wiesenschnitt!«). Entsprechende Abschnitte enthielt jede Ausgabe der WK.
[264] Vgl. PAW, Gruppe Aktivpropaganda, o. D. [Frühjahr 1943], Flugblatt »Russischer Bauer, spanne Deine Kuh an!« (PAW 131), NAB, 378-1-36, fol. 52. Vgl. hierzu auch die von der Abteilung Propaganda hergestellten Flugblätter (112.000) und Plakate (45.000) mit dem Thema »Kuhanspannung«, [GK Minsk], I Pro Schr./g, an Zentralhandelsgesellschaft Ost m. b. H., Zweigstelle Minsk, 26. 5. 1943, betr. Landwirtschaftliche Propaganda, NAB, 370-1-1287, fol. 164. Zum Film sowie zum Bildband »Kuhanspannung« vgl. OKW, Nr. 6207/44g/WFSt/WPr (I/IV), 27. 1. 1944, Richtlinien für Aktiv-Propagandisten, BA-MA, RW 4/20, fol. 5.
[265] Propaganda-Rahmenprogramm der Abteilung Erzeugung, [1944], NAB, 370-1-401, fol. 28-34.
[266] Vgl. OKW, Nr. 6207/44g/WFSt/WPr (I/IV), 27. 1. 1944, Richtlinien für Aktiv-Propagandisten, BA-MA, RW 4/20, fol. 1-14; Lagebericht Abt. Propaganda, Baranowitschi, Januar bis März 1944, BA, R 6/13, fol 17-20; GebK Slonim, Tgb.Nr. 2046/44, an GK Minsk, 24. 6. 1944, betr. Lagebericht April bis Juni 1944, Anlage: Fachberichte der Referenten, NAB, 370-1-487, fol. 79-85.

rückten die Deutschen nur noch zu militärischen und polizeilichen Großoperationen ein.[267]

Quer durch die Besatzungsverwaltung war man sich einig darüber, dass eine effektive Sicherungspolitik nicht allein auf Terror beruhen konnte, sondern zumindest Teile der Bevölkerung mit Hilfe von politischen und propagandistischen Maßnahmen zur Kooperation mit den Deutschen veranlasst werden mussten (siehe Abb. 18). Über dieses Ende 1942 mit der »Kampfanweisung für die Bandenbekämpfung« festgelegte zweigleisige Vorgehen herrschte Konsens – Erfolge erhoffte man sich von einem Ausbau und einer Effektivierung *beider* Bereiche.[268] Neben der allgemeinen »Antipartisanenpropaganda« beim Rednereinsatz, in Presse, Drahtfunk und Film – unter der Leitung des 1941 zur Einsatzgruppe B abkommandierten »SS-Propagandisten« Hans Meyer entstand der Antipartisanenfilm »Mit eigenen Augen«[269] – bildeten deshalb die militärischen und polizeilichen Großoperationen weiterhin einen der Schwerpunkte in den Tätigkeiten der Propagandisten (siehe Schema 14).[270]

Gerade in Regionen, in denen eine mittelfristige Kontrolle nicht möglich erschien, ging die deutsche Besatzungsmacht bei diesen Großoperationen mit unvorstellbarer Brutalität vor und machte ganze Landstriche zu »toten Zonen«. Beim Unternehmen »Hornung«, das vom 8. bis zum 26. Februar 1943 in einem etwa 4.000 Quadratkilometer großen, dünnbesiedelten Gebiet südwestlich von Sluzk stattfand, wurden 12.718 Menschen ermordet – davon 3.300

---

[267] Vgl. exemplarisch PAO, Geheime Stimmungsberichte Nr. 24 (8. 12. 1942), Nr. 25 (9. 1. 1943), Nr. 26 (8. 2. 1943), Nr. 27 (8. 3. 1943), Nr. 28 (5. 4. 1943), Nr. 29 (5. 5. 1943), BStU, RHE 37/80 SU, Bd. 15, fol. 12, 85 f., 103, 197, 207, 212; Berichte der Staffel Gomel der PAW von Dezember 1942 bis Juli 1943, als Anlagen 39-45 zu 221. Sich.Div., Abt. Ic Nr. 768/43, Tätigkeitsbericht v. 1. 1.-31. 8. 1943, 19. 11. 1943, BA-MA, RH 26-221/76, unfol.; 286. Sich.Div., Abt. I c, Tätigkeitsbericht 1. 1.-30. 6. 1943, BA-MA, RH 26-286/8, fol. 92–100 RS. Siehe auch Dokumente in Verbrechen der Wehrmacht 2002, S. 456 f.

[268] Vgl. Stellungnahmen von GebK Haase (z.Zt. Wilejka), Freudenberg (Leiter der Abteilung Arbeit und Soziales in Minsk), Schröter (Leiter der Abteilung Propaganda), SSPF von Gottberg, KdS Strauch, in: Protokoll der Tagung der Gebietskommissare, Hauptabteilungsleiter und Abteilungsleiter des GK in Minsk v. 8. 4.-10. 4. 1943, NAB, 370-1-1264, fol. 57, 81, 107, 128, 142; Stellungnahmen in: Protokoll der Arbeitstagung der Gebietskommissare des RKO in Riga v. 21.-23. 1. 1943, ZStA Riga, P-434-3-50, fol. 52-93 sowie zusammenfassendes Protokoll der Tagungsergebnisse, NAB, 370-1-382a, fol. 417; [RMO], Zentralinformation I/1e zur Entwicklung der Partisanenbewegung vom Zeitpunkt des Beginns der Reichswerbung an bis heute (1. 7. 1942-30. 4. 1943), NAB, 370-1-386a, fol. 24-31 RS.

[269] Vgl. Hans Meyer, an SS-Brigadeführer MinDir. Berndt, RMVP, 22. 6. 1943, BStU, RHE 37/80, Bd. 15, fol. 64-67; Leiter Ost, Referent Gielen, an Staatssekretär, 15. 1. 1944, betr. Einsatz von SS-Untersturmführer Meyer, ebd., fol. 62. Ein weiterer »Propagandafilm gegen das Bandenunwesen im Rahmen einer dramatischen Spielhandlung« lief 1943 unter dem Titel »Wölfe«. Lagerverzeichnis der Abt. Ost, BA, R 55/1299.

[270] Die Staffeln Gomel und Orscha der PAW beteiligten sich z. B. im ersten Halbjahr 1943 regelmäßig an »Unternehmen«. Vgl. Anlagen der Staffel zu 221. Sich.Div., Abt. Ic Nr. 768/43, Tätigkeitsbericht v. 1. 1.-31. 8. 1943, 19. 11. 1943, BA-MA, RH 26-221/76, unfol.; 286. Sich.Div., Abt. I c, Tätigkeitsbericht 1. 1.-30. 6. 1943, BA-MA, RH 26-286/8, fol. 97. Die diesbezüglichen Regelungen der »Kampfanweisung für die Bandenbekämpfung« vom November 1942 wurden im Mai 1944 noch einmal grundsätzlich bekräftigt. Vgl. Merkblatt des OKW 69/2 zur Bandenbekämpfung, OKW/WFSt/Op. Nr. 03268/44, 6. 5. 1944, Auszüge abgdr. in: N. Müller 1980, S. 171 f.

Schema 14: Beteiligung von Propagandaeinheiten an »Unternehmen« gegen Partisanen 1943/44

Rudensk, Einsatz nach einer »Vergeltungsaktion« (Februar 1943)	Staffel Weissruthenien der PAO
»Hornung« (Februar 1943)	Staffel Weissruthenien der PAO PzPK 697
verschiedene (März 1943)	Landwirtschaftl. Außenstelle Smolewitsche
»Maigewitter« (Mai 1943)	vermutl. PzPK 697
»Cottbus« (Mai/Juni 1943)	9. Kriegsberichterabteilung Mogilew Propagandastaffel Burk der Einsatzgr. Dirlewanger Propagandastaffel Weissruthenien der PAO
»Sonnenwende« (Juni/Juli 1943)	Staffel Gomel der PAW
»Ochse« (Juli 1943)	Staffel Gomel der PAW
verschiedene »Unternehmen« der Wehrmacht und SS (Juli 1943)	Staffel Weissruthenien der PAO
»Hermann« (Juli/August 1943)	GK Nowogrodek, Propagandaabt. GK Minsk
»Heinrich« (Oktober 1943)	SS-KBA
»Strassenfeger« (Nov./Dez. 1943)	Einsatzzug Lepel der PAW
»Waldemar« (Januar 1944)	Einsatzzug Bobruisk der PAW
n. n. (Januar/Februar 1944)	PK 689/AOK 4
»Wolfsjagd« (Februar 1944)	Einsatzzug Bobruisk der PAW
»Sumpfhuhn« (Februar 1944)	Einsatzzug Bobruisk der PAW
Großunternehmen des Sich.Btl. 55, Umgebung von Beresino (März 1944)	Propaganda-Nebenstelle Tscherwen der PAW
»Fuchsbau I« (April 1944)	Einsatzzug Bobruisk der PAW
»Fuchsbau II« (April 1944)	Einsatzzug Bobruisk der PAW
»Winnetou« (April 1944)	Einsatzzug Bobruisk der PAW
»Frühlingsfest« und »Regenschauer« (April bis Juni 1944)	Einsatzzüge Borissow und Lepel der PAW PzPK 697 Propagandakräfte der Kampfgr. von Gottberg
bei Debica, Nordukraine (Mai/Juni 1944)	Russ. Freiwilligenpropagandazug der PAW
»Komoran« (Mai/Juni 1944)	Einsatzzüge Minsk u. Borissow der PAW Einsatzgruppe der PzPK 697
Unternehmen im Raum Tscherwen-Beresino	Einsatzzug Borissow der PAW
»Pfingstrose« (Juni 1944)	Einsatzzug Bobruisk der PAW
zweitägiges Unternehmen, nördl. Brest (Juni 1944)	Einsatzzug Schitniki

Quellen: Diese Aufstellung gibt nur einen exemplarischen Überblick, da die Lageberichte der Propagandaeinheiten lückenhaft überliefert sind. Nähere Angaben zu einem Teil der hier genannten »Unternehmen« in: Gerlach 1999, S. 900-904. Angaben zusammengestellt aus: PAO, Stimmungsberichte Nr. 26 (8. 2. 1943), Nr. 27 (8. 3. 1943), in BStU, MfS-HA IX/11, RHE 37/80 SU, T. 15; Abschrift, Kriegsberichter Sdf. (Z) Heinze und Gefr. Sengewitz (PK 697), an Kompaniechef, 19. 2. 1943, betr. Bandenbekämpfung in Weissruthenien, Anlage zu PzAOK 3, O.Qu./Ic/AO Nr. 113/43 g. Kds. v. 27. 2. 1943, Nrbg. Dok. NOKW-2346, IfZ, MA 1564/30; Landwirtschaftliche Aussenstelle Smolewitsche, 25. 3. 1943, Lagebericht, NAB, 359-1-8, fol. 59 f.; Behandlung von Banden, Zivilbevölkerung und Wirtschaftsgütern [beim Unternehmen »Maigewitter«], Anlage 3 zu PzAOK 3 Abt. Ia Nr. [unleserl.] 83/43, geh. Kds. v. 4. 5. 1943, BA-MA, RH 21-3/487, fol. 25; Kampfgruppe von Gottberg, Ia Tgb.Nr. 43/43 geh., 15. 5. 1943, Einsatzbefehl für das Unternehmen »Cottbus«, IfZ, Fb 101/13, fol. 129; Abschrift, SSPF Weissruthenien [Gottberg], Ia Tgb. Nr. 44/43 geh, 24. 6. 1943, Befehl für den Einsatz der Kräfte nach dem Unternehmen »Cottbus«, NAB, 370-1-481, fol. 24 f.; Anlagen zu 221. Sich.Div., Abt. Ic Nr. 768/43, Tätigkeitsbericht v. 1. 1.-31. 8. 1943, 19 .11. 1943, BA-MA, RH 26-221/76, unfol.;

286. Sich.Div., Abt. I c, Tätigkeitsbericht 1. 1.-30. 6. 1943, BA-MA, RH 26-286/8, fol. 97; WBfh. Ostland, Abt. Ic, 14. 7. 1943, betr. Stimmung der Bevölkerung im Ostland, Anlage zu Hauptmann Groß, WPrO beim WBfh. Ostland, an Wedel, Chef WPr, 17. 7. 1943, BA-MA, RW 4/309b, fol. 149 RS; Gebietskommissar in Nowogrodek, IIb-1G-Tr./Mz., 3. 8. 1943, an GK Minsk, betr. Berichterstattung über die Propagandamaßnahmen im Zuge des Partisanengroßeinsatzes der Kampfgruppe von Gottberg im Urwald Naliboki, gez. Traub, NAB, 370-1-487, fol. 77 ff.; Der Chef der Einsatzgruppe B der Sicherheitspolizei und des SD, I/Org/IV BB – 300/43 g, 20. 10. 1943, Einsatzbefehl für das Unternehmen »Heinrich«, IfZ, Fb 101/13, fol. 288 ff.; PAW, Einsatzstaffel, 1. Einsatzzug Lepel, Tätigkeits- und Lagebericht 22. 11.-15. 12. 1943, NAB, 411-1-53, fol. 8; Wochenberichte der PAW an WPr (ID), März bis Juni 1944, in: SoM, 1363-5-6 und NAB, 411-1-102; AOK 4 Ic/Prop. Nr. 21/44 Br.Nr. 367/44 geh., 11. 3. 1944, Propaganda-Lagebericht für die Zeit vom 1. 1.-29. 2. 1944, BA-MA, RH 20-4/782, unfol.; Fernschreiben PAW an 2. Einsatzzug Borissow, 19. 5. 1944, NAB, 411-1-103, fol. 33; Tätigkeitsberichte der PzPK 697 aus dem 1. Halbjahr 1944 in: BA-MA, RH 21-3/511; Kampfgruppe von Gottberg, Ia, Nr. 243/44 geh., 16. 5. 1944, an Oberkom. Hg. Mitte in Minsk, Erfahrungsbericht zum »Unternehmen Frühlingsfest« mit 4 Anlagen, BA-MA, RH 19 II/244, fol. 2 ff.

Juden und Jüdinnen.[271] Die Bevölkerung im Einsatzgebiet sei »restlos bis zum Säugling heruntergemacht«, sämtliche Behausungen seien abgebrannt und alle Vieh- und Lebensmittelbestände abtransportiert worden – so der Bericht zweier beteiligter Propagandisten der PzPK 697. Um zu verhindern, dass sich die Partisanen in diesem Gebiet »wieder festsetzen«, sei der Befehl ergangen, dieses »zum Niemandsland zu machen.«[272]

Selbst Operationen, die vorrangig auf die Ausrottung der Bevölkerung zielten, waren von Propagandamaßnahmen begleitet. Die Staffel Weißruthenien der Propagandaabteilung O fuhr im Rahmen des Unternehmens »Hornung« in das Aufmarschgebiet hinein, »um durch Einsatz von Lautsprecherwagen, Propagandarednern, Material und Filmen die Bevölkerung über den Sinn des Kampfes aufzuklären und eine klare Entscheidung ihrerseits zu fordern.«[273] Straf- und Vergeltungsaktionen, bei denen die Deutschen Dörfer niederbrannten und deren Einwohner massakrierten, folgten oftmals Propagandaeinsätze.[274] Eine »Aufklärung« sei »in solchen Fällen unbedingt am Platze, schon um zu verhindern, dass die Einwohner der umliegenden Ortschaften mit ihrer Habe in die Wälder und zu den Banden flüchten.«[275] Als Redner setzte die Staffel unter anderem »Überläufer« aus den Partisanenverbänden oder Angehörige von Personen ein, die von den Partisanen getötet worden waren.[276] Wenige Monate später betonte der Ic-Offizier beim Wehr-

---

[271] Letztere hauptsächlich aus dem Sluzker Ghetto. Näheres zum Unternehmen »Hornung« bei Gerlach 1999, S. 943-948.
[272] Abschrift, Kriegsberichter Sdf. (Z) Heinze und Gefr. Sengewitz (PK 697), an Kompaniechef, 19. 2. 1943, betr. Bandenbekämpfung in Weißruthenien, Anlage zu PzAOK 3, O.Qu./Ic/AO Nr. 113/43 g. Kds. v. 27. 2. 1943, Nrbg. Dok. NOKW-2346, IfZ, MA 1564/30.
[273] PAO, Geheimer Stimmungsbericht Nr. 27, 8. 3. 1943, BStU, RHE 37/80 SU, Bd. 15, fol. 87. Vgl. auch Landwirtschaftliche Außenstelle Smolewitsche, 25. 3. 1943, Lagebericht, NAB, 359-1-8, fol. 59 f.
[274] Vgl. PAO, Geheimer Stimmungsbericht Nr. 26, 8. 2. 1943, BStU, RHE 37/80 SU, Bd. 15, fol. 13. Vor etwa 400 Zuhörern sei die »vorhergegangene Aktion propagandistisch unterstrichen und ihre Notwendigkeit erklärt« worden. Ebd., fol. 14.
[275] Ebd.
[276] Ebd., fol. 13.

machtsbefehlshaber Ostland allerdings, dass dort, wo »von der SS grundsätzlich die Dörfer verbrannt und die Bevölkerung niedergemacht werden, [...] auch im weiteren Umkreis von jeglicher Propaganda abgesehen werden« müsse.[277] Der Befehlshaber im rückwärtigen Heeresgebiet Mitte, Schenckendorff, hatte bereits im November 1942 befohlen: »Bei Strafexpeditionen können Prop.Truppe[n] keine positive Arbeit leisten, daher keine mitnehmen.«[278]

Die Aktivitäten der Propagandisten bei den Großoperationen zielten vielfach auf die Partisanen. So war der größte Teil der über 170.000 Flugblätter, die die Einsatzzüge Minsk und Borissow der Propagandaabteilung W im Juni 1944 beim Unternehmen »Komoran« verbreiteten, an die Partisanen adressiert.[279] Während diese in der allgemeinen Propaganda als »Räuber und Banditen« diffamiert wurden, machte man in der direkten Propaganda an sie weiterhin eine Ausnahme.[280] Insgesamt spiegelte die Überläuferpropaganda die allgemeinen Entwicklungslinien. Mit dem Grundlegenden Befehl Nr. 13a vom 1. Juli 1943 wurde auch Überläufern aus den Reihen der Partisanen – die ebenfalls demonstrativ bevorzugt behandelt werden sollten – angeboten, sich entweder zur Partisanenbekämpfung an deutscher Seite, zum Arbeitseinsatz oder als »Hilfswilliger bzw. Freiwilliger« in einem Verband der angeblich existierenden »Russischen Befreiungsarmee« (ROA) zu melden.[281]

Auch die Drohung mit der »Rückkehr des Bolschewismus« rückte an zentrale Stelle: Die Partisanen sollten sich nicht einbilden, dass sie später für das belohnt würden, was sie heute »für Stalin« tun würden;[282] der NKWD würde

---

[277] WBfh. Ostland, Abt. Ic, 14. 7. 1943, betr. Stimmung der Bevölkerung im Ostland, Anlage zu Hauptmann Groß, WPrO beim WBfh. Ostland, an Wedel, Chef WPr, 17. 7. 1943, BA-MA, RW 4/309b, fol. 149 RS. Vgl. hierzu auch der Kommentar eines beteiligten Propagandisten am Unternehmen »Cottbus« (Mai/Juni 1943), Verbrechen der Wehrmacht 2002, S. 497.
[278] [Berück Mitte], Besprechungspunkte mit Ia v. 3. 11. 1942, BA-MA, WF 03/7417, fol. 84. Zit. nach: Gerlach 1999, S. 898.
[279] PAW, Wochenbericht für die Zeit v. 12.-18. 6. 1944, 19. 6. 1944, NAB, 411-1-102, fol. 12 RS.
[280] Vgl. Stichwort »Bandenwesen«, in: Richtlinien für die Pressezensur in den besetzten Ostgebieten, hg. v. Pressechef für die besetzten Ostgebiete, [1943], IfZ, Da 46.03.
[281] Grundlegender Befehl Nr. 13 a des OKH, 1. 7. 1943, abgedr. in: Buchbender 1978, S. 328 f. Zur Behandlung von Überläufern, die in vielen Fällen den Arbeitseinsatzstäben übergeben und zum Arbeitseinsatz deportiert wurden siehe auch Behandlung von Banden, Zivilbevölkerung und Wirtschaftsgütern [beim Unternehmen »Maigewitter«], Anlage 3 zu PzAOK 3 Abt. Ia Nr. [unleserl.]83/43, geh. Kds. v. 4. 5. 1943, BA-MA, RH 21-3/487, fol. 22; Kampfgruppe von Gottberg, Ia Tgb. Nr. 398/43 III g., 18. 7. 1943, Zusatzbefehl Nr. 1 zum Einsatzbefehl für das Unternehmen »Hermann«, BA-MA, RS 3-36/5, unfol.; Abschrift von Abschrift, OKW Nr. 03408/43 geh. WFSt/Op. (H), 18. 8. 1943, Bezug: Chef des OKW WFST/Org. II Nr. 02958/43 geh. v. 8. 7. 1943, BA-MA, RS 3-36/8, unfol.; WZR, Hauptverwaltung Heimatwehr, an den Gebietsoffizier der Weißruthenischen Heimatwehr, 14. 3. 1944, betr. Behandlung von Überläufern aus Bandeneinheiten, gez. Kuschel, NAB, 370-1-7, fol. 45 f.; GK Minsk, an die GebK, 20. 3. 1944, betr. Aufstellung der Weißruthenischen Heimatwehr, NAB, 382-1-8, fol. 10; Merkblatt des OKW 69/2 zur Bandenbekämpfung, OKW/WFSt/Op. Nr. 03268/44, 6. 5. 1944, Auszüge abgedr. in: N. Müller 1980, S. 173.
[282] Aufsatz für den »Nowyj Putj« v. 2. 9. 1943, Anlage 1 zu Pz.AOK 3, Ic/AO (Prop.) Nr. 4950/43 geh., 27. 8. 1943, BA-MA, RH 21-3/511, fol. 11.

sie alle beseitigen, verschicken, verhaften oder in Strafbataillonen im Fronteinsatz verheizen lassen.[283]

> »Ihr glaubt, für Eure Heimat zu kämpfen. In Wirklichkeit aber sind Eure eigenen Vorgesetzten jenseits der Front Eure Henkersknechte und Mörder. Jetzt dürft Ihr Euer Leben im Kampf gegen die Deutschen riskieren, als Dank werdet Ihr dann in die Gefängnisse geworfen und in den Tod geschickt. Und Eure Familien trifft das gleiche Schicksal. Das, Partisanen, ist Eure Zukunft! Lohnt es sich, dafür zu kämpfen?«[284]

Ein »Hauptmann Russanow«, angeblich ein hoher Stabsoffizier der Partisanenbewegung, übernahm bei dieser Propagandatendenz die Funktion, die Kapor gegenüber der Zivilbevölkerung innehatte.[285]

Ganz deutlich war auch ein verstärktes nationalistisches Vokabular. Der Präsident des Weißruthenischen Zentralrats, Astrouski, unterzeichnete mehrere Aufrufe an die »Weißruthenen in den Wäldern«, in denen er den vermeintlich unter Zwang Verschleppten Leben und völlige Straffreiheit zusicherte und an ihr »Nationalgefühl« appellierte:

> »Partisanen – Weißruthenen! Das böse Schicksal hat Euch in die Wälder getrieben, wo Ihr schon mehrere Jahre Euch und Eurer Familien Leben verderbt. [...] Wenn Ihr in den Wald gegangen seid, dann war das verständlich – Ihr seid der feindlichen Provokation zum Opfer gefallen. Jeder wollte mindestens sein nacktes Leben retten. Jetzt aber besteht kein Grund, daß Ihr weiter im Wald bleibt, jetzt hat sich viel in unserem Land geändert. [...] Euch wird keine Strafe für die Vergangenheit drohen. Ihr wißt über die Bildung des WZRates Bescheid; er ist die höchste Vertretung des weißruthenischen Volkes und vertritt seine Rechte. [...] Mit Ausnahme eines kleinen Teiles, der sich dem Bolschewismus verkauft hat, liebt Ihr Euer Volk und Eure Heimat und wollt, dass sie frei und glücklich werde. [...] Wenn Ihr in den Wäldern bleibt, dann [...] begeht Ihr auch die größte Sünde Eurem Volke gegenüber, dessen Söhne Ihr seid. Weißruthenen, Euch ruft Euer Volk, um seine Rechte zu verteidigen und an dem allgemeinen Kampf aller Völker für die Zukunft teilzunehmen. Wer dem Aufruf nicht gehorsam ist, wird als Verräter ohne Rücksicht vernichtet; weil er nicht mit dem Volke geht, ist er gegen das Volk. [...] Schließt

---

[283] Vgl. Manuskript einer Flugzeitung »Partisanen, was bietet ihr den Bauern Weißrutheniens?«, [vermutlich Anfang 1944], NAB, 370-1-2407, fol. 58-63.

[284] Flugblatt »Was erwartet Euch, Partisanen?«, GK Minsk, Propagandaamt - Fr./Sz., 26. 1. 1944, NAB, 370-1-2381, fol. 38 ff.

[285] Vgl. ebd. In diesem Sinne auch Flugblatt »Wofür kämpft Ihr?« (PAW Stb. 18 und 19), Staffel Borissow, o. D. [1943], NAB, 411-1-35, fol. 13; Flugblatt »Das Urteil eines Bandenführers«, GK Minsk, Propagandaamt-W., 8. 5. 1944, BA D-H, R 90/156, unfol.; Manuskript einer Flugzeitung »Partisanen, was bietet ihr den Bauern Weißrutheniens?«, [vermutlich Anfang 1944], NAB, 370-1-2407, fol. 58; Flugzeitung »Nachrichten für Weißruthenien«, Ausgabe März 1944 (PAM 131/44), GK Minsk, Propagandaamt - Dr.Kr./W., 30. 3. 1944, NAB, 370-1-2407, fol. 34 sowie 370-1-7, fol. 327 f.; Flugblatt »Partisanen – Weißruthenen!« (PAM 133/44), wr. Original und Übersetzung in GK Minsk, Propagandaamt - Fr./W., 23. 3. 1944, NAB, 370-1-1283, fol. 19-22 RS; Artikel »Banditen, Euch erwartet der Tod!«, in Flugzeitung »Nachrichten für Weißruthenien«, Ausgabe Mai 1944 (PAM 162/44), Original und Übersetzung in GK Minsk, Propagandaamt - Hu/Str., 13. 6. 1944, NAB, 370-1-2407, fol. 7.

Euch an die allgemeine weißruthenische Front an und kämpft für die Freiheit Eures Volkes und Eures Landes.«[286]

Auffallend an diesem Aufruf ist die Betonung, dass sich die Verhältnisse *im Laufe der Besatzung* geändert hätten – *früher* sei der Weg zu den Partisanen in gewisser Weise noch »verständlich« gewesen.[287] Zum ersten Mal wurden spezielle Passierscheine für Frauen und Kinder ausgestellt. Die Russen in den Partisanenverbänden forderte Astrouski in einem eigenen Aufruf auf, die Wälder zu verlassen und »zusammen mit dem weißruthenischen Volkes gegen unseren gemeinsamen Feind – Bolschewismus – zu kämpfen«.[288]

Teilweise verfassten die Deutschen die Überläufer-Flugblätter noch während der Operationen. Beim Unternehmen »Frühlingsfest« im Mai 1944 wurde dem Ic-Offizier der Kampfgruppe jeweils ein »geeigneter Propagandaleiter« zugeteilt, der »alle sich aus der Feindlage ergebenden Möglichkeiten der Feindbeeinflussung« auswerten und »sofort auf schnellstem Wege in die aktive Propaganda« umsetzen sollte. Sobald Personen aus der Kommandoebene in deutsche Gefangenschaft gerieten, sollten sie veranlasst werden, Flugblätter zu verfassen. Wenn sie sich weigerten, hatte der Propagandaleiter »nach hinreichender eigener Befragung dieser Personen« selbst Flugblätter zu formulieren und auch ohne Zustimmung mit deren Namen zu unterzeichnen. Dies alles sollte mit dem »denkbar geringsten Zeitverlust« vonstatten gehen[289] – was nahe legt, dass die Deutschen ihre Gefangenen auch systematisch folterten.

Der Propagandaeinsatz während der Operationen wurde als bedeutender Teil des Vorgehens betrachtet – die Propagandaabteilung W bekam im März 1944 sogar zwei Panzer mit voller Besatzung zugeteilt, um »die bisherigen sowohl propagandistisch wie militärisch erfolgreichen Einsätze der Abteilung zu verstärken.«[290] Die Tätigkeiten der Propagandisten gewannen auch deshalb noch an Bedeutung, weil die Großoperationen 1943/44 in zunehmendem Maße mit der Arbeitskräfteerfassung verknüpft wurden.

---

[286] Ebd. Vgl. auch Flugblatt »An die Weißruthenen in den Wäldern!« (PAM 129/44), wr. Original und Übersetzung in GK Minsk, Propagandaamt – Schu./W., 22. 3. 1944, NAB, 370-1-1283, fol. 16-18 RS.
[287] Zu dieser vermeintlich selbstkritischen Tendenz der deutschen Propaganda siehe auch Abschnitte 7.3. und 7.6. der vorliegenden Arbeit.
[288] Flugblatt »Russische Partisanen!« (PAM 134/44), Übersetzung in GK Minsk, Propagandaamt - Fr./W., 23. 3. 1944, NAB, 370-1-1283, fol. 19-22 RS. Insgesamt zeigte die Überläuferpropaganda wenig Erfolg. Vgl. GebK Baranowitschi, Lagebericht der Abteilung Propaganda, Januar bis März 1944, BA D-H, R 93/13, fol. 17 f.
[289] Kampfgruppe von Gottberg, Ia, Nr. 243/44 geh., 16. 5. 1944, an Oberkom. Hg. Mitte in Minsk, Erfahrungsbericht zum »Unternehmen Frühlingsfest« mit 4 Anlagen, BA-MA, RH 19 II/244, fol. 10 f.
[290] WPr (ID), 29. 3. 1944, Wochenbericht der PAW für die Zeit v. 20.-26. 3. 1944, SoM, 1363-5-6, fol. 35 f.

7.5.2. Die Verknüpfung von Partisanenbekämpfung und Arbeitskräfteverschleppung

Nachdem der Generalbevollmächtigte für den Arbeitseinsatz, Sauckel, im Januar 1943 den »totalen« Arbeitseinsatz proklamiert hatte, forderte er allein für die Zeit von März bis Juni eine weitere Million sowjetischer Arbeiter und Arbeiterinnen für die deutsche Kriegswirtschaft.[291] Um dieses Ziel zu erreichen – und zugleich den dringenden Bedarf an Arbeitskräften im besetzten Gebiet selbst zu decken –, wurden die Partisanenbekämpfungsoperationen mehr und mehr zur Erfassung von Arbeitskräften genutzt. Zwar bestand bereits seit Oktober 1942 die Möglichkeit, Zivilisten aus »bandenverseuchten« Regionen gefangen zu nehmen und zur Zwangsarbeit einzusetzen.[292] Solche Maßnahmen waren aber noch nicht in großem Maßstab umgesetzt worden.[293] Dies sollte sich nun ändern. Der inzwischen zum Bevollmächtigten des Reichsführer SS für die Bandenbekämpfung ernannte Erich von dem Bach-Zelewski gab am 26. Februar 1943 »Richtlinien für die Maßnahmen zur Bandenbekämpfung« heraus, die festlegten, dass die »Vernichtung der Banditen« verbunden werden müsse »mit einer ausgiebigen Erfassung« von Menschen, Tieren und Getreide. »Jede Arbeitskraft muss erfasst und zum Einsatz gebracht werden.«[294] Selbst »Bandenhelfer und -verdächtige« sollten nunmehr nicht mehr sofort ermordet, sondern als Arbeitskräfte ausgebeutet werden. Um negative Auswirkungen auf die »Ostarbeiterwerbung« zu vermeiden, verfügte Keitel Mitte März lediglich, diese in Konzentrationslager zu überführen, damit man gegenüber der Bevölkerung zwischen »Strafarbeit« und »Arbeitseinsatz im Reich« unterscheiden könne.[295]

In der Folge wurde die Gegnerverfolgung eng mit der Arbeitskräfteerfassung verknüpft. Als die Deutschen unter dem Stichwort »Zauberflöte« die gesamte Stadt Minsk vom 17. bis 22. April abriegelten – zur »Durchsuchung mit dem Ziele der Vernichtung der Banditen und der Säuberung des Stadtge-

---

[291] Vgl. Weisung General Stapf, Chef des WiStab Ost, an WiIn Süd v. 11. 3. 1943, IMT, PS-3012, Bd. 31, S. 490 f. und Brief Sauckels an Rosenberg v. 17. 3. 1943, PS-019, IMT, Bd. 25, S. 80. Für 1944 siehe Niederschrift Lammers über eine Besprechung bei Hitler v. 4. 1. 1944, PS-1292, IMT, Bd. 27, S. 106; Telegramm Sauckels an Lammers v. 5. 1. 1944, ebd., S. 110.

[292] Vgl. Der Reichsmarschall des Großdeutschen Reiches V.P. 18727/6/3, 26. 10. 1942, PS 1742, IMT, Bd. 28, S. 1 f.; Himmler, 3. 11. 1942, Nrbg. Dok. NO-491; HSSPF Jeckeln, 4. 11. 1942, abgedr. in: Below 1963, S. 293; OKW 1216/42 WFSt/Op., 11. 11. 1942, Kampfanweisung für die Bandenbekämpfung im Osten, (39 Seiten, hier: S. 32), Nrbg. Dok. NOKW-067, Staatsarchiv Nürnberg.

[293] Vgl. Kdr. General der Sich.truppen u. Bfh. im Hg. Mitte, Ia, Nr. 4090/42 geh., Abschrift AOK 4 IA Nr. 7373/42 geh., 28. 11. 1942, Anlage zu HSSPF Russland-Mitte, Ic, Nr. 1408/42 geh., 9. 12. 1942, betr. Erfahrungen bei der Bandenbekämpfung, Anlage Erfahrungsbericht des Berück, BA-MA, SF 01/4051.

[294] Bevollmächtigte des RFSS für Bandenbekämpfung, 26. 2. 1943, Richtlinien für die Maßnahmen zur Bandenbekämpfung, gez. Bach, BA-MA, RS 3-36/14, unfol. Abschrift auch in: NAB, 370-1-64, fol. 15.

[295] Abschrift, OKW Nr. 01212/43/geh. WFSt/Op. (H), 14. 3. 1943, betr. Behandlung von Bandenhelfern und Bandenverdächtigen, in: Chef der Sicherheitspolizei und des SD, IV D 5 – 2637/42g, 12. 4. 1943, Mitteilungsblatt Nr. 18, SoM, 504-2-13, fol. 41.

bietes von feindlichen Elementen« – wurde »besonderer Wert auf die Erfassung einer großen Anzahl [von] Arbeitskräfte[n] für das Reich« gelegt. Arbeitsfähige Männer zwischen 14 und 60 Jahren und Frauen zwischen 16 und 45 Jahren wurden an Sammelplätzen zusammengetrieben und dem »Erfassungsstab« zum »beschleunigten Abtransport ins Reich« übergeben.[296]

Befehle, Weisungen und Richtlinien für Großoperationen bekräftigten immer wieder das Ziel, zunächst die gesamte Bevölkerung gefangen zu nehmen und nach einer »Sichtung« bzw. Selektion möglichst viele Arbeitskräfte aus dieser herauszuziehen.[297] Anfang September 1943 folgte dann der Befehl Bach-Zelewskis, »bandenverseuchte Gebiete« zu Kriegsgebieten zu erklären und vollständig zu evakuieren[298] – entsprechende Vorschläge hatten zuvor sowohl Sauckel als auch Kube gemacht.[299] Mit Bezug auf die Weisung Keitels vom 18. August 1943, nach der alle im Kampfgebiet angetroffenen Personen, die als »Bandenhelfer anzusehen« seien, als Kriegsgefangene behandelt werden *konnten* – befahl Bach-Zelewski den ihm unterstehenden HSSPF dies nunmehr als *Muss*-Bestimmung.[300] Für die »Evakuierung« der »bandenverseuchten« Gebiete wurde festgelegt, sämtliche arbeitsfähigen Männer vom 16. bis 55. Lebensjahr als Kriegsgefangene zu behandeln und sofort ins Reich abzutransportieren. Die unter 16 und über 55 Jahre alten arbeitsfähigen Männer und alle arbeitsfähigen Frauen sollten den Auffanglagern des Generalbevollmächtigten für den Arbeitseinsatz zugeführt und von dort aus schnellstens ins Reich abtransportiert werden. Die Zurückbleibenden, insbesondere Frauen und Kinder, waren nach dem Ermessen der HSSPF umzusiedeln und mit »nützlicher Arbeit« zu beschäftigten.[301]

---

[296] [Gottberg], Einsatzbefehl für das Unternehmen »Zauberflöte«, 15. 4. 1943, BA-MA, RS 3-36/4, unfol.

[297] Vgl. u. a. Weisungen für das Unternehmen »Maigewitter«, Behandlung von Banden, Zivilbevölkerung und Wirtschaftsgütern, Anlage 3 zu PzAOK 3 Abt. Ia Nr. [unleserl.]83/43, geh. Kds. v. 4. 5. 1943, BA-MA, RH 21-3/487, fol. 22-25; Abschrift, RFSS Tgb.Nr. 39/160/43 g., an den Chef der Bandenkampfverbände, HSSPF Ukraine-Russland-Süd und Russland-Mitte, gez. Himmler, 10. 7. 1943, Anlage zu HSSPF Russland Mitte und Weißruthenien, Abt. Ia, Tgb.Nr. 1353/43 geh., 2. 8. 1943, BA-MA, RH 19 II/173, fol. 48; Berück Mitte, Tgb.Nr. 1358/43 geh., 21. 7. 1943, betr. Erfassung von landeseigenen Arbeitskräften für den Reichseinsatz, BA-MA, RH 26-221/76, unfol.

[298] Abschrift, RFSS und Chef der Deutschen Polizei - Chef der Bandenkampfverbände, Ia 496/43 g., an die HSSP, 1. 9. 1943, betr. Gewinnung von Arbeitskräften für die deutsche Rüstungs- und Ernährungswirtschaft bei der Bandenbekämpfung, gez. Bach, BA-MA, RS 3-36/8, unfol.

[299] Vgl. [RMO], Hauptabt. II Tgb. Nr. H.A. II/V g/101/43, 20. 8. 1943, Sitzungsvermerk ORR Hermann über das Treffen am 13. 7. 1943 zum Thema Arbeitseinsatzfragen des Reiches unter besonderer Berücksichtigung der Verhältnisse in den besetzten Ostgebieten, Nrbg. Dok. NO-1831, ZfA.

[300] Abschrift, RFSS und Chef der Deutschen Polizei - Chef der Bandenkampfverbände, Ia 496/43 g., an die HSSP, 1. 9. 1943, betr. Gewinnung von Arbeitskräften für die deutsche Rüstungs- und Ernährungswirtschaft bei der Bandenbekämpfung, gez. Bach, BA-MA, RS 3-36/8, unfol. Vgl. auch Abschrift von Abschrift, OKW Nr. 03408/43 geh. WFSt/Op. (H), 18. 8. 1943, Bezug: Chef des OKW WFST/Org. II Nr. 02958/43 geh. v. 8. 7. 1943, BA-MA, RS 3-36/8, unfol.

[301] Vgl. Abschrift, RFSS und Chef der Deutschen Polizei - Chef der Bandenkampfverbände, Ia 496/43 g., an die HSSP, 1. 9. 1943, betr. Gewinnung von Arbeitskräften für die deutsche Rüstungs- und Ernährungswirtschaft bei der Bandenbekämpfung, gez. Bach, BA-MA,

7. Die Mobilisierung des »Neuen Europa« 1943/44   331

Diese Weisungen führten dazu, dass die Zahl der Ermordeten ab Frühsommer 1943 tendenziell sank – was aber nicht darüber hinweg täuschen kann, dass weiterhin Tausende von Menschen grausamsten Massakern zum Opfer fielen.[302] Das neu formulierte Ziel, möglichst viele Arbeitskräfte gefangen zu nehmen, veränderte auch die Arbeit der Propagandisten. Dies kann exemplarisch an den Unternehmen »Hermann« (Juli/August 1943) und »Frühlingsfest« (April bis Juni 1944) gezeigt werden.

Das Göring gewidmete Unternehmen »Hermann« fand vom 13. Juli bis zum 11. August 1943 in einem Gebiet westlich von Minsk statt, das die Urwälder von Naliboki umfasste.[303] Diese unzugänglichen Wälder waren Zufluchtsort von mehreren Partisaneneinheiten, darunter auch das jüdische Familienlager der Brüder Bielski.[304] Die so genannte Kampfgruppe von Gottberg wurde mit weiteren Kräften auf knapp 9.000 Mann verstärkt. Das Ziel der Operation bestand darin, möglichst alle landwirtschaftlichen Erzeugnisse, das gesamte Vieh und die Bevölkerung abzutransportieren.[305] »Sämtliche Menschen (Männer, Weiber, Kinder) und lebendes und totes Inventar« seien – so Gottberg – aus dem »Raum abzuschieben«.[306] Dörfer, Gebäude, Brücken und Vorräte, die man nicht bergen konnte, sollten vollständig zerstört bzw. niedergebrannt werden – wenn möglich sogar die Wälder. Menschen wären in Zukunft in dem Gebiet »Freiwild«.[307]

Beim Unternehmen »Hermann« wurden 4.280 Menschen ermordet und 20.954 Personen (9.065 Männer, 7.701 Frauen und 4.178 Kinder) als Arbeitskräfte verschleppt.[308] Viele Einheiten waren wie die Einsatzgruppe Dirlewan-

---

RS 3-36/8, unfol. So auch das Merkblatt des OKW 69/2 zur Bandenbekämpfung, OKW/WFSt/Op. Nr. 03268/44, 6. 5. 1944, Auszüge abgedr. in: N. Müller 1980, S. 172 f.

[302] Vgl. Tabelle in: Gerlach 1999, S. 900-904. Beispiele für Gewaltexzesse und Grausamkeiten ebd., S. 469 ff.

[303] Das Gebiet Iwje-Nowogrodek-Woloshin-Stolbzy. Zum Unternehmen »Hermann« siehe auch Gerlach 1999, S. 1005 ff., dessen Angaben hier gefolgt wird. Die genauen Zahlenangaben über die beteiligten Kampfverbände und die Ermordeten sowie über den Zeitablauf der Operation differieren in der Forschung sehr. Vgl. Geschichte 1962 ff./Bd. 3, S. 568; Schumann u. a. 1974 ff./Bd. 4, S. 171; Wilenchik 1984, S. 201; Birn 1991, S. 286; N. Müller 1991, S. 79; E. Hesse 1969, S. 282; Ainsztein 1996, S. 119 ff.

[304] Vgl. hierzu Tec 1996.

[305] Vgl. Kampfgruppe von Gottberg, Ia Tgb. Nr. 398/43 II g., 7. 7. 1943, Einsatzbefehl für das Unternehmen »Hermann«, BA-MA, RS 3-36/5, unfol.; Kampfgruppe von Gottberg an Verteiler, (17. 7. 1943), ZStL UdSSR Bd. 400, fol. 708, zit. in: Gerlach 1999, S. 1005; Kampfgruppe von Gottberg, Ia Tgb. Nr. 398/43 III g., 18. 7. 1943, Zusatzbefehl Nr. 1 zum Einsatzbefehl für das Unternehmen »Hermann«, BA-MA, RS 3-36/5, unfol.; Kampfgruppe von Gottberg, Ia, 1. 8. 1943, Befehl zur Evakuierung des Raumes Jeremicze, Starzyna, Krzeczoty, Rudnia, Pierszaje, Czartowicze, Potasznia, Delatycze, Kupisk, BA-MA, RS 3-36/5, unfol. (Ebenfalls in: NAB, 359-1-5, fol. 47-53).

[306] Ebd.

[307] Ebd.

[308] Vgl. Gerlach 1999, S. 902. Vermutlich galten ähnliche Richtlinien wie bei dem im Mai 1943 durchgeführten Unternehmen »Maigewitter«, bei dem alle Mütter, deren Kinder älter als 14 Jahre waren, als arbeitsfähig galten. Behandlung von Banden, Zivilbevölkerung und Wirtschaftsgütern [beim Unternehmen »Maigewitter«], Anlage 3 zu PzAOK 3 Abt. Ia Nr. [unleserl.]83/43, geh. Kds. v. 4. 5. 1943, BA-MA, RH 21-3/487, fol. 22. Ein Jahr später galt beim Unternehmen »Frühlingsfest« die Regelung, dass mindestens die Hälfte der Kinder über zehn

ger vorgegangen, die in den Dörfern »die brauchbaren Kräfte für den Arbeitseinsatz sichergestellt« und den »Rest liquidiert« hatte.[309]

Die Zahl von fast 21.000 Arbeitskräften wurde bei keiner anderen Großoperation erreicht. Ihre »Erfassung« begleitete eine systematische und umfassend organisierte Propagandakampagne, die federführend vom Gebietskommissar in Nowogrodek, SS-Obersturmbannführer Wilhelm Traub, geplant und vorbereitet worden war. Traub war für die »evakuierte« Bevölkerung zuständig und seine Überlegungen beruhten darauf, deren durch die Operation geschaffenen »politisch-psychologischen Zustand« auszunutzen, um sie zur freiwilligen Meldung bei den Arbeitseinsatzstäben zu veranlassen.[310] Er ging davon aus, dass unmittelbar nach dem bewaffneten Einsatz die »Autorität der Staatsführung weitgehend wieder hergestellt« und »störende Einflüsse des Gegnertums vorübergehend ausgeschaltet« seien. In einer solchen Situation würden – so hoffte er – die Zivilisten eher bereit seien, deutschen Direktiven zu folgen.[311] Im Klartext bedeutete dies, dass Traub Panik, Todesangst und Einschüchterung für seine Ziele nutzen wollte. Zur »Vermeidung eines negativen Ausganges dieser Kraftprobe« sorgte er allerdings – mit Unterstützung Gottbergs – dafür, dass die Polizeikräfte nach Abschluss der Operation über das Land verteilt wurden.[312]

Der Propagandaeinsatz erfolgte in zwei Phasen. Noch während der Operation wurden zwischen dem 3. und 10. August elf Flugblätter mit einer Gesamtauflage von 141.800 Exemplaren – teilweise mit einem von Gottberg zur Verfügung gestellten Flugzeug – über der Region abgeworfen. Sie sollten die im Anschluss geplante Rekrutierung von Arbeitskräften – die noch nicht angekündigt wurde – vorbereiten.[313] Die Texte waren so abgefasst, dass sie stark einschüchterten und zugleich suggerierten, dass die Meldung zum Arbeitsein-

---

Jahre sein müsse. PzAOK 3, Merkblatt für die Erfassung der Landeseinwohner und Wirtschaftsgüter bei »Regenschauer« und »Frühlingsfest«, BA-MA, RS 3-36/16, unfol.

[309] Gefechtsbericht der Einsatzgruppe Dirlewanger v. 18. 8. 1943, BA-MA, RS 3-36/6, unfol.

[310] Der GebK in Nowogrodek, II b – 1 G, an GK Weißruthenien, Abt. I Pro, 4. 9. 1943, betr. Berichterstattung über die Propagandamaßnahmen während des Bandengroßunternehmens »Hermann«, NAB, 370-1-1286, fol. 52 RS. Vgl. auch Der GebK in Nowogrodek, II b – 1 G – Tr./Mz., an GK Weißruthenien, 3. 8. 1943, betr. Berichterstattung über die Propagandamaßnahmen im Zuge des Partisanengroßeinsatzes der Kampfgruppe von Gottberg im Urwald Naliboki, NAB, 370-1-487, fol. 77-78 RS.

[311] Ebd.

[312] Der GebK in Nowogrodek, II b – 1 G, an GK Weißruthenien, Abt. I Pro, 4. 9. 1943, betr. Berichterstattung über die Propagandamaßnahmen während des Bandengroßunternehmens »Hermann«, NAB, 370-1-1286, fol. 52 RS. Zur zeitweisen Zuteilung von Einheiten an den GebK Nowogrodek zur »Durchführung von Erfassungsaufgaben« siehe auch Kampfgruppe von Gottberg, Ia, 1. 8. 1943, Befehl zur Evakuierung des Raumes Jeremicze, Starzyna, Krzeczoty, Rudnia, Pierszaje, Czartowicze, Potasznia, Delatycze, Kupisk, BA-MA, RS 3-36/5, unfol.

[313] Der GebK in Nowogrodek, II b – 1 G – Tr./Mz., an GK Weißruthenien, 3. 8. 1943, betr. Berichterstattung über die Propagandamaßnahmen im Zuge des Partisanengroßeinsatzes der Kampfgruppe von Gottberg im Urwald Naliboki, NAB, 370-1-487, fol. 77-78 RS. Drei der Flugblätter waren vor Ort verfasst worden, die restlichen stellte die Propagandaabteilung in Minsk zur Verfügung. Originale und Übersetzungen aller verteilten Propagandamaterialien finden sich als Anlagen zum Vermerk des Referats II b, Nowogrodek, 10. 8. 1943, betr. Propagandaaktion im Rahmen des Unternehmen »Hermann« und der Aushebungsaktion von Ar-

7. Die Mobilisierung des »Neuen Europa« 1943/44

satz einen möglichen Ausweg aus Angst und Leid biete. Das »Bandenleben« wurde in den abschreckendsten Farben gemalt, um zu verhindern, dass die Menschen nach dem Erhalt ihres Gestellungsbefehls zum Arbeitseinsatz in die Wälder flohen. Zwei der Flugblätter kommentierten das aktuelle »Unternehmen«: Unter dem Schlagwort »Das Partisanensterben vom Juli 1943« setzten sie Dorfbewohner und Partisanen über die zwischenzeitlichen »Kampferfolge« der Deutschen in Kenntnis.

Ein an die Partisanen gerichteter Aufruf verknüpfte Überläuferpropaganda und Arbeitskräftewerbung miteinander. In dem Flugblatt »Tod den jüdischen Russenmördern im Kreml! Hört, was ein Russe über den Krieg und den Kreml schreibt« wandte sich ein angeblich zu den Deutschen übergelaufener Partisan an seine ehemaligen Mitkämpfer:

> »Partisanen!
> Ich bin Russe. Ich war Partisan. Weil wir Russen in diesem Krieg nur für die Juden kämpfen und unser bestes russisches Blut schon von den Juden vernichtet wurde, deshalb bin ich zu den Deutschen übergetreten. Ich bin in Deutschland und arbeite in einer Waffenfabrik. Wir machen hier Waffen, die viel besser sind, als die, welche wir in der Roten Armee hatten. Oft denke ich, dass mit der Waffe, die ich gerade in der Hand habe, vielleicht auf Euch geschossen wird. Dann hämmere ich meinen Grimm auf die Juden im Kreml in diese Waffe hinein!
> Die Kaganowitsch und die anderen Kremljuden sind schuld daran, dass die vielen Millionen der besten Söhne der russischen Heimat in der größten Verblendung sich hinschlachten lassen.
> Sie sind auch Schuld an dem Tod meiner blühenden Söhne. Sie sind als Kinder bei Stalingrad in das Grab gesunken! Sie wurden aus der Fabrik heraus in einen Panzer gezwungen, ohne an der Waffe ausgebildet zu sein!
> Wie lange lässt sich das russische Volk dieses Judentreiben noch gefallen? Ihr seid ja alle blind! Merkt Ihr nicht, dass ihr das Schlachtfleisch der Juden seid! Merkt Ihr nicht, dass diese Juden die russischen Völker skrupellos abschlachten! [...] Wacht auf! Ihr kämpft ja gar nicht für Rußland! Ihr kämpft nur für die Juden! Schmeißt die Waffen weg! Sagt den Deutschen, dass Ihr hier in Deutschland arbeiten wollt.«[314]

Das Flugblatt verknüpfte verschiedene Propagandainhalte miteinander: die waffentechnische ergo militärische Überlegenheit Deutschlands, die »Juden« als Kriegstreiber und Kriegsgewinnler, das »sinnlose« Sterben schlecht ausgebildeter junger Rotarmisten, die gar nicht für »Rußland«, sondern für die »Juden« in den Kampf zögen. Geschickt nutzte das Flugblatt die »Wir«-Perspektive, um besondere Glaubwürdigkeit und Authentizität zu vermitteln. Der

---

beitskräften für das Reich im Juli/August 1943, NAB, 370-1-1286 (im folgenden zit. als Anlagen zum Vermerk v. 10. 8. 1943).

[314] Schriftplakat »Tod den jüdischen Russenmördern im Kreml! Hört, was ein Russe über den Krieg und den Kreml schreibt: Partisanen!«, Original und Übersetzung als Anlage zum Vermerk v. 10. 8. 1943, NAB, 370-1-1286, fol. 123 ff. Das Flugblatt enthielt zudem einen Verweis auf Wlassow: »Hier sind viele Russen. Ich rede oft mit ihnen darüber. General Wlassow, der ehemalige General der Roten Armee sagte gestern bei uns das Gleiche. Er kämpft für ein neues Rußland, ohne Juden, welche die russischen Völker morden. Er ist ein großer Mann. Unsere Herzen sind bei ihm.« Ebd.

Hinweis auf den Verlust der eigenen Söhne diente der emotionalen Identifizierung mit dem Schreiber. Selbst Skrupel, sich in Deutschland an der Produktion von Waffen zu beteiligen, die sich gegen die eigenen Landsleute richten würden, wurden offensiv thematisiert.

Die zweite Propagandawelle setzte am 10. August, wenige Tage vor Beginn der geplanten »Aushebung« der Arbeitskräfte ein. Während des Unternehmens »Hermann« hatte die Zivilverwaltung in Nowogrodek – mit Hilfe von Verwaltungskräften des Generalkommissars in Minsk und des Arbeitseinsatzstabs des GBA – 135.000 Menschen in dem Gebiet registriert und karteimäßig erfasst. 26.740 von ihnen erhielten einen »Gestellungsbefehl zu einer gesundheitlichen und arbeitsmäßigen Überprüfung«.[315] Um ihre »Musterung« durchführen zu können, wurde das Gebiet in 15 so genannte Aushebungsbezirke eingeteilt, die jeweils etwa drei bis fünf Gemeinden umfassten. In diesen Bezirken verteilten die von Gottberg zur Verfügung gestellten Polizeikräften über 150.000 Flugblätter und etwa 6.000 Bildplakate; einheimische Propagandisten machten »Rundreisen« und hielten Versammlungen ab.[316]

Die Materialien konzentrierten sich auf die Antipartisanenpropaganda und die Werbung für den Arbeitseinsatz, behandelten jedoch auch die sonst üblichen Themenfelder wie »Gegen Stalin und den Bolschewismus«, »Deutschlands Stärke«, »Der Führer und Deutschland« oder den »Aufbau im Weißruthenien«.[317] Um die Menschen weiter einzuschüchtern, wurden jetzt auch die »Abschlusserfolge« der Operation bekannt gegeben: »Die Partisanenschlacht von Naliboki ist geschlagen! Hier habt Ihr das Ergebnis: Vernichtet wurden 4.356 Partisanen, gefangen genommen wurden 634 Partisanen. Dazu wurden weit über 1.000 Juden für ihr Rauben und Morden erschossen. [...] Dies war der erste Schlag! Die Mausefalle ist zugeschnappt.«[318]

Im Zuge der gesamten Propagandaaktion zum Unternehmen »Hermann« wurden rund 300.000 Flugblätter, 6.000 Bildplakate und knapp 800 Broschüren verteilt.[319] Traub lobte sich selbst als Urheber einer »revolutionierenden (sic!) Maßnahme« und stellte die Kampagne als einen »überwältigenden« und »in jeder Beziehung aufsehenerregenden« Erfolg dar. Er meinte eine »begeisterte Zustimmung« beobachtet zu haben – angeblich seien die Menschen

---

[315] Der GebK in Nowogrodek, II b – 1 G, an GK Weißruthenien, Abt. I Pro, 4. 9. 1943, betr. Berichterstattung über die Propagandamaßnahmen während des Bandengroßunternehmens »Hermann«, NAB, 370-1-1286, fol. 52 RS f.
[316] Vgl. ebd., fol. 55 RS.
[317] Vgl. ebd., fol. 53 RS ff.
[318] Schriftplakat »Tod den jüdischen Russenmördern im Kreml! Das Partisanensterben vom Juli/August 1943«, Original und Übersetzung als Anlage zum Vermerk v. 10. 8. 1943, ebd., fol. 117 ff. Die Bekanntgabe von Zahlen getöteter Juden ist eine Ausnahme, die in diesem Fall offenbar aus der spezifischen Situation resultierte, dass sich in den Naliboki-Wäldern jüdische Partisanenverbände und Familienlager befanden.
[319] Vgl. Der GebK in Nowogrodek, II b-1 G, an GK Weißruthenien, Abt. I Pro, 4. 9. 1943, betr. Berichterstattung über die Propagandamaßnahmen während des Bandengroßunternehmens »Hermann«, NAB, 370-1-1286, fol. 55 f.

7. Die Mobilisierung des »Neuen Europa« 1943/44

singend auf Lastwagen durch Nowogrodek zum Bahnhof transportiert worden.[320] Dies muss mit großer Skepsis betrachtet werden. Doch lag das Erscheinen von 92,7 Prozent der Aufgeforderten vor den Musterungsstäben tatsächlich weit höher als bei sonstigen »Werbe«-Aktionen,[321] weshalb der Leiter der Abteilung Propaganda in Minsk, Schröter, den Gebietskommissaren allgemein empfahl, Traubs Aktion »als Anregung zu verarbeiten«.[322] Auch die Wirtschaftsverwaltung sah in ihr ein ideales »Muster« für zukünftige Rekrutierungsversuche.[323]

Eine so weitgehend durchorganisierte Propagandakampagne zur Erfassung von Arbeitskräften im Rahmen einer Partisanenbekämpfungsoperation blieb möglicherweise eine Ausnahme – zumindest findet sich in den bisher bekannten Dokumenten keine ähnlich ausführliche Berichterstattung. Trotzdem zeigt sich in der Propagandaaktion zum Unternehmen »Hermann« eine Tendenz, die sich 1943/44 auch in anderen Großoperationen wieder findet. Die Propagandamaßnahmen, die beim Unternehmen »Frühlingsfest« (einschließlich »Regenschauer«) – April bis Juni 1944 im Raum Uschatschi, süd-südwestlich von Polozk – eingesetzt wurden, stellten Traubs Aktion zumindest quantitativ weit in den Schatten. So warf die Luftwaffe allein bis zum 1. Mai 3,5 Millionen Flugblätter ab; Propaganda-Einsatzgruppen verschossen darüber hinaus 284 Propaganda-Granaten, legten 500.000 Flugblätter aus und verteilten 18.000 Broschüren.[324] Die PzPK 697, die neben anderen Propagandakräften an der Operation beteiligt war,[325] verteilte ein spezielles Flugblatt in 700.000 Exemplaren – 600.000 durch die Luftwaffe und 100.000 im »Erdeinsatz«.[326] Ein »Merkblatt für die Erfassung der Landeseinwohner und Wirtschaftsgüter« hatte den eingesetzten Einheiten unter anderem befohlen: »Keine überflüssigen Esser und lästigen Mitbewohner nach rückwärts schaffen, aber jede mögliche, d. h. gesunde und volltaugliche Arbeitskraft für die Heimat und den Stellungs-

---

[320] Ebd., fol. 53 RS ff.
[321] Vgl. ebd., fol. 55 RS. Nach Traubs Angaben wurden von den Gemusterten 10.625 Personen dem Arbeitseinsatz im Reich zugeführt.
[322] GK in Minsk Abt.I Prop., Schröter, an die Gebietskommissare im Generalbezirk, nachrichtlich an Abt. III ASo und SD, 20. 9. 1943, betr. Berichterstattung über die Propaganda-Maßnahmen während des Bandengroßunternehmens »Hermann«, ebd., fol. 51.
[323] HeWiFü Mitte, Abt. I/I Rü, Aktenvermerk über die Besprechung in Minsk, 7. 12. 1943, v. 9. 12. 1943, BA-MA, F 42861, fol. 589 (Vortrag Freitag), zit. nach: Gerlach 1999, S. 1006.
[324] PzPK 697/PzAOK 3, an OKW/WPr I, 1. 5. 1944, BA-MA, RH 21-3/511, fol. 19.
[325] Vgl. Propaganda 1. 1.-30. 6. 1944, Anlage zu Pz.AOK 3, Ic/AO, Tätigkeitsbericht Nr. 11 für die Zeit v. 1. 1.-6. 6. 1944, BA-MA, RH 21-3/511, fol. 1 f.; PzPK 697/PzAOK 3, an OKW/WPr I, 1. 5. 1944, BA-MA, RH 21-3/511, fol. 18-19 RS. Von der PzPK 697 beteiligten sich allein neun »Kriegsberichterstatter«: fünf Wort-, drei Bild- und ein Filmberichter. Mit der Angabe von Namen aufgelistet in: ebd., fol. 18. Zur Bedeutung, die der Propaganda bei dieser Operation zugemessen wurde, vgl. auch Kampfgruppe von Gottberg, Ia, Nr. 243/44 geh., 16. 5. 1944, an Oberkom. Hg. Mitte in Minsk, Erfahrungsbericht zum »Unternehmen Frühlingsfest« mit 4 Anlagen, BA-MA, RH 19 II/244, fol. 10 f.
[326] PzPK 697/PzAOK 3, an OKW/WPr I, 1. 5. 1944, BA-MA, RH 21-3/511, fol. 19. Zu der zusätzlichen Aufgabe der Propagandisten, die gefangen genommenen Arbeitskräfte in den »Auffanglagern« zu »betreuen« siehe Abschnitt 7.7. der vorliegenden Arbeit.

bau erfassen.«[327] Beim Unternehmen »Frühlingsfest« ermordeten die Deutschen 7.011 Menschen, machten 6.928 »Gefangene« und deportierten 11.233 Arbeitskräfte.[328]

7.5.3. Das »Wehrdorf«-Projekt

Eine neue Strategie der Partisanenbekämpfung stellten 1943/44 die »Stützpunkte« und »Wehrdörfer« dar. »Stützpunkte« waren Dörfer, in denen die Deutschen einheimische Polizisten mit ihren Familien ansiedelten. Die Dörfer waren entweder zuvor von der Bevölkerung verlassen oder speziell zu diesem Zweck von den Deutschen geräumt worden. Sie lagen in Gebieten, die noch einigermaßen kontrollierbar waren; die bewaffnete einheimische »Selbstverteidigung« sollte die Agrarproduktion aufrechterhalten und sichern. Erste Initiativen in diese Richtung reichen in das Jahr 1942 zurück.[329]

Im Generalkommissariat Weißruthenien wurde der Aufbau eines solchen Netzes von Stützpunkten im April 1943 als ein wichtiger Bestandteil des veränderten Vorgehens diskutiert und ansatzweise damit begonnen.[330] Mit dem grundlegenden Befehl Gottbergs vom 19. Oktober 1943 gewann diese Entwicklung an Dynamik.[331] Eine Woche später informierte SS-Obersturmführer Feder vom KdS Minsk die einheimischen Propagandisten über die Absicht, »in Zukunft als eine besondere Neuigkeit in der Bandenbekämpfung durch die weißruthenische Bevölkerung Stützpunkte gegen die Banden errichten zu lassen.«[332] Gottberg veranlasste Ende 1943 eine »umfassende Propagandaaktion«, um das »Vertrauen der Bevölkerung in diese Maßnahmen zu wecken.«[333] Am 26. Dezember 1943 rief er alle »Weißruthenen« auf, in die einheimische Schutzmannschaft einzutreten bzw. sich an dem begonnenen Aufbau von Stützpunkten zu beteiligen – dies sei ein »nationale Pflicht«, die Stützpunkte würden von »allen Sondererhebungen und Requirierungen« befreit werden, für »vorbildliche« Leistungen erhielten die Männer und ihre Familien Landeigentum.[334]

---

[327] PzAOK 3, Merkblatt für die Erfassung der Landeseinwohner und Wirtschaftsgüter bei »Regenschauer« und »Frühlingsfest«, BA-MA, RS 3-36/16, unfol.
[328] Gerlach 1999, S. 903.
[329] Zur Vorgeschichte und frühen Formen des Wehrdorfprojekts vgl. Gerlach 1999, S. 1036-1040.
[330] Vgl. Ausführungen auf der April-Tagung in Minsk, u. a. Referate Freitag (Leiter der Hauptabteilung III Wirtschaft), Schröter (Leiter der Abteilung Propaganda) und Gottberg (SSPF), Protokoll der Tagung der Gebietskommissare, Hauptabteilungsleiter und Abteilungsleiter des GK in Minsk v. 8. 4.-10. 4. 1943, NAB, 370-1-1264, insbesondere fol. 28 ff., 106 ff., 126 ff.
[331] Vgl. Gerlach 1999, S. 1040.
[332] Vortrag Obersturmführer Feder zur »Bandenbekämpfung«, Protokoll der Tagung der weißruthenischen Propagandisten in Minsk, 25.-30. 10. 1943, NAB, 370-1-1277, fol. 23. Vgl. auch die auf Feders Vortrag folgende Aussprache, ebd., fol. 1-4.
[333] Aufzeichnung des GK für Weißruthenien [Gottberg] über die im weißruthenischen Raum zu treffenden politischen Maßnahmen, Anlage zu Abschrift, Chef des Führungsstabes Politik – Pers. Referenr – P 2115/43 g., 1. 12. 1943, BA-MA, FPF 01/7848, fol. 526. Zu den einzelnen Maßnahmen vgl. ebd., fol. 526 ff.
[334] Proklamation »Weißruthenen!«, gez. Gottberg, [GK Minsk], I Prop., 26. 12. 1943, NAB, 370-1-398, fol. 32 f. Vgl. auch Aufzeichnung des GK für Weißruthenien [Gottberg] über die im

7. Die Mobilisierung des »Neuen Europa« 1943/44

Ein entsprechender Aufruf des Präsidenten des Weißruthenischen Zentralrats wurde als Plakat in einer Auflage von 10.000 Exemplaren gedruckt und ebenfalls über Presse und Rundfunk verbreitet.[335] Insgesamt entstanden im zivilverwalteten Gebiet zwischen April 1943 und Ende Januar 1944 etwa 60 solcher Stützpunkte.[336]

1944 forcierte auch die Militärverwaltung im Gebiet der Heeresgruppe Mitte das Konzept von »Stützpunkten« und »Wehrdörfern«.[337] Am 24. Januar trafen sich die Spitzen von Militär-, Zivilverwaltung und Polizei zu einem Erfahrungsaustausch[338]; am 29. Januar befahl der Befehlshaber der Heeresgruppe Mitte, Ernst Busch, die Errichtung von »Wehrdörfern«.[339] Das neue Merkblatt des OKW zur »Bandenbekämpfung« vom Mai 1944 griff diese Linie auf.[340] Man konzentrierte sich nunmehr auf die so genannten Wehrdörfer, da die im zivilverwalteten Gebiet in den »Stützpunkten« neu angesiedelten »Schutzmänner« die Agrarproduktion oftmals nicht hatten aufrechterhalten können. In den Wehrdörfern wurde dagegen die ansässige Bevölkerung vor Ort belassen. Die Deutschen ermordeten alle unzuverlässig erscheinenden Dorfbewohner, bewaffneten etwa zehn Prozent der Einwohner als örtlichen »Selbstschutz« und verteilten das Land als »Privatbesitz«.

---

weißruthenischen Raum zu treffenden politischen Maßnahmen, Anlage zu Abschrift, Chef des Führungsstabes Politik – Pers. Referenr – P 2115/43 g., 1. 12. 1943, BA-MA, FPF 01/7848, fol. 527.

[335] Vgl. Plakat mit einem Aufruf des Präsidenten des WZR, Astrouski, (PAM 102/44), GK Minsk, Propagandaamt - Fr./W., 11. 1. 1944, NAB, 370-1-2381, fol. 9 ff.

[336] Vgl. Gottbergs Angaben in Abschrift, Br.B.Nr. 1238/44 geh., Niederschrift über die Besprechung am 24. 1. 1944 beim Oberkommando der Heeresgruppe Mitte »Errichtung von Wehrdörfern«, IfZ, MA 542, fol. 952. Siehe auch [RMO], Abteilung II, II 1 c 61/a/43 geh., 6. 12. 1943, Vermerk über die Besprechung mit SS-Gruppenführer von Gottberg am 22. und 23. 11. 1943, BA-MA, FPF 01/7848, fol. 483.

[337] Im Bereich des rückwärtigen Heeresgebietes Mitte wurden bereits 1942 ähnliche Ansätze verfolgt. Vgl. Erfahrungsbericht der Militärverwaltung beim Oberkommando der Heeresgruppe Mitte für die Zeit v. 22. 6. 1941 bis August 1944, gez. Tesmer, BA-MA, RH 19 II/334, fol. 12. Zum Mitte 1942 von der PAW eingerichteten »Musterdorf Skrilewschtschina« siehe auch N. N. 1965a.

[338] Abschrift, Br.B.Nr. 1238/44 geh., Niederschrift über die Besprechung am 24. 1. 1944 beim Oberkommando der Heeresgruppe Mitte »Errichtung von Wehrdörfern«, IfZ, MA 542, fol. 950-954. Teilnehmer waren Generalleutnant Krebs (Chef des Generalstabes des OK der Heeresgruppe Mitte), Oberst i. G. von Groeben (Ia), Oberst i. G. von Unold (Oberquartiermeister), Generalintendant Stöppler (Heeresgruppenintendant), Oberstltn. i. G. Worgitzky (Ic), Oberstltn. Schettler (Qu 2), Minsterialrat Tesmer (Leiter der Militärverwaltung O.Qu/VII), Major Kost (Ic StO.Prop., zugleich Leiter der PAW), Major Dr. Schäfer (Höherer Heeresberichter), Major Autsch (Stabsoffizier La[ndeseigene] Hi[lfs]kr[äfte]), MilVerwRat Hether (von O.Qu./VII), RRat Dr. Weimert (HeWiFü), Oberltn. Wolff, SS-Gruppenführer von Gottberg (GK Weißruthenien), Freitag (Stellvertreter und Hauptabteilungsleiter), SS-Standartenführer Ehrlinger (Bfh. der Sicherungspolizei), Oberstltn. der Schutz.Pol. Kaufmann (für den SSPF), Oberltn. Westerkampf (Qu.2 für 3. Pz.Armee), Oberst Kopp (Korück 559 für 4. Armee), MV-Oberrat Dr. Schwarz (O.Qu/VII für 4. Armee), Oberltn. Busse (Korück 532 für 9. Armee) und Oberst Dr. Hoffmann (für Befehlshaber Weißruthenien).

[339] Der Oberbefehlshaber der Heeresgruppe Mitte, Br.B.Nr. 1327/44 geh., 29. 1. 1944, betr. Errichtung von Wehrdörfern, Nürnbg. Dok. NOKW-025, IfZ, MA 1584/1.

[340] Merkblatt des OKW 69/2 zur Bandenbekämpfung, OKW/WFSt/Op. Nr. 03268/44, 6. 5. 1944, Auszüge abgedr. in: N. Müller 1980, S. 171.

Gottberg berichtete, dass in seinem Herrschaftsbereich »unzuverlässige Elemente in aller Öffentlichkeit vernichtet« und ihr Eigentum auf die »zuverlässige Bevölkerung« verteilt worden sei – das Prinzip der Spaltung durch Terror und Begünstigungen in einer seiner extremsten Formen.[341] Jeweils zehn bis zwanzig Dörfer, die nach bestimmten Sicherungsinteressen ausgesucht wurden (z. B. Schutz militärisch wichtiger Objekte, Straßenverbindungen o. ä.), fasste man unter Führung eines deutschen Wehrdorfgruppenkommandanten zu einer Gruppe zusammen. Die Sicherung übernahmen in der Nähe liegende deutsche Stützpunkte, die zusätzlich verstärkt und mit »Eingreifkommandos« ausgestattet wurden.[342] Bis zum Sommer 1944 wurden in ganz Weißrussland etwa 100 Wehrdörfer mit insgesamt über 20.000 Einwohnern eingerichtet.[343]

Propagandamaßnahmen waren grundlegender Bestandteil des Wehrdorfprojekts. Sie zielten »insbesondere auf [die] Beseitigung der Angstpsychose« der Dorfbewohner – so der Leiter der Propagandaabteilung W und Stabsoffizier für Propaganda beim Befehlshaber der Heeresgruppe Mitte, Kost.[344] Die Bewohner der ausgewählten Dörfer ahnten nämlich zunächst gar nichts von der ihnen bevorstehenden Existenz als Wehrbauern. Nachdem ein Gebiet »befriedet« und die »unzuverlässigen« bzw. »arbeitsunfähigen Elemente« ermordet worden waren,[345] wurden die Menschen zu einer öffentlichen Kundgebung auf dem zentralen Dorfplatz zusammengeholt.[346] Bereits zwei bis drei Stunden zuvor besetzten deutsche Verbände die Ausfallstraßen, um das »Eindringen fremder Elemente und das Entweichen ängstlicher Einwohner« zu verhindern. Es sollte kein »wüstes Zusammentreiben« der Menschen geben, sondern »gut vorbereitete Appelle«. Der Platz wurde mit deutschen, russischen bzw. »weißruthenischen« Fahnen beflaggt. Vor einem geschmückten Rednerpult bauten die Propagandisten einen Pflug und eine Gewehrpyramide auf – als Symbol der Wehrbauern. Soweit möglich, sollten auch deutsche

---

[341] Abschrift, Br.B.Nr. 1238/44 geh., Niederschrift über die Besprechung am 24. 1. 1944 beim Oberkommando der Heeresgruppe Mitte »Errichtung von Wehrdörfern«, IfZ, MA 542, fol. 952 f. Vgl. auch [RMO], Abteilung II, II 1 c 61/a/43 geh., 6. 12. 1943, Vermerk über die Besprechung mit SS-Gruppenführer von Gottberg am 22. und 23. 11. 1943, BA-MA, FPF 01/7848, fol. 484.

[342] Vgl. Abschrift, Br.B.Nr. 1238/44 geh., Niederschrift über die Besprechung am 24. 1. 1944 beim Oberkommando der Heeresgruppe Mitte »Errichtung von Wehrdörfern«, IfZ, MA 542, fol. 950-954; Der Oberbefehlshaber der Heeresgruppe Mitte, Br.B.Nr. 1327/44 geh., 29. 1. 1944, betr. Errichtung von Wehrdörfern, Nürnbg. Dok. NOKW-025, IfZ, MA 1584/1; Erfahrungsbericht der Militärverwaltung beim Oberkommando der Heeresgruppe Mitte für die Zeit v. 22. 6. 1941 bis August 1944, gez. Tesmer, BA-MA, RH 19 II/334, fol. 12. Ausführlich hierzu auch Gerlach 1999, S. 1041 f.

[343] Ebd., S. 1045.

[344] Abschrift, Br.B.Nr. 1238/44 geh., Niederschrift über die Besprechung am 24. 1. 1944 beim Oberkommando der Heeresgruppe Mitte »Errichtung von Wehrdörfern«, IfZ, MA 542, fol. 953.

[345] Ebd.; Der Oberbefehlshaber der Heeresgruppe Mitte, Br.B.Nr. 1327/44 geh., 29. 1. 1944, betr. Errichtung von Wehrdörfern, Nürnbg. Dok. NOKW-025, IfZ, MA 1584/1.

[346] Die folgenden Angaben aus: Kundgebung in dem zum Wehrdorf ausgewählten Dorf X, Anlage 1 zu Oberbefehlshaber der Heeresgruppe Mitte, Br.B.Nr. 1327/44 geh., 29. 1. 1944, betr. Errichtung von Wehrdörfern, Nürnbg. Dok. NOKW-025, IfZ, MA 1584/1.

7. Die Mobilisierung des »Neuen Europa« 1943/44

oder einheimische Kapellen musizieren. Der so genannte Scholtiss – die Spitze der einheimischen Wehrdorforganisation –, Geistliche und Lehrer erhielten Ehrenplätze. In der Regel hielt ein einheimischer Propagandist die Eröffnungsansprache, in der er unter anderem auf die »Befriedung« des Dorfes hinwies und auf das Eigeninteresse der Bauern, diesen Zustand zu erhalten. In Zusammenarbeit mit der Wehrmacht ginge es an den »Neuaufbau eines völkischen Daseins« und den »Kampf gegen den bolschewistischen Untermenschen«. Nachdem die Deutschen Schnaps und Machorka an die Männer, Süßstoff und Schmuckwaren an die Frauen verteilt hatten, verlas der Rayonleiter eine Proklamation des Oberbefehlshabers. Nach weiteren Ansprachen folgte die Musterung der wehrfähigen Männer im Alter bis zu 55 Jahren und deren Aufstellung, Uniformierung und Ausrüstung als einheimische Polizisten.[347] Nach einer Abschlussrede des Rayonleiters, Bürgermeisters oder Dorfältesten begab man sich auf einen Rundgang durch das Dorf, bei dem die in den nächsten Wochen erfolgenden Maßnahmen festgelegt wurden – der Ausbau von Schutzstellungen und Gemeinschaftseinrichtungen (Kirche, Schule) sowie die Instandsetzung von Wohnungen. Während der militärischen Grundausbildung der Gemusterten und des Ausbaus der Befestigungsanlagen durch die Dorfbewohner verteilten die Deutschen Verbrauchsgüter und Propagandamaterial. Nach etwa zwei bis drei Wochen erfolgte wiederum eine festliche Kundgebung, auf der das Dorf öffentlich zum Wehrdorf erklärt wurde. Die einheimischen Polizisten wurden vereidigt und jeder »Wehrdorfbauer« erhielt eine »Einweisungsurkunde« für etwa fünf bis zehn Hektar Land.

Für eine solche Etablierung eines »Wehrdorfes« stellten die Propagandadienststellen das benötigte Material zur Verfügung; sie entwarfen im Vorfeld Spezialflugblätter, instruierten Redner, planten die Details der Versammlungen und inspizierten vorhandene Drahtfunkanlagen.[348] Das Vorgehen im militär- und zivilverwalteten Gebiet wurde weitgehend angeglichen, Generalkommissar Gottberg und der Chef des Generalstabes beim Befehlshaber des Heeresgebiets Mitte vereinbarten hierfür die »engste Zusammenarbeit« zwischen dem Propagandaamt Minsk und den Propagandaeinheiten der Wehrmacht.[349]

Mit der Einrichtung der Wehrdörfer waren die Aufgaben der Propagandisten jedoch noch nicht beendet – sie übernahmen auch deren kontinuierliche »Betreuung«.[350] Sie lieferten Propagandamaterial, setzten den Drahtfunk instand und

---

[347] Als Ordnungs- bzw. Hilfs-Ordnungsdienst – im zivilverwalteten Gebiet als Schutzmannschaft. Waffen wurden erst nach fünf Tagen bzw. nach der ersten Grundausbildung ausgegeben.
[348] Vgl. Abschrift, Br.B.Nr. 1238/44 geh., Niederschrift über die Besprechung am 24. 1. 1944 beim Oberkommando der Heeresgruppe Mitte »Errichtung von Wehrdörfern«, IfZ, MA 542, fol. 953; Der Oberbefehlshaber der Heeresgruppe Mitte, Br.B.Nr. 1327/44 geh., 29. 1. 1944, betr. Errichtung von Wehrdörfern, Nürnbg. Dok. NOKW-025, IfZ, MA 1584/1.
[349] Selbst die Gestaltung der Flugblätter sollte weitgehend angeglichen werden. Ebd.
[350] Vgl. exemplarisch für das zivilverwaltete Gebiet: Der GebK Baranowitschi, Lagebericht der Abteilung Propaganda, Januar bis März 1944, BA D-H, R 93/13, fol. 17 f.; GebK Sluzk, 25. 3. 1944, Lagebericht für die Monate Januar, Februar und März 1944, BA, R 6/308, fol. 47; [Propagandaamt Minsk], Referat Aktive Propaganda, Tätigkeitsbericht aus den Monaten März

strebten an, mindestens einmal monatlich eine Versammlung abzuhalten. Ab März 1944 erschien die Wehrdorf-Zeitung »Plug i Metsch« (Pflug und Schwert), die die »Einsatzfreudigkeit gegen den Bolschewismus« stärken sollte und »daneben wertvolle landwirtschaftliche Ratschläge« gab.[351] Kino- und Theaterveranstaltungen wurden organisiert, Kirchen, Schulen und Jugendorganisation gefördert.[352]

Um den Wehrdorfbauern die »notwendige Begeisterung [...] beizubringen«, organisierte die Besatzungsverwaltung auch wirtschaftliche Anreize: Die Wehrdörfer wurden bevorzugt mit Waren beliefert und Verbrauchsgüter unentgeltlich ausgegeben. Neben Prämien, Erleichterungen bei der »Kriegsabgabe« und dem Verbot von Requirierungen über das Ablieferungssoll hinaus sollten die Gebiete um die Wehrdörfer wirtschaftlich gestärkt werden, z. B. durch die Verlegung von landwirtschaftlicher und gewerblicher Industrie. In den Wehrdörfern wurden zudem keine »Zivilarbeitsdienstabteilungen«[353] aufgestellt und die Werbung für den Arbeitseinsatz sollte nur auf freiwilliger Grundlage und in Übereinstimmung mit dem deutschen Wehrdorfgruppenkommandanten erfolgen. Dieser konnte die Bauern allerdings zu »militärisch notwendigen Gemeinschaftsarbeiten« wie Straßen-, Brückenbau oder Befestigungsarbeiten heranziehen.[354]

Insgesamt betrachtet kann man feststellen, dass das gesamte Wehrdorfprojekt von einem systematischen und umfassenden Propagandaeinsatz begleitet war, ohne den es auch nicht ansatzweise hätte verwirklicht werden können.

7.6. Propaganda und Arbeitskräfteerfassung

7.6.1. Neue Tendenzen der »Ostarbeiterwerbung«

Inhaltlich weist die »Ostarbeiterwerbung« 1943/44 sowohl Kontinuitäten als auch neue Tendenzen auf. So wurde die positive »Deutschland«-Propaganda

---

bis Mai 1944, in NAB, 370-1-2426; Weißruthenische Korrespondenz, Nr. 17, 7. 6. 1944, NAB, 370-1-2380, fol. 38 f. Für das Gebiet der Heeresgruppe Mitte: Wochenberichte der PAW für die Zeit v. Mitte März bis April 1944, SoM, 1363-5-6, fol. 26, 35 ff.; PAW, Wochenbericht für die Zeit v. 14. 5.-20. 5. 1944, 22. 5. 1944, NAB, 411-1-103, fol. 21 RS; Fernschreiben PAW, an OKW/WPr Id für WPr IVc, 19. 5. 1944, betr. Material über die Wehrdörfer zur Auswertung in der Presse, ebd., fol. 28 RS.

[351] Ebd. Die erste Ausgabe der »Plug i Metsch« erschien im März 1944 mit einer Auflage von 7.000 Exemplaren. WPr (ID), 29. 3. 1944, Wochenbericht der PAW für die Zeit v. 20.-26. 3. 1944, SoM, 1363-5-6, fol. 35 f. Ende Januar war festgelegt worden, dass wöchentlich eine Zeitschrift ins Wehrdorf geleitet werden sollte, die »auch agrarwissenschaftliche Interessen« vertrete. Abschrift, Br.B.Nr. 1238/44 geh., Niederschrift über die Besprechung am 24. 1. 1944 beim Oberkommando der Heeresgruppe Mitte »Errichtung von Wehrdörfern«, IfZ, MA 542, fol. 952. Hierzu sowie zu den anderen »Betreuungs«-Maßnahmen siehe auch Oberbefehlshaber der Heeresgruppe Mitte, Br.B.Nr. 1327/44 geh., 29. 1. 1944, betr. Errichtung von Wehrdörfern, Nürnbg. Dok. NOKW-025, IfZ, MA 1584/1.

[352] Vgl. Fernschreiben PAW, an OKW/WPr Id für WPr IVc, 19. 5. 1944, betr. Material über die Wehrdörfer zur Auswertung in der Presse, NAB, 411-1-103, fol. 28 RS.

[353] Zu diesen siehe Abschnitt 7.6.3. der vorliegenden Arbeit.

[354] Der Oberbefehlshaber der Heeresgruppe Mitte, Br.B.Nr. 1327/44 geh., 29. 1. 1944, betr. Errichtung von Wehrdörfern, Nürnbg. Dok. NOKW-025, IfZ, MA 1584/1.

ebenso wie das »Brief«-Thema fortgesetzt und die Zielgruppe Frauen weiterhin gesondert angesprochen.[355] Entsprechend der allgemeinen Entwicklung spielten die »Europa«-Parolen eine größere Rolle als zuvor – nach dem Motto: »Im Schutze des deutschen Adlers arbeitet das neue Europa für Freiheit und eine neue Zukunft. Reihe Dich ein in diese Aufbaufront!« (siehe Abb. 19).[356]

Eine neue Tendenz prägte das Thema Lebens- und Arbeitsbedingungen im Reich.[357] Da die katastrophalen Zustände beim »Reichseinsatz« bekannt geworden und nicht mehr einfach zu leugnen waren, versuchte die deutsche Propaganda dies offensiv aufzugreifen: Man gab zu, dass die Situation *anfangs* schlecht gewesen sei, sich aber inzwischen wesentlich verbessert habe; *jetzt* gehe es den eingesetzten Arbeitern gut.[358] Tatsächlich hatten die diesbezüglichen Anordnungen die Lage der Arbeiter und Arbeiterinnen nur unwesent-

---

[355] Zu »Briefen« vgl. exemplarisch Broschüren »Es geht uns gut in Deutschland«, »Wir arbeiten in Deutschland für unsere Heimat« und »Täglich bringt die Post uns Grüsse von unseren Lieben aus der Heimat«, Abt. Ost, Ref. Kleindienst an Leiter russische Redaktion, Herrn Wiebe [Vineta], SoM, 1370-1-10, fol. 217; »Baranowskaja Gazeta« v. 10. 7. 1943, Artikel »Unsere Landsleute schreiben aus Deutschland«, SoM, 1370-2-248, fol. 1 f.; Flugblatt »Warum Arbeitseinsatz in Deutschland?«, Übersetzung als Anlage zu GK Minsk, I Pro – Schr./Kl. an die GebK, 1. 6. 1943, betr. Flugblattpropaganda (Eigenmaterial), NAB, 370-1-1287, fol. 155-158; Plakat in: Schlootz 1996, S. 61. Zu den deutschen Problemen, die Post zu kontrollieren, Quinkert 1999, S. 711 f. Zur *Deutschlandpropaganda* vgl. [GK Minsk], I Pro – Po/Kl., an Stadtkommissar Minsk und andere, 20. 5. 1943, betr. Bilderdienst [Bildserie mit dem Thema »So wohnt der deutsche Arbeiter«], NAB, 370-1-1287, fol. 175 ff.; Übersetzung der Bildunterschriften ebd., fol. 178; [GK Minsk], I Pro – Pn/G, an GebK, 11. 5. 1943, betr. Aktueller Bilderdienst Nr. 2 [Deutschland- Bilder: Sportleben, Betrieb, Werkküche, Feierabendstunden, Berlin im September 1942, Leibeserziehung (Rhönrad) u. ä.], ebd., fol. 183 ff.; Aufruf »Weißruthenen, Weißrutheninnen!«, [1943], NAB, 370-1-14, fol. 10 f. Zur Zielgruppe *Frauen* GK Minsk, Abt. I Pro, an GebK, 7. 7. 1943, betr. Aktueller Bilderdienst Nr. 4 und 5 [Bildserien zu den Themen »Die deutsche Frau« und »Weißrutheninnen finden auch im deutschen Haushalt Beschäftigung«], NAB, 370-1-1287, fol. 100; GK Minsk, Abt. I Pro, 7. 7. 1943, an verschiedene einheimische Zeitungen, betr. Aktueller Bilderdienst Nr. 4 und 5, ebd., fol. 101; Übersetzung der Bildunterschriften der beiden Bildserien, ebd., fol. 103 ff.; Text zur Bildserie Nr. 66 »Unsere Mädchen bei deutschen Bergbauern«, NAB, 370-1-19, fol. 11 RS.

[356] Das Plakat wurde Anfang Januar 1943 produziert. Vgl. Unterlagen Vineta, SoM, 1370-1-10, fol. 199, abgedr. in: Buchbender 1978, S. 277; Schlootz 1996, S. 23. Siehe auch Plakat in: Rürup 1991, S. 206. Für Flugblätter vgl. exemplarisch »Warum Arbeitseinsatz in Deutschland?«, Übersetzung als Anlage zu GK Minsk, I Pro – Schr./Kl. an die GebK, 1. 6. 1943, betr. Flugblattpropaganda (Eigenmaterial), NAB, 370-1-1287, fol. 155-158; Aufruf »Weißruthenen, Weißrutheninnen!«, [1943], NAB, 370-1-14, fol. 10 f.

[357] Als Beispiel für die Bildpropaganda vgl. RK für das Ostland, Abt. I Prop – 2 T 4 Bi/W, an GK Minsk, 21. 5. 1943, betr. Bildpropaganda – Arbeitseinsatz für Reichsausgleich [Bildserie mit 10 Aufnahmen zum Thema »Ostarbeiter im Arbeitseinsatz in Deutschland«], NAB, 370-1-1287, fol. 122; GK Minsk, Abt. I Pro, an GebK, 7. 7. 1943, betr. Aktueller Bilderdienst Nr. 3 [Thema: »So lebt der weißruthenische Arbeiter in Deutschland«], NAB, 370-1-1287, fol. 117; Übersetzung der 10 Bildunterschriften, ebd., fol. 120; Texte der Bildserie Nr. 69 »Jeder nach seiner Neigung«, NAB, 370-1-7, fol. 189.

[358] Vgl. Stichwort »Arbeitseinsatz«, in: Richtlinien für die Pressezensur in den besetzten Ostgebieten, hg. v. Pressechef für die besetzten Ostgebiete, [1943], IfZ, Da 46.03.; [RMO], Richtlinien für die Propaganda in den besetzten Ostgebieten, 25. 9. 1943, BA, R 6/192, fol. 69.

lich verändert.³⁵⁹ Der scheinbar selbstkritische Ton sollte die deutschen Behauptungen glaubwürdiger machen. Die Propagandaabteilung W wies die einheimischen Propagandisten an, in ihren Vorträgen damit zu argumentieren, dass es nun »bald anderthalb Jahre her« sei, »dass die ersten Russen nach Deutschland fuhren« und dass es bei der Organisierung ihres Einsatzes »zunächst eine Fülle großer Schwierigkeiten zu überwinden« gegolten habe. Sie bräuchten nicht zu verschweigen, dass »hier und da gewisse Mißstände« aufgetreten seien, aber »inzwischen« habe sich die Organisation eingespielt und die Deutschen hätten »die Russen als arbeitswillige, fleißige und geschickte Arbeiter schätzen gelernt.«³⁶⁰

Positiv wirkende Regelungen hob die Propaganda besonders hervor, wie die Anordnung Nr. 11 des Generalbevollmächtigten für den Arbeitseinsatz, welche die Dauer des »Beschäftigungsverhältnisses« scheinbar auf zwei Jahre begrenzte. Dieses konnte allerdings verlängert werden, wenn »die Notwendigkeiten des Arbeitseinsatz im Kriege« es erforderten. Rückkehrer mussten dann im besetzten Gebiet eine »kriegswichtige Arbeit« übernehmen und einen »Ersatzmann«, möglichst aus der Familie, stellen. Gute Leistungen und »treue« Arbeit sollten darüber hinaus nach Vollendung des ersten Arbeitsjahres mit einer laufenden Prämie von 20 Prozent, des zweiten Jahres von 30 Prozent und des dritten von 50 Prozent des auszuzahlenden Betrages belohnt werden. »Bewährten« Arbeitern wurde die Möglichkeit eingeräumt, im zweiten Arbeitsjahr eine Woche Urlaub – in besonderen Urlaubslagern – zu nehmen, ab dem dritten Jahr war – zumindest theoretisch – auch ein zweiwöchiger »Heimaturlaub« möglich.³⁶¹ Am 5. August verfügte die Abteilung WPr, die neuen Regelungen in der Propaganda als Beweis für die Verbesserung der Lage der »Ostarbeiter« im Reich auszuwerten.³⁶²

Auf Versammlungen wurde immer wieder der Film »Mit eigenen Augen« gezeigt, der die Deutschlandfahrt einer Bauerndelegation aus dem Smolensker Gebiet dokumentierte. Im zivilverwalteten Gebiet sahen ihn allein im Frühjahr 1943 über 7.000 Zuschauer.³⁶³ Schwierigkeiten bereiteten den Deutschen aller-

---

³⁵⁹ Vgl. hierzu Abschrift, Auslandsbriefprüfstelle Berlin, Reg. Nr. 3795 geh. Leitung/VI, 18. 6. 1943, Stimmungsbericht auf Grund von Briefen, die im April und Mai 1943 ausgewertet sind, über: Ostarbeiter (Post aus und nach der Ukraine), Anlage zu Abschrift, Der Reichsminister für die besetzten Ostgebiete, Nr. I 1139/43 g, an den GBA, i. A. gez. Leibbrandt, 28. 6. 1943, SoM, 1358-1-48, fol. 2-4 RS.
³⁶⁰ [PAW], Kommentar zur Lage, Material für Vorträge Nr. 93 (dt./russ.) [1943], NAB, 411-1-33, fol. 48 RS. Vgl. auch Erläuterung zur Bekanntmachung über Arbeitseinsatz im Reich, Anlage 3 zu PzAOK 3, O.Qu./Qu. 2 Nr. 5377/43 geh., 19. 7. 1943, betr. Arbeitseinsatz Reich, Erfassung des Jahrganges 1925, BA-MA, RH 21-3/487, fol. 34 f.
³⁶¹ Pz.AOK 3, Ic/AO (Prop.) Nr. 4695/43 geh., 21. 8. 1943, Richtlinien für die Aktiv-Propaganda Nr. 2, BA-MA, RH 21-3/511, fol. 8 f. Vgl. auch Ankündigung des Deutschen Nachrichtenbüros v. 31. 7. 1943, in Geheimarchiv Vineta, SoM, 1370-2-284, fol. 60.
³⁶² Pz.AOK 3, Ic/AO (Prop.) Nr. 4695/43 geh., 21. 8. 1943, Richtlinien für die Aktiv-Propaganda Nr. 2, BA-MA, RH 21-3/511, fol. 8 f.
³⁶³ Vgl. PAO, Geheime Stimmungsberichte Nr. 27 v. 8. 3. 1943 und Nr. 28 v. 5. 4. 1943, BStU, RHE 37/80 SU, Bd. 15, fol. 87, 102. Zu den Filmen »Mit eigenen Augen« und »Wir fahren nach Deutschland« auch Zentralfilmgesellschaft Ost m. b. H., an RMVP, 24. 1. 1944, ebd., fol. 107. Siehe auch Plakate »Pjotr Koßlow erzählt aus Deutschland« (P 70 a), »Pjotr Koßlow erzählt aus

7. Die Mobilisierung des »Neuen Europa« 1943/44

dings »Gerüchte«, dass die Besucher nach der Vorstellung festgenommen und nach Deutschland verschickt würden.³⁶⁴ Unter den einheimischen Propagandisten, die die Vorführung mit Ansprachen umrahmten, befand sich auch eine Lehrerin, die selbst an dieser Reise teilgenommen hatte und im Film zu sehen war.³⁶⁵ Der Einsatz von solchen »Augenzeugen« war ein beliebtes Mittel – allerdings gelang ihre Manipulation nicht in allen Fällen. Der stellvertretende Bürgermeister von Witebsk, Gunkin, berichtete nach einer Reise, dass es in dem von ihm besichtigten Lager in Frankfurt am Main zwar ausgezeichnete Baracken und musterhaft eingerichtete Küchen gegeben habe, die Arbeiter aber ein schüchternes und elendes Aussehen hätten. Sie seien wie Kriegsgefangene eingeschlossen und hätten ihre Freiheit verloren – im Gegensatz zu Arbeitern anderer Nationalitäten. Die Lagerpolizei behandele sie sehr schlecht, es gebe keine Zeitungen, Bücher oder Zerstreuung und dazu komme noch das Heimweh. Gunkin sprach von einer schlechten Stimmung bei den ins Reich verbrachten Arbeitskräften.³⁶⁶ Mit diesen Aussagen erfüllte er wohl kaum die deutschen Erwartungen an seinen Einsatz als Propagandaredner. Eine ähnliche Panne passierte im Frühjahr 1944, als im zivilverwalteten Gebiet eine Broschüre über die Vorzüge des Arbeitseinsatzes im Reich verbreitet wurde, die folgenden Druckfehler enthielt: »Die Ostarbeiter bekommen täglich Broschüren und Flugblätter *kostenlos* zu *kauen*« – statt zu kaufen.³⁶⁷

Eine Besonderheit der »Ostarbeiterwerbung« 1943/44 war, dass eine immer jüngere Zielgruppe angesprochen wurde. Zusätzlich zu der Massenverschleppung aus den »bandengefährdeten« Gebieten ging die Besatzungsmacht nämlich dazu über, nicht mehr nur Einzelpersonen zu rekrutieren, sondern – auf der Grundlage der allgemeinen Arbeitspflicht³⁶⁸ – ganze Jahrgänge einzuberufen und zu mustern.³⁶⁹ Auch dabei bediente man sich einer Mischung aus Propaganda- und Zwangsmaßnahmen.³⁷⁰

Deutschland II« (P 70 b) sowie Broschüre »Bauernreise« (B 23), Lagerverzeichnis der Abt. Ost, BA, R 55/1299.

³⁶⁴ Vgl. PAW, Staffel Gomel, 21. 6. 1943, betr. Monatsbericht v. 20. 5.-20. 6. 1943, Anlage 44 zu 221. Sich.Div., Abt. Ic Nr. 768/43, Tätigkeitsbericht v. 1. 1.-31. 8. 1943, 19. 11. 1943, BA-MA, RH 26-221/76, unfol.

³⁶⁵ Vgl. PAO, Geheimer Stimmungsbericht Nr. 27, 8. 3. 1943, BStU, RHE 37/80 SU, Bd. 15, fol. 87.

³⁶⁶ [Geheimarchiv Vineta], Auszüge aus Berichterstattung über Feindpropaganda, Archiveingang 9. 7. 1943, SoM, 1370-1-55, fol. 441 f.

³⁶⁷ Bericht des stellvertretenden Leiters der Abteilung Ost, Gielen, nach einer Dienstreise nach Minsk v. 14.-17. 5. 1944, BA, R 55/564, fol. 272.

³⁶⁸ Der Verordnung für das militärverwaltete Gebiet v. 6. 2. 1943 (abgedr. in: N. Müller 1980, S. 300-303) folgte Rosenbergs »Verordnung über die Meldung von einheimischen Männern und Frauen in den besetzten Gebieten für Aufgaben der totalen Kriegführung« v. 29. 3. 1943. Siehe auch »Wandzeitung zur Arbeitspflicht-Verordnung« (P 80), Lagerverzeichnis der Abt. Ost, BA, R 55/1299.

³⁶⁹ Vgl. OKH/Genst. d. H./GenQu Abt. Kriegsverw. Nr. II/5546/43 Anlage 2 g. Kds. Chefs., 20. 4. 1943, nicht unterzeichnete Abschrift, abgedr. in: N. Müller 1980, S. 309 f. Hierzu auch R.-D. Müller 1989, S. 777 ff.

³⁷⁰ Vgl. u. a. Berichterstattung der Staffel Gomel der PAW von Dezember 1942 bis August 1943, in: BA-MA, RH 26-221/76; Auszüge und Meldungen deutscher Dienststellen über Propaganda-Einsatz und Erfahrungen, Anlage zu AOK 4 Ic/Prop. Nr. 30/44 Br.Nr. 650/44 geh.,

Beispielhaft ist eine mehrwöchige »Werbe«-Kampagne, die im rückwärtigen Heeresgebiet Mitte im August 1943 stattfinden sollte. Sie zielte darauf, alle Arbeitsfähigen des Jahrgangs 1925, also die 17- bis 18jährigen zu erfassen.[371] Nach Absprache mit dem jeweiligen Rayonleiter sollte zunächst eine Dienstbesprechung der Bürgermeister und Dorfältesten mit dem Feldkommandanten (oder seinem Ia-Offizier), dem Leiter der Abt. VII (Kriegsverwaltung), dem Ortskommandanten, dem Leiter des Arbeitsamtes sowie der Propagandastaffel einberufen werden.[372] Die Bürgermeister und Dorfältesten erhielten vorbereitete Aufrufe und den Auftrag, eine so genannte Erfassungsliste sämtlicher Einwohner des Jahrgangs 1925 zu erstellen. Diese Liste war binnen drei Tagen bei der Ortskommandantur abzugeben, die sie an das Arbeitsamt weiterleitete. Die Bürgermeister und Dorfältesten wurden verpflichtet, in jedem Dorf eine Versammlung einzuberufen, auf der sie selbst oder ein von ihnen beauftragter, besonders redegewandter Einwohner den Aufruf erläutern sollte. Diese Versammlungen sollten – soweit dies möglich war – von deutscher Seite überwacht und von einer Propagandastaffel mitgestaltet werden. Nachdem der Aufruf zusätzlich an verschiedenen Stellen angeschlagen worden war, hatten die Bürgermeister und Dorfältesten – nach einem inzwischen vom Arbeitsamt übergebenen »Erfassungsplan« – dafür zu sorgen, dass sich die Betroffenen an bestimmten Sammelstellen einfanden. Sie sollten hierbei »ihren ganzen Einfluss aufbieten, damit die Aushebung ohne jeden militärischen Zwang durchgeführt« werden könne. Wurden die Einberufungsbefehle nicht befolgt, so konnten sie mit »strengste[n] Maßnahmen, auch gegen die Familien« drohen; erreichten sie eine »vollzählige Gestellung der Dienstverpflichteten«, erhielten sie eine Belohnung. Um sicher zu gehen, dass dieses Verfahren auch die gewünschten Erfolge brachte, wollten die Deutschen an den »Musterungstagen« ihre Sicherungskräfte verstärken – im Zweifelsfall sollten Eingreifkommandos für die zwangsweise Vorführung der Jugendlichen sorgen.

Die Propagandaaufrufe waren auf ihre spezifische Zielgruppe ausgerichtet. Sie behaupteten, dass es »für jüngere Menschen [...] am wenigsten hart [sei], wenn sie für einige Zeit die Heimat verlassen müssen, zumal wenn sie mit Altersgenossen aus ihrer Heimat gemeinschaftlich reisen können. Es hat noch keinem jungen Menschen geschadet, dass er neue Länder kennengelernt und

---

9. 5. 1944, Propaganda-Lagebericht für die Zeit v. 1.-30. 4. 1944, BA-MA, RH 20-4/782, unfol.

[371] Vgl. Berück Mitte, Tgb.Nr. 1358/43 geh., 21. 7. 1943, betr. Erfassung von landeseigenen Arbeitskräften für den Reichseinsatz, BA-MA, RH 26-221/76, unfol. Ausgenommen waren »Hilfswillige« und OD-Angehörige dieses Jahrgangs, ebd. Vgl. entsprechend den folgenden Beschreibungen ebenfalls PzAOK 3, O.Qu./Qu. 2 Nr. 5377/43 geh., 19. 7. 1943, betr. Arbeitseinsatz Reich, Erfassung des Jahrganges 1925, BA-MA, RH 21-3/487, fol. 26-35.

[372] Die folgende Darstellung bezieht sich auf 221. Sich.Div., Abt. Ib/Ic/VII Tgb, Nr. 524/43 geh., 28. 7. 1943, betr. Erfassung von landeseigenen Arbeitskräften für den Reichseinsatz (Bezug Befh. Gg. Mitte/Qu. Tgb. Nr. 1358/43 geh. v. 21. 7. 1943), Anlage zu 221. Sich.Div., Abt. Ic Nr. 768/43, Tätigkeitsbericht v. 1. 1.-31. 8. 1943, 19. 11. 1943, BA-MA, RH 26-221/76, unfol.

neue Erfahrungen für das Leben gesammelt hat.«[373] Für den Fall, dass sich ganze Familien melden würden, versprachen die Aufrufe, dass diese geschlossen auf dem Lande eingesetzt würden. Die Aussicht, sich nicht von den Eltern bzw. Kindern trennen zu müssen, sollte die Meldung erleichtern – eingehalten wurde diese Ankündigung nicht. Es kam sogar vor, dass in den Auffanglagern stillende Mütter von ihren Kindern getrennt wurden.[374] Besonders perfide war der Hinweis, dass bei einer erfolgreichen Erfassung der jüngeren Jahrgänge der Rest der Bevölkerung angeblich nicht mehr mit Verpflichtungen zu rechnen bräuchte.[375]

Es ist fraglich, ob diese Planung angesichts der militärischen Entwicklung im August 1943 tatsächlich so durchgeführt worden ist. Sie zeigt aber, dass die Deutschen weiterhin auf verschiedene Erfassungsmethoden setzten. Insbesondere in den größeren Städten fanden solche punktuellen »Werbe«-Aktionen wiederholt statt, wobei hier auch verstärkt die Presse und der Drahtfunk eingesetzt wurden.[376] Als im April 1944 in Borissow alle Jugendlichen der Jahrgänge 1925/26 erfasst werden sollten, ließ die Propagandakompanie 689 im Vorfeld dieser Maßnahme unter anderem Reportagen im Drahtfunk senden. So wurde etwa ein Interview mit einem Hauptmann des einheimischen Ordnungsdienstes ausgestrahlt, der selbst Transporte nach Deutschland begleitet und seine eigenen Familienangehörigen zum Arbeitseinsatz gemeldet hatte.[377] Offenbar hatte dies einigen Erfolg: Rund 1.100 Jugendliche – und damit fast alle Angesprochenen – meldeten sich, 32 versuchten sich am Stichtag in der Stadt zu verstecken, einer flüchtete zu den Partisanen – so zumindest die deutsche Darstellung.[378] Das Arbeitsamt in Borissow betonte, dass »ein solches Ergebnis (ohne Feldgendarmerie) bisher noch nie erzielt werden konnte«, dies sei »der Drahtfunkwerbung der PK maßgeblich zuzuschreiben«.[379]

---

[373] Erläuterung zur Bekanntmachung über Arbeitseinsatz im Reich, Anlage 3 zu PzAOK 3, O.Qu./Qu. 2 Nr. 5377/43 geh., 19. 7. 1943, betr. Arbeitseinsatz Reich, Erfassung des Jahrganges 1925, BA-MA, RH 21-3/487, fol. 34.

[374] Vgl. Auszüge und Meldungen deutscher Dienststellen über Propaganda-Einsatz und Erfahrungen, Anlage zu AOK 4 Ic/Prop. Nr. 30/44 Br.Nr. 650/44 geh., 9. 5. 1944, Propaganda-Lagebericht für die Zeit v. 1.-30. 4. 1944, BA-MA, RH 20-4/782, unfol.

[375] Erläuterung zur Bekanntmachung über Arbeitseinsatz im Reich, Anlage 3 zu PzAOK 3, O.Qu./Qu. 2 Nr. 5377/43 geh., 19. 7. 1943, betr. Arbeitseinsatz Reich, Erfassung des Jahrganges 1925, BA-MA, RH 21-3/487, fol. 34.

[376] Vgl. GK Minsk, Propagandaamt, an Gebietskommissare – Propagandareferenten, betr. Arbeiterwerbung, 14. 2. 1944 sowie 23. 2. 1944, NAB, 370-1-2383, fol. 12 f., 27 f.; AOK 4 Ic/Prop. Nr. 30/44 Br.Nr. 650/44 geh., 9. 5. 1944, Propaganda-Lagebericht für die Zeit v. 1.-30. 4. 1944, BA-MA, RH 20-4/782, unfol.

[377] Ebd.

[378] Vgl. Auszüge aus Meldungen deutscher Dienststellen und eingesetzter Propagandisten, Anlage zu AOK 4 Ic/Prop. Nr. 39/44 Br.Nr. 826/44 geh., 9. 6. 1944, Propaganda-Lagebericht für die Zeit v. 1.-31. 5. 1944, BA-MA, RH 20-4/782, unfol.

[379] Ebd. Zu einer ähnlichen Kampagne Anfang Mai 1944 in Minsk vgl. GK Minsk, Propagandaamt – Hu/W., 5. 5. 1944, Flugblätter für die Arbeiterwerbung (»klischierte Originalpostkarten«) (PAM 109-124/44), BA D-H, R 90/156, unfol. Siehe auch NAB, 370-1-16, fol. 14-17 sowie Abbildungen in: NAB, 370-1-2377, fol. 1-19. Zu dieser Aktion auch Quinkert 1999, S. 719 f.

Es war charakteristisch für die »Ostarbeiterwerbung« 1943/44, dass immer jüngere Menschen in die Verschleppungsmaschinerie gerieten. *Ein* Instrument hierfür war das im Juni 1943 offiziell gegründete Weißruthenische Jugendwerk; hervorzuheben sind darüber hinaus zwei groß angelegte Kampagnen, die in den letzten Monaten der Besatzung stattfanden. Sie richteten sich an Jugendliche ab 15 Jahren und an Kinder.

7.6.2. »Kriegseinsatz der europäischen Jugend« und »HEU«-Aktion

Am 5. März 1944 erhielt der Leiter der »Dienststelle Hauptbannführer Nickel« im Ostministerium den Auftrag, sowjetische Jugendliche zwischen 15 und 20 Jahren für einen »Kriegseinsatz im Reich« zu rekrutieren.[380] Der Reichsminister für die besetzten Ostgebiete, der Oberbefehlshaber der Luftwaffe, der Reichsführer SS und der Jugendführer des Deutschen Reiches vereinbarten, dass bei der Zivilverwaltung so genannte Kriegseinsatzkommandos aufgestellt würden, die die »Anwerbung« der Jugendlichen übernehmen sollten. Die Jungen – und ab 1. Juli 1944 auch Mädchen[381] – sollten zunächst der Luftwaffe »zur Verfügung« gestellt und später als »SS-Helfer« eingesetzt werden[382] – daher auch die gängigen Bezeichnungen der Kampagne als SS-Helfer- oder Luftwaffenhelfer-Aktion.

Das Propagandaamt Minsk bereitete seit Anfang April die »Werbung von Jugendlichen als Flak- und Luftwaffenhelfer« vor und informierte am 17. April die Propagandareferenten bei den Gebietskommissaren über die in Kürze bevorstehende Aktion »Kriegseinsatz der europäischen Jugend«.[383] Offenbar wurden Ende April/Anfang Mai in weißrussischen Städten die ersten Vertretungen Nickels eingerichtet, die – in enger Absprache und Kooperation mit den Propagandaabteilungen – ihre Arbeit aufnahmen.[384] Das Propagandaamt Minsk verfasste einen ersten Aufruf an die »15-20 jährige[n] Jungen!«, der jeweils in weißrussischer und russischer Sprache

---

[380] RMO, Dienststelle Hauptbannführer Nickel, 19. 10. 1944, betr. Vorlage über die Tätigkeit der Dienststelle Hauptbannführer Nickel im RMO, PS-1137, IMT, Bd. 27, S. 13. Aus apologetischer Sicht zu diesem Projekt Herzog 1960, S. 53-68.

[381] Vgl. Geheimes Fernschreiben Rosenbergs an Lammers, 20. 7. 1944, betr. Führervorlage wegen Rückführungsmaßnahmen, PS-345, IMT, Bd. 25, S. 363; RMO, Dienststelle Hauptbannführer Nickel, 19. 10. 1944, betr. Vorlage über die Tätigkeit der Dienststelle Hauptbannführer Nickel im RMO, PS-1137, IMT, Bd. 27, S. 16.

[382] Fernschreiben Rosenbergs an Lammers v. 20. 7. 1944, PS-345, IMT, Bd. 25, S. 363.

[383] [Propagandaamt Minsk], Referat Aktive Propaganda, Tätigkeitsbericht für die Zeit v. 2.-19. 4. 1944, NAB, 370-1-2426, fol. 20 f.; GK Minsk, Propagandaamt, an Gebietskommissare – Propagandarefenten, 17. 4. 1944, betr. Propaganda-Aktion für den Kriegseinsatz der europäischen Jugend, NAB, 370-1-1278, fol. 57. Vgl. insgesamt [Propagandaamt Minsk], Referat Aktive Propaganda, Tätigkeitsberichte aus den Monaten April und Mai 1944, in: NAB, 370-1-2426.

[384] Vgl. PAW, Wochenberichte für die Zeit v. 7. 5.-13. 5. bzw. 14. 5.-20. 5. 1944, NAB, 411-1-103, fol. 21 RS, 41; Der GebK Baranowitschi, Lagebericht der Abteilung Propaganda, Januar bis März 1944, BA D-H, R 93/13, fol. 20.

7. Die Mobilisierung des »Neuen Europa« 1943/44   347

(120.000 bzw. 80.000 Exemplare) und als Plakat (28.000 Exemplare) gedruckt wurde:[385]

»Deutschland ruft Euch zum freiwilligen Kriegseinsatz! Stellt Euch an die Seite Deutschlands im Kampf um ein neues Europa, im Kampf um ein befreites Volk und Vaterland. [...] Reiht Euch ein in die große Kameradschaft der europäischen Jugend! Übernehmt mit den Rechten, die Euch Deutschland zubilligt, auch die Pflichten. In dieser Zeit darf es keine Drückeberger geben. Wer sich abseits stellt, leistet passiven Widerstand und ist ein Deserteur. Am Ende dieses großen Ringens wird jeder seinen Platz erhalten, den er sich erkämpft und erobert hat. Leistung ist die Pflicht und das Recht der Jugend. [...] Stolz werdet Ihr einst als Sieger in Eure Heimat zurückkehren. Meldet Euch sofort bei den Sammelstellen Eurer Kreise; denn Abwarten ist Verrat an der Zukunft, ist Verrat an der Jugend.«[386]

Den Jugendlichen wurden eine kostenlose Berufsausbildung, Förderung, gute und gerechte Behandlung, Unterkunft, Verpflegung, Bekleidung, Besoldung, Urlaub, der Einsatz in Dorfgemeinschaften sowie Unterstützung und Schutz der Angehörigen versprochen. Zuletzt wurde nochmals bestärkt:

»Deutschland öffnet Euch das Tor der Welt. Erkämpft und erobert Euch Europa und die Welt durch Euren Einsatz an der Seite der europäischen Jugend. Tretet ein in diese junge europäische Kampfgemeinschaft! Wo bleibst Du? Die deutsche Jugend ruft Dich Kamerad! Melde Dich sofort! Beweise durch die Tat, daß Du bereit bist, Dich für Dein Volk und Dein Vaterland einzusetzen. Arbeite und kämpfe für Deine und Deines Volkes Zukunft.«[387]

Dieser Aufruf, der patriotisches und jugendspezifisches Vokabular mit der Europa-Propaganda vermischte, war unter Beteiligung des Weißruthenischen Jugendwerks entworfen worden.[388] In den nächsten Wochen folgten eine ganze Anzahl ähnlicher Aufrufe, Broschüren, Plakate etc.[389] Nachdem das Kriegseinsatzkommando Mitte am 27. Mai 1944 mit etwa 70-80 Mann seine Arbeit aufgenommen hatte,[390] wurde die Kampagne noch einmal massiv ausgeweitet.[391] Der Landessender Minsk strahlte z. B. eine Sendung aus, in der weißrussische Jungen interviewt wurden, die in den Junkers-Werken in Crimmit-

---

[385] [Propagandaamt Minsk], Referat Aktive Propaganda, Fr./W., 3. 5. 1944, Tätigkeitsbericht für die Zeit v. 27. 4.-3. 5. 1944, NAB, 370-1-2426, fol. 13 f.
[386] Flugblatt »15 - 20jährige Jungen!« (PAM 150 w [wr.], PAM 151 r [russ.]), NAB, 370-1-12, fol. 20 f.
[387] Ebd.
[388] Vgl. Herzog 1960, S. 61.
[389] Vgl. hierzu PAM 150, PAM 151, PAM 138, PAM 139, PAM 140, PAM 141 (russ. u. wr.), mit Angaben zu Auflagenzahlen in: Referat Aktive Propaganda, Fr./W., Tätigkeitsbericht für die Zeit v. 27. 4.-3. 5. 1944, NAB, 370-1-2426, fol. 13
[390] Vgl. RMO, Dienststelle Hauptbannführer Nickel, 19. 10. 1944, betr. Vorlage über die Tätigkeit der Dienststelle Hauptbannführer Nickel im RMO, PS-1137, IMT, Bd. 27, S. 13; Herzog 1960, S. 61.
[391] Vgl. PAW, Wochenbericht für die Zeit v. 29. 5.-4. 6. 1944, 6. 6. 1944, NAB, 411-1-102, fol. 37; [GebK Slonim], Referat I Propaganda, Lagebericht für die Zeit v. 21 .5.-22. 6. 1944, Anlage zu GebK Slonim, Tgb.Nr. 2046/44, an GK Minsk, 24. 6. 1944, betr. Lagebericht April, Mai, Juni 1944, gez. Erren, NAB, 370-1-487, fol. 82.

schau eingesetzt waren und sich – so die Behauptung – gerade »auf Urlaub« bei ihren Eltern befänden. Diese Jugendlichen hatten natürlich nur das Beste über ihre Berufsausbildung, Unterbringung, Ernährung oder Freizeit zu berichten.[392] Der Präsident des Weißruthenischen Zentralrats wandte sich in einem eigenen Aufruf an die »Weißruthenische Jugend«,[393] in dem – wie in anderen Materialien auch – eine Gleichstellung der weißrussischen Jugendlichen mit der Hitler-Jugend suggeriert wurde.[394]

Die deutsche Propaganda wandte sich aber nicht nur an die Jugendlichen, sondern auch an deren Eltern. Das Flugblatt unter dem Titel »Wir, die Jugend Deutschlands, wenden uns an Euch, weißruthenische Eltern«[395] appellierte in zynischer Weise an deren Fürsorge. Es malte erst Schreckensbilder von Zehntausenden von verwahrlosten und verhungerten Kindern unter der »Bolschewistenherrschaft«. Väter und Mütter seien nicht imstande gewesen, ihre Kinder »auch nur mit dem Allernotwendigsten zu versorgen« und diese Situation sei »heute teilweise wiedergekehrt!«. In den von der Roten Armee besetzten Gebieten würden Jugendliche »Tod und grauenhafteste Folterungen« erleiden. Angesichts dieser »Gefahr« wurde den Eltern nahe gelegt, ihre Kinder quasi zum Schutz ins Deutsche Reich zu verschicken und ihnen damit eine positive Zukunft zu bieten, die sie selbst nicht gewährleisten könnten:

> »Ihr wollt Eure Kinder gut erziehen. Ihr wollt ihnen einen Unterricht geben, der sie voranbringt! Ihr wollt sie den erwünschten Beruf erlernen lassen? Aber Ihr könnt es nicht. [...] Wir aber geben Euren Kindern die Möglichkeit, die notwendigen Kenntnisse zu erwerben, um für Euer Volk eine bessere und glücklichere Zukunft zu schaffen. Vertraut sie uns an! Es wäre verbrecherisch, diese Möglichkeit nicht zu nutzen!«[396]

Der vom Leiter der Abteilung Jugend in Minsk, Oberbannführer Schulz, unterzeichnete Aufruf schloss mit dem Appell, die Söhne als »SS-Helfer« zu melden. Tatsächlich legten die Deutschen gar keinen Wert auf die Zustimmung der Eltern: Als auf einem »Meldezettel« in einer »Luftwaffenhelferbroschüre« statt »Anschrift der Eltern« fälschlicherweise »Unterschrift der Eltern« gedruckt worden war, musste dies unverzüglich korrigiert werden.[397]

Die Reaktionen auf die Kampagne sind schwer zu beurteilen. Anfang Mai 1944 berichtete das Propagandaamt Minsk noch, dass Gerüchte umgingen, dass man alle männlichen Jugendlichen im Alter von 16 bis 25 Jahren nach Deutschland schicken wolle, und diese sich »schon jetzt« durch Wohnungswechsel der

---

[392] HJ-Kriegseinsatzkommando Mitte, Manuskript für eine Sendung im Landessender Minsk, NAB, 370-1-2429, fol. 1 ff.
[393] Aufruf »Weißruthenische Jugend!«, NAB, 370-1-2449, fol. 31.
[394] Vgl. hierzu auch Plakat »Wir gehen einen gemeinsamen Weg mit Dir....«, Abb. 13.
[395] Flugblatt »Wir, die Jugend Deutschlands, wenden uns an Euch, weißruthenische Eltern« [Mai 1944], NAB, 370-1-2376, fol. 84 f.
[396] Ebd.
[397] Vineta Ostland, Aktivpropaganda Pa/St. an Wrede, 14. 6. 1944, betr. Luftwaffenhelferaktion, SoM, 1370-1-11, fol. 72.

Erfassung zu entziehen versuchten.³⁹⁸ Ab Ende Mai/Anfang Juni wurden die Berichte positiver und gaben an, dass sich Hunderte von Jugendlichen freiwillig gemeldet hätten.³⁹⁹ Anfang Juni 1944 wurden in Minsk die ersten 700 »SS-Drushinniks«, die zunächst in Lagern untergebracht worden waren,⁴⁰⁰ feierlich verabschiedet und ins Reichsgebiet transportiert.⁴⁰¹ In den Armeegebieten meldeten sich angeblich über 4.000 Jugendliche freiwillig.⁴⁰² Nickel gab am 19. Oktober 1944 an, dass seit Ende Mai insgesamt 18.917 Jungen und 2.500 Mädchen als »SS-Helfer« erfasst worden seien – darunter 2.354 Jungen aus Weißrussland.⁴⁰³

Parallel zur SS-Helfer-Aktion organisierte die Militärverwaltung im Sommer 1944 die so genannte HEU-Aktion, mit der alle *h*eimat-, *e*ltern- und *u*nterkunftslosen Kinder zwischen 10 und 14 Jahren in den Armeegebieten erfasst und ins Reich abtransportiert werden sollten. Dort wurden sie ebenfalls bei den Junkerswerken eingesetzt oder über die Organisation Todt deutschen Handwerksbetrieben als Lehrlinge vermittelt. Die Heeresgruppe Mitte plante, auf diese Weise 40.000 bis 50.000 Kinder abzuschieben.⁴⁰⁴ Den Deutschen ging es dabei weniger

---

³⁹⁸ [Propagandaamt Minsk], Referat Aktive Propaganda, Stimmungsbericht für die Zeit v. 30. 4.-5. 5. 1944, NAB, 370-1-2426, fol. 40. Vgl. auch Propagandaamt Minsk, Lagebericht für die Zeit v. 29. 4.-6. 5. 1944, ebd., fol. 41 f.

³⁹⁹ Vgl. PAW, Wochenbericht für die Zeit v. 29. 5.-4. 6. 1944, 6. 6. 1944, NAB, 411-1-102, fol. 37; Auszüge aus Meldungen deutscher Dienststellen und eingesetzter Propagandisten, Anlage zu AOK 4 Ic/Prop. Nr. 39/44 Br.Nr. 826/44 geh., 9. 6. 1944, Propaganda-Lagebericht für die Zeit v. 1.-31. 5. 1944, BA-MA, RH 20-4/782, unfol.; GebK Baranowitschi, 11. 8. 944, Tätigkeits- und Erfahrungsbericht, BA D-H, R 93/13, fol. 46.

⁴⁰⁰ Vgl. Hinweis in Veranstaltungen des WJW zum Einjährigen Gründungstag v. 16. 6. 1944, NAB, 370-1-2374, fol. 57, 60 f.

⁴⁰¹ Vgl. Artikel »Frei und stolz für das neue Europa. Professor Astrouski verabschiedet 700 freiwillige SS-Drushinniks«, in: Weißruthenische Korrespondenz, Nr. 17, 7. 6. 1944, NAB, 370-1-12, fol. 26-30. Zur Teilnahme von weiteren 300, noch in Minsk bzw. Lagern befindlichen »SS-Helfern« an den Feierlichkeiten am 22. 6. 1944 siehe Abschnitt 7.8. der vorliegenden Arbeit.

⁴⁰² Erfahrungsbericht der Militärverwaltung beim Oberkommandos der Heeresgruppe Mitte für die Zeit v. 22. 6. 1941 bis August 1944, gez. Tesmer, BA-MA, RH 19 II/334, fol. 11 RS.

⁴⁰³ Bereits zuvor seien den Junkers-Werken und der Organisation Todt 5.500 Jungen und 1.200 Mädchen »zugeführt« worden (ein Großteil von diesen vermutlich über das WJW). Als Gesamtzahl nannte Nickel 28.117 Jugendliche. RMO, Dienststelle Hauptbannführer Nickel, 19. 10. 1944, betr. Vorlage über die Tätigkeit der Dienststelle Hauptbannführer Nickel im RMO, PS-1137, IMT, Bd. 27, S. 12-18.

⁴⁰⁴ Geheimer Vermerk des Chefs des Führungsstabes Politik v. 12. 6. 1944 über die »HEU-Aktion«, PS-031, IMT, Bd. 25, S. 89. Vgl. auch OK der Hgr. Mitte, OQu/VII (MilVerw) Br.B.Nr. 6807/44, Anlage Niederschrift über eine Besprechung beim Oberkommando der Heeresgruppe Mitte am 1. 6. 1944, Nrbg. Dok. NO-344, ZfA; Geheimes Fernschreiben Rosenbergs an Sauckel, 11. 7. 1944, PS-199, IMT, Bd. 25, S. 289 f.; Geheimes Fernschreiben Rosenbergs an Lammers, 20. 7. 1944, betr. Führervorlage wegen Rückführungsmaßnahmen, PS-345, ebd., S. 362-365; [Nickel], Die Jugendarbeit in den besetzten Ostgebieten, o. D., NO 3038, IfZ, MA 245, fol. 406-410; RMO, Dienststelle Hauptbannführer Nickel, 19. 10. 1944, betr. Vorlage über die Tätigkeit der Dienststelle Hauptbannführer Nickel im RMO, PS-1137, IMT, Bd. 27, S. 12-18. Kinder waren bereits zuvor Opfer von Zwangsarbeit und »Reichseinsatz« geworden, seit Frühjahr 1943 galten alle Personen ab dem 10. Lebensjahr als »produktive Arbeitskräfte«. RKO an Generalkommissar in Riga, 3. 5. 1943, PS-2280, IMT, Bd. 32, S. 102. Die Erinnerungen der

um die Ausbeutung ihrer geringen Arbeitskraft, als vielmehr um die »Entlastung« des Gebietes von herumirrenden Kindern, deren Eltern zwangsweise in Arbeitsbataillonen zusammengefasst worden waren.[405] Wie bei bereits zuvor eingerichteten »Kinderdörfern« wollte man damit auch die Eltern gefügig machen und rechnete damit, dass sie Befehlen zur »Evakuierung« eher Folge leisten würden. Aus deutscher Sicht waren die »inzwischen ins Reich gebrachten Kinder« ein »geeignetes Bindemittel«.[406]

Die HEU-Aktion sollte »propagandistisch stärkstens unterbaut« und unter dem Motto »Fürsorgemaßnahmen des Reiches für die weißruthenischen Kinder, Schutz vor den Banden« durchgeführt werden.[407] Dabei ging man grundsätzlich davon aus, dass die Sammlung der Kinder nur mit Zwangsmaßnahmen möglich sein würde, dafür wurde aber umso mehr Wert auf die nachfolgende »Betreuung« der Gefangen gelegt.[408]

Mit Unterstützung der Dienststelle Nickel und des Weißruthenischen Jugendwerks[409] begann die Aktion etwa einen Monat vor der Befreiung Weißrusslands durch die Rote Armee und konnte – sehr zum Bedauern der Militärverwaltung – nicht mehr in der geplanten Dimension umgesetzt werden.[410] Dennoch wurden mindestens 2.500 Kinder im Rahmen der »HEU«-Aktion ins Reich verschleppt und bei den Junkerswerken eingesetzt.[411]

7.6.3. »Schanztage« und »Evakuierungen«

Der »Reichseinsatz« stellte nicht die einzige Form der Zwangsarbeit dar, die den Menschen im besetzten Gebiet drohte. Eine weitaus größere Zahl von ihnen beutete die Besatzungsmacht als Arbeitskräfte vor Ort aus.[412] Je nach Bedarf wurden z. B. Stadtbewohner zu Aufräumarbeiten nach Bombenangriffen herangezogen – wie in Gomel, wo im Frühjahr 1943 vor allem Hausfrauen

---

Weißrussin Aleksandra B., die 1943 als 10jährige zusammen mit ihrem drei Jahre älteren Bruder nach Deutschland verschleppt wurde, sind dokumentiert in: Mendel 1994, S. 53 ff. Zur Opfergruppe Kinder vgl. auch Mausbach/Mausbach Bromberger 1979; Gerlach 1999, S. 1074-1092.

[405] Siehe hierzu Abschnitt 7.6.3. der vorliegenden Arbeit.
[406] Geheimer Vermerk des Chefs des Führungsstabes Politik v. 12. 6. 1944 über die »HEU-Aktion«, PS-031, IMT, Bd. 25, S. 91.
[407] Ebd., S. 90. Eine Legende, die von interessierter Seite nach dem Krieg aufrechterhalten wurde. Vgl. Darstellung des Verteidigers Schirachs, Dr. Sauter, vor dem Nürnberger Gerichtshof, 181. Verhandlungstag, 18. 7. 1946, IMT, Bd. 18, S. 492; Bräutigam 1968, S. 700 f.; Herzog 1960, S. 41 ff.
[408] Vgl. OK der Hgr. Mitte, OQu/VII (MilVerw) Br.B.Nr. 6807/44, Anlage Niederschrift über eine Besprechung beim Oberkommando der Heeresgruppe Mitte am 1. 6. 1944, Nrbg. Dok. NO-344, ZfA.
[409] Vgl. ebd.
[410] Vgl. Erfahrungsbericht der Militärverwaltung beim Oberkommando der Heeresgruppe Mitte für die Zeit v. 22. 6. 1941 bis August 1944, gez. Tesmer, BA-MA, RH 19 II/334, fol. 11 RS.
[411] [Nickel], Die Jugendarbeit in den besetzten Ostgebieten, o. D., NO 3038, IfZ, MA 245, fol. 408.
[412] Hierzu auch Gerlach 1999, S. 493-497.

und Mütter zu diesen Arbeiten gezwungen wurden[413] – oder auch zum Bau von Straßen und Verteidigungsanlagen. Die »Erfassung« dieser zivilen Arbeitskräfte wurde teilweise durch Propagandamaßnahmen unterstützt.[414] In mehreren Fällen setzte die Tätigkeit der Propagandisten vor allem dann ein, wenn die Besatzungsmacht mit reinem Zwang scheiterte. So kam es im Oktober 1943 in Mogilew nach einer ersten »Erfassungsaktion für Schanzarbeiten« zu einem »völligen Ersterben des öffentlichen Lebens«. Kaum ein Bewohner traute sich noch auf die Straße. Daraufhin wurde im Drahtfunk im großen Stil »Werbung für die freiwillige Schanzarbeit« gesendet – aus deutscher Perspektive mit »Erfolg«, da die »Kasernierung« (sic!) der Arbeitskräfte abgebaut werden konnte und eine »weitgehende Beruhigung« der Bevölkerung eintrat.[415] In der Folge wurde immer dann, wenn die »Erfassungsaktion [...] wieder erlahmt war«, der Drahtfunk eingeschaltet.[416] Im Frühjahr 1944 ergingen solche Aufrufe zu »Schanztagen« über Drahtfunk und Presse in fast allen größeren Städten – unter anderem in Mogilew, Borissow, Orscha und Minsk.[417]

Ab Ende 1943 weitete die Militärverwaltung den Zwangsarbeitseinsatz immer stärker aus; zur Jahreswende 1943/44 ordnete der Befehlshaber der Heeresgruppe Mitte an, in einem 100 Kilometer breiten Gebietsstreifen hinter der Hauptkampflinie die gesamte wehr- und arbeitsfähige Bevölkerung in so genannten Zivilarbeitsdienstabteilungen (ZADAs) zusammenzufassen.[418] Anfang 1944 umfassten diese Abteilungen bereits rund 45.000 Männer und Frauen, bis Ende März stieg ihre Zahl auf 87.000.[419] Die Menschen sollten

---

[413] Vgl. Bericht der Abteilung Ausland/Abwehr v. 25. 4. 1943 zur Lage und Stimmung in Gomel. V-Mann Bericht aus Gomel, Anlage zu Verbindungsoffizier OKW/WPr beim OKH Nr. 661/4.43 geh., an OKW/WPr I, 3. 5. 1943, betr. Bericht zur Lage in den besetzten Ostgebieten, BA-MA, RW 4/309a, fol. 133 RS.

[414] Vgl. PAW, Staffel Gomel, Monatsberichte v. 20. 2.-20. 3. 1943 sowie v. 20. 3.-20. 4. 1943, BA-MA, RH 26-221/76, unfol.

[415] AOK 4 Ic/Prop. Nr. 295/43 Br.Nr. 1102/43 geh., 15. 11. 1943, Propaganda-Lagebericht für die Zeit v. 1.-31. 10. 1943, BA-MA, RH 20-4/469, unfol.

[416] AOK 4 Ic/Prop. Nr. 301/43 Br.Nr. 1140/43 geh., 8. 12. 1943, Propaganda-Lagebericht für die Zeit v. 1.-30. 11. 1943, ebd.

[417] Vgl. Abschrift, Feldkommandantur (V) 813, Abt. Ic Az. 13, 22. 2. 1944, betr. Einsatz Prop. Komp. Mogilew bei der Evakuierung der Stadt, BA-MA, RH 20-4/782, unfol.; AOK 4 Ic/Prop. Nr. 39/44 Br.Nr. 826/44 geh., 9. 6. 1944, Propaganda-Lagebericht für die Zeit v. 1.-31. 5. 1944, BA-MA, RH 20-4/782, unfol.; [Propagandaamt Minsk], Lageberichte für die Zeit April/Mai 1944, NAB, 370-1-2426, fol. 39 f., 41 f., 45 f., 79 f.; Bericht des stellvertretenden Leiters der Abteilung Ost, Gielen, nach einer Dienstreise nach Minsk v. 14.-17. 5. 1944, BA, R 55/564, fol. 283; PAW, Wochenbericht für die Zeit v. 12.-18. 6. 1944, 19. 6. 1944, NAB, 411-1-102, fol. 11 RS; Stadtkommissar Minsk (Forbach), 27. 7. 1944, Abschlussbericht über die Räumung der Stadt Minsk, BA, R 6/364, fol 5.

[418] Durchschlag, Vertreter des AA beim OKH (GenSt.dH), Nr. 613/44 g., 30. 1. 1944, Inh.: Politischer Bericht aus dem Operationsgebiet des Ostens für Dezember 1943, Anlage: Aufstellung von Zivilarbeitsdienstabteilungen im Bereich der Heeresgruppe Mitte, PA AA, R 27358, fol. 316782. U. a. war geplant, die nicht arbeitsfähigen Erwachsenen »zum Gegner« abzuschieben. [Nickel], Die Jugendarbeit in den besetzten Ostgebieten, o. D., NO 3038, IfZ, MA 245, fol. 407.

[419] Vgl. Durchschlag, Vertreter des AA beim OKH (GenSt.dH), Nr. 613/44 g., 30. 1. 1944, Inh.: Politischer Bericht aus dem Operationsgebiet des Ostens für Dezember 1943, PA AA, R 27358,

Stellungen bauen, Schnee räumen, Schneezäune bauen u. ä.[420] Durch Mundpropaganda und den Einsatz von Lautsprecherwagen verbreiteten die Deutschen, dass das »Verhalten der Sowjets« zu diesen Maßnahmen zwinge, die »zum Bedauern der deutschen Führung stellenweise nicht ohne Härten durchführbar« seien – die-se stellten aber das »geringere Übel« dar »im Vergleich zu dem Schicksal«, das die Bevölkerung angeblich unter sowjetischer Herrschaft zu erwarten hätte.[421]

Auch die Rückzüge der Wehrmacht und die Politik der »Verbrannten Erde«, die im Februar 1943 mit dem so genannten Führerbefehl Nr. 4 zur allgemeinen Richtlinie erhoben wurde, boten ein breites Einsatzfeld der Propaganda.[422] Ein Ziel der Besatzungsmacht bestand darin, die gesamte arbeitsfähige Bevölkerung beim Rückzug mitzuführen. Dies bedeutete für Weißrussland im Laufe des Krieges die Umsiedlung von rund einer Million Menschen.[423] Die Propagandisten sorgten mit dafür, dass den deutschen Befehlen zur »Evakuierung« – so die deutsche Bezeichnung, die den Schutz vor der vorrückenden Roten Armee suggerieren sollte – Folge geleistet wurde. So starteten sie im Rahmen der Kämpfe um Witebsk an einem zuvor bestimmten Stichtag eine »Propaganda-Aktion«: Am 22. September 1943 um 12 Uhr begannen sie, massenhaft Handzettel unter der Bevölkerung im Raum Witebsk zu verteilen. Zur Vorbereitung waren am Vorabend spezielle Rundfunksendungen gesendet worden, und auch die morgendliche Presse hatte eine entsprechende Berichterstattung geliefert. Bei den »Sammelstellen« – also den Orten, an denen die Zivilisten von der Wehrmacht zusammengetrieben wurden –, waren Propagandisten der PzPK 697, Dolmetscher und einheimische Redner eingesetzt. Sie sollten eine »Panikstimmung« verhindern, deutsche »Siegesgewissheit und Zuversicht« verbreiten und die »Fürsorge der deutschen Führung« für die »loyal eingestellte« Zivilbevölkerung, die landeseigenen Verbände, den Ordnungsdienst und das Wehrmachtsgefolge versprechen.[424]

---

fol. 316783; Durchschlag, Vertreter des AA beim OKH (GenSt.dH), Nr. 734/44 g., 28. 2. 1944, Inh.: Politischer Bericht aus dem Operationsgebiet des Ostens für Januar 1944, ebd., fol. 316769 (60.000); OKH GenSTdH GenQu Abt. Kriegsverw. (Qu 4) Nr. II/2334/44 geh., 24. 3. 1944, Anlage Monatsbericht Ost für Februar 1944, ebd., fol. 316758; Durchschlag, Vertreter des AA beim OKH (GenStdH), Nr. 1017/44 g., 25. 4. 1944, Inh.: Monatsbericht für März 1944 der Heeresgruppen des Ostens, ebd., fol. 316749.

420 Vgl. Oberbefehlshaber der 3. Panzerarmee, O.Qu./Qu.2 Nr. 21/44 g. Kds., [unleserl.]. 1. 1944, betr. Zivilbevölkerung bei Absetzbewegungen, BA-MA, RH 21-3/487, fol. 63 f. Siehe auch PzAOK 3, O.Qu./Qu.2 Nr. 579/44 geh., 10. 1. 1944, betr. Einsatz der Zivilbevölkerung für Stellungsbauten, BA-MA, RH 21-3/487, fol. 71 f.

421 Oberbefehlshaber der 3. Panzerarmee, O.Qu./Qu.2 Nr. 21/44 g. Kds., [unleserl.]. 1. 1944, betr. Zivilbevölkerung bei Absetzbewegungen, BA-MA, RH 21-3/487, fol. 63 f.

422 Führerbefehl Nr. 4, Befehl Hitlers über Räumung und Zerstörung sowie Verschleppung der Bevölkerung beim Rückzug, Anlage zu Pz.AOK 3, Ia Nr. 1193/43 g. Kds., 28. 2. 1943, abgedr. in: N. Müller 1980, S. 334 f. Zu diesen sog. ARLZ-Maßnahmen (Auflockerung, Räumung, Lähmung, Zerstörung) in Weißrussland siehe auch Gerlach 1999, S. 1979-1104. Allgemein zur Politik der »Verbrannten Erde« bei den Rückzügen der Wehrmacht in den besetzten sowjetischen Gebieten Nolzen 2006.

423 So die Schätzung Gerlachs 1999, S. 501. Zur Politik der »Evakuierung« ebd., S. 497-501.

424 Pz.AOK 3, Ic/AO (Prop.) Nr. 5540/43 geh., [vor 22. 9. 1943], Richtlinien für die Aktiv-Propaganda Nr. 4, BA-MA, RH 21-3/511, fol. 16. Die Witebsker Stadtbevölkerung selbst

7. Die Mobilisierung des »Neuen Europa« 1943/44

Ähnliche Aktionen fanden bei allen »Evakuierungen« statt; Flugblätter verbreiteten eine antisowjetische Gräuelpropaganda und versuchten die Menschen davon zu überzeugen, dass nur die Wehrmacht ihnen »Sicherheit« bieten könne. Über das bevorstehende Procedere wurde das Blaue vom Himmel versprochen: Die Familien sollten zusammen bleiben, auf den »vorbereiteten Rastplätzen« würden »Auskunftsstellen der Wehrmacht« eingerichtet, an die man sich mit Fragen wenden könne und die bei Bedarf »jede Hilfe« geben würden. Die deutsche Verwaltung würde Züge organisieren sowie für Unterkunft und Verpflegung sorgen.[425] Faktisch wurden die Menschen in den meisten Fällen jedoch in Wagentrecks und Marschkolonnen auf zum Teil Hunderte von Kilometer weite Transporte getrieben und kaum versorgt.[426]

Mit welchem Zynismus und welcher Brutalität die Besatzungsmacht dabei vorging, zeigt ihr Umgang mit Kindern. Anfang 1944 wurde der – zuvor zumindest als Vorsatz geltende – Grundsatz aufgehoben, Familienangehörige nicht zu trennen.[427] Kinder unter 14 Jahren wurden in gesonderten »Kinderdörfern« zusammengefasst, wo sie »Gartenbau, Kleintierhaltung, Heimarbeit usw.« leisten mussten. Sie fungierten quasi als Geiseln: erstens waren ihre Eltern »absolut sicher«, d. h. sie versuchten nicht aus den Zwangsarbeitskolonnen zu flüchten; und zweitens wurde die »Evakuierung« bei Rückzügen »denkbar einfach, da nur das Kinderdorf abtransportiert zu werden brauchte«, die Bevölkerung sei dann »von selbst« mitgegangen.[428]

Tatsächlich folgte jedoch nur ein kleiner Teil der Bevölkerung den deutschen Räumungsbefehlen, insbesondere in den ländlichen Regionen flüchteten die Menschen massenhaft in die Wälder.[429] Die Bewohner der Städte reagierten – wie die Deutschen es ausdrückten – mit »Evakuierungspanik«.[430]

---

traf das Schicksal der »Evakuierung« wenige Monate später, im März 1944. Vgl. PzAOK 3, O.Qu./Qu.2 Nr. 2323/44 geh., 10. 3. 1944, betr. Evakuierung Witebsk, BA-MA, RH 21-3/487, fol. 77; Durchschlag, Vertreter des AA beim OKH (GenSt.dH), Nr. 1017/44 g., 25. 4. 1944, Inh.: Monatsbericht für März 1944 der Heeresgruppen des Ostens, PA AA, R 27358, fol. 316745.

[425] Vgl. exemplarisch Originale und Übersetzungen der Flugblätter Nr. 57157 Z.IX.43 »An die Bevölkerung der frontnahen Gebiete!« und Nr. 57/2 B/IX 43 »An die evakuierte Bevölkerung!«, Anlagen zu AOK 4 Ic/Prop. Nr. 289/43 Br.Nr. 1014/43 geh., 15. 10. 1943, Propaganda-Lagebericht für die Zeit v. 1.-30. 9. 1943, BA-MA, RH 20-4/469, unfol.

[426] Vgl. Gerlach 1999, S. 1093.

[427] Vgl. Oberbefehlshaber der 3. Panzerarmee, O.Qu./Qu.2 Nr. 21/44 g. Kds., [unleserl.]. 1. 1944, betr. Zivilbevölkerung bei Absetzbewegungen, BA-MA, RH 21-3/487, fol. 63 f.

[428] [Nickel], Die Jugendarbeit in den besetzten Ostgebieten, o. D., NO 3038, IfZ, MA 245, fol. 407.

[429] Vgl. AOK 4 Ic/Prop. Nr. 289/43 Br.Nr. 1014/43 geh., 15. 10. 1943, Propaganda-Lagebericht für die Zeit v. 1.-30. 9. 1943, BA-MA, RH 20-4/469, unfol.; diverse weitere Berichte des AOK 4 Ic/Prop. für Oktober 1943 bis April 1944, ebd.; Wochenberichte der PAW für das Frühjahr 1944, in SoM, 1363-5-6; GebK Sluzk, an GK Weißruthenien, o. D., Bericht über die Räumung des Gebietes Sluzk, BA, R 6/366, fol. 50 ff.; GebK Hansewitsche, 23. 8. 1944, Tätigkeits-, Räumungs- und Erfahrungsbericht, BA D-H, R 93/13, fol. 106.

[430] AOK 4 Ic/Prop. Nr. 289/43 Br.Nr. 1014/43 geh., 15. 10. 1943, Propaganda-Lagebericht für die Zeit v. 1.-30. 9. 1943, BA-MA, RH 20-4/469, unfol.

Der Stadtkommissar in Minsk, Forbach, sprach von einer regelrechten »Räumungspsychose« der Einheimischen.[431] Um dieser zu begegnen und allen »Gerüchten« über eine Räumung der Stadt entgegenzuwirken, unternahm er diverse Anstrengungen, die angesichts der realen Kriegssituation völlig anachronistisch wirken: Forbach veranlasste den »Ausbau verschiedener Ruinen als Wohngebäude für Einheimische«, den Ausbau des Minsker Straßenbahnnetzes, die Anlegung eines neuen Friedhofs, die Eröffnung einer Musikschule, die forcierte Eröffnung des Stadttheaters und die »Steigerung des gesamten einheimischen Kulturlebens«. Er ließ sogar einen »Gartenbau-Wettbewerb« und eine Aktion »Das schönste Eigenheim« organisieren.[432] Seine Anstrengungen blieben allerdings erfolglos, die Gerüchte kursierten weiter. Letztlich entging die Minsker Bevölkerung nur knapp dem Schicksal der »Evakuierung« – angesichts des raschen Vormarschs der sowjetischen Truppen und aus Mangel an Bewachungspersonal gaben die Deutschen ihre entsprechenden Pläne auf.[433] Doch in den meisten Städten Weißrusslands versuchten die deutschen Propagandisten fast buchstäblich bis zur letzten Minute, die Räumungen propagandistisch zu unterstützen.[434]

7.7. Der Ausbau der »geistigen Betreuung«

Ein zentrales Tätigkeitsfeld der Propagandisten war die »geistige Betreuung« all jener Einheimischen, die mehr oder minder freiwillig mit den Deutschen zusammenarbeiteten oder unter Zwang »erfasst« worden waren. Dies betraf sehr unterschiedliche Personengruppen. Als erste sind hier die einheimischen Arbeitskräfte zu nennen, die in den Betrieben oder bei Reichsbahn, Post, Organisation Todt, Zentralhandelsgesellschaft Ost etc. beschäftigt waren. An sie richtete sich die so genannte »Betriebspropaganda«, die z. B. regelmäßige Veranstaltungen oder auch Filmvorführungen umfasste.[435]

Eine weitere Gruppe bildeten die einheimischen Miliz- und Polizeiformationen, die systematisch beeinflusst wurden.[436] Weißrussische Hilfspolizisten,

---

[431] Stadtkommissar Minsk (Forbach), 27. 7. 1944, Abschlussbericht über die Räumung der Stadt Minsk, BA, R 6/364, fol. 5.
[432] Ebd. Zu dem ebenfalls aus diesem Grunde veranstalteten Festzug am 22. 6. 1944 siehe unten.
[433] Ebd., fol 14 f.
[434] Vgl. AOK 4 Ic/Prop. Nr. 4/44 Br.Nr. 80/44 geh., 12. 1. 1944, Propaganda-Lagebericht für die Zeit v. 1.-31. 12. 1943, BA-MA, RH 20-4/469, unfol.; AOK 4 Ic/Prop. Nr. 1/44 Br.Nr. 520/44 geh., 15. 7. 1944, Propaganda-Lagebericht für die Zeit v. 1.-30. 6. 1944, BA-MA, RH 20-4/782, unfol.; Abschrift, Feldkommandantur (V) 813, Abt. Ic Az. 13, 22. 2. 1944, betr. Einsatz Prop.Komp. Mogilew bei der Evakuierung der Stadt, ebd.
[435] Vgl. exemplarisch Hauptmann Groß, WPrO beim WBfh. Ostland, an Wedel, Chef WPr, 17. 7. 1943, BA-MA, RW 4/309b, fol. 147-150.
[436] Vgl. PAW, Tätigkeitsbericht Februar, 5. 3. 1942, BA-MA, RW 4/236, fol. 135; PAW, Mitteilungs- und Verordnungsblatt Nr. 6, 15. 4. 1942, NAB, 411-1-6, fol. 15; PAW, Mitteilungs- und Verordnungsblätter Nr. 11 (3. 7. 1942), Nr. 13 (2. 8. 1942), Nr. 14 (15. 9. 1942), Nr. 15 (5. 10. 1942), NAB, 411-1-1, fol. 17 f., 28 f., 33 f., 50; PAW, Staffel Witebsk, Nebenstelle Polozk, Tätigkeits- und Lageberichte Dezember 1942 und Januar 1943, NAB, 411-1-50, fol. 5, 7,

die im rückwärtigen Heeresgebiet als »Ordnungsdienst« bzw. im Generalkommissariat als »Schutzmannschaften« organisiert waren, bildeten 1943 immerhin eine Gruppe von etwa 50.000 Mann.[437] Mit der Rekrutierungskampagne der »Freiwilligen« und »Hilfswilligen« ab Anfang 1943 weitete sich dieses Tätigkeitsfeld noch einmal immens aus. Die Anforderungen an eine »geistige Betreuung« stiegen nicht nur angesichts des zahlenmäßigen Zuwachses der Rekrutierten, sondern auch wegen einer offensichtlich rapide sinkenden Loyalität. Nach den sowjetischen Siegen im Winter 1942/43 und der Befreiung immer größerer Gebiete verstärkte die sowjetische Propaganda ihre direkten Appelle an Mitglieder der einheimischen Verbände, »Hilfswillige« und Angehörige der einheimischen Polizeiformationen. Die sowjetischen Partisanen forderten sie seit Frühjahr 1943 – teilweise in persönlichen Briefen – zum Überlaufen auf.[438] Die »Wlassow-Bewegung« kommentierte die sowjetische Propaganda mit dem Hinweis, dass die Deutschen nur deshalb Russen für ihre Interessen einsetzen würden, weil sie selbst zu geschwächt seien, um aus eigener Kraft die militärische Lage zu wenden.[439] Angesichts der baldigen Befreiung der deutsch besetzten Gebiete sei das einzige Mittel, den »Verrat an der Heimat« zu sühnen, der sofortige Übertritt zu den Partisanen.[440]

Sowohl im zivil- als auch im militärverwalteten Gebiet stiegen die Überläuferzahlen ab Frühjahr 1943 kontinuierlich an.[441] Als Reaktion hierauf verstärk-

---

10, 42; PAW, Staffel Gomel, 20. 1. 1943, betr. Monatsbericht v. 20. 12. 1942-20. 1. 1943, Anlage 39 zu 221. Sich.Div., Abt. Ic Nr. 768/43, Tätigkeitsbericht v. 1. 1.-31. 8. 1943, 19. 11. 1943, BA-MA, RH 26-221/76, unfol.; 286. Sich.Div., Abt. Ic, 11. 10. 1942, betr. Politische Überwachung der Bevölkerung (Stimmungsberichte), Anlage zu 286. Sich.Div., Abt. I c, Tätigkeitsbericht 1. 1.-30. 6. 1943, BA-MA, RH 26-286/8, fol. 100 RS. Für das zivilverwaltete Gebiet vgl. beispielhaft Leiter der Propaganda im Gebiet Baranowitschi [Bjedritzky], Plan für die Propagandaarbeit im Gebiet Baranowitschi in der Zeit v. 22. 10.-15. 11. 1942, NAB, 370-6-48, fol. 239 f.

[437] Gerlach 1999, S. 204 f.

[438] Vgl. 221. Sich.Div., Abt. Ic, 1. 1. 1943, [2. Neue Taktik der Banditen], Anlage 46 zu 221. Sich. Div., Abt. Ic Nr. 768/43, Tätigkeitsbericht v. 1. 1.-31. 8. 1943, 19. 11. 1943, BA-MA, RH 26-221/76, unfol.; PAO, Geheimer Stimmungsbericht Nr. 28, 5. 4. 1943, BStU, RHE 37/80 SU, Bd. 15, fol. 103; 286. Sich.Div., Abt. I c, Tätigkeitsbericht 1. 1.-30. 6. 1943, BA-MA, RH 26-286/8, fol. 92; 221. Sich.Div., Abt. Ic Nr. 768/43, Tätigkeitsbericht v. 1. 1.-31. 8. 1943, 19. 11. 1943, BA-MA, RH 26-221/76, unfol.; PAW, Staffel Gomel, Monatsberichte v. März/April und Juni/Juli 1943, in: BA-MA, RH 26-221/76, unfol.; Pz.AOK 3, Ic/AO (Prop.) Nr. 4950/43 geh., 27. 8. 1943, Richtlinien für die Propaganda in die Bevölkerung Nr. 3, BA-MA, RH 21-3/511, fol. 10; AOK 4 Ic/Prop. Nr. 289/43 Br.Nr. 1014/43 geh., 15. 10. 1943, Propaganda-Lagebericht für die Zeit v. 1.-30. 9. 1943, BA-MA, RH 20-4/469, unfol. Zur diesbezüglichen Propaganda der Partisanen siehe auch Dallin u. a. 1964, S. 227-249.

[439] Vgl. [Vineta, Kurzinformation an Spitzley zu] Wlassow-Bewegung, handschriftl. 27. 7. 1943, SoM, 370-1-61, fol. 8.

[440] [Geheimarchiv Vineta], Auszüge aus Berichterstattung über Feindpropaganda, Archiveingang 9. 7. 1943, SoM, 1370-1-55, fol. 440.

[441] Vgl. exemplarisch PAO, Geheime Stimmungsberichte Nr. 26 (8. 2. 1943) und Nr. 27 (8. 3. 1943), BStU, RHE 37/80 SU, Bd. 15, fol. 13, 87 f.; Referat über Schutzmannschaft, Oberst Klepsch, Protokoll der Tagung der Gebietskommissare, Hauptabteilungsleiter und Abteilungsleiter des GK in Minsk v. 8. 4.-10. 4. 1943, NAB, 370-1-1264, fol. 156; 221. Sich.Div., Abt. Ic Nr. 768/43, Tätigkeitsbericht v. 1. 1.-31. 8. 1943, 19. 11. 1943, BA-MA, RH 26-221/76, unfol.; AOK 4 Ic/

ten die Deutschen die »geistige Betreuung«: Das Osterfest wurde als Ansatzpunkt für Propagandaaktionen genutzt,[442] ein neues Kampflied eingeführt (»Wir marschieren«)[443] und die regelmäßige »Schulung« sowie eine kontinuierliche Versorgung mit Propagandamaterial, Vorträgen und Filmen stark ausgebaut – sowohl gegenüber den Polizisten (Ordnungsdienst bzw. Schutzmannschaften)[444] als auch den »Freiwilligen« und »Hilfswilligen«.[445]

Auch nachdem im Oktober 1943 ein großer Teil der Ostbataillone nach Westen verlegt worden war, bildete die »geistige« Betreuung der verbliebenen Polizeiverbände und der weiterhin massenhaft eingesetzten »Hiwis« einen Tätigkeitsschwerpunkt der Propaganda.[446] Neben Filmvorführungen fanden auch regelmäßig Auftritte von einheimischen Künstlertrupps statt.[447] 1944 nahmen deutsche Soldaten »Hilfswillige« sogar auf Heimaturlaub mit – ein

---

Prop., Propaganda-Lageberichte für September, Oktober und November 1943, in: BA-MA, RH 20-4/469, unfol.

[442] Vgl. PAW, Staffel Gomel, 12. 4. 1943, Einsatzplan für die Ostertage 1943 für die landeseigenen Verbände, Anlage 53 zu 221. Sich.Div., Abt. Ic Nr. 768/43, Tätigkeitsbericht v. 1. 1.-31. 8. 1943, 19. 11. 1943, BA-MA, RH 26-221/76, unfol.

[443] PAO, Geheimer Stimmungsbericht Nr. 29, 5. 5. 1943, BStU, RHE 37/80 SU, Bd. 15, fol. 213.

[444] Vgl. Berichte der Staffel Gomel der PAW von Dezember 1942 bis Juli 1943, als Anlagen 39-45 zu 221. Sich.Div., Abt. Ic Nr. 768/43, Tätigkeitsbericht v. 1. 1.-31. 8. 1943, 19. 11. 1943, BA-MA, RH 26-221/76, unfol. Für das zivilverwaltete Gebiet vgl. Der Leiter der Propaganda im Gebiet Baranowitschi, [Bjedritzky], an Chef der Gendarmerie Hauptmann Hildebrandt, 25. 6. 1943, NAB, 370-6-48, fol. 30 f.; ders., verschiedene Pläne und Berichte über die Propagandatätigkeiten im April, Mai, Juni und Juli 1943 sowie »Die Pflichten der weißruthenischen Schutzmannschaft«, in: ebd., fol. 14, 16 ff., 58-61, 76, 104, 126 f.; GebK Hansewitsche, I – Pro, an GK, 9. 9. 1943, betr. Tätigkeitsbericht für den Monat August 1943, NAB, 370-1-1285, fol. 44 f.; Referat über Schutzmannschaft, Oberst Klepsch, Protokoll der Tagung der Gebietskommissare, Hauptabteilungsleiter und Abteilungsleiter des GK in Minsk v. 8. 4.-10. 4. 1943, NAB, 370-1-1264, fol. 156; Vortrag Oberleutnant Tschabotarewitsch »Die politisch-propagandistische Betreuung der einheimischen Schutzmannschaft«, Protokoll der Tagung der weißruthenischen Propagandisten in Minsk, 25.-30. 10. 1943, NAB, NAB, 370-1-1277, fol. 16.

[445] Vgl. AOK 4 Ic/Prop., Propaganda-Lageberichte für die Zeit v. September bis Dezember 1943, in BA-MA, RH 20-4/469, unfol.; Pz.AOK 3, Ic/AO (Prop.) Nr. 4950/43 geh., 27. 8. 1943, Richtlinien für die Propaganda in die Bevölkerung Nr. 3, mit Anlagen: Aufsatz für »Nowyj Putj« v. 2. 9. 1943 und »Stichworte für den Rednereinsatz«, BA-MA, RH 21-3/511, fol. 10-15.

[446] Vgl. beispielhaft AOK 4 Ic/Prop. Nr. 295/43 Br.Nr. 1102/43 geh., 15. 11. 1943, Propaganda-Lagebericht für die Zeit v. 1.-31. 10. 1943, BA-MA, RH 20-4/469, unfol.; Berichte des Einsatzzuges Lepel der PAW v. November und Dezember 1943, in: NAB, 411-1-53; Kdr.d. Eisenbahn-Pionier-Btl. I/1 (bei PzAOK 3), Abt. IIb Az. 23e Nr. 3787/44, 1. 5. 1944, betr. Betreuungs- und Propagandamaterial für Hiwis, NAB, 411-1-56, fol. 1; PAW, Wochenbericht für die Zeit v. 12.-18. 6. 1944, 19. 6. 1944, NAB, 411-1-102, fol. 12 RS f.; [GebK Slonim], Referat I Propaganda, Lagebericht für die Zeit v. 21. 5.-22. 6. 1944, Anlage zu GebK Slonim, Tgb.Nr. 2046/44, an GK Minsk, 24. 6. 1944, betr. Lagebericht April, Mai, Juni 1944, gez. Erren, NAB, 370-1-487, fol. 82. Als Beispiel für die inhaltliche Ausrichtung siehe u. a. PzAOK 3, Ic/AO, Nr. 2220/44 geh., 11. 5. 1944, betr. Nachrichtenblatt für Hilfswillige, BA-MA, RH 21-3/511, fol. 32 f.

[447] Vgl. Wochenberichte der PAW für die Zeit v. 13. 3.-16. 4. 1944, in SoM, 1363-5-6, fol. 26-28 RS, 35-37 RS; Propaganda-Lageberichte des Ic/Prop. beim AOK 4 von Januar bis Juni 1944, in: BA-MA, RH 20-4/782.

angeblich »erwiesen wirksames Propagandamittel«.[448] Nach der Einberufung zur Weißruthenischen Heimatwehr übernahm das Propagandaamt Minsk die propagandistische »Betreuung« der Offiziers- und Unteroffizierslehrgänge;[449] und auch das Wehrdorf-Projekt fußte wesentlich auf solchen Maßnahmen.[450]

Eine weitere, zahlenmäßig sehr große Gruppe bildeten die Menschen, die bei Großoperationen gegen Partisanen erfasst und als Arbeitskräfte verschleppt wurden. In den so genannten Auffanglagern, in die sie nach ihrer Gefangennahme zunächst gebracht wurden, sowie auf den Transporten ins Reich war eine »intensive Betreuung« vorgesehen. Hierzu diente ein »Sonderflugblatt für Auffanglager« ebenso wie Zusatzauflagen der Zeitung »Nowyj Putj«.[451] In den Lagern wurden Presse- und Propagandamaterialien verteilt, Versammlungen abgehalten, Lautsprechermusik übertragen, Theater- und Kinoveranstaltungen und Auftritte einheimischer Künstlertrupps organisiert.[452] In den »Ostarbeiter«-Lagern im Reichsgebiet verlief die Entwicklung parallel, auch hier wurde ab 1943 die propagandistische »Betreuung« massiv ausgebaut.[453]

Ziel solcher Maßnahmen waren auch die vor Ort eingesetzten Arbeitskräfte. So organisierte die Propagandaabteilung W in Minsk kostenlose Filmveranstaltungen für Schanzarbeiter.[454] Weit umfangreicher waren allerdings die Aufgaben bezüglich der so genannten Zivilarbeitsdienstabteilungen (ZADAs). Der Mangel an deutschen Wachmannschaften sollte durch eine »intensivere Propaganda« und »besondere Betreuungsmaßnahmen« quasi ausgeglichen werden und mit dafür sorgen, dass die teilweise mit brutaler Gewalt zusammengetriebenen Menschen nicht bei der ersten Gelegenheit wieder entflohen.[455] Die Militärverwaltung schlug hierfür eine ganze Reihe von Maßnahmen vor. Das Hauptaugenmerk lag bei der Jugend, da diese als besonders unzuverlässig galt. Für ihre »Betreuung« wurden unter anderem

---

[448] Auszüge aus Meldungen deutscher Dienststellen und eingesetzter Propagandisten, Anlage zu AOK 4 Ic/Prop. Nr. 39/44 Br.Nr. 826/44 geh., 9. 6. 1944, Propaganda-Lagebericht für die Zeit v. 1.-31. 5. 1944, BA-MA, RH 20-4/782, unfol.

[449] Vgl. [Propagandaamt Minsk], Referat Aktive Propaganda, Tätigkeitsbericht aus den Monaten April und Mai 1944, in NAB, 370-1-2426.

[450] Siehe Abschnitt 7.5.3. der vorliegenden Arbeit.

[451] Vgl. PzPK 697/PzAOK 3, an OKW/WPr I, 1. 5. 1944, BA-MA, RH 21-3/511, fol. 19.

[452] Vgl. Anlagen zu 221. Sich.Div., Abt. Ic Nr. 768/43, Tätigkeitsbericht v. 1. 1.-31. 8. 1943, 19. 11. 1943, BA-MA, RH 26-221/76, unfol; für das Unternehmen »Frühlingsfest« PzPK 697/PzAOK 3, an OKW/WPr I, 1. 5. 1944, BA-MA, RH 21-3/511, fol. 19; GK Minsk, Propagandaamt, an Gebietskommissare – Propagandareferenten, betr. Arbeiterwerbung, 14. 2. 1944 sowie 23. 2. 1944, NAB, 370-1-2383, fol. 12 f., 27 f.

[453] Vgl. Vineta, Gruppe Propaganda für Ostarbeiter und Kriegsgefangene, Gruppenleiter Hellemann, an Leiter Abteilung Ost, 23. 7. 1943, SoM, 1370-1-10, fol. 81; Diverse Informationen im Geheimarchiv Vineta, SoM, 1370-2-284, fol. 6, 13 f., 26, 43, 64. Zu Lagerzeitungen siehe auch Schiller 1996; ders. 1997.

[454] PAW, Wochenbericht für die Zeit v. 12.-18. 6. 1944, 19. 6. 1944, NAB, 411-1-102, fol. 11 RS.

[455] Aufstellung von Zivilarbeitsdienstabteilungen im Bereich der Heeresgruppe Mitte, Anlage zu Durchschlag, Vertreter des AA beim OKH (GenSt.dH), Nr. 613/44 g., 30. 1. 1944, Inh.: Politischer Bericht aus dem Operationsgebiet des Ostens für Dezember 1943, PA AA, R 27358, fol. 316789.

die zum Führungspersonal ausgebildeten jungen Männer und Frauen des Weißruthenischen Jugendwerks eingeschaltet. Sie sollten die Jugendlichen bis zu 20 Jahren in den ZADAs zusammenfassen und kontrollieren. Darüber hinaus war geplant, junge Lehrer zu einer »Sonderausbildung« des WJW einzuberufen, um sie auf die »besondere Art der Jugendarbeit in den Arbeitsdienstabteilungen« vorzubereiten. Für die allgemeine »Betreuung« sollte ein »besonders zuverlässiger Landeseinwohner« zum »Abteilungsälteste[n]« ernannt werden, der sich wiederum einen Helferstab zusammenstellen konnte. In seinem Verantwortungsbereich fielen diverse Aufgaben: Er sollte die politische Überwachung übernehmen, Einrichtungen für die Gesunderhaltung (Krankenstuben) einrichten, die Kommunikation zwischen Zivilisten und deutschem Aufsichtspersonal aufrechterhalten, die zur Verfügung gestellten Verbrauchsgüter verteilen, Lohn auszahlen, einen – von deutscher Seite kontrollierten – Nachrichtenaustausch mit Familienangehörigen (soweit diese weiter entfernt lebten) vermitteln und die schulische Betreuung der Jugend – im Rahmen der Möglichkeiten – organisieren. Er war zudem bei der propagandistischen »Betreuung« einzuschalten.[456] Wenn möglich, wurden die Lager zudem regelmäßig von deutschen bzw. einheimischen Propagandisten besucht, die nicht nur Reden hielten, sondern auch »volkstümliche Maifeiern« veranstalteten, eigene Theatergruppen initiierten oder eine »kleine Feier in Form eines Preisausschreibens für die besten Quartiere« ausrichteten.[457]

Die letzte große Gruppe, deren »geistige Betreuung« die Propagandisten übernahmen, waren die – auch als »Flüchtlinge« bezeichneten – »Evakuierten«. Allein zwischen November 1942 und Sommer 1943 verschleppte die Heeresgruppe Mitte bei ihren Rückzugsbewegungen Hunderttausende von Menschen, die – wenn sie nicht direkt den Erfassungsstäben für den »Reichseinsatz« übergeben wurden – zunächst in den rückwärtigen Gebieten untergebracht wurden. So übernahm das Generalkommissariat Weißruthenien allein im Dezember 1942 200.000 »Flüchtlinge« aus dem rückwärtigen Heeresgebiet, im April 1943 rechnete man kurzfristig mit weiteren 60.000 Menschen (von insgesamt 200.000), die noch im zivilverwalteten Gebiet unterkommen mussten. Bei diesem Menschen handelte es sich vor allem um Frauen, Kinder, Jugendliche und ältere Männer, die nicht für den »Reichseinsatz« in Frage kamen. Dennoch ging die Zivilverwaltung davon aus, dass sie zumindest noch »einsatzfähig für das Land« seien, schließlich – so das zynische Argument – hätten sie Fußmärsche von 300 bis 600 Kilometern überlebt.[458]

---

[456] Ebd., fol. 316790 f.
[457] Bericht 267. ID/Fw. Pagast über einen Besuch der Zivilarbeitsabteilung 267 am 30. und 31. 5. 1944 zusammen mit der Propagandistin Laschina, in: Auszüge aus Meldungen deutscher Dienststellen und eingesetzter Propagandisten, Anlage zu AOK 4 Ic/Prop. Nr. 39/44 Br.Nr. 826/44 geh., 9. 6. 1944, Propaganda-Lagebericht für die Zeit v. 1.-31. 5. 1944, BA-MA, RH 20-4/782, unfol.
[458] Referat RRat Jungwirth, Protokoll der Tagung der Gebietskommissare, Hauptabteilungsleiter und Abteilungsleiter des GK in Minsk v. 8. 4.-10. 4. 1943, NAB, 370-1-1264, fol. 48 f.

Die meisten der Verschleppten wurden in Lager gebracht, wie beispielsweise in das im August 1943 eingerichtete »Flüchtlingslager« Lesna (55.000 so genannte Orel-Flüchtlinge),[459] das »Durchgangslager« in Sluzk,[460] die »Evakuiertenlager« Borissow und Loschniza oder den »Umschlagplatz Lupalowo« bei Mogilew.[461] Die katastrophale Lage in diesen Lagern sprach sich schnell herum,[462] obwohl die Deutschen versuchten, dies einzugrenzen.[463] Der Versuch, in den Lagern eine systematische propagandistische »Betreuung«[464] zu organisieren, zeigte allerdings wenig Erfolg.[465] Im Frühjahr 1944 berichtete die Propagandaabteilung W, dass die »Flüchtlinge« über mangelhafte Unterstützung klagen würden und sagten: »Hätten wir gewußt, wie man uns behandelt, wären wir niemals fortgezogen, sondern zu Hause geblieben. Durch ihre Propaganda betrügen uns die Deutschen, sie versprechen uns Gutes, in Wirklichkeit aber setzen sie uns in den Lagern fest.«[466]

Die geschilderten »Betreuungs«-Aufgaben übernahmen oftmals einheimische Propagandisten, wobei gerade in diesem Bereich bevorzugt Frauen eingesetzt wurden.[467] Die deutschen Vorsätze und der offenbar recht große Aufwand, mit dem *arbeitsfähige* Einheimische bzw. Verschleppte beeinflusst und kontrolliert werden sollten, darf zum einen nicht darüber hinweg täuschen, dass deren Alltag in erster Linie von Schwerstarbeit, Mangel, Elend und Tod

---

[459] Vgl. GebK Baranowitschi, 11. 8. 1944, Tätigkeits- und Erfahrungsbericht, BA D-H, R 93/13, fol. 65.

[460] Referat RRat Jungwirth, Protokoll der Tagung der Gebietskommissare, Hauptabteilungsleiter und Abteilungsleiter des GK in Minsk v. 8. 4.-10. 4. 1943, NAB, 370-1-1264, fol. 48.

[461] Vgl. AOK 4 Ic/Prop. Nr. 301/43 Br.Nr. 1140/43 geh., 8. 12. 1943, Propaganda-Lagebericht für die Zeit v. 1.-30. 11. 1943, BA-MA, RH 20-4/469, unfol.

[462] Beispiele in Gerlach 1999, S. 1093-1096. Selbst Gottberg sprach von einem »namenlosen Elend«, [RMO], Abteilung II, II 1 c 61/a/43 geh., 6. 12. 1943, Vermerk über die Besprechung mit SS-Gruppenführer von Gottberg am 22. und 23. 11. 1943, BA-MA, FPF 01/7848, fol. 486.

[463] Vgl. AOK 4 Ic/Prop. Nr. 289/43 Br.Nr. 1014/43 geh., 15. 10. 1943, Propaganda-Lagebericht für die Zeit v. 1.-30. 9. 1943, BA-MA, RH 20-4/469, unfol.; AOK 4 Ic/Prop. Nr. 301/43 Br.Nr. 1140/43 geh., 8. 12. 1943, Propaganda-Lagebericht für die Zeit v. 1.-30. 11. 1943, ebd.

[464] Vgl. GebK Baranowitschi, Propaganda, [etwa September 1943], NAB, 370-1-1285, fol. 27 f.; Korrespondenz August/September 1943, in: NAB, 370-1-1282, fol. 11-16; AOK 4 Ic/Prop. Nr. 4/44 Br.Nr. 80/44 geh., 12. 1. 1944, Propaganda-Lagebericht für die Zeit v. 1.-31. 12. 1943, BA-MA, RH 20-4/469, unfol. Siehe auch Bericht der Nebenkommandantur I/925 – Mogilew, zit. in: Auszüge aus Meldungen über Prop.-Erfahrungen, Anlage 1 zu ebd.

[465] Vgl. [RMO], Abteilung II, II 1 c 61/a/43 geh., 6. 12. 1943, Vermerk über die Besprechung mit SS-Gruppenführer von Gottberg am 22. und 23. 11. 1943, BA-MA, FPF 01/7848, fol. 486.

[466] Auszüge aus Meldungen über Prop.-Erfahrungen, Anlage 2 zu AOK 4 Ic/Prop. Nr. 26/44 Br.Nr. 520/44 geh., 12. 4. 1944, Propaganda-Lagebericht für die Zeit v. 1.-31. 3. 1944, BA-MA, RH 20-4/782, unfol.

[467] Vgl. AOK 4 Ic/Prop. Nr. 289/43 Br.Nr. 1014/43 geh., 15. 10. 1943, Propaganda-Lagebericht für die Zeit v. 1.-30. 9. 1943, BA-MA, RH 20-4/469, unfol.; Auszüge aus Meldungen deutscher Dienststellen und eingesetzter Propagandisten, Anlage zu AOK 4 Ic/Prop. Nr. 39/44 Br.Nr. 826/44 geh., 9. 6. 1944, Propaganda-Lagebericht für die Zeit v. 1.-31. 5. 1944, BA-MA, RH 20-4/782, unfol.; Auszüge und Meldungen deutscher Dienststellen über Propaganda-Einsatz und Erfahrungen, Anlage zu AOK 4 Ic/Prop. Nr. 30/44 Br.Nr. 650/44 geh., 9. 5. 1944, Propaganda-Lagebericht für die Zeit v. 1.-30. 4. 1944, BA-MA, RH 20-4/782, unfol.; Smeth 1965.

bestimmt war. Zum anderen hatten diejenigen, an deren Ausbeutung die Besatzungsmacht kein Interesse mehr hatte, in den meisten Fällen ein grauenvolles Schicksal vor sich. Die berüchtigten »Todeslager« von Osaritschi sind nur ein Beispiel hierfür.[468]

7.8. Das Finale: Die Massenveranstaltungen zum 1. Mai und 22. Juni 1944

Der 1. Mai und der 22. Juni 1944 fielen in die Schlussphase der Besatzung. Wie im Vorjahr nutzte die deutsche Verwaltung diese »Feiertage« als Anknüpfungspunkt für große Propagandaaktionen. Inhaltlich wurde dabei die Vorjahreslinie fortgesetzt: Man beschwor den »Gemeinschaftskampf gegen den Bolschewismus«, der sowohl zur Partisanenbekämpfung als auch zum Arbeitseinsatz verpflichte.[469] Die »Wiedereinbeziehung der Ostgebiete nach Europa und in den abendländischen Kulturkreis« wurde ebenso betont wie der »totale Kriegseinsatz der Völker der besetzten Ostgebiete Schulter an Schulter mit den europäischen Völkern zur Abwehr und endgültigen Überwindung des Bolschewismus.« Im Juni kommentierten die Propagandisten die Invasion der Alliierten in Nordfrankreich mit dem Hinweis, dass die Wehrmacht »an der Atlantik-Front für die Freiheit ganz Europas und auch der Ostvölker« kämpfe, und leiteten daraus wiederum die Verpflichtung zum Mitkämpfen ab.[470]

Quantitativ stellten die Massenveranstaltungen des Jahres 1944 allerdings eine völlig neue Dimension der »Feiertags«-Inszenierungen dar. Allein in Minsk wurden zum 1. Mai 1944 32.000 Menschen im zentralen Stadion der Stadt zusammengeholt,[471] und auch in Slonim fand eine Kundgebung mit 7.000 Teilnehmern statt.[472] Das Ostministerium hatte im Vorfeld die Weisung ausgegeben, am 29. und 30. April in allen größeren Städten öffentliche Appelle und Kundgebungen abzuhalten ebenso wie Betriebsappelle, Stadtkon-

---

[468] Zu diesen bisher kaum untersuchten Verbrechen in der Schlussphase der Besatzung und auf den Rückzügen siehe Gerlach 1999, S. 1092-1104.
[469] Vgl. Fernschreiben OKW/Wpr 73, an PAW, Minsk, v. 24. 4. 1944, betr. 1. Mai, NAB, 411-1-62, fol. 5; GK Minsk, Propagandaamt – Fr./W., 18. 4. 1944, betr. PAM 136/44 und 137/44 zum 1. Mai, NAB, 370-1-1, fol. 12 (PAM 137/44 abgedr. in: Schlootz 1996, S. 52); PK (mot.) 612, Prop.-Zug, 25. 4. 1944, Deutscher Text des Russischen Informationsdienstes Nr. 68, betr. Der 1. Mai 1944 und seine Bedeutung für das Volk, NAB, 370-1-2387, fol. 13-16.
[470] Fernschreiben PAW, an Einsatzzug Bobruisk u. a., 19. 6. 1944, betr. 22. 6. 1944, NAB, 411-1-102, fol. 14 f.
[471] Vgl. [Propagandaamt Minsk], Referat Aktive Propaganda, Fr./W., 3. 5. 1944, Tätigkeitsbericht für die Zeit v. 27. 4.-3. 5. 1944, NAB, 370-1-2426, fol. 13 f.; GK Minsk, Propagandaamt Hu/Str., an Verteiler, 13. 6. 1944, betr. Flugzeitung »Nachrichten für Weißruthenien« Ausgabe Mai 1944 (PAM 162/44), Original und Übersetzung, NAB, 370-1-2407, fol. 10.
[472] Vgl. Berufsverband Generalbezirk Weißruthenien in Slonim, an den GebK Slonim, 21. 6. 1944, betr. Beitrag zum Lagebericht für das 2. Vierteljahr 1944, NAB, 370-1-487, fol. 50. Hier auch Angaben zu den regelmäßigen Propagandaaktivitäten des Berufsverbandes.

zerte u. ä.[473] Im gesamten zivilverwalteten Gebiet wurde der 1. Mai nach einem einheitlichen Programmverlauf begangen, der nunmehr bis ins letzte durchorganisiert war. Morgendlichen Appellen in den Betrieben und Schulen folgte der geschlossene Abmarsch zu zentralen »Hauptkundgebungen« auf festlich und mit Fahnen, »Führerbildern«, Transparenten etc. geschmückten Plätzen. Neben Reden und Musikbeiträgen (Konzerte, Chöre) wurde hier Propagandamaterial verteilt und »Sonderprämien« (Arbeitskleidung, Schuhe und sonstige Gebrauchsgegenstände) an besonders »tüchtige« Arbeiter vergeben. Nachdem die Kundgebungsteilnehmer geschlossen zurückgekehrt waren, folgten abschließende Feiern, bei denen (»wenn möglich«) zusätzliche Verpflegung und weitere Prämien (Machorka und Süßstoff) ausgehändigt wurden sowie ein kulturelles Programm mit einheimischen Künstlern veranstaltet wurde. Kleinere Betriebe konnten ihren Arbeitern stattdessen auch kostenlose Theater- und Kinokarten zuteilen.[474] Das Radioprogramm übertrug zum 1. Mai Sondersendungen[475]; der Präsident des Weißruthenischen Zentralrates appellierte in der Presse an die Arbeiter und Arbeiterinnen[476]; Dankesresolutionen an die Besatzer wurden verfasst.[477] Die Propagandaabteilung W, die durch die Abteilung WPr über die Planungen im zivilverwalteten Gebiet informiert worden war,[478] veranlasste ähnliche Feiern im rückwärtigen Heeresgebiet.[479]

Auch die Veranstaltungen am 22. Juni 1944 umfassten das bereits erprobte Rahmenprogramm, das jeweils den örtlichen Gegebenheiten angepasst wurde.[480] Grundsätzlich sollten dabei alle Dienststellen und öffentlichen Gebäude nicht nur mit Hakenkreuzfahnen, sondern auch mit »weißruthenischen« Fah-

---

[473] Fernschreiben OKW/WPr 73, an PAW, Minsk, 24. 4. 1944, betr. 1. Mai, NAB, 411-1-62, fol. 5.

[474] Vgl. GK in Minsk, Propagandaamt, an Gebietskommissare – Propagandareferenten, 14. 4. 1944, betr. 1. Mai, NAB, 370-1-1278, fol. 48 f.; [Propagandaamt Minsk], Referat Aktive Propaganda, Fr./W., 3. 5. 1944, Tätigkeitsbericht für die Zeit v. 27. 4.-3. 5. 1944, NAB, 370-1-2426, fol. 13 f.; [Propagandaamt Minsk], Lageberichte für die Zeit v. 16.-22. 4. 1944 und 29. 4.-6. 5. 1944, NAB, 370-1-2426, fol 41 f.; 45 f.

[475] Vgl. Fernschreiben OKW/WPr 72 v. 24. 4. 1944 an Prop. Abt. W, Minsk, betr. Propaganda in russ. Sprache zum 1. 5., NAB, 411-1-62, fol. 4. Dabei handelte es sich möglicherweise um folgenden Text: Vineta, Schallplattentext, Smekalkin-Ansprache zum 1. Mai, SoM, 1370-1-1, fol. 40 ff.

[476] GK Minsk, Propagandaamt Hu/Str., an Verteiler, 13. 6. 1944, betr. Flugzeitung »Nachrichten für Weißruthenien« Ausgabe Mai 1944 (PAM 162/44), Original und Übersetzung, NAB, 370-1-2407, fol. 10.

[477] Vgl. Übersetzung der von Abordnungen aus allen Kreisen des Gebietes Minsk-Land am 1. Mai 1944 überreichten Resolution, NAB, 370-1-1273, fol. 41.

[478] Fernschreiben OKW/Wpr 73, an PAW, Minsk, v. 24. 4. 1944, betr. 1. Mai, NAB, 411-1-62, fol. 5.

[479] Vgl. Auszüge aus Meldungen deutscher Dienststellen und eingesetzter Propagandisten, Anlage zu AOK 4 Ic/Prop. Nr. 39/44 Br.Nr. 826/44 geh., 9. 6. 1944, Propaganda-Lagebericht für die Zeit v. 1.-31. 5. 1944, BA-MA, RH 20-4/782, unfol.

[480] Dabei stimmten das Propagandaamt in Minsk und die PAW ihre Tätigkeiten aufeinander ab. Vgl. GK in Minsk, Propagandaamt, 15. 6. 1944, betr. 22. Juni, NAB, 370-1-2374, fol. 103; Fernschreiben PAW, an Einsatzzug Bobruisk u. a., 19. 6. 1944, betr. 22. 6. 1944, NAB, 411-1-102, fol. 14 f.

nen beflaggt werden.[481] In Minsk eröffnete eine Ausstellung, die »Leistungsschau der Minsker Betriebe«; eine neue Straßenbahnlinie wurde feierlich eingeweiht.[482]

Da 1944 propagandistisch noch stärkeres Gewicht auf den »inzwischen erweiterten Einsatz der Völker des Ostens« gelegt werden sollte, standen auch die Veranstaltungen zum einjährigen Bestehen des Weißruthenischen Jugendwerks im Mittelpunkt des 22. Juni.[483] Bereits am Nachmittag des 21. Juni organisierte das WJW eine Kundgebung.[484] Daran nahmen alle WJW-Mitglieder der Stadt Minsk und aus dem Lager Drozdy teil sowie die Jugendlichen aus den Betrieben, die SS-Drushinniks, Gebietsabordnungen und geladene Gäste. Im Anschluss folgte auf dem weißrussischen Friedhof eine »Verpflichtungs«-Feier, bei der 100 Mädchen und Jungen als neue Mitglieder aufgenommen wurden. Neben dem Führungsstab des WJW waren auch hier eine Abordnung der SS-Drushinniks und Gäste anwesend. Die Teilnehmer marschierten in Kolonnen mit Fahnen und Kränzen zum Friedhof und nahmen dort Aufstellung. Musik, kurze Reden und eine Aufzählung »weißruthenischer Nationalhelden« beantworteten die Jugendlichen jeweils mit »Heil«-Rufen. Sie sangen unter anderem das Lied »Dem Helden zum Abschied« und dankten namentlich den »Gefallenen des WJW«. Die neuen Mitglieder leisteten den »Schwur der Weißruthenen«, der Chef des Führungsstabes, Pravadnik, hielt eine feierliche Ansprache und unter den Klängen des Liedes »Weißruthenien unser Heimatland« wurden Blumen und Kränze niedergelegt. »Feierliche Versprechen« der Jugend[485] und das Absingen der deutschen und »weißruthenische[n] Nationalhymne« beendeten den Aufmarsch.[486]

Am Morgen des 22. Juni marschierten Jungen und Mädchen des WJW und eine Abordnung von SS-Drushinniks uniformiert und mit Kapelle durch die Stadt und legten einen Kranz auf dem deutschen »Heldenfriedhof« ab. Danach beteiligten sie sich an einem anderthalbstündigen Festzug, der zweifellos den

---

[481] Wecken durch die Jugend, Gedenkstunden in Schulen, Appelle in Betrieben, Heimatwehr- und Schutzmannschaftseinheiten, eine Großkundgebung im Anschluss oder in Verbindung mit einer Jugendveranstaltung, Freivorstellungen in Theater und Kinos. In Behörden und Betrieben, die den an diesem Tage arbeiteten, wurden kurze Feierstunden veranstaltet. Fernschreiben PAW, an Einsatzzug Bobruisk u. a., 19. 6. 1944, betr. 22. 6. 1944, NAB, 411-1-102, fol. 14 f.

[482] Vom Personenbahnhof Minsk zum Güterbahnhof. Vgl. GK Minsk, HB 1 E 4, an Hauptabteilungs- und Abteilungsleiter, 20. 6. 1944, betr. Feier des Staatsfeiertages – 22. Juni 1944 – durch die einheimischen Arbeitskräfte, NAB, 370-1-2374, fol. 42; Die Veranstaltungen anlässlich des 22. Juni 1944 in Minsk, ebd., fol. 97.

[483] Fernschreiben PAW, an Einsatzzug Bobruisk u. a., 19. 6. 1944, betr. 22. 6. 1944, NAB, 411-1-102, fol. 14 f.

[484] Auf einem Sportplatz an der Fritz-Schild-Strasse. Zum folgenden vgl. Veranstaltungen des WJW zum Einjährigen Gründungstag des Weißruthenischen Jugendwerkes und Teilnahme an den Feierlichkeiten des weißruthenischen Befreiungstages, 16. 6. 1944, NAB, 370-1-2374, fol. 57, 60 ff., 97.

[485] U. a. mit den »10 Gebote[n] für die Jungen und Mädel«, [etwa Juni 1943], NAB, 385-1-25, fol. 208.

[486] Im Vorfeld war festgelegt worden, dass immer zuerst die deutsche und erst dann die »weißruthenische« Nationalhymne gesungen werden sollte. Fernschreiben PAW, an Einsatzzug Bobruisk u. a., 19. 6. 1944, betr. 22. 6. 1944, NAB, 411-1-102, fol. 14 f.

7. Die Mobilisierung des »Neuen Europa« 1943/44   363

Höhepunkt der Feierlichkeiten zum 22. Juni 1944 darstellte. Er war ein Teil der Maßnahmen, die der Minsker Stadtkommissar organisierte, um Räumungsgerüchte zu zerstreuen und eine vermeintliche Alltäglichkeit zu suggerieren.[487] Ausgerechnet an diesem 22. Juni begann die vernichtende Großoffensive der Roten Armee gegen die Heeresgruppe Mitte.

In Minsk zogen währenddessen etwa ab 15 Uhr Wagen mit symbolischen Aufbauten und – teilweise verkleidete – Gruppen über die Hauptstraße (zwischen Sieges- und Theaterstraße).[488] Der erste Teil des Zuges sollte den sowjetischen Staat und seine Politik symbolisieren. Er wurde von einer Gruppe angeführt, die das Transparent »Das war der bolschewistische Staat« trug. Dahinter folgten Fahnenträger mit der roten Fahne mit dem Sowjetstern und eine Gruppe »Sowjetmenschen«, die als verwahrloster Junge, Soldat, Frau, Arbeiter, NKWD-Mann und Bauer verkleidet waren. Es folgte eine »Stalinpuppe«, die von drei hinter ihr fahrenden Pferdedroschken »mit 6 Juden« gegängelt wurde. Die Figur wurde später auf der Abschlusskundgebung auf dem Marktplatz von der »Menge« niedergerissen und zertrampelt. Hinter dem nächsten Transparent »Der Bolschewismus hat die Intelligenz vernichtet« schritt eine »Gruppe von drangsalierten Intelligenten«, dem Transparent »Religion ist Opium, predigten Stalin und Lenin« folgten drei in Ketten gelegte Priester und ein Wagen mit der Skulptur einer zerstörten Kirche. Eine »Gruppe armer Menschen« wurde durch den Schriftzug »Schwerste Arbeit – wenig Lohn« kommentiert und »die ›Freiheit‹ unter der NKWD« durch ein Gefängnis und einen Eisenbahnwagen für die Fahrt nach Sibirien symbolisiert. Den Parolen »Die Jugend dankt Stalin für seine Hilfe«, »Das Leben ist besser und schöner geworden« und »Wir Sowjets wollen den Frieden« folgten verwahrloste Jungen, ein Wagen mit einem armseligen, vernachlässigten Bauernhaus und eine Gruppe Sowjetsoldaten mit Panzer und Munitionsstapeln. Beendet wurde der erste Teil des Zuges durch die Transparente »Stalin bedeutet Vernichtung und Untergang« und »Der Bolschewismus muss ausgerottet werden«.

Nachdem so Armut, Elend, Ausbeutung und Terror »vorgestellt« worden waren, pries der zweite Teil des Zuges – bunt, fröhlich und mit viel Musikbegleitung – die deutschen Besatzer und ihre »Errungenschaften«.[489] Dem Transparent »Der Weg in die europäische Freiheit« folgten unter anderem eine Gruppe Signalbläser und Reiter, dem Stichwort »22. Juni 1941« eine Wehrmachtskapelle, deutsche Soldaten und ein Fahnenträger mit Hakenkreuzfahne. Eine »ruthenische« Trachtengruppe mit Musikinstrumenten marschierte hinter dem Transparent »Das Leben geht weiter«, mehrere Gruppen symbolisierten die »Aufbauarbeit« der deutschen Besatzer und das »wiedererweckte« Kulturleben.[490] Dem

---

[487] Vgl. Stadtkommissar Minsk (Forbach), 27. 7. 1944, Abschlussbericht über die Räumung der Stadt Minsk, BA, R 6/364, fol. 5.
[488] Die folgende Beschreibung basiert auf den Angaben in: Aufstellung des Festzuges am 22. Juni 1944, NAB, 370-1-2450, fol. 69-71; Bericht über den »Festtag der Befreiung in Minsk (Übersetzung aus dem Weißruthenischen)«, NAB, 370-1-5.
[489] Statt 10 Transparenten gab es in dieser Gruppe 20 Plakate bzw. Wagen/Gruppen.
[490] Transparent: »Deutsche Verwaltung bringt Ruhe und Ordnung« (Gruppe Zivilverwaltung (uniformiert), Zivilverwaltung, Reichsbahn, ZO, OT, Post), »Wirtschaft und Industrie werden

Transparent »Es lebe das freie Weißruthenien« folgten Fahnenträger mit »weißruthenischen« Fahnen und Vertreter des Weißruthenischen Zentralrates. Dahinter marschierte eine Gruppe uniformierter Jungen und Mädchen des WJW unter der Parole »Die neue Jugend marschiert«, gefolgt von einer »Sportgruppe« (»Gesunder Körper, gesunder Geist«) und einem Wagen mit Ärzten, die sich um Kranke kümmerten, unter dem Motto »Die Sozialversorgung wird durchgeführt«. Den letzten Teil des Zuges bildeten die zwei Themenblöcke Arbeitseinsatz (»Wir helfen unsere Heimat verteidigen« mit einer Gruppe Schanzarbeiter mit Spaten und Picken und »Unsere Arbeit in Deutschland – unser Beitrag für das neue Europa« mit einer Gruppe von »Deutschlandfahrern« mit Koffern) und Partisanenbekämpfung (»Die Vernichtung des Bolschewismus ist unsere Aufgabe«. Präsident Astrouski« mit Kapelle, Fahnenträger und einheimischer Polizeigruppe und »Schluß mit den Banditen« mit einer von Polizei und SD bewachten »Bandengruppe« und Fahnenträger). Das Ende des Zuges – wiederum begleitet von Kapellen, Fahnen etc. – bildeten zwei in Reih und Glied marschierende militaristische Blöcke: 300 SS-Drushinniks sowie Angehörige der Weißruthenischen Heimatwehr unter dem Motto »Weißruthenien lebt und wird weiter leben«.[491]

Der Umzug, der mit einer Großkundgebung auf dem Marktplatz endete, war bis ins Detail durchgeplant – weder die »Spalierbildung« an den Straßenrändern noch die Aufstellung bei der Schlusskundgebung wurden dem Zufall überlassen.[492] Zudem wurde er – wie alle Veranstaltungen zum 22. Juni 1944 – zur Weiterverwertung für die Propaganda foto- und filmtechnisch dokumentiert.[493] Zu einer Verwendung dieses Materials sollte es jedoch nicht mehr kommen. Nachdem die weißrussische Partisanenbewegung in den Tagen zuvor bereits massiv die rückwärtigen Verbindungen der Heeresgruppe Mitte angegriffen hatte – als Teil des so genannten Schienenkrieges – rückten die sowjetischen Truppen rasch vor. Am 3./4. Juli befreite die Rote

---

wieder aufgebaut« (Wagen mit den Themen Maschinenbau, Ernährungsindustrie, Brotfabrik, Handwerker), »Die Schulen wieder in Betrieb« (Gruppe Lehrer mit Schülern), »Die Kinder sind wieder versorgt« (Wagen mit Kinderkrippe), »Die Kunst ist erstanden« (Gruppe Maler mit Gemälden), »Die Kultur wird wieder Volkskultur« (Musikantengruppe, Theatergruppe), »Weißruthenisches Selbsthilfewerk« (Wagen mit den Themen Verteilung von Lebensmitteln und Kleidung sowie Feuerwehr), »Die Religion ist geschützt« (Kirchengruppe, mehrere Priester mit Gläubigen), »Das Volk erfährt wieder die Wahrheit« (zwei Wagen mit Zeitungsdruckerei und Landessender Minsk, Gruppe von Zeitungsverkäufern und Broschürenverteilern).

[491] Zur deutschen Propagandatendenz, die »Bolschewisten« wollten die weißrussische Bevölkerung vernichten, siehe Abschnitt 7.3.

[492] Vgl. Veranstaltungen anlässlich des 22. Juni 1944 in Minsk, NAB, 370-1-2374, fol. 97; GK Minsk, HB 1 E 4, an Hauptabt.- und Abteilungsleiter, 20. 6. 1944, betr. Feier des Staatsfeiertages – 22. Juni 1944 – durch die einheimischen Arbeitskräfte, ebd., fol. 42; Veranstaltungen des WJW zum Einjährigen Gründungstag des Weißruthenischen Jugendwerkes und Teilnahme an den Feierlichkeiten des weißruthenischen Befreiungstages, 16. 6. 1944, ebd., fol. 60.

[493] Vgl. Propagandaamt Minsk – Bildstelle, an Minsker Zeitung, 23. 6. 1944, betr. Pressefotos, NAB, 370-1-1330, fol. 28. Die Fotoaufnahmen waren aufgrund technischer Probleme und Ausstattungsmängeln allerdings von schlechter Qualität. Vgl. Bildstelle, Erfahrungen bei den Aufnahmen am 22. 6. 1944, NAB, 370-1-2379, fol. 4 f. Im Belorussischen Staatsarchiv für Kino-, Foto- und Phonodokumente sind die umfangreichen Filmaufnahmen überliefert, die vor allem von dem Festzug gemacht wurden.

Armee Minsk, Ende Juli waren die deutschen Truppen aus Weißrussland vertrieben.[494]

Nachdem die deutschen Propagandamaßnahmen ab Anfang 1943 nicht nur inhaltlich neu ausgerichtet, den besatzungspolitischen Zielen angepasst und insgesamt quantitativ noch einmal stark ausgebaut worden waren, erreichten die Massenveranstaltungen zum 1. Mai und 22. Juni 1944 eine neue Qualität öffentlicher Inszenierungen. Daran zeigt sich, welch große Bedeutung die Deutschen der Propaganda einräumten. Bis buchstäblich zum letzten Tag ihrer Herrschaft betrieben sie sie mit einem immensen Aufwand. Die Hartnäckigkeit, mit der sie diesen Teil ihrer Herrschaftssicherung verfolgten, zeigt, dass sie an dessen Effektivität *grundsätzlich* nicht zweifelten. Im *Konkreten* hatten sich die Grenzen der »geistigen« Kriegführung allerdings bereits im Laufe des Jahres 1943 gezeigt.

7.9. Die Beurteilung der »geistigen Kriegführung« nach dem Rückzug

Die Einschätzungen, zu denen die deutsche Besatzungsmacht bezüglich ihrer Propaganda 1943/44 kam, waren vielfach ausgesprochen negativ. Dem Leiter der Propagandaabteilung beim Generalkommissar in Minsk, Schröter, stellte sich die Situation im April 1943 folgendermaßen dar:

> Der »Weißruthene« stelle »nüchtern und stur fest [...], daß es ihm zwar immer dreckig gegangen ist, dass er aber unter der deutschen Regie weit mehr zu arbeiten, trotzdem aber weit weniger zu essen hat und für die Beschaffungen auf dem Schwarzen Markt phantastische Preise zahlen muss. Wenn dem ursprünglich über die Kolchosauflösung hocherfreuten Bauern die letzte Stalin-Kuh aus dem Stalle geholt wird, wenn die Bevölkerung überall und immer wieder als Puffer zwischen Deutschen und Partisanen bedroht und liquidiert wird, ist schlecht Propaganda [zu] machen! Wenn man weiter hört, dass beispielsweise ein Weißruthene mit seiner Familie aus dem rückwärtigen Heeresgebiet über 100 km zu Fuss in seine befreite Heimat kommt, um sich den Deutschen zur Verfügung zu stellen, sein Dorf treu verwaltet und dann zusammen mit allen greifbaren Männern erschossen wird, weil aus einem Hause auf Deutsche geschossen worden ist, wenn weiter in verschiedenen Orten die Kinobesucher nach Schluss der Vorstellung ergriffen und zum Arbeitseinsatz nach dem Reich geschickt werden, wenn ein Dienststellenleiter, der Schneeschipper braucht, eine höhere Lehranstalt umstellen lässt, sodass die Kursusteilnehmer panikartig durch die Fenster in die Wälder entfliehen – dann nutzt die beste Propaganda nichts!«[495]

Den Deutschen entging keinesfalls, dass ihre besatzungspolitischen Maßnahmen nicht nur allergrößte Unruhe unter der Bevölkerung auslösten, sondern

---
[494] Zur Operation »Bagration« u. a. Overy 2003, S. 365-374 sowie Gerlach 1999, S. 132 f.
[495] Referat des Abteilungsleiters Propaganda, Schröter, Protokoll der Tagung der Gebietskommissare, Hauptabteilungsleiter und Abteilungsleiter des GK in Minsk v. 8. 4.-10. 4. 1943, NAB, 370-1-1264, fol. 107.

auch für den kontinuierlichen Zulauf zu den Partisanen sorgten.[496] Gleichzeitig mussten sie eingestehen, dass die sowjetische Gegenpropaganda immer mehr an Einfluss gewann. Im Spätsommer 1943 kam man zu dem Schluss:

> »Die feindliche Propaganda, die geschickt der russischen Mentalität angepasst ist und weitgehend von der Mundpropaganda Gebrauch macht, setzt sich in steigendem Maße durch, so daß heute den Sowjetischen Nachrichten mehr Glauben geschenkt wird, als den deutschen. [...] Die deutsche Propaganda befindet sich weiterhin in einer schwierigen Lage: militärische Ereignisse von Bedeutung waren nicht zu verzeichnen und auf dem Gebiet der Zivilverwaltung waren eine Reihe schwieriger Probleme der Bevölkerung verständlich zu machen, wie Zwangsverschickungen von Arbeitskräften nach dem Reich, Evakuierungsmaßnahmen, Kürzung der Lebensmittelrationen u. a. Dazu kam noch, daß die Gegenpropaganda in vielen Fällen mit so stichhaltigen Argumenten arbeitete, daß sie schlechterdings nicht zu widerlegen waren.«[497]

Nach dem siegreichen Vormarsch der Roten Armee und der Befreiung der besetzten sowjetischen Gebiete lag das Ausmaß der deutschen Niederlage im Spätsommer 1944 auf der Hand. Es war den Deutschen weder militärisch noch politisch gelungen, die Sowjetunion zu besiegen – eine Einsicht, mit der sich viele ausgesprochen schwer taten. Die nach der Räumung verfassten Abschluss- und Erfahrungsberichte zeugen fast durchgängig von einer Haltung, dass dies nicht der letzte Anlauf gewesen sein könnte. Diverse Vorschläge wurden gemacht, die bei einem zweiten Versuch der Eroberung und Besetzung doch noch eine erfolgreiche Expansion ermöglichen sollten.

Dabei wurde unter anderem hartnäckig an der Illusion festgehalten, dass die Einsetzung einer russischen bzw. mehrerer »Volksvertretungen« (unter Führung und Kontrolle Deutschlands) das Blatt hätte doch noch wenden können. In ihrem Erfahrungsbericht bedauerte die Militärverwaltung beim Oberkommando der Heeresgruppe Mitte, dass es dazu nicht gekommen war. Allerdings zeigte sie zu diesem Zeitpunkt durchaus noch Verständnis für die Gründe der deutschen Zurückhaltung: »Die Errichtung eines National-Komitees in diesem Moment wäre mit Recht von der russischen Allgemeinheit diesseits und jenseits der Front als Zeichen deutscher Schwäche ausgelegt worden.«[498] Doch bei einem zweiten Anlauf wollte man es besser machen. Hans Tesmer, der Autor

---

[496] Diese Phänomene wurden in fast allen Berichten aus dem besetzten Weißrussland immer wieder hervorgehoben.

[497] [Geheimarchiv Vineta], Auszüge aus Berichterstattung über Feindpropaganda, Archiveingang 9. 7. 1943, SoM, 1370-1-55, fol. 440 f. Zur Einschätzung der sowjetischen Gegenpropaganda siehe auch exemplarisch AOK 4 Ic/Prop., Propaganda-Lageberichte für die Zeit von September bis Dezember 1943, BA-MA, RH 20-4/469, unfol.; PAO, Stimmungsberichte, BStU, RHE 37/80 SU, Bd. 15; 221. Sich.Div., Abt. Ic Nr. 768/43, Tätigkeitsbericht v. 1. 1.-31. 8. 1943, 19. 11. 1943, BA-MA, RH 26-221/76, unfol.; [RMO], Zentralinformation I/1e zur Entwicklung der Partisanenbewegung vom Zeitpunkt des Beginns der Reichswerbung an bis heute (1. 7. 1942-30. 4. 1943), NAB, 370-1-386a, fol. 24 ff.

[498] Erfahrungsbericht der Militärverwaltung beim Oberkommandos der Heeresgruppe Mitte für die Zeit v. 22. 6. 1941 bis August 1944, BA-MA, RH 19 II/334, fol. 10 f. Der Autor, Hans Tesmer, war von 1941-1942 Chef der Abteilung Kriegsverwaltung beim Berück Mitte und von 1942-1944 in derselben Funktion beim Befehlshaber der Heeresgruppe Mitte.

des Berichts, ging von der sehr zweifelhaften Annahme aus, dass es vor allem an einer »belebende[n] politische[n] Idee« (auf nationalsozialistischer Grundlage) gefehlt habe, mit der man die russische Bevölkerung bestimmt hätte mobilisieren können.[499]

Die Klage eines angeblichen Mangels an einer »klaren, eindeutigen politischen Zielsetzung« wurde in der Folgezeit zur einer zentralen Rechtfertigungsformel für die Niederlage.[500] Nach einer jahrelangen – trotz teilweiser Konkurrenzen und Animositäten – weitgehend effektiven Zusammenarbeit erging man sich nun nachträglich in gegenseitigen Schuldzuweisungen. Der Leiter der Abteilung Ost im Propagandaministerium, Eberhard Taubert, stellte in seinem zur Jahreswende 1944/45 verfassten abschließenden Tätigkeitsbericht fest:

> »Der Propagandist ist auf der politischen Bühne stets der zweite Mann. Er kann nur die Gedanken propagieren, die der Politiker ihm zwecks Verbreitung zuleitet. Ist die politische Grundidee falsch, so kann der Propagandist [...] nicht verhindern, daß die Fehlerhaftigkeit der Grundidee seiner Propaganda anhaftet. Der Propagandist kann keine Mohrenwäsche betreiben.«[501]

Taubert schob jegliche Verantwortung auf Rosenberg und das Ostministerium und blendete dabei bewusst aus, dass auch die Propagandisten alles daran gesetzt hatten, die Besatzungspolitik und die mit ihr verbundenen Verbrechen umzusetzen. In dieser Weise argumentierten diverse Beteiligte nach 1945. Die Schuldzuweisungen differierten je nach ehemaliger institutioneller Anbindung: Vertreter der Wehrmacht schoben die Verantwortung auf die politische Führung bzw. das Propagandaministerium,[502] dessen Vertreter hingegen machten vor allem das Ostministerium verantwortlich,[503] und dessen Beamte beschuldigten wiederum Hitler, Himmler etc.[504] Gleichzeitig gerierte man sich quasi

---

[499] Vgl. ebd., fol. 25 ff. Unter den Verbesserungsvorschlägen tauchten auch die Forderung nach einer einheitlichen Verwaltung (je nach Autor unter ziviler bzw. militärischer Kontrolle) und einer besseren Grundversorgung der Bevölkerung auf sowie Hinweise auf eine anfänglich mangelnde »Qualität des nach Osten entsandten Menschenmaterials«, also des Verwaltungspersonals. Vgl. ebd., GebK Slonim, 10. 8. 1944, Tätigkeitsbericht für die gesamte Zeit seit Übernahme des Gebietes in die Zivilverwaltung, gez. Erren, BA D-H, R 93/13, fol. 8 (Zitat); GebK Baranowitschi, 11. 8. 1944, Tätigkeits- und Erfahrungsbericht, ebd., fol. 41-69; GebK Lida, 15. 8. 1944, Tätigkeits-, Räumungs- und Erfahrungsbericht, ebd., fol. 81-87; GebK Hansewitsche, 23. 8. 1944, Tätigkeits-, Räumungs- und Erfahrungsbericht, ebd., fol. 97-112; GebK Nowogrodek, 2. 8. 1944, Tätigkeits-, Räumungs- und Erfahrungsbericht, ebd., fol. 145-148 RS.
[500] Vgl. u. a. GebK Baranowitschi, 11. 8. 1944, Tätigkeits- und Erfahrungsbericht, BA D-H, R 93/13, fol. 42, 44; GebK Lida, 15. 8. 1944, Tätigkeits-, Räumungs- und Erfahrungsbericht, ebd., fol. 82, 86 f.; Erfahrungsbericht der Militärverwaltung beim Oberkommandos der Heeresgruppe Mitte für die Zeit v. 22. 6. 1941 bis August 1944, BA-MA, RH 19 II/334, fol. 10, 14.
[501] Tätigkeitsbericht Tauberts bis 31. 12. 1944, BA, R 55/450, fol. 75.
[502] Vgl. Wedel, Wehrmachtpropaganda, Teil II, BA-MA, RW 4/157, fol. 77, 81; ders. 1962, S. 148; Strik-Strikfeld 1970; Schmidt-Scheeder 1977; »Die Wildente«, eine nach dem Krieg von Angehörigen der Propagandakompanien herausgegebene Zeitschrift (1952-1966).
[503] Taubert, BA, Kl. Erw. 617, fol. 9.
[504] Kleist 1950, S. 94 f.; Bräutigam 1968, S. 319 ff. Siehe auch die apologetischen »Besatzungsstudien« des Tübinger Instituts für Besatzungsfragen (u. a. Bräutigam 1954; Herzog 1955; ders. 1960).

als Opposition. Hasso von Wedel, 1939 bis 1945 Leiter der Abteilung bzw. den Amtes Wehrmachtpropaganda im OKW, wollte es nach dem Krieg so sehen:

> »Auch bei der Propaganda in der Bevölkerung der besetzten Gebiete zeigte sich leider sehr bald, daß die Absicht der Wehrmachtpropaganda, mit Hilfe der Propaganda-Truppe die Zivilbevölkerung auf die deutsche Seite zu ziehen und auch entsprechend zu behandeln, von der obersten Führung nicht gewünscht wurde. [...] Alle Bemühungen der Wehrmachtpropaganda, ihre Ansichten durchzusetzen, blieben umsonst, bis es zu spät war.«[505]

Relativ erfolgreich gelang es den Beteiligten so, den funktionalen Zusammenhang zwischen psychologischer Kriegführung und verbrecherischer Besatzungspolitik – und damit auch ihre eigene Mitverantwortung – zu verdecken.

---

[505] Wedel 1962, S. 55.

SCHLUSSBETRACHTUNG

»In der falschen Überzeugung, die deutsche militärische Überlegenheit könne die Sowjetmacht schon nach wenigen Wochen wie einen tönernen Koloß zum Einsturz bringen, hat man bezeichnenderweise alle Möglichkeiten einer schlagkräftigen Propagandakriegführung außer acht gelassen«[1] – diese Einschätzung hat lange Zeit die Sicht auf die deutschen Propagandatätigkeiten im Krieg gegen die Sowjetunion geprägt. Tatsächlich spielten Propagandaaktivitäten jedoch vom ersten Tag des Überfalls an eine zentrale Rolle. Mit ihr hatten sich die für eine psychologische Kriegführung zuständigen Gremien bereits seit Mitte der 1930er Jahre befasst. Im unmittelbaren Vorfeld des Überfalls wurden dann die entsprechenden Vorbereitungen getroffen, die zu einem massiven Einsatz der Propaganda führten, der die bisherigen Dimensionen solcher Einsätze bei weitem übertraf. In Weißrussland setzte die Besatzungsmacht nicht ausschließlich auf das Instrument des Terrors, sondern auch auf eine systematische und ausgesprochen umfangreiche Propaganda, die veränderten Bedingungen angepasst und mitunter grundlegend modifiziert wurde. Die Wurzeln hierfür liegen zum einen in den nach dem Ersten Weltkrieg geführten Debatten um den Bedeutungszuwachs psychologischer Faktoren im Krieg, zum anderen in der besonderen Rolle des »weltanschaulichen« Gegners Sowjetunion.

Eine »geistige« Kriegführung galt seit dem Ersten Weltkrieg als eine unverzichtbare Ergänzung zur ökonomischen und militärischen Kriegführung. Die eigenen Soldaten und Zivilisten sollten bereits im Vorfeld eines bewaffneten Konflikts gegen Demoralisierung und Zersetzung immunisiert und das neutrale Ausland für die eigenen Kriegsziele eingenommen werden. Ins Visier geriet aber auch die Moral und Widerstandskraft der Gegner. In den Zukunftsvisionen, die die Militärtheoretiker in den 1920er und 30er Jahren entwarfen, dienten völkerrechtswidriger Terror (wie Gas- und Brandbombenangriffe auf die städtische Bevölkerung), Hungerblockaden sowie umfassende Propagandamaßnahmen dazu, den »Kriegswillen« der gegnerischen Zivilbevölkerung zu zermürben. Gerade in Deutschland befasste man sich – aufgrund der »Dolchstoß«-Legende und der Bewertung der alliierten Feindpropaganda im Ersten Weltkrieg – besonders intensiv mit diesen psychologischen Faktoren in einem modernen Krieg. Nach 1933 und insbesondere ab 1935 wurde deshalb auch die »geistige« Kriegführung gegen die zukünftigen Gegner systematisch vorbereitet: Nicht nur durch Studien und Konzepte, sondern auch durch den Aufbau spezieller Propagandaeinheiten bei der Wehrmacht, die diese im Kriegsfall umsetzen sollten.

Bereits bei diesen langfristigen Kriegsvorbereitungen spielte die Sowjetunion eine besondere Rolle: Sie galt als gefährlichster Kontrahent auf dem Gebiet

---
[1] Boelcke 1966, S. 167.

der »geistigen« Kriegführung. Deutsche Militärtheoretiker gingen davon aus, dass sie ihre Soldaten gezielt nicht nur zu Waffenträgern, sondern auch zu »Propagandaträgern« ausbilde. Die Rotarmisten würden darauf vorbereitet, im Kriegsfall die gegnerischen Soldaten und die Feindbevölkerung propagandistisch zu beeinflussen – ein Szenario, das auf deutscher Seite angesichts der Interpretation, das die alliierte Propaganda im Ersten Weltkrieg wesentlich zur Niederlage Deutschlands beigetragen habe, weitgehende Befürchtungen auslöste. Dies galt auch für die Annahme, dass die Sowjetunion gezielt Soldaten und Zivilisten auf einen »Kleinkrieg« im Rücken des Gegners vorbereite. Mit großer Aufmerksamkeit verfolgten die deutschen Militärs deshalb die forcierte Ausbildung von sowjetischen Zivilpersonen – auch Frauen – zu Fallschirmspringern. Mitte der 1930er Jahre galten sowohl die politischen Kommissare und ihre Gehilfen in der Roten Armee als auch verdeckt im Rücken der Front agierende Soldaten und Zivilisten als besonders gefährlich.

Die im Frühjahr 1941 von der deutschen Militärführung formulierten verbrecherischen Befehle – insbesondere der Kriegsgerichtsbarkeitserlass und der Kommissarbefehl – schufen die Möglichkeit, eben diese Personengruppen präventiv zu ermorden. All diejenigen, denen potenzielle Tätigkeiten im Bereich der »geistigen« Kriegführung unterstellt wurden, sollten gnadenlos verfolgt werden: die sowjetischen Funktionäre, »Propagandeure«, »Hetzer«, Verteiler von Flugblättern, »Saboteure« und jüdischen Männer – die per se als »Bolschewisten« und »Zersetzer« galten. Die Bewertung des sowjetischen Gegners auf der Ebene der »geistigen« Kriegführung ist deshalb ein zusätzlicher Erklärungsfaktor für die Bereitwilligkeit, mit der die deutsche Militärführung eine verbrecherische Kriegführung vorbereitete und schließlich auch umsetzte. Sie verfolgte dabei nicht allein ideologische, sondern mindestens ebenso pragmatische Interessen.

Dieses Ergebnis gilt auch für den Mord an der »jüdisch-bolschewistischen« Funktionärsschicht. Für die militärische und die politische Führung war der geplante Massenmord ein zentraler Bestandteil des eigenen, offensiven Destabilisierungskonzeptes gegenüber der Sowjetunion. Von der Annahme ausgehend, dass die sowjetische Gesellschaft eine hauptsächlich durch Propaganda und Gewalt zusammengehaltene und tendenziell instabile Gemeinschaft sei, boten sich aus deutscher Perspektive verschiedene Ansatzpunkte für eine systematische »Zersetzung« im Falle eines Krieges. Bereits Mitte der 1930er Jahre schlugen die mit Fragen der »geistigen« Kriegführung befassten Mitarbeiter im Reichskriegsministerium vor, Antikommunismus und Antisemitismus – neben der Nationalitätenfrage – zum Hauptansatzpunkt für das eigene Vorgehen zu machen. Der offene Aufruf zum Mord an »Kommunisten und Juden« gehörte seit 1935 zu einer der Hauptparolen, mit denen die deutsche Militärführung im Falle eines Krieges sowjetische Soldaten und Zivilisten zum Aufstand motivieren wollte. Im Frühjahr 1941 gingen sowohl die deutsche militärische als auch die politische Führung davon aus, dass eine antisemitische und antikommunistische Hasspropaganda – in Kombination mit dem *tatsächlichen* Mord an den »jüdisch-bolschewistischen« Funktionären – die Rote Armee und die sowjetische Gesellschaft quasi von innen her sprengen und antibolschewistische und antijüdische Aufstände auslösen würde. Auf der Basis dieses Destabilisierungskonzepts erwartete man einen schnellen Sieg über die UdSSR.

Zentralen Anteil an der Ausrichtung der »geistigen« Kriegführung in diesem Sinne hatte seit 1940/41 der designierte Reichsminister für die besetzten Ostgebiete, Alfred Rosenberg, der die entsprechenden politisch/propagandistischen Leitlinien vorgab. Sein Einfluss gilt gemeinhin als gering; bis heute wird angenommen, dass er sich mit seinen Vorstellungen einer politischen Zerschlagung der UdSSR gegenüber mächtigeren Konkurrenten nicht habe durchsetzen können. Doch das Gegenteil ist der Fall: Rosenberg stellte das von ihm favorisierte Dekompositionskonzept aus taktischen Gründen in der *ersten* Etappe des Krieges zurück. So hoffte er, auch die *russischen* Soldaten und Zivilisten in das auf Antibolschewismus und Antisemitismus beruhende Spaltungskonzept einbinden zu können, ohne sie durch sofort offenbarte politische Planungen einer Zerschlagung »Großrusslands« gegen die Besatzungsmacht aufzubringen. Aus diesem Grund sollte jegliche Propaganda, die auf die Abspaltung der Randstaaten und deren nationalistische Mobilisierung gegen »Großrussland« zielte, zunächst unterbleiben und erst in einer *zweiten* Etappe, nämlich nach dem kurzfristig erwarteten militärischen Sieg einsetzen. Dieses Zwei-Etappen-Modell war eine Vorgabe Rosenbergs, an der sich alle im Frühjahr/Sommer 1941 formulierten Planungen und Befehle orientierten. Der Minister und sein Mitarbeiterstab waren nicht nur an zentraler Stelle für die Konzeption der »geistigen« Kriegführung verantwortlich, die bewusst Völkerrechtsbruch und Verbrechen mit einplante; sie gaben auch bis zum Ende der Besatzung die politisch/propagandistischen Leitlinien für die besetzten Gebiete vor.

Das deutsche Eroberungs- und Herrschaftskonzept beruhte auf einer Kombination aus Terror *und* Propaganda. Angesichts der tatsächlich verübten deutschen Massenverbrechen fällt die Einsicht nicht leicht, dass die deutsche Besatzungsmacht ihre Herrschaftssicherung nicht *ausschließlich* an dem Prinzip »Abschreckung durch Terror« ausrichtete. Dennoch ist gerade deren ambivalentes Bild der sowjetischen Bevölkerung ein Schlüssel zum weitergehenden Verständnis der deutschen Besatzungspolitik. Der Kriegsgerichtsbarkeitserlass schuf zwar einen rechtsfreien Raum, in dem willkürliche Strafmaßnahmen gegenüber einer Zivilbevölkerung möglich waren, der man von Grund auf misstraute. Je weiter die Truppen nach Osten vorrückten, desto mehr rechneten sie mit einem »Kleinkrieg« im Rücken der Front. Dieser sollte im Keime erstickt werden, wozu auch der Mord an allen potenziell Verdächtigen dienen sollte. Es darf aber zum einen nicht übersehen werden, dass die Deutschen klar zwischen Russen und Nichtrussen, also den Bewohnern der so genannten Randstaaten, unterschieden. Die (nichtjüdischen) weißrussischen Zivilisten galten – mit Ausnahme der Städter – allgemein als tendenziell deutschfreundlich. Die Deutschen betrachteten sie zwar mit der verächtlichen Überheblichkeit von Kolonialherren, aber nicht unbedingt als »Untermenschen«. Zum anderen rechneten die Besatzer ernsthaft damit, dass sie von Teilen der sowjetischen Bevölkerung als »Befreier« begrüßt würden und diese unter anderem bereit seien, die Mordaufrufe an »Juden und Kommunisten« umzusetzen. Die Besatzungsmacht war zudem grundsätzlich abhängig von einer freiwilligen Kooperation zumindest eines Teils der Bewohner der besetzten Gebiete. Diese sollten einerseits die landwirtschaftliche Produktion aufrechterhalten, andererseits aber auch die schwachen deutschen Sicherungskräfte unterstützen. Dies zu erreichen war eine der Hauptaufgaben der Propaganda.

Die Propagandapraxis im besetzten Weißrussland zeigt die wichtigsten inhaltlichen Modifizierungsschritte, die nach dem Scheitern des geplanten Kriegführungskonzeptes ab August 1941 eingeleitet wurden. Die größten Einschnitte waren hierbei die Anfang 1942 eingeschlagenen Linie der »Propaganda der Tat« und die zur Jahreswende 1942/43 konzipierte Mobilisierungskampagne des »Neuen Europa« im »Befreiungskampf gegen den Bolschewismus«. Die umfassenden Debatten, die sowohl von den zentralen als auch den regionalen Stäben und Behörden darüber geführt wurden, wie man das politisch-propagandistische Vorgehen jeweils effektivieren könne, zeigen: Trotz punktueller Differenzen gab es nicht die so oft betonte Unvereinbarkeit, sondern insgesamt einen recht weitgehenden Konsens über das notwendige Vorgehen.

Exemplarisch hierfür stehen zum einen die Diskussionen um eine effektive Partisanenbekämpfung. Das im rückwärtigen Heeresgebiet Mitte im Frühjahr/Sommer 1942 entwickelte Konzept der »Großunternehmen« trug unter anderem der Tatsache Rechnung, dass eine gewisse »Freundwilligkeit« der Bevölkerung erreicht werden musste, da man angesichts des eigenen Truppenmangels von der Informationsweitergabe, den Kundschafterdiensten und Denunziationen der Bauern abhängig war. Eine gnadenlose Verfolgung und Ermordung aller Partisanen und ihrer *freiwilligen* Helfer wurde deshalb mit umfassenden Propagandamaßnahmen und der Verteilung von Belohnungen an die unverdächtige bzw. zur Mitarbeit bereite Landbevölkerung kombiniert. Vergeltungsmaßnahmen gegen Zivilisten sollten dabei nicht willkürlich, sondern gezielt eingesetzt werden. Diese Kombination aus *zielgerichtetem* Terror und Propaganda wurde im Spätsommer/Herbst 1942 zur allgemeinen Richtlinie erhoben: mit Hitlers Weisung Nr. 46 vom 18. August 1942 und der darauf folgenden »Kampfanweisung für die Bandenbekämpfung im Osten« vom 11. November 1942. Grundsätzliche Differenzen über diese Vorgehensweise lassen sich nicht erkennen, sowohl Vertreter der Zivil-, Militär- und Wirtschaftsverwaltung als auch von Polizei und SD waren von der Notwendigkeit eines solchen Schrittes überzeugt: Eine verstärkte und möglichst effektivierte Propagandaarbeit in Kombination mit zielgerichteten Terrormaßnahmen sollte die Bevölkerung zu der als notwendig betrachteten Mitarbeit im Rahmen der Partisanenbekämpfung drängen.

Zum anderen verliefen auch die vielfach beschriebenen Debatten um einen »Kurswechsel« zur Jahreswende 1942/43 bei weitem nicht so kontrovers, wie dies die Beteiligten in ihren Nachkriegsdarstellungen behaupteten. So gab es zwischen Vertretern der Wehrmacht und Rosenberg nur graduelle Unterschiede; von einer antirussischen Subversionsstrategie Rosenbergs oder des Ostministeriums kann keine Rede sein. Auch Hitler war kein Gegner eines grundlegend veränderten Vorgehens – auch wenn er nicht allen diskutierten

Vorschlägen zustimmte. Dies betrifft in erster Linie die Frage, ob eine »Russische Befreiungsarmee« unter Wlassows Befehl bzw. ein russisches »Nationalkomitee« tatsächlich gebildet werden sollten. Ihr Einsatz in der Propaganda war unumstritten; das Thema bildete den Kernpunkt der im Januar 1943 begonnenen Rekrutierungskampagne der »Freiwilligen« und »Hilfswilligen«. Angesichts der Niederlage in Stalingrad und der fortschreitenden militärischen Defensive entschied sich Hitler im Juni 1943 aber gegen eine faktische Umsetzung und stoppte alle bereits angelaufenen konkreten Vorbereitungen. Seine Motive lagen dabei allerdings weniger in einer rasseideologischen Verbohrtheit – wie oft behauptet. Er befürchtete vielmehr negative Auswirkungen solcher Maßnahmen auf den Bereich der »geistigen« Kriegführung nach innen.

Die tatsächliche Bildung eines russischen »Nationalkomitees« und einer »Russischen Befreiungsarmee« waren allerdings nur *eine* Facette des um die Jahreswende 1942/43 diskutierten »Kurswechsels«. Viele andere Maßnahmen wurden – mit der Zustimmung Hitlers – umgesetzt. So kam es z. B. zu einem grundlegenden Paradigmenwechsel in der Propaganda: In die 1943 begonnene Mobilisierungskampagne des »Neuen Europa« gegen den »Bolschewismus« bezog man offensiv die *russische* Bevölkerung mit ein – als »gleichberechtigtes Mitglied in der europäischen Völkerfamilie«. Diese Wende in der Propaganda hatte weitreichende Konsequenzen, nicht zuletzt auf die »geistige« Kriegführung nach innen, also gegenüber der deutschen Bevölkerung. Damit zeigt sich eine taktisch motivierte Flexibilität des Antislawismus, die es in Bezug auf den Antisemitismus nicht gab.

In Weißrussland schlug sich der »Kurswechsel« in einem massiven Ausbau der »Volkstums«-Propaganda und einer verschärften antisowjetischen Gräuelpropaganda, die vor der »Rückkehr des Bolschewismus« und seinen angeblichen »Vernichtungsplänen« warnte, nieder. Begleitet wurde dies von der Gründung diverser vermeintlich unabhängiger einheimischer »Selbstverwaltung«-Organisationen, einer weiteren Landvergabe im Rahmen der Agrarreform und kleineren Zugeständnissen im sozial- und kulturpolitischen Bereich. Das zentrale Ziel dieser Maßnahmen war es, die weißrussische Bevölkerung mit Hilfe eines deutlich verstärkten nationalistisch-patriotischen Vokabulars zum Kampf gegen die Partisanen zu mobilisieren. Die vom Generalkommissar für Weißruthenien, Kube, und seinem Nachfolger, Gottberg, verfolgte Politik stellte keinen Sonderweg dar, sondern war vielmehr Resultat der veränderten Gesamtlinie.

Nach Kriegsende 1945 nutzten die Beteiligten Hitlers – später revidierte – Ablehnung eines russischen Nationalkomitees und einer »Russischen Befreiungsarmee« als Anknüpfungspunkt für die Legende, es habe unvereinbare ostpolitische Vorstellungen gegeben. Sie behaupteten, dass alle »vernünftigen« Vorschläge im Bereich einer psychologischen Kriegführung an Hitler bzw. seinem Umfeld gescheitert seien – bis es zu spät gewesen sei. Diese Legende diente in erster Linie als Entlastungsstrategie: Mit der Selbststilisierung als Opfer einer von außen vorgegeben Politik leugnete man nachträglich sowohl die funktionale Einbindung der Propaganda in eine verbrecherische Besatzungspolitik als auch die eigene Mitverantwortung für diese Verbrechen.

Propaganda und Terror waren im »Fall Barbarossa« aber unlösbar miteinander verbunden. Dies betraf nicht nur das Destabilisierungskonzept beim Einmarsch, das gezielt Morde und Pogrome an »Juden und Kommunisten« auslösen wollte. Auch die spätere Propagandapraxis war mehr oder weniger direkt mit den deutschen Massenverbrechen verknüpft. Das Vorgehen in Weißrussland zeigt exemplarisch, dass die Propagandisten nicht nur die Zwangsarbeit jüdischer Zivilisten ausnutzten und sich maßgeblich an deren »Ausschaltung« aus dem Kultur- und Mediensektor beteiligten. Mit ihrer antisemitischen Hasspropaganda begleiteten und rechtfertigten sie auch offensiv den Massenmord an der jüdischen Bevölkerung. Die Jagd auf versprengte Rotarmisten im Spätsommer 1941 gehörte ebenso zu ihren Tätigkeitsfeldern wie die »Gegner«-Verfolgung, die Partisanenbekämpfung oder die Zwangsverschleppungen von »Ostarbeitern«. Grundsätzlich war die Propaganda ein zentrales Instrument bzw. Herrschaftsmittel, mit dem deutsche Kriegsziele und besatzungspolitische Interessen durchgesetzt werden sollten. Damit waren die Propagandisten zwangsläufig in die Vorbereitung und Durchführung von Massenverbrechen involviert. Die deutsche Propaganda gegenüber Zivilbevölkerung und Partisanen in Weißrussland war ein funktionaler Bestandteil der verbrecherischen Besatzungspolitik.

ABKÜRZUNGSVERZEICHNIS

AA	Auswärtiges Amt
ABP	Auslandsbriefprüfstelle
Abt.	Abteilung
ADAP	Akten zur Deutschen Auswärtigen Politik
A. O.	Abwehr-Offizier
AOK	Armeeoberkommando
APA	Außenpolitisches Amt der NSDAP
ASo	Arbeitseinsatz und Sozialpolitik
BA	Bundesarchiv (Berlin)
BA D-H	Bundesarchiv Zwischenarchiv Dahlwitz-Hoppegarten
BA-MA	Bundesarchiv/Militärarchiv (Freiburg/Br.)
Batl., Btl.	Bataillon
BdO	Befehlshaber der Ordnungspolizei
BdS	Befehlshaber der Sicherheitspolizei und des SD
BDC	Berlin Document Center (heute Bundesarchiv Berlin)
Berück	Befehlshaber des rückwärtigen Heeresgebiets
betr.	betrifft
BSSR	Belorussische Sozialistische Sowjetrepublik
BStU	Die Bundesbeauftragte für die Unterlagen der Staatssicherheit der ehemaligen DDR
Chefs.	Chefsache
DGWW	Deutsche Gesellschaft für Wehrpolitik und Wehrwissenschaften
DHM	Deutsches Historisches Museum
d. I.	der Infanterie
Div.	Division
DPA	Deutsches Propaganda Atelier
Dulag	Durchgangslager
EM	Ereignismeldung (des Chefs der Sicherheitspolizei und des SD)
EGr	Einsatzgruppe der Sicherheitspolizei und des SD
FHO	Fremde Heere Ost
FK	Feldkommandantur
Fn.	Fußnote
GBA	Generalbevollmächtigter für den Arbeitseinsatz
GebK	Gebietskommissar
Geh.Rs.	Geheime Reichssache
Gen.	General
Gen.Lt.	Generalleutnant
GenQu	Generalquartiermeister
gez.	gezeichnet

GG	Generalgouvernement
GK	Generalkommissar(iat)
GKW	Generalkommissariat Weißruthenien
g.Ks./geh.Kdo.	geheime Kommandosache
GPF, G.P.F.	Geheime Feldpolizei
G.P.U	Gosudarstwennoje polititscheskoje uprawlenije (Staatliche Politische Verwaltung); 1923-1934 sowjetische Sicherheitspolizei
GR	Gesandschaftsrat
HEU	heimatlos, elternlos, unterkunftslos
Hg.	Heeresgruppe
HJ	Hitler Jugend
HKBZ	Heereskriegsberichterzug
HSSPF	Höherer SS- und Polizeiführer
Hvg. im Orig.	Hervorhebung im Original
IfZ	Institut für Zeitgeschichte
i. G.	im Generalstab
IMT	Internationaler Militärgerichtshof (Nürnberg)
Inf.Div.	Infanteriedivision
KdS	Kommandeur der Sicherheitspolizei und des SD
Komintern	Kommunistische Internationale
KTB	Kriegstagebuch
KSTN, K.St.N.	Kriegsstärkenachweis
KVR	Kriegsverwaltungsrat
KVVCh	Kriegsverwaltungsvizechef
La	Landwirtschaft
MinDir	Ministerialdirektor
MinRat	Ministerialrat
mot.	motorisiert
MZ	Minsker Zeitung
NAB	Nationalarchiv der Republik Belarus (Minsk)
MTS	Maschinen-Traktoren-Station
Nürnbg. Dok.	Nürnberger Dokument
NKWD	Narodny komissariat wnutrennych del (Volkskommissariat für Innere Angelegenheiten der UdSSR)
NSDAP	Nationalsozialistische Deutsche Arbeiterpartei
NSFO	Nationalsozialistischer Führungsoffizier
NSKK	Nationalsozialistisches Kraftfahrerkorps
ObdH/Ob.d.H.	Oberbefehlshaber des Heeres
OD	Ordnungsdienst
o. D.	ohne Datum
o. J.	ohne (Erscheinungs-)Jahr
OK	Oberkommando
OKH	Oberkommando des Heeres

OKL	Oberkommando der Luftwaffe
OKM	Oberkommando der Marine
OKW	Oberkommando der Wehrmacht
OKW/WPr	Abteilung Wehrmachtpropaganda im OKW
Op.	Operationsabteilung
OQu.	Oberquartiermeister
ORR	Oberregierungsrat
OT	Organisation Todt
PA	Propagandaabteilung
PA AA	Politisches Archiv des Auswärtigen Amtes
PAW	Propaganda-Abteilung Weißruthenien
PAO	Propaganda-Abteilung Ostland
PK	Propaganda-Kompanie
Pol.Btl.	Polizeibataillon
PzAOK	Panzerarmeeoberkommando
PzGr.	Panzergruppe
PzPK	Panzer-Propagandakompanie
Qu	Quartiermeister
Ref.	Referat, Referent
RAD	Reichsarbeitsdienst
RAM	Reichsaußenminister(ium)
RFSS	Reichsführer SS
RK	Reichskommissariat
RKM	Reichskriegsministerium
RKO	Reichskommissar(iat) Ostland
RKU	Reichskommissar(iat) Ukraine
RM	Reichsminister(ium)
RMO, RMfdbO	Reichsministerium für die besetzten Ostgebiete
RMVP	Reichsministerium für Volksaufklärung und Propaganda
ROA	Russkaja Osvoboditel'naja Armija (Russische Befreiungsarmee)
RONA	Russkaja Osvoboditel'naja Narodnaja Armija (Russische Volksbefreiungsarmee)
RPÄ	Reichspropagandaämter
RRG	Reichsrundfunkgesellschaft
RSHA	Reichssicherheitshauptamt
rückw.	rückwärtig
russ.	russisch
RV, R.V.	Reichsverteidigung
SD	Sicherheitsdienst
Sipo	Sicherheitspolizei
SoM	Sonderarchiv Moskau
SS	Schutzstaffel (der NSDAP)
SSHA	SS-Hauptamt
SS-KBA	SS-Kriegsberichterabteilung
SSPF	SS- und Polizeiführer
Stalag	Stammlager (für Kriegsgefangene)

Stoprop	Stabsoffizier für den Propagandaeinsatz
Tgb.	Tagebuch
UdSSR	Union der Sozialistischen Sowjetrepubliken
ukr.	ukrainisch
VAA	Vertreter des Auswärtigen Amtes
VfZ	Vierteljahrshefte für Zeitgeschichte
vgl.	Vergleiche
VO, V. O.	Verbindungsoffizier
WBfh.	Wehrmachtbefehlshaber
WFSt	Wehrmachtführungsstab
WiIn	Wirtschaftsinspektion
WiKdo	Wirtschaftskommando
WiRüAmt	Wirtschaftsstab Ost
WiStab Ost	Wehrwirtschafts- und Rüstungsamt im OKW
WJW	Weißruthenisches Jugendwerk
WK	Weißruthenische Korrespondenz
wö.	wöchentlich
WPr	Wehrmachtpropaganda
WPrO	Wehrmachtpropagandaoffizier
wr.	weißrussisch
WSW	Weißruthenisches Selbsthilfewerk
WZR	Weißruthenischer Zentralrat
z. b. V., zbV	zur besonderen Verwendung
ZfA	Zentrum für Antisemitismusforschung, TU Berlin
ZfG	Zeitschrift für Geschichtswissenschaft
ZFO	Zentralfilmgesellschaft Ostland
zit.	zitiert

*

Ia	Erster Generalstabsoffizier (Leiter der taktischen Führungsabteilung)
Ib	Zweiter Generalstabsoffizier (Quartiermeisterabteilung)
Ic	Dritter Generalstabsoffizier (Feindaufklärung und Abwehr)
Ic/AO, A. O.	Abwehroffizier in der Abt. Ic

QUELLEN- UND LITERATURVERZEICHNIS

1. Archive

NATIONALARCHIV DER REPUBLIK BELARUS (NAB), MINSK
Bestand
359	Kopien- und Flugblattsammlung
370	Generalkommissariat Weißruthenien
378	Haupteisenbahndirektion Mitte
379	Organisation Todt, Einsatzgruppe Russland-Mitte
380	Weißruthenischer Zentralrat
381	Minsker Gebietsverwaltung der Weißrussischen Gebietsverteidigung der Stadt Minsk
384	Zentralverwaltung des Weißruthenischen Selbsthilfewerks (WSW)
385	Führungsstab des Weißruthenischen Jugendwerks
389	Gendarmerie-Gebietsführer Baranowitschi
391	Gebietskommissar Borissow
393	Gebietskommissariat Minsk-Land
409	Feldkommandantur 812 (Minsk-Land)
411	Propagandaabteilung Weißruthenien
412	Wirtschaftsinspektion/Heeresgruppenwirtschaftsführer Mitte
558	Weißrussische Kreisverwaltung der Nationalsozialistischen Arbeiterpartei (NSDAP), Minsk
570	Feldkommandantur 516 (Stary Dorogi)
651	Reichskommissar für das Ostland
655	Heeresgruppe Mitte
658	Gendarmerie-Posten Choiniki
685	Chef der Ordnungspolizei, Berlin

BELORUSSISCHES STAATSARCHIV FÜR KINO-, FOTO- UND PHONODOKUMENTE, DSERSHINSK
Sammlung: Foto- und Filmdokumente

ZENTRUM FÜR DIE AUFBEWAHRUNG HISTORISCH-DOKUMENTARISCHER SAMMLUNGEN (SONDERARCHIV), MOSKAU
Bestand
500	Reichssicherheitshauptamt
504	Befehlshaber der Sicherheitspolizei und des SD, Riga
1358	Reichsministerium für die besetzten Ostgebiete
1363	Reichsministerium für Volksaufklärung und Propaganda
1370	Vineta Propagandadienst Ostraum e. V.

BUNDESARCHIV (BA), BERLIN-LICHTERFELDE teilweise im Zwischenarchiv DAHLWITZ-HOPPEGARTEN (BA D-H)
Bestand
R 6	Reichsministerium für die besetzten Ostgebiete
R 55	Reichsministerium für Volksaufklärung und Propaganda
R 58	Reichssicherheitshauptamt
R 90	Reichskommissariat Ostland

R 93 Generalkommissariat Weißruthenien
NS 12 Hauptamt für Erzieher, NS-Lehrerbund
NS 18 Reichspropagandaleitung der NSDAP
ZA V u. a. Personalakten

BESTÄNDE DES EHEMALIGEN BERLIN DOCUMENT CENTER (BDC; AKTEN HEUTE IM BA BERLIN-LICHTERFELDE)
Personenbezogene Akten, Dokumentensammlung des BDC (nach personenbezogener Findkartei)

BUNDESARCHIV-MILITÄRARCHIV (BA-MA), FREIBURG I. BR.
Bestand
RH 2 OKH, Operationsabteilung
RH 19 II Heeresgruppe Mitte
RH 19 III Heeresgruppe Nord
RH 20 Armeeoberkommandos
RH 21 Panzergruppen-Armeeoberkommandos
RH 22 Befehlshaber der rückwärtigen Heeresgebiete
RH 26 Divisionen (Feldherr)
RH 27 Panzerdivisionen
RH 45 Verbände und Einheiten der Propagandatruppen
RS 3 Divisionen der Waffen-SS
RW 4 OKW/Wehrmachtführungsstab
RW 31 Wirtschaftsstab Ost
RW 41 Territoriale Befehlshaber in der Sowjetunion
RHD Dienstanweisungen und Merkblätter
MSg Militärgeschichtliche Sammlung

BESTÄNDE DES FRÜHEREN MILITÄRISCHEN ZWISCHENARCHIVS POTSDAM, HEUTE BA-MA FREIBURG
Filmsammlung WF 01, WF 03, WF 04, WF 07, WF 010
FPF Serie fremde Provenienzen, hier: RM f. d. besetzten Ostgebiete

POLITISCHES ARCHIV DES AUSWÄRTIGEN AMTES (PA AA), BERLIN
Handakten Etzdorf, VAA OKH: R 27358, 27359, 27342, 27360
Kult. Pol. geheim: R 60654, 60693, 60694, 60695
Berichte der Vertreter des AA bei den AOKs: R 60759, 60771
Politische Abteilung, Pol. XIII: R 105165, 105166, 105167, 105170, 105173, 105177, 105181, 105182, 105183, 105186, 105189, 105192, 105193

DIE BUNDESBEAUFTRAGTE FÜR DIE UNTERLAGEN DES STAATSSICHERHEITSDIENSTES DER EHEMALIGEN DDR (BStU), BERLIN
MfS – HA IX/11 Rechercheunterlagen:
RHE 37/80 SU, Bd. 1-16; AS 121/68, Bd. 1; AK 3999/88; PA 5008 I

ARCHIV DES INSTITUTS FÜR ZEITGESCHICHTE (IfZ), MÜNCHEN
Mikrofilmsammlung: MA 245, 256, 330, 542, 795, 797, 803, 1564/30, 1584/1
Kopiensammlung: Da 46.03, Da 46.06, Fa 511, Fb 104/2
1307/54 (Wlassow-Material von Jürgen Thorwald)
Job Zimmermann, Erlebnisse und Gestalten im Ostministerium, maschinenschriftliches Manuskript, o. D., ZS 426

LANDESARCHIV SCHLESWIG-HOLSTEIN
RM f. d. besetzten Ostgebiete, Die Zivilverwaltung in den besetzten Ostgebieten (Braune Mappe), Teil I: Reichskommissariat Ostland, 3. 9. 1941, LA Schleswig Holstein, Abt. 352 Kiel, Nr. 2261

NÜRNBERGER DOKUMENTE (NRBG. DOK.)
NOKW-067 *(Staatsarchiv Nürnberg)*
NOKW-2346 *(IfZ)*
NO-344 *(ZfA)*
NO-1831 *(ZfA)*

ZENTRALES STAATSARCHIV MOSKAU (ZSTA MOSKAU)
Bestand 7021   Ermittlungsmaterial zu den faschistischen Verbrechen

2. GEDRUCKTE QUELLEN

Akten zur deutschen auswärtigen Politik 1918-1945. Göttingen u. a. 1950 ff. [ADAP]

Baade, F. u. a. (Hrsg.), »Unsere Ehre heißt Treue.« Kriegstagebuch des Kommandostabes des Reichsführers SS. Tätigkeitsberichte der 1. und 2. SS-Inf.-Brigade, der 1. SS-Kav.-Brigade und von Sonderkommandos der SS, Wien/München/Zürich 1984 [Baade 1984]
Below, G. A. (Bearb.), Verbrecherische Ziele – verbrecherische Mittel! Dokumente der Okkupationspolitik des faschistischen Deutschlands auf dem Territorium der UdSSR (1941-1944), Moskau 1963 [Below 1963]
Boelcke, Willi A. (Hrsg.), Kriegspropaganda 1939-1941. Geheime Ministerkonferenzen im Reichspropagandaministerium, Stuttgart 1966 [Boelcke 1966]
– (Hrsg.), Wollt ihr den totalen Krieg? Die geheimen Goebbels-Konferenzen 1939-1943, Herrsching 1989 [Boelcke 1989]

Demosfenora, Galina L. (Hrsg.), Sovetskije Plakatisty – Fronty, Moskau 1985 [Demosfenora 1985]
Domarus, Max (Hrsg.), Hitler, Reden und Proklamationen 1932-1945. Kommentiert von einem deutschen Zeitgenossen, 2 Bde., Würzburg 1962/63 [Domarus 1962/63]

Eichholtz, Dietrich, Schumann, Wolfgang (Hrsg.), Anatomie des Krieges. Neue Dokumente über die Rolle des deutschen Monopolkapitals bei der Vorbereitung und Durchführung des zweiten Weltkrieges, Berlin 1969 [Eichholtz/Schumann 1969]
Europa unterm Hakenkreuz. Die Okkupationspolitik des deutschen Faschismus 1938-1945, Bd. 1-8, hrsg. v. Wolfgang Schumann u. a., Bd. 6-8, Ergänzungsbände 1-2, Berlin/Heidelberg 1988-1996 [Europa unterm Hakenkreuz]

Goebbels, Joseph, Die Tagebücher von, Teil I: Aufzeichnungen 1924-1941, 4 Bde. u. Interimsregister, Teil II: Diktate 1941-1945, 15 Bde., hrsg. v. Elke Fröhlich, i. A. des Instituts für Zeitgeschichte und mit Unterstützung des Staatlichen Archivdienstes Russlands, München u. a. 1987 ff. [Goebbels TB]

Halder, Franz, Kriegstagebuch. Tägliche Aufzeichnungen des Chefs des Generalstabes des Heeres 1939-1942, Bd. 1-3, bearb. v. Hans-Adolf Jacobsen, Stuttgart 1962-1964 [Halder KTB]

Heer, Hannes (Hrsg.), »Stets zu erschießen sind Frauen, die in der Roten Armee dienen.« Geständnisse deutscher Kriegsgefangener über ihren Einsatz an der Ostfront, Hamburg 1995 [Heer 1995]
Heiber, Helmut, Aus den Akten des Gauleiters Kube, in: VfZ, 4. Jg. (1956), S. 67-92 [Heiber 1956]
–, Der Generalplan Ost, in: VfZ, 6. Jg. (1958), S. 282-325 [Heiber 1958]
– (Hrsg.), Hitlers Lagebesprechungen. Die Protokollfragmente seiner militärischen Konferenzen 1942-1945, Stuttgart 1962 [Heiber 1962]
–, Goebbels-Reden, Düsseldorf 1971 [Heiber 1971]
Heilmann, H. D. (Einleitung und Kommentar), Das Kriegstagebuch des Diplomaten Otto Bräutigam, in: Aly, Götz (Hrsg.), Biedermann und Schreibtischtäter. Materialien zur deutschen Täterbiographie, Berlin 1989 (= Beiträge zur Nationalsozialistischen Gesundheits- und Sozialpolitik. 4), S. 123-187 [Heilmann 1989]
Hitler, Adolf, Mein Kampf. Zwei Bände in einem Band, Ungekürzte Ausgabe, München 1931 (zuerst 1925, 1927) [Hitler 1931]
Hubatsch, Walther (Hrsg.), Hitlers Weisungen für die Kriegführung 1939-1945. Dokumente des Oberkommandos der Wehrmacht, Koblenz 1983 [Hubatsch 1983]

Internationaler Militärgerichtshof Nürnberg. Der Prozeß gegen die Hauptkriegsverbrecher vor dem Internationalen Militärgerichtshof, Nürnberg 14. November 1945 bis 1. Oktober 1946, Bd. 1-42, Nürnberg 1947-1949 [IMT]

Jacobsen, Hans-Adolf (Hrsg.), Bredow, Wilfried von (Mitarb.), Mißtrauische Nachbarn. Deutsche Ostpolitik 1919-1970. Dokumentation und Analyse, Düsseldorf 1970 [Jacobsen 1970]
Jäckel, Eberhard, Kuhn, Axel (Hrsg.), Hitler. Sämtliche Aufzeichnungen 1905-1924, Stuttgart 1980 (= Quellen und Darstellungen zur Zeitgeschichte. 21) [Jäckel/Kuhn 1980]
Jochmann, Werner (Hrsg.), Adolf Hitler. Monologe im Führerhauptquartier 1941-1944. Die Aufzeichnungen Heinrich Heims, Hamburg 1980 [Jochmann 1980]

Kempner, Robert M. W., »Rosenberg, jetzt ist ihre große Stunde gekommen.« Aufzeichnungen über Eroberungspläne Hitlers, in: Frankfurter Rundschau, 22. 6. 1971 [Kempner 1971]
Klein, Peter (Hrsg.), Die Einsatzgruppen in der besetzten Sowjetunion 1941/42. Die Tätigkeits- und Lageberichte der Einsatzgruppen der Sicherheitspolizei und des SD, Berlin 1997 [Klein 1997]
Krausnick, Helmut, Zu Hitlers Ostpolitik im Sommer 1943. Auszug aus der Ansprache des Führers an die Heeresgruppenführer am 1. 7. 1943, in: VfZ, 2. Jg. (1954), S. 305-312 [Krausnick 1954]
Krausnick, Helmut (Hrsg.), Denkschrift Himmlers über die Behandlung der Fremdvölkischen im Osten (Mai 1940), in: VfZ, 5. Jg. (1957), S. 194-198 [Krausnick 1957]
Kriegstagebuch des Oberkommandos der Wehrmacht (Wehrmachtführungsstab) 1940-1945, hrsg. v. Percy Ernst Schramm, Frankfurt a. M. 1961-1982 [KTB OKW]

Lenhard, Hartmut, »Lebensraum im Osten«. Deutsche in Belorußland 1941-44, Düsseldorf 1991 [Lenhard 1991]
Longerich, Peter, Joseph Goebbels und der totale Krieg. Eine unbekannte Denkschrift des Propagandaministers vom 18. Juli 1944, in: VfZ, 35. Jg. (1987), S. 289-316 [Longerich 1987a]

– (Hrsg.), Die Ermordung der europäischen Juden. Eine umfassende Dokumentation des Holocaust 1941-1945, München/Zürich 1989 [Longerich 1989]

Madajczyk, Czesław (Hrsg.), Vom Generalplan Ost zum Generalsiedlungsplan, München 1994 [Madajczyk 1994]

Mausbach, Hans, Mausbach Bromberger, Barbara, Feinde des Lebens. NS-Verbrechen an Kindern, Frankfurt a. M. 1979 [Mausbach/Mausbach Bromberger 1979]

Moll, Martin (Hrsg.), »Führererlasse« 1939-1945. Edition sämtlicher überlieferter, nicht im Reichsgesetzblatt abgedruckter, von Hitler während des Zweiten Weltkrieges schriftlich erteilter Direktiven aus den Bereichen Staat, Partei, Wirtschaft, Besatzungspolitik und Militärverwaltung, Stuttgart 1997 [Moll 1997]

Moritz, Erhard (Bearb.), Der Fall Barbarossa. Dokumente zur Vorbereitung der faschistischen Wehrmacht auf die Aggression gegen die Sowjetunion (1940/41), Berlin 1970 [Moritz 1970]

Müller, Norbert (Hrsg.), Deutsche Besatzungspolitik in der UdSSR. Dokumente, Köln 1980 [Müller 1980]

– (Bearb.), Die faschistische Okkupationspolitik in den zeitweilig besetzten Gebieten der Sowjetunion (1941-1944), Berlin 1991 (= Europa unterm Hakenkreuz. 5) [Müller 1991]

Musial, Bogdan (Hrsg.), Sowjetische Partisanen in Weißrußland. Innenansichten aus dem Gebiet Baranovici 1941-1944. Eine Dokumentation, München 2004 (= Vierteljahrshefte für Zeitgeschichte. 88) [Musial 2004]

Oberländer, Theodor, 6 Denkschriften aus dem Zweiten Weltkrieg über die Behandlung der Sowjetvölker, Ingolstadt 1984 [Oberländer 1984]

Poliakov, Léon, Wulf, Joseph (Hrsg.), Das Dritte Reich und seine Diener. Dokumente, Berlin 1975 [Poliakov/Wulf 1975]

Rürup, Reinhard (Hrsg.), Der Krieg gegen die Sowjetunion 1941-1945. Eine Dokumentation, Berlin 1991 [Rürup 1991]

Schlootz, Johannes (Hrsg.), Deutsche Propaganda in Weißrußland 1941-1944. Eine Konfrontation von Propaganda und Wirklichkeit. Ausstellung in Berlin und Minsk, Berlin 1996 [Schlootz 1996]

Schnabel, Reimund, Mißbrauchte Mikrophone. Deutsche Rundfunkpropaganda im Zweiten Weltkrieg. Eine Dokumentation, Wien 1967 [Schnabel 1967]

Seraphim, Hans-Jürgen (Hrsg.), Das politische Tagebuch Alfred Rosenbergs aus den Jahren 1934/35 und 1939/40. Nach der photographischen Wiedergabe der Handschrift aus den Nürnberger Akten, Göttingen/Berlin/Frankfurt a. M. 1956 [Seraphim 1956]

Treue, Wilhelm, Rede Hitlers vor der deutschen Presse am 10. November 1938, in: VfZ, Jg. 6 (1958), S. 175-191 [Treue 1958]

Verbrechen der Wehrmacht. Dimensionen des Vernichtungskrieges 1941-1944. Ausstellungskatalog, hrsg. v. Hamburger Institut für Sozialforschung, Hamburg 2002 [Verbrechen der Wehrmacht 2002]

Vogelsang, Thilo, Neue Dokumente zur Geschichte der Reichswehr 1930-1933, in: VfZ, 2. Jg. (1954), S. 397-436 [Vogelsang 1954]

–, Hitlers Brief an Reichenau, 4. 12. 1932, in: VfZ, 7. Jg. (1959), S. 429-437 [Vogelsang 1959]

Weinberg, Gerhard L. (Einleitung und Kommentar), Hitlers zweites Buch. Ein Dokument aus dem Jahre 1928, Stuttgart 1961 [Weinberg 1961]
Wilhelm, Hans-Heinrich (Hrsg.), Rassenpolitik und Kriegführung. Sicherheitspolizei und Wehrmacht in Polen und der Sowjetunion, Passau 1991 [Wilhelm 1991]
Wirsching, Andreas, »Man kann nur Boden germanisieren«. Eine neue Quelle zu Hitlers Rede vor den Spitzen der Reichswehr am 3. Februar 1933, in: VfZ, 49. Jg. (2001), S. 517-550 [Wirsching 2001]
Wulf, Joseph (Hrsg.), Presse und Funk im Dritten Reich. Eine Dokumentation, Gütersloh 1964 [Wulf 1964]
– (Hrsg.), Kultur im Dritten Reich. Bd. 1-5, Frankfurt a. M./Berlin 1989 [Wulf 1989]

3. Zeitgenössische Schriften und Literatur vor 1945

Arps, Sowjet-Union, in: Franke, Hermann (Hrsg.), Handbuch der neuzeitlichen Wehrwissenschaften, Berlin/Leipzig 1936, S. 631-634 [Arps 1936]

Banse, Ewald, Geographie und Wehrwille. Gesammelte Studien zu den Problemen Landschaft und Mensch, Raum und Volk, Krieg und Wehr, Breslau 1934 [Banse 1934]
Bauer, Max, Der große Krieg in Feld und Heimat. Erinnerungen und Betrachtungen, Tübingen 1921 [Bauer 1921]
Benjamin, Walter, Das Kunstwerk im Zeitalter seiner technischen Reproduzierbarkeit, Frankfurt a. M. 1963 (zuerst 1936) [Benjamin 1963]
Bernhardi, Friedrich von, Vom Kriege der Zukunft. Nach den Erfahrungen des Weltkrieges, Berlin 1920 [Bernhardi 1920]
Blau, Albrecht, Der Inseratenmarkt der deutschen Tageszeitungen, Berlin 1932 [Blau 1932]
–, Propaganda als Waffe, hrsg. v. Psychologischen Laboratorium des Reichskriegsministeriums, Berlin 1935 [Blau 1935]
–, Geistige Kriegführung, Potsdam 1937 [Blau 1937]
–, Die geistige Kriegführung im Rahmen der Gesamtkriegführung, in: Deutsche Gesellschaft für Wehrpolitik und Wehrwissenschaften (Hrsg.), Jahrbuch für Wehrpolitik und Wehrwissenschaften 1939, Hamburg 1939, S. 93-106 [Blau 1939]

Cochenhausen, Friedrich von (Hrsg.), Wehrgedanken. Eine Sammlung wehrpolitischer Aufsätze, Hamburg 1933 [Cochenhausen 1933]
– (Hrsg.), Die Wehrwissenschaften in der Gegenwart, Berlin 1934 (= Wissenschaftliche Forschungsberichte zum Aufbau des neuen Reiches. 3) [Cochenhausen 1934]
–, Über die Grundlagen wehrwissenschaftlicher Arbeit, in: Deutsche Gesellschaft für Wehrpolitik und Wehrwissenschaften (Hrsg.), Durch Wehrhaftigkeit zum Frieden, Jahrbuch der Deutschen Gesellschaft für Wehrpolitik und Wehrwissenschaften 1934, Hamburg 1934, S. 11-16 [Cochenhausen 1934a]

D., »Aus fremden Heeren.« Die Propaganda als sowjet-russisches Kriegsinstrument, in: Deutsche Wehr, Jg. 1931, H. 1, S. 14-17 [D. 1931]
Davidts, Max (Hrsg.), Die fremdländischen Arbeiter im Reich. Sonderdienst der Reichspropagandaleitung, Hauptamt Propaganda, Amt: Propagandalenkung, Berlin 1943 [Davidts 1943]
Didier, Friedrich (Bearb.), Ich sah den Bolschewismus. Dokumente der Wahrheit gegen die bolschewistische Lüge. Thüringer Soldaten schreiben an ihren Gauleiter und Reichsstatthalter, Weimar 1942 [Didier 1942]

–, Europa arbeitet in Deutschland. Sauckel mobilisiert die Leistungsreserven, Berlin 1943 [Didier 1943]

Diewerge, Wolfgang (Bearb.), Juden hetzen gegen Deutschland, München 1939 (= Einziges parteiamtliches Lichtbildmaterial, hrsg. v. der Reichspropagandaleitung der NSDAP, Sonderbericht II.) [Diewerge 1939]

– (Hrsg.), Deutsche Soldaten sehen die Sowjet-Union. Feldpostbriefe aus dem Osten, Berlin 1941 [Diewerge 1941]

Durch Wehrhaftigkeit zum Frieden. Jahrbuch der Deutschen Gesellschaft für Wehrpolitik und Wehrwissenschaften 1934, hrsg. v. d. DGWW, Hamburg 1934 [Durch Wehrhaftigkeit zum Frieden 1934]

Engelhardt, Eugen Freiherr von, Weißruthenien. Volk und Land, Berlin 1943 [Engelhardt 1943]

Erfurth, Waldemar, Die Kriegsentscheidung im Kampfe zwischen Großmächten, in: Militärwissenschaftliche Rundschau, 5. Jg. (1940), H. 2, S. 132 [Erfurth 1940]

Farago, Ladislas, German Psychological Warfare, New York 1941 [Farago 1941]

Felger, Friedrich, Frontpropaganda bei Feind und Freund, in: Jost, Walter, Felger, Friedrich (Hrsg.), Was wir vom Weltkrieg nicht wissen, Leipzig 1938, S. 440-459 [Felger 1938]

Fellgiebel, Erich, Aufklärung und Propaganda durch Nachrichtenmittel, in: Militärwissenschaftliche Rundschau, 1. Jg. (1936), H. 4, S. 493-510 [Fellgiebel 1936]

Foertsch, Hermann, Kriegskunst heute und morgen, Berlin 1939 [Foertsch 1939]

Franke, Hermann, Luftkrieg und Luftkriegführung, in: Franke, Hermann (Hrsg.), Handbuch der neuzeitlichen Wehrwissenschaften, Berlin/Leipzig 1936, S. 472-482 [Franke 1936]

–, Bertkau, Friedrich, Geistiger Krieg, in: Franke, Hermann (Hrsg.), Handbuch der neuzeitlichen Wehrwissenschaften, Berlin/Leipzig 1936, S. 105-109 [Franke/Bertkau 1936]

Franke, Hermann (Hrsg.), Handbuch der neuzeitlichen Wehrwissenschaften, Berlin/Leipzig 1936 [Franke 1936a]

Goebbels, Joseph, Rede vor dem Parteitag, in: Der Parteitag der Freiheit vom 10.-16. September 1935. Offizieller Bericht über den Verlauf des Reichsparteitages mit sämtlichen Kongreßreden, München 1935, S. 123-140 [Goebbels 1935]

–, Der Bolschewismus in Theorie und Praxis, in: Der Parteitag der Ehre vom 8. bis 14. September 1936. Offizieller Bericht über den Verlauf des Reichsparteitages mit sämtlichen Kongreßreden. München 1936, S. 97-123 [Goebbels 1936]

–, P. K., in: Das Reich, Jg. 1941, H. 20, S. 1-2 [Goebbels 1941]

–, Die so genannte russische Seele, in: Das Reich, 19. 7. 1942, S. 1 f. [Goebbels 1942]

Gülicher, Gottfried, Sowjetrußland ohne Maske. Bericht über eine Reise in das östliche Operationsgebiet, in: Reichsrundfunk, 1. Jg. (1941), H. 11, S. 210-214 [Gülicher 1941]

–, Die Wahrheit über das »Sowjetparadies«. Vier Monate Aufklärungsarbeit des Großdeutschen Rundfunks, in: Reichsrundfunk, 1. Jg. (1941), H. 17, S. 330-335 [Gülicher 1941a]

Hadamovsky, Eugen, Propaganda und nationale Macht. Die Organisation der öffentlichen Meinung für die nationale Politik, Oldenburg 1933 [Hadamovsky 1933]

Hesse, Kurt, Der Feldherr Psychologos. Ein Suchen nach dem Führer der Zukunft, Berlin 1922 [K. Hesse 1922]

Hierl, Konstantin, Grundlagen einer deutschen Wehrpolitik, München 1929 (= Nationalsozialistische Bibliothek. 12) [Hierl 1929]
–, Ausgewählte Schriften und Reden, München 1941 [Hierl 1941]

Jacobi, Julius, Grundzüge der Rundfunk-Organisation im Ostraum, in: Reichsrundfunk, 2./3. Jg. (1942/43), H. 4, S. 65-68 [Jacobi 1942]
Jäger, Walter (Hrsg.), Weißruthenien. Land, Bewohner, Geschichte, Volkswirtschaft, Kultur, Dichtung, Berlin 1919 [Jäger 1919]

Kleine Wehrkunde, hrsg. v. d. Deutschen Gesellschaft für Wehrpolitik und Wehrwissenschaften, Bielefeld/Leipzig 1934 [Kleine Wehrkunde 1934]

Linnebach, Karl, Über die Kriegsentscheidung, in: Cochenhausen, Friedrich von (Hrsg.), Wehrgedanken. Eine Sammlung wehrpolitischer Aufsätze, Hamburg 1933, S. 3-22 [Linnebach 1933]
Ludendorff, Erich, Meine Kriegserinnerungen 1914-1918, o. O. 1919 [Ludendorff 1919]
–, Kriegführung und Politik, Berlin 1922 [Ludendorff 1922]
–, Der totale Krieg, München 1935 [Ludendorff 1935]

Mai, Alfred, Achtung! Sendergruppe Ostland ... Hier ist der Landessender Kauen, angeschlossen der Sender Wilna!, in: Reichsrundfunk, 2. Jg. (1942), H. 16, S. 307-309 [Mai 1942]
Martin, Hans-Leo, Propaganda als Kriegsmittel, in: Deutsche Wehr, Jg. 1931, H. 51, S. 1225 f. [Martin 1931]
Meier-Benneckenstein, Paul (Hrsg.), Staat und Verwaltung. Der organisatorische Aufbau Teil III, Berlin 1939 [Meier-Benneckenstein 1939]
Metzel, Konrad, Die Technik des Kleinkrieges, in: Wehrtechnische Monatshefte, Jg. 1936, H. 40, S. 178-187 [Metzel 1936]
Müller, Georg Wilhelm, Das Reichsministerium für Volksaufklärung und Propaganda, in: Meier-Benneckenstein, Paul (Hrsg.), Staat und Verwaltung. Der organisatorische Aufbau Teil III, Berlin 1939, S. 112-145 [Müller 1939]
Münzenberg, Willi, Propaganda als Waffe, Basel 1937 [Münzenberg 1937]

Neumann, Franz, Behemoth. Struktur und Praxis des Nationalsozialismus, Frankfurt a. M. 1998 (zuerst 1942) [Neumann 1998]
Nicolai, Walter, Nachrichtendienst, Presse und Volksstimmung im Weltkrieg, Berlin 1920 [Nicolai 1920]
N. N., PK-Berichterstatter? Soldaten!, in: Oberkommando der Wehrmacht (Hrsg.), Die Wehrmacht. Der Freiheitskampf des großdeutschen Volkes, Berlin 1940, S. 312-313 [N. N. 1940]

Pintschovius, Karl, Das Problem des sozialen Raumes, o. O. 1934 [Pintschovius 1934]
–, Seelische Widerstandskraft im modernen Kriege, o. O. 1936 [Pintschovius 1936]
–, Die seelische Widerstandskraft im Kriege, Berlin 1942 [Pintschovius 1942]
–, Die psychologische Diagnose, o. O. 1942 [Pintschovius 1942a]
Plenge, Johann, Deutsche Propaganda. Die Lehre von der Propaganda als praktische Gesellschaftslehre, Bremen 1922 [Plenge 1922]
Propaganda-Abteilung (Hrsg.), Propaganda. I. A. der Reichsparteileitung der NSDAP. o. O. 1927 [Propaganda-Abteilung 1927]

Reichsführer SS/SS-Hauptamt (Hrsg.), Europa und der Bolschewismus. Berlin o. J. [RFSS-SSHA o. J.]
– (Hrsg.), Der Untermensch, Berlin 1942 [RFSS-SSHA 1942]
Rosenberg, Alfred, Pest in Rußland! Der Bolschewismus, seine Häupter, Handlanger und Opfer, München 1922 [Rosenberg 1922]
–, Der entscheidende Weltkampf, in: Der Parteitag der Ehre vom 8. bis 14. September 1936. Offizieller Bericht über den Verlauf des Reichsparteitages mit sämtlichen Kongreßreden, München 1936, S. 80-96 [Rosenberg 1936]

Scherke, Felix, Vitzthum, Ursula von (Bearb.), Bibliographie der geistigen Kriegführung. Mit einem Geleitwort von (Friedrich) von Cochenhausen, Berlin 1938 [Scherke/ Vitzthum 1938]
Schleußinger, Wilhelm von, »... angeschlossen die Sendergruppe Ostland.« Ein Neuland für das Programmschaffen des Großdeutschen Rundfunks, in: Reichsrundfunk, 2. Jg. (1942), H. 24, S. 462-463 [Schleußinger 1942]
Schockel, Erwin, Das politische Plakat. Eine psychologische Betrachtung, München 1939 [Schockel 1939]
Schönemann, Friedrich, Die Kunst der Massenbeeinflussung in den Vereinigten Staaten von Amerika, Stuttgart 1924 [Schönemann 1924]
Schwarte, Max, Der Krieg der Zukunft, Leipzig 1931 [Schwarte 1931]
Seeckt, Hans von, Landesverteidigung, Berlin 1930 [Seeckt 1930]
Soldan, George, Der Mensch und die Schlacht der Zukunft, Oldenburg i. O. 1925 [Soldan 1925]

Taschenbuch für Verwaltungsbeamte 1942, hrsg. v. Dr. Warnack (Direktor im Statistischen Reichsamt), Berlin 1942. [Taschenbuch für Verwaltungsbeamte 1942]
Taysen, Adelbert von, Krieg, in: Franke, Hermann (Hrsg.), Handbuch der neuzeitlichen Wehrwissenschaften. Berlin/Leipzig 1936, S. 171-175 [Taysen 1936]
Tirpitz, Alfred von, Erinnerungen, Leipzig 1927 (5) [Tirpitz 1927]
Tölle, Hermann, Rundfunk in Weißruthenien. Rückschau und Ausblick, in: Reichsrundfunk, 2. Jg. (1942), H. 19, S. 370-372 [Tölle 1942]

Verordnungen, Erlasse und Anweisungen für die Propagandaarbeit in den besetzten Ostgebieten, Nur für den Dienstgebrauch, hrsg. v. Abteilung Ost/RMVP, April 1944 [Verordnungen 1944]
Vogel, Walther, Die Organisation der amtlichen Presse- und Propagandapolitik des Deutschen Reiches von den Anfängen unter Bismarck bis zum Beginn des Jahres 1933, Berlin 1941 (= Sonderheft der Monatsschrift für internationale Zeitungsforschung »Zeitungswissenschaft«) [Vogel 1941]
Volk und Wehrkraft. Jahrbuch der Deutschen Gesellschaft für Wehrpolitik und Wehrwissenschaften 1936, hrsg. v. d. DGWW, Hamburg 1936 [Volk und Wehrkraft 1936]

Wagenführ, Kurt, Ein Jahr Ätherkrieg über Spanien, in: Funkwacht, Jg. 1937 [Wagenführ 1937]
Wedel, Hasso von, Wehrerziehung und Volkserziehung, Hamburg 1938 [Wedel 1938]
Wehrfreiheit. Jahrbuch der Deutschen Gesellschaft für Wehrpolitik und Wehrwissenschaften 1935, hrsg. v. d. DGWW, Hamburg 1935 [Wehrfreiheit 1935]
Wrochem, Alfred von, Planmäßige Zersetzung des deutschen Volkes, Leipzig o. J. (1925) [Wrochem 1925]

4. Literatur nach 1945

Abel, Karl Dietrich, Presselenkung im NS-Staat. Eine Studie zur Geschichte der Publizistik in der nationalsozialistischen Zeit, Berlin 1968 [Abel 1968]

Abramson, Henry, »This is the way it was!« Textual and Iconografic Images of Jews in the Nazi-Sponsored Ukrainian Press of Distrikt Galizien, in: Shapiro, Robert M. (Hrsg.), Why didn't The Press Shout? American and International Journalism during the Holocaust, New York 2003, S. 537-556 [Abramson 2003]

Absolon, Rudolf, Die Wehrmacht im Dritten Reich, 6 Bde., Boppard 1969 ff. (= Schriften des Bundesarchivs. 16) [Absolon 1969 ff.]

Ainsztein, Reuben, Jüdischer Widerstand im deutschbesetzten Osteuropa während des Zweiten Weltkrieges, Oldenburg 1993 [Ainsztein 1993]

Alexijewitsch, Swetlana, Der Krieg hat kein weibliches Gesicht, Hamburg 1989 [Alexijewitsch 1989]

Andreyev, Catherine, Wlassow and the Russian Liberation Movement. Soviet Reality and Emigré Theories, New York 1987 [Andreyev 1987]

Angrick, Andrej, Besatzungspolitik und Massenmord. Die Einsatzgruppe D in der südlichen Sowjetunion 1941-1943, Hamburg 2003 [Angrick 2003]

Arendt, Hannah, Totalitäre Propaganda, in: Monat, 2./3. Jg. (1950/51), S. 241-258 [Arendt 1950/51]

Armstrong, John A. (Hrsg.), Soviet Partisans in World War II, Madison/Wisc. 1964 [Armstrong 1964]

Arnold, Klaus-Jochen, Die Wehrmacht und die Besatzungspolitik in den besetzten Gebieten der Sowjetunion. Kriegführung und Radikalisierung im »Unternehmen Barbarossa«, Berlin 2005 [Arnold 2005]

Asholt, Wolfgang, Reinecke, Rüdiger, Schlünder, Susanne (Hrsg.), España en el corazón. Der Spanische Bürgerkrieg – Medien und kulturelles Gedächtnis, Bielefeld 2008 [Asholt u. a. 2008]

Augustinovic, Werner, Moll, Martin, Gunther d'Alquen. Propagandist des SS-Staates, in: Smelser, Ronald, Syring, Enrico (Hrsg.), Die SS – Elite unter dem Totenkopf. 30 Lebensläufe, Paderborn/München/Wien u. a. 2000, S. 100-118 [Augustinovic/Moll 2000]

–, Deutsche Propaganda im Balkanfeldzug 1941, in: Österreichische Militärische Zeitschrift, Jg. 2000, H. 4, S. 459-466 [Augustinovic/Moll 2000a]

Baird, Jay W., The Mysthical World of Nazi Propaganda. 1925-1945, Minneapolis, Minn. 1974 [Baird 1974]

–, L'Expert en Bolchevisme du Dr. Goebbels, in: Revue d'histoire de la deuxième guerre mondiale, 24. Jg. (1974), H. 96, S. 13-36 [Baird 1974a]

–, Die mystische Welt der nationalsozialistischen Kriegspropaganda, in: Hütter, Joachim u. a. (Hrsg.), Tradition und Neubeginn. Internationale Forschungen zur Geschichte des 20. Jahrhunderts, Köln u. a. 1975, S. 289-298 [Baird 1975]

Balfour, Michael, Propaganda in War 1939-1945. Organizations, Policies and Publics in Britain and Germany, London 1979 [Balfour 1979]

Bankier, David, The use of Antisemitism in Nazi Wartime Propaganda, in: Berenbaum, Michael, Peck, Abraham J. (Hrsg.), The Holocaust and History. The Known, the Unknown, and the Reexamined, Bloomington, Ind. 1988, S. 41-55 [Bankier 1988]

Baranowa, Maria P., Pawlowa, Nina G., Kurze Geschichte der Belorussischen Sowjetrepublik, Jena 1985 [Baranowa/Pawlowa 1985]

Barkhausen, Hans, Filmpropaganda für Deutschland im Ersten und Zweiten Weltkrieg, Hildesheim 1982 [Barkhausen 1982]

Baumgart, Wilfried, Deutsche Ostpolitik 1918. Von Brest-Litowsk bis zum Ende des Ersten Weltkrieges, Wien/München 1966 [Baumgart 1966]

Beck, Birgit, Wehrmacht und sexuelle Gewalt. Sexualverbrechen vor deutschen Militärgerichten 1939-1945, Paderborn/München/Wien u. a. 2002 (= Krieg in der Geschichte. 18) [Beck 2004]

Behrenbeck, Sabine, »Der Führer«. Die Einführung eines politischen Markenartikels, in: Diesener, Gerald, Gries, Rainer (Hrsg.), Propaganda in Deutschland. Zur Geschichte der politischen Massenbeeinflussung im 20. Jahrhundert, Darmstadt 1996, S. 51-78 [Behrenbeck 1996]

Bennett, Victor Kenneth, Public Opinion and Propaganda in National-Socialist Germany during the War against the Soviet-Union. University of Washington, Diss. 1990, als Manuskript gedruckt [Bennett 1990]

Benz, Wolfgang (Hrsg.), Dimension des Völkermords. Die Zahl der jüdischen Opfer des Nationalsozialismus, München 1996 [Benz 1996]

–, Buchheim, Hans, Mommsen, Hans (Hrsg.), Der Nationalsozialismus. Studien zu Ideologie und Herrschaft, Frankfurt a. M. 1993 [Benz u. a. 1993]

–, Houwink ten Cate, Johannes, Otto, Gerhard (Hrsg.), Anpassung, Kollaboration, Widerstand. Kollektive Reaktionen auf die Okkupation, Berlin 1996 (= Nationalsozialistische Besatzungspolitik in Europa 1939-1945. 1) [Benz u. a. 1996]

–, Graml, Wolfgang, Weiß Hermann (Hrsg.), Enzyklopädie des Nationalsozialismus, Stuttgart 1997 [Benz u. a. 1997]

–, Otto, Gerhard, Weismann, Anabella (Hrsg.), Kultur – Propaganda – Öffentlichkeit. Intentionen deutscher Besatzungspolitik und Reaktionen auf die Okkupation, Berlin 1998 (= Nationalsozialistische Besatzungspolitik in Europa 1939-1945. 5) [Benz u. a. 1998]

Berenbaum, Michael, Peck, Abraham J. (Hrsg.), The Holocaust and History. The Known, the Unknown, and the Reexamined, Bloomington, Ind. 1988 [Berenbaum/Peck 1988]

Berkhoff, Karel C., Harvest of Despair. Life and Death in Ukraine under Nazi Rule, Cambridge Mass./London 2004 [Berkhoff 2004]

Birn, Ruth Bettina, Die höheren SS- und Polizeiführer. Himmlers Vertreter im Reich und in den besetzten Gebieten, Düsseldorf 1986 [Birn 1986]

–, Zweierlei Wirklichkeit? Fallbeispiele zur Partisanenbekämpfung im Osten, in: Wegner, Bernd (Hrsg.), Zwei Wege nach Moskau. Vom Hitler-Stalin-Pakt bis zum »Unternehmen Barbarossa«, München u. a. 1991, S. 272-290 [Birn 1991]

–, »Zaunkönig« an »Uhrmacher«. Große Partisanenaktionen 1942/43 am Beispiel des »Unternehmens Winterzauber«, in: Militärgeschichtliche Zeitschrift, 60. Jg. (2001), S. 99-118 [Birn 2001]

Bleuel, Hans Peter, Engelmann, Bernt, Spoo, Eckhart u. a. (Hrsg.), Feindbilder oder: Wie man Kriege vorbereitet, Göttingen 1985, S. 25-46 [Bleuel u. a. 1985]

Boeckh, Katrin, Die deutsche Propaganda im »Reichskommissariat Ukraine«, in: Studien zu deutsch-ukrainischen Beziehungen, Jg. 1996, H. N. F. 2, S. 5-19 [Boeckh 1996]

Boelcke, Willi A., Das »Seehaus« in Berlin-Wannsee. Zur Geschichte des deutschen »Monitoring-Service« während des Zweiten Weltkrieges, in: Jahrbuch für die Geschichte Mittel- und Ostdeutschlands, 23. Jg. (1974), S. 231-269 [Boelcke 1974]

–, Die Macht des Radios. Weltpolitik und Auslandsrundfunk 1924-1976, Frankfurt a. M./Berlin/Wien 1977 [Boelcke 1977]

Boemeke, Manfred F., Chickering, Roger, Förster, Stig (Hrsg.), Anticipating Total War. The German and American Experiences, 1871-1914, Cambridge 1999 [Boemeke/Chickering/Förster 1999]

Bohn, Robert (Hrsg.), Die deutsche Herrschaft in den »germanischen« Ländern 1940-1945, Stuttgart 1997 (= Historische Mitteilungen. 26) [Bohn 1997]
Bohse, Jörg, Inszenierte Kriegsbegeisterung und ohnmächtiger Friedenswille. Meinungslenkung und Propaganda im Nationalsozialismus, Stuttgart 1988 [Bohse 1988]
Bollmus, Reinhard, Das Amt Rosenberg und seine Gegner. Studien zum Machtkampf im nationalsozialistischen Herrschaftssystem, Stuttgart 1970 [Bollmus 1970]
Bonwetsch, Bernd, Sowjetische Partisanen 1941-1944. Legende und Wirklichkeit des »allgemeinen Volkskrieges«, in: Schulz, Gerhard (Hrsg.), Partisanen und Volkskrieg. Zur Revolutionierung des Krieges im 20. Jahrhundert, Göttingen 1985, S. 92-124 [Bonwetsch 1985]
–, Sowjetische Zwangsarbeiter vor und nach 1945. Ein doppelter Leidensweg, in: Jahrbücher für Geschichte Osteuropas, 41. Jg. (1993), S. 532-546 [Bonwetsch 1993]
–, Die sowjetischen Kriegsgefangenen zwischen Stalin und Hitler, in: Zeitschrift für Geschichtswissenschaft, 41. Jg. (1993), H. 2, S. 135-142 [Bonwetsch 1993a]
Boog, Horst, Förster, Jürgen, Hoffmann, Joachim u. a. (Hrsg.), Der Angriff auf die Sowjetunion, Frankfurt a. M. 1991 (= Das Deutsche Reich und der Zweite Weltkrieg. 4) [Boog u. a. 1991]
– u. a. (Hrsg.), Der globale Krieg. Die Ausweitung zum Weltkrieg und der Wechsel der Initiative 1941-1943, Stuttgart 1990 (= Das Deutsche Reich und der Zweite Weltkrieg. 6) [Boog u. a. 1990]
Bracher, Karl D. u. a. (Hrsg.), Deutschland 1933-1945. Neue Studien zur nationalsozialistischen Herrschaft, Bonn/Düsseldorf 1993 [Bracher u. a. 1993]
Brakel, Alexander, »Das allergefährlichste ist die Wut der Bauern.« Die Versorgung der Partisanen und ihr Verhältnis zur Zivilbevölkerung. Eine Fallstudie zum Gebiet Baranowicze 1941-1944, in: Vierteljahrshefte für Zeitgeschichte 3/2007, S. 393-424 [Brakel 2007]
Bramsted, Ernest K., Goebbels und die nationalsozialistische Propaganda 1925-1945, Frankfurt a. M. 1971 [Bramsted 1971]
Bräutigam, Otto, Überblick über die besetzten Ostgebiete während des Zweiten Weltkrieges, Tübingen 1954 (= Studien des Instituts für Besatzungsfragen in Tübingen zu den deutschen Besetzungen im 2. Weltkrieg. 3) [Bräutigam 1954]
–, So hat es sich zugetragen. Ein Leben als Soldat und Diplomat, Würzburg 1968 [Bräutigam 1968]
Brunner, Otto (Hrsg.), Geschichtliche Grundbegriffe. Historisches Lexikon zur politisch-sozialen Sprache in Deutschland. Stuttgart 1984 [Brunner 1984]
Buchbender, Ortwin, Das tönende Erz. Deutsche Propaganda gegen die Rote Armee im Zweiten Weltkrieg, Stuttgart 1978 [Buchbender 1978]
–, Hauschild, Reinhard, Geheimsender gegen Frankreich. Die Täuschungsoperation »Radio Humanité« 1940, Herford 1984 [Buchbender/Hauschild 1984]
–, Schuh, Horst (Hrsg.), Heil Beil! Flugblattpropaganda im Zweiten Weltkrieg. Dokumentation und Analyse, Stuttgart 1974 [Buchbender/Schuh 1974]
–, Schuh, Horst, Die Waffe, die auf die Seele zielt. Psychologische Kriegführung 1939-1945, Stuttgart 1983 [Buchbender/Schuh 1983]
Bucher, Peter, Goebbels und die Deutsche Wochenschau. NS-Filmpropaganda im Zweiten Weltkrieg 1939-1945, in: Militärgeschichtliche Mitteilungen, 39. Jg. (1986), S. 53-69 [Bucher 1986]
Buchheim, Hans, Broszat, Martin, Jacobsen, Hans-Adolf u. a. (Hrsg.), Anatomie des SS-Staates, München 1967 [Buchheim u. a. 1967]
Bussemer, Thymian, Das Internationale Rote Kreuz und die NS-Kriegspropaganda. Der Fall Katyn, in: Vorgänge, Jg. 2000, H. 3, S. 81-89 [Bussemer 2000]
–, Propaganda. Konzepte und Theorien, Wiesbaden 2005 [Bussemer 2005]

Chiari, Bernhard, Deutsche Zivilverwaltung in Weißrußland 1941-1944. Die lokale Perspektive der Besatzungsgeschichte, in: Militärgeschichtliche Mitteilungen, 52. Jg. (1993), S. 67-89 [Chiari 1993]
–, »Nationale Renaissance«, Belorussifizierung und Sowjetisierung: Erziehungs- und Bildungspolitik in Weißrußland 1922-1944, in: Jahrbücher für Geschichte Osteuropas, 42. Jg. (1994), S. 521-544 [Chiari 1994]
–, Alltag hinter der Front. Besatzung, Kollaboration und Widerstand in Weißrußland 1941-1944, Düsseldorf 1998 (= Schriften des Bundesarchivs. 53) [Chiari 1998]
Chickering, Roger, Förster, Stig (Hrsg.), Great War, Total War. Combat and Mobilization on the Western Front 1914-1918, Cambridge 2000 [Chickering/Förster 2000]
Chickering, Roger, Förster, Stig (Hrsg.), The Shadows of Total War. Europe, East Asia and the United States, 1919-1939, Cambridge 2003 [Chickering/Förster 2003]
Chickering, Roger, Förster, Stig, Greiner, Bernd (Hrsg.), A World at War. Global Conflict and the Politics of Destruktion, 1937-1945, Cambridge 2005 [Chickering/Förster/Greiner 2005]
Cilleßen, Wolfgang, Krieg der Bilder. Druckgraphik als Medium politischer Auseinandersetzungen im Europa des Absolutismus. Anlässlich der Ausstellung ›Krieg der Bilder‹ v. 18. 12. 1997-3. 3. 1998 im Deutschen Historischen Museum, Berlin 1997 [Cilleßen 1997]
Cole, Robert, Propaganda in Twentieth Century War and Politics. An Annotated Bibliography, Lanham/London u. a. 1996 (= Magill Bibliographies) [Cole 1996]
Comité international d'histoire de la deuxieme guerre mondiale. Commission roumaine d'organisation du colloque international, Bucarest, 11.-12. 8. 1980. (Hrsg.), La propagande pendant la deuxieme guerre mondiale, Bd. I: Méthodes, objet, résultats, Bucarest 1980 [Comité 1980]
Cooper, Matthew, The Phantom War. The German Struggle against Sovjet Partisans 1941-1944, London 1979 [Cooper 1979]
Cruickshank, Charles, The Fourth Arm. Psychological Warfare 1938-1945, London 1977 [Cruickshank 1977]
Cüppers, Martin, Wegbereiter der Shoah: die Waffen-SS, der Kommandostab Reichsführer SS und die Judenvernichtung 1939-1945, Darmstadt 2005 [Cüppers 2005]
Czollek, Roswitha, Faschismus und Okkupation. Wirtschaftspolitische Zielsetzung und Praxis des faschistischen deutschen Besatzungsregimes in den baltischen Sowjetrepubliken während des zweiten Weltkriegs, Berlin 1974 [Czollek 1974]

Dallin, Alexander, The Kaminsky Brigade. A Case Study in Soviet Disaffection, in: Rabinovitch, Alexander, Rabinovitch, Janet (Hrsg.), Revolution and Politics in Russia, Bloomington/London 1972, S. 243-280 [Dallin 1972]
–, Deutsche Herrschaft in Russland 1941-1945. Eine Studie über Besatzungspolitik, Düsseldorf 1981 (zuerst 1956) [Dallin 1981]
–, Mavrogordato, Ralph, Moll, Wilhelm, Partisan Psychological Warfare and Popular Attitudes, in: Armstrong, John A. (Hrsg.), Soviet Partisans in World War II, Madison/Wisc. 1964, S. 197-337 [Dallin u. a. 1964]
Daniel, Ute, Sieman, Wolfgang (Hrsg.), Propaganda. Meinungskampf, Verführung und politische Sinnstiftung 1789-1989, Frankfurt a. M. 1994 [Daniel/Sieman 1994]
Dean, Martin, Collaboration in the Holocaust. Crimes of the Local Police in Belorussia and Ukraine, 1941-1944, New York 2000 [Dean 2000]
Deist, Wilhelm, Flottenpolitik und Flottenpropaganda. Das Nachrichtenbüro des Reichsmarineamtes 1897-1914, Stuttgart 1976 [Deist 1976]
–, Die Reichswehr und der Krieg der Zukunft, in: Militärgeschichtliche Mitteilungen, 45. Jg. (1989), S. 81-92 [Deist 1989]

–, Messerschmidt, Manfred, Volkmann, Hans-Erich u. a. (Hrsg.), Ursachen und Voraussetzungen des Zweiten Weltkrieges, Frankfurt a. M. 1989 (= Das Deutsche Reich und der Zweite Weltkrieg. 1) [Deist u. a. 1989]

Dieckmann, Christoph, Deutsche Besatzungspolitik und Massenverbrechen in Litauen 1941-1944. Täter, Zuschauer, Opfer, Diss. 2003, Universität Freiburg, als Manuskript gedruckt [Dieckmann 2003]

Dieckmann, Christoph, Quinkert, Babette, Toensmeyer, Tatjana (Hrsg.), Kooperation und Verbrechen. Formen der »Kollaboration« im östlichen Europa 1939-1945, Göttingen 2003 (= Beiträge zur Geschichte des Nationalsozialismus. 19) [Dieckmann u. a. 2003]

Diesener, Gerald, Gries, Rainer (Hrsg.), Propaganda in Deutschland. Zur Geschichte der politischen Massenbeeinflussung im 20. Jahrhundert, Darmstadt 1996 [Diesener/Gries 1996]

Dominikowski, Thomas, Massenkrieg und Massenmedien. Historische Annäherungen an eine unfriedliche Symbiose, in: Löffelholz, Martin (Hrsg.), Krieg als Medienereignis II. Krisenkommunikation im 21. Jahrhundert, Wiesbaden 2004, S. 59-80 [Dominikowski 2004]

Dubson, Vadim, Natsistskaia antisemitiskaia propaganda v tsentral'noi Rossii (1941-1943), in: Ten' Kholokosta. Materialy mezhdunarodnogo simpoziuma ›Uroki Kholokosta i sovremennaia Rossiia‹, Moskau 1998, S. 133-136 [Dubson 1998]

Düsterberg, Rolf, Von der Greuelpropaganda zur Jugendliteratur. Eine literarisch-biografische Skizze über die Autorin Maria de Smeth, »Hauptmann« der Wehrmacht. Ein deutscher Lebensweg, Teil 1 u. 2, in: Krieg und Literatur, 5. Jg. (1993), H. 9, 10, S. 119-134, 94-104 [Düsterberg 1993]

Echternkamp, Jörg (Hrsg.), Die deutsche Kriegsgesellschaft 1939 bis 1945, Erster Halbband: Politisierung, Vernichtung, Überleben, München 2004 (= Das Deutsche Reich und der Zweite Weltkrieg. 9/1) [Echternkamp 2004]

– (Hrsg.), Die deutsche Kriegsgesellschaft 1939 bis 1945. Zweiter Halbband: Ausbeutung, Deutungen, Ausgrenzung, München 2004 (= Das Deutsche Reich und der Zweite Weltkrieg. 9/2) [Echternkamp 2004a]

Ebbinghaus, Angelika, Preissler, Gerd, Die Ermordung psychisch kranker Menschen in der Sowjetunion. Dokumentation, in: Aly, Götz u. a. (Hrsg.), Aussonderung und Tod. Die klinische Hinrichtung des Unbrauchbaren, Berlin 1985 (Beiträge zur Nationalsozialistischen Gesundheits- und Sozialpolitik. 1), S. 75-107 [Ebbinghaus/Preissler 1985]

Eichholtz, Dietrich, Geschichte der deutschen Kriegswirtschaft 1939-1945, 5 Bde., München 1999 [Eichholtz 1999]

–, Pätzold, Kurt (Hrsg.), Der Weg in den Krieg. Studien zur Geschichte der Vorkriegsjahre (1935/36 bis 1939), Berlin 1989 [Eichholtz/Pätzold 1989]

Engelmann, Bernd, Großes Bundesverdienstkreuz mit Stern, Göttingen 1987 [Engelmann 1987]

Fischer, Fritz, Griff nach der Weltmacht. Die Kriegszielpolitik des kaiserlichen Deutschland 1914/18, Düsseldorf 1984 [Fischer 1984]

Flugblattpropaganda im 2. Weltkrieg. Ausstellung 4. September bis 9. November 1980, hrsg. v. d. Staatsbibliothek Preußischer Kulturbesitz, Red. Eva Bliembach, Mitarb. Klaus Kirchner, Adolf Wild, Wiesbaden 1980 [Flugblattpropaganda 1980]

Foertsch, Hermann, Psychologische Kriegführung, in: Wehrkunde, 3. Jg. (1954), H. 1, S. 1-7 [Foertsch 1954]

Förster, Gerhard, Totaler Krieg und Blitzkrieg. Die Theorie des totalen Krieges und des Blitzkrieges in der Militärdoktrin des faschistischen Deutschlands am Vorabend des

zweiten Weltkrieges, Berlin 1967 (= Militärhistorische Studien NF. 10) [G. Förster 1967]
Förster, Jürgen, Hitlers Entscheidung für den Krieg gegen die Sowjetunion, in: Boog, Horst, Förster, Jürgen, Hoffmann, Joachim u. a. (Hrsg.), Der Angriff auf die Sowjetunion, Frankfurt a. M. 1991 (= Das Deutsche Reich und der Zweite Weltkrieg. 4), S. 27-68 [J. Förster 1991]
–, Das Unternehmen »Barbarossa« als Eroberungs- und Vernichtungskrieg, in: Boog, Horst, Förster, Jürgen, Hoffmann, Joachim u. a. (Hrsg.), Der Angriff auf die Sowjetunion, Frankfurt a. M. 1991 (= Das Deutsche Reich und der Zweite Weltkrieg. 4), S. 498-538 [J. Förster 1991a]
–, Die Sicherung des Lebensraums, in: Boog, Horst, Förster, Jürgen, Hoffmann, Joachim u. a. (Hrsg.), Der Angriff auf die Sowjetunion, Frankfurt a. M. 1991 (= Das Deutsche Reich und der Zweite Weltkrieg. 4), S. 1227-1287 [J. Förster 1991b]
– (Hrsg.), Stalingrad. Ereignis, Wirkung, Symbol, München/Zürich 1992 [J. Förster 1992]
–, Zum Rußlandbild der Militärs 1941-1945, in: Volkmann, Hans-Erich (Hrsg.), Das Rußlandbild im Dritten Reich, Köln u. a. 1994, S. 141-163 [J. Förster 1994]
–, Weltanschauung als Waffe. Vom »Vaterländischen Unterricht« zur »Nationalsozialistischen Führung«, in: Thoß, Bruno, Volkmann, Hans-Erich (Hrsg.), Erster Weltkrieg – Zweiter Weltkrieg. Ein Vergleich. Krieg, Kriegserlebnis, Kriegserfahrung in Deutschland, Paderborn/München/Wien u. a. 2002, S. 287-300 [J. Förster 2002]
–, Die weltanschauliche Erziehung in der Waffen-SS. »Kein totes Wissen, sondern lebendiger Nationalsozialismus.«, in: Matthäus, Jürgen, Kwiet, Konrad, Förster, Jürgen u. a. (Hrsg.), Ausbildungsziel Judenmord? »Weltanschauliche Erziehung« von SS, Polizei und Waffen-SS im Rahmen der »Endlösung«, Frankfurt a. M. 2003, S. 87-113 [J. Förster 2003]
–, Geistige Kriegführung in Deutschland 1919 bis 1945, in: Echternkamp, Jörg (Hrsg.), Die deutsche Kriegsgesellschaft 1939 bis 1945. Politisierung, Vernichtung, Überleben, München 2004 (= Das Deutsche Reich und der Zweite Weltkrieg. 9/1), S. 469-640 [J. Förster 2004]
–, »Aber für die Juden wird auch noch die Stunde schlagen, und dann wehe ihnen!« Reichswehr und Antisemitismus, in: Matthäus, Jürgen, Mallmann, Klaus-Michael (Hrsg.), Deutsche, Juden, Völkermord. Der Holocaust als Geschichte und Gegenwart, Darmstadt 2006, S. 21-38 [J. Förster 2006]
Förster, Stig, Das Zeitalter des totalen Krieges, 1861-1945. Konzeptionelle Überlegungen für einen historischen Strukturvergleich, Mittelweg, H. 8, 1999, S. 12-29 [S. Förster 1999]
– (Hrsg.), An der Schwelle zum totalen Krieg. Die militärische Debatte über den Krieg der Zukunft 1919-1939, Paderborn/München/Wien u. a. 2002 (= Krieg in der Geschichte. 13) [S. Förster 2002]
Fox, John P., Der Fall Katyn und die Propaganda des NS-Regimes, in: VfZ, 30. Jg. (1982), S. 462-499 [Fox 1982]
Francke, Helmut, Entwicklung und Tätigkeit der Abteilung Wehrmachtpropaganda im OKW in der faschistischen Kriegführung 1939-1940, Berlin, Diss. 1987, 2 Bde., als Manuskript gedruckt [Francke 1987]
Friedländer, Saul, Das Dritte Reich und die Juden. Sonderausgabe des zweibändigen Werkes: Die Jahre der Verfolgung 1933-1939 und Die Jahre der Vernichtung 1939-1945, München 2007 [Friedländer 2007]
Friedrich, Jörg, Das Gesetz des Krieges. Das deutsche Heer in Rußland 1941 bis 1945. Der Prozeß gegen das Oberkommando der Wehrmacht, München 1993 [J. Friedrich 1993]

Friedrich, Klaus-Peter, Die deutsche polnischsprachige Presse im Generalgouvernement (1939-1945). NS-Propaganda für die polnische Bevölkerung, in: Publizistik, 46. Jg. (2001), S. 162-188 [K.-P. Friedrich 2001]
Frieser, Karl-Heinz (Hrsg.), Die Ostfront 1943/44. Der Krieg im Osten und an den Nebenfronten, München 2007 (= Das Deutsche Reich und der Zweite Weltkrieg. 8) [Frieser 2007]

Garçon, François, Nazi Film Propaganda in Occupied France, in: Welch, David A. (Hrsg.), Nazi Propaganda. The power and the Limitations, London 1983, S. 161-179 [Garçon 1983]
Gartenschlaeger, Uwe, Die Stadt Minsk während der deutschen Besetzung (1941-1944), Universität Köln, Philosophische Fakultät, Magisterarbeit 1989, als Manuskript gedruckt [Gartenschlaeger 1989]
Gerlach, Christian, Die Einsatzgruppe B, in: Klein, Peter (Hrsg.), Die Einsatzgruppen in der besetzten Sowjetunion 1941/42. Die Tätigkeits- und Lageberichte der Einsatzgruppen der Sicherheitspolizei und des SD, Berlin 1997, S. 52-70 [Gerlach 1997]
–, Krieg, Ernährung, Völkermord. Forschungen zur deutschen Vernichtungspolitik im Zweiten Weltkrieg, Hamburg 1998 [Gerlach 1998]
–, Kalkulierte Morde. Die deutsche Wirtschafts- und Vernichtungspolitik in Weißrußland 1941 bis 1944, Hamburg 1999 [Gerlach 1999]
–, Verbrechen deutscher Fronttruppen in Weißrußland 1941-1944. Eine Annäherung, in: Pohl, Karl Heinrich (Hrsg.), Wehrmacht und Vernichtungspolitik. Militär im nationalsozialistischen System, Göttingen 1999, S. 89-114 [Gerlach 1999a]
–, Die Rekrutierung von Zwangsarbeitern in den besetzten sowjetischen Gebieten, in: Wette, Wolfram, Ueberschär, Gerd R. (Hrsg.), Kriegsverbrechen im 20. Jahrhundert. Manfred Messerschmidt gewidmet, Darmstadt 2001, S. 193-207 [Gerlach 2001]
Gerzer, Helmut, Noack, Ludwig, Erster PK-Lehrgang in der Berliner Alexanderkaserne 1939, in: Die Wildente. Mitteilungsblatt der Angehörigen der Propagandakompanien, 6. Jg. (1958), H. 19, S. 26-32 [Gerzer/Noack 1958]
Geschichte des Großen Vaterländischen Krieges der Sowjetunion, Bd. 1-6, hrsg. v. Institut für Marxismus-Leninismus beim Zentralkomitee der Kommunistischen Partei der Sowjetunion, Berlin 1962-1968 [Geschichte 1962 ff.]
Görlitz, Walter (Hrsg.), Generalfeldmarschall Keitel – Verbrecher oder Offizier? Erinnerungen, Briefe und Dokumente des Chefs des OKW, Göttingen 1961 [Görlitz 1961]
Golczewski, Frank, Ukrainische Reaktionen auf die deutsche Besetzung 1939/1941, in: Benz, Wolfgang u. a. (Hrsg.), Anpassung, Kollaboration, Widerstand. Kollektive Reaktionen auf die Okkupation, Berlin 1996, S. 199-211 [Golczewski 1996]
–, Die Kollaboration in der Ukraine, in: Dieckmann, Christoph u. a. (Hrsg.), Kooperation und Verbrechen. Formen der »Kollaboration« im östlichen Europa 1939-1945, Göttingen 2003 (=Beiträge zur Geschichte des Nationalsozialismus. 19), S. 151-182 [Golczewski 2003]
Gossens, Andreas, Die deutsche Wehrmachtpropaganda gegenüber sowjetischen Soldaten in den Jahren 1941-1943, Rheinische Friedrich-Wilhelm-Universität Bonn, Examensarbeit 1999, als Manuskript gedruckt [Gossens 1999]
Grelka, Frank, »Jüdischer Bolschewismus«. Zur Tradition eines Feindbildes in der Ukraine unter Militärverwaltung 1918 und 1941, in: Kronenbitter, Günter, Pöhlmann, Markus, Walter, Dierk (Hrsg.), Besatzung. Funktion und Gestalt militärischer Fremdherrschaft von der Antike bis zum 20. Jahrhundert, Paderborn/München/Wien u. a. 2006, S. 177-189 [Grelka 2006]
Grenkevich, Leonid, The Soviet Partisan Movement 1941-1944. A Critical Historiographical Analysis. London, Portland 1999 [Grenkevich 1999]

Grossmann, Wassili, Ehrenburg, Ilja (Hrsg.), Das Schwarzbuch. Der Genozid an den sowjetischen Juden, Reinbeck 1994 [Großmann/Ehrenburg 1994]

Habermas, Jürgen, Strukturwandel der Öffentlichkeit. Untersuchungen zu einer Kategorie der bürgerlichen Gesellschaft, Neuwied/Berlin 1969 [Habermas 1969]
Hagemann, Jürgen, Die Presselenkung im Dritten Reich, Bonn 1970 [J. Hagemann 1970]
Hagemann, Walter, Publizistik im Dritten Reich, Hamburg 1948 [W. Hagemann 1948]
Haibl, Michaela, Zerrbild als Stereotyp. Visuelle Darstellungen von Juden zwischen 1850 und 1900, Berlin 1998 (= Zentrum für Antisemitismusforschung, Reihe Dokumente – Texte – Materialien. 26) [Haibl 1998]
Handrack, Hans-Dieter, Das Reichskommissariat Ostland. Die Kulturpolitik der deutschen Verwaltung zwischen Autonomie und Gleichschaltung 1941-1944, Hann/Münden 1981 [Handrack 1981]
Hartmann, Christian, Verbrecherischer Krieg – Verbrecherische Wehrmacht? Überlegungen zur Struktur des deutschen Ostheeres 1941-1944, in: VfZ 1/2004, S. 1-75 [Hartmann 2004]
Harvey, Elisabeth, »Ich war überall«. Die NS-Propagandaphotographin Liselotte Purper, in: Steinbacher, Sybille (Hrsg.), »Volksgenossinnen«. Frauen in der NS-Volksgemeinschaft, Göttingen 2007 (= Beiträge zur Geschichte des Nationalsozialismus. 23), S. 138-153 [Harvey 2007]
Hass, Gerhard, Zum Rußlandbild der SS, in: Volkmann, Hans-Erich (Hrsg.), Das Rußlandbild im Dritten Reich, Köln u. a. 1994, S. 201-224 [Hass 1994]
Heer, Hannes »Killing Fields«. Die Wehrmacht und der Holocaust, in: Mittelweg 36, Jg. 1994, H. 3, S. 7-29 [Heer 1994]
–, Die Logik des Vernichtungskrieges. Wehrmacht und Partisanenkampf, in: Heer, Hannes, Naumann, Klaus (Hrsg.), Vernichtungskrieg. Verbrechen der Wehrmacht 1941 bis 1944, Hamburg 1995, S. 104-138 [Heer 1995]
–, Lemberg 1941. Die Instrumentalisierung der NKVD-Verbrechen für den Judenmord, in: Wette, Wolfram, Ueberschär, Gerd R. (Hrsg.), Kriegsverbrechen im 20. Jahrhundert. Manfred Messerschmidt gewidmet, Darmstadt 2001, S. 165-177 [Heer 2001]
–, Naumann, Klaus (Hrsg.), Vernichtungskrieg. Verbrechen der Wehrmacht 1941 bis 1944, Hamburg 1995 [Heer/Naumann 1995]
Heller, Gerhard, In einem besetzten Land. NS-Kulturpolitik in Frankreich. Erinnerungen 1940-1944, Hamburg 1982 [Heller 1982]
Herbert, Ulrich, Fremdarbeiter. Politik und Praxis des »Ausländereinsatzes« in der Kriegswirtschaft des Dritten Reiches, Berlin/Bonn 1986 [Herbert 1986]
– (Hrsg.), Europa und der »Reichseinsatz«. Ausländische Zivilarbeiter, Kriegsgefangene und KZ-Häftlinge in Deutschland 1938-1945, Essen 1991 [Herbert 1991]
– (Hrsg.), Nationalsozialistische Vernichtungspolitik 1939-1945. Neue Forschungen und Kontroversen, Frankfurt a. M. 1998 [Herbert 1998]
Herf, Jeffrey, »Der Krieg und die Juden«. Nationalsozialistische Propaganda im Zweiten Weltkrieg, in: Echternkamp, Jörg (Hrsg.), Die deutsche Kriegsgesellschaft 1939 bis 1945. Ausbeutung, Deutungen, Ausgrenzung, München 2004 (= Das Deutsche Reich und der Zweite Weltkrieg. 9/2), S. 159-202 [Herf 2004]
–, The »Jewish War«. Goebbels and the Antisemitic Campaigns of the Nazi Propaganda Ministry, in: Holcaust and Genocide Studies, 19. Jg. (2005), H. 1, S. 51-80 [Herf 2005]
Herzog, Robert, Grundzüge der deutschen Besatzungsverwaltung in den ost- und südosteuropäischen Ländern während des Zweiten Weltkriegs, Tübingen 1955 (= Studi-

en des Instituts für Besatzungsfragen in Tübingen zu den deutschen Besetzungen im 2. Weltkrieg. 4) [Herzog 1955]
–, Besatzungsverwaltung in den besetzten Ostgebieten. Abteilung Jugend. Insbesondere: Heuaktion und SS-Helfer-Aktion, Tübingen 1960 (= Studien des Instituts für Besatzungsfragen in Tübingen zu den deutschen Besetzungen im 2. Weltkrieg. 19) [Herzog 1960]
Herzstein, Robert E., Anti-Jewish Propaganda in the Orel Region of Great Russia, 1942-1943. The German Army and Its Russian Collaborators, in: Simon Wiesenthal Center annual, Jg. 1989, H. 6, S. 33-55 [Herzstein 1989]
Hesse, Erich, Der sowjetische Partisanenkrieg 1941 bis 1944 im Spiegel deutscher Kampfanweisungen und Befehle, Göttingen/Zürich 1969 (= Studien und Dokumente zur Geschichte des Zweiten Weltkrieges. 9) [E. Hesse 1969]
Hesse, Kurt, Die deutsche Wehrmachtpropaganda im Zweiten Weltkrieg, in: Allgemeine Schweizerische Militärzeitschrift, Jg. 1950, H. 8, S. 566-579 [K. Hesse 1950]
Heysing, Günther, Dokumentation einer Verleumdung. Die »Wildente« bei UPI, im Bundestag, im »Spiegel«. 2. Beiheft zur Zeitschrift »Die Wildente«, Hamburg o. J. [1966] [Heysing 1966]
Hilberg, Raul, Die Vernichtung der europäischen Juden, 3 Bde., Frankfurt a. M. 1994 [Hilberg 1994]
Hildebrand, Klaus, Deutsche Außenpolitik 1939-1945, Stuttgart 1971 [Hildebrand 1971]
Hill, Alexander, The Partisan War in North-West Russia 1941-44. A Re-Examination, in: The Journal of Strategic Studies, 25. Jg. (2002), H. 3, S. 37-55 [Hill 2002]
Hillgruber, Andreas, Die »Endlösung« und das deutsche Ostimperium als Kernstück des rassenideologischen Programms des Nationalsozialismus, in: VfZ, 20. Jg. (1972), S. 133-153 [Hillgruber 1972]
–, Hitlers Strategie. Politik und Kriegführung 1940-1941, Bonn 1993 (zuerst 1965) [Hillgruber 1993]
–, Das Rußland-Bild der führenden deutschen Militärs vor Beginn des Angriffs auf die Sowjetunion, in: Volkmann, Hans-Erich (Hrsg.), Das Rußlandbild im Dritten Reich. Köln u. a. 1994, S. 125-140 [Hillgruber 1994]
Hirschfeld, Gerhard, Nazi Propaganda in Occupied Western Europe. The Case of the Netherlands, in: Welch, David A. (Hrsg.), Nazi Propaganda. The power and the Limitations, London 1983, S. 143-160 [Hirschfeld 1983]
Hoffmann, Gabriele, NS-Propaganda in den Niederlanden. Organisation und Lenkung der Publizistik unter deutscher Besatzung 1940-1945, München/Pullach/Berlin 1972 (= Kommunikation und Politik. 5) [G. Hoffmann 1972]
Hoffman, Joachim, Die Ostlegionen 1941-1943. Turkotataren, Kaukasier und Wolgafinnen im deutschen Heer, Freiburg 1981 [J. Hoffman 1981]
–, Die Geschichte der Wlassow-Armee, Freiburg i. Br. 1984 [J. Hoffman 1984]
–, Die Sowjetunion bis zum Vorabend des deutschen Angriffs, in: Boog, Horst, Förster, Jürgen, Hoffmann, Joachim u. a. (Hrsg.), Der Angriff auf die Sowjetunion, Frankfurt a. M. 1991 (= Das Deutsche Reich und der Zweite Weltkrieg. 4), S. 69-140 [J. Hoffman 1991]
–, Die Kriegführung aus Sicht der Sowjetunion, in: Boog, Horst, Förster, Jürgen, Hoffmann, Joachim u. a. (Hrsg.), Der Angriff auf die Sowjetunion. Frankfurt a. M. 1991 (= Das Deutsche Reich und der Zweite Weltkrieg. 4), S. 848-964 [J. Hoffman 1991a]
Holzer, Anton (Hrsg.), Mit der Kamera bewaffnet. Krieg und Fotografie, Marburg 2003 [Holzer 2003]
Horne, John, Kramer, Alan, Deutsche Kriegsgreuel 1914. Die umstrittene Wahrheit, Hamburg 2004 [Horne/Kramer 2004]

Hornshøj-Møller, Stig, »Der ewige Jude«. Quellenkritische Analyse eines antisemitischen Propagandafilms, Institut für den Wissenschaftlichen Film, Göttingen 1995 [Hornshøj-Møller 1995]
Huar, Ulrich, Zu Inhalt und Methoden der Meinungsmanipulierung im staatsmonopolistischen System des Hitlerfaschismus in der Periode des grundlegenden Umschwungs im zweiten Weltkrieg und ihren Wandlungen. Berlin, Diss. 1968, als Manuskript gedruckt [Huar 1968]
Hürter, Johannes, Hitlers Heerführer. Die deutschen Oberbefehlshaber im Krieg gegen die Sowjetunion 1941/42, München 2007 (= Quellen und Darstellungen zur Zeitgeschichte. 66) [Hürter 2007]
Hütter, Joachim u. a. (Hrsg.), Tradition und Neubeginn. Internationale Forschungen zur Geschichte des 20. Jahrhunderts, Köln u. a. 1975 [Hütter u. a. 1975]

Jäckel, Eberhard, Hitlers Weltanschauung. Entwurf einer Herrschaft. Erweiterte und überarbeitete Neuausgabe, Stuttgart 1981 [E. Jäckel 1981]
Jäckel, Michael, Medienwirkungen. Ein Studienbuch zur Einführung. 3., überarbeitete Auflage, (Studienbücher zur Kommunikations- und Medienwissenschaft), Wiesbaden 2005 [M. Jäckel 2005]
Jackisch, Martin, Stang, Werner, Vorstellungen der faschistischen deutschen Militärs über die Propaganda im Kriege, in: Militärgeschichte, 25. Jg. (1986), H. 3, S. 240-251 [Jackisch/Stang 1986]
Jacobsen, Hans-Adolf, Kommissarbefehl und Massenexekutionen sowjetischer Kriegsgefangener, in: Buchheim, Hans, Broszat, Martin, Jacobsen, Hans-Adolf u. a. (Hrsg.), Anatomie des SS-Staates, München 1994 (1. Auflage 1967). S. 449-544 [Jacobsen 1994]
–, Löser, Jochen, Proektor, Daniel u. a. (Hrsg.), Deutsch-russische Zeitenwende. Krieg und Frieden 1941-1995, Baden-Baden 1995 [Jacobsen u. a. 1995]
Jahn, Peter, »... wenn die Kosaken kommen«. Tradition und Funktion eines deutschen Feindbildes, in: Bleuel, Hans Peter, Engelmann, Bernt, Spoo, Eckhart u. a. (Hrsg.), Feindbilder oder: Wie man Kriege vorbereitet, Göttingen 1985, S. 25-46 [Jahn 1985]
–, »Russenfurcht« und Antibolschewismus. Zur Entstehung und Wirkung von Feindbildern, in: Jahn, Peter, Rürup, Reinhard (Hrsg.), Erobern und Vernichten. Der Krieg gegen die Sowjetunion 1941-1945, Berlin 1991, S. 47-64 [Jahn 1991]
–, Deutsch-Russisches Museum Berlin-Karlshorst (Hrsg.), Mascha + Nina + Katjuscha. Frauen in der Roten Armee 1941-1945, Berlin 2002 [Jahn 2002]
–, Rürup, Reinhard (Hrsg.), Erobern und Vernichten. Der Krieg gegen die Sowjetunion 1941-1945, Berlin 1991 [Jahn/Rürup 1991]
Jahr, Christoph, Mai, Uwe, Roller, Kathrin (Hrsg.), Feindbilder in der deutschen Geschichte. Studien zur Vorurteilsgeschichte im 19. und 20. Jahrhundert, Berlin 1994 [Jahr u. a. 1994]
Janssen, Jochen, Antibolschewismus in der Schulungsarbeit der deutschen Wehrmacht, in: Osteuropa. Zeitschrift für Gegenwartsfragen des Ostens, Jg. 2001, H. 1, S. 58-77 [Janssen 2001]
Jeismann, Michael, Propaganda, in: Hirschfeld, Gerhard, Krumeich, Gerd, Renz, Irina (Hrsg.), Enzyklopädie Erster Weltkrieg, Paderborn/München/Wien u. a. 2004 (2., durchgesehene Auflage). S. 198-209 [Jeismann 2004]
Jockheck, Lars, Propaganda im Generalgouvernement. Die NS-Besatzungspresse für Deutsche und Polen 1939-1945, Osnabrück 2006 [Jockheck 2006]

Kaiser, Gerhard, »Geistige Kriegführung« und die Amtsgruppe Wehrmachtspropaganda des OKW im zweiten Weltkrieg, in: Kommission der Historiker der DDR und der UdSSR (Hrsg.), Der deutsche Imperialismus und der zweite Weltkrieg, Berlin 1961/62, Bd. 3, S. 171-180 [Kaiser 1962]

Kalinin, Pjotr S., Die Partisanenrepublik. Niedergeschrieben von N. P. Bakajewa, Berlin 1968 (russ. 1964) [Kalinin 1968]

Kallis, Aristotle A., Der Niedergang der Deutungsmacht. Nationalsozialistische Propaganda im Kriegsverlauf, in: Echternkamp, Jörg (Hrsg.), Die deutsche Kriegsgesellschaft 1939 bis 1945. Ausbeutung, Deutungen, Ausgrenzung, München 2004 (= Das Deutsche Reich und der Zweite Weltkrieg. 9/2), S. 203-250 [Kallis 2004]

Kangeris, Karlis, Die Nationalsozialistischen Pläne und Propagandamaßnahmen im Generalbezirk Lettland 1941-1942, in: Gaunt, David, Levine, Paul A., Palosuo, Laura (Hrsg.), Collaboration and Resistance during the Holocaust. Belarus, Estonia, Latvia, Lithuania, Bern/Berlin/Brüssel u. a. 2004, S. 161-186 [Kangeris 2004]

Keilig, Wolf, OKW/WFA/Abteilung für Wehrmachtpropaganda (WPr), in: Keilig, Wolf (Hrsg.), Das deutsche Heer 1939-1945. Gliederung, Einsatz, Stellenbesetzung, 3 Bde. (Loseblatt), Bad Nauheim 1956-1970, S. Lieferung 42/II/1-20 [Keilig 1956 ff.]

Keller, Ulrich, Authentizität und Schaustellung. Der Krimkrieg als erster Medienkrieg, in: Holzer, Anton (Hrsg.), Mit der Kamera bewaffnet. Krieg und Fotografie, Marburg 2003, S. 21-38 [Keller 2003]

Kershaw, Ian, How effective was Nazi Propaganda?, in: Welch, David A. (Hrsg.), Nazi Propaganda. The power and the Limitations, London 1983, S. 180-205 [Kershaw 1983]

–, Hitler, 2 Bde. München 2002 [Kershaw 2002]

–, Der Hitler-Mythos. Führerkult und Volksmeinung, München 2003 [Kershaw 2003]

Kirchner, Klaus, Flugblattpropaganda im 2. Weltkrieg, Erlangen 1972 ff. [Kirchner 1972 ff.]

–, Flugblätter. Psychologische Kriegführung im Zweiten Weltkrieg in Europa, München 1974 [Kirchner 1974]

–, Krankheit rettet. Psychologische Kriegführung, Erlangen 1976 [Kirchner 1976]

–, Flugblattpropaganda. Das nicht gewaltsame Kriegsmittel, in: Staatsbibliothek Preußischer Kulturbesitz (Hrsg.), Flugblattpropaganda im 2. Weltkrieg. Ausstellung 4. September bis 9. November 1980, Red. Eva Bliembach, Mitarb. Klaus Kirchner, Adolf Wild, Wiesbaden 1980, S. 31-54 [Kirchner 1980]

Klein, Peter, Zwischen den Fronten. Die Zivilbevölkerung Weißrusslands und der Krieg der Wehrmacht gegen die Partisanen, in: Quinkert, Babette (Hrsg.), »Wir sind die Herren dieses Landes«. Ursachen, Verlauf und Folgen des deutschen Überfalls auf die Sowjetunion, Hamburg 2002, S. 82-103 [Klein 2002]

Kleist, Peter, Zwischen Stalin und Hitler 1939-1945. Aufzeichnungen, Bonn 1950 [Kleist 1950]

Klets, V. K., Depropetrovskaia pressa okkupatsionnogo peroda v rusle osushchestvleniia okkupatsionnoi politiki, in: Vosprosy germanskoi istorii: Sbornik nauchnykh trudov, Dnepropetrovsk 2002, S. 112-119 [Klets 2002]

Klink, Ernst, Die militärische Konzeption des Krieges gegen die Sowjetunion, in: Boog, Horst, Förster, Jürgen, Hoffmann, Joachim u. a. (Hrsg.), Der Angriff auf die Sowjetunion, Frankfurt a. M. 1991 (= Das Deutsche Reich und der Zweite Weltkrieg. 4), S. 246-328 [Klink 1991]

–, Die Operationsführung: Heer und Kriegsmarine, in: Boog, Horst, Förster, Jürgen, Hoffmann, Joachim u. a. (Hrsg.), Der Angriff auf die Sowjetunion, Frankfurt a. M. 1991 (= Das Deutsche Reich und der Zweite Weltkrieg. 4), S. 541-847 [Klink 1991a]

Klug, Ekkehart, Das »asiatische« Rußland. Über die Entstehung eines europäischen Vorurteils, in: Historische Zeitschrift, Jg. 1987, H. 245, S. 265-289 [Klug 1987]

Kohl, Paul, Der Krieg der deutschen Wehrmacht und der Polizei 1941-1944. Sowjetische Überlebende berichten, Frankfurt a. M. 1995 [Kohl 1995]

Kohlmann-Viand, Doris, NS-Pressepolitik im Zweiten Weltkrieg, München 1991 [Kohlmann-Viand 1991]
Kommission der Historiker der DDR und der UdSSR (Hrsg.), Der deutsche Imperialismus und der zweite Weltkrieg. Materialien der wissenschaftlichen Konferenz der Kommission der Historiker der DDR und der UdSSR zum Thema »Der deutsche Imperialismus und der zweite Weltkrieg« vom 14.-19. Dezember 1959 in Berlin, 3 Bde., Berlin 1961/62 [Kommission 1961/62]
Kolmsee, Peter, Die Rolle und Funktion der Deutschen Gesellschaft für Wehrpolitik und Wehrwissenschaften bei der Vorbereitung des zweiten Weltkrieges durch das faschistische Deutschland, 2 Bde., Leipzig, Diss. 1966, als Manuskript gedruckt [Kolmsee 1966]
Körner, Klaus, Erst in Goebbels', dann in Adenauers Diensten, in: Die Zeit, Nr. 35 v. 24. 08. 1990 [Körner 1990]
–, Politische Broschüren im Kalten Krieg 1947-1963, in: Vorsteher, Dieter (Hrsg.), Deutschland im Kalten Krieg 1945-1963. Eine Ausstellung des Deutschen Historischen Museums 28. August bis 24. November 1992 im Zeughaus Berlin, Berlin 1992, S. 85-100 [Körner 1992]
Kramer, Allan, Kriegsrecht und Kriegsverbrechen, in: Hirschfeld, Gerhard, Krumeich, Gerd, Renz, Irina (Hrsg.), Enzyklopädie Erster Weltkrieg, Paderborn/München/Wien u. a. 2004 (2., durchgesehene Auflage), S. 281-292 [Kramer 2004]
Krasnoperko, Anna, Briefe meiner Erinnerung. Mein Überleben im jüdischen Ghetto von Minsk 1941/42, Haus Villigst 1993 [Krasnoperko 1993]
Krausnick, Helmut, Kommissarbefehl und »Gerichtsbarkeitserlaß Barbarossa« in neuer Sicht, in: VfZ 25 (1977), S. 682-738 [Krausnick 1977]
–, Wilhelm, Hans-Heinrich, Die Truppe des Weltanschauungskrieges. Die Einsatzgruppen der Sicherheitspolizei und des SD 1938-1942, Stuttgart 1981 [Krausnick/Wilhelm 1981]
Krawtschenko, I., Der Partisanenkampf des belorussischen Volkes gegen die faschistischen Okkupanten während des Großen Vaterländischen Krieges (1941-1944), in: Der deutsche Faschismus und der zweite Weltkrieg, Bd. 4, Berlin 1961, S. 211-216 [Krawtschenko 1961]
Kredel, Ernst, Begeisterter Journalist und Fliegeroffizier, in: Die Wildente. Mitteilungsblatt der Angehörigen der Propagandakompanien, Jg. 1962, H. 25, S. 55-59 [Kredel 1962]
Kroener, Bernhard R., Müller, Rolf-Dieter, Umbreit, Hans (Hrsg.), Organisation und Mobilisierung des deutschen Machtbereichs, Stuttgart 1988 (= Das deutsche Reich und der Zweite Weltkrieg. 5/1) [Kroener u. a. 1988]
–, »Menschenbewirtschaftung«, Bevölkerungsverteilung und personelle Rüstung in der zweiten Kriegshälfte (1942-1944), in: ders. u. a. (Hrsg.), Organisation und Mobilisierung des deutschen Machtbereichs – Kriegsverwaltung, Wirtschaft und personelle Ressourcen 1942-1944/45, Stuttgart 1999 (= Das Deutsche Reich und der Zweite Weltkrieg. 5/2), S. 777-1001 [Kroener 1999]
Krumeich, Gerd, Die Dolchstoß-Legende, in: Francois, Etienne, Schulze, Hagen (Hrsg.), Deutsche Erinnerungsorte, Bd. 1, München 2001, S. 585-599 [Krumeich 2001]
Krummacher, Friedrich A., Lange, Helmut, Krieg und Frieden. Geschichte der deutsch-sowjetischen Beziehungen von Brest-Litowsk zum Unternehmen Barbarossa, München/Eßlingen 1970 [Krummacher/Lange 1970]
Kühnrich, Heinz, Der Partisanenkampf in Europa 1939-1945, Berlin 1968 [Kühnrich 1968]
–, Pech, Karlheinz, Schaul, Dora (Hrsg.), In den Wäldern Belorußlands. Erinnerungen sowjetischer Partisanen und deutscher Antifaschisten, Berlin 1984 [Kühnrich u. a. 1984]

Kundrus, Birthe, Nur die halbe Geschichte. Frauen im Umfeld der Wehrmacht zwischen 1939 und 1945 – Ein Forschungsbericht, in: Müller, Rolf-Dieter, Volkmann, Hans-Erich (Hrsg.), Die Wehrmacht. Mythos und Realität, München 1999, S. 719-735 [Kundrus 1999]
–, Die kulturelle Kriegführung 1939 bis 1945 in Film, Rundfunk und Theater, in: Echternkamp, Jörg (Hrsg.), Die deutsche Kriegsgesellschaft 1939 bis 1945. Ausbeutung, Deutungen, Ausgrenzung, München 2004 (= Das Deutsche Reich und der Zweite Weltkrieg. 9/2), S. 93-158 [Kundrus 2004]
Kuusisto, Seppo, Alfred Rosenberg in der nationalsozialistischen Außenpolitik 1933-1939, Helsinki 1984 (= Studia Historica. 15) [Kuusisto 1984]
Kwiet, Konrad, Auftakt zum Holocaust: Ein Polizeibataillon im Osteinsatz, in: Benz, Wolfgang, Buchheim, Hans, Mommsen, Hans (Hrsg.), Der Nationalsozialismus. Studien zu Ideologie und Herrschaft, Frankfurt a. M. 1993, S. 191-208 [Kwiet 1993]

Laqueur, Walter, Deutschland und Rußland, Berlin 1965 [Laqueur 1965]
Linden, Marcel van der, Mergner, Gottfried (Hrsg.), Kriegsbegeisterung und mentale Kriegsvorbereitung. Interdisziplinäre Studien, Berlin 1991 [Linden/Mergner 1991]
Linebarger, Paul M., Psychological Warfare, Washington 1948 [Linebarger 1948]
–, Schlachten ohne Tote. Psychological Warfare, Frankfurt a. M. 1960 [Linebarger 1960]
Löffelholz, Martin (Hrsg.), Krieg als Medienereignis II. Krisenkommunikation im 21. Jahrhundert, Wiesbaden 2004 [Löffelholz 2004]
Loftus, John, The Belarus Secret, New York 1982 [Loftus 1982]
Longerich, Peter, Propagandisten im Krieg. Die Presseabteilung des Auswärtigen Amtes unter Ribbentrop, München 1987 [Longerich 1987]
–, Nationalsozialistische Propaganda, in: Bracher, Karl D. u. a. (Hrsg.), Deutschland 1933-1945. Neue Studien zur nationalsozialistischen Herrschaft, Bonn/Düsseldorf 1993, S. 291-314 [Longerich 1993]
–, Politik der Vernichtung. Eine Gesamtdarstellung der nationalsozialistischen Judenverfolgung, München/Zürich 1998 [Longerich 1998]
Lustiger, Arno, Zum Kampf auf Leben und Tod. Vom Widerstand der Juden 1933-1945, Köln 1994 [Lustiger 1994]

Machnicki, Monika, Die Organisation der Abteilung WPr im OKW und die Funktion der PK, Münster, Diss. 1997, als Manuskript gedruckt [Machnicki 1997]
Maier, Robert, Die Stachanov-Bewegung 1935-1938. Der Stachanovismus als tragendes und verschärftes Moment der Stalinisierung der sowjetischen Gesellschaft, Stuttgart 1990 [Maier 1990]
Maletzke, Gerhard, Propaganda. Eine begriffskritische Analyse, in: Publizistik, 17. Jg. (1972), H. 2, S. 153-163 [Maletzke 1972]
Mallmann, Klaus-Michael, »Aufgeräumt und abgebrannt«. Sicherheitspolizei und »Bandenkampf« in der besetzten Sowjetunion, in: Paul, Gerhard, Mallmann, Klaus-Michael (Hrsg.), Die Gestapo im Zweiten Weltkrieg. »Heimatfront« und besetztes Europa, Darmstadt 2000, S. 503-520 [Mallmann 2000]
Manoschek, Walter (Hrsg.), Die Wehrmacht im Rassenkrieg. Der Vernichtungskrieg hinter der Front, Wien 1996 [Manoschek 1996]
Martin, Hans-Leo, Unser Mann bei Goebbels. Verbindungsoffizier des Oberkommandos der Wehrmacht beim Reichspropagandaminister 1940-1944, Neckargmünd 1973 (= Die Wehrmacht im Kampf. 49) [Martin 1973]
Matthäus, Jürgen, Ausbildungsziel Judenmord? Zum Stellenwert der »weltanschaulichen Erziehung« von SS und Polizei im Rahmen der »Endlösung«, in: Zeitschrift für Geschichtswissenschaft, 47. Jg. (1999), H. 8, S. 677-699 [Matthäus 1999]

–, »Warum wird über das Judentum geschult?« Die ideologische Vorbereitung der deutschen Polizei auf den Holocaust, in: Paul, Gerhard, Mallmann, Klaus-Michael (Hrsg.), Die Gestapo im Zweiten Weltkrieg. »Heimatfront« und besetztes Europa, Darmstadt 2000, S. 100-124 [Matthäus 2000]

–, Kwiet, Konrad, Förster, Jürgen u. a. (Hrsg.), Ausbildungsziel Judenmord? »Weltanschauliche Erziehung« von SS, Polizei und Waffen-SS im Rahmen der »Endlösung«, Frankfurt a. M. 2003 [Matthäus/Kwiet/Förster u. a. 2003]

Mayer, Arno J., Der Krieg als Kreuzzug, Reinbeck 1989 [Mayer 1989]

Meinck, Gerhard, Der Reichsverteidigungsrat, in: Wehrwissenschaftliche Rundschau, 6. Jg. (1956), H. 8, S. 411-422 [Meinck 1956]

Mendel, Annekatrin, Zwangsarbeit im Kinderzimmer. »Ostarbeiterinnen« in deutschen Familien von 1939 bis 1945. Gespräche mit Polinnen und Deutschen, Frankfurt a. M. 1994 [Mendel 1994]

Messerschmidt, Manfred, Die Wehrmacht im NS-Staat. Zeit der Indoktrination, Hamburg 1969 [Messerschmidt 1969]

– (Hrsg.), Militärgeschichte. Probleme, Thesen, Wege, Stuttgart 1982 (= Beiträge zur Militär- und Kriegsgeschichte. 25) [Messerschmidt 1982]

Meyer, Ahlrich (Hrsg.), Der Blick des Besatzers. Propagandaphotographie der Wehrmacht aus Marseille 1942-1944, Bremen 1999 [Meyer 1999]

Meyer zu Uptrup, Wolfram, Kampf gegen die »jüdische Weltverschwörung«. Propaganda und Antisemitismus der Nationalsozialisten 1919 bis 1945, Berlin 2003 (= Zentrum für Antisemitismusforschung, Reihe Dokumente, Texte, Materialien. 46) [Meyer zu Uptrup 2003]

Michalka, Wolfgang (Hrsg.), Der Zweite Weltkrieg. Analysen, Grundzüge, Forschungsbilanz, i. A. des Militärgeschichtlichen Forschungsamtes, München/Zürich 1989 [Michalka 1989]

Moll, Martin, Das neue Europa. Studien zur nationalsozialistischen Auslandspropaganda in Europa 1939-1945. Die Geschichte eines Fehlschlags, 2 Bde., Graz, Diss. 1986, als Manuskript gedruckt [Moll 1987]

–, Die deutsche Propaganda in den besetzten »germanischen Staaten« Norwegen, Dänemark und Niederlande 1940-1945. Institutionen – Themen – Forschungsprobleme, in: Bohn, Robert (Hrsg.), Die deutsche Herrschaft in den »germanischen« Ländern 1940-1945, Stuttgart 1997 (= Historische Mitteilungen. 26), S. 209-245 [Moll 1997a]

–, Zwischen Weimarer Klassik und nordischem Mythos: NS-Kulturpropaganda in Norwegen 1940-1945, in: Benz, Wolfgang, Otto, Gerhard, Weismann, Anabella (Hrsg.), Kultur – Propaganda – Öffentlichkeit. Intentionen deutscher Besatzungspolitik und Reaktionen auf die Okkupation, Berlin 1998 (= Nationalsozialistische Besatzungspolitik in Europa 1939-1945. 5), S. 189-224 [Moll 1998]

–, Die Abteilung Wehrmachtpropaganda im Oberkommando der Wehrmacht: Militärische Bürokratie oder Medienkonzern?, in: Gruner, Wolf, Nolzen, Armin (Hrsg.), Bürokratien. Initiative und Effizienz, Berlin 2001 (= Beiträge zur Geschichte des Nationalsozialismus. 17), S. 111-150 [Moll 2001]

Moldenhauer, Harald, Die Reorganisation der Roten Armee von der »Großen Säuberung« bis zum deutschen Angriff auf die UdSSR (1938-1941), in: Militärgeschichtliche Mitteilungen 55 (1996), S. 131-164 [Moldenhauer 1996]

Moritz, Erhard, Zum Bild der Roten Armee in deutschen faschistischen Militärzeitschriften und Jahrbüchern (1933-1941), in: Zeitschrift für Militärgeschichte, 5. Jg. (1966), S. 307-317 [Moritz 1966]

–, Die Einschätzung der Roten Armee durch den faschistischen deutschen Generalstab von 1935-1941, in: Zeitschrift für Militärgeschichte, Jg. 1969, H. 8, S. 154-170 [Moritz 1969]

Müller, Norbert, Wehrmacht und Okkupation 1941-1944. Zur Rolle der Wehrmacht und ihrer Führungsorgane im Okkupationsregime des faschistischen deutschen Imperialismus auf sowjetischem Territorium, Berlin 1971 [N. Müller 1971]
Müller, Rolf-Dieter, Die Zwangsrekrutierung von »Ostarbeitern« 1941-1944, in: Michalka, Wolfgang (Hrsg.), Der Zweite Weltkrieg. Analysen, Grundzüge, Forschungsbilanz, i. A. des Militärgeschichtlichen Forschungsamtes, München/Zürich 1989, S. 772-738 [R.-D. Müller 1989]
–, Hitlers Ostkrieg und die deutsche Siedlungspolitik, Frankfurt a. M. 1991 [R.-D. Müller 1991]
–, Von der Wirtschaftsallianz zur kolonialen Ausbeutung, in: Boog, Horst, Förster, Jürgen, Hoffmann, Joachim u. a. (Hrsg.), Der Angriff auf die Sowjetunion, Frankfurt a. M. 1991 (= Das Deutsche Reich und der Zweite Weltkrieg. 4), S. 141-245 [R.-D. Müller 1991a]
– (Hrsg.), Die deutsche Wirtschaftspolitik in den besetzten sowjetischen Gebieten 1941-1943. Der Abschlußbericht des Wirtschaftsstabes Ost und Aufzeichnungen eines Angehörigen des Wirtschaftskommandos Kiew, Boppard/Rh. 1991 [R.-D. Müller 1991b]
–, Das »Unternehmen Barbarossa« als wirtschaftlicher Raubkrieg, in: Ueberschär, Gerd R., Wette, Wolfram (Hrsg.), Der deutsche Überfall auf die Sowjetunion. »Unternehmen Barbarossa« 1941, Frankfurt a. M. 1991, S. 125-158 [R.-D. Müller 1991c]
–, Die Rekrutierung sowjetischer Zwangsarbeiter für die deutsche Kriegswirtschaft, in: Herbert, Ulrich (Hrsg.), Europa und der »Reichseinsatz«. Ausländische Zivilarbeiter, Kriegsgefangene und KZ-Häftlinge in Deutschland 1938-1945, Essen 1991, S. 234-250 [R.-D. Müller 1991d]
–, An der Seite der Wehrmacht. Hitlers ausländische Helfer beim »Kreuzzug gegen den Bolschewismus!« 1941-1945, Berlin 2007 [R.-D. Müller 2007]
–, Volkmann, Hans-Erich (Hrsg.), Die Wehrmacht. Mythos und Realität, München 1999 [Müller/Volkmann 1999]
–, Ueberschär, Gerd R., Hitlers Krieg im Osten 1941-1945. Ein Forschungsbericht, Darmstadt 2000 [Müller/Ueberschär 2000]
Müller, Sven Oliver, Nationalismus in der deutschen Kriegsgesellschaft 1939 bis 1945, in: Echternkamp, Jörg (Hrsg.), Die deutsche Kriegsgesellschaft 1939 bis 1945. Ausbeutung, Deutungen, Ausgrenzung, München 2004 (= Das Deutsche Reich und der Zweite Weltkrieg. 9/2), S. 9-92 [S. Müller 2004]
Mulligan, Timothy P., The Politics of Illusion and Empire. German Occupation in the Soviet Union 1942-1943, New York u. a. 1988 [Mulligan 1988]
Murawski, Erich, Mit einer Grüblertruppe begann es, in: Die Wildente. Mitteilungsblatt der Angehörigen der Propagandakompanien, 3. Jg. (1954), H. 7 [Murawski 1954]
–, Der deutsche Wehrmachtbericht 1939-1945. Ein Beitrag zur Untersuchung der geistigen Kriegführung. Mit einer Dokumentation der Wehrmachtberichte vom 1. 7. 1944 bis zum 9. 5. 1945, Boppard 1962 (= Schriften des Bundesarchivs. 9) [Murawski 1962]
Myllyniemi, Seppo, Die Neuordnung der Baltischen Länder 1941-1944. Zum nationalsozialistischen Inhalt der deutschen Besatzungspolitik, Helsinki 1973 [Myllyniemi 1973]

N. N., Reiche Erfahrungen blieben ungenützt, in: Die Wildente. Mitteilungsblatt der Angehörigen der Propagandakompanien, 2. Jg. (1953), H. 3, S. 7 [N. N. 1953]
N. N., Soldatensender Siegfried, in: Die Wildente. Mitteilungsblatt der Angehörigen der Propagandakompanien, 9. Jg. (1961), H. 24, S. 4-20 [N. N. 1961]
N. N., Propagandatruppen eine deutsche »Erfindung«, in: Die Wildente. Mitteilungsblatt der Angehörigen der Propagandakompanien, 11. Jg. (1963), H. 26, S. 36-45 [N. N. 1963]

N. N., Radikale Mitte, in: Die Wildente. Mitteilungsblatt der Angehörigen der Propagandakompanien, 13. Jg. (1965), H. 27, S. 25-31 [N. N. 1965]

N. N., Entwicklungshilfe 1942-1944, in: Die Wildente. Mitteilungsblatt der Angehörigen der Propagandakompanien, 13. Jg. (1965), H. 27, S. 31-48 [N. N. 1965a]

Nolzen, Armin, »Verbrannte Erde«. Die Rückzüge der Wehrmacht in den besetzten sowjetischen Gebieten 1941-1945, in: Kronenbitter, Günter, Pöhlmann, Markus, Walter, Dierk (Hrsg.), Besatzung. Funktion und Gestalt militärischer Fremdherrschaft von der Antike bis zum 20. Jahrhundert, Paderborn/München/Wien u. a. 2006 (= Krieg in der Geschichte. 28), S. 161-175 [Nolzen 2006]

Nova, Fritz, Alfred Rosenberg. Nazi Theorist of the Holocaust, New York 1986 [Nova 1986]

Ogorreck, Ralf, Die Einsatzgruppen und die »Genesis der Endlösung«, Berlin 1996 [Ogorreck 1996]

Orlov, Alexander, Die Rote Armee und die sowjetischen Partisanen im Kampf gegen die deutsche Wehrmacht, in: Jacobsen, Hans-Adolf u. a. (Hrsg.), Deutsch-russische Zeitenwende. Krieg und Frieden 1941-1995, Baden-Baden 1995, S. 329-354 [Orlov 1995]

Osterloh, Jörg, Sowjetische Kriegsgefangene 1941-1945 im Spiegel nationaler und internationaler Untersuchungen. Forschungsüberblick und Bibliographie, Dresden 1996 [Osterloh 1996]

Overy, Richard, Russlands Krieg 1941-1945, Reinbeck 2003 [Overy 2003]

Paul, Gerhard, Aufstand der Bilder. Die nationalsozialistische Propaganda vor 1933, Bonn 1990 [Paul 1990]

–, Mallmann, Klaus-Michael (Hrsg.), Die Gestapo im Zweiten Weltkrieg. »Heimatfront« und besetztes Europa, Darmstadt 2000 [Paul/Mallmann 2000]

Perepelicyn, Aleksandr V., Timofeeva, Natalja P., Das Deutschen-Bild in der sowjetischen Militärpropaganda während des Großen Vaterländischen Krieges, in: Scherstjanoi, Elke (Hrsg.), Rotarmisten schreiben aus Deutschland. Briefe von der Front (1945) und historische Analysen. München 2004 (= Texte und Materialien zur Zeitgeschichte. 14), S. 267-286 [Perepelicyn/Timofeeva 2004]

Petzold, Joachim, Die Dolchstoßlegende. Eine Geschichtsfälschung im Dienste des deutschen Imperialismus und Militarismus, Berlin 1963 [Petzold 1963]

Pietrow, Bianca, Deutschland im Juni 1941 – ein Opfer sowjetischer Aggression? Zur Kontroverse über die Präventivkriegsthese, in: Geschichte und Gesellschaft, Jg. 1988, H. 1, S. 116-135 [Pietrow 1988]

Pietrow-Ennker, Bianka, Die Sowjetunion in der Propaganda des Dritten Reiches: Das Beispiel der Wochenschau, in: Militärgeschichtliche Mitteilungen, Jg. 1989, H. 2, S. 79-121 [Pietrow-Ennker 1989]

– (Hrsg.), Präventivkrieg? Der deutsche Überfall auf die Sowjetunion, Frankfurt a. M. 2000 [Pietrow-Ennker 2000]

Piper, Ernst, Alfred Rosenberg. Hitlers Chefideologe. 2. Auflage, München 2007 [Piper 2007]

Pohl, Dieter, Nationalsozialistische Judenverfolgung in Ostgalizien 1941-1944. Organisation und Durchführung eines staatlichen Massenverbrechens, München 1996 [D. Pohl 1996]

Pohl, Karl Heinrich (Hrsg.), Wehrmacht und Vernichtungspolitik. Militär im nationalsozialistischen System, Göttingen 1999 [K. H. Pohl 1999]

Pöhlmann, Markus, Von Versailles nach Armageddon. Totalisierungserfahrung und Kriegserwartung in deutschen Militärzeitschriften, in: Förster, Stig (Hrsg.), An der Schwelle zum totalen Krieg. Die militärische Debatte über den Krieg der Zukunft

1919-1939, Paderborn/München/Wien u. a. 2002 (= Krieg in der Geschichte. 13), S. 323-391 [Pöhlmann 2002]

Quinkert, Babette, Terror und Propaganda. Die »Ostarbeiteranwerbung« im Generalkommissariat Weißruthenien, in: Zeitschrift für Geschichtswissenschaft, 47. Jg. (1999), S. 700-721 [Quinkert 1999]
–, »Hitler, der Befreier!« Zur psychologischen Kriegführung gegen die Zivilbevölkerung der besetzten sowjetischen Gebiete 1941-1944, in: Bulletin für Faschismus- und Weltkriegsforschung, Jg. 2000, H. 14, S. 57-83 [Quinkert 2000]
– (Hrsg.), »Wir sind die Herren dieses Landes«. Ursachen, Verlauf und Folgen des deutschen Überfalls auf die Sowjetunion, Hamburg 2002 [Quinkert 2002]
–, Propagandistin gegen den »jüdischen Bolschewismus«. Maria de Smeths Reisebericht aus Spanien 1936/37, in: Steinbacher, Sybille (Hrsg.), »Volksgenossinnen«. Frauen in der NS-Volksgemeinschaft, Göttingen 2007 (= Beiträge zur Geschichte des Nationalsozialismus. 23), S. 173-186 [Quinkert 2007]

Rauschning, Hermann, Gespräche mit Hitler, Wien 1973 [Rauschning 1973]
–, Gespräche mit Hitler, Mit einer Einführung von Marcus Pyka, Zürich 2005 [Rauschning 2005].
Reitlinger, Gerald, Ein Haus auf Sand gebaut. Hitlers Gewaltpolitik in Rußland 1941-1944, Hamburg 1962 [Reitlinger 1962]
Remer, Claus (Hrsg.), Zur Geschichte der BSSR und der deutsch-belorussischen Beziehungen, Jena 1981 [Remer 1981]
Richter, Timm C., »Herrenmensch« und »Bandit«. Deutsche Kriegführung und Besatzungspolitik als Kontext des Partisanenkrieges (1941-1944), Münster 1998 [Richter 1998].
–, Die Wehrmacht und der Partisanenkrieg in den besetzten Gebieten der Sowjetunion, in: Müller, Rolf-Dieter, Volkmann, Hans-Erich (Hrsg.) (1999), Die Wehrmacht. Mythos und Realität, München 1999, S. 837-857 [Richter 1999]
Ristau, Andreas, »Die marxistische Weltpest.« Das antimarxistische Feindbild der Nationalsozialisten. Entstehung, Entwicklung und Struktur bis 1923, in: Jahr, Christoph, Mai, Uwe, Roller, Kathrin (Hrsg.), Feindbilder in der deutschen Geschichte. Studien zur Vorurteilsgeschichte im 19. und 20. Jahrhundert, Berlin 1994, S. 143-172 [Ristau 1994]
Robel, Gert, Sowjetunion, in: Benz, Wolfgang (Hrsg.), Dimension des Völkermords. Die Zahl der jüdischen Opfer des Nationalsozialismus, München 1996, S. 499-560 [Robel 1996]
Röhr, Werner, September 1938. Diversion und Demagogie bei der Erzeugung einer Kriegspsychose durch den Hitlerfaschismus und seine fünfte Kolonne in der ČSR, in: Eichholtz, Dietrich, Pätzold, Kurt (Hrsg.), Der Weg in den Krieg. Studien zur Geschichte der Vorkriegsjahre (1935/36 bis 1939), Berlin 1989, S. 211-277 [Röhr 1989]
– (Hrsg.), Okkupation und Kollaboration (1938-1945), Berlin/Heidelberg 1994 (= Europa unterm Hakenkreuz. Ergb. 1) [Röhr 1994]
–, Forschungsprobleme zur deutschen Okkupationspolitik im Spiegel der Reihe »Europa unterm Hakenkreuz«, in: Europa unterm Hakenkreuz. Analysen – Quellen – Register, Heidelberg 1996 (= Europa unterm Hakenkreuz. 8) [Röhr 1996]
Römer, Felix, »Im alten Deutschland wäre ein solcher Befehl nicht möglich gewesen«. Rezeption, Adaption und Umsetzung des Kriegsgerichtsbarkeitserlasses im Ostheer 1941/42, VfZ 1/2008, S. 53-99 [Römer 2008]
Rosenfeld, Günter, Zur Entstehung des Programms der sogenannten »Politischen Kriegführung« gegen die Sowjetunion und seinen Apologeten in der Gegenwart, in: Kom-

mission der Historiker der DDR und der UdSSR (Hrsg.), Der deutsche Imperialismus und der zweite Weltkrieg, Bd. 3, Berlin 1961/62, S. 163-170 [Rosenfeld 1962]

Ruchniewicz, Małgorzata, Ruchniewicz, Krzysztof, Die sowjetischen Kriegsverbrechen gegenüber Polen. Katyn 1940, in: Wette, Wolfram, Ueberschär, Gerd R. (Hrsg.), Kriegsverbrechen im 20. Jahrhundert. Manfred Messerschmidt gewidmet, Darmstadt 2001, S. 356-369 [Ruchniewicz/Ruchniewicz 2001]

Ruck, Michael, Bibliographie zum Nationalsozialismus, 2 Bde., Darmstadt 2000 [Ruck 2000]

Scheel, Klaus, Der Aufbau der faschistischen PK-Einheiten vor dem Zweiten Weltkrieg, in: Zeitschrift für Militärgeschichte, 4. Jg. (1965), S. 444-455 [Scheel 1965]

–, Meinungsmanipulation im Faschismus. Die faschistische Propagandamaschinerie – Bestandteil des staatsmonopolistischen Herrschaftssystems in Nazideutschland, in: Zeitschrift für Geschichtswissenschaft, 17. Jg. (1969), S. 1283-1303 [Scheel 1969]

–, Krieg über Ätherwellen. NS-Rundfunk und Monopole 1933-1945, Berlin 1970 [Scheel 1970]

–, Dokumente über die Manipulation der deutschen Bevölkerung für den Zweiten Weltkrieg durch die Wehrmachtpropaganda, in: Zeitschrift für Militärgeschichte, 10. Jg. (1971), S. 324-347 [Scheel 1971]

Scherstjanoi, Elke (Hrsg.), Rotarmisten schreiben aus Deutschland. Briefe von der Front (1945) und historische Analysen, München 2004 (= Texte und Materialien zur Zeitgeschichte. 14) [Scherstjanoi 2004]

Schieder, Theodor, Hermann Rauschnings »Gespräche mit Hitler« als Geschichtsquelle, Opladen 1972 [Schieder 1972]

–, Dipper, Christof, Propaganda, in: Brunner, Otto (Hrsg.), Geschichtliche Grundbegriffe. Historisches Lexikon zur politisch-sozialen Sprache in Deutschland, Stuttgart 1984, S. 69-112 [Schieder/Dipper 1984]

Schiller, Thomas, NS-Propaganda für den Arbeitseinsatz, Hamburg 1996 [Schiller 1996]

–, Lagerzeitungen für Fremdarbeiter. NS-Propaganda für den »Arbeitseinsatz« 1939-1945, in: 1999. Zeitschrift für Sozialgeschichte des 20. und 21. Jahrhunderts, Jg. 1997, H. 4, S. 58-70 [Schiller 1997]

Schmidt, Ilse, Die Mitläuferin. Erinnerungen einer Wehrmachtsangehörigen, Berlin 1999 [I. Schmidt 1999]

Schmidt, Wolfgang, »Maler an der Front«. Zur Rolle der Kriegsmaler und Pressezeichner der Wehrmacht im Zweiten Weltkrieg, in: Müller, Rolf-Dieter, Volkmann, Hans-Erich (Hrsg.), Die Wehrmacht. Mythos und Realität, München 1999, S. 635-684 [W. Schmidt 1999]

Schmidt-Scheeder, George, Reporter der Hölle. Die Propaganda-Kompanien im Zweiten Weltkrieg. Erlebnis und Dokumentation, Stuttgart 1977 [Schmidt-Scheeder 1977]

Schmitt, Peter F., Widerstand zwischen den Zeilen? Faschistische Okkupation und Presselenkung in Norwegen 1940-1945, Köln 1985 (= Pahl-Rugenstein Hochschulschriften Gesellschafts- und Naturwissenschaften. 183) [Schmitt 1985]

Schmitt-Sasse, Joachim, Der spanische Krieg in der NS-Presse, in: Medium, Jg. 1988, H. 3, S. 48-51 [Schmitt-Sasse 1988]

Schmuhl, Hans-Walther, Vergessene Opfer. Die Wehrmacht und die Massenmorde an psychisch Kranken, geistig Behinderten und »Zigeunern«, in: Pohl, Karl Heinrich (Hrsg.), Wehrmacht und Vernichtungspolitik. Militär im nationalsozialistischen System, Göttingen 1999, S. 115-140 [Schmuhl 1999]

Schröder, Jürgen, Der Kriegsbericht als propagandistisches Kampfmittel der deutschen Kriegführung im Zweiten Weltkrieg, FU Berlin, Phil. Diss. 1965, als Manuskript gedruckt [J. Schröder 1965]

Schröder, Matthias, Deutschbaltische SS-Führer und Andrej Wlassow 1942-45. »Rußland kann nur durch Russen besiegt werden« – Erhard Kroeger, Friedrich Burchardt und die »Russische Befreiungsarmee«, Paderborn 2001 [Schröder 2001]

Schulte, Theo J., The German Army and Nazi Policies in Occupied Russia, Oxford u. a. 1989 [Schulte 1989]

Schulz, Gerhard (Hrsg.), Partisanen und Volkskrieg. Zur Revolutionierung des Krieges im 20. Jahrhundert, Göttingen 1985 [Schulz 1985]

Schumann, Wolfgang, Hass, Gerhard, Drechsler, Karl (Hrsg.), Deutschland im zweiten Weltkrieg, Bd. 1-6, Berlin 1974-1985 [Schumann u. a. 1974 ff.]

Segbers, Klaus, Die Sowjetunion im 2. Weltkrieg, München 1987 [Segbers 1987]

Senjavskaja, Elena S., Deutschland und die Deutschen in den Augen sowjetischer Soldaten und Offiziere des Großen Vaterländischen Krieges, in: Scherstjanoi, Elke (Hrsg.), Rotarmisten schreiben aus Deutschland. Briefe von der Front (1945) und historische Analysen, München 2004 (= Texte und Materialien zur Zeitgeschichte. 14), S. 247-266 [Senjavskaja 2004]

Serrano, Andrew S., German propaganda in military decline: 1943-1945, Edinburgh/Cambridge/Durham 1999 [Serrano 1999]

Seth, Ronald, The Truth-Benders. Psychological warfare in Second World War, London 1969 [Seth 1969]

Shapiro, Robert M. (Hrsg.), Why didn't The Press Shout? American and International Journalism during the Holocaust, New York 2003 [Shapiro 2003]

Short, Kenneth R. (Hrsg.), Film and Radio Propaganda in World War II, Beckenham u. a. 1983 [Short 1983]

Slepyan, Kenneth D., Stalin's Guerrillas. Soviet Partisans in World War II, Kansas 2006 [Slepyan 2006]

Smelser, Ronald, Syring, Enrico (Hrsg.), Die SS – Elite unter dem Totenkopf. 30 Lebensläufe, Paderborn/München/Wien u. a. 2000 [Smelser/Syring 2000]

Smeth, Maria de, Die verkannte Sonja. Gedanken zur »Sowjetweiberwirtschaft«, in: Die Wildente. Mitteilungsblatt der Angehörigen der Propagandakompanien, 1. Jg. (1952), H. 2, S. 12-15 [Smeth 1952]

–, Frauen in der deutschen HKL. Vom Einsatz der weiblichen Propagandakompanie, in: Deutsche Soldatenzeitung, 3. Jg. (1954) [Smeth 1954]

–, »Verdanke ich Oberländer!«, in: Die Wildente. Mitteilungsblatt der Angehörigen der Propagandakompanien, 4. Jg. (1955), H. 10, S. 18-19 [Smeth 1955]

–, Roter Kaviar – Hauptmann Maria. Odysee einer Frau im 20. Jahrhundert, München/Wels 1965 [Smeth 1965]

–, Hauptmann Maria, in: Die Wildente. Mitteilungsblatt der Angehörigen der Propagandakompanien, 13. Jg. (1965), H. 27, S. 54-56 [Smeth 1965a]

Smolar, Hersch, Resitance in Minsk, Oakland/California 1966 [Smolar 1966]

–, The Minsk Ghetto. Soviet-Jewish Partisans against the Nazis, New York 1989 [Smolar 1989]

Sommerfeldt, Martin H., Das Oberkommando der Wehrmacht gibt bekannt. Ein Augenzeugenbericht des Auslandssprechers des OKW, Frankfurt a. M. 1952 [Sommerfeldt 1952]

Sösemann, Bernd (Hrsg.), Der Nationalsozialismus und die deutsche Gesellschaft. Einführung und Überblick, Stuttgart/München 2002 [Sösemann 2002]

Spoerer, Mark, Zwangsarbeit unterm Hakenkreuz. Ausländische Zivilarbeiter, Kriegsgefangene und Häftlinge im Deutschen Reich und im besetzten Europa 1939-1945, Stuttgart/München 2001 [Spoerer 2001]

–, Die soziale Differenzierung der ausländischen Zivilarbeiter, Kriegsgefangenen und Häftlinge im Deutschen Reich, in: Echternkamp, Jörg (Hrsg.), Die deutsche Kriegsgesellschaft 1939 bis 1945. Zweiter Halbband: Ausbeutung, Deutungen, Ausgrenzung. München 2004 (= Das Deutsche Reich und der Zweite Weltkrieg. 9/2), S. 485-576 [Spoerer 2004]

Stang, Werner, Organe und Mittel der militärischen Führung des faschistischen Deutschlands zur Meinungsmanipulation besonders der Soldaten des Heeres 1939-1943, in: Militärgeschichte, 19. Jg. (1980), H. 1, S. 53-66 [Stang 1980]

–, Die Verfügung »Politische Erziehung und Unterricht der Wehrmacht« vom 30. Januar 1936. Genesis und Bedeutung, in: Revue internationale d'Histoire militaire, Jg. 1989, H. 71, S. 226-240 [Stang 1989]

–, Richtlinien für die Meinungsmanipulation der deutschen Soldaten des Heeres 1939-1943, in: Zeitschrift für Geschichtswissenschaft, 41. Jg. (1993), S. 513-531 [Stang 1993]

Steenberg, Sven, Wlassow. Verräter oder Patriot?, Köln 1968 [Steenberg 1968]

Strazhas, Abba, Deutsche Ostpolitik im Ersten Weltkrieg. Der Fall Oberost 1915-1917, Wiesbaden 1993 [Strazhas 1993]

Streim, Alfred, Die Behandlung sowjetischer Kriegsgefangener im »Fall Barbarossa«. Eine Dokumentation. Unter Berücksichtigung der Unterlagen deutscher Strafverfolgungsbehörden und der Materialien der Zentralen Stelle der Landesjustizverwaltungen zur Aufklärung von NS-Verbrechen, Heidelberg 1981 [Streim 1981]

Streit, Christian, Keine Kameraden. Die Wehrmacht und die sowjetischen Kriegsgefangenen 1941-1945, Stuttgart 1980 [Streit 1980]

Strik-Strikfeld, Wilfrid, Gegen Stalin und Hitler. General Wlassow und die russische Freiheitsbewegung, Mainz 1970 [Strik-Strikfeld 1970]

Sündermann, Helmut, Tagesparolen. Deutsche Presseanweisungen 1939-1945, Leoni am Starnberger See 1973 [Sündermann 1973]

Sywottek, Jutta, Mobilmachung für den totalen Krieg. Die propagandistische Vorbereitung der deutschen Bevölkerung auf den Zweiten Weltkrieg, Opladen 1976 [Sywottek 1976]

Taylor, Richard, Film Propaganda. Soviet Russia and Nazi Germany, London 1979 [Taylor 1979]

Tec, Nechama, Bewaffneter Widerstand. Jüdische Partisanen im Zweiten Weltkrieg, Gerlingen 1996 [Tec 1996]

Ten' Kholokosta. Materialy mezhdunarodnogo simpoziuma ›Uroki Kholokosta i sovremennaia Rossiia‹, Moskau 1998

Thorwald, Jürgen, Die Illusion. Rotarmisten in Hitlers Heeren, Zürich 1974 [Thorwald 1974]

Thoß, Bruno, Volkmann, Hans-Erich (Hrsg.), Erster Weltkrieg – Zweiter Weltkrieg. Ein Vergleich. Krieg, Kriegserlebnis, Kriegserfahrung in Deutschland, Paderborn/München/Wien u. a. 2002 [Thoß/Volkmann 2002]

Titarenko, D. M., Presa skhidnoi Ukrainy periodu nimets'ko-fashists'koi okupatsii iak istorichne dzherelo (1941-1943), Diss., Staatliche Universität Donets'k, 2002, als Manuskript gedruckt [Titarenko 2002]

Tomin, Valentin, Grabowski, Stefan, Die Helden der Berliner Illegalität, Berlin 1967 [Tomin/Grabowski 1967]

Turonek, Jerzy, Bialorus pod okupacje niemiecka, Warschau 1989 [Turonek 1989]

–, Weißruthenien. Zweifrontenkrieg der Ideologien, in: Benz, Wolfgang, Houwink ten Cate, Johannes, Otto, Gerhard (Hrsg.), Anpassung, Kollaboration, Widerstand. Kollektive Reaktionen auf die Okkupation, Berlin 1996, S. 191-198 [Turonek 1996]

Tyaglyy, Mikhail I., The Role of Antisemitic Dotrine in German Propaganda in the Crimea, 1941-1944, in: Holocaust and Genocide Studies, 18. Jg. (2004), H. 3, S. 421-459 [Tyaglyy 2004]

Ueberschär, Gerd R., Besymenskij, Lev A. (Hrsg.), Der deutsche Überfall auf die Sowjetunion. Die Kontroverse um die Präventivkriegsthese, Darmstadt 1998 [Ueberschär/Besymenskij 1998]
–, Wette, Wolfram (Hrsg.), Der deutsche Überfall auf die Sowjetunion. »Unternehmen Barbarossa« 1941, Frankfurt a. M. 1991 [Ueberschär/Wette 1991]
Umbreit, Hans, Auf dem Weg zur Kontinentalherrschaft, in: Kroener, Bernhard R., Müller, Rolf-Dieter, Umbreit, Hans (Hrsg.), Organisation und Mobilisierung des deutschen Machtbereichs. Erster Halbband: Kriegsverwaltung, Wirtschaft und personelle Ressourcen 1939-1941, Stuttgart 1988 (= Das deutsche Reich und der Zweite Weltkrieg. 5/1), S. 3-345 [Umbreit 1988]
–, Das unbewältigte Problem. Der Partisanenkrieg im Rücken der Ostfront, in: Förster, Jürgen (Hrsg.), Stalingrad. Ereignis, Wirkung, Symbol, München/Zürich 1992, S. 130-150 [Umbreit 1992]
–, Die deutsche Herrschaft in den besetzten Gebieten 1942-1945, in: Kroener, Bernhard R., Müller, Rolf-Dieter, Umbreit, Hans (Hrsg.), Organisation und Mobilisierung des deutschen Machtbereichs. Zweiter Halbband: Kriegsverwaltung, Wirtschaft und personelle Ressourcen 1942-1944/45, Stuttgart 1999 (= Das deutsche Reich und der Zweite Weltkrieg. 5/2), S. 3-272 [Umbreit 1999]
Uziel, Daniel, Army, War, Society and Propaganda. The Propaganda Troops of the Wehrmacht and the German Public 1938-1998, Jerusalem, Diss. 2001, als Manuskript gedruckt [Uziel 2001]
–, Wehrmacht Propaganda Troops and the Jews, in: Yad Vashem Studies, Jg. 2001, S. 27-63 [Uziel 2001a]
–, Blick zurück auf die vergangene Planung für den kommenden Krieg. Die Entwicklung der deutschen militärischen Propaganda, in: Thoß, Bruno, Volkmann, Hans-Erich (Hrsg.), Erster Weltkrieg – Zweiter Weltkrieg. Ein Vergleich. Krieg, Kriegserlebnis, Kriegserfahrung in Deutschland, Paderborn/München/Wien u. a. 2002, S. 301-321 [Uziel 2002]
Uzulis, André, Psychologische Kriegführung und Hitlers Erfolg im Westen. Zur nationalsozialistischen Rundfunk- und Flugblattpropaganda gegenüber Frankreich 1939/40, in: Zeitschrift für Geschichtswissenschaft, 42. Jg. (1994), S. 139-153 [Uzulis 1994]
–, Nachrichtenagenturen im Nationalsozialismus. Propagandainstrumente und Mittel der Presselenkung, Frankfurt a. M. 1995 [Uzulis 1995]
–, Deutsche Kriegspropaganda gegen Frankreich 1939/40, in: Wilke, Jürgen (Hrsg.), Pressepolitik und Propaganda. Historische Studien vom Vormärz bis zum Kalten Krieg, Köln u. a. 1997, S. 127-171 [Uzulis 1997]

Vakar, Nicholas P., Belorussia. The making of a Nation, Cambridge/Mass. 1956 [Vakar 1956]
Veltzke, Veit, Kunst und Propaganda in der Wehrmacht. Gemälde und Grafiken aus dem Russlandkrieg, Bielefeld 2005 [Veltzke 2005]
Vetter, Matthias, Antisemiten und Bolschewiki. Zum Verhältnis von Sowjetsystem und Judenfeindschaft 1917-1939, Berlin 1999 [Vetter 1999]
Volkmann, Hans-Erich, Das Vlassov-Unternehmen zwischen Ideologie und Pragmatismus, in: Militärgeschichtliche Mitteilungen, Jg. 1972, H. 12, S. 117-155 [Volkmann 1972]
– (Hrsg.), Das Rußlandbild im Dritten Reich, Köln u. a. 1994 [Volkmann 1994]
Vorsteher, Dieter (Hrsg.), Deutschland im Kalten Krieg 1945-1963. Eine Ausstellung des Deutschen Historischen Museums 28. August bis 24. November 1992 im Zeughaus Berlin, Berlin 1992 [Vorsteher 1992]

Vossler, Frank, Propaganda in die Truppe. Die Truppenbetreuung in der Wehrmacht 1939-1945, Paderborn/München/Wien u. a. 2005 (= Krieg in der Geschichte. 21) [Vossler 2005]

Wäntig, Andreas, Die psychologische Kriegführung der faschistischen deutschen Wehrmacht in Vorbereitung und während des Überfalls auf die UdSSR – dargestellt anhand der Entwicklung und Aktivitäten der Abteilung Wehrmachtpropaganda im Oberkommando der Wehrmacht 1941-1945, HU Berlin, Phil. Diss. 1988, als Manuskript gedruckt [Wäntig 1988]

Wedel, Hasso von, Die Propagandatruppen der deutschen Wehrmacht, Neckargmünd 1962 [Wedel 1962]

Wegner, Bernd, Der Krieg gegen die Sowjetunion 1942/43, in: Boog, Horst u.a. (Hrsg.), Der globale Krieg. Die Ausweitung zum Weltkrieg und der Wechsel der Initiative 1941-1943, Stuttgart 1990 (= Das Deutsche Reich und der Zweite Weltkrieg. 6), S. 911-926 [Wegner 1990]

– (Hrsg.), Zwei Wege nach Moskau. Vom Hitler-Stalin-Pakt bis zum »Unternehmen Barbarossa«, i. A. des Militärgeschichtlichen Forschungsamtes, München u. a. 1991 [Wegner 1991]

Wehler, Hans-Ulrich, »Absoluter« und »Totaler« Krieg. Von Clausewitz zu Ludendorff, in: Politische Vierteljahresschrift, 10. Jg. (1969), S. 220-248 [Wehler 1969]

Weinberg, Gerhard L., The Yelnya-Dorogobuzh area of Smolensk oblast, in: Armstrong, John A. (Hrsg.), Soviet Partisans in World War II, Madison/Wisc. 1964, S. 389-457 [Weinberg 1964]

Weißbecker, Manfred, »Wenn hier Deutsche wohnten ...«. Beharrung und Veränderung im Rußlandbild Hitlers und der NSDAP, in: Volkmann, Hans-Erich (Hrsg.), Das Rußlandbild im Dritten Reich, Köln u. a. 1994, S. 9-54 [Weißbecker 1994]

Weißler, Sabine, Bauhaus-Gestaltungen in NS-Propaganda-Ausstellungen, in: Nerdinger, Winfried (Hrsg.), Bauhaus-Moderne im Nationalsozialismus. Zwischen Anbiederung und Verfolgung, München 1993, S. 48-63 [Weißler 1993]

Welch, David A. (Hrsg.), Nazi Propaganda. The power and the Limitations, London 1983 [Welch 1983]

–, The Third Reich. Politics and Propaganda, London/New York 1993 [Welch 1993]

–, Germany, Propaganda and Total War 1914-1918. The sins of omission, New Brunswick 2000 [Welch 2000]

Wette, Wolfram, Ungarn, Rumänien und Bulgarien als Objekte der deutschen Kriegspropaganda im Zweiten Weltkrieg, in: Comité international d'histoire de la deuxieme guerre mondiale. Commission roumaine d'organisation du colloque international, Bucarest, 11.-12. 8. 1980, (Hrsg.), La propagande pendant la deuxieme guerre mondiale, Bd. I: Méthodes, objet, résultats, Bucarest 1980, S. 309 ff. [Wette 1980]

–, Deutsche Kriegspropaganda während des Zweiten Weltkrieges. Die Beeinflussung der südosteuropäischen Satellitenstaaten Ungarn, Rumänien und Bulgarien, in: Messerschmidt, Manfred (Hrsg.), Militärgeschichte. Probleme, Thesen, Wege, Stuttgart 1982 (= Beiträge zur Militär- und Kriegsgeschichte. 25), S. 311-326 [Wette 1982]

–, Ideologien, Propaganda und Innenpolitik als Voraussetzung der Kriegspolitik des Dritten Reiches, in: Deist, Wilhelm, Messerschmidt, Manfred, Volkmann, Hans-Erich u. a. (Hrsg.), Ursachen und Voraussetzungen des Zweiten Weltkrieges, Frankfurt a. M. 1989 (= Das Deutsche Reich und der Zweite Weltkrieg. 1), S. 25-208 [Wette 1989]

–, Die propagandistische Begleitmusik zum deutschen Überfall auf die Sowjetunion, in: Ueberschär, Gerd R., Wette, Wolfram (Hrsg.), Der deutsche Überfall auf die Sowjetunion. »Unternehmen Barbarossa« 1941, Frankfurt a. M. 1991, S. 45-65 [Wette 1991]

–, Das Rußlandbild in der NS-Propaganda. Ein Problemaufriß, in: Volkmann, Hans-Erich (Hrsg.), Das Rußlandbild im Dritten Reich, Köln u. a. 1994, S. 55-78 [Wette 1994]
–, »Rassenfeind«. Die rassistischen Elemente in der deutschen Propaganda gegen die Sowjetunion, in: Jacobsen, Hans-Adolf, Löser, Jochen, Proektor, Daniel u. a. (Hrsg.), Deutsch-russische Zeitenwende. Krieg und Frieden 1941-1995, Baden-Baden 1995, S. 175-201 [Wette 1995]
–, »Rassenfeind«. Antisemitismus und Antislawismus in der Wehrmachtspropaganda, in: Manoschek, Walter (Hrsg.), Die Wehrmacht im Rassenkrieg. Der Vernichtungskrieg hinter der Front, Wien 1996, S. 55-73 [Wette 1996]
–, Die Wehrmacht. Feindbilder, Vernichtungskrieg, Legenden, Frankfurt a. M. 2002 [Wette 2002]
–, Ueberschär, Gerd R. (Hrsg.), Stalingrad. Mythos und Wirklichkeit einer Schlacht, Frankfurt a. M. 1992 [Wette/Ueberschär 1992]
–, Ueberschär, Gerd R. (Hrsg.), Kriegsverbrechen im 20. Jahrhundert. Manfred Messerschmidt gewidmet, Darmstadt 2001 [Wette/Ueberschär 2001]
Wild, Adolf, Der Ursprung des Kriegsflugblattes in der Französischen Revolution, in: Staatsbibliothek Preußischer Kulturbesitz (Hrsg.), Flugblattpropaganda im 2. Weltkrieg. Ausstellung 4. September bis 9. November 1980, Red. Eva Bliembach, Mitarb. Klaus Kirchner, Adolf Wild, Wiesbaden 1980, S. 7-29 [Wild 1980]
Wilenchik, Witalij, Die Partisanenbewegung in Weißrußland 1941-1944, Berlin 1984 (= Forschungen zur Osteuropäischen Geschichte. 34) [Wilenchik 1984]
Wilhelm, Hans-Heinrich, Die Rolle der Kollaboration für die deutsche Besatzungspolitik in Litauen und »Weißruthenien« – Konzepte, Praxis, Probleme, Wirkungen und Forschungsdesiderata, in: Röhr, Werner (Hrsg.), Okkupation und Kollaboration (1938-1945), Berlin/Heidelberg 1994 (= Europa unterm Hakenkreuz. Ergb. 1), S. 191-216 [Wilhelm 1994]
–, Motivation und »Kriegsbild« deutscher Generale und Offiziere im Krieg gegen die Sowjetunion, in: Jahn, Peter, Rürup, Reinhard (Hrsg.), Erobern und Vernichten. Der Krieg gegen die Sowjetunion 1941-1945, Berlin 1991, S. 153-182 [Wilhelm 1991a]
Winkler, Ulrike, »Hauswirtschaftliche Ostarbeiterinnen« – Zwangsarbeit in deutschen Haushalten, in: Dies. (Hrsg.), Stiften gehen. NS-Zwangsarbeit und Entschädigungsdebatte, Köln 2000, S. 148-168 [Winkler 2000]
Wippermann, Wolfgang, Nur eine Fußnote? Die Verfolgung der sowjetischen Roma. Historiographie, Motive, Verlauf, in: Meyer, Klaus, Wippermann, Wolfgang (Hrsg.), Gegen das Vergessen. Der Vernichtungskrieg gegen die Sowjetunion 1941-1945, Berlin 1991, S. 75-90 [Wippermann 1991]
Wischlow, Oleg, Zu militärischen Absichten und Plänen der UdSSR im Sommer 1941, in: Quinkert, Babette (Hrsg.), »Wir sind die Herren dieses Landes«. Ursachen, Verlauf und Folgen des deutschen Überfalls auf die Sowjetunion, Hamburg 2002, S. 44-54 [Wischlow 2002]
Wistrich, Robert, Wer war wer im Dritten Reich?, Ein biographisches Lexikon, Frankfurt a. M. 1987 [Wistrich 1987]

Yahil, Leni, Die Shoah. Überlebenskampf und Vernichtung der europäischen Juden, München 1998 [Yahil 1998]

Zazworka, Gerhard, Psychologische Kriegführung. Eine Darstellung ihrer Organisation, ihrer Mittel und Methoden, Berlin 1964 [Zazworka 1964]
Zeidler, Manfred, Das Bild der Wehrmacht von Rußland und der Roten Armee zwischen 1933 und 1939, in: Volkmann, Hans-Erich (Hrsg.), Das Rußlandbild im Dritten Reich, Köln u. a. 1994, S. 105-124 [Zeidler 1994]

Zellhuber, Andreas, »Unsere Verwaltung treibt einer Katastrophe zu ...«. Das Reichsministerium für die besetzten Ostgebiete und die deutsche Besatzungsherrschaft in der Sowjetunion 1941-1945, München 2006 [Zellhuber 2006]

Zeman, Zbynek A. B., Nazi-Propaganda, London 1964 [Zeman 1964]

–, Selling the war. Art and Propaganda in World War II London 1978 [Zeman 1978]

Zetterberg, Seppo, Die Liga der Fremdvölker Rußlands 1916-1918. Ein Beitrag zu Deutschlands antirussischem Propagandakrieg unter den Fremdvölkischen Rußlands im Ersten Weltkrieg, Helsinki 1978 [Zetterberg 1978]

Zhumar, S. V., Okkupatsionnaia periodicheskaia pechat' na territorii Belorussii v gody Velikoi Otechestvennoi voiny, Minsk 1996 [Zhumar 1996]

Zimmermann, Michael, Die nationalsozialistische »Lösung der Zigeunerfrage«, in: Herbert, Ulrich (Hrsg.), Nationalsozialistische Vernichtungspolitik 1939-1945. Neue Forschungen und Kontroversen, Frankfurt a. M. 1998, S. 235-262 [Zimmermann 1998]

PERSONENVERZEICHNIS

Abramowa 303
Adamheit, Theodor 95
Ahrens *223*
Alexijewitsch, Swetlana *157*
Altenstadt, Johann Schmidt von 268, 274 f., 276, *278*
Apitsch *94*, 95
Arenhövel, Wilhelm 99
Astrouski (Ostrowski), Radoslaw 308 f., 327 f., 364
Autsch *337*
B., Aleksandra *350*
Baath, Rolf *275*
Bach-Zelewski, Erich von dem 175, 292, 312, 329 f.
Backe, Herbert 165
Baird, Jay W. 17
Baldermann 96
Bankier, David 17
Banse, Ewald 29
Barth 87, *275*
Barthel, Günther 99
Basilowski 202
Baumböck, Karl 95
Bechtolsheim, Gustav Freiherr von (eigentlich von Mauchenheim) 82, 172, 178, 180
Bentmann 75
Berger, Gottlob 87
Bertkau, Friedrich 22
Beutel 96
Bielski, Asael 232, 331
Bielski, Tuvia 232, 331
Bielski, Zus 232, 331
Bjedritzky 106
Blau, Albrecht 22, 32 f., 36, *40*, 41, 44 ff., 73 ff.
Block 41, 75
Bock 247
Boeckh, Katrin 15
Bojarski, Wladimir 280
Bonetz 74
Bormann, Martin *152*
Bossi-Fedrigotti von Ochsenfeld, Anton Graf *101, 151*
Braekow, Ernst 103
Brandenburg 86 f., 247

Brauchitsch, Walther von 43, 50, 68, 183, 202
Bräutigam, Otto 55 ff., 86 f., 220, *263*, 267
Brehme 98
Brockmeier 96
Broese, Joachim *92*
Buchbender, Ortwin 15, *30*, *79*, *93*, *101*, 111, *201*
Burk, Rolf *82*, 324
Burmeister 134
Busch, Ernst 337
Busse *337*
Bussemer, Thymian 21
Carl, Heinrich 198 f.
Chiari, Bernard 303
Cochenhausen, Friedrich von *32*
Conradi, Walther von *163*
Cranz, Carl 84 ff., 134, *201*, *218*
Czermak 240
d'Alquen, Gunther 78
Dallin, Alexander *22*, *246*, *274*, *284*, *288*, *291*, *296*
Daven 304
de Smeth, Maria *33*, 107
Degenhard, Hugo 86 f.
Dirlewanger, Oskar 324
Döring 87
Domarus, Max *43*
Dorsch, Franz Xaver *158*, 159
Dreising, von *275*
Drescher, Siegfried 86
Dressler, Gustav *94*, 95
Duda 96
Dwinger, Edwin Erich 276
Eck, Friedrich A. 103
Eggers, Kurt *78*
Ehrlinger, Erich *337*
Eiswald, Werner 95 f.
Engelhardt, Georg von *92*, 96
Enosoff, Olga 99
Erfurt, Waldemar 33
Ermatschenko, Iwan 193, 296 f.
Eschenhagen, Gerhard 99
Etzdorf, Hasso von *18*, *100*
Fangauf 74
Feder, Johannes 336

Fegelein, Hermann 175
Fenzl, Willi 99
Fischer, Hans Werner 94 f., 97, 99
Fochler-Hauke, Gustav 79, 167, *175*
Foertsch, Hermann *23*
Forbach 354
Förster, Jürgen *17, 69*
Francke, Helmut *37*
Franco, Fransisco 33, 44
Franke, Hermann 22
Frankowski, Horst 99
Freitag, Wilhelm *337*
Freudemann 75
Freudenberg, Helmuth 266
Fries 134
Fritsch, Freiherr von *275*
Fritsch, Friedrich 99
Fürer 74
Gerlach, Christian *13, 181*, 203
Gielen, Alfred 91, 96, 102
Gillhausen *275*
Goebbels, Joseph 30, 37 f., 43, *55*, 70, 80, 89 f., 94 f., 109, *201*, 272, 284, 291, 293
Göring, Hermann 30, *31*, 52, 64, 84, 205, 218, 255, 284, 293, 331
Gottberg, Curt von 72, 97, 308, 312, 331 f., 334, 336, *337*, 338 f., *359*, 373
Greiffenberg, Hans von 175
Groeben, von *337*
Großkopf, Georg 56, 85 ff., 100 f., 163, 165
Grote, Nikolaus von 75, 85 ff., 150, *285*
Gunkin 343
Gutterer, Leopold 86 f., 90, 95
Hadamovsky, Eugen 21, 29, *37*, 74, *118*, 247, 273, *284*
Hahn 74
Halder, Franz 274
Haushofer, Karl 29
Heißmann 74
Hellemann, Karl 98
Hellenthal *101*
Herb *82*
Herbert, Ulrich 257
Herden, Martin 99
Herf, Jeffrey 17
Herwarth von Bittenfeld, Hans *275*, 277
Hesse, Kurt 27
Hether *337*
Heydrich, Reinhard 57, 68
Hielscher *36 f.*, 37 f.
Hierl, Konstantin 31

Hilpert, Walter *82*
Himmler, Heinrich 30, 50, 64, 84, 101, 143, 181, 235, 245 f., 247, 251, 255, 284, 289 f., 367
Hitler, Adolf 14, 25, 29 ff., 42 ff., 49 f., 52 ff., 62 ff., 72, 89, 144, 147, 152 f., 169, 188, 192, 202, 204 f., 207, 210, 212, 217 f., 222, 225, 226 f., 235, 245 f., 250, 255 f., 257, 260, 265, 272, 274, 277, 282, 284, 288 ff., 294 f., 301, 367, 372 f.
Hoffmann *337*
Hohenstein, Hans 86 f.
Horn, Karl 128
Hubatzky, Erich 99
Humitsch *296*
Humpf, Hans 95, 98
Huxhagen, Herbert 96
Irkowsky, Rudolf *94*, 95
Jacobi, Julius 92, 96, 128
Jaesche, N. 243
Jahn, Peter *314*
Jahnke *101*
Jockers, Hans 99
Jodl, Alfred 40, 50, 100, 157, 198, 204, 211, 251 f., 255
Jung 96
Jurda, Franz *296*
Kaehlbrandt *82*
Kaganowitsch, Lasar Moissejewitsch 48, 333
Kalinin, Iwan Kalinytsch 213
Kallis, Aristotle A. *17*
Kalubowitsch, Eugen 310
Kaminski, Bronislaw 311 f.
Kangeris, Karlis *55*
Kapor, Igor Sinentjewitsch 315 f., 327
Kattermann, Wilhelm 69
Kaufmann 247
Kaufmann *337*
Keilig, Wolf *41*
Keitel, Wilhelm 34, *38*, 44, 50, 55, 152, 172, 202, *203*, 204, 209, 255 f., 280, 288, 329 f.
Kiekheben-Schmidt 86 f., 247
Kielpinski, von *102*, 247
Kietzell, von 74
Kinkelin, Wilhelm 86 f., 285
Kirchhoff, Erwin *291*
Kischka *223*
Kleist, Peter 86 f., *275*, 285
Kluge, Günther von 287

Knegel, Bernhard 99
Knoth, Erhard *82*
Koch 74
Koch, Erich 71, 220, *246*
Koch-Erpach, Rudolf *71*
Koderisch 99
Kopp *337*
Köppen *275*
Kordel, Ernst 99
Körner, Paul *275*, 284
Kost, Albert 80 f., 199, 204, 234, 239 f., 243, *337*, 338
Köstring, Ernst *79*
Kraewel, Kurt von *275*
Krasnoperko, Anna 14, *158*
Kratzer, Rolf *37*, 41, 66, 69 f., 74
Kraus, Erich 99
Kraußkopf 75
Krebs, Hans *337*
Kriegbaum *73*, 78
Kriegler, Hans *129*
Krohn, Wilhelm 99
Krug zu Nidda, von 74, *101*
Kube, Wilhelm 72, 82, 117, 168, 183, 193, 227, 295 ff., 299 ff., 303, 307 f., 318, 330, 373
Kübler *71*
Küchler, Georg von 53 f.
Kuhn 96
Kundrus, Birthe *17*
Küper, Wilhelm *275*
Kurtz, Heinrich 88, 96, 183, 190
Kurzbein 74
Lange, von 74
Lasswell, Harold D. 22
Lauch, Horst 99
Leibbrandt, Georg 55 f., 84 ff., *134*, 143, 150, 165, 184, 206 f., *275*, 285
Linebarger, Paul M. A. 22
Linnebach, Karl 22
Lohse, Hinrich 71, 192
Longerich, Peter *101*
Ludendorf, Erich 26, 28, 30, 32
Maertins, Walther *94*, 95
Mahlo, Friedrich 80
Mähnert 74
Maletzke, Gerhard 21
Malletke, Walter 86 f., *275*
Malyschkin, W. 280, *288*
Mansfeld, Werner 259
Marquardt *275*

Martin, Hans Leo *73*, 74
Masanik, Jelena 308
Mellin *275*
Mende, Gerhard von 87, *275*, 285
Meyer, Alfred 55, 86 f., *275*
Meyer, Hans 103, 323
Moeller 74
Molotow, Wjatscheslaw 149
Monts, Hans-Paul Graf von 96
Montua, Max 175
Mudroff 240
Mühlen, von zur *101*
Mühlenfeld, Daniel 92
Mülberger *94*, 95
Müller, Eugen 59 f.
Müller, Norbert 257
Müller, Sven Oliver *17*
Müller-Beckedorf, Erich 95, 134
Münzenberg, Willi 29, 45
Murawski, Erich *37*, 41
Musial, Bogdan *231*
Nagl, Karl Friedrich *94*
Napoleon 188
Nebe, Arthur 160 f., 175
Neumann, Franz 29
Nickel, Siegfried 87, 300, 306, 346, 349
Nippert, Wilhelm 99
Nitschke, Erich 99
Nötzold, Fritz 99
Oktan 312
Ostermann von Roth *101*
Ott 134
Paltzo, August *82*, *94*, 95
Pauls *275* f.
Petmecky, Adele 87
Petzold 75
Pintschovius, Karl 33, 41
Plenge, Johann 26
Pöhlmann, Jochen *25*
Pravadnik, Michael Hanjko 301, 362
Pyka, Markus *30*
Quitzow 247
Radloff, von 95
Rauschning, Hermann *30*
Reichenau, Walter von *31*, 34
Reuter 74
Ribbentrop, Joachim von 165
Riecke, Hans-Joachim 86 f.
Riedmüller 99
Riefenstahl, Leni *42*
Riess, Fritz *90*

Rodzajewski *48*
Röhr, Werner *13*
Roosevelt, Franklin D. 188
Ropas, Albert 99
Roques, Franz *275*
Rosenberg, Alfred 14, 30, 54 ff., 60, 63 ff., 71, 84, 86 f., 89 f., 94, 101, *110*, 115, 140, 143, 152, 159, 162, 165, 192, 204, 206, 209, 212 f., 218, 221 ff., *224, 226*, 227 f., 250, 259, 275 ff., 281 ff., 288, 291, 295, 300, 320, 367, 371 f.
Runte, Ludwig 86, *275*
Russanow 327
Sachers, Bruno 99
Sadowskij, Sak Heimowitsch 242
Sauckel, Fritz 259 f., 265 f., 306, 329 f.
Saucken, Reinhold von *101*
Sauter *350*
Schäfer *337*
Schattenfroh *101*, 149, 159
Scheel, Klaus *40*
Scheidt, Hans-Wilhelm 86 f.
Scheliha, Rudolf von *163*
Schenckendorff, Max von 71, 116, 154 f., 174 ff., 193, 204, 217, 227, 229, 233 f., 237 f., 243 f., 256, 271 f., *275*, 276, 287, 326
Schettler *337*
Schickedanz, Arno 55
Schierholz, Gustav *94*, 95
Schiller, Otto 203, 222, *225*, 226
Schindler-Saefkow, Bärbel *153, 214*
Schlabrendorff, Fabian von *275*
Schlecht, Johannes *94*, 95
Schleyer, Hanns Martin 90
Schlotterer, Gustav 86 f., 134, *275*
Scholz 88
Schröder 74
Schröder, Matthias *106*
Schröter, Hans Joachim 88, 94, 99, 298, 335, 365
Schubuth *79*, 237 f., *286*
Schulz, Wilhelm *294*, 300, 305, 348
Schumacher, Albert 99
Schünemann *220*
Schütt *101*
Schwarte, Max 27 f.
Schwarz 134, *337*
Schwatlo Gesterding 74
Schwieger, Daniel 99
Seeckt, Hans von 26

Seyfert 80
Siegler, Freiherr von 74
Simoneit, Max *35*
Siwitzka, Josepf 99
Smeth, Maria de *33*, 107
Snethlage 74
Soldan, George 26 ff.
Sommerfeld 74
Spannaus 41
Stachanow *186*
Stackelberg, von 86 f., 219, 247
Stahlecker, Walter 100
Stalin, Josef Wissarionowitsch 48, *53*, 144 ff., 149 f., 153, 155, 165, 179, 184 f., 191 f., 213 f., 216, 222, 249, 261, 263, 276, 280 f., 300, 313, 315, 317, 326, 334, 363
Stauffenberg, Clauss Graf Schenk von *275*
Stein, Wilhelm 87, 92, 96
Stephan 74
Sternberg, Harald 99
Stern-Rubarth, Edgar *26*
Stoffregen, G. O. 80
Stöppler *337*
Strauch, Eduard 248, 313
Strauß, Adolf 196
Strik-Strikfeld, Wilfried *285, 288*
Stupperich 41, 75
Stürmer *79, 175*
Sykow, Milettij Alexandrowitsch *285 f.*
Sywottek, Jutta 16
Taubert, Eberhard 37, 49, 56, 85, 89 f., 92 ff., 101, *118*, 134, *225*, 247, 270, 273, 367
Tec, Nechama 232
Ter-Nedden, Wilhelm *275*
Tesmer, Hans 190, *275, 337*, 288
Thomas, Georg *52*
Thürberg, Karl 96
Thüsing *275*
Tippelskirch, von *275*
Titel, Walther 74
Traub, Wilhelm 332, 334 f.
Tuchscheerer, Horst 99
Ulrich, Willi 99
Unglaub, Willy 99
Unold, von *337*
Unruh, Walter von 73
Uziel, Daniel *38*
Vaatz, Alexander *220*
Vogt, Waldemar *43*

Voss, von *35*
Waegner *296*
Wagner, Eduard 294
Warlimont, Walter 55
Wedel, Hasso von *38*, 41, 55, 73 f., 78, 368
Wedel, Major Graf von 247
Weichhold 74
Weimert, Richard *337*
Wellems, Hugo *94*, 95
Wentscher, Bruno 37, 41
Westerkampf *337*
Wette, Wolfram *55*, 292
Wiebe, Peter *33*, 91, 95 f.
Windecker, Adolf *101*
Wittwer 75
Wlassow, Andrej Andrejewitsch 280, 286 ff., 295, 311, *333*, 373
Wolff *337*
Worgitzky *337*
Wrochem, Alfred von 35, *36*, 37, *38*
Wünsche 41, 75
Wussow, von 74
Zeitler, Kurt 87, 288
Zimmermann *275*
Zimmermann, Job 85 ff., 95, 134, 219, *275*, 284
Zinn, Hans 128

Die Gliederung der Besatzungsverwaltung in Weißrussland zwischen Herbst 1941 und Herbst 1943

Aus: Christian Gerlach, Kalkulierte Morde. Die deutsche Wirtschafts- und Vernichtungspolitik in Weißrussland 1941 bis 1944, Hamburger Edition: Hamburg 1999

Besatzungsverwaltung und Frontverlauf in Weißrussland 1944

Aus: Christian Gerlach, Kalkulierte Morde. Die deutsche Wirtschafts- und Vernichtungspolitik in Weißrussland 1941 bis 1944, Hamburger Edition: Hamburg 1999

BILDNACHWEIS

1. BA, Plak 003-040-049
2. BA, Plak 003-040-033
3. BA, Plak 003-040-026
4. BA, Plak 003-040-038
5. Bundesarchiv-Militärarchiv (BA-MA), RW 4/235, abgedr. in: **Verbrechen der Wehrmacht. Dimensionen des Vernichtungskrieges 1941-1944. Ausstellungskatalog,** hrsg. v. Hamburger Institut für Sozialforschung, Hamburg 2002, S. 83
6. BA, Plak 003-043-042
7. BA, Plak 003-040-030
8. BA, Plak 003-040-036
9. NAB, 370-1-286, fol. 113
10. NAB, Plakatsammlung
11. BA, Plak 003-042-035
12. BA, Plak 003-040-022
13. NAB, Plakatsammlung
14. BA, Plak 003-040-051
15. NAB, abgedr. in: Johannes Schlootz (Hrsg.), Deutsche Propaganda in Weißrußland 1941-1944, Berlin 1996, S. 66
16. BA Berlin, Plakat P 102, in: Lagerverzeichnis der Abt. Ost, BA, R 55/1299
17. BA, Plak 003-043-027
18. BA, Plak 003-040-023
19. BA, Plakatsammlung, abgedr. in: Ortwin Buchbender, Das tönende Erz. Deutsche Propaganda gegen die Rote Armee im Zweiten Weltkrieg, Stuttgart 1978, S. 277
20. BA, Plak 003-040-021